Martin Doll

Fälschung und Fake

Kaleidogramme Band 78

Martin Doll ist Juniorprofessor für Medien- und Kulturwissenschaft an der Heinrich-Heine-Universität Düsseldorf. Seine derzeitigen Forschungsschwerpunkte sind: Medien-, Wissens- und Kulturgeschichte, Politik und Medien, Medialität der Architektur, Medienutopien des 19. Jahrhunderts und nicht zuletzt Fälschung und Fake.
Aktuelle Informationen unter: www.mdoll.eu.

Martin Doll

Fälschung und Fake

Zur kritischen Dimension des Täuschens

Kulturverlag Kadmos Berlin

Bibliografische Information Der Deutschen Nationalbibliothek

Die Deutsche Nationalbibliothek verzeichnet diese Publikation in der Deutschen Nationalbibliografie; detaillierte bibliografische Daten sind im Internet über <http://dnb.d-nb.de> abrufbar

Kulturverlag Kadmos Berlin. Wolfram Burckhardt
Waldenserstr. 2-4 · 10551 Berlin · info@kulturverlag-kadmos.de

Internet: www.kulturverlag-kadmos.de
Umschlaggestaltung: kaleidogramm, Berlin.
Gestaltung und Satz: kaleidogramm, Berlin
Druck: Stückle Druck
Printed in Germany
ISBN 978-3-86599-495-0

Inhalt

Vorwort zur zweiten Auflage

Auch eine an Fälschungen und Fakes orientierte Geschichte der Wahrheit hat, um auf Adorno anzuspielen, einen Zeitkern. Denn in den vergangenen drei Jahren hat sich zumindest in den sozialen Medien so viel getan, dass eigentlich auch deren Wahrheits- und Authentizitätsdimension noch genauer betrachtet, d. h. deren Fälschungs- und Fakegeschichte geschrieben werden müsste. Dies kann, in der dafür nötigen Präzision, eine zweite Auflage unmöglich leisten. Dass es auch nach Erscheinen des Buches immer wieder erneut zu Fälschungsskandalen kam (genannt sei hier nur der sogenannte ›Varoufake‹), zeigt jedoch, dass die allgemeinen Thesen nach wie vor Aktualität beanspruchen können. Dem Kulturverlag Kadmos sei daher ausdrücklich dafür gedankt, das erneute Erscheinen des Bandes möglich gemacht zu haben. Noch etwas anderes hat sich in der Zwischenzeit ereignet: Viel zu früh ist Burkhardt Lindner, der die Entstehung dieses Buches maßgeblich beeinflusst hat, im Januar 2015 gestorben. Ihm ist diese zweite Auflage gewidmet.

Vorwort zur ersten Auflage

Am Anfang der Arbeit an diesem Buch beschäftigte mich die Frage, inwieweit neue Formen künstlerischer und politischer Interventionen, für die sich die Bezeichnung ›Fake‹ etabliert hat, einen Bruch mit dem über Jahrhunderte bestimmenden Diskurs der ›Fälschung‹ darstellen. Die Grundannahme war, dass Fakes, bei denen im Gegensatz zur Fälschung die Aufdeckung von vornherein mitentworfen ist, besondere diskurskritische Effekte zum Ziel haben. Im Verlauf der Ausarbeitung stellte sich jedoch heraus, dass diese Hypothese zu einfach angelegt war, weil sie auf dem maßgeblichen Kriterium der Intention beruhte. Konzentriert man sich nämlich auf die Effekte der Entlarvung, so ist es nicht nur irrelevant, ob sie wirklich vom Faker beabsichtigt waren, sondern es lässt sich auch fragen, inwiefern ebenso Fälschungen in der Zeitspanne ihrer ungeplanten Enthüllung ein kritisches Potential zukommt. Um diesem Thema nachzugehen, wurde es notwendig, den Betrachtungswinkel auf historische Wissenspraktiken zu erweitern. Da dies eine umfangreiche Recherche selbst schwer zugänglicher geschichtlicher Quellen nach sich zog, möchte ich mich bei allen bedanken, die mich bei dieser Arbeit unterstützten. Insbesondere zu erwähnen wären: Bernhard Wirth und Evelyn Kroll von der Universitätsbibliothek Johann Christian Senckenberg für die unbürokratische Hilfe bei der Einsichtnahme in bestimmte Rara-Bestände, Katie Anderson vom National History Museum (London) für ihre Mitwirkung bei den Nachforschungen zum ›Piltdown Man‹, Magda Petkoff aus Australien für die Weitergabe seltener Materialien zu den ›Angry Penguins‹, das Archiv des Hessischen Rundfunks für die Unterstützung bei der Medienrecherche zu den Fälschungen Michael Borns und schließlich Joey Skaggs für die großzügige Überlassung von Bildmaterialien.

Insgesamt danken möchte ich Burkhardt Lindner, der die Arbeit als Dissertation am Institut für Theater-, Film- und Medienwissenschaft der Goethe-Universität Frankfurt am Main betreut hat, für seine gewinnbringenden strukturierenden Hinweise und langen Sprechstunden, in denen er mich bestärkt hat, den einen oder anderen selbsterrichteten disziplinspezifischen Sperrzaun wieder einzureißen, sowie für das Vertrauen in mein Projekt, das im Rahmen des DFG-Graduiertenkollegs »Zeiterfahrung und ästhetische Wahrnehmung« gefördert wurde. Danken möchte ich auch meiner Zweitbetreuerin Astrid Deuber-Mankowsky für ihre Unterstützung in der Endphase und für sehr hilfreiche Kürzungs-Tipps, aus dem Dissertationsmanuskript ein überschaubares Buch zu machen. Mein Dank gilt darüber hinaus Helmut Pape nicht nur für kritische Hinweise zu meinen Peirce-Lektüren, sondern auch für die vertrauensvolle Zurverfügungstellung der noch unveröffentlichten Rohtranskription von Peirces *Syllabus of Certain Topics of Logic*. Für wertvolle Hinweise und inspirierende Gespräche danke ich: Luca di Blasi, Torsten Grosch, Oliver Kohns, Martina Müller, Haike Rausch, Lars Schmid und Romain Jobez (der mir eine große Hilfe beim Verständnis und der Neuübersetzung von einigen vertrackten Foucault-Stellen war). Claus Berlenbach danke ich für das sorgfältige Korrekturlesen des Manuskripts. Dem Kadmos-Verlag bin ich verbunden, weil es heute leider keine Selbstverständlichkeit mehr ist, dass Bücher sowohl professionell Korrektur gelesen als auch gesetzt werden. Schließlich möchte ich dem ICI Kulturlabor Berlin meinen Dank aussprechen, weil mir deren fast zweijährige Förderung als ›Fellow‹ unter anderem ermöglichte, meine Überlegungen zu einem Buch umzuarbeiten. Für die Förderung der Publikation möchte ich mich außerdem bei der Geschwister Boehringer Ingelheim Stiftung für Geisteswissenschaften sowie der Johanna und Fritz Buch Gedächtnis-Stiftung bedanken.

Einleitung

Ob handgeschnitzte ›Fossilien‹, Gesänge eines kaledonischen Barden aus dem 3./4. Jahrhundert oder erfundene Prominenten-Interviews – die Liste spektakulärer Fälschungen ist lang und vielfältig. Dabei oszilliert die Haltung, die gegenüber ihren Urhebern eingenommen wird, zwischen Hochachtung und Verachtung: Auf der einen Seite zollt man ihnen angesichts ihrer raffinierten und kreativen Vorgehensweisen Respekt und erhebt sie in den Stand der genialen Fälscher; auf der anderen Seite verurteilt man ihre Praktiken als moralisch verwerfliche Betrugsdelikte und bezeichnet die ›Täter‹ mitunter sogar als pathologische Persönlichkeiten. Verschiebt man jedoch den Gesichtskreis weg von einer ebenso auf Personen wie auf deren moralische Beurteilung konzentrierten Betrachtung und berücksichtigt sowohl die Umstände, die zur Akzeptanz von Fälschungen geführt haben, als auch deren manchmal folgenschwere Konsequenzen, kann ein analytischer Blick frei werden auf die vielgestaltigen Prozesse und Präsuppositionen, die bei ihrer Akzeptanz im Spiel sind, bzw. auf die manchmal weitreichenden kritischen Dynamiken, die bei ihrer Aufdeckung angestoßen werden.

Fälschungen und Fakes scheinen dabei zunächst zwingend auf die Frage nach der Wirklichkeit zu verweisen. Diese Annahme wird dadurch gestützt, dass die Begriffe zu einer Zeit Konjunktur hatten, als die Wirklichkeit sich durch die mediale Virtualisierung als Ganzes in eine Fälschung zu verwandeln oder, um mit Baudrillard zu sprechen, hinter dem medialen Simulakrum verloren zu gehen drohte. Dieser ausufernde Diskurs über das ›Verschwinden der Wirklichkeit‹ war nämlich in den 1980er und 1990er Jahren fast schon obsessiv mit der Frage nach der Ununterscheidbarkeit von Fälschung und Nicht-Fälschung beschäftigt. Jean Baudrillard schreibt Ende der 1970er Jahre in seinem vielzitierten Artikel *La précession des simulacres*: »Die Wahrheit, die Referenz, der objektive Grund haben aufgehört zu existieren«;[1] um dann einige Seiten

[1] Jean Baudrillard, »Die Präzession der Simulakra«, in: ders., *Agonie des Realen*, Berlin: Merve 1978, S. 7–69, hier: S. 11 – »[L]a vérité, la référence, la cause objective ont cessé d'exister« (Jean Baudrillard, »La précession des simulacres«, in: ders., *Simulacres et simulation*, Paris: Éd. Galilée 1981, S. 9–68, hier: S. 13); Übersetzung modifiziert.

später zu spezifizieren: »Die Tatsachen […] entstehen im Schnittpunkt von Modellen, eine einzige Tatsache kann von allen Modellen zugleich erzeugt werden.«[2] Mit dem Realen verschwinde so die gesamte abendländische Metaphysik, weil eine Unterscheidung zwischen ›Wahrem‹ und ›Falschem‹, ›Realem‹ und ›Imaginärem‹ von der Simulation grundsätzlich in Zweifel gezogen werde.[3] Durch eine solche negative Ontologie, die *ex negativo* wiederum zu ontologischen Fragestellungen führt, müssten jedoch Fälschungen und Fakes im Rekurs auf ein dahinterstehendes – bzw. verlorengegebenes – Wirkliches neben allen anderen Phänomenen zu gleichwertigen Elementen eines Nichtwirklichen, Nicht-Realen, Hyperrealen erklärt werden.

Die hier verfolgte Herangehensweise ist indes bestrebt, sich von solchen ontologischen Fragen zu entlasten. Vor dem Hintergrund grober Einteilungen in wirklich/nicht-wirklich oder real/imaginär bleibt nämlich der Blick verstellt auf die fein abgestuften Bedingungen, die – jenseits jeder essentialistischen Bestimmbarkeit – heute ebenso wie vor 300 Jahren die Geltung oder den Wert von etwas Originalem, Authentischen, Autorisierten, Faktischen oder Evidenten bzw. deren Fälschung je regeln bzw. regelten. Wenn Baudrillard in seinen oft zitierten Beispielen davon spricht, dass simulierte Diebstähle »objektiv« nicht mehr von »realen«, simulierte Krankheitssymptome nicht mehr von »wahren« zu unterscheiden seien,[4] so ließe sich dem entgegenhalten, dass ein Banküberfall, der allen gegenwärtigen Kriterien der Kriminalistik gemäß wie ein solcher wirkt, auch als ein ›realer‹ Banküberfall diskursiviert und geahndet wird oder dass Symptome, die den gegenwärtigen Praktiken der Medizin gemäß auf eine bestimmte Krankheit schließen lassen, auch dazu führen, dass diese als ›wahre‹ Krankheit bezeichnet und behandelt wird. Ob den Phänomenen ein metaphysisches, objektives Sein (noch) zugrunde liegt oder nicht, sei also dahingestellt, auch wenn sie unter Umständen in entsprechenden Aussagen unter dem Siegel der ›objektiven Wahrheit‹ in Zirkulation gebracht werden. Interessieren sollen im Folgenden allein die konkreten diskursiven Bedingungen, unter denen dies geschieht.

[2] Baudrillard, »Die Präzession der Simulakra«, a.a.O., S. 30 – »Les faits […] naissent à l'intersection des modèles, un seul fait peut être engendré par tous les modèles à la fois« (frz. S. 32); Übersetzung modifiziert.

[3] Vgl. ebd., S. 8 u. 10 (frz. S. 11f.).

[4] Vgl. ebd., S. 10ff. u. 35ff. (frz. S. 12ff. u. 36ff.).

Das Sprechen von Fälschungen hat nämlich weitreichende epistemologische Implikationen: Die Annahme ihrer Existenz – oder besser: ihre Wirkungsweise – dementiert zugleich positivistische und relativistische Positionen: Einem radikalen Positivismus zufolge müssten Fälschungen sofort als solche transparent werden; einem radikalen Relativismus folgend würde, wie soeben angedeutet, das Sprechen von Fälschungen generell sinnlos. Um aber überzeugend über Fälschungen und Fakes nachdenken zu können, ist eine Bezugnahme auf die Opposition von wahr und falsch nicht zu vermeiden, weil jene innerhalb dieser Koordinaten funktionieren und zirkulieren. Im Rekurs auf Foucaults archäologische Beschreibungswerkzeuge soll daher der Fokus auf epistemologische oder wissenshistorische Problemstellungen verlagert und damit ein Raum eröffnet werden, in dem Wahrheit nicht essentiell, sondern diskursspezifisch ihre durch den jeweiligen geschichtlichen Zeitpunkt bedingte praxisabhängige flexible Bestimmung erfährt. Durch diese praktische Definition wird Wahrheit untrennbar an zeitspezifische Praktiken, mit ›Erkenntnissen‹ und ›Objekten‹ umzugehen, geknüpft. Dadurch wird sie zu einer Art ›empirischer Wahrheit‹ oder zu einer Wahrheit mit empirischem Gehalt, die durch das definiert wird, was in einer bestimmten Zeitspanne als wahr galt und warum. Entsprechend können dann auch Fälschungen und Fakes als Diskursphänomene betrachtet werden, d.h. in erster Linie in den Kontext ihrer Diskursivierung gerückt werden, sei es im Allgemeinen die Rede über sie oder im Besonderen ihre Positionierung in einem jeweiligen Wissensgebiet. Ausgehend davon kann dann gefragt werden, aufgrund welcher diskursiven Bedingungen bestimmte Diagnosen, Fälschungsverurteilungen bzw. Verteidigungen etwa eines ›Originalen‹, ›Echten‹, ›Wahren‹ vorgenommen werden.

Fälschungen, nicht als essentielle Elemente begriffen, schließen nämlich den zeit- und diskursspezifischen Blickwinkel mit ein, d.h., die Täuschung stellt sich nur aus bestimmten Betrachterperspektiven ein, verändert sich aber auch mit der Verschiebung der jeweiligen Gesichtspunkte.[5] Das Problem von Fälschungen und Fakes liegt somit nicht in irgendeiner ›Natur der Sache‹, sondern in bestimmten Wechselbeziehungen zwischen Subjekten, Objekten und Begriffen. Damit wird das Umfeld einer Fälschung, die Form des Beobachtens, sei es für wissenschaftliche, literarische, journalistische oder politische Aspekte

[5] Diese Überlegungen zur Perspektive sind angelehnt an: Gilles Deleuze, »Platon et le simulacre«, in: ders., *Logique du sens*, Paris: Éd. de Minuit 1969, S. 292–307, hier: S. 298. Dt. »Platon und das Trugbild«, in: ders., *Logik des Sinns*, übers. v. Bernhard Dieckmann, Frankfurt/M.: Suhrkamp 1993, S. 311–324, hier: S. 316.

geschärft, zum Teil der Fälschung. Denn obwohl man es bei Fälschungen *per definitionem* mit Artefakten zu tun hat, kommt ihnen untrennbar ein prozessualer Charakter zu. Dies betrifft nicht nur die Dynamik aus Fälschung und Aufdeckung, d.h. das Kippen von einem Akzeptiertwerden zu einem Verworfenwerden, sondern schon die Methoden, die dazu führten, dass ihnen ein Platz in bestimmten Wissensgebieten eingeräumt wurde: u.a. das Aufrufen bestimmter Konzepte, die Vergleichbarkeit mit bestimmten Objekten, ihre Aushändigung an mit einem bestimmten Status verbundene Personen (die zeitspezifisch anerkannte Praktiken im Umgang mit den betreffenden Gegenständen ausführen dürfen) bzw. das In-Zirkulation-Bringen an institutionellen Orten, an denen die genannten Verfahren ausgeführt werden können. Die folgenden Überlegungen zielen daher darauf ab, sowohl die historisch spezifischen Bedingungen, die die Existenz von Fälschungen ermöglichten und ihre Gültigkeit bestimmten, als auch die Wirkmächtigkeit, die von ihnen ausgehen kann, herauszustellen.

Ein besonderes Augenmerk soll in den nachstehenden Ausführungen entsprechend darauf gelegt werden, inwiefern aufgedeckte Fälschungen und Fakes sich als praktisch-immanente Diskurskritik auswirken. Es ist hier von ›praktisch‹ die Rede, um das Artefakthafte der Fälschung im Gegensatz zu einer theoretischen Auseinandersetzung hervorzuheben. Und es ist von ›immanent‹ die Rede, weil mittels der einzelnen Artefakte oder Aussagen nicht von einer Meta-Ebene aus über die Funktionsbedingungen – wissenschaftliche Verfahren, bestimmte Lektürearten oder Authentizitätsannahmen – eines Diskurses geurteilt wird, sondern diese innerhalb seines Rahmens thematisch werden. Denn Fälschungen und Fakes – so eine leitende These – lassen, nachdem sie sich in einem Diskurs ins Werk gesetzt haben, in ihm *ex post* ihre Akzeptanzbedingungen und damit die des Diskurses fragwürdig werden. Damit stören sie das reibungslose Funktionieren bestimmter Wissensgebiete, institutioneller Bereiche oder Kommunikationsordnungen von innen heraus *in actu*, insofern sie dafür sorgen, dass in diesen Feldern gültige Aussagen und Praktiken auf den Prüfstand gestellt werden. Sie irritieren so nicht nur nach ihrer Entlarvung das Selbstverständnis, mit dem man zu wissen glaubt, was als wahr, echt, authentisch, original oder autorisiert gilt, sondern lassen mitunter auch gesicherte Vorstellungen, was eine Fälschung ist, ins Wanken geraten. Das kritische Potential von Fälschungen kann somit im doppelten Wortsinne verstanden werden: Zum einen, weil sie den Blick auf die Bedingtheiten von Erkenntnissen, Erfahrungen und Diskurspraktiken schärfen; zum anderen, weil sie mitunter einen grundlegenden Dissens gegenüber vorgefundenen Ordnungen, wie Wissen verteilt, oder allgemein, wie regiert wird,[6] zur Artikulation bringen, mit dem Effekt, ansatzweise deren jeweilige Verunsicherung und Veränderung zu bewirken. Im Verweis auf Foucault lässt sich präzisieren: »Kritik heißt nicht, dass man lediglich sagt, die Dinge seien nicht gut so, wie sie sind. Kritik heißt herausfinden, auf welchen Erkenntnissen, Gewohnheiten und erworbenen, aber nicht reflektierten Denkweisen die akzeptierte Praxis beruht. Kritik [...] zeigt, dass die Dinge nicht so selbstverständlich sind, wie man meint, damit sie nicht mehr so selbstverständlich hingenommen werden. Kritik heißt, Dinge, die allzu leicht von der Hand gehen, ein wenig schwerer zu machen.«[7]

Wie gravierend die kritischen Effekte von Fälschungen indes sind, ist als Fragestellung diskursspezifisch an den Einzelfällen herauszuarbeiten, z. B. ob sie nur zur Brüskierung einer einzelnen Autorität, eines einzelnen Gelehrten führen oder bis hin zur Diskreditierung einer ganzen Disziplin in einer bestimmten Zeitspanne reichen; ob sie nur den Ausschluss eines bestimmten poetischen Texts aus dem Literaturbetrieb zur Folge haben oder die Grundannahmen gegenüber Literatur ins Wanken geraten lassen; ob nur einzelne Journalisten der unlauteren Arbeitsweise bezichtigt werden oder ob die Autorität des Mediensystems, ›objektive‹ Tatsachen zu liefern, leidet; ob sie lediglich als eine Art Studentenstreich wahrgenommen werden oder erreichen, rationale Erklärungsmuster, mit denen der Welthandel legitimiert wird, zu entwerten. Insgesamt soll also das Augenmerk darauf gerichtet werden, ob Fälschungen und Fakes Transformationen eines Diskurses induzieren können.

Im Zusammenhang mit dieser Dynamik lässt sich vorab als Hypothese formulieren, dass Fakes von Fälschungen in gewisser Hinsicht gelernt haben. Während bei Letzteren die Offenlegung dem Zufall überlassen bleibt, ist sie bei Fakes von vornherein mitkalkuliert. Diese sind tickende Zeitbomben, die zum gegebenen Zeitpunkt die sie zertifizierenden Eigenschaften und Voraussetzungen zum Einsturz bringen. Während Fälschungen also bei ihrer Aufdeckung zufällig bestimmte Effekte zeitigen, sind Fakes auf diese Effekte aus, d. h., der Fälscher lüftet zum gegebenen Zeitpunkt sein Wissen um die Gefälschtheit des Artefakts.

[6] Vgl. Michel Foucault, *Was ist Kritik?*, Berlin: Merve 1992. Frz. »Qu'est-ce que la critique?«, in: *Bulletin de la Société française de Philosophie* 84.2 (1990), S. 35–63.

[7] Michel Foucault, »Ist es also wichtig, zu denken?« (1981), in: *Schriften*, übers. v. Michael Bischoff u. a., IV, Frankfurt/M.: Suhrkamp 2005, S. 219–223, hier: S. 221f. Frz. »Est-il donc important de penser?«, in: *Dits et écrits*, hg. v. Daniel Defert u. François Ewald, II, Coll. Quarto, Paris: Gallimard 2001, S. 997–1001, hier: S. 999.

Nicht selten werden dann die Kriterien, die zuvor mit für die Anerkennung der Fälschung – z. B. als echter paläontologischer Fund – sorgten, fragwürdig. Wenn nämlich durch quasi-evidente Fälschungen nach ihrer Entlarvung scheinbar selbstverständliche Weisen ihrer Betrachtung, Beobachtung und Konzeptualisierung infrage gestellt werden, ergeben sich dadurch zwei Konsequenzen: Erstens müssen sich die beteiligten Personen, insofern sie für sich beanspruchen, einen direkten Zugang zu einem Wesen etwa eines Textes, eines Erkenntnisobjekts oder einer Bildes zu haben, fragen lassen, warum ihre unerschütterlichen Methoden im Umgang mit diesen Gegenständen auch bei Fälschungen, denen nach ihrer Aufdeckung dieses Wesentliche oder Substantielle offensichtlich fehlt, funktionierten bzw. warum die Methoden dieses Fehlen nicht haben hervortreten lassen. Zweitens lässt sich unter Umständen sichtbar machen, inwieweit das involvierte Personal sogar entgegen den expliziten Normen ihres jeweiligen Diskurses verfuhr, weil die Fälschung zu gut in die Matrix bestehender Theorien oder Modelle zu passen schien.

Um die Wirkungsweise von Fälschungen und Fakes verstehen zu können, ist es also unabdingbar, sich mit ihren jeweiligen Akzeptanzbedingungen zu beschäftigen. Alle nachstehend bearbeiteten Fälschungen und Fakes stimmen darin überein, dass in ihnen etwas Neues aufschien und sie nicht nur falsche Stellvertreter bereits existierender oder nicht mehr existierender Gegenstände, z. B. eines ›Unikats‹, waren, so wie eine gefälschte Mona Lisa für die echte gehalten werden kann.[8] Sie sind vielmehr dadurch bestimmt, dass sie jeweils ein Originales, Authentisches, Faktisches oder Autorisiertes ins Werk setzten, das ohne ein einmalig existierendes Vorbild auskommt, d. h., sie wurden in gewisser Weise nicht falsch identifiziert, weil es einen singulären Gegenstand schon gab und sie sich an dessen Stelle setzten, sondern weil sich an sie bestimmte Wissenspraktiken hefteten. Da sie somit nicht als voraussetzungslos zu betrachten sind, kann an ihnen vorzugsweise ihr impliziter Rekurs auf

[8] Fälschungen in den bildenden Künsten aber – das am besten erforschte Thema, wenn es um Falsifikate geht – werden aufgrund dieser Fokussierung auf Fälschungen, bei denen ein Gegenstand, der als konkrete Vorlage benutzt werden könnte, nie existiert hat, keine Berücksichtigung finden. Bei Kunstfälschungen werden nämlich meist Teile von bestehenden Bildern übernommen und neu arrangiert bzw. bereits vorhandene Kunstwerke – z. B. zweitklassige Werke, Schüler- und Werkstattarbeiten – durch Übermalungen und Ergänzungen zum Original ›aufgearbeitet‹ (vgl. »Fälschung«, in: *Brockhaus-Enzyklopädie digital,* Ravensburg: Munzinger Archiv GmbH u. Leipzig/Mannheim: Bibliographisches Institut/F. A. Brockhaus AG 2000–2010, www.munzinger.de/search/document?coll=mol-12&id=12007008705&type=text/html&qid=query-simple&qnr=1&template=/templates/publikationen/brockhaus/document.jsp, zuletzt aufgerufen am 14.09.2010.

jeweils bestehende Verfahren, bestimmte Gegenstände oder Artefakte aufzufassen, kenntlich gemacht werden oder, anders gesagt, deutlich gemacht werden, wie sie sich durch die Kompatibilität mit – manchmal mehr, manchmal weniger – komplexen zeitspezifischen Operationen akzeptabel machten.

Zum Phänomen Fälschung existieren zwar unzählige Veröffentlichungen, die hier im Einzelnen nicht aufgeführt werden können, aber nur selten wird der hier im Vordergrund stehende Aspekt der Diskurskritik in den Mittelpunkt gerückt. Ähnliche Herangehensweisen finden sich allein in mit anderen Ansätzen verbundenen Abhandlungen über literarische Fälschungen. Dabei ist vor allem Kenneth K. Ruthvens *Faking Literature*[9] hervorzuheben und die Studie *The Forger's Shadow*[10] von Nick Groom. Die besonderen diskursiven Bedingungen der Authentifizierung von Fälschungen reflektiert Ian Haywood in seiner Abhandlung *The Making of History,* in der er sich mikrohistorisch mit den Interdependenzen von Geschichtsschreibung und Literatur im 18. Jahrhundert beschäftigt.[11]

Hier wird jedoch das Ziel verfolgt, über die Ränder einzelner Diskurse hinauszublicken und sie miteinander zu vergleichen, indem Fälle aus verschiedenen Feldern ausgewählt wurden. Viele kulturwissenschaftliche Untersuchungen konzentrieren sich, wie bereits angeführt, auf

9 Ruthven entscheidet sich nach eigenem Bekunden gegen einen makrohistorischen Horizont. Dabei zeichnet er mit zeitspezifischen Differenzierungen die Geschichte der Begriffe ›*spuriosity*‹, ›*authorship*‹, ›*originality*‹ und ›*authenticity*‹ nach. Angesichts der unzähligen Verweise auf die Literaturgeschichte kann er die behandelten Fälle und die Dynamiken, die dabei im Spiel sind, allerdings nur kursorisch streifen. Zentrales Thema seiner Ausführungen ist der Nachweis, dass literarische Fälschungen nicht das schändliche Gegenüber von echter Literatur sind, sondern dass Literatur aufgrund ihrer langen Verbindung zur Rhetorik immer schon in gewisser Hinsicht unecht und falsch gewesen ist. Dabei spielt auch das kritische Potential von gefälschter Literatur eine Rolle, »to disturb the societies in which they are produced, and to do so in ways resented by the guardians of cultural institutions such as literary studies, book-reviewing and the literary awards system« (Kenneth K. Ruthven, *Faking Literature*, Cambridge u.a.: Cambridge Univ. Press 2001, S. 2, vgl. a. S. 60ff.).

10 Groom rekurriert ähnlich wie Ruthven gelegentlich auf poststrukturalistische Theorie und versucht, in Abgrenzung von mit Fragen nach geistigem Eigentum und Urheberrechten verbundenen juristisch-ökonomischen Definitionen von literarischen Fälschungen ein spezifisch Literarisches in ihnen aufzuspüren, das sich in seinen Worten u.a. in einem die poetischen Darstellungsmodalitäten reflektierenden und zugleich aufs Spiel setzenden ›*hybrid realism*‹ niederschlägt. Dabei bezieht er auch die jeweiligen kulturellen Rahmenbedingungen der einzelnen Falsifikate ein, konzentriert sich aber mehr auf die Lebensgeschichte der Fälscher als auf eine genaue Lektüre ihrer Texte (vgl. Nick Groom, *The Forger's Shadow. How Forgery Changed the Course of Literature*, London: Picador 2002).

11 Vgl. Ian Haywood, *The Making of History*, Cranbury: Associated Univ. Presses 1986.

die Betrachtung eines Gebietes. Neben einigen deskriptiv bleibenden Fälschungs-Lexika und -Kompendien[12] ist die einzig bekannte wissenschaftliche Monographie, in der versucht wird, verschiedene Disziplinen miteinander zu konfrontieren, *Faking It* von Ian Haywood. Dieser greift dort seine Überlegungen aus dem zuvor genannten Buch über literarische Fälschungen in einem langen Kapitel wieder auf, erweitert seinen Korpus jedoch auf den Zeitraum der letzten 200 Jahre und skizziert in kurzen Abhandlungen Fälschungen in der Literatur, der Paläontologie (die bei ihm als Archäologie firmiert) und der bildenden Kunst.[13] Interdisziplinäre Perspektiven finden sich sonst eher in Herausgeberschriften, in denen zwar verschiedene Fachwissenschaften versammelt sind bzw. verschiedene Wissensgebiete aus einer kulturwissenschaftlichen Perspektive beleuchtet werden, die aber, dem Veröffentlichungsformat der Aufsatzsammlung folgend, keiner einheitlichen Fragestellung verpflichtet sind.[14] Durch die hier vorgenommene Gegenüberstellung von naturwissenschaftlichem, literarischem, journalistischem und politisch-sozialem bzw. ökonomischem Wissen sollen indes unter dem Gesichtspunkt der praktisch-immanenten Diskurskritik interdiskursive Gemeinsamkeiten und Unterschiede deutlich gemacht werden können.

Viele Fälle wurden dabei in Betracht gezogen, mussten aber – obwohl sie zum Teil zur Problemstellung gepasst hätten – im Laufe der Zeit auch aus pragmatischen Gründen, d. h., um Raum für detaillierte

[12] Vgl. Werner Fuld, *Lexikon der Fälschungen. Lügen und Intrigen in Kunst, Geschichte und Literatur*, München: Piper 2000; Alex Boese, *The Museum of Hoaxes. A History of Outrageous Pranks and Deceptions*, London: Plume 2002 u. Curtis C. MacDougall, *Hoaxes*, erw. u. überarb. Aufl. d. Ausg. New York 1940, New York: Dover 1958.

[13] Weil dabei aber keine Methodik oder ein bestimmtes Forschungsinteresse erkennbar wird, beschränkt sich die Behandlung der einzelnen nicht-literarischen Fälle meistenteils auf episodische Nacherzählungen (vgl. Ian Haywood, *Faking It. Art and the Politics of Forgery*, Brighton: The Harvester Press 1987).

[14] Im von Peter Night and Jonathan Long edierten Buch *Fakes und Forgeries* liegt der Schwerpunkt wiederum auf Fälschungen in der Literatur, während im von Anne-Kathrin Reulecke herausgegebenen Band zur gleichnamigen Tagung *Fälschungen. Zu Autorschaft und Beweis in Wissenschaften und Künsten* darüber hinaus vielfältige Wissensgebiete, wie etwa die Geschichtswissenschaften (mitsamt der Wissenschaftsgeschichte), die Kunstgeschichte, die Theologie, die Kriminalistik oder die Medienwissenschaft, nebeneinander Berücksichtigung finden. Besonders lesenswert sind die methodischen Überlegungen von Reulecke in der Einleitung (vgl. Peter Knight/Jonathan Long (Hg.), *Fakes and Forgeries*, Amersham: Cambridge Scholars Press 2004 u. Anne-Kathrin Reulecke (Hg.), *Fälschungen. Zu Autorschaft und Beweis in Wissenschaften und Künsten*, Frankfurt/M.: Suhrkamp 2006, bes. S. 21–31; vgl. a. Karl Corino (Hg.), *Gefälscht! Betrug in Politik, Literatur, Wissenschaft, Kunst und Musik*, Reinbek bei Hamburg: Rowohlt 1992 u. Hannes Etzlstorfer/Willibald Katzinger/Wolfgang Winkler (Hg.), *echt_falsch. Will die Welt betrogen sein?*, Wien u.a.: Kremayr & Scheriau/Orac 2003).

Erörterungen zu haben, wieder ausgeschlossen werden. Dadurch soll auch verhindert werden, dass die Überlegungen zu einem enzyklopädischen Projekt ausufern.[15] Die im Folgenden analysierten Fälle wurden ausgewählt, weil sie entsprechend der profilierten Fragestellung dieser Untersuchung mindestens eins der folgenden Kriterien erfüllen: Erstens, weil an ihnen in außerordentlicher Weise zeitgenössische Diskurspraktiken zum Vorschein gebracht werden können; oder zweitens, weil sie an bestimmten historischen Schwellen situiert waren und sich an ihnen ungewöhnlich folgenschwere kritische Effekte nachweisen lassen, die einzelne Diskurs-Transformationen entscheidend mitaffizierten; oder drittens, weil an ihnen auch die Grenzen des kritischen Potentials von Fälschungen und Fakes deutlich gemacht werden können.

[15] Dies gilt z. B. für den Fälschungsskandal im Jahr 1983 um die Hitler-Tagebücher, der nicht genauer behandelt wird, weil die folgenden Ausführungen über den Journalismus auf Fälle eingegrenzt wurden, bei denen Journalisten selbst zu Fälschern wurden (vgl. dazu das nicht unumstrittene Buch des britischen Journalisten und Romanautors Robert Harris: *Selling Hitler. The Story of the Hitler Diaries*, London: Faber and Faber 1986).

Wer u. a. einen Abschnitt zu *Die Protokolle der Weisen von Zion* vermisst, sei auf drei Fachpublikationen verwiesen: Jeffrey L. Sammons, Germanist in Yale, hat die Protokolle 1998 neu ediert, kommentiert und mit einer ausführlichen Einführung versehen (*Die Protokolle der Weisen von Zion. Die Grundlage des modernen Antisemitismus – eine Fälschung. Text und Kommentar*, hg. v. Jeffrey L. Sammons, Göttingen: Wallstein 1998); als Standardwerk gilt nach wie vor *Warrant for Genocide* des amerikanischen Historikers Norman Cohn. Eine um eine kommentierte Bibliographie der verfügbaren Forschungsliteratur erweiterte deutsche Neuauflage erschien 1998 (Norman Cohn, *Warrant for Genocide. The Myth of the Jewish World-Conspiracy and the Protocols of the Elders of Zion*, London: Eyre & Spottiswoode 1967. Dt. *»Die Protokolle der Weisen von Zion«. Der Mythos der jüdischen Weltverschwörung*, mit einer kommentierten Bibliogr. von Michael Hagemeister, Baden Baden u. a.: Elster 1998). 2007 publizierte der Historiker und Antisemitismusforscher Wolfgang Benz zu dieser Thematik ein neues informatives Buch, in dem er die Entstehung der ›Protokolle‹ sowie ihre Wirkung und Verbreitung als zentrales Referenzdokument des Antisemitismus von der Vergangenheit bis in die Gegenwart (z. B. als Schlüsseltext der islamistischen Propaganda) nachzeichnet. Zu Recht rückt er die Wirkungsgeschichte der Protokolle weniger in den Zusammenhang von Fälschungen, sondern in den Kontext verschwörungstheoretischer Konstrukte und dabei aktivierter Präokkupationen und stereotyper Mythen. Vor diesem Hintergrund liefert er auch gleichsam die Begründung, warum die Fälschung hier nicht berücksichtigt wurde: »Wenn ein längst als Falsifikat dechiffriertes irrationales Pamphlet mehr als ein Jahrhundert nach seiner Entstehung im politischen Konflikt, aber auch zur alltäglichen Welterklärung instrumentalisiert werden kann, dann ist es vor allem Gegenstand der Vorurteilsforschung« (Wolfgang Benz, *Die Protokolle der Weisen von Zion. Die Legende von der jüdischen Weltverschwörung*, München: Beck 2007, S. 8).

Die Bearbeitung der 1998 als Fälschung markierten Kindheitserinnerungen von ›Binjamin Wilkomirski‹, *Bruchstücke*, wurde ebenfalls verworfen, weil die Aufdeckung im Vergleich zu den behandelten Fällen kaum nachhaltige Diskurseffekte zeitigte und das Buch sehr schnell aus dem Literaturbetrieb ausgeschlossen wurde (siehe dazu Fn. 16 auf S. 147).

Doch trotz dieser Einschränkungen ist man zwangsläufig mit dem Problem konfrontiert, welchen Zeithorizont und welche damit verbundene Analyseperspektive man für die Untersuchung wählt. Grob eingeteilt bietet sich zum einen die Möglichkeit, Fälschungen und Fakes als transhistorische Phänomene zu verstehen und ihre zeitlose innere Struktur im Laufe der Geschichte vor Augen zu führen; zum anderen kann man sie als unhintergehbar kontextabhängige Phänomene betrachten, um die zeitspezifischen und kulturell variablen Voraussetzungen und Effekte zum Vorschein zu bringen. Wählt man den erstgenannten makrohistorischen Weg, wird man Übereinstimmungen finden,[16] wählt man den zweitgenannten mikrohistorischen, werden Unterschiede deutlich. Hier wird versucht, eine Art Zwischenlösung zu finden: Dadurch dass die einzelnen Fälle sehr genau analysiert werden, können ihre jeweiligen Existenzbedingungen und Auswirkungen minutiös herausgearbeitet werden; ferner kann durch das Interesse an den Einzelphänomenen zutage befördert werden, wie Fälschungen den Lauf der jeweiligen Diskursgeschichte beeinflusst haben oder ihrerseits von ihr maßgeblich bestimmt wurden. Indem zugleich aber ein großer historischer Zeitraum gewählt wurde, wird es auch möglich, eine reine Historisierung zu vermeiden und das gleichbleibende oder ähnlich gelagerte kritische Potential von Fälschungen und Fakes im Stadium ihrer Aufdeckung zu beleuchten. Die nachstehend behandelten Objekte und mit ihnen verbundenen Prozesse verteilen sich daher auf die lange historische Zeitspanne von fast 300 Jahren. Sie wurden in die vier Gebiete der Paläontologie,[17] des Literarischen, des Journalistischen und der Gegenöffentlichkeit eingeteilt. Für die einzelnen Felder wurde jeweils ein möglichst weit zurückliegender und ein möglichst gegenwartsnaher Fall sowie je mindestens eine Fälschung und ein Fake ausgewählt. Dadurch soll erreicht werden, im Laufe der Untersuchung sowohl Veränderungen in den diskursspezifischen *Wahr*nehmungsweisen aufscheinen zu lassen als auch die kritischen Effekte, die bei Fälschungen zufällig auftreten und bei Fakes mitentworfen sind, einander zu konfrontieren.

[16] Als ein Exemplar dieses Typus kann *Fälscher und Kritiker* von Anthony Grafton angesehen werden. Er schreibt dort bezüglich literarischer Fälschungen, dass sich die »grundsätzlichen Techniken und Topoi« im Laufe der Geschichte nicht geändert hätten: »Fälscher waren über die Jahrhunderte in der Wahl ihrer Methoden ebenso stetig, wie sie in ihren Persönlichkeiten und Interessen verschieden waren. Die Palette des Fälschers weist, heute wie vor zwei Jahrtausenden, eine relativ begrenzte Anzahl Farben auf« (Anthony Grafton, *Fälscher und Kritiker. Der Betrug in der Wissenschaft*, Berlin: Klaus Wagenbach 1995, S. 35 u. 51).

[17] Im Bereich der Naturwissenschaften wurde die Paläontologie gewählt, weil dort die Geschichte der Lebewesen bzw. der Mensch selbst (sein ›Ursprung‹) das Objekt menschlicher Erkenntnistätigkeit ist.

Aus dem zeitlichen Abstand von unter Umständen mehreren Jahrhunderten werden manche (historische) Fälschungen und Fakes milde belächelt, weil ihr Akzeptiertwerden und selbst ihre Markierung als Fälschung aus heutiger Perspektive unglaublich erscheint. In 200 Jahren mag dieses müde Lächeln nicht nur unseren Irrtümern gelten, sondern auch demgegenüber hervorgebracht werden, was heute als gesichert gilt. Dies lässt zugleich augenscheinlich werden, wie sehr selbst das Verständnis von einer ›Fälschung‹ als solcher von zeitspezifischen Deutungs- und Erkenntnispraktiken bestimmt ist. D.h. aber auch, dass das genannte kritische Potential von Fälschungen und Fakes wiederum selbst diskursiven Bedingungen unterliegt. Denn nur dann, wenn das Akzeptieren von Fälschungen nicht aus einer moralischen Perspektive auf ein betrogenes Vertrauen – auf den Missbrauch eines freiwilligen Kontrollverzichts – zurückgeführt wird, sondern auf ein defizitäres Urteilsvermögen, führt ihre Aufdeckung nicht dazu, dass sich der Fälscher verantworten muss, sondern zu einem Rechtfertigungsdruck oder einer Desavouierung der getäuschten Person oder des gesamten mit der Fälschung in Berührung gekommenen Personals eines Wissensgebiets. Die jeweiligen Reaktionen machen somit auch sichtbar, inwiefern die Dichotomie wahr/falsch, in die Fälschungen und Fakes immer verstrickt sind, im Einzelnen auf bestimmte Vorstellungen von Wahrhaftigkeit oder von Wahrheit zurückzuführen ist. Der als Zweites genannte Rückschluss, die Akzeptanz von Fälschungen mit einem ungenügenden Erkenntnisvermögen des Getäuschten zu begründen, lässt sich gewissermaßen als Erbe des Projekts der Aufklärung verstehen. Der Zeitrahmen, in dem sich die für die folgenden gegenstandsnahen Betrachtungen ausgewählten Fälle ›ereigneten‹, wurde daher auf das beginnende 18. Jahrhundert bis heute begrenzt. Denn mit der prominenten Denkfigur des »Je pense, donc je suis« (*Cogito, ergo sum*) von René Descartes wird dem erkenntnisgeleiteten Zweifel der Vorrang eingeräumt. Damit kann jeglicher Irrtum, jegliches Getäuschtwordensein darauf zurückgeführt werden, dass man – trotz der Beschränktheit oder des Mangels der eigenen Erkenntnisfähigkeit bzw. des eigenen Verstandesvermögens – Urteile über Dinge gefällt hat, die man nicht versteht. Eine einschlägige Stelle bei Descartes lautet:

> Denn es ist in der Tat keine Unvollkommenheit in Gott, daß er mir die Freiheit gegeben hat, gewissen Dingen beizustimmen oder nicht beizustimmen, deren klaren und deutlichen Begriff er meinem Denken eingeprägt hat, ohne Zweifel ist es aber eine Unvollkommenheit in mir, daß ich jene Freiheit nicht richtig gebrauche und über das, was ich nicht recht einsehe, ein Urteil fälle. Dennoch sehe ich, daß Gott es leicht hätte so einrichten können, daß ich mich trotz Freiheit und beschränkter Erkenntnis niemals irrte, wenn

> er nämlich meinem Verstande einen klaren und deutlichen Begriff von all dem verliehen hätte, das ich jemals erwägen würde [...]. Und [...] wenn ich mich auch nicht auf die erste Art von Irrtum bewahren kann, die nämlich eine klare Einsicht in all das voraussetzt, was zu erwägen ist, so kann ich es doch auf die zweite, die nur voraussetzt, sich gegenwärtig zu halten, daß man sich des Urteils enthalten soll, sooft nicht klar ist, wie es mit einer Sache in Wahrheit bestellt ist. [...] [D]enn wenn ich nur den Willen beim Urteilen immer so in Schranken halte, daß er sich auf das allein erstreckt, was ihm der Verstand klar *und* deutlich vorzeigt, so kann es keinesfalls geschehen, daß ich irre.[18]

Dies lässt sich als eine Wurzel der Gelehrten- oder Autoritätskritik ansehen, die im Verlaufe der Untersuchung immer wieder in verschiedenen zeithistorischen Ausprägungen – z. B. als ›Charlatanerie‹ oder ›Hoffärtigkeit‹ der Gelehrten des 18. Jahrhunderts, als Mangel an ›*sufficient discrimination*‹ vonseiten einer literarischen Bewegung, als angemaßte ›Autorität der Druckerschwärze‹ im frühen 20. Jahrhundert oder als ›*imposture intellectuelle*‹ oder ›eleganter Unsinn‹ Ende des 20. Jahrhunderts – herausgearbeitet werden wird.

Bevor die einzelnen Fälschungsfälle analysiert werden, wird jedoch im ersten Kapitel eine methodische Fundierung vorgenommen, d. h. die um die schillernden Begriffe der Fälschung und des Fake angeordneten Definitionen, Modelle und semantischen Felder dargelegt. Daran anschließend wird ausgehend von einer Relektüre der *Archäologie des Wissens* und angrenzender Texte aus den *Dits et écrits* ein Horizont von Foucaults Denken aufgespannt, um eine Theorie der Fälschung und des Fake zu erarbeiten. In den darauffolgenden gegenstandsnahen Kapiteln sollen Fälschungen und Fakes dann als besondere Erfahrungs- und Erkenntnisobjekte untersucht werden und mit ihnen sowohl zeitspezifische Akzeptanzkriterien von epistemischen Objekten, literarischen Texten, journalistischen Informationen und an bestimmte Sprecherpositionen geknüpften Internetseiten zum Vorschein gebracht werden als auch das mit ihrer Aufdeckung verbundene Potential, auf die diskursiven Ordnungen, innerhalb deren sie zirkulieren, zurückzuwirken und Anlass zu ihrer Umkonstellierung oder Transformation zu geben. Dadurch dass diesen komplexen Implikationen nachgegangen wird, soll ein Beitrag zu dem geleistet werden, was Kenneth K. Ruthven augenzwinkernd als Forschungsdesiderat der ›Spuriosity Studies‹ umrissen hat.[19]

[18] René Descartes, *Meditationen über die Grundlagen der Philosophie,* aufgr. d. Ausg. v. Artur Buchenau neu hg. v. Lüder Gäbe, Hamburg: Meiner 1992³, S. 111ff. [»Meditationes de prima philosophia« IV].

[19] Vgl. Ruthven, *Faking Literature*, a.a.O., S. 199.

1. Eine Theorie der Fälschung

Bisher war beinahe selbstverständlich von Fälschung, Fake, einem Originalen, Authentischen, Autorisierten und Faktischen die Rede – eine Selbstverständlichkeit, die angesichts der Vielfalt der sich in komplexen und historisch variablen Umfeldern bewegenden historischen Fälle, schwer aufrechtzuerhalten sein wird. Fälschungen im Allgemeinen sind als Diskursphänomene nämlich eigentümliche Kippfiguren, da sie zunächst faktisch und authentisch erscheinen, später aber als Falsifikat gelten. Dieses Paradox ist auch am Problem ihrer Benennung ablesbar: Denn eine Fälschung ist nur so lange wirksam, wie sie nicht als solche deklariert wird. Mit anderen Worten: Ist etwas (ein Schriftstück, eine Urkunde, ein wissenschaftlicher Fund) als Fälschung benannt, verliert diese die Funktion, die ihr gerade dadurch zugeschrieben werden soll, dass sie als solche bezeichnet wird. Eine Fälschung ist folglich nur in einer Zeitspanne virulent, in der sie fälschlicherweise als ›Original‹ oder ›authentisch‹ gilt. In ihrer Bezeichnung als Fälschung trägt sie *ex post* nur noch den Index ihrer Funktion. Einzelne Fälschungen sind so zwar theoretisch rekonstruierbar, in ihrer Funktion aber praktisch nicht wiederholbar. Im Zusammenhang mit Fälschungen wäre also nicht die Frage zu stellen, ob es sich um eine Fälschung eines Echten handelt, sondern was sie zu einem bestimmten Zeitpunkt echt erscheinen lässt und warum sie bei der Aufdeckung diesen Status wieder verliert. Als Untersuchungsgegenstände können Fälschungen daher Auskunft über Eigenschaften geben, die etwas – beispielsweise ein Schriftstück, ein Objekt, eine Aussage – zu einem gegebenen Zeitpunkt zu einem Gegenstand eines akzeptierten Sprechens im weitesten Sinne werden lassen. Anders gesagt, Fälschungen lassen deutlich hervortreten, welche Kriterien in einem bestimmten geschichtlichen Zeitraum maßgeblich für die Beurteilung und Akzeptanz von wissenschaftlichen Gegenständen, authentischen oder autorisierten Texten etc. sind. Insofern wird beim Sprechen über Fälschungen immer auch Auskunft über bestimmte allgemeinere Begriffe und Gegenbegriffe gegeben.

Wenn hier eine kurze heuristische Klärung dieser Begriffe vorangestellt wird, soll dies jedoch nicht als fachwissenschaftliche Terminologisierung verstanden werden. Stattdessen soll, dadurch dass ein Horizont ihrer Gebräuche sowie ihrer kontrastierenden Relationen aufgespannt wird, sichtbar gemacht werden, wie sehr sie durch zirkuläre Antonymisierungen entstanden sind und wie problematisch entsprechend ihre Bestimmbarkeit ist. Dennoch sollen Bedeutungsfelder geöffnet und der Blick auf die komplexen Formationen, die damit verbunden sind, geschärft werden. Trotz aller differenzierenden Betrachtung bleibt die Verwendung von Begriffen nur dann sinnvoll, wenn sie sich durch ein Mindestmaß an Trennschärfe von anderen abheben.

Die ›Fälschung‹

›Fälschung‹ schreibt sich selbst vom lateinischen ›*falsificare*‹ her und ist seit dem 9. Jahrhundert nachgewiesen; der Begriff ist somit sogar früher entlehnt als das ihm scheinbar zugrundeliegende ›falsch‹.[1] Dennoch gehört Letzteres zum gleichen semantischen Feld, das neben den genannten Begriffen zumindest noch den des Betrugs, der Verstellung und der Lüge umfasst. Grimms Wörterbuch definiert ›falsch‹ als das »unwahre, unechte, was nicht so ist, wie es sein soll und wofür es sich ausgibt«.[2] Betrachtet man die ›Verstellung‹, so fordert auch diese, insofern man sie auf die transitive Verbform ›verstellen‹ zurückführt, etwas, das verstellt, verhüllt oder verschleiert wird. Selbst in der reflexiven Form führt ›verstellen‹ ein ›sich‹ mit sich, das impliziert, dass eine Innerlichkeit (»äuszere handlungen, welche dem innern zustande widersprechen und denselben verbergen sollen«[3]) verdeckt wird.

Damit ist auch der thematische Komplex der Lüge angesprochen, der in ein ethisches Register fällt und von der Fälschung unterschieden werden muss: Die Lüge lässt sich als die »absichtliche, mit verbalen Mitteln (oder durch entsprechende eindeutig codierte Zeichen, wie bei uns das Kopfnicken als Äußerung der Affirmation) geäußerte unrichtige Information über Sachverhalte«[4] verstehen. Als moralische Kategorie

1 Vgl. Friedrich Kluge, *Etymologisches Wörterbuch der deutschen Sprache*, Berlin 2002, S. 274.

2 »falsch«, in: *Deutsches Wörterbuch von Jacob Grimm und Wilhelm Grimm*, III, Leipzig: Hirzel 1862, Sp. 1291–1302, hier: Sp. 1291.

3 »Verstellung«, in: *Deutsches Wörterbuch von Jacob Grimm und Wilhelm Grimm*, XXII.1, Leipzig: Hirzel 1956, Sp. 1736–1792, hier: Sp. 1737.

4 Günther Bien, »Lüge«, in: *Historisches Wörterbuch der Philosophie*, hg. v. Joachim Ritter u. Karlfried Gründer, V, Basel: Schwabe 1980, Sp. 533–544, hier: Sp. 534; vgl. a. Johannes Zachhuber, »Wahrheit, praktische bzw. moralische«, in: *Historisches Wörterbuch der Philosophie*, hg. v. Joachim Ritter u. Karlfried Gründer, XII, Basel:

ist sie der Widerpart der Wahrhaftigkeit. D. h., anders als bei einer Unwahrheit, die dem Anspruch auf ›objektive Wahrheit‹ zuwiderläuft, ist eine ›objektive‹ Richtigkeit der Aussage nicht entscheidend. Eine Lüge entsteht somit aus der Diskrepanz zwischen dem Gesagten und dem, was der Sprechende denkt, meint oder zu wissen glaubt, wie es sich exemplarisch in der an den Begriff der ›moralischen Wahrheit‹ gebundenen Definition bei John Locke findet: »Moral truth, which is speaking of things according to the persuasion of our own minds, though the proposition we speak agree not to the reality of things.«[5]

Im Gegensatz zur Lüge, die sich vornehmlich mit kommunikativen Mitteln ins Werk setzt, kann man von Fälschung indes nur sprechen, wenn man es mit Gegenständen oder Artefakten zu tun hat. Insofern lassen sich wiederum in ein Dokument gefasste Aussagen oder Direktiven als Fälschungen fassen. Ähnlich wie bei der Lüge wird jedoch, wenn ein Gegenstand als Fälschung bezeichnet wird, im Nachhinein ein Betrugsbewusstsein eines Fälschers unterstellt. Anders gesagt: Es wird ein Vorsatz (re)konstruiert, der ein Falsifikat etwa von einer Verwechslung unterscheidet.

Den weiter oben genannten Definitionen von falsch oder Fälschung ist allen gemein, dass durch sie eine Zweiheit präsupponiert wird, die zugleich zum Verschwinden gebracht wird. Dies unterscheidet sie wiederum markant von Nachahmungen und Kopien. Während nämlich Letztere dasjenige, was sie verdoppeln oder multiplizieren, intakt lassen und es dabei implizit eher als komplette Entität aufwerten, deren defizitärer Schatten sie gleichsam sind, setzt sich eine Fälschung, ein Falsches an dessen Stelle. Eine Fälschung repräsentiert somit nicht etwas, sondern unterdrückt oder ersetzt es. Sie ist eine falsche Aneignung, die, sollte ein ihr Zugrundeliegendes existieren und gefunden werden, von diesem entlarvt und liquidiert wird.[6]

Schwabe 2004, Sp. 164–167 u. Jan Szaif/Urs Thurnherr, »Wahrhaftigkeit«, in: *Historisches Wörterbuch der Philosophie*, XII, a. a. O., Sp. 42–48.

5 John Locke, *Essay on Human Understanding*, in: *The Works of John Locke*, Nachdr. d. Ausg. London 1823, III, Aalen: Scientia 1963, S. 7 [Book 4, Chapter V, §11].

6 Die Überlegungen zur Differenz von Kopie und Fälschung sind angelehnt an: Aleida Assmann/Jan Assmann, »Air from Other Planets Blowing. The Logic of Authenticity and the Prophet of the Aura«, in: Hans Ulrich Gumbrecht/Michael Marrinan (Hg.), *Mapping Benjamin. The Work of Art in the Digital Age*, Stanford: Stanford Univ. Press 2003, S. 147–157, hier: S. 149. Wenn Assmann und Assmann später jedoch schreiben: »While the fake may be defined as a copy to usurp the place of the original« (ebd., S. 152), so möchte ich dem nicht unbedingt folgen, da mit dieser Definition eine hinreichende mit einer notwendigen Bedingung verwechselt wird, denn nicht jede Fälschung hat zwangsläufig eine Kopie zur Voraussetzung.

Im Besonderen ist also festzuhalten, dass Fälschungen, wenn sie in Umlauf gebracht werden, zunächst einen anderen Status innehaben, bevor sie ausdrücklich *als* Fälschung markiert werden. Sie sind Negationen, Stellvertreter von etwas oder verdecken etwas, das erst bei ihrer Aufdeckung hervortritt. Noch im Verb ›täuschen‹, das etymologisch eine Variante von ›tauschen‹ ist, steckt dieser Kern des »das eine für das andere«.

Das ›Fake‹

Der Begriff des Fake zeichnet sich insbesondere dadurch aus, dass er der mit Fälschungen verbundenen Dynamik aus Täuschung und Aufdeckung Ausdruck verleiht, d. h. dann Verwendung findet, wenn das Moment der Enthüllung als von vornherein mitentworfen in den Vordergrund gerückt werden soll. Seine derzeitige Konjunktur lässt sich auch als massenmediales Phänomen fassen, insofern im Sprechen von ›Fakes‹ das Fälschen nicht selten als gekonnte Geste aus dem Feld des Betrugs herausgelöst wird und dadurch eine begriffliche Eigenständigkeit erhält.

Gleichwohl ist ein Unterschied zu markieren zwischen der im Deutschen geläufigen Verwendung des Anglizismus ›Fake‹, der mittlerweile auch im Duden gelistet ist, und dem Sprachgebrauch im Englischen. Der englische Begriff ›*fake*‹ wird etwa gleichbedeutend mit Fälschung (*forgery/counterfeit*) oder Hochstapelei (*imposture*) gebraucht, »a counterfeit person or thing«;[7] »a person who appears or claims to be something that they are not«[8]. Im Deutschen hingegen lässt sich das Fake als eine Verfahrensweise des Fälschens bestimmen, in der die Aufdeckung oder Ent*täuschung* nicht wie beim Letzteren als akzidentiell, sondern als konstitutiv einzustufen ist. Während Fälschungen somit daraufhin angelegt sind, möglichst unentdeckt zu bleiben und vom Fälscher selbst nicht aufgedeckt zu werden, ist genau dies nach einer kurzen Zeitspanne beim Fake der Fall.[9] Im Englischen steht für diese Dynamik am ehesten

[7] »fake, n.«, in: *The Oxford English Dictionary*, V, Oxford u.a.: Oxford Univ. Press 1989², S. 681. Wie die Definition zeigt, existieren im Englischen deutlich mehr Begriffe (mit entsprechenden Binnendifferenzierungen) zum Phänomen Fälschung als im Deutschen. Diese spielen jedoch im Einzelnen für die folgenden Überlegungen keine Rolle.

[8] »fake n.«, in: *The New Oxford American Dictionary*, New York u.a.: Oxford Univ. Press 2001, S. 660.

[9] Stefan Römer nimmt eine ähnliche Definition zum Ausgangspunkt seiner Arbeit über das Fake im Feld der Kunst. Er subsumiert darunter jedoch vornehmlich Phänomene, die mit Fälschungen im strengen Sinne nichts zu tun haben, denn der Korpus seiner Untersuchung ist meistenteils auf Plagiate beschränkt, die unter dem Etikett der

der hierzulande weniger geläufige Begriff des ›Hoax‹[10] im Sinne eines angewandten Witzes (*practical joke*) – »a humorous or mischievous deception, usually taking the form of a fabrication of something fictitious or erroneous, told in such a manner as to impose upon the credulity of the victim«.[11] In seiner kritischen Abhandlung über den Niedergang der Wissenschaft in England definiert Charles Babbage 1830 das ›Hoaxing‹, das man auch als Spottfälschen übersetzten könnte, mit Verweis auf die bereits angedeutete temporale Komponente des vorübergehenden Aufschubs der Aufdeckung: »[T]he deceit is intended to last for a time, and then be discovered, to the ridicule of those who have credited it«.[12] Der Effekt der Desavouierung, den die Entlarvung der Täuschung für denjenigen zur Folge hat, der sich hat täuschen lassen, sorgt indes dafür, dass das Fake nicht nur humorvoll-scherzhafte, sondern auch sehr ernsthafte Implikationen mit sich führt.

Damit etwas sinnvoll als Fake bezeichnet werden kann, muss es also zu einem bestimmten Zeitpunkt den Status der Täuschung (*deceit*), der Irreführung (*deception*) oder der Fälschung eingenommen haben, der dann – meist nach kurzer Zeit – vom ›Urheber‹ selbst *ex post* dementiert wird. Fakes können somit nur dann ausreichend beschrieben werden, wenn man ihre Prozesshaftigkeit und damit verbundene Statuswechsel in den Blick nimmt. Als Präzisierung wäre anzufügen, dass im Folgenden von Fakes auch dann gesprochen werden soll, wenn bereits zum Zeitpunkt der Veröffentlichung der Fälschung deren unvermeidliche Aufdeckung mitkalkuliert ist, sei es in Form einer von vornherein unabwendbaren Richtigstellung vonseiten anderer Personen oder klarer textueller Deplausibilisierungs-Strategien.

›Appropriation Art‹ mittlerweile in die Kunstgeschichte eingegangen sind. Auch der temporale Aspekt von Fakes spielt in seinen Überlegungen keine Rolle, d.h., die von ihm in Stellung gebrachten künstlerischen Praktiken zeichnen sich dadurch aus, dass sie den Akt des Plagiierens und Fälschens von vornherein offen ausstellen (vgl. Stefan Römer, *Künstlerische Strategien des Fake. Kritik von Original und Fälschung*, Köln: DuMont 2001).

10 Allerdings ist auch diesser Terminus mittlerweile im Duden-Fremdwörterbuch verzeichnet als ein »übler Scherz«, eine »auf die Unwissenheit bzw. Gutgläubigkeit des Adressaten zählende Falschmeldung« (*Duden. Das große Fremdwörterbuch*, hg. u. bearb. v. Wissenschaftlichen Rat der Dudenredaktion, 4., aktual. Aufl., Mannheim u.a.: Dudenverlag 2007, S. 564).

11 »hoax, *n.*«, in: *The Oxford English Dictionary*, VII, a.a.O., S. 273.

12 Charles Babbage, »Reflections on the Decline of Science in England, and on Some of its Causes« (1830), in: *Works of Babbage*, VII, hg. v. Martin Campbell-Kelly, London: William Pickering 1989, S. 85–93, hier: S. 90.

Die ›Fälschung‹ im semantischen Spannungsfeld ihrer Gegenbegriffe

Die oben zitierten Definitionen von Fälschungen und Fakes berufen sich auf ein »was nicht so ist, wofür es sich ausgibt«, rekurrieren auf ein ›something‹, das eine Fälschung nicht ist, obwohl sie als solches erscheint. Doch was ist dieses »Wofür«, dieses ›something‹, das im Wortsinne ver- und entstellt oder betrügerisch vorgegeben wird? Möchte man Fälschungen, ergänzend zum Überbegriff des Echten, nicht auf die Dichotomie zu einem Original reduzieren, so können sie aufgrund der genannten Kipp- oder Doppelfunktion nur dadurch konturiert werden, dass man sie weniger als Ausschluss, sondern ausdrücklich als Einschluss ihrer jeweiligen Gegenbegriffe[13] zu fassen versucht. Doch was sind ihre Gegenbegriffe? Eine Liste, die nie vollständig sein kann, müsste je nach Diskursfeld neben dem Begriff des ›Originalen‹ mindestens die Begriffe des ›Authentischen‹, ›Autorisierten‹ oder der ›Autorität‹ und schließlich des ›Faktischen‹ aufführen. Betrachtet man u.a. die entsprechenden Einträge in Ritters *Historischem Wörterbuch der Philosophie* unter Zuhilfenahme ihrer Etymologie, so lässt sich deutlich machen, wie wenig definitiv ihr Status ist und wie sehr ihre Bedeutungsgeschichte durch Übertragungen aus einem Diskursfeld in ein völlig anderes, z.B. von der Theologie über die Jurisdiktion in die Ästhetik geprägt ist.

Der Begriff des *Originals*,[14] der dem lateinischen ›*origo*‹ (Ursprung, Quelle, Stamm) entlehnt ist, erscheint – vermittelt durch theologische Schriften als Übersetzung von »peccatum originale« (Erbsünde) in »originale sünde« – im Deutschen zunächst adjektivisch etwa im 11. Jahrhundert. Als Gegenbegriff (mlat. *originale exemplar*) zur ›Kopie‹ ist er in der deutschen Kanzleisprache seit dem 15. Jahrhundert belegt. Grimms Wörterbuch fasst dies unter folgende Stichworte: »das ursprüngliche im gegensatze zur kopie«, »die urschrift, der urtext, im gegensatze zur abschrift (nachdruck) oder übersetzung«.[15] Eine ähnlich negative Bestim-

[13] Strenggenommen müsste man als abstrakten Gegenbegriff der Fälschung, die ihre Unähnlichkeit mit einer Vorlage, mit der sie identifiziert wird, durch eine Vielzahl an Ähnlichkeiten zu verdecken sucht, das Plagiat anführen, bei dem die weitgehende Ähnlichkeit mit einer Vorlage durch eine Anzahl an Modifikationen verborgen werden soll.

[14] Vgl. zum Begriff des Originals hier und im Folgenden: Ingeborg Saur, »Original, Originalität«, in: *Historisches Wörterbuch der Philosophie*, hg. v. Joachim Ritter u. Karlfried Gründer, VI, Basel: Schwabe 1984, Sp. 1373–1378, hier: Sp. 1373f.

[15] »Original«, in: *Deutsches Wörterbuch von Jacob Grimm und Wilhelm Grimm*, VII, Leipzig: Hirzel 1889, Sp. 1347.

mung als etwas, das »im Gegensatze der Copie« steht, findet sich bei Adelung.[16] Als Substantiv in der Bedeutung des Ursprünglichen findet es sich erstmals im 16. Jahrhundert bei Hans Sachs. Seit dem 17. Jahrhundert wird diese Kategorie im Englischen und Französischen zunehmend auf wissenschaftlich-philosophische Diskurse angewendet. Zur selben Zeit formt sich in Deutschland die Ableitung des Begriffs der ›Originalität‹ als Charakteristikum eines originalen Menschen aus und wird ab dem 18. Jahrhundert – im Zusammenhang mit der Genie-Ästhetik – in zunehmendem Maße im Bereich der Kunsttheorie auf Künstler bezogen und auf diese begrenzt. Mit der Aufwertung des Letzteren wird der Begriff schließlich auf Kunstwerke selbst übertragen.

Die in Grimms und Adelungs Wörterbuchern angeführten Begriffsbestimmungen zeugen davon, dass Originale jeweils im Kontrast zu etwas anderem, zur Kopie, zur Übersetzung, zur Abschrift, definiert werden. Umgekehrt ist im allgemeinen Sprachgebrauch nicht selten vom Original als Gegenstück zur Fälschung die Rede. Dadurch scheint sich aber ein Zirkelschluss aus reziproken Bezugnahmen zu ergeben, denn es wird ein Begriff der Fälschung im Gegensatz zu demjenigen des Originals benutzt, während dieser wiederum nur als Gegenbegriff zur Fälschung Kontur erhält. Die terminologischen Kontrastrelationen lassen sich aber auch anders deuten, mit einer diesmal logischen, wenn auch nicht weniger problematischen Konsequenz: Ähnlich wie *Nach*ahmungen etwas wie den Begriff eines *Vor*bildes erst ins Werk setzen, kann es nur Originale geben, wenn Reproduktionen, Kopien, Übersetzungen oder (Ver-) Fälschungen bereits am Werk sind. Der Eintrag über ›das Original‹ in Zedlers *Universal-Lexicon* belegt dies bereits für das 18. Jahrhundert sehr deutlich: »Original [...] bedeutet die Beschaffenheit einer Sache; so fern von derselben etwas anders hergenommen, daß unter beyden eine Aehnlichkeit seyn soll. Oder: Ein Original heisset ein Ding, welches seiner Beschaffenheit nach übereinstimmet mit dem, was von ihm entstanden ist. Die Aehnlichkeit kan ihre Grade haben.«[17] Anders gesagt: Etwas kann nur dann als Original bezeichnet werden, wenn es u. a. fälschbar ist, wenn dessen Double denkbar ist, das viele, aber nicht alle seine Eigenschaften teilt. Zugespitzt formuliert könnte somit neben der Übersetzung oder der Kopie die ›Fälschung‹ dem ›Originalen‹ sogar begrifflich vorgängig sein. Beide sind jedoch zumindest interdependente

[16] »Das Original«, in: *Grammatisch-kritisches Wörterbuch der Hochdeutschen Mundart*, hg. v. Johann Christoph Adelung, III, Leipzig: Breitkopf 1798, S. 616.

[17] »Original«, in: *Grosses vollständiges Universal-Lexicon aller Wissenschaften und Künste*, hg. v. Johann Heinrich Zedler, XXV, Halle: Zedler 1732, Sp. 1901f.

Kategorien; d.h., weil sie in gewisser Weise gleichursprünglich sind, kann keine von beiden als archimedischer Punkt für die Herleitung der jeweils anderen genutzt werden. Je nachdem, in welche Antinomie man das Original stellt, sei es die Kopie, die Abschrift oder die Fälschung, ergibt sich eine andere Betrachtungsweise, die maßgeblich über die Einschätzung ihres Stellenwerts bestimmt.

Das *Authentische* ist abgeleitet von griechisch αὐθέντης, das für Herr, Gewalthaber steht, für jemanden, der als Urheber »etwas mit eigener Hand, dann auch aus eigener Gewalt vollbringt«.[18] Die latinisierte Form ›*authenticus*‹ erscheint zunächst auch als Adjektiv zu ›*auctoritas*‹, hat aber nicht überlebt. Zedler erläutert es noch als Eigenschaft dessen, »das von ansehnlichen glaubwürdigen Leuten gestellet, und für gut angesehen ist, das gilt und angenommen wird«.[19] Die Logik der Authentizität ist somit von der Idee einer absoluten Wahrheit bestimmt: die Wahrheit einer Person, eines Textes oder eines Kunstwerkes.[20] Wie schon beim Begriff des Originals ist die Bedeutung sonst durch eine Dichotomie definiert, denn ›*authenticum*‹ bezeichnet im Lateinischen das Original einer Handschrift, im Gegensatz zur Kopie, dem ›*exemplarium*‹. 1833 schließlich definiert die *Allgemeine deutsche Real-Encyklopädie für die gebildeten Stände* das Authentische ausdrücklich in Bezug auf die Echtheit von Schriften, »insofern sie in der That von dem Verfasser herrühren, dem sie beigelegt werden, und man nennt demnach eine echte, glaubwürdige Schrift eine authentische. Die Gesetzerklärung heißt authentisch, wenn sie von dem Gesetzgeber selbst oder dessen Bevollmächtigten gegeben wird.«[21] Die Authentizität betrifft somit gewissermaßen den Modus des Hervorbringens – oder besser: des Hervorgebrachtseins – einer Schrift. Sie bezieht sich aber nur auf den Inhalt von Schriftstücken, nicht auf deren Materialität, wie dies beispielsweise bei autographischen Artefakten, »die der Verfasser selbst geschrieben hat, zum Unterschied von

[18] Zum Begriff des Authentischen hier und im Folgenden: Kurt Röttgers/Reinhard Fabian, »Authentisch«, in: *Historisches Wörterbuch der Philosophie*, hg. v. Joachim Ritter u. Karlfried Gründer, I, Basel: Schwabe 1971, Sp. 691f.; Edzard Krückeberg, »Authentizität«, in: *Historisches Wörterbuch der Philosophie*, I, a.a.O., Sp. 692f.

[19] »Authenticus«, in: *Grosses vollständiges Universal-Lexicon aller Wissenschaften und Künste*, hg. v. Johann Heinrich Zedler, II, Halle: Zedler 1732, Sp. 2266.

[20] Vgl. dazu Assmann/Assmann, »Air from Other Planets Blowing«, a.a.O., S. 152. Auch Eco weist darauf hin, dass das Wort ›*authenticus*‹ im Mittelalter mehr in der Bedeutung von ›wahr‹ als von ›original‹ zu verstehen ist und daher eher den Wert und die Glaubwürdigkeit eines Textes bezeichnet (vgl. Umberto Eco, *Die Grenzen der Interpretation*, übers. v. Günter Memmert, München: dtv 1999, S. 248).

[21] »Authentie«, in: *Allgemeine deutsche Real-Encyklopädie für die gebildeten Stände. Conversations-Lexikon*, I, Leipzig: Brockhaus 1833, S. 560.

Abschriften«,[22] der Fall ist. Vor diesem Hintergrund lässt sich einsichtig machen, dass auch Kopien zu Fälschungen werden können, wenn mit ihnen beispielsweise bei einer fingierten Ablichtung eines erstklassigen Zeugnisses eine stabile inhaltliche Referenz zu einem in dieser Form inexistenten Original behauptet wird. Dennoch, wie es in der *Real-Encyklopädie* weiter heißt, werden Autographen höher geschätzt, weil man sie inhaltlich »für richtiger und minder fehlerhaft halten kann, als Abschriften von fremder Hand«.[23] Die Entscheidung, welche Schriften inhaltlich authentisch sind, fällt der philologischen Kritik zu, in der seit dem 18. Jahrhundert dieser Begriff der Authentizität als historische Originalität auch gebräuchlich ist.

Mit dem Begriff der *Autorität*[24] verbindet man in der Antike im Sinne einer zitierbaren literarischen Autorität (Väter-Autorität, Väter-Zeugnis) ein Beweisverfahren der Rede. Die Autoritäten sollen die Sätze, aus denen die rhetorische Schlussfolgerung gezogen wird, wahrscheinlich machen, d. h. ihnen Gültigkeit durch ihre Zustimmung zusprechen, wie es bei Aristoteles heißt: »Wahrscheinliche Sätze aber sind diejenigen, die Allen oder den Meisten oder den Weisen wahr scheinen, und auch von den Weisen entweder Allen oder den Meisten oder den Bekanntesten und Angesehensten.«[25] Obwohl diese externe Supplementierung von Glaubwürdigkeit zunächst für die Gerichtspraxis – z. B. bei Zeugnissen oder Zeugenaussagen – maßgeblich ist, geht sie später als Figur des autoritativen Zitats in den literarischen Diskurs ein.[26] Cicero schreibt, Aristoteles aufgreifend: »›Beleg‹ (*testimonium*) nenne ich in diesem Zusammenhang alles, was von irgend einem äußeren Sachverhalt hergenommen wird, um Glaubwürdigkeit herzustellen. Es ist dabei von nicht geringem Gewicht für den Beleg, von welcher Art die zitierte Person ist; denn um Glaubwürdigkeit herzustellen, muß man *Autorität* aufsuchen.«[27] Der Kreis dieser mit Ansehen Ausgestatteten umfasse

22 »Autographisch oder Autographa«, in: *Allgemeine deutsche Real-Encyklopädie für die gebildeten Stände. Conversations-Lexikon*, I, a. a. O., S. 561.

23 Ebd.

24 Vgl. zum Begriff der Autorität hier und im Folgenden: Hannah Rabe/Kurt Röttgers/Walther Veit, »Autorität«, in: *Historisches Wörterbuch der Philosophie*, I, a. a. O., Sp. 724–733.

25 Aristoteles, *Topik*, in: *Philosophische Schriften*, übers. v. Eugen Rolfes, II, Hamburg: Meiner 1995, S. 1 [»Topik« I 1 100b].

26 Vgl. zum autoritativen Zitat: Michael Metschies, *Zitat und Zitierkunst in Montaignes Essais*, Genf: Droz u. Paris: Minard 1966 (Kölner Romanistische Arbeiten, Neue Folge 37), S. 24f.

27 Marcus Tullius Cicero, *Topik*, hg. u. übers. v. Hans Günter Zekl, Hamburg: Meiner 1983, S. 51 [»Topik« 73].

»nicht allein die Personen, die eine vom Volk mit Ehren bedachte politische Existenz führen, [...] sondern auch Redner, Philosophen, Dichter und Geschichtsschreiber, aus deren Worten und Schriften man oft Autorität entnimmt, um Glaubwürdigkeit zu bewirken«.[28] Quintilian lobt den nicht unerheblichen praktischen Nutzen dieses rhetorischen Verfahrens, »da die Gedanken der Dichter wie Zeugenaussagen die Thesen des Redners bekräftigen«.[29] Maßstab der Autorität sei u.a. das Alter: »Die gesprochene Rede wird bestimmt durch Vernunftsgründe, Alter, Gewicht der Autorität und Üblichkeit der Ausdrucksmittel. [...] Das Alter der Ausdrucksmittel empfiehlt sich durch seine besondere Würde und seine, ich möchte sagen, religiöse Weihe. [...] [I]n der Redekunst [tritt] das Urteil der größten Meister als Richtschnur an die Stelle der Verstandesregeln, und selbst ein Fehler kann einem Ehre machen, wenn man darin bedeutenden Vorgängern folgt.«[30] Dieser sogenannte Beweis *ex auctoritate* durch das Zitat führt früh zu einer langanhaltenden Auseinandersetzung über die Prädominanz von ›*auctoritas*‹ oder ›*ratio*‹. Bereits Seneca ironisiert das ›*ipse dixit*‹ zugunsten des Selbstdenkens. Doch noch in der Dichtung des Mittelalters ist die Berufung auf manchmal seriöse, manchmal fingierte autoritative Quellen üblich. Das Aufgreifen von ›*auctoritates*‹, in der Geschichtsschreibung beispielsweise, schafft im Unterschied zu einem quellenkritischen Vorgehen, das als Wissenspraxis erst später entsteht, eine Argumentationsposition, die von vornherein als wahrheitsgetreu gesichert gilt. Das Zitieren von ›*auctoritates*‹ garantiert somit die Kongruenz von Inhalt und Gegenstand der Aussage. Nicht selten werden daher zusätzlich zum fingierten historischen Bericht die entsprechenden ›*auctoritates*‹ hinzuerfunden.[31] Im Zusammenhang mit diesen Verfälschungen wird die mittelalterliche Pecie (*pecia seu exemplaria*) – »in der Bedeutung der gesicherten und genehmigten Abschrift (exemplum) einer Handschrift, die zum Gebrauch im Hochschulstudium

[28] Ebd., S. 55 [»Topik« 78].

[29] Marcus Fabius Quintilianus, *Ausbildung des Redners,* hg. u. übers. von Helmut Rahn, I, 2., durchges. Aufl., Darmstadt: Wissenschaftliche Buchgesellschaft 1988, S. 121 [»Institutio oratoria« I, 8, 12].

[30] Ebd., S. 87f. [»Institutio oratoria« I, 6, 1f.].

[31] Vgl. Gert Melville, »Kompilation, Fiktion und Diskurs. Aspekte zur heuristischen Methode der mittelalterlichen Geschichtsschreiber«, in: Christian Meier/Jörn Rüsen (Hg.), *Historische Methode. Theorien der Geschichte*, München: dtv 1988 (Beiträge zur Historik 5), S. 133–153, hier: S. 135 u. 144; vgl. a. Friedrich Wilhelm, »Antike und Mittelalter. Studien zur Literaturgeschichte. I. Über fabulistische Quellenangaben«, in: *Beiträge zur Geschichte der deutschen Sprache und Literatur* 33 (1908), S. 286–339.

vor jeder Veränderung geschützt werden muß«[32] – relevant. Durch sie wiederum werden bestimmte Bestände des autoritativ Zitierbaren garantiert. Zedler schreibt noch 1732 entsprechend: »Authoritas [...] sagt man auch von denen Medizinischen Authoribus, deren Schriften man sichern Glauben beymessen kan«.[33] Die neuzeitliche Kritik der Autorität zeichnet sich dadurch aus, dass sie ein Fehlen von deren Legitimation durch Vernunft oder Erfahrung bemängelt. Seit der Aufklärung hat sich Autorität definitiv an der Vernunft zu messen. Diderot fasst in seinem *Encyclopédie*-Artikel unter ›wissenschaftliche Autorität‹ das Recht des Autors auf Glauben an das von ihm Geäußerte. Damit werden Gelehrsamkeit, Redlichkeit und Aufrichtigkeit zum Maßstab von Autorität. D.h., eine wissenschaftliche Aussage soll nicht nur aufgrund des Rufs des Autors, sondern aus Vernunftgründen akzeptiert werden.[34]

Neben diesem rhetorisch-philologischen Begriff der Autorität gibt es auch eine Begriffstradition der politischen Autorität, die im Altrömischen im Zusammenhang mit Machtbefugnissen des Senats bezüglich der Urheberschaft von Gesetzen oder deren Auslegung vonseiten bevollmächtigter Richter ihren Anfang nimmt. Im Laufe der Geschichte politischer Theorien ist sie jedoch weit verzweigt und kann an dieser Stelle nur kursorisch referiert werden. Meist ist der Bezugspunkt kein Schriftstück, sondern ein Subjekt, das mit bestimmten Rechtstiteln ausgestattet ist. Sie kann aber auch in Form einer Autorisation auf Vertreter oder schriftliche Direktiven übertragen werden. Ein Siegel auf einem Schriftstück erhält so beispielsweise eine performative Dimension, weil es eine Handlungsanweisung zertifiziert. Es ist nicht nur Ausdruck von Macht, sondern stattet die Schrift mit dieser Macht aus. Hervorzuheben ist jedoch, dass der politische Terminus ebenfalls zwischen den Polen des Rationalen und Irrationalen, zwischen dem durch Expertenkompetenz Ausgezeichneten und dem naturrechtlich oder göttlich Legitimierten diskutiert wird. So wird an der einen Seite des Spektrums einer Person eine bestimmte rational begründbare Autorität zugesprochen; das Auto-

[32] Rabe/Röttgers/Veit, »Autorität«, a.a.O., Sp. 724–733, hier: Sp. 726.

[33] »Authoritas«, in: Zedler, *Grosses vollständiges Universal-Lexicon*, a.a.O., Sp. 2267.

[34] Diderot schreibt: »La vraie pierre de touche, quand on est capable & à portée de s'en servir, c'est une comparaison judicieuse du discours avec la matière qui en est le sujet, considérée en elle-même : ce n'est pas le nom de l'auteur qui doit faire estimer l'ouvrage, c'est l'ouvrage qui doit obliger à rendre justice à l'auteur.« ([Diderot] »Autorité«, in: Denis Diderot/Jean le Rond d'Alembert, *Encyclopédie ou Dictionnaire raisonné des sciences, des arts et des métiers*, Paris: Briasson u.a.: 1751, S. 900).

ritätsobjekt folgt dieser aufgrund »einsichtiger Gefolgschaft«.[35] An der anderen Seite des Spektrums wird Autorität als irrational einer Person zukommende »›gewaltmäßige‹ Überlegenheit [...], die Ordnungen aus sich heraus schafft«[36] kritisiert; sie bringe ›Unterordnungstriebe‹ und ein abergläubisches Vertrauen auf Lehren und Traditionen hervor, die sich nicht rational begründen ließen.

Auch der Begriff des *Faktischen* ist einer wechselvollen Geschichte unterworfen, in deren Verlauf er sogar einen grundlegenden Bedeutungswandel in sein Gegenteil erfährt: Lorraine Daston verweist darauf, dass sich sowohl ›Faktum‹ als auch ›*Tat*sache‹ zunächst auf eine Tat, etwas Gemachtes oder eine Handlung beziehen. Etymologisch ist das ›Faktum‹ mit ›factory‹ und anderen Worten des Herstellens oder Machens verbunden: »*facere/factum, faire/fait, fare/fatto, tun/Tatsache*«.[37] Im frühen 17. Jahrhundert jedoch wandelt sich die Vorstellung von einem Faktum zu etwas, das ›wirklich vorkommt‹ oder ›tatsächlich der Fall‹ ist – »a particular truth known by actual observation or authentic testimony, as opposed to [...] fiction«.[38] Der Begriff habe dadurch, schreibt Daston, seine Verknüpfung mit Worten wie ›*fact*itious‹ and ›manu*fact*ure‹ verloren.[39] Diese wiederum erfahren, verbunden mit der Angst vor der den wissenschaftlichen Blick verzerrenden Einbildungskraft, etwa zur Mitte des 18. Jahrhunderts eine massive Abwertung: »[O]nce-neutral words like ›fabricate‹ (originally, to form or construct anything requiring skill) or ›fabulist‹ (teller of legends or fables) had acquired an evil odour of forgery and deception in addition to their root senses of construction.«[40] Für die meisten Denker der Aufklärung sind Fakten nicht mehr etwas von Menschenhand Geschaffenes, sondern etwas Naturgegebenes. Trotz ihrer gemeinsamen etymologischen Wurzeln sind Fakten und Artefakte schließlich zu Antonymen geworden.

35 Rabe/Röttgers/Veit, »Autorität«, a.a.O., Sp. 724–733, hier: Sp. 728.

36 Ebd.

37 Lorraine Daston, »Fear & Loathing of the Imagination in Science« (1998), in: *Daedalus* 134.4 (2005), S. 16–30, hier: S. 18.

38 »fact, *n.*«, in: *The Oxford English Dictionary*, V, a.a.O., S. 651f. Der Entstehung der Opposition zwischen Fakt und Fiktion wie auch den dadurch hervorgerufenen Implikationen für die Lektüre von Texten wird weiter unten, ab S. 259 genauer nachgegangen.

39 Vgl. Daston, »Fear & Loathing of the Imagination in Science« (1998), a.a.O., S. 18.

40 Ebd. Das Verb ›*to fake*‹, das seine Herkunft der Gaunersprache verdankt, trug bereits bei seinem ersten nachweisbaren Vorkommen Ende des 18. Jahrhunderts eine pejorative Bedeutung. Es wurde im Sinne von ›überfallen‹ und ›ausrauben‹ gebraucht (vgl. »fake, v.«, in: *The Oxford English Dictionary*, V, a.a.O., S. 681).

Während also Authentizität jenseits der konkreten Materialität eines Artefakts für Glaubwürdigkeit oder Echtheit der Verfasserschaft steht und Autorität mit dem Ansehen des Autors und damit mit den Geltungsansprüchen eines Textes oder allgemeiner eines Artefakts verbunden ist, umfasst der Begriff des Originals das ›Ursprüngliche‹. Das ›Faktum‹ gilt indes als etwas, das tatsächlich der Fall ist, als eine spezifische ›Wahrheit‹, die neutral beobachtet werden kann. Wie die Geschichte zeigt, interferieren alle Begriffe in einem bestimmten Maße.

Wenn aufgrund der Variabilität der Termini im Laufe der Geschichte deren positivistische Sinnfestlegung offensichtlich scheitern muss und damit die Mechanik der Fälschung bzw. deren Enttarnung dauerhaft an Begriffen nicht festzumachen ist, so lässt sich zumindest die Perspektive umkehren und daraus eine relative Bestimmung gewinnen: D. h., eine Fälschung ist nur möglich, wenn sich – zumindest temporär – bestimmte starre Formen des Umgangs etwa mit ›originalen‹, ›authentischen‹ und ›autoritativ‹ beglaubigten Artefakten etabliert haben. Eine Fälschung besteht dann darin, ein entsprechendes Objekt scheinbar mit einer der aufgeführten Qualitäten auszustatten und in Umlauf zu bringen. Zugleich wird damit bereits deutlich, dass in der Regel die genannten Eigenschaften keine natürliche substantielle Bindung an die Gegenstände haben, sondern dass sie nur zeichenhaft repräsentiert werden und sich dabei für die Sache selbst ausgeben. Sonst wäre es nicht möglich, sie von außen in die Gegenstände einzulagern, sie ihnen nachträglich hinzuzufügen, anzuheften oder aufzupfropfen. Anders gesagt, wenn bestimmte Merkmale eines Schriftstücks oder eines Objekts als Gewährleistung dafür begriffen werden, dass es ein Original bzw. eine Urschrift ist, dass es authentisch ist bzw. von einem bestimmten Urheber stammt, dass es autorisiert ist bzw. *per se* eine bestimmte Gültigkeit hat oder eine Direktive in Kraft setzt, kann man sie auch als Adjunkte bestimmten Artefakten hinzutreten lassen, d. h. mit diesen Merkmalen dafür sorgen, dass Fälschungen vom jeweiligen Status des Originalen, des Authentischen und des Autorisierten profitieren. Mit dem Bedeutungswandel des Wortes ›Faktum‹ hin zu etwas, das im Gegensatz zu von Menschenhand hergestellten Artefakten in der Natur vorgefunden wird, ist der Boden für eine spiegelbildliche Rückverkehrung dieses Gegensatzpaares bereitet: Bei Fälschungen werden Artefakte zu Fakten, etwas Gemachtes wird zu etwas Aufgefundenem erklärt. Bei der Aufdeckung von Fälschungen kippen diese Verkehrungen jedoch wieder zurück: Etwas als original, authentisch, autorisiert oder faktisch Anerkanntes wird auf seine irreführende Produziertheit zurückgeführt.

Diese Dynamik der Prädikation, die bei Fälschungen im Spiel ist, wird von Umberto Eco in seinem Aufsatz »Nachahmungen und Fälschungen« luzide erkannt, wenn auch theoretisch nicht gelöst. Eine produktive Lektüre seines semiotischen Ansatzes mag jedoch zu deren näherer Bestimmung beitragen.

Die ›Fälschung‹ als ›falsche Identifikation‹

Ein besonderes Verdienst kommt Ecos Text zu, weil darin die Untersuchungskriterien von Fälschungen gewinnbringend erweitert werden. Eco stellt nämlich heraus, dass man Fälschungen ohne Ansehung substantieller Eigenschaften definieren müsse, da es zahllose Imitationen, Nachahmungen und Faksimiles gebe, die niemand als Fälschungen bezeichnen würde. Entsprechend stärkt er eine pragmatische Analyseperspektive und bestimmt Fälschungen dadurch, dass jemand erklären müsse, ein Gegenstand sei identisch mit einem anderen, z. B. ›authentischen‹ Gegenstand: »Eine Fälschung ist etwas also nicht wegen seiner inneren Beschaffenheit, sondern kraft einer Identitätsbehauptung. Fälschungen sind somit vor allem ein pragmatisches Problem«.[41] Dies präzisiert er mittels einer Determination, wie man sie aus der Aussagenlogik (notwendig/hinreichend) kennt: »Die *notwendigen* Bedingungen für das Vorliegen einer Fälschung sind also folgende: Es muß, wenn die wirkliche oder angenommene Existenz eines von A (einem menschlichen oder nichtmenschlichen Autor) hervorgebrachten Gegenstandes G_a in einer bestimmten geschichtlichen Situation T_1 gegeben ist, ein anderer, davon verschiedener von B (menschlicher oder nichtmenschlicher Autor) in der Situation T_2 hervorgebrachter Gegenstand G_b existieren, der unter bestimmten Gesichtspunkten eine starke Ähnlichkeit mit G_a (oder einer traditionellen Vorstellung von G_a) aufweist. Die *ausreichende* [besser: hinreichende, M. D.] Bedingung für eine Fälschung besteht darin, daß jemand erklären muß, G_b sei identisch mit G_a« (226). Als Voraussetzung für die Akzeptanz einer angeblichen Identität führt Eco an, dass die Getäuschten über »eine mehr oder weniger äquivalente Kenntnis von G_a« verfügten (229). Im weiteren Verlauf des Textes werden die Variablen G_a und G_b dann für die Binnendifferenzierung in drei primäre Fälschungstypen benutzt: Eco spricht erstens von radikalen Fälschungen im Falle, dass ein Original G_a existiert, zweitens von moderaten

[41] Eco, Umberto: *Die Grenzen der Interpretation*, übers. v. Günter Memmert, München: dtv 1999, S. 227. Im Folgenden im Text zitiert mit Seitenangaben in Klammern.

Fälschungen, wenn trotz gewusster Unterschiede zwischen G_a und G_b eine gleichwertige Austauschbarkeit angenommen wird und drittens von Fälschungen *ex nihilo*, wenn Gegenstand G_a nicht oder nicht mehr existiert (vgl. 219–236).

Hervorzuheben ist dabei, dass Eco die ›falsche Identifikation‹ deutlich von der Berücksichtigung einer Täuschungsabsicht eines Fälschers, die anhand der Artefakte ohnehin analytisch unzugänglich wäre, befreit[42] und das an einer Fälschung beteiligte Personal in drei abstrakte Rollen aufgliedert: den Autoren, einen Prätendenten und schließlich einen Richter (vgl. 226). Eco verschiebt damit den Fokus seiner Analysen weg vom Prätendenten hin zum Richter oder einem äußeren Beobachter: »Das entscheidende Problem [...] besteht also nicht in einer Typologie der Falschaussagen des Prätendenten, sondern in einer Aufzählung der Kriterien, aufgrund deren der Richter entscheidet, ob der Prätendent Recht hat oder nicht« (241). Ecos entscheidende Volte ist bei alledem die Feststellung, dass die genannten Kriterien identisch sein müssten mit jenen, die zur Beurteilung jedes ›Originals‹ oder allgemein des Vorbilds angelegt werden. An anderer Stelle schreibt Eco über dieses Problem der Unterscheidbarkeit, »daß alle Kriterien, mittels deren man feststellen kann, ob etwas die Fälschung eines Originals ist, mit denen zusammenfallen, die es erlauben, festzustellen, ob das Original echt ist. Also kann das Original nicht als Parameter zum Aufdecken von Fälschungen verwendet werden, es sei denn, man akzeptiert blind, daß das, was als Original präsentiert wird, auch unzweifelhaft das Original ist« (252).[43] Daher gibt er zu bedenken, dass das Problem bei Fälschungen überraschenderweise nicht in der Frage bestehe, »ob G_b eine Fälschung ist oder nicht, sondern in der Entscheidung darüber, ob G_a echt ist oder nicht, und welche Gründe zu dieser Entscheidung führen« (241). Mit jeder Fälschung stehen somit auch ihre ›Vorlage‹ sowie mit dieser verknüpfte – zu deren Verifikation oder Falsifikation herangezo-

[42] Obwohl es, wie eingangs dargestellt, bei der Benennung von etwas als Fälschung zu einer nachträglichen (Re-)Konstruktion eines Betrugsbewusstseins kommt, lässt sich die Wirkungsweise von Fälschungen von einer Täuschungsabsicht abtrennen. Denn nicht jedes Fälschungsresultat lässt sich auf die restlose Erfüllung einer Fälscherintention zurückführen. Umgekehrt können Fälschungen auch effektlos sein, wenn sie – entgegen der Absicht des ›Urhebers‹ – von vornherein inakzeptabel bleiben.

[43] Man könnte in Anlehnung an Karl Poppers Überlegungen zur Falsifizierbarkeit, ohne damit eine analoge Logik der Fälschung heraufbeschwören zu wollen, formulieren, dass eine Verifikation von Originalen nicht möglich ist, wohl aber deren Falsifikation. D. h., Originale zirkulieren so lange als solche, wie sie nicht falsifiziert werden können; gelingt dies, dann gelten sie als Fälschungen (vgl. Karl R. Popper, *Logik der Forschung*, Tübingen: J. C. B. Mohr (Paul Siebeck) 1971[4], S. 47–59).

gene – vermeintlich stabile Beobachtungskriterien auf dem Spiel; denn widerlegt der Richter eine Identitätsbehauptung, beispielsweise indem er auf die doppelte Existenz eines Unikats stößt, so ist damit zunächst nur bewiesen, dass eine Fälschung vorliegt, nicht jedoch welcher der beiden Gegenstände das Original ist: »Es genügt nicht zu beweisen, daß die Identifikation unmöglich ist. Der Richter muß einen Echtheitsbeweis für das angebliche Original beibringen« (242f.).

Damit ist indirekt auch der bereits erwähnte Doppelcharakter, der dem Phänomen der – um es als Paradox zu formulieren – ›echten‹ Fälschung eingeschrieben ist, thematisiert, da sie gleichsam als Kippfigur zunächst als ›Original‹ erscheint und später als Falsifikat. In der Entfaltung seiner ›Semiotik der Fälschungen‹ stößt Eco unter anderen Vorzeichen auf dieses Kippmoment: Fasse man eine Fälschung als Zeichen auf, »so würde es sich um eine recht merkwürdige Art von Zeichen handeln: Gegenstand G_b wäre ein Zeichen nur solange niemand ihn als solches erkennen und alle ihn für sein Denotat halten würden; sobald er aber als Zeichen erkannt wäre, würde er etwas G_a Ähnliches – ein Faksimile von ihm – und nicht mehr mit ihm verwechselt. Denn ein Faksimile ist ein ikonisches Zeichen, aber keine Fälschung« (238). Akzeptiert man vorläufig, dass es sich bei Fälschungen um Zeichen handelt, scheint Eco hier auf die von Derrida konzeptualisierte ›*différance*‹ zu stoßen: Die »merkwürdige«, d. h. zugleich aufgeschobene und differierende Identität eines gefälschten Artefakts zwischen Denotat (Zeichenhaftigkeit bleibt unerkannt) und Faksimile (ikonische Zeichenhaftigkeit wird erkannt), die Eco eigentlich anführt, um seine eigene Argumentation *ad absurdum* zu führen, lässt sich nämlich, unterstellt man eine Iterabilität von Zeichen, produktiv weiterführen. Die Fälschung lässt sich dann als etwas lesen, das das Indefinite jedes Verweises im Zeichenprozess oder die Unmöglichkeit, einen bestimmten Sinn als absolut mit sich selbst identisch zu wiederholen, deutlich hervortreten lässt.[44] Anders gesagt: Fälschungen können als solche wirken, weil ihnen bei ihrer Rezeption eine stabile denotative

[44] Die einschlägige Stelle in Jacques Derridas *Grammatologie*, auf die diese Überlegungen zurückgehen, lautet: »Das Repräsentierte [Denotierte, M. D.] ist immer schon ein *representamen* [Signifikant, M. D.]« (Jacques Derrida, *Grammatologie*, übers. v. Hans-Jörg Rheinberger u. Hanns Zischler, Frankfurt/M.: Suhrkamp 1983, S. 86. Frz. *De la grammatologie,* Paris: Éd. de Minuit 1967, S. 72). Eco verwirft jedoch sein Paradox, das dadurch gelöst werden könnte, dass man die falsche Identifikation auf ein unerkannt gebliebenes, aufgeschobenes Zeichenerfassen zurückführt. Er spricht stattdessen im Verweis auf Peirce, dem zufolge ein bloßes Ikon nicht als Zeichen interpretierbar sei, von einem Wahrnehmungsmissverständnis in der perzeptiven Interpretation (vgl. Eco, *Die Grenzen der Interpretation*, a. a. O., S. 238).

Bedeutung supplementiert wird. Bei jeder Aufdeckung jedoch verflüssigen sich solch starre Annahmen oder werden fragwürdig.

Darüber hinaus lässt sich festhalten, dass eine Fälschung zwar auf der Ebene der Signifikanten, also der konkreten Zeichenträger, erscheint, als solche jedoch mitunter nur differentiell, d. h. in einem bestimmten Kräfteverhältnis zu anderen Erscheinungen oder Kontexten, ›dingfest‹ gemacht werden bzw. als Fälschung oder ›Original‹ wirken kann. Um dies zu verdeutlichen, soll hier eine Passage aus Derridas *Grammatologie* angeeignet und einer Art Zweckentfremdung unterzogen werden, indem die Begriffe Schrift und Supplement durch den der Fälschung ersetzt werden:

> Die [Fälschung] ist gefährlich, sobald die Repräsentation sich in ihr für die Präsenz und das Zeichen für die Sache selbst ausgeben will. Es erweist sich als eine fatale und der Funktionsweise des Zeichens selbst inhärente Notwendigkeit, daß das Substitut seine stellvertretende Position vergessen macht [...]. Die [Fälschung] fügt sich hinzu, es ist ein Surplus [...]. Aber [die Fälschung] supplementiert. [Sie] gesellt sich nur bei, um zu ersetzen. [Sie] kommt hinzu oder setzt sich unmerklich an-(die)-Stelle-von; wenn [sie] auffüllt, dann so, wie man eine Leere füllt. Wenn [sie] repräsentiert und Bild wird, dann wird [sie] Bild durch das vorangegangene Fehlen einer Präsenz.[45]

Prekär ist daher der von Eco nicht selten unter der Variable G_a verklausulierte, generalisierte Begriff eines der Fälschung vorgängigen Gegenstandes bzw. Originals, den er aber in seinem Resümee mit dem Hinweis, dass viele Fälle von Identifikation auf ›sozialer Übereinkunft‹ basieren, selbst problematisiert: Die Tatsache, dass Gegenstände, Dokumente, Geldscheine und Kunstwerke so oft gefälscht würden, zwinge »zur Beschäftigung mit einer Reihe von Problemen hinsichtlich der Erfordernisse, denen ein Original genügen muß, um als solches definiert werden zu können [...]. Das Nachdenken über diese oft gefälschten Gegenstände macht indessen darauf aufmerksam, wie unsicher unsere allgemeinen

[45] Derrida, *Grammatologie*, a. a. O., S. 249f. Im Original heißt es: »L'écriture est dangereuse dès lors que la répresentation veut s'y donner pour la présence et le signe pour la chose même. Et il y a une nécessité fatale, inscrite dans le fonctionnement même du signe, à ce que le substitut fasse oublier sa fonction de vicariance [...]. Le supplément s'ajoute, il est un surplus [...]. Mais le supplément supplée. Il ne s'ajoute que pour remplacer. Il intervient ou s'insinue *à-la-place-de*; s'il comble, c'est comme on comble un vide. S'il représente et fait image, c'est par le défaut antérieur d'une présence« (Derrida, *De la grammatologie,* a. a. O., S. 207f.). Der ›Trick‹ der Ersetzung ist seinerseits entwendet und zwar von Robert Phiddian, der dies mit dem Begriff der Parodie durchspielt (vgl. Robert Phiddian, »Are Parody and Deconstruction Secretly the Same Thing?«, in: *New Literary History* 28.4 (1997), S. 673–696, hier: S. 688f.).

Identitätskriterien sind und wie sehr Begriffe wie Wahrheit und Falschheit, echt und gefälscht, Gleichheit und Verschiedenheit zirkulär und in wechselseitiger Abhängigkeit voneinander definiert werden« (254f.).

Eine Fälschung indes als ›falsche Identifikation‹ zu bezeichnen, an deren Zustandekommen nicht nur ausschließlich ein Fälschersubjekt, sondern auch andere Personen (z.B. als Prätendenten oder Richter) beteiligt sind, ist sinnvoll. Mit der Fokussierung auf einen äußeren Beobachter und vor allem auf die Kriterien, mittels deren dieser über eine falsche Identitätsbehauptung entscheidet, lassen sich nämlich einerseits die komplexen Bezüge einzelner Fälschungen in den Blick nehmen, andererseits wird es auch möglich, die falsche Identifikation nicht nur als intentionale enunziative Behauptung, sondern auch als Effekt der Lektürepraxis oder der Betrachtung eines Gegenstands rezeptionsorientiert zu begreifen.

Betrachtet man Fälschungen oder auch Faksimiles darüber hinaus nicht als eine irreduzible Ganzheit, sondern als ein Geflecht von Zeichen, verkomplizieren sich die Annahmen weiter und multiplizieren sich die falschen Identifikationsmöglichkeiten. Nicht selten bestimmen einige wenige mit besonderen Rechten verbundene Zeichen (oder sogar nur eines) darüber, ob einem Dokument *in toto* bei der Betrachtung ein anderer Status zugesprochen wird, wie beispielsweise ein gefälschtes Siegel dafür sorgt, einer gesamten Depesche einen anderen Stellenwert beizumessen. Eine Fälschung wird also möglich, wenn wir es mit Artefakten zu tun haben, die ihren Status als ›Original‹ oder ›authentisch‹ durch eine *scheinbar* rein substantielle Identität erhalten – eine Identität, die indes in der Praxis häufig Ergebnis einer generalisierenden Interpretation einzelner Merkmale ist. Löst man Ecos Beobachtungen von ihrer Kopplung an die Vorstellung einer unteilbaren Entität, die mit dem Aufrufen abstrakter Objektvariablen impliziert ist, so lassen sich an den jeweiligen Fälschungen in einem bestimmten geschichtlichen Zeitraum differenziert Bezugspunkte oder Elemente – in Ecos Worten, die »mehr oder weniger äquivalente Kenntnis« (229) einzelner Gesten des wahren Sprechens oder des authentischen Schreibens – isolieren und genauer in den Blick nehmen. Eine rein semiotische Perspektive reicht dafür aber nicht aus.

Auch Eco gesteht implizit das Scheitern einer ausschließlich zeichentheoretischen Herangehensweise ein, wenn er schreibt: »Eine Fälschung ist also [...] kein Zeichen« (244). Denn – so könnte man in Anlehnung an seine eigenen Formulierungen schreiben – die Frage, die man sich angesichts sowohl von Fälschungen als auch von Originalen stellt, lautet in erster Linie nicht »Was bedeutet das?« (vgl. 238), sondern

»Welchen Wert hat es?« oder vielmehr »Welche Geltung wird einem Artefakt aufgrund dieser oder jener Eigenschaften zugesprochen und wie zirkuliert es daraufhin?« Man hat es bei Fälschungen somit nicht nur mit Problemen der Zeichenreferentialität zu tun, sondern auch mit Aussage- und Rezeptionsbedingungen, die deren Wert und damit im weitesten Sinne deren Auffassung maßgeblich determinieren. Jedes auch gefälschte Artefakt ergibt auf irgendeine Weise Sinn; der Status als echt oder gefälscht bestimmt jedoch auf besondere Weise ihre Valorisation, mithin ihr Akzeptiertwerden als ernst zu nehmend oder nicht, ihr Zirkulieren und ihre Interpretation.

Fälschungen und Fakes als Diskursphänomene

Im Folgenden soll versucht werden, diesen Wertaspekt von Fälschungen und Fakes, vor allem aber ihre differentielle Funktionsweise sowie ihren jeweils impliziten Rekurs auf Formationen, die bislang mit den etwas unscharfen Begriffen, wie ›Kenntnisse‹, ›Kontexte‹, und ›soziale Übereinkunft‹, umrissen wurden, mittels Überlegungen von Michel Foucault genauer zu konturieren. Allein das Sprechen von ›Diskursen‹ reicht nicht aus, um die weitreichenden Implikationen seiner ›Geschichte der Gegenwart‹ wachzuhalten. Um Foucault als Historiker *und* als Philosophen ernst zu nehmen und die Vieldimensionalität seines komplexen Denkens sowie der dazugehörigen Begriffe adäquat zu entfalten, werden, ausgehend von der *Archäologie des Wissens*, seine Analysekategorien zunächst theoretisch vertieft. Um schließlich die Bedeutung politischer, ökonomischer und institutioneller Einflüsse auf die einzelnen Wissensgebiete zu stärken, wird zudem eine Erweiterung des Blickwinkels vorgenommen und die von Foucault als archäologisch wie auch als genealogisch gekennzeichneten Vorhaben – welche, wie er selbst immer wieder deutlich gemacht hat, ohnehin nicht zu trennen sind – in eine fruchtbare Verbindung gebracht. Die 1994 von Daniel Defert und François Ewald edierten *Dits et écrits* bieten dafür eine reichhaltige Materialsammlung.

Die Machtaspekte, die Foucault bei der Betrachtung von Wahrheits-, Wissens- und Erkenntnispraktiken im Zusammenhang mit spezifischen Wissensgebieten in den Vordergrund rückt, sind insofern relevant, als das Instrumentarium, das er für die Beschreibbarkeit von Bedingungen entfaltet, unter denen Aussagen[46] im Diskurs erscheinen oder wirken

[46] Foucault hat nie eine endgültige Definition des Begriffs der Aussage vorgenommen. Dieser kann jedoch im Sinne eines Diskursphänomens verstanden werden. D.h., im

können, hervorragend geeignet ist, die Existenz- und Wirkungsbedingungen wie auch die möglichen Effekte der Aufdeckung von Fälschungen in den Blick zu nehmen. Foucault situiert dabei seine Denkweise explizit jenseits von Semiotik und Hermeneutik. Statt Sinnverhältnisse beabsichtigt er, Machtverhältnisse in den Blick zu nehmen, indem er die Geschichte des Wissens mit Prinzipien des Kampfes, der Strategie und der Taktik begreifbar zu machen versucht.[47] Die Untersuchung von Diskursen ist für ihn daher eine »Aufgabe, die darin besteht, die Diskurse nicht – nicht mehr – als Gesamtheiten von Zeichen (von bedeutungstragenden Elementen, die auf Inhalte oder Vorstellungen verweisen), sondern als Praktiken zu behandeln, die systematisch die Objekte bilden, von denen sie sprechen. Sicherlich sind Diskurse Zeichenphänomene; aber sie leisten mehr, als nur Dinge zu bezeichnen. Es ist dieses *mehr*, das sie irreduzibel auf die Sprache und das Sprechen macht. Es ist dieses *mehr*, das man sichtbar machen und beschreiben muß.«[48] Erst ausgehend von diesem ›mehr‹ der diskursiven Praktiken könne man definieren, was die Dinge sind und den spezifischen Gebrauch der Worte ausfindig machen. Es geht somit innerhalb der gewaltigen ›Ökonomie des Diskurses‹ um den Status von Aussagen, den man nicht als ihren Sinn, sondern eher als ihre Geltung oder ihren Wert umschreiben könnte. Ein spezifischer Diskurs ist somit durch seine Erscheinungsregeln von Aussagen *und* seine Aneignungs- und Anwendungsbedingungen gekennzeichnet oder, anders gesagt, gewisse ihm eigene Macht- und Kräftever-

Unterschied zum Terminus der Proposition, der sich auf mögliche, d.h. denk- und sagbare wie auch logisch überprüfbare Sätze bezieht, steht derjenige der Aussage ausschließlich für tatsächlich Gesagtes oder Geschriebenes (vgl. dazu weiter unten, S. 54f.). Er kann zudem, wie von Hubert L. Dreyfus und Paul Rabinow entwickelt, als seriöser Sprechakt (*serious speech act*) verstanden werden; Aussagen wären somit sprachliche Performanzen von Experten, wenn sie als solche sprechen – »what experts say when they are speaking as experts« (Hubert L. Dreyfus/Paul Rabinow, *Michel Foucault. Beyond Structuralism and Hermeneutics,* Chicago: Univ. of Chicago Press 1982, S. xx). Das Buch der beiden Autoren kann als Standardwerk zur Erschließung des Gedankengebäudes von Foucault bezeichnet werden, nicht nur weil dieser darin als Historiker *und* Philosoph ernst genommen wird, sondern auch wegen der dort vorgenommenen präzisen und kritischen Lektüren seiner Texte, die zudem durch zahlreiche produktive Vergleiche mit anderen Denkern, wie u.a. Martin Heidegger und Thomas S. Kuhn, bereichert werden.

47 Vgl. Michel Foucault, »Gespräch mit Michel Foucault« (1976), in: *Schriften*, übers. v. Michael Bischoff u.a., III, Frankfurt/M.: Suhrkamp 2003, S. 186–213, hier: S. 192f. Frz. »Entretien avec Michel Foucault«, in: *Dits et écrits*, hg. v. Daniel Defert u. François Ewald, II, Coll. Quarto, Paris: Gallimard 2001, S. 140–160, hier: S. 145.

48 Michel Foucault, *Archäologie des Wissens*, übers. v. Ulrich Köppen, Frankfurt/M.: Suhrkamp 1981, S. 74. Frz. *L'archéologie du savoir*, Paris: Gallimard 1969, S. 66f.; Übersetzung modifiziert.

hältnisse entstehen einmal durch Auseinandersetzungen innerhalb eines Diskurses, ferner durch seine Konstellation mit ihm zeitgenössischen und benachbarten Diskursen und schließlich durch seine Funktion im Rahmen nicht-diskursiver Praktiken. Dies fasst Foucault in *L'ordre du discours* thesenhaft zusammen, wenn er betont, dass ein Diskurs nicht bloß Ausdruck von Kämpfen oder von Herrschaftsformen sei, »sondern dasjenige, worum und wodurch man kämpft; er ist die Macht, deren man sich zu bemächtigen sucht«.[49]

Foucault hat vor dem Hintergrund dieser Diskursmacht wie kaum ein anderer Denker radikal die Gültigkeitsbedingungen von etwas als wahr oder falsch als kontextbedingt, d.h. als von einem bestimmten Diskurs in einer bestimmten Zeit abhängig, bestimmt. Obwohl er Fälschungen nie in den Fokus seiner Untersuchungen gerückt hat, bezieht er sich in einigen Interviews auf den Fall Lyssenko:[50] »Während meiner Studienzeit, so um die Jahre 1950–1955, war eines der großen Probleme, die im Raume standen, das Problem der politischen Stellung der Wissenschaft und der ideologischen Funktionen, die sie übernehmen konnte. Dabei stand nicht so sehr das Problem Lyssenko im Vordergrund; dennoch glaube ich, dass im Umfeld dieser hässlichen Affäre, die so lange vergraben und sorgsam verborgen blieb, eine ganze Menge interessanter Fragen aufgewirbelt wurde. Sie lassen sich allesamt in zwei Worte zusammenfassen: Macht und Wissen.«[51]

49 Michel Foucault, *Die Ordnung des Diskurses*, übers. v. Walter Seitter, Frankfurt/M.: Fischer 1991, S. 11. Frz. *L'ordre du discours*, Paris: Gallimard 1971, S. 12; Übersetzung modifiziert.

50 Trofim Denissowitsch Lyssenko gehörte ab 1929 zu den einflussreichsten sowjetischen Wissenschaftlern unter der Herrschaft Stalins und verlor erst nach dem Sturz Chruschtschows 1965 seine Position als Direktor des Instituts für Genetik an der sowjetischen Akademie der Wissenschaften. Seine machtvolle Stellung verdankte er vornehmlich seiner ideologischen Linientreue, die u.a. darin bestand, Kenntnisse der Genetik zugunsten eines dogmatischen Lamarckismus zu ›widerlegen‹; denn die ›Erfolge‹ seiner revolutionären agronomischen Experimente, wie beispielsweise das Aussäen vorgekeimten Getreides, die Züchtung von Weizen mit mehreren Ähren, die ›Umerziehung‹ von Nutzpflanzen sowie die Kreuzung von verschiedenen Milchkuh-Arten, waren ausnahmslos Fälschungen und sorgten jahrzehntelang für Missernten, Lebensmittelknappheit und Milliardenschäden (vgl. Tobias Gerstäcker, »Vernichtungsfeldzug gegen Chromosomen – Der Fall Lyssenko«, in: Karl Corino (Hg.), *Gefälscht! Betrug in Politik, Literatur, Wissenschaft, Kunst und Musik*, Reinbek bei Hamburg 1990, S. 376–389; vgl. a. Zores A. Medvedev, *Der Fall Lyssenko. Eine Wissenschaft kapituliert*, unter Verwendung d. russ. Orig.-Textes aus d. Amerikan. übers. v. Peter A. Weidner, München: dtv 1974).

51 Foucault, »Gespräch mit Michel Foucault« (1976), a.a.O., S. 187 (frz. II, S. 141). Diese Erwähnung Lyssenkos lässt sich vielleicht auf das im selben Jahr erschienene Buch *Lyssenko. Histoire réelle d'une »science prolétarienne«* zurückführen, für das Louis Althusser das Vorwort verfasste und darin die UdSSR für ihre mangelnde Aufarbeitung des Falls

Der weitere Fortgang der Untersuchung wird zeigen, warum der Fall Lyssenko für Foucault einen eher zweitrangigen Analysegegenstand darstellen muss, da die darin involvierten Kräfteverhältnisse zu einfach strukturiert waren, um seine komplexe Machtanalytik zu begründen. Mit anderen Worten, der Fall Lyssenko warf zwar entsprechende Fragen nach der Verstrickung von Wissen und Macht auf. Ihn als Präzedenzfall zu nehmen, würde aber die Gefahr bergen, methodisch die von außen auf einem Diskurs lastenden nicht-diskursiven Praktiken und Machtinteressen zu sehr zu privilegieren und dabei die innerhalb eines Diskurses wirksamen Kräfteverhältnisse aus den Augen zu verlieren. Foucaults vielschichtig angelegte Diskursanalyse würde dadurch verzichtbar. Ferner würde – wie er im Zusammenhang mit der Frage nach dem ideologischen Funktionieren von Diskursen verdeutlicht – der Eindruck erweckt, dass durch die Beseitigung theoretischer Mängel das ideologische Funktionieren einer Wissenschaft in enge Schranken verwiesen, wenn nicht sogar eliminiert werden könnte. Ideologien sind nach Foucault indes auch in formal und systematisch korrekten Wissensbereichen am Werk: »Die Widersprüche, die Lücken, die theoretischen Mängel können durchaus auf das ideologische Funktionieren einer Wissenschaft (oder eines Diskurses mit wissenschaftlichem Anspruch) hinweisen [...]. Aber [...] wenn ein Diskurs sich korrigiert, seine Irrtümer beseitigt, seine Formalisierungen nachjustiert, verliert er dennoch nicht zwangsläufig seinen Bezug zur Ideologie. Deren Rolle wird nicht in dem Maße geschwächt, wie die Strenge zunimmt oder die Unwahrheit verschwindet.«[52]

deutlich kritisiert (vgl. Louis Althusser, »Geschichte beendet, endlose Geschichte«, in: Dominique Lecourt, *Proletarische Wissenschaft? Der »Fall Lyssenko« und der Lyssenkismus,* übers. v. Rolf Löper u. Peter Schöttler, Hamburg/Berlin: VSA 1976 (Positionen 1), S. 7–18. Frz. *Lyssenko. Histoire réelle d'une »science prolétarienne«*, Paris: Maspero 1976); Foucault erwähnt den Fall Lyssenko später auch an zwei anderen Stellen, einmal im Zusammenhang mit der in den 30er Jahren in der Sowjetunion herrschenden Ideologie der Veränderbarkeit der Natur durch den Menschen (vgl. Michel Foucault, »Einsperrung, Psychiatrie, Gefängnis« (1977), in: *Schriften*, III, a.a.O., S. 434–468, hier: S. 444. Frz. »Enfermement, psychiatrie, prison«, in: *Dits et écrits*, II, a.a.O., S. 332–360, hier: S. 337f.) und ein anderes Mal im Kontext der Problematisierung einer bestimmten ›orthodox marxistischen‹ Rationalismuskritik, mit der seinerzeit versucht wurde, Lyssenkos Theorien gegen das bestehende Wissen der Genetik zu rechtfertigen (vgl. Michel Foucault, »Nachwort« (1980), in: *Schriften*, übers. v. Michael Bischoff u. a., IV, Frankfurt/M.: Suhrkamp 2005, S. 44–47, hier: S. 46. Frz. »Postface«, in: *Dits et écrits*, II, a.a.O., S. 854–856, hier: S. 855).

[52] Foucault, *Archäologie des Wissens*, a.a.O., S. 265 (frz. S. 243); Übersetzung modifiziert.

Die Auseinandersetzung mit Foucault soll im Folgenden also ermöglichen, Fälschungen und Fakes in den Kontext komplexerer Regelungs- und Machtverhältnisse zu rücken, als es bei Lyssenko der Fall war. Da ihre Bezeichnung von einem konstitutiven Falschsein abgeleitet und damit in die Dichotomie wahr/falsch eingebettet ist, bedarf es bestimmter Kriterien, um ihre Funktionsweise genauer spezifizieren zu können. Anders gesagt, wenn man über Fälschung und Fake sinnvoll sprechen möchte, ist eine Bezugnahme auf epistemologische Kategorien wie das Wahre oder die Opposition von wahr und falsch nicht zu umgehen. Jene verleiht Foucault zufolge der Wissensgeschichte sogar ihre Spezifität. Sie ist zu erfassen, indem »man begreift, dass es die Geschichte der ›wahrheitsorientierten Diskurse‹ [*discours véridiques*] zu schreiben gilt, also der Diskurse, die sich berichtigen, sich korrigieren und die an sich selbst eine Arbeit vollziehen, die ihr Ziel darin sieht, die ›Wahrheit auszusprechen‹ [*dire vrai*]. [...] Der Irrtum wird nicht durch die stille Kraft einer allmählich aus dem Schatten heraustretenden Wahrheit eliminiert, sondern durch die Herausbildung einer neuen Weise, die ›Wahrheit auszusprechen‹«.[53] Wahrheit bleibt so Existenzbedingung jeglichen Diskurses, aber sie ist, schreibt Paul Veyne, »selbst gleichfalls ein Diskurs und hat daher auch eine Geschichte, denn zu jeder Zeit reduziert sie sich auf das, was in der Gesellschaft als wahr gilt«.[54] Fälschungen sollen dementsprechend nicht im Rekurs auf eine ontologisch verstandene *absolute* Wahrheit, eine essentialistische Auffassung von Wahrheit *an sich* oder deren komplementäre Figur, eine endgültige Unwahrheit, analysiert werden, sondern als Elemente im komplexen Netz der von Foucault entwickelten diskursiven Gültigkeitsbedingungen.

Foucaults Schriften konzentrieren sich vor allem auf die Machtaspekte der epistemischen Praktiken – er spricht ab den 1970er Jahren auch vom Willen zur Wahrheit (*volonté de vérité*). Dieser Wille, »den wahren Diskurs zu sagen«, wird von ihm anfangs in erster Linie als vielschichtiges Ausschließungssystem in den Blick genommen – ein System, das er empirisch untersucht und sich dabei ausdrücklich von einem philosophischen Denken in Totalitäten abgrenzt. Denn aus dieser Perspektive werde »lediglich eine Wahrheit vor Augen gestellt,

[53] Michel Foucault, »Vorwort von Michel Foucault« (1978), in: *Schriften*, III, a.a.O., S. 551–567, hier: S. 558. Frz. »Introduction par Michel Foucault«, in: *Dits et écrits*, II, a.a.O., S. 219–442, hier: S. 435.

[54] Paul Veyne, »Michel Foucaults Denken«, in: Axel Honneth/Martin Saar (Hg.), *Michel Foucault. Zwischenbilanz einer Rezeption. Frankfurter Foucault Konferenz*, Frankfurt/M.: Suhrkamp 2003, S. 27–51, hier: S. 37.

die Reichtum und Fruchtbarkeit ist, sanfte und verfänglich universelle Kraft. Und wir übersehen dabei den Willen zur Wahrheit als gewaltige Ausschließungsmaschinerie.«[55] Um einseitigen Ableitungen zu entgehen, muss man sich jedoch das Bedeutungsspektrum der von Foucault in diesem Kontext ebenfalls verwendeten Bezeichnung ›Einschränkung des Diskurses‹ (*délimitation du discours*)[56] bewusst machen, welche einerseits als Anklage einer repressiven Gesellschaft verstanden werden kann, andererseits aber auch – denn die französische Bezeichnung ›*délimitation*‹ bedeutet auch Umgrenzung bzw. das Abstecken eines Feldes – Prozeduren bezeichnet, die den Diskurs als solchen erst in Erscheinung treten bzw. existieren lassen, d. h. möglich machen und funktionieren lassen.[57] Der Schlüssel zur Klärung dieser Prozesse liegt somit darin, diese in ihrer Ambivalenz, also als produktive und zugleich als limitierende zu analysieren; in den Worten Foucaults: »[W]ahrscheinlich kann man sie in ihrer positiven und fruchtbaren Rolle nur verstehen, wenn man ihre restriktive und zwingende Funktion betrachtet.«[58]

Bis Mitte der 1970er Jahre geht es Foucault in diesem Zusammenhang vornehmlich um ein empirisches Beschreiben dieser Ausschließungsmaschinerie und darum zu zeigen, wie verdeckte oder verschleierte (*masqués*) Wissensformationen, mit Erkenntnissen verbundene Wahrheitsansprüche und damit auch die Machtwirkungen, die mit der Unterscheidung zwischen dem Wahren und dem Falschen verknüpft sind, zu bestimmten Zeiten in einer Gesellschaft angeordnet waren und wie sie sich historisch veränderten: »Auch das Erkenntnissubjekt hat eine Geschichte; auch die Beziehung zwischen Subjekt und Objekt oder genauer: die Wahrheit selbst, hat eine Geschichte.«[59] Daraus lässt sich jedoch nicht folgern, dass für ihn Wahrheit nicht existiert; er weist lediglich einen Bezug auf *eine* universelle Wahrheit zurück.[60] Foucault bewertet

[55] Vgl. Foucault, *Die Ordnung des Diskurses*, a. a. O., S. 17 (frz. S. 22); Übersetzung modifiziert.

[56] Ebd., S. 17 (frz. S. 23).

[57] Vgl. Ralf Konersmann, »Der Philosoph mit der Maske. Michel Foucaults ›L'ordre du discours‹«, in: Foucault, *Die Ordnung des Diskurses*, a. a. O., S. 51–94, hier: S. 79.

[58] Foucault, *Die Ordnung des Diskurses*, a. a. O., S. 25 (frz. S. 38), vgl. a. S. 27 (frz. S. 40).

[59] Michel Foucault, »Die Wahrheit und die juristischen Formen« (1974), in: *Schriften*, übers. v. Michael Bischoff u. a., II, Frankfurt/M.: Suhrkamp 2002, S. 669–792, hier: S. 670. Frz. »La vérité et les formes juridiques«, in: *Dits et écrits*, hg. v. Daniel Defert u. François Ewald, I, Coll. Quarto, Paris: Gallimard 2001, S. 1406–1514, hier: S. 1407; Übersetzung modifiziert.

[60] Paul Veyne korrigiert diese weitverbreitete irrige Ansicht in seiner sorgfältigen Entfaltung von Foucaults Denken (vgl. Veyne, »Michel Foucaults Denken«, a. a. O., S. 27–51, besonders: S. 27, 33, 37 u. 47). Um sich bei seinen Analysen nicht in einen Relativismus

somit nicht, ob bestimmte Aussagen wahr sind oder nicht – er versucht, neutral gegenüber einem Begriff von Wahrheit zu bleiben –, sondern er untersucht durch seine Systematisierungen von Serien, Seltenheiten, Häufungen das, was in einer bestimmten Zeitspanne als wahr, als seriöser Sprechakt anerkannt wurde.[61] Anders gesagt, auf der Ebene von Propositionen kann innerhalb eines Diskurses die Frage nach wahr und falsch zwar gestellt und beantwortet werden; Foucault begibt sich jedoch auf eine andere Ebene und fragt, wie es dazu kommt und welche Handlungen, Zwänge und Ausschlussdynamiken am Werk sind, wenn etwas zu einem Objekt der Erfahrung bzw. etwas zur Erkenntnis wird.

Der ›Wille zur Wahrheit‹ führt somit immer zu bestimmten Grenzziehungen oder Ausschlussregeln, wie Foucault an anderer Stelle in Anlehnung an Nietzsche erläutert. Wenn sich Erkenntnis »als Erkenntnis der Wahrheit ausgibt, dann bringt sie Wahrheit durch das Spiel einer ersten und ständig fortgesetzten Falsifizierung hervor [...]; ihre ursprüngliche Bindung an die Wahrheit ist gelöst, denn die Wahrheit ist in ihr nur ein Effekt – der Effekt einer Falsifizierung, die als Gegensatz zwischen *wahr* und *falsch* bezeichnet wird.«[62] Foucault zufolge wird also in Nietzsches Erkenntnismodell Wahrheit durch eine ihr vorgängige Operation der Falsifikation erzeugt; d.h., mittels der Determination bzw. des Ausschlusses eines Bereichs des Falschen wird *ex negativo* ein Feld der Wahrheit begründet: Wahrheit ist dann keine wesentliche Kategorie mehr, sondern dasjenige, was nach Abtrennung eines als falsch Definierten übrig bleibt.

Die aufeinanderfolgenden Transformationen der wahrheitsorientierten Diskurse (*les discours véridiques*) haben dabei unentwegt Umgestaltungen in ihrer eigenen Geschichte zur Folge, d.h., es kommt zu Neuverteilungen des Wahren und des Falschen.[63] Die ›Wahrheit‹ wird

zu verstricken, kann auch Foucault auf die herrschenden Werte in seinem Kontext – sei dieser noch so differenziert und beweglich – nicht verzichten. In Bezug auf das von ihm verwendete Tatsachenmaterial spricht er entsprechend davon, dass es »natürlich im Sinne akademischer Wahrheit wahr sein, das heißt historisch verifizierbar« sein muss (Michel Foucault, »Gespräch mit Ducio Trombadori« (1980), in: Schriften, IV, a.a.O., S. 51–119, hier: S. 55ff. Frz. »Entretien avec Michel Foucault«, in: *Dits et écrits*, II, a.a.O., S. 860–914, hier: S. 863ff.).

61 Vgl. Dreyfus/Rabinow, *Michel Foucault*, a.a.O., S. 50ff.

62 Foucault, »Der Wille zum Wissen« (1971), in: *Schriften*, II, a.a.O., S. 294–299, hier: S. 298. Frz. »La volonté de savoir«, in: *Dits et écrits*, hg. v. Daniel Defert u. François Ewald, I, Coll. Quarto, Paris: Gallimard 2001, S. 1108–1112 hier: S. 1111f.; Übersetzung modifiziert.

63 Vgl. Foucault, »Vorwort von Michel Foucault« (1978), a.a.O., S. 559 (frz. II, S. 436).

damit letztendlich einer historischen Variabilität unterstellt.[64] Fälschungen und Fakes sind folglich innerhalb dieses von einer verzweigten Geschichte bestimmten Koordinatensystems des Wahren und des Falschen zu situieren. Oder anders gesagt: Versteht man sie als eingebettet in diese historisch variablen Gesamtheiten diskursiver Praktiken, sind sie ein epistemologisches oder vielmehr, wie zu zeigen sein wird, ein im Foucault'schen Sinne archäologisches Problem.

Ein Beispiel, das Foucault in *Die Ordnung des Diskurses* anführt, kann diese Perspektive verdeutlichen: Dort spricht er von den Disziplinen als Diskurse limitierendes Prinzip. Disziplinen sind nach Foucault Wissensfelder, die selbst keine Wissenschaften sind, aber wie solche organisiert, angenommen und institutionalisiert sind. Sie zeichnen sich dadurch aus, dass sie klarer codiert sind als nicht-wissenschaftliche Diskurse, weil sie sich durch einen umgrenzten Gegenstandsbereich, bestimmte Methoden, Techniken und Instrumente sowie durch einen Korpus von als wahr betrachteten Basissätzen definieren: »[D]as alles konstituiert ein anonymes System, das jedem zur Verfügung steht, der sich seiner bedienen will oder kann, ohne daß sein Sinn oder sein Wert von seinem Erfinder abhängen.«[65] Bevor über etwas eine mögliche Aus-

[64] Seiner Skepsis gegenüber den gestrigen Philosophen (*philosophes d'hier*), verbunden mit seinem Anliegen, eine Geschichte der Wahrheiten zu schreiben, hat Foucault, obwohl er stets Selbstdefinitionen vermied, dadurch Ausdruck verliehen, dass er seine Untersuchungen in die Nähe der ›wirklichen Arbeit der Historiker‹ rückte (vgl. Foucault, *Die Ordnung des Diskurses,* a.a.O., S. 35ff. (frz. S. 56ff.); vgl. a. Foucault, »Die Wahrheit und die juristischen Formen« (1974), a.a.O., S. 787 (frz. I, S. 509)). Diese Form der Historie zeigt eine deutliche Nähe zur ›historischen Philosophie‹, die Friedrich Nietzsche gegen die – ein neutrales, unveränderliches und ewig gleiches Erkenntnissubjekt voraussetzende – ›metaphysische Philosophie‹ in Stellung bringt: »Alles, was der Philosoph über den Menschen aussagt, ist aber im Grunde nicht mehr, als ein Zeugnis über den Menschen eines *sehr beschränkten* Zeitraumes. Mangel an historischem Sinn ist der Erbfehler aller Philosophen; [...] es giebt *keine ewigen Thatsachen*: sowie es keine absoluten Wahrheiten giebt. – Demnach ist das *historische Philosophiren* von jetzt ab nöthig und mit ihm die Tugend der Bescheidung« (Friedrich Nietzsche, *Menschliches, Allzumenschliches I* (1878), in: *Kritische Studienausgabe*, hg. v. Giorgio Colli u. Mazzino Montinari, II, München: dtv 1980, S. 9–366, hier: S. 25; Hervorhebung im Original). Eine andere einschlägige Stelle, diesmal im Zusammenhang mit dem ›Willen zur Macht‹, findet sich in der *Genealogie der Moral*: »[D]ie ganze Geschichte eines ›Dings‹, eines Organs, eines Brauchs kann dergestalt eine fortgesetzte Zeichen-Kette von *immer neuen* Interpretationen und Zurechtmachungen sein, deren Ursachen selbst unter sich nicht im Zusammenhange zu sein brauchen, vielmehr unter Umständen sich bloß zufällig hinter einander folgen und ablösen« (Friedrich Nietzsche, *Zur Genealogie der Moral* (1887), in: *Kritische Studienausgabe*, hg. v. Giorgio Colli u. Mazzino Montinari, V, München: dtv 1980, S. 245–412, hier: S. 314).

[65] Foucault, *Die Ordnung des Diskurses,* a.a.O., S. 22 (frz. S. 32).

sage bezüglich des Wahrheitsgehalts bzw. der Exaktheit oder Kohärenz getroffen werden kann, muss jenes also in ein Feld möglicher Erfahrung, in eine gewisse Ordnung möglicher erfahrbarer Erkenntnisobjekte, die korrelativ mit einem jeweiligen Typus von Erkenntnissubjekt verbunden sind, eingeschrieben werden. Nur wenn sich beispielsweise ein Theorem innerhalb dieser Matrix an definierten Praktiken bewegt, kann es einer Disziplin zugehören und somit, wie Foucault in Anlehnung an Georges Canguilhem formuliert, ›im Wahren‹ (›*dans le vrai*‹) sein; im anderen Fall bleibt es, auch wenn man es später in der Geschichte als wissenschaftlich wahr anerkennt, in der Disziplin zunächst unberücksichtigt und unbewertet.[66]

Foucault führt dafür exemplarisch die fehlende wissenschaftliche Akzeptanz der Vererbungslehre Mendels seitens seiner wissenschaftlichen Kollegen an. Denn diese wurde, weil sie sich weder der zeitgenössischen Methoden bediente noch sich im damaligen theoretischen Horizont bewegte, sondern in einem wilden Außen, von Botanikern und Biologen des 19. Jahrhunderts nicht ernst genommen. Mendel musste zwar die disziplinäre Matrix verlassen, um das Erbmerkmal als neuen biologischen Gegenstand betrachten zu können, verließ damit aber zugleich das Feld des ›Wahren‹: »Mendel hatte Recht [*disait vrai*], aber er war nicht ›im Wahren‹ des biologischen Diskurses seiner Epoche: biologische Objekte und Begriffe wurden nach ganz anderen Regeln gebildet. [...] Mendel war ein wahres Monstrum, weshalb die Wissenschaft von ihm nicht sprechen konnte.«[67] Erst historische Transformationen des Diskurses, verbunden mit veränderten Objektbereichen und Begriffen, ermöglichten schließlich später, dass er gleichsam ›ins Wahre‹ hereingeholt wurde und daraufhin seine Hypothesen verifiziert werden konnten. Nur 30 Jahre zuvor, führt Foucault das Beispiel fort, hätte Schleiden hingegen, gemäß den herrschenden Praktiken der Disziplin, noch die pflanzliche Sexualität leugnen können und dabei nur einen Irrtum *innerhalb* seiner Disziplin formuliert.[68]

Ist eine These also nicht in einem durch erlaubte Diskurspraktiken definierten Wissensfeld positioniert, wird sie, Foucault zufolge, nicht zum Irrtum, sondern zum Hirngespinst (*chimère*), zur Missbildung oder Monstrosität (*monstruosité*).[69] D. h., innerhalb ihrer Grenze erkenne jede

[66] Vgl. ebd., S. 24 (frz. S. 35f.).

[67] Ebd., S. 25 (frz. S. 37); Übersetzung modifiziert.

[68] Vgl. ebd.

[69] Vgl. ebd., S. 24 (frz. S. 34f.). Als weiteres Beispiel dient Foucault die Suche nach der ursprünglichen Sprache, die bis zum 18. Jahrhundert ein anerkanntes Thema gewesen

Disziplin zwar wahre oder falsche Sätze an, aber auf der anderen Seite schließe sie ein ganzes Feld monströsen Wissens (*toute une tératologie du savoir*[70]) aus. Jede Disziplin hat somit eine Schattenseite, auf der ›Monstren herumlungern‹, deren Formen sich mit der Geschichte des Wissens verändern. Auf der übergeordneten Ebene des Wissens kann es laut Foucault somit vielleicht gar keine Irrtümer im strengen Sinne geben, denn über sie kann nur innerhalb einer vorab definierten Wissenspraxis entschieden werden: »Es ist immer möglich, daß man im Raum eines wilden Außen [*extériorité sauvage*] die Wahrheit sagt; aber im Wahren ist man nur, wenn man den Regeln einer diskursiven ›Polizei‹ gehorcht, die man in jedem seiner Diskurse reaktivieren muß.«[71]

Dieses sich mit der Geschichte des Wissens im Lauf der Zeit ändernde anonyme Ausschlusssystem der ›diskursiven Polizei‹ ruht auf Foucaults theoretischem Sockel, dass eine *reine*, in einer zeitlosen Kontinuität gedachte Wahrheit bzw. eine einem evolutionistischen Denkmodell verhaftete Wissensgeschichte als fortschreitende Kumulation von Wahrheiten[72] – verbunden mit dem Telos einer absoluten Wahrheit – verworfen werden muss. Nicht umsonst benutzt Foucault die Formulierung ›*dans le vrai*‹ statt ›*la vérité*‹, um das Feld des ›Wahren‹ als zeitspezifische, empirische und nicht als transzendentale Kategorie zu markieren. Diskursive Wahrheiten erhalten so ein Verfallsdatum[73] und haben für Foucault somit eine mitunter diskontinuierliche Geschichte. Denn betrachtete man die Geschichte eines Diskurses nur als eine fortschreitende Entdeckung einer den Dingen schon immer eingeschriebenen Wahrheit, würde man zugleich behaupten müssen, dass das heutige Wissen die Wahrheit auf

war, Mitte des 19. Jahrhunderts aber jede Rede davon zur »sprachwissenschaftlichen Monstrosität« wurde (vgl. ebd.).

[70] Vgl. ebd., S. 35 (dt. S. 24). Die Teratologie ist die Wissenschaft, die sich mit Missbildungen befasst.

[71] Ebd., S. 37 (dt. S. 25).

[72] Eine einschlägige Stelle findet sich in einem Kommentar Foucaults zu Deleuzes *Différence et répétition,* in dem er davon spricht, dass der Schleier – das Bild, das das Denken von sich selbst gemacht hatte – zerrissen sei: »Man glaubte, man sagte: Das Denken [...] zerstreut den Irrtum, indem es Korn für Korn die Ernte der wahren Sätze aufhäuft (die schöne Pyramide des Wissens am Ende ...). Aber von diesem Bild befreit [...] erscheint das Denken oder vielmehr: bestätigt sich das Denken als das, was es ist: als etwas Böses, Paradoxes, das unbeabsichtigt an der äußersten Spitze der zerstreuten Fähigkeiten auftaucht« (vgl. Michel Foucault, »Ariadne hat sich erhängt« (1969), in: *Schriften*, I, a.a.O., S. 975–979, hier: S. 977. Frz. »Ariane s'est pendue«, in: *Dits et écrits*, I, a.a.O., S. 795–799, hier: S. 797).

[73] Paul Veyne fasst Foucaults Überlegung, dass der Mensch zwar die Idee der Wahrheit erfassen könne, aber nicht *die* Wahrheit selbst, in den zitierenswerten Satz: »Die Vergangenheit ist ein Friedhof toter Wahrheiten« (Veyne, »Michel Foucaults Denken«, a.a.O., S. 38).

die bislang vollständigste und definitivste Weise innehaben würde. Also nur aus der Position heraus, dass man die Wahrheit heute definitiv erkannt hätte, könnte man die Frage stellen, welche Wege man gegangen ist, welche Fehler man beseitigen musste, um sie im eigentlichen Sinne zu ent-decken.[74] Der Blick auf die Vergangenheit würde somit von einem idealen Punkt in einem kontinuierlichen Reifungsprozess ausgehen und historisches Wissen aus dieser Perspektive entweder als gelungene Teiletappe oder als Irr- und Umweg im Laufe einer sich permanent vervollkommnenden Wahrheitsfindung bewerten. Für Foucault ist dieser Weg nicht gangbar, »denn die wissenschaftliche Wahrheit von heute ist selbst nur eine Episode oder [...] allerhöchstens provisorisch«.[75]

Für Fälschungen ist daher anzunehmen, dass sie – obwohl später falsifiziert oder aufgedeckt – ebenfalls als manchmal langlebiges, manchmal kurzlebiges Provisorium in diesem mitunter aggressiv umkämpften ›Wahren‹, von dem Foucault spricht, verortet sein müssen. Sie machen deutlich, dass etwas auch Teil eines bestimmten Wissens in einem bestimmten Zeitraum werden konnte, ohne dass dies mit einem evolutionistischen Denkmodell, das die Wissensgeschichte als fortschreitende Kumulation von absoluten Wahrheiten fasst, erklärt werden könnte. Bestimmte Verfahrensweisen oder Darstellungsverfahren, die scheinbar untrennbar mit der ›Natur der Sache‹ verknüpft sind, lassen sich dadurch ablösen und kenntlich machen. Anders gesagt: Wenn auch Fälschungen ›evident‹ sein können oder so erscheinen, wird die Frage bezüglich der Evidenz im Allgemeinen neu gestellt, so dass jenseits der Annahme eines unmittelbar einleuchtenden Sachverhalts oder einer ›Substanz‹, die aus sich heraus leuchtet, danach gesucht werden kann, was sie jeweils zum Leuchten gebracht hat. Um im Wissensgebiet zunächst als seriös anerkannt werden zu können, müssen nämlich auch Fälschungen den Regeln einer ›diskursiven Polizei‹ gehorchen, innerhalb der empirischen Ordnung des Möglichen situiert und im doppelten Wortsinne *wahr*scheinlich und wahr*scheinlich* sein, d. h. den Anschein des Wahren erzeugen bzw. stochastisch nicht als Unregelmäßigkeit auffallen. Man kann Fälschungen somit als Erkenntnisgegenstände betrachten, die quasi in ›Reinform‹ die bei der Akzeptanz eines ›wahren‹ Satzes, eines ›echten‹ Artefakts oder in einer ›autorisierten‹ Mitteilung wirksamen diskursiven Kräfte anschaulich machen.

[74] Vgl. Foucault, »Vorwort von Michel Foucault« (1978), a. a. O., S. 559 (frz. II, S. 435).

[75] Ebd., S. 560 (frz. II, S. 436); Übersetzung modifiziert.

Foucault führt für die spezifische Existenzweise von Diskursen bzw. diskursiven Praktiken auch das Beispiel an, dass bis Ende des 18. Jahrhunderts zwischen dem Diskurs des Quacksalbers (*charlatan*) und dem des Arztes keine große Differenz bestand. Dann sei jedoch ein Moment gekommen, an dem der medizinische Diskurs sich nach einer bestimmten Zahl an Normen und Regeln organisiert habe, die zwar keine neu gewonnene Entscheidung über die Qualität der Ärzte möglich gemacht habe, wohl aber eine zwischen Arzt und Quacksalber.[76] Dadurch sei jedoch nicht ausgeschlossen gewesen, dass jemand als Arzt habe auftreten können, d. h. den medizinischen Diskurs habe imitieren können, ohne ein guter Arzt zu sein, sondern eigentlich Quacksalber; sein Diskurs habe nur vom genannten Zeitpunkt an »anderen Normen gehorchen« müssen als denen des Quacksalbers.[77] Begreift man das französische ›*charlatan*‹ nicht als Quacksalber, sondern – wie auch die Übersetzung der *Dits et écrits* – im weiteren Wortsinne als Scharlatan, lassen sich Foucaults Überlegungen auf den Fälscher oder Fälschungen übertragen: Wovon muss man sprechen – welche Begriffe verwenden, auf welche Art von Theorie rekurrieren – und welche Normen muss man implizit befolgen, um als seriös anerkannt zu werden bzw. das Gefälschte im jeweiligen Diskurs zu situieren? In diesem Zusammenhang ist es wichtig zu betonen, dass sowohl der Gebrauch dieser normativen Regeln (das Experten-Sprechen) als auch ihr Missbrauch (die Fälschung oder das Fake) denselben Prinzipien folgt und ähnliche Wahrheitseffekte zeitigt.

In diesem Zusammenhang ist auch ein Diskussionsbeitrag von Foucault aus dem Jahre 1970 aufschlussreich, in dem er eine klare Trennung zwischen einer epistemokritischen (*épistémocritique*) Analyse, die Aussagen lediglich daraufhin untersucht, ob sie wahr oder falsch sind, und einer Analyseperspektive, die sich auf epistemologische Transformationen konzentriert, vornimmt. Frage man im Falle der Biologie nicht nach dem ›*Irrtum* Cuvier‹, also danach, was man von ihm aus heutiger Sicht als falsch bezeichnen müsse, sondern ohne Ansehung der wissenschaftlichen Wahrheit nach der ›*Transformation* Cuvier‹, könne man eine Gesamtheit an Umformungsprozessen herauspräparieren, die in seinen Texten am Werk seien. Denn Foucault geht davon aus, »dass

[76] Vgl. Foucault, »Die Bühne der Philosophie« (1978), in: *Schriften*, III, a.a.O., S. 718–747, hier: S. 735. Frz. »La scène de la philosophie«, in: *Dits et écrits*, II, a.a.O., S. 571–595, hier: S. 584.

[77] Vgl. ebd. (frz. II, S. 584f.).

eine epistemologische Transformation sich auch durch ein System von Aussagen hindurch vollziehen können muss, das sich als wissenschaftlich falsch erweist«.[78] Irrtümer oder Fehler, von denen man immer nur innerhalb eines Diskurses sprechen kann, nehmen damit auf der gleichen Ebene wie Wahrheiten auf die Wissensgeschichte Einfluss. In *Die Ordnung des Diskurses* wird entsprechend explizit davon gesprochen, dass Irrtümer »nicht Reste oder Fremdkörper sind, sondern positive Funktionen haben, historisch wirksam sind und eine Rolle spielen, die von der Wahrheit oft nicht zu trennen ist«.[79]

Dieses Moment der historischen Wirksamkeit müsste Fälschungen und Fakes, wie noch zu zeigen sein wird, somit ebenfalls zukommen. D. h., sie sollen im Folgenden zwischen den genannten Analyseebenen situiert werden, indem bei der Behandlung der Einzelfälle ihren Diskurseffekten im unentdeckten wie auch im aufgedeckten Stadium ein besonderer Stellenwert zukommen wird. In beiden Phasen sind epistemologische Transformationen möglich: Im ersteren Fall sind Fälschungen und Fakes (selbst in ihrer unerkannten Falschheit) ein Bündel, etwa von wissenschaftlichen Behauptungen, mit den potentiellen von Foucault thematisierten Implikationen. Bei ihrer Entlarvung interferieren sie zudem mit dem Diskurs auf einer epistemokritischen Ebene, insofern sie eine Modifikation der als unzureichend markierten Regeln, Kontroll- und Ausschlussprinzipien des seriösen Sprechens, seien sie stillschweigend oder kategorisch festgelegt, auslösen.

Doch wie sind diese von Foucault immer wieder angeführten Regelmäßigkeiten und Verknappungsprinzipien zu verstehen? Oder vielmehr: Wie lassen sich diese analytisch herausarbeiten?

[78] Michel Foucault, »Diskussionsbeitrag zu François Dagognet« (1970), in: *Schriften*, II, a. a. O., S. 34–37, hier: S. 36f. Frz. »Discussion«, in: *Dits et écrits*, I, a. a. O., S. 895–897, hier: S. 897; vgl. a. Michel Foucault, »Die Situation Cuviers in der Geschichte der Biologie« (1969), in: *Schriften*, II, a. a. O., S. 37–82. Frz. »La situation de Cuvier dans l'histoire de la biologie«, in: *Dits et écrits*, I, a. a. O., S. 898–934.

[79] Foucault, *Die Ordnung des Diskurses*, a. a. O., S. 23 (frz. S. 33); Übersetzung modifziert. Siehe a. Fn. 92 auf S. 54. Hier ist wiederum ein Bezug auf Nietzsche unverkennbar, der für seine ›historische Philosophie‹ folgende zentrale Fragen formuliert: »[W]ie kann Etwas aus seinem Gegensatz entstehen, zum Beispiel Vernünftiges aus Vernunftlosem, Empfindendes aus Todtem, Logik aus Unlogik, interesseloses Anschauen aus begehrlichem Wollen, Leben für Andere aus Egoismus, Wahrheit aus Irrthümern?« (Nietzsche, *Menschliches, Allzumenschliches I*, a. a. O., S. 23f.).

Die Analyse diskursiver Gültigkeits- und Existenzbedingungen

Foucaults Vorgehensweise bei der Erforschung bestimmter Wahrheitsordnungen orientiert sich immer wieder unter verschiedenen Schwerpunktsetzungen an den Einheiten Aussage (*énoncé*) und Diskurs, und er verbindet damit in den Anfängen die Frage nach den Gültigkeitsbedingungen einer Aussage hinsichtlich ihrer diskursiven Wahrheit und später mehr und mehr die nach den allgemeineren Existenzbedingungen ihres Erscheinens im Diskurs: »[D]as Problem war, wie ein bestimmter Typ von Diskurs entstehen kann, und was es innerhalb dieses Diskurses für Regeln gibt, die festlegen, dass eine Aussage nicht zu diesem Diskurs gehören kann, wenn sie nicht nach diesen Regeln geformt ist.«[80]

Foucault gliedert in der *Archäologie des Wissens* diese Formationsregeln, d. h. Regeln der Herausbildung, denen die in einem Diskurs wirksamen Praktiken zu einem bestimmten Zeitpunkt gehorchen, u. a. in folgende Untermengen: 1) »Die Formation der Objekte«[81] (*la formation des objets*), 2) »Die Formation der Aussagemodalitäten« (*la formation des modalités énonciatives*) und 3) »Die Formation der Begriffe« (*la formation des concepts*) – »[e]s sind diese [...] Regeln, die erklären, dass eine bestimmte Sache gesehen (oder übersehen) wird; dass sie unter diesem Aspekt betrachtet und auf dieser Ebene analysiert wird; dass dieses Wort mit dieser Bedeutung in diesem Satztyp verwendet wird«.[82] Erstens charakterisiert sich ein Diskurs nicht durch bevorzugte Objekte, sondern durch die Art, wie er seine – zudem breit gestreuten – Objekte, Fälschungen inbegriffen, erzeugt und bildet. Dabei handelt es sich nicht um ein Erkennen oder Entdecken einer den Dingen inhärenten Wahrheit, sondern – Foucault zufolge – um eine ziemlich rabiate Zuschreibungs-Praxis: »Man muß den Diskurs als eine Gewalt begreifen, die wir den Dingen antun; jedenfalls als eine Praxis, die wir ihnen aufzwingen.«[83] Zweitens wird das Erkenntnis-Subjekt nicht auf eine transzendentale Entität, auf ein mit sich selbst identisches Bewusstsein zurückgeführt, sondern als Vielheit verstanden. Ein nicht im psychoanalytischen Sin-

80 Foucault, »Die Bühne der Philosophie« (1978), a. a. O., S. 735 (frz. II, S. 584).

81 Die deutsche Übersetzung der *Archäologie* gibt ›*objet*‹ mit Gegenstand wieder, in den *Dits et écrits* wird es einmal ins Deutsche, einmal als Fremdwort übertragen. Da Letzteres stärker die für Foucault konstitutive ›Bezugnahme auf etwas‹ verdeutlicht und die Annahme eines faktischen Gegenstands in den Hintergrund treten lässt, wird im Folgenden weitestgehend der Begriff des Objekts verwendet.

82 Foucault, »Michel Foucault erklärt sein jüngstes Buch« (1969), in: *Schriften*, I, a. a. O., S. 980–991, hier: S. 987. Frz. »Michel Foucault explique son dernier livre«, in: *Dits et écrits*, I, a. a. O., S. 799–807, hier: S. 804; Übersetzung modifiziert.

83 Foucault, *Die Ordnung des Diskurses*, a. a. O., S. 34f. (frz. S. 55).

ne zu verstehender ›unbewusster‹ Diskurs – an anderer Stelle spricht Foucault auch von einem »il y a«, einem anonymen Denken (*pensée anonyme*), einem Wissen, das kein Subjekt hat[84] – bestimmt die Herausbildung spezifischer Aussageordnungen. Dieses ›Unbewusste‹ der Wissenschaften, eines Diskurses, der Erkenntnis oder des menschlichen Wissens wird von Foucault somit nicht mit dem Bewusstsein einer psychologischen Subjektivität, sondern mit den Beziehungen, die das effektiv Ausgesagte implizit bestimmen, in Verbindung gebracht.[85] Das ›Subjekt‹ verliert vor diesem Hintergrund seine Unabhängigkeit; es wird vielmehr erst konstituiert von den unterschiedlichen zeittypischen Positionen, Statuten und Situierungen, die es im Diskurs erhalten kann bzw. von denen es determiniert wird.[86] Drittens schließlich geht es auch nicht um die logische Architektur von zu einer bestimmten Zeit in einem bestimmten Diskurs benutzten Begriffen, sondern um den regelmäßigen bzw. geordneten Raum ihrer Herausbildung oder Anordnung.[87]

Gelingt es, durch die Beschreibung der genannten Aussagemengen eine einheitliche Praxis herauszuarbeiten, so kann man nach Foucault von einer diskursiven Formation sprechen.[88] Diese ist den Praktiken jedoch nicht äußerlich; es ist vielmehr eine jeweilige Systematisierung bestimmter Praktiken – eine Systematisierung, die einen Diskurs in seiner ihm eigenen Existenzweise charakterisiert. Die spezifischen Regelmäßigkeiten, die Foucault ans Licht bringen möchte, zwingen sich

[84] Michel Foucault, »Gespräch mit Madeleine Chapsal« (1966), in: *Schriften*, übers. v. Michael Bischoff u.a., I, Frankfurt/M.: Suhrkamp 2001, S. 664–670, hier: S. 666. Frz. »Entretien avec Madeleine Chapsal«, in: *Dits et écrits*, I, a.a.O., S. 541–546, hier: S. 543.

[85] Vgl. Foucault, »Über die Archäologie der Wissenschaften. Antwort auf den *Cercle d'épistémologie*« (1968), in: *Schriften*, I, a.a.O., S. 887–931, hier: S. 901f. Frz. »Sur l'archéologie des sciences. Réponse au Cercle d'épistémologie«, in: *Dits et écrits*, I, a.a.O., S. 724–759, hier: S. 736.

[86] Vgl. Foucault, *Archäologie des Wissens*, a.a.O., S. 82 (frz. S. 74); vgl. a. S. 177 (frz. S. 160) u. Michel Foucault, »Vorwort zur englischen Ausgabe« (1970), in: *Schriften*, II, a.a.O., S. 9–16, hier: S. 15. Frz. »Préface à l'édition anglaise«, in: *Dits et écrits*, I, a.a.O., S. 875–881, hier: S. 880 u. Foucault, *Die Ordnung des Diskurses*, a.a.O., S. 37 (frz. S. 60).

[87] Vgl. Foucault, *Archäologie des Wissens*, a.a.O., S. 88f. (frz. S. 80f.).

[88] Foucault bezeichnet die sich aus der Systematisierung ergebende diskursive Formation je nach Analyseperspektive unterschiedlich, entweder als Aussageformation (wenn es um die Menge einzelner Diskursphänomene geht), als Positivität (insofern die Systematizität im Vordergrund steht, die die einzelnen Formationssysteme beherrscht) oder als Wissen (falls die Art und Weise fokussiert wird, wie eine diskursive Formation z.B. in einer Institution, einer politischen Praxis oder sogar in der Literatur Anwendung findet) (vgl. Foucault, »Über die Archäologie der Wissenschaften« (1968), a.a.O., S. 921 (frz. I, S. 751)).

also den Diskursgegebenheiten nicht von außen auf, sondern sind darin selbst verwickelt. Foucault schreibt, dass ein Formationssystem nicht durch allgemeine Konstruktionsprinzipien, sondern durch eine ›tatsächliche Streuung‹ der Aussagen gekennzeichnet sei: »Ihre Zugehörigkeit [zu einer diskursiven Formation, M. D.] und ihr Gesetz erweisen sich als ein und dasselbe.«[89]

Es geht – wie Foucault an unzähligen Stellen betont – zwar um mögliche Aussagen, um Sagbarkeit (*dicibilité*), um mögliche Transformationen und um mögliche Innovationen.[90] Da er aber einen transzendentalen Ursprung des Denkens ablehnt, ist es ihm nicht um allgemeine, transzendentale Bedingungen der Möglichkeit zu tun, sondern um in Formationssystemen beschreibbare Bedingungen, die das Denken innerhalb eines Diskurses zu einem gegebenen Zeitpunkt bestimmen. Wenn Foucault diese Bedingtheit sämtlicher Aussagen eines Diskurses als ein *historisches Apriori* bezeichnet, so ist dies für ihn »eine rein empirische Figur«,[91] deren Apriorität nicht formal im kantischen Sinne zu verstehen ist und zudem nur aposteriorisch erfasst werden kann. Einfacher gesagt: Der Archäologie hat sich empirisch mit der Herkunft[92] des Denkens und des ›Wissens‹ zu befassen. Es geht nicht darum, ein allgemeines System zu rekonstruieren, von dem ausgehend im Voraus die Prinzipien seriösen Sprechens determiniert sind; d. h., die Regelmäßigkeiten fungieren nicht wie grammatische Regeln »in den Köpfen« der Sprecher. Die Archäologie »bewegt sich auf einer rein deskriptiven Ebene«.[93] Es wird also nachträglich beschrieben und systematisiert, welche Aussagen tatsächlich aufgetreten sind und wie sie untereinander in Beziehung stehen. Vielleicht erklärt sich auch dadurch Foucaults Vorsicht gegenüber einer Selbstdefinition als Philosoph, wenn

[89] Foucault, *Archäologie des Wissens*, a. a. O., S. 170 (frz. S. 153); Übersetzung modifiziert; vgl. a. S. 185 (frz. S. 168).

[90] Vgl. u. a. Michel Foucault, »Antwort auf eine Frage« (1968), in: *Schriften*, I, a. a. O., S. 859–886, hier: S. 867f. u. 882. Frz. »Réponse à une question«, in: *Dits et écrits*, I, a. a. O., S. 701–723, hier: S. 708f. u. 718; Foucault, »Über die Archäologie der Wissenschaften« (1968), a. a. O., S. 918 u. 926 (frz. I, S. 749 u. 755) u. Michel Foucault, »Über die Natur des Menschen: Gerechtigkeit versus Macht« (1971), in: *Schriften*, II, a. a. O., S. 586–637, hier: S. 602f. Frz. »De la nature humaine: justice contre pouvoir«, in: *Dits et écrits*, I, a. a. O., S. 1339–1380, hier: S. 1352.

[91] Foucault, *Archäologie des Wissens*, a. a. O., S. 185 (frz. S. 169).

[92] Vgl. zu Foucaults Verständnis des Begriffs der Herkunft in Anlehnung an Nietzsche: Michel Foucault, »Nietzsche, die Genealogie, die Historie« (1971), in: *Schriften*, II, a. a. O., S. 166–191, hier: S. 172f. Frz. »Nietzsche, la généalogie, l'histoire«, in: *Dits et écrits*, I, a. a. O., S. 1004–1024, hier: S. 1009f.

[93] Michel Foucault, »Von der Archäologie zur Dynastik« (1972), in: *Schriften*, II, a. a. O., S. 504–518, hier: S. 510. Frz. »De l'archéologie à la dynastique«, in: *Dits et écrits*, I, a. a. O., S. 1273–1284, hier: S. 1277.

er sich immer wieder in die Nähe eines Historikers rückt. Denn wenn er davon spricht, nicht allgemeine »Gültigkeitsbedingungen für Urteile, sondern Realitätsbedingungen für Aussagen«[94] zu beschreiben, dann will er zum einen nicht den gesamten abstrakten Horizont abstecken, in dem alle möglichen seriösen Sprechakte auftreten könnten, zum anderen spricht er den Regeln eine zeitlose Gültigkeit ab. Die Aussagen sind in seinem Koordinatensystem somit nicht wie in einer allgemeinen Theorie austauschbare Elemente, sondern Gesamtheiten, die durch ihre konkreten Existenzumstände charakterisiert sind: z.B. welche Techniken standen zur Verfügung, welche Aussagen über Objekte und Begriffe existierten bereits, welche institutionellen Sprecherpositionen gab es etc.[95] Diese Existenzbedingungen, wie er sie meist nennt, also die Bedingungen, die ein Wissen erst entstehen lassen können, sind verbunden mit der Prämisse, dass die Bedingungen nie allgemeiner sind als das Bedingte und zugleich zeitspezifischen Transformationen unterworfenen sind.[96] Ausgehend von vorgefundenen Aussagen werden so Verbindungen aufgezeigt, wird eine diskursive Formation anhand der Grenzziehungen bestimmt, die die spezifischen Aussagen vom Nicht-Gesagten trennen und diese unter Ausschluss aller anderen hervortreten lassen: »Die Analyse der Aussagen und diskursiven Formationen [...] will das Prinzip bestimmen, demzufolge nur diejenigen Bedeutungszusammenhänge vorkommen konnten, die geäußert worden sind.«[97] Denkbar wären daher eine Unzahl sprachlicher Performanzen (und Fälschungen bzw. falscher Identifikationen), die nie im Feld eines Diskurses erschienen sind, weil sie nicht dessen zeitspezifischen Existenzbedingungen entsprachen. In Foucaults Worten zielt die Analyse eines Diskurses entsprechend auf den Nachweis, warum dieser »nicht anders sein konnte, als er war; inwiefern er jeden anderen ausschließt; wie er, inmitten der anderen und im Verhältnis zu ihnen, einen Platz einnimmt, den kein anderer besetzen könnte«.[98]

Foucault stellt damit jedoch nicht nur die Werkzeuge bereit, um im großen Maßstab das Wissen der Humanwissenschaften, ihre Erkenntnisraster und regelmäßigen Praktiken zu beschreiben. Wenn er in der *Archäologie* vom wissenschaftlichen Diskurs spricht, ist damit ausdrück-

[94] Foucault, *Archäologie des Wissens*, a.a.O., S. 184 (frz. S. 167) u. Dreyfus/Rabinow, *Michel Foucault*, a.a.O., S. 92.

[95] Vgl. Foucault, *Archäologie des Wissens*, a.a.O., S. 170 (frz. S. 153).

[96] Vgl. Gilles Deleuze, *Foucault*, übers. von Hermann Kocyba, Frankfurt/M.: Suhrkamp 1987, S. 161. Frz. *Foucault*, Paris: Éd. de Minuit 1986, S. 122.

[97] Foucault, *Archäologie des Wissens*, a.a.O., S. 172f. (frz. S. 156); Übersetzung modifiziert; vgl. a. die darauf folgenden Seiten.

[98] Ebd., S. 43 (frz. S. 40); Übersetzung modifiziert.

lich nicht gemeint, dass jeder Diskurs zwangsläufig wissenschaftlich sein muss; andererseits ist eine diskursive Formationen auch nicht als eine Art Nicht-Wissenschaft (*non-science*) zu verstehen, die Wissenschaft grundsätzlich ausschließt, sondern »eventuell«, »gegebenenfalls« und »nicht notwendig«[99] den Status der Wissenschaftlichkeit, verbunden mit im Lauf der Zeit variierenden wissenschaftlichen Normen, erhalten kann. Foucault spricht auch von ›Schwelle der Wissenschaftlichkeit‹ (*seuil de scientificité*), wenn Aussagen einer diskursiven Formation nicht nur archäologischen Formationsregeln, sondern darüber hinaus maßgeblichen formalen Kriterien, Schemata, Modellen und Konstruktionsgesetzen gehorchen.[100]

Das Rekonstruieren dieser im strengen Sinne wissenschaftlichen Regeln schließt Foucault jedoch innerhalb seiner Archäologie ausdrücklich aus.[101] Diese ist vielmehr auf einer höheren Analyseebene in der Lage zu erklären, wie jene ermöglicht wurden. Die dadurch entdeckten Knappheitsregeln sind also zweiter Ordnung und bestimmen, indem sie als *historisches Apriori* das Auftreten aller Aussagen in einem Wissensgebiet determinieren, zwangsläufig auch darüber, welche explizite Regeln erster Ordnung in manchen Wissensbereichen als gültig betrachtet oder bewusst befolgt werden:[102] Dieses *Apriori*, schreibt Foucault, »muß Auskunft darüber geben können, daß ein bestimmter Diskurs zu einem gegebenen Zeitpunkt dieser oder jener formalen Struktur entsprechen [...] kann oder sie im Gegenteil ausschließen, vernachlässigen oder mißachten kann«.[103]

[99] Wenn er diskursive Formationen als nicht notwendig zu formalisierten Wissenschaften führend beschreibt, möchte er verhindern, dass diese zwangsläufig als Vorform in der Evolution von Wissenschaften verstanden werden. Er habe beispielsweise bei der Analyse der Naturgeschichte bei weitem nicht alles untersucht, was in der »Ahnentafel der Biologie« verzeichnet sei (vgl. ebd., S. 257ff. (frz. S. 236ff.)).

[100] Vgl. zu den aufgezählten Kriterien: ebd., S. 261 u. 266 (frz. S. 239 u. 244) u. Michel Foucault, »Gespräch mit Michel Foucault« (1971), in: *Schriften*, II, a.a.O., S. 191–211, hier: S. 205. Frz. »Entretien avec Michel Foucault«, in: *Dits et écrits*, I, a.a.O., S. 1025–1042, hier: S. 1036f. Foucault weist in diesem Zusammenhang auch auf den Sonderstatus der Mathematik hin, die als diskursive Praxis von vornherein die Schwelle der Wissenschaftlichkeit überschritten hat und hochgradig formalisiert ist. Sie ist daher eine schlechtes und nicht verallgemeinerbares Beispiel für die historische Betrachtung von Wissen (vgl. Foucault, *Archäologie des Wissens*, a.a.O., S. 269 (frz. S. 246f.) – mathematische Fälschungen sind folglich nur schwer denkbar.

[101] Vgl. Foucault, »Vorwort von Michel Foucault« (1978), a.a.O., S. 561 (frz. II, S. 437).

[102] Vgl. Dreyfus/Rabinow, *Michel Foucault*, a.a.O., S. 55ff. und v.a. S. 79–103.

[103] Foucault, *Archäologie des Wissens*, a.a.O., S. 185 (frz. S. 186); Übersetzung modifiziert.

Foucault transformiert damit das Thema ›Wissenschaft‹ in ein allgemeineres Feld des ›Wissens‹,[104] denn eine bestimmte Wissenspraxis lokalisiert er beispielsweise »in juristischen Texten, in literarischen Ausdrücken, in philosophischen Überlegungen, bei politischen Entscheidungen, in täglichen Redensarten, in Meinungen«.[105] Während für Foucault in den traditionellen Wissenschaften die Verfahren, die an einer als wahr betrachteten Aussage beteiligt sind, meist vorab restlos codiert sind,[106] affiziere Wissen, ohne diese klare Codierung, in unserer Gesellschaft nämlich auch andere Gebiete, wie z. B. das der abendländischen Literatur – insofern als diese sich zunehmend auf das Wahrscheinliche, die Wahrhaftigkeit und die Wissenschaft, also auf »den wahren Diskurs« habe stützen müssen.[107]

Diskurs und Macht – Von Regelmäßigkeiten zu Regulativen

Obwohl Foucault in der *Archäologie des Wissens* im Unterschied zu seinen ab 1970 veröffentlichten Schriften sehr selten explizit von Machtverhältnissen spricht, ist deren Analyse doch bereits in den frühen Schriften mitentworfen. Anders gesagt, wenn bereits dort im Zusammenhang mit Diskursen implizit die Frage nach nicht als souverän, sondern als Beziehungsgeflecht definierten Kräfteverhältnissen gestellt wird und dabei von bestimmten gewaltsamen Existenzbedingungen die Rede ist, dann ist damit sehr deutlich ein Denken angebahnt, das er später radikalisiert und das auf die Formel »Kein Wissen ohne Macht« gebracht werden kann.[108] Darunter ist jedoch keineswegs nur eine Kritik am repressiven Zugriff auf Diskurse vonseiten einer ihnen äußerlichen Macht zu verstehen, sondern eine Dynamik, die Wissen irreduzibel an Macht koppelt: Jedes Wissen lässt auf seine Art Machtverhältnisse entstehen, so wie Machtver-

[104] Vgl. Ulrich Johannes Schneider, »Wissensgeschichte, nicht Wissenschaftsgeschichte«, in: Honneth/Saar (Hg.), *Michel Foucault. Zwischenbilanz einer Rezeption*, a. a. O., S. 220–229, hier: S. 221ff. Die Publikationsgeschichte von Foucaults Schriften lässt sich auch als zunehmende Distanzierung von seiner, von seinem Mentor und Dissertationsbetreuer George Canguilhem geprägten, anfänglichen Nähe zur Wissenschaftsgeschichte lesen.

[105] Foucault, *Archäologie des Wissens*, a. a. O., S. 254f. (frz. S. 234); Übersetzung modifiziert; vgl. a. S. 261 (frz. S. 239).

[106] Michel Foucault, »Macht und Wissen« (1977), in: *Schriften*, III, a. a. O., S. 515–534, hier: S. 525. Frz. »Pouvoir et savoir«, in: *Dits et écrits*, II, a. a. O., S. 399–414, hier: S. 407f. Bei der Mathematik ist dieser Code Foucault zufolge absolut, bei den empirischen Wissenschaften unsicherer und uneindeutiger.

[107] Vgl. Foucault, *Die Ordnung des Diskurses*, a. a. O., S. 15f. (frz. S. 19f.).

[108] Vgl. Foucault, »Gespräch mit Michel Foucault« (1976), a. a. O., S. 191 (frz. II, S. 143f.).

hältnisse auf ihnen spezifische Weise Wissen hervorbringen oder darauf einwirken. Das Ideal eines von jeglicher Macht befreiten Wissens wird damit verworfen: »Man muß wohl auch von einer ganzen Denktradition Abstand nehmen, die von der Vorstellung geleitet ist, daß es Wissen nur dort geben kann, wo die Machtverhältnisse aufgehoben sind. [...] Eher ist wohl anzunehmen, daß die Macht Wissen hervorbringt (und nicht bloß, wenn sie es fördert, weil es ihr zugute kommt, oder anwendet, weil es ihr nützlich ist); daß Macht und Wissen einander direkt wechselseitig zur Folge haben; daß es keine Machtbeziehung gibt, ohne daß sich ein entsprechendes Wissensfeld konstituiert, und kein Wissen, das nicht gleichzeitig Machtbeziehungen voraussetzt und herausbildet.«[109]

Betrachtet man vor diesem Hintergrund die Haltung Foucaults in der *Archäologie* gegenüber den einer diskursiven Praxis immanenten Regelmäßigkeiten, so oszilliert sie zwischen zwei Polen.[110] Der von ihm benutzte französische Begriff der *régularité* kann nämlich einerseits als Regelmäßigkeit im Sinne einer Statistik oder als Muster verstanden werden, das sich ergibt, wenn man verschiedene Aussagen nebeneinanderstellt – so wie man von der Regelmäßigkeit oder der Gleichmäßigkeit einer polymorphen Gesteinsformation spricht. Er kann andererseits aber auch als Ordnung gefasst werden, die sich etabliert, wenn gewisse Regeln ohne das Wissen ihrer ›Benutzer‹ befolgt werden.[111]

Insofern lassen sich etliche Passagen der *Archäologie* auch dahingehend lesen, dass die systematisierten Regelmäßigkeiten regulativ wirken. In diesem Fall wären die Regeln nicht deskriptiv, sondern präskriptiv: Ein Formationssystem, bemerkt Foucault, »*schreibt vor*, welche Zusammenhänge in einer diskursiven Praxis hergestellt werden *mussten*, um sich auf dieses oder jenes Objekt zu beziehen, um diese oder jene Äußerung ins Spiel zu bringen, um diesen oder jenen Begriff zu benutzen«.[112] Die

[109] Michel Foucault, *Überwachen und Strafen*, Frankfurt/M.: Suhrkamp 1994, S. 39. Frz. *Surveiller et punir. Naissance de la prison*, Paris: Gallimard 1975, S. 36; Übersetzung modifiziert; vgl. a. Foucault, »Macht und Wissen« (1977), a.a.O., S. 521 (frz. II, S. 404).

[110] Im folgenden Absatz greife ich weitestgehend theoretische Einwände von Dreyfus und Rabinow auf, die diese als »The Methodological Failure of Archaeology« thematisieren (vgl. Dreyfus/Rabinow, *Michel Foucault,* a.a.O., S. 55ff. und v. a. S. 79–103).

[111] Ulrich Johannes Schneider hebt diese performative Dimension des Foucault'schen ›*dire vrai*‹, d.h. dessen, was zu einem bestimmten Zeitpunkt als wahr gilt, hervor, wenn er davon spricht, dass Diskursregeln »gelten, insofern sie befolgt werden: eine pragmatische Modifikation des Rationalen« (Schneider, »Wissensgeschichte, nicht Wissenschaftsgeschichte«, a.a.O., S. 224f.).

[112] Foucault, *Archäologie des Wissens*, a.a.O., S. 108 (frz. S. 98); Übersetzung modifiziert; Hervorhebung M.D.

Unentschiedenheit zwischen deskriptiver Systematisierung und der Annahme eines ursächlichen Reglements zeigt sich auch an einer anderen Stelle, wenn Foucault betont, dass es bei der Analyse von Aussagen darum gehe, »die verschiedenen Regelmäßigkeiten auszumachen, denen sie [die Aussagen, M.D.] *gehorchen*«.[113] Wenn also von Vorschreiben und dem Gehorchen von Regeln die Rede ist, scheint Foucault eine Verschiebung weg von durch Beschreibung erarbeiteten Ordnungen hin zu als Vorschriften wirkenden Kräften[114] vorzunehmen, d.h. von einzelnen Regelmäßigkeiten induktiv allgemeine Regeln bzw. Regulierungen abzuleiten. Hubert L. Dreyfus und Paul Rabinow beschreiben dieses Verfahren der Betrachtung diskursiver Regelmäßigkeiten sehr anschaulich: »They are, however, presented as the *conditions of occurrence* of statements, so that once the archaeologist is in possession of the rules describing a discursive formation he can see that those types of speech acts which were actually uttered and taken seriously were the only ones that could have been seriously entertained at that time.«[115] Anders gesagt, die durch die archäologische Beschreibung – die Systematisierung tatsächlich geäußerter Aussagen – *ex post* erhaltenen Regelmäßigkeiten werden zu apriorischen Existenzbedingungen erklärt. Die diskursiven Praktiken weisen so nicht nur statistische Regelmäßigkeiten auf, die an der Oberfläche der Diskurse ablesbar sind, sondern die Regelmäßigkeiten geben auch Auskunft über die einem Diskurs zugrundeliegenden Wirkkräfte.[116] Da diese zu einer spezifischen Gewichtung, Abstufung, zu einer wechselseitigen Bekräftigung und auch zur Unterdrückung bestimmter Aussagen führen, werden unweigerlich Machtverhältnisse ins Werk gesetzt: »So betrachtet erscheint der Diskurs [...] als ein – endliches, begrenztes, erstrebenswertes, nützliches – Gut, das seine Regeln des Erscheinens und der Anwendung hat; ein Gut, das folglich mit seiner Existenz [...] Machtfragen aufwirft. Ein Gut, das von Natur aus der Gegenstand eines Kampfes *und* eines politischen Kampfes ist.«[117]

[113] Ebd., S. 157 (frz. S. 142); Übersetzung modifiziert; Hervorhebung M.D.

[114] Dreyfus und Rabinow sprechen von »strange alliance between rules as *descriptive regularities* and as *prescriptive operative forces*« (Dreyfus/Rabinow, *Michel Foucault*, a.a.O., S. 81).

[115] Ebd., S. 92f.

[116] Vgl. ebd., S. 84.

[117] Foucault, *Archäologie des Wissens*, a.a.O., S. 175 (frz. S. 158); Übersetzung modifiziert.

Über den Diskurs hinaus: Das Kräfteverhältnis zwischen Diskurs, Politik und Gesellschaft

Vor dem Hintergrund der von Foucault aufgeworfenen Fragen nach den Interdependenzen von Wissen und Macht bzw. deren politischen Implikationen lassen sich die in der *Archäologie* thematisierten Regeln auch aus einer übergeordneten Perspektive betrachten, die selbst nichtdiskursive Praktiken miteinschließt: Strenggenommen sind Regeln immer mit Interessen gepaart. D. h., Regeln lassen sich nur für Interessen aufstellen; oder umgekehrt: Eine interesselose Etablierung von Regeln oder im politischen Sinne von Gesetzen ist nicht denkbar. Im Rahmen der Entfaltung der möglichen Beschreibung von Aussagen kontextualisiert Foucault diese ausdrücklich mit Prozessen der Aneignung und Instrumentalisierung für Interessen; es gehe dabei darum, in den Blick zu nehmen, wie Aussagen »zu eigen gemacht werden, zu Instrumenten für Triebe und Interessen, zur Grundlage von Strategien werden«.[118] Gelingt es also, bei den Beziehungen zwischen einzelnen empirischen Aussage-›Ereignissen‹ bestimmte Regelmäßigkeiten bzw. Ordnungen oder Gültigkeitsbedingungen zu erkennen, ist auch ein Schluss auf die darin möglicherweise verwobenen Interessen möglich. Foucault schließt aber aus, auf einer übergeordneten Ebene den Diskurs auf den direkten Ausdruck nichtdiskursiver, z. B. politischer Praktiken zu reduzieren und ihn im Sinne einer mechanischen Kausalität nur als deren Effekt zu betrachten: »Die Archäologie siedelt ihre Analyse auf eine andere Ebene an: Phänomene des *Ausdrucks*, der *Widerspiegelung* und der Verkörperung sind für sie nur die Ergebnisse einer pauschalisierenden Lektüre auf der Suche nach formalen Analogien oder Sinnübertragungen.«[119] Die Frage nach speziellen Kausalitäten oder Ausdrucksverhältnissen kann für Foucault erst nach der korrekten Beschreibung der einen Diskurs bestimmenden Formationsregeln (der Objekte, der Aussagemodalitäten, der Begriffe) gestellt werden.[120] Wenn der Diskurs nicht als unmittelbarer Ausdruck

[118] Ebd., S. 168 (frz. S. 151); Übersetzung modifiziert.

[119] Ebd., S. 233 (frz. S. 213); Übersetzung modifiziert; Hervorhebung M. D. Die Wortwahl ›Ausdruck‹ (*expression*), ›Widerspiegelung‹ (*reflet*) und eine Seite zuvor auch ›Bewusstsein der Wissenschaftler‹ (*conscience des hommes de science*) zielt eindeutig auf eine Distanzierung von der marxistischen Widerspiegelungstheorie, die dem menschlichen Bewusstsein oder einzelnen Texten (Lukács) zuschreibt, das soziale Umfeld bzw. die gesellschaftliche Totalität widerzuspiegeln (vgl. z. B. Vladimir I. Lenin, *Materialismus und Empiriokritizismus*, Berlin: Dietz 1977 u. Georg Lukács, *Geschichte und Klassenbewußtsein. Studien über marxistische Dialektik*, Darmstadt: Luchterhand 1988).

[120] Vgl. Foucault, *Archäologie des Wissens*, a. a. O., S. 233 (frz. S. 213). Auf der Mikroebene gesteht er einzelnen Diskursgegebenheiten (z. B. Handelsregistern, Fabrikordnun-

der auf das Bewusstsein oder das Denken der Menschen einwirkenden politischen Praxis[121] betrachtet wird, reflektiert sich darin eine bestimmte Analysepraxis, die nicht geradlinige Analogisierungen vornimmt, sondern die auf der mikroanalytischen Ebene, ausgehend von einzelnen Diskursphänomenen und deren Beziehungen, auf politische Faktoren schließt, die sein Erscheinen und Funktionieren »auf eine sehr viel direktere Weise« mitbestimmen:[122] »Es handelt sich um sehr direkte Beziehungen, da sie weder durch das Bewusstsein der sprechenden Subjekte noch durch das Wirken des Denkens hindurchgehen müssen. Es handelt sich indes um indirekte Relationen, da die Aussagen eines wissenschaftlichen Diskurses nicht als unmittelbarer Ausdruck eines sozialen Verhältnisses oder einer ökonomischen Situation betrachtet werden können.«[123]

Damit erklärt sich schließlich auch das Desinteresse Foucaults gegenüber Lyssenko, da in diesem Fall eine verortbare, politische Staatsmacht von außen auf der wissenschaftlichen Pflanzenforschung lastete. Im Gegensatz zur Suche nach dem ideologischen Funktionieren von Wissen und Wissenschaften geht es dem ›Archäologen‹ aber um eine Vorgehensweise in umgekehrter Richtung. Der Ausgangspunkt ist somit nicht ein bestimmtes Ideologem, dessen Ausdruck in den einzelnen Diskursen gefunden werden soll, sondern die Regeln des Diskurses selbst. Foucault geht es also darum, zunächst nur konkrete Diskursphänomene in den Blick zu nehmen und erst in einem zweiten Schritt nach extradiskursiven Abhängigkeiten zu fragen. Dann kann gegebenenfalls zum Vorschein gebracht werden, wie ein autonomer Diskurs zudem mit heteronomen Praktiken und Machtinteressen verknüpft ist: »[D]ie archäologische

gen) oder vielmehr den regelmäßigen Bezügen zwischen ihnen vorsichtig zu, Ausdruck beispielsweise der kapitalistischen Ausbeutung zu sein (vgl. Foucault, »Die Wahrheit und die juristischen Formen« (1974), a.a.O., S. 784 (frz. I, S. 1505f.)).

[121] Foucault lehnt entschieden ab, bestimmte Begriffe der klinischen Medizin »durch Transposition« direkt von einer politischen Praxis oder Theorie abzuleiten, weil »derartige Analysen [...] das wesentliche Problem umgehen: welches musste der Existenz- und Funktionsmodus des medizinischen Diskurses sein, inmitten anderer Diskurse und generell inmitten anderer Praktiken, damit solche Transpositionen oder solche Korrespondenzen entstehen?« (Foucault, »Antwort auf eine Frage« (1968), a.a.O., S. 879 (frz. I, S. 717); Übersetzung modifiziert).

[122] Ebd. Diese gleichsam von unten nach oben vorgehende Analyse bestimmt auch später seine deutlich erweiterten Konzeptualisierungen von Macht: »Es geht nicht darum, die geregelten und legitimen Formen der Macht in ihrem Zentrum zu analysieren, in dem, was ihre allgemeinen Mechanismen oder ihre Gesamtwirkungen sein können, es geht im Gegenteil darum, die Macht an ihren äußersten Punkten, in ihren letzten Andeutungen, dort, wo sie kapillarisch wird, zu erfassen« (Michel Foucault, »Vorlesung vom 14. Januar 1976«, in: *Schriften*, III, a.a.O., S. 231–250, hier: S. 236. Frz. »Cours du 14 janvier 1976«, in: *Dits et écrits*, II, a.a.O., S. 175–189, hier: S. 178).

[123] Foucault, »Antwort auf eine Frage« (1968), a.a.O., S. 881 (frz. I, S. 719).

Beschreibung von Diskursen [...] versucht den ganzen Bereich an Institutionen, wirtschaftlichen Prozessen, gesellschaftlichen Verhältnissen zu erforschen, mit denen eine diskursive Formation verbunden sein kann; sie versucht zu zeigen, wie es kommt, dass die Autonomie des Diskurses und seine Spezifität ihm noch lange nicht den Status reiner Idealität und völliger historischer Unabhängigkeit verleihen; sie möchte diese besondere Ebene sichtbar machen, von der aus die Geschichte Anlass für bestimmte Diskurstypen ist, die selbst ihre eigene Form der Historizität haben«.[124] Foucault ließe sich dann so verstehen, dass die Existenz von Aussagen eines Diskurses zwar durch viele auch nicht-diskursive Faktoren bedingt ist, diese aber nicht primär betrachtet werden müssen, um das Zustandekommen seriösen Sprechens zu systematisieren und verständlich zu machen.

Man könnte im Vorgriff auf die der *Archäologie* folgenden Schriften Foucault so lesen, dass er die Machtdynamiken, in die ein Diskurs verwickelt ist, bidirektional begreift. Spezifische Regelmäßigkeiten, die sich in einem Diskurs herausbilden, können bestimmte Kräfteverhältnisse entstehen lassen, wie auch umgekehrt von außen auf den Diskurs gerichtete Interessen dessen Regelmäßigkeit affizieren: Anstatt etwas Endgültiges zu sein, vernetzt sich die Aussage, »stellt sich in Anwendungsfelder, steht Übertragungen und möglichen Umgestaltungen offen, wird in Verfahren und Strategien einbezogen, in denen ihre Identität sich behauptet oder ausgelöscht wird. So ist die Aussage [...] nachgiebig oder widersetzt sich den Interessen, rückt in die Ordnung von Protesten und Kämpfen, wird Gegenstand von Aneignungen oder von Rivalität.«[125]

Dennoch zeichnen sich Foucaults Überlegungen in der *Archäologie* noch durch eine gewisse Unentschiedenheit[126] gegenüber dem Verhältnis von diskursiven und nicht-diskursiven, d. h. auch politischen und sozialen Praktiken aus. Dreyfus und Rabinow kritisieren etwa die an-

[124] Foucault, *Archäologie des Wissens*, a.a.O., S. 235 (frz. S. 215); Übersetzung modifiziert; vgl. a. Foucault, »Der Wille zum Wissen« (1971), a.a.O., S. 295 (frz. I, S. 1109).

[125] Foucault, *Archäologie des Wissens*, a.a.O., S. 153 (frz. S. 138); Übersetzung modifiziert.

[126] In einem Interview aus dem Jahr 1978 räumt Foucault dieses Schwanken zwischen der diskursimmanenten Analyse und der Betrachtung der einem Diskurs äußerlichen, ihn stützenden Elemente ausdrücklich ein und erklärt es damit, dass ihm die damals zur Verfügung stehenden marxistischen Erklärungsversuche unbefriedigend erschienen. Schließlich habe er aber zu einer Lösung gefunden, indem er sich zunehmend auf die Geschichte der »Inszenierung der Wahrheit [...] wesentlich mit Blick auf die Beziehungen zwischen dem Wissen und der Macht« konzentriert habe (Foucault, »Die Bühne der Philosophie« (1978), a.a.O., S. 733f. (frz. II, S. 583f.)).

fängliche Fokussierung Foucaults auf diskursive Praktiken und fassen diesen Einwand als »illusion of autonomous discourse«.[127] Man könnte Foucaults spätere Schriften, in denen das Koordinatensystem seiner Machtanalytik über juridisch-diskursive hinaus um nicht-diskursive Praktiken erweitert wird, als eine Antwort auf das Problem, dass die zu einer bestimmten Zeit in einer bestimmten Gesellschaft wirksamen Macht- und Kräfteverhältnisse nicht allein an diskursiven Praktiken abgelesen werden können, verstehen. Die »Beleuchtung, die ›Erhellung‹ der Sexualität« geschah, konzediert Foucault, »nicht nur in den Diskursen, sondern auch in der Wirklichkeit der Institutionen und der Praktiken«.[128] *Die Ordnung des Diskurses* nimmt in dieser Wende eine Art Gelenkstelle ein, weil dort die nicht-diskursiven Praktiken als Praktiken, die Diskurse von außen bestimmen, deutlich gestärkt werden. »Ich setze voraus, daß in jeder Gesellschaft die Hervorbringung des Diskurses zugleich kontrolliert, selektiert, organisiert und kanalisiert wird – und zwar durch gewisse Prozeduren, deren Aufgabe es ist, die Kräfte und die Gefahren des Diskurses zu bändigen, sein unberechenbar Ereignishaftes zu bannen«.[129] Entsprechend fasst Foucault sein methodisches Vorgehen in folgende Regel: »Man muß sich [...] vom Diskurs aus, von seiner Erscheinung und seiner Regelhaftigkeit aus [...] seinen äußeren Möglichkeitsbedingungen nähern, dem, was der zufälligen Reihung dieser Ereignisse Raum gibt und deren Grenzen absteckt.«[130] Die Voraussetzung eines weitgehend autonomen Diskurses hatte die nicht-diskursiven Praktiken zu sehr aus dem Blick geraten lassen. Dem entgeht die Umorientierung Foucaults von der strengen Archäologie zur Genealogie, vom Diskurs zum Dispositiv. In einem Gespräch

[127] Vgl. Dreyfus/Rabinow, *Michel Foucault*, a.a.O., S. 64 u. 80. Foucault betont beispielsweise noch in einem 1976 gegebenen Interview: »Auf dieser Ebene geht es darum, herauszubekommen, nicht, welches die Macht ist, die von außen auf der Wissenschaft lastet, sondern welche Machtwirkungen noch zwischen den wissenschaftlichen Aussagen zirkulieren; welches gewissermaßen ihre innere Machtordnung ist, und wie und warum sie sich in bestimmten Momenten umfassend modifiziert.« (Foucault, »Gespräch mit Michel Foucault« (1976), a.a.O., S. 190f. (frz. II, S. 143f.)).

[128] Foucault, »Nein zum König Sex« (1977), in: *Schriften*, III, a.a.O., S. 336–353, hier: S. 337. Frz. »Non au sexe roi«, in: *Dits et écrits*, II, a.a.O., S. 256–271, hier: S. 257.

[129] Foucault, *Die Ordnung des Diskurses*, a.a.O., S. 10f. (frz. S. 10f.); Übersetzung modifiziert. An vielen Stellen benutzt Foucault die französischen Begriffe ›produire‹ und ›production‹. Sie werden hier, den hervorragenden späteren Übersetzungen von Hans-Dieter Gondek folgend, nicht als ›produzieren‹ oder ›Produktion‹, sondern grundsätzlich als ›hervorbringen‹ bzw. ›Hervorbringung‹ wiedergegeben. Abweichende Übertragungen wurden entsprechend angepasst.

[130] Ebd., S. 35 (frz. S. 55); Übersetzung modifiziert.

erläutert Foucault letzteren Begriff folgendermaßen: »Das, was ich mit diesem Begriff zu bestimmen versuche, ist erstens eine entschieden heterogene Gesamtheit, bestehend aus Diskursen, Institutionen, architektonischen Einrichtungen, reglementierenden Entscheidungen, Gesetzen, administrativen Maßnahmen, wissenschaftlichen Aussagen, philosophischen, moralischen und philanthropischen Lehrsätzen, kurz, Gesagtes ebenso wie Ungesagtes, das sind die Elemente des Dispositivs. Das Dispositiv selbst ist das Netz, das man zwischen diesen Elementen herstellen kann.«[131] Macht wird vor dem Hintergrund dieser Begriffe in seiner Mikrophysik untersucht, d. h. ausdrücklich nicht als Besitz, nicht als erworbenes oder bewahrtes Privileg einer herrschenden Klasse aufgefasst, sondern als produktives Netz komplexer interdependenter Beziehungen, als Herrschaftswirkungen, die nicht nur mit der Position der Beherrschten untrennbar verbunden sind, sondern von dieser auch genährt und gestört werden. Foucault formuliert dabei ein rhetorisches Paradox, das er in Anführungszeichen setzt, weil es ihm um die Zurückweisung einer souveränen, als Eigentum verstandenen Macht geht. Er schreibt nämlich, dass die als relational oder vielmehr als reziprok verstandenen Machtbeziehungen auch durch diejenigen verlaufen, die »sie nicht haben« (*qui ne l'ont pas*): »[D]ie Macht [...] stützt sich auf sie, ebenso wie diese sich in ihrem Kampf gegen sie darauf stützen, daß sie von der Macht durchdrungen sind.«[132]

Es wäre jedoch falsch, von Foucaults unter den Begriffen der Genealogie[133] und des Dispositivs subsumierter Vorgehensweise, mit der Be-

[131] Michel Foucault, »Das Spiel des Michel Foucault« (1977), in *Schriften*, III, a. a. O., S. 391–429, hier: S. 392. Frz. »Le jeu de Michel Foucault«, in: *Dits et écrits*, II, a. a. O., S. 298-329, hier: S. 299.

[132] Foucault, *Überwachen und Strafen*, a. a. O., S. 38 (frz. S. 35).

[133] Um eine prominente Unterscheidung Foucaults zwischen Genealogie und Archäologie anzuführen, die zugleich deren komplementäres Verhältnis verdeutlicht, sei auf eine Stelle aus seinen Vorlesungen 1976 verwiesen. Darin spricht Foucault über scheinbar selbstverständliche Voraussetzungen, sei es über die Krankheit Wahnsinn, über die Humanität des Strafvollzugs oder über die sexuelle Befreiung, und weist dabei der Archäologie die mikroanalytische Erarbeitung der komplex verzweigten Geschichte der Herkunft dieser Präsuppositionen mit ihren mikroskopischen Abstufungen (*échelles microscopiques*) zu. Die Genealogie solle indes deren Veränderung ermöglichen: »Demnach wäre die Genealogie gegenüber dem [archäologischen, M. D.] Projekt einer Einschreibung der Wissensarten in die Hierarchie der der Wissenschaft eigenen Macht eine Art Unterfangen, das historische Wissen zu ›ent-unterwerfen‹ [*désassujettir*] und frei, das heißt zur Opposition und zum Kampf gegen den Zwang eines einheitlichen, formalen und wissenschaftlichen theoretischen Diskurses fähig zu machen« (Michel Foucault, »Vorlesung vom 7. Januar 1976«, in: *Schriften*, III, S. 213–231, hier: S. 221. Frz. »Cours du 7 janvier 1976«, in: *Dits et écrits*, II, a. a. O., S. 160–174, hier: S. 167). Daher bezeichnet er im selben Zusammenhang die Genealogie auch als Antiwissenschaft

trachtung von Nicht-Diskursivem und Institutionellem über den Diskurs hinauszugehen, darauf zu schließen, dass die Betrachtung diskursiver Praktiken dadurch obsolet geworden wäre. Es wird lediglich der Beobachtungswinkel so erweitert, dass die nicht-diskursiven Praktiken stärker beleuchtet werden können. Sie sind nicht mehr nur das vom Diskursiven ausgehend *ex negativo* bestimmte Nicht-Diskursive, sondern gleichberechtigter Analysegegenstand. Denn innerhalb eines Dispositivs gibt es eine Art Spiel zwischen diskursiven und nicht-diskursiven Elementen: »Für meine Sache mit dem Dispositiv ist es nicht so sehr wichtig, ob es heißt: Dies da ist diskursiv, dies da ist es nicht. Was ist zwischen Gabriels architektonischem Programm für die École militaire und dem Bau der École militaire selbst diskursiv und was ist institutionell?«[134]

Foucaults archäologisch-genealogische Beschreibungen machen damit sowohl die Eigengesetzlichkeit jeden Diskurses als auch dessen Interdependenz mit nicht-diskursiven Bereichen deutlich, indem beide Praxisformen auf der gleichen Analyseebene situiert werden: »Das Dispositiv ist also immer in ein Machtspiel eingeschrieben, doch immer auch an eine oder an mehrere Wissensgrenzen gebunden, die daraus hervorgehen, es aber genauso auch bedingen. Das eben ist das Dispositiv: Strategien von Kräfteverhältnissen, die Arten von Wissen unterstützen und von diesen unterstützt werden.«[135] Damit verbunden ist die bereits in der *Archäologie* präfigurierte Zurückweisung seines früheren Konzepts der Macht als rechtlicher Mechanismus, der in Begriffe wie Verknappung, Verbot, Unterdrückung und Ausschluss gefasst war, zugunsten einer Auffassung der Macht als produktiv, als Macht, die sich in Form von Taktiken und Strategien vollzieht – in Foucaults Worten eine »Ersetzung eines rechtlichen und negativen Rasters durch ein technisches und strategisches Raster«.[136]

(*antiscience*) und definiert später die ›diagnostische‹ Arbeit des Intellektuellen als eine, die vertraute Evidenzen fragwürdig, brüchig und veränderbar werden lässt und so einen konkreten Freiheitsraum (*un espace de liberté concrète*) eröffnet: »[D]iese Funktion der Diagnose [...], das betreffend, was heute ist, [...] besteht [...] nicht darin, einfach nur das zu charakterisieren, was wir sind, sondern, indem man den Bruchlinien von heute folgt, dahin zu gelangen, dass man erfasst, worin das, was ist, und wie das, was ist, nicht mehr das sein könnte, was ist« (Michel Foucault, »Strukturalismus und Poststrukturalismus« (1983), in: *Schriften*, IV, a.a.O., S. 521–555, hier: S. 544. Frz. »Structuralisme et poststructuralisme«, in: *Dits et écrits*, II, a.a.O., S. 1250–1276, hier: S. 1267f.)).

134 Foucault, »Das Spiel des Michel Foucault« (1977), a.a.O., S. 396 (frz. II, S. 301).

135 Ebd., S. 394f. (frz. II, S. 300).

136 Michel Foucault, »Die Machtverhältnisse gehen in das Innere der Körper über« (1977), in: *Schriften*, III, S. 298–309, hier: S. 299. Frz. »Les rapports de pouvoir passent à l'intérieur des corps«, in: *Dits et écrits*, II, a.a.O., S. 228–236, hier: S. 229.

Doch auch diese verschobene Analyseperspektive bleibt explizit mit dem Begriff der Wahrheit verknüpft. Foucault betont: »Die Wahrheit ist von dieser Welt; sie wird in ihr dank vielfältiger Zwänge hervorgebracht. Und sie hat in ihr geregelte Machtwirkungen inne. Jede Gesellschaft hat ihre Wahrheitsordnung, ihre allgemeine Politik der Wahrheit: das heißt Diskurstypen, die sie annimmt und als wahr fungieren lässt; die Mechanismen und die Instanzen, die es gestatten, zwischen wahren und falschen Aussagen zu unterscheiden; die Art und Weise, wie man die einen und die anderen sanktioniert; die Techniken und die Verfahren, die zur Erlangung der Wahrheit wertgeschätzt werden: die rechtliche Stellung derjenigen, denen es zu sagen obliegt, was als wahr fungiert.«[137] Die Gewalt, die bei den Gültigkeitsbedingungen von Aussagen im Spiel ist, fasst Foucault dementsprechend auch in Begriffe wie Schlacht, Kampf oder Krieg: »Es gibt einen Kampf für die Wahrheit oder zumindest um die Wahrheit [...]; und das ist auch so zu verstehen, dass es sich nicht um einen Kampf zugunsten der Wahrheit, sondern um einen Kampf um den Status der Wahrheit und der von ihr übernommenen ökonomisch-politischen Rolle handelt.«[138] Der Diskurs setzt so Macht- und Kräfteverhältnisse ins Werk und wird im selben Maße von diesen durchquert. D.h., das dynamische Gefüge von Diskursphänomenen rekonfiguriert sich permanent kraft des Aufeinandertreffens von diskursiven und nicht-diskursiven Praktiken und bleibt durch die sich ereignenden ›Wahrheitsspiele‹ (*jeux de vérité*)[139] aus Aktion und Reaktion, aus Frage und Antwort, aus Beherrschen und Ausweichen in fortwährender Bewegung.[140]

Der im Kompositum ›Wahrheitsspiel‹ verwendete Begriff des Spiels, der bei Foucault immer wieder auftritt, ist erklärungsbedürftig, denn er zeichnet sich wie jede Metapher durch eine Uneindeutigkeit aus: Zum einen ließe er sich im Sinne Wittgensteins wie ein Schachspiel als Spiel nach Regeln verstehen, zum anderen, etwas weiter gefasst, als ein dynamisches Verhältnis zwischen einzelnen Gebilden; so wie man davon

[137] Foucault, »Gespräch mit Michel Foucault« (1976), a.a.O., S. 210 (frz. II, S. 158); Übersetzung modifiziert.

[138] Ebd., S. 212 (frz. S. 159).

[139] Michel Foucault, »Foucault« (1984), in: *Schriften*, IV, a.a.O., S. 776–782, hier: S. 777. Frz. »Foucault«, in: *Dits et écrits*, II, a.a.O., S. 1450–1455, hier: S. 1451.

[140] Vgl. Foucault, »Die Wahrheit und die juristischen Formen« (1974), a.a.O., S. 671 (frz. I, S. 1407). An anderer Stelle spricht Foucault auch von der »politische[n] Geschichte einer Hervorbringung von Wahrheit« (Foucault, »Nein zum König Sex« (1977), a.a.O., S. 338 (frz. II, S. 257); vgl. a. Michel Foucault, »Polemik, Politik und Problematisierungen« (1984), in: *Schriften*, IV, a.a.O., S. 724–734. Frz. »Polémique, politique et problématisations«, in: *Dits et écrits*, II, a.a.O., S. 1410–1417).

spricht, dass ein Teil in einer mechanischen Apparatur genügend Spiel hat. Der Begriff ›Spiel‹ oszilliert daher zwischen einerseits der Bedeutung von regelmäßigen Verbindlichkeiten bzw. Gültigkeitsbedingungen und andererseits der Bedeutung von einem Ineinandergreifen korrelativer Elemente bzw. den sich daraus ergebenden Freiheitsräumen. Nicht selten scheint in Foucaults Analysen jedoch der Wortgebrauch von ›Spiel‹ im Sinne einer einschränkenden und regulativen Funktion ausschlaggebender zu sein: »Wenn ich von ›Spiel‹ spreche, dann spreche ich von einer Gesamtheit von Regeln zur Hervorbringung der Wahrheit. Dies bedeutet nicht Spiel im Sinne von Nachahmung oder Schauspiel; es besteht in einer Gesamtheit von Verfahren, die zu einem bestimmten Resultat führen, das nach Maßgabe seiner Prinzipien und Verfahrensregeln als gültig oder ungültig, als erfolgreich oder als erfolglos betrachtet werden kann.«[141]

Obwohl Foucault immer wieder von *règles* und *régularités*, von Regelmäßigkeiten oder Regelhaftigkeiten, spricht, liegt der Fokus seiner Betrachtung fortwährend auf Momenten ihrer Transformation. Es geht nicht nur darum, dass Regeln ein Spiel konstituieren, sondern wie sich diese Regeln ändern; d.h., die Regeln sind selbst im Spiel, stehen selbst auf dem Spiel, wodurch unweigerlich ein – wenn auch nicht unbegrenzter – Spielraum möglicher, nicht absoluter Freiheit aufblitzt:[142] »Ich möchte betonen – und hier komme ich auf die Beziehungen zwischen Begrenzung und Freiheit zurück – dass ohne diese Begrenzungen der kreative Akt, der von einer kleinen Menge an Erfahrung zur Entwicklung von äußerst gegliederten und komplizierten Wissenssystemen führt, unmöglich wäre. [...] Kreativität ist nur aufgrund eines Systems von Regeln möglich. Wir haben es nicht mit einer Mischung aus Regelmäßigkeit und Freiheit zu tun.«[143] Fälschungen und Fakes, so wird sich zeigen, belegen dieses Spiel mit den Regeln in außerordentlicher Weise.

[141] Michel Foucault, »Die Ethik der Sorge um sich als Praxis der Freiheit« (1984), in: *Schriften*, IV, a.a.O., S. 875–902, hier: S. 897. Frz. »L'éthique du souci de soi comme pratique de la liberté«, in: *Dits et écrits*, II, a.a.O., S. 1527–1548, hier: S. 1544; Übersetzung modifiziert.

[142] Mit diesem Moment möglicher Freiheiten setzt sich Foucault in seinen letzten Schriften explizit auseinander. Dort erhält auch das Wort Spiel in der Bedeutung eines dynamischen Gefüges eine prominente Rolle (siehe dazu vor allem: Michel Foucault, »The Subject and Power« (1982), in: Dreyfus/Rabinow, *Michel Foucault*, a.a.O., S. 208–226; große Teile des Texts wurden von Foucault in englischer Sprache verfasst und sollten daher in dieser Version eingesehen werden).

[143] Foucault, »Über die Natur des Menschen: Gerechtigkeit versus Macht« (1971), a.a.O., S. 607 (frz. I, S. 1356).

»*Wie soll man mit diesen Instrumenten arbeiten?*«

Foucaults Beschreibungsinstrumentarium eignet sich nicht nur hervorragend zur historischen Spezifizierung der Diskursregeln und Machtverhältnisse, innerhalb deren Fälschungen entstehen und rezipiert werden, sondern erweist sich auch als grundlegend, um die dem Fälschungsphänomen anhaftende, sich spontan einstellende essentialistische Auffassung von Wahrheit zu destruieren. Foucault indes weist seine Überlegungen explizit als nicht im strengen Sinne geschlossene Theorie oder Methodologie aus, die, einmal universal errichtet, für die unterschiedlichsten Untersuchungsbereiche angewendet werden könnte: »Für mich war die *Archäologie des Wissens* weder vollständig theoretisch noch vollständig methodologisch.«[144] In der *Archäologie*, konzediert er weiter, habe er lediglich versucht, eine Analyseebene, ein Feld möglicher Untersuchungsobjekte festzulegen, ohne allerdings eine Theorie dieser Analysen ausgearbeitet zu haben. Dieses Defizit führt er darauf zurück, dass er keine Systematisierung der Beziehungen zwischen den diskursiven und den gesellschaftlichen oder ökonomischen Formationen entwickelt habe. Es sei zudem keine Methodologie, weil er ein Problem beiseitegelassen habe, nämlich: »Wie soll man mit diesen Instrumenten arbeiten?«[145] Dies ist eine Aufgabe, die er seinem Leser überlässt und die im Laufe der Rezeption zu einer Vielzahl an Interpretationen und Formen der Diskursanalyse geführt hat. Der hier verfolgte diskursanalytische Zugang zu Fälschung und Fakes soll deshalb abschließend noch einmal zusammengefasst werden:

Im Folgenden soll die Frage im Vordergrund stehen, welche diskursiven Regelmäßigkeiten oder Kämpfe bei denjenigen Sprechakten im Spiel waren, die, während sie Fälschungen zuerst Echtheit oder Wahrheit bzw. später Gefälschtheit attestierten, als seriös akzeptiert wurden. Fälschungen sollen somit in ihren jeweiligen historischen Ausprägungen betrachtet werden, um damit Diskursregeln in den Blick geraten zu lassen, die in einem geschichtlichen Zeitraum darüber bestimmten, wie Objekten etwa Originalität, Authentizität, ein Autorisiertsein oder Faktizität, spezielle scheinbar substantielle Eigenschaften oder Evidenzcharakter zugeschrieben oder -gesprochen wurde. Dies kann

[144] Foucault, »Gespräch mit Michel Foucault« (1971), a.a.O., S. 191 (frz. I, S. 1025); vgl. a. S. 210 (frz. S. 1040) u. Foucault, »Macht und Wissen« (1977), a.a.O., S. 521 (frz. II, S. 404).

[145] Foucault, »Gespräch mit Michel Foucault« (1971), a.a.O., S. 192 (frz. I, S. 1025f.).

beispielsweise durch eine als gültig gebilligte falsche Identifikation der Entstehungsgeschichte von literarischen Texten oder von epistemischen Objekten[146] vonstattengehen.

Fälschungen, so die methodische Vorannahme, verdanken ihre Geltungsmacht oder ihren Wert einer möglichst weitgehenden Kongruenz mit bestehenden oder zumindest akzeptablen Praktiken. Infolgedessen sollen sie nicht als Elemente betrachtet werden, die von vornherein aus dem Umfeld gängiger diskursiver Ordnungen herausfallen, sich im Raum eines ›wilden Außen‹[147] befinden, sondern als Elemente, die buchstäblich als Ausnahmen die Regel bestätigen und so ein betroffenes Feld an impliziten Normen oder Konventionen dechiffrierbar machen. Mit jedem Vorwurf der Fälschung wird nämlich nicht nur ihrem ›Urheber‹ nachträglich ein Betrugsbewusstsein unterstellt, sondern auch ihr fundamentaler Gegensatz implizit mitgeäußert. Prämisse sämtlicher folgender Überlegungen ist daher, dass Fälschungen dann als solche zu begreifen sind, wenn im Diskurs davon gesprochen wird, d. h. wenn sie explizit in den Kontext von Täuschung, Verstellung und Irreführung gerückt werden. An den Reaktionen auf eine Fälschung und den dabei in Anschlag gebrachten Differenzkriterien lassen sich dann meist direkt oder *ex contrario* thematisierte zeit- und diskursspezifische Gegenentwürfe ablesen, zum einen im Allgemeinen: der Wahrheit, der Authentizität, der Originalität, des Autorisiertseins und der Faktizität, zum anderen

[146] Der Begriff des ›epistemischen Objekts‹ geht auf Hans-Jörg Rheinberger zurück. Er konzeptualisiert dies allgemein als Forschungsgegenstand oder Wissenschaftsobjekt, um das die Aktivität des Forschers kreist und um das herum technische Dinge (wie Instrumente, Aufzeichnungsapparaturen etc.) gruppiert werden. Was an ›epistemischen Dingen‹ (die nicht Gegenstände *in sensu strictu* sein müssen, sondern auch Strukturen, Reaktionen oder Funktionen sein können) interessiert, ist gerade das, was durch Experimentalanordnungen erst zum Vorschein gebracht werden soll. Es entsteht somit erst in seiner Erforschung und wird dadurch definiert, wie es sich in den Laborversuchen verhält. Ein Experimentalsystem schafft somit erst den Raum für den ›Auftritt‹ epistemischer Dinge, d. h., es liefert die Bedingungen, unter denen sie jeweils unterschiedlich Gestalt annehmen und ihre Spezifität erhalten. Ein ›epistemisches Ding‹ ist, wie Rheinberger in Anlehnung an Gaston Bachelard formuliert, das im experimentellen Kontext hervorgebrachte ›Wissenschaftswirkliche‹ (vgl. Hans-Jörg Rheinberger, *Experimentalsysteme und epistemische Dinge. Eine Geschichte der Proteinsynthese im Reagenzglas*, Göttingen: Wallstein 2001, v. a. S. 18–34 u. ders., *Experiment, Differenz, Schrift. Zur Geschichte epistemischer Dinge*, Marburg: Basilisken-Presse 1992, v. a. S. 67–86).

[147] Als Gegenbeispiel wäre das sogenannte Voynich-Manuskript anzuführen. Dabei handelt es sich um ein Konvolut von mit vornehmlich naturkundlichen Abbildungen versehenen Schriftstücken, deren Herkunft ungeklärt ist und die sowohl in einer unbekannten Schrift als auch in einer unbekannten Sprache abgefasst sind. Über dieses Artefakt, das sich in keinen erdenklichen Kontext stellen lässt, sind Aussagen bezüglich seiner Echtheit oder Gefälschtheit schlichtweg nicht möglich.

im Besonderen: des epistemischen Objekts, der Literarizität, der massenmedialen Information oder der autorisierten Äußerungsinstanz.

In einem ersten Schritt werden Fälschungsphänomene nicht unter dem Aspekt ihrer Singularität, sondern unter demjenigen ihrer Kontextualität untersucht, also unter Berücksichtigung ihres Umfelds und ihrer Bezüge. Um eine Aussage herum existieren Bereiche, die Foucault in drei Raumabschnitte gliedert: in den ihr angrenzenden Nebenraum, der von anderen Aussagen gebildet wird, die zur selben Gruppe gehören; in ihren Korrelationsraum, der sich durch ihr Verhältnis zu diskursspezifischen Verteilungen von Objekten, Subjekten und Begriffen auszeichnet; und schließlich in einen äußeren, komplementären Raum der nicht-diskursiven Praktiken, beispielsweise der Institutionalisierungen oder der politischen und ökonomischen Prozesse. Erst innerhalb dieser diskursiven Topographie können Fälschungen als Elemente »in einem Feld der Koexistenz« scheinbar aus sich heraus leuchten, einleuchtend sein, ihre Evidenz bezeugen oder, anders gesagt, ›im Wahren‹ sein.[148]

Man könnte in diesem Zusammenhang die Hypothese formulieren: Je stärker ein Wissensgebiet formalisiert, codiert und reglementiert ist, desto einfacher ist es, diesen praktischen Horizont in Fälschungen zu reaktivieren. Dennoch gab es zahlreiche Fälschungen in Bereichen, in denen sich explizite Kriterien der Wissenspraxis noch nicht herausgebildet hatten oder die, in Foucaults Worten, weder die Schwelle der Epistemologisierung noch der Wissenschaftlichkeit und der Formalisierung überschritten hatten.[149] Fälschungen können daher in den folgenden Untersuchungen gleichsam als chemische Indikatoren betrachtet werden, die das sowohl explizit als auch stillschweigend geregelte seriöse Sprechen, sei es in einzelnen Wissensfeldern und -institutionen oder sei es in gesellschaftspolitischen Bereichen, sichtbar werden lassen. Dabei geht es nicht darum, einem Relativismus das Wort zu reden und sämtliche Wissenspraktiken auf ein reines Machtprodukt zu reduzieren, sondern Fälschungen und Fakes zum Anlass zu nehmen, die mit Wissen verbundenen Machtaspekte bzw. die mit Macht verbundenen Wissensaspekte, d. h. Dynamiken, die auch in sachlich richtigen Aussagen am Werk sind, gesondert in den Blick zu nehmen. Die ausgewählten Fälschungen und Fakes werden somit einerseits zum Anlass genommen, ihre Gültigkeitsbedingungen anhand verfügbarer historischer Materialien zu rekonstruieren, auch unter Berücksichtigung

[148] Vgl. Foucault, *Archäologie des Wissens*, a. a. O., S. 131 ff., 142 u. 158 (frz. S. 118 ff., 128 u. 143); siehe dazu auch die hervorragende Zusammenfassung bei: Deleuze, *Foucault*, a. a. O., S. 14–21 (frz. S. 14–20).

[149] Vgl. Foucault, *Archäologie des Wissens*, a. a. O., S. 266 (frz. S. 244).

von Kräften, die von außen auf dem Wissensgebiet lasteten; andererseits soll von ihrer tatsächlichen Akzeptanz auf Regelmäßigkeiten geschlossen werden, die sie akzeptabel werden ließen.

Das erstgenannte Verfahren stößt jedoch vor allem für aktuelle Fälschungen und Fakes an seine Grenzen. Betrifft das Erscheinenlassen diskursiver Regelmäßigkeiten die Vergangenheit, lässt sich der quasiethnologische Blick, den man archäologisch-genealogisch darauf werfen möchte, analytisch aufrechterhalten. Problematisch wird diese Perspektive allerdings angesichts einer gegenwärtigen Matrix von Praktiken, weil wir, wie Foucault erläutert, selbst innerhalb ihrer Regeln, die in ihrer Aktualität nicht zu hintergehen sind, sprechen und uns ein externer Blick darauf versagt bleiben muss. Existierte nicht das Problem der Verfügbarkeit von Dokumenten, würden diskursive Regelmäßigkeiten sich umso deutlicher zeigen, je größer unsere zeitliche Distanz dazu wäre. Anders formuliert: Die Beschreibung der Geltung bestimmter Aussagen ist vornehmlich aus einem Kontext heraus möglich, der sich grundlegend von dem der beobachteten Aussagen unterscheidet.[150] Bei gegenwärtigen diskursiven Regelmäßigkeiten, die ja Foucault zufolge zu einem »Unbewussten der gesagten Sache« zu rechnen sind, fehlt diese Distanz; sie können deshalb nur unvollständig charakterisiert werden.

Zudem zeichnet sich ein historischer Diskurs durch bestimmte regelmäßige Gesamtheiten eines abgeschlossenen Korpus von als seriös akzeptieren Aussagen aus; ihre Akzeptabilität und ihre Zugehörigkeit zum Diskurs sind ein und dieselbe Sache, da sie als Summe des Anerkannten den Diskurs formieren. Dagegen muss der Korpus derzeitiger Praktiken als unabgeschlossen betrachtet werden; auch Fälschungen, seien sie unerkannt oder entdeckt, schreiben sich darin noch fortwährend ein. Eine aktuelle diskursive Formation kann daher nicht restlos deduziert werden.

Dies ist auch zu bedenken, wenn man Fälschungs- und Fakepraktiken aus der Perspektive ihrer jeweiligen historischen Gegenwart in den Blick nimmt. D.h., es kann nicht eine restlose Diskurs-Kompetenz derer, die das Fake oder die Fälschung lancieren, unterstellt werden. Bei Fälschungen blitzt nämlich nicht selten etwas Neues auf, das sich zum Zeitpunkt ihres Erscheinens nicht restlos bereits akzeptiertem Wissen subsumieren lässt; z.B. werden strittige Hypothesen durch gefälschte Artefakte verifiziert oder herrschende Theorien falsifiziert. Solche ›Erfindungen‹ müssen, um wahrgenommen werden zu können, jedoch

[150] Vgl. ebd., S. 189f. (frz. S. 171f.).

erneut im Rahmen anerkannter Wissenspraktiken präsentiert werden. Foucault schreibt entsprechend: »Im Bereich [...] des Wissens kann man nur etwas Neues hervorbringen, wenn man eine gewisse Anzahl von Regeln benutzt, die die Akzeptierbarkeit oder die [...] Wissenschaftlichkeit von Aussagen definieren.«[151] Es wäre somit eine unendliche Menge an Fälschungen denkbar, die im Folgenden nicht berücksichtigt werden können, weil sie den Formationsregeln bzw. Existenzbedingungen von Expertenaussagen einer Zeit nicht entsprachen und folglich im jeweiligen Diskurs nicht erschienen sind oder auf so geringe Resonanz stießen, dass sie nicht dokumentiert sind. Insofern sind auch ›innovative‹ Fälschungen nicht unabhängig von diskursiven Regeln und immer nur als *mögliche* Fälschungen zu denken. Oder anders gefasst, wenn auch das mögliche Scheitern mitbedacht werden soll: Fälschungen und Fakes sind als Experimente zu konzeptualisieren, deren Akzeptanz nicht im Vorhinein gesichert ist, sondern sich *in actu* zu erweisen hat, d.h., sie können immer auch als nicht seriös wahrgenommen werden. Sollten sie als gültig anerkannt werden, lassen sich dadurch Einsichten, wenn auch nie vollkommen und einwandfrei, über zeitgenössisch herrschende Mechanismen einzelner Diskurse gewinnen.

Hier kommt ergänzend das zweite Verfahren zum Tragen, das insbesondere singuläre Aspekte in den Mittelpunkt rückt: Fälschungen oder Fakes sollen in diesem Fall als ›seltsame Ereignisse‹, so wie Foucault von ihnen spricht,[152] möglichst voraussetzungslos betrachtet werden, um dann die Akzeptabilität der jeweiligen Diskursobjekte und -aussagen anhand ihres tatsächlichen Akzeptiertseins zu beleuchten. Ereignishaftes im Sinne nicht-antizipierbarer Effekte lässt sich beispielsweise an der bei manchen Fälschungen relevanten, häufig komplexen Konstellation beteiligter Personen und Darstellungsformen deutlich machen. Nicht selten entfalteten bestimmte Fälschungen ihre Wirkungen zu dem Zeitpunkt, da sie völlig unplanbar ihren ›Besitzer‹ und mitunter das Medium wechselten: bei den ›Würzburger Lügensteinen‹ z.B. vom gefälschten Gegenstand zur

[151] Foucault, »Über die Natur des Menschen: Gerechtigkeit versus Macht« (1971), a.a.O., S. 602f. (frz. I, S. 1352); Übersetzung modifiziert.

[152] Wenn Foucault den Begriff des Ereignisses verwendet, d.h. das Moment des einzelnen Aussageereignisses isoliert und es in seiner Einmaligkeit profiliert, ist es ihm in erster Linie darum zu tun, zunächst gängige Verfahren der Synthese zu umgehen – wie beispielsweise die Vorgehensweise, alle Sätze eines Buches auf die Einheit des Autors zurückzuführen –, um danach andere Regelmäßigkeiten erfassen zu können, die sonst unsichtbar geblieben wären (vgl. Foucault, *Archäologie des Wissens*, a.a.O., S. 41 u. 44f. (frz. S. 38 u. 40f.).

Bildtafel oder fachwissenschaftlichen Publikation.[153] Im Fortgang der Untersuchung soll daher der Fokus auch auf den kontingenten Auswirkungen einzelner Fälschungen oder Fakes liegen, welche somit nicht als eine restlose Erfüllung von vorab minutiös berechneten Resultaten und Absichten eines Fälscher-Subjekts zu analysieren sind, sondern als Diskursvorkommnisse, deren Potential nicht von den mit ihnen verbundenen nichtintentionalen, unkalkulierbaren Effekten zu trennen ist.

Dabei ist noch einmal in Erinnerung zu rufen, dass der Begriff der Regel oder der Regelmäßigkeit (*régularité*) bei Foucault nicht so zu verstehen ist, dass davon eine Art abstraktes Regelwerk für mögliche Aussagen abgeleitet werden kann, denn die »Beschreibung von Diskursereignissen stellt eine völlig andere Frage: wie kommt es, dass eine bestimmte Aussage vorkommt und keine andere an ihrer Stelle?«[154] Dieses Zitat ließe sich analog als Hauptkriterium der Betrachtung der verschiedenen Fälle von Fälschungen oder Fakes umformulieren: Wie kommt es, dass eine bestimmte Fälschung, ein bestimmtes Fake erschienen ist oder Gültigkeit beanspruchen konnte und andere nicht? D.h. auch, dass sich aus den Regelmäßigkeiten oder Regelhaftigkeiten, von denen Fälschungen punktiert sind, keine allgemeingültige Konstruktionsanleitung für ähnliche andere Fälschungen oder Fakes ableiten lässt. Wenngleich Fälschungen nicht vollkommen von einer gewissen – vielleicht auch impliziten – Kompetenz auf Seiten der Fälscher hinsichtlich der Formationsregeln eines Diskurses abzutrennen sind, so sind sie darauf dennoch nicht reduzierbar. Denn dies hieße, eher der formalen Sprachanalyse oder der generativen Grammatik zu folgen und eine Fälschung als regelmäßig konstruierte Aussage zu begreifen, die so jederzeit wiederholbar wäre bzw. identisch verstanden würde. Das würde zur Folge haben, dass, ist eine endliche Menge an Regeln definiert, eine unendliche Zahl von Fälschungs-Performanzen möglich wäre, deren Wirkung zugleich gesichert wäre. Dies würde dann theoretisch auch zur Schlussfolgerung führen müssen, dass eine Fälschung selbst nach ihrer Enttarnung immer wieder von Neuem täuschen könnte. Um dieser problematischen Konklusion zu entgehen, sollen Fälschung und Fakes zum einen als tatsächliche ›diskursive Ereignisse‹, als Diskursphänomene (im Wortsinne des Zur-Erscheinung-Bringens oder -Gebracht-Seins) betrachtet werden; zum anderen soll das konkrete Diskurs-Echo be-

[153] Siehe dazu das folgende Kapitel ›»Wunder des Autors der Natur« – Die ›Würzburger Lügensteine‹ (1726)‹ ab S. 77.

[154] Foucault, *Archäologie des Wissens*, a.a.O., S. 42 (frz. S. 39); Übersetzung modifiziert.

rücksichtigt werden, d. h. sowohl die durch die Falsifikate im Einzelnen hervorgerufenen Aussagen im Diskurs als auch die mit deren jeweiliger Aufdeckung verbundenen Modifikationen und Transformationen der diskursiven Praxis selbst. Auch hier sei auf Foucault verwiesen, der in seinen archäologisch-genealogischen Beschreibungen zu zeigen versucht, »daß eine Veränderung in der Ordnung des Diskurses nicht ›neue Ideen‹, ein wenig Erfindungskraft und Kreativität, eine andere Mentalität, sondern Veränderungen in der Praxis voraussetzt«.[155] In diesem Zusammenhang betont er: »Ich habe die Möglichkeit der Veränderung des Diskurses nicht – absolut nicht – in Abrede gestellt; ich habe den ausschließlichen und unmittelbaren Anspruch darauf der Souveränität des Subjekts entzogen.«[156]

In einem weiteren Schritt soll daher die Eigentümlichkeit der Fälschung in ihrer signifikanten Doppelstruktur analysiert werden, da sie zum Zeitpunkt ihrer Aufdeckung in ein Spannungsverhältnis mit den Formationsregeln eines Diskurses tritt, denen sie als nicht entdeckte scheinbar perfekt gehorchte. Besonderer Augenmerk soll dabei auf die Effekte der Entlarvung gelegt werden. Nicht selten wird die dann nicht mehr ›echte‹ Fälschung in einer gegebenen diskursiven Verteilung deutlich umpositioniert: Entweder wird sie nachträglich an die Ränder oder sogar jenseits der Grenzen einer Disziplin oder eines Informationsbereichs verwiesen; in diesem Fall kann sie im Lauf der Geschichte sogar zu der Monstrosität werden, von der Foucault spricht, wenn er in *Die Ordnung des Diskurses* eine Teratologie des Wissens erwägt.[157] Oder die Aufdeckung sorgt dafür, dass die in den betroffenen Wissensfeldern geltenden Aussagen, Regeln und Praktiken einer Prüfung unterzogen und gegebenenfalls sogar neu justiert werden; in diesem Fall kann die Fälschung weitreichende Diskurstransformationen auslösen.

Foucaults Forschungsinteresse konzentrierte sich immer darauf, die Fragen seiner Archäologie nicht gegenüber beliebigen »Wahrheitsspielen« zu stellen. Stattdessen schenkte er nur denjenigen Wissenspraktiken Beachtung, die das Subjekt als solches zum Objekt haben, d. h. mittels deren das Subjekt zugleich erkundet und diskursiv geformt wird.[158] So erwägt er bereits in der *Archäologie* »andere Archäologien«, die sich nicht nur auf das Gebiet der Disziplinen oder wissenschaftlichen Diskurse beschränken, sondern mit den gleichen Mitteln auch Analysen im

[155] Ebd., S. 297f. (frz. S. 272); Übersetzung modifiziert.
[156] Ebd.
[157] Siehe weiter oben, S. 48.
[158] Vgl. Foucault, »Foucault« (1984), a. a. O., S. 778 (frz. II, S. 1451f.).

kleineren Maßstab, wie z. B. die eines politischen Wissens, ermöglichen; denn auch dieses hat Subjekte oder vielmehr deren Gemeinschaft zum Gegenstand.[159] Auf ähnliche Weise sollen in den folgenden Auseinandersetzungen mit den einzelnen Untersuchungsgegenständen ›andere Archäologien‹ betrieben werden, d. h., Foucaults Instrumentarium soll für die Beschreibung von Fälschungen und Fakes nicht nur in streng wissenschaftlichen Diskursen, sondern auch im literarischen Bereich oder in den Massenmedien fruchtbar gemacht werden. Anhand der ausgewählten Fälle soll entsprechend skizziert werden, wie sehr die Akzeptanz und die ›Verlaufsformen‹ von Fälschungen und Fakes von ihren zeit-, diskurs- und medienspezifischen Umfeldern abhängig waren und wie sehr sie auf diese zurückwirken konnten. Um nicht nur oberflächliche Ähnlichkeitsbeziehungen in den Blick geraten zu lassen, wurden bewusst, wie man in Anlehnung an Eco formulieren könnte, Fälschungen *ex nihilo* ausgewählt, Fälschungen also, bei denen – unabhängig von ihrer notwendigen möglichst weitgehenden Kongruenz mit bestehenden oder zumindest denkbaren Praktiken – ein vorgängiger Gegenstand, der als konkretes Vorbild dienen könnte, nicht mehr existiert bzw. nie existiert hat.[160]

Bei den exemplarischen Untersuchungen wird zudem ein doppeltes Ziel verfolgt: Zum einen sollen die einzelnen Fälle mithilfe der diskurstheoretischen Betrachtungen ›mikroanalytisch‹ erhellt werden, d. h. bestimmte Aspekte, die sonst aus dem Blick geraten würden, sichtbar gemacht werden; zum anderen soll die Hypothese überprüft werden, ob den Aufdeckungen von Fälschungen und Fakes ein diskurskritisches bzw. -transformatorisches Potential innewohnt. Dabei wird ein Bogen gespannt vom historischen Erkenntnisobjekt im frühen 18. Jahrhundert, das in Form von Kupferstichen der Fachwelt präsentiert wurde, bis zu gegenwärtigen autorisierten Verlautbarungen im Internet. Betrachtet man die Artefakte aus einem Abstand von zum Teil nahezu dreihundert Jahren, ist es auf Basis unseres gegenwärtigen Hintergrundwissens manchmal kaum vorstellbar, dass sie einerseits jemals innerhalb ihrer jeweiligen Diskurse als wahr akzeptiert wurden oder dass sie andererseits überhaupt als Fälschungen diskutiert und aufgrund dieses ›Tatbestands‹ verworfen wurden. Daher gilt es anfangs eine Perspektive einzunehmen, die gleichsam vergisst, dass es sich um Fälschungen handelt; denn nur vor dem Hintergrund, dass man die Hypothese einer Fälschung bereits im Kopf

[159] Vgl. Foucault, *Archäologie des Wissens*, a. a. O., S. 262 (frz. S. 241).
[160] Siehe zur Fälschung *ex nihilo* weiter oben, S. 35.

hat, wird der Betrug auf den ersten Blick augenscheinlich.[161] Nachdem zu Beginn jedes Falls kurz der ›Tathergang‹ der Fälschung rekonstruiert wird, wird zügig zur Betrachtung der Kriterien und Kontexte übergegangen, die es ihr ermöglichten, zunächst glaubwürdig zu erscheinen. Daran anschließend werden jeweils die Umstände in den Blick genommen, die zu ihrer Aufdeckung geführt haben, sowie die damit verbundenen Diskurseffekte. Abschließend soll an denjenigen Stellen, an denen es möglich und nötig erscheint, ein von Foucault deutlich abweichender Betrachtungswinkel eingenommen werden. D. h., die bei der Aufdeckung von Fälschungen entweder explosionsartig oder in einem längeren Prozess sich vollziehende Dementierung quasi-evidenter Betrachtungsweisen soll zum Anlass genommen werden, andere mögliche Zugangsweisen und Konzepte gegenüber den Objekten oder Artefakten zu reflektieren. Wenn bei der Enttarnung von Fälschungen deren Existenzbedingungen zugleich sichtbar gemacht und zerstört werden, kann dies nämlich als Ausgangspunkt dienen, darüber nachzudenken, welche Rekontextualisierungen vorgenommen werden können und welche theoretischen Konsequenzen man daraus ziehen kann. Anders gesagt, es soll gelegentlich versucht werden, nicht bei der Zerstörung des Mythos unhintergehbarer Wahrheiten oder bei dem Hinweis auf die für jede diskursive Wahrheit wesentliche Kontextualität stehenzubleiben, sondern den Blick auf ein Drittes zu richten, das in bestimmter Hinsicht – wenn auch immer vorläufig und niemals vollständig – die Phänomene fundiert. Aus dieser Perspektive kann dann konkretisiert werden, in welche Zusammenhänge Fälschungen gestellt werden können, um sie beispielsweise auf eine andere Weise als Literatur zu betrachten oder um eine andere Auffassung von verlasslicher massenmedialer Information zu gewinnen.

[161] So schon der retrospektive Kommentar von Wilfrid Le Gros Clark zu seiner Entdeckung des Piltdown Man als Fälschung (vgl. Stephen Jay Gould, »The Lying Stones of Würzburg and Marrakech«, in: *Natural History* 107.4 (1998), S. 16–21 u. S. 82–90, hier: S. 89).

2. Naturwissenschaft: Paläontologie und Paläanthropologie

»Wunder des Autors der Natur« – Die ›Würzburger Lügensteine‹ (1726)

Im Juni 1725 brachten drei »Eivelstatter junge Leut« dem fürstbischöflichen Leibarzt Dr. Johann Bartholomäus Adam Beringer, der an der Universität Würzburg Botanik und Anatomie, später auch allgemeine und spezielle Therapie sowie Chemie las, drei Figurensteine, die sie angeblich auf einem Berg 10 km südöstlich von Würzburg ausgegraben hatten.[1] Diese zeigten erhabene Figuren wie eine strahlenumkränzte Sonne und Würmer. Auf diese erste ›Entdeckung‹ hin wurden die ›Finder‹ von ihm gegen Entlohnung beauftragt, weitere Steine zu bergen. So wurde, wie Beringer schreibt, auf dem »Wunderberg« im Laufe von sechs Monaten die beachtliche Zahl von etwa 2000 Figurensteinen sichergestellt. Wie sich später herausstellte, weil der Fall sogar justiziabel wurde, waren die Steine jedoch keineswegs Fundstücke, sondern Artefakte, mit denen er entgegen vieler Kolportagen nicht von seinen eigenen Studenten, sondern von zwei Kollegen – J. Ignatz Roderique, Professor für Geo-

[1] Anonym, »Verhör-Protokolle vom 15. April und 11. Juni 1726«, in: *Abhandlungen des Naturwissenschaftlichen Vereins Würzburg* 4.1 (1963), S. 121–129, hier: S. 121. Die Protokolle, die von Heinrich Kirchner erst 1934 im Würzburger Staatsarchiv aufgefunden wurden, sind diplomatisch getreu wiedergegeben. Als weitere Quellen, die Licht in die Spekulationen um die ›Lügensteine‹ brachten, werden ein Brief von Eckharts, der 1780 veröffentlicht wurde, und Beringers eigene Andeutungen angeführt (vgl. Heinrich Kirchner, »Die Würzburger Lügensteine im Lichte neuer archivalischer Forschung«, in: *Zeitschrift der Deutschen Geologischen Gesellschaft* 87 (1935), S. 607–615; Georg von Eckhart, »Schreiben an Herrn Aug. Joh. Hugo, Kön. Großbritannischen Hofrath und Leibmedicus« (1727), in: *Historisch-diplomatisches Magazin für das Vaterland und angrenzende Gegenden* 1.2 (1780), S. 159–168); vgl. a. zur Person Beringers: Franz Xaver von Wegele, *Geschichte der Universität Würzburg*, Neudr. d. Ausg. Würzburg 1882, I, Aalen: Scientia 1969, S. 411). Für den Einstieg in die Quellenrecherche lieferten die aufschlussreichen Ausführungen aus kulturwissenschaftlicher Perspektive von Anne-Kathrin Reulecke, auch wenn ihnen hier nicht in allen Punkten Recht gegeben wird, wertvolle Hinweise (vgl. Anne-Kathrin Reulecke, »Fälschung am Ursprung. Johann Beringers ›Lithographiae Wirceburgensis‹ (1726) und die Erforschung der natürlichen Welt«, in: *Trajekte. Zeitschrift des Zentrums für Literaturforschung* 4.7 (2003), S. 39–44).

Abb. 1: Sonne (Vollplastik)

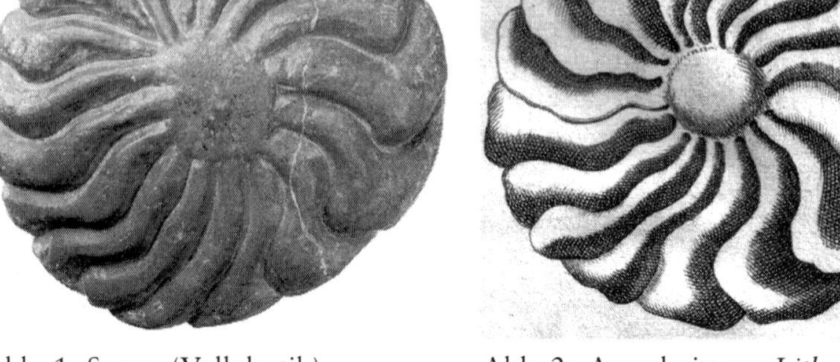

Abb. 2: Ausschnitt aus *Lithographiae Wirceburgensis*, Tafel II

graphie, Algebra und Analysis an der Universität Würzburg, und Georg von Eckhart, dort Hof- und Universitätsbibliothekar – aufs Glatteis geführt worden war. Diese hatten einen der ›Lieferanten‹, Christian Zänger, beauftragt, von Roderique verfertigte Steine nachzubearbeiten, sie zum Teil an der ›Fundstelle‹ zu vergraben oder direkt Beringer unterzuschieben. Die beiden anderen Boten, Niclaus und Valentin Hehn, wurden darüber im Unklaren gelassen, so dass sie selbst den Steinen als ›echte‹ Ausgrabungen gegenüberstanden. Ein Jahr später veröffentlichte Beringer seine berühmt gewordene Abhandlung über die Figurensteine, die *Lithographiae Wirceburgensis*.[2]

Im eingangs definierten Sinne lässt sich der Vorfall als Fake, Hoax oder Spottfälschung beschreiben. Einer der jungen Mittäter berichtet später von einer Zusammenkunft im Hause von Roderique und dass »sie sambtlich ein Gelächter undt Freudt gehabt, daß Herr Doctor Behringer mit diesen Steinen hindtergangen wordten«.[3] Ähnlich schildert vor Gericht Valentin Hehn eine mitgehörte Unterredung bei von Eckhart, bei der davon gesprochen wurde, »daß sie den Herrn Doctorem

[2] Der damalige Begriff der ›Lithographie‹, der für die wissenschaftliche Untersuchung von mineralischen Objekten stand, unterscheidet sich vom heute für Steindruckverfahren geläufigen Wortgebrauch. Er wird im Folgenden in diesem historischen Sinne verwendet. Siehe dazu genauer S. 89f.

[3] Anonym, »Verhör-Protokolle vom 15. April und 11. Juni 1726«, a.a.O., S. 127. Die unterschiedliche Schreibweise von ›Behringer‹ oder ›Beringer‹ zieht sich durch viele Quellen.

Behringer, weiln er so hoffärtig seie und sie alle verachtete, bei seiner hochfürstlichen Gnaden verklagen wollten«.[4]

Diese kurz skizzierte Praxis des Fake ließe sich in den Kontext der sich im 17. und 18. Jahrhundert entwickelnden Konjunktur der Gelehrtenkritik stellen:[5] Verbunden mit der Ausdifferenzierung des gelehrten Publikationswesens, der Expansion der Printmedien sowie der Professionalisierung der Naturwissenschaften erschien im Zeitraum von 1680 bis 1730, dabei mit einem Schwerpunkt auf der Zeit zwischen 1705 und 1717[6], eine Vielzahl von Veröffentlichungen über die ›Charlatanerie‹ oder den gelehrten Betrug, in denen im weitesten Sinne Wissenspraktiken kritisiert wurden, »die auf eine als illegitim wahrgenommene Status- und Prestigeerhöhung des Gelehrten abzielten«.[7] Darunter fielen als Fälle der eitlen Pseudogelehrsamkeit nicht nur das Fälschen, sondern u.a. das Plagiieren, die ›Marktschreyerey‹, die ›Windmacherey‹, die ›Hoffährtigkeit‹ und die ›Vielschreiberei‹. Johann Burkhard Mencke beschreibt die Ununterscheidbarkeit von ›Charlatanen‹ und »Aerzten, bey denen vornehmlich die Charlatanerie so gewöhnlich und einheimisch ist, daß es sehr schwer fällt, einen rechten ehrlichen Medicum von einem Marktschreyer und Betrüger zu unterscheiden«.[8] Auch Fakes finden dort als kritische Instrumente zur Aufdeckung von »großsprecherischen Marktschreyern« unter den Altertumsforschern – »Partisans

4 Ebd.

5 Vgl. zu dieser Kontextualisierung: Reulecke, »Fälschung am Ursprung«, a.a.O., S. 40.

6 Vgl. die grafische Darstellung bei Leonard Forster, »›Charlataneria eruditorum‹ zwischen Barock und Aufklärung in Deutschland«, in: Sebastian Neumeister/Conrad Wiedemann (Hg.), *Res Publica Litteraria. Die Institutionen der Gelehrsamkeit in der frühen Neuzeit*, I, Wiesbaden: Harrassowitz 1987, S. 203–220, hier: S. 220, vgl. a. S. 205f.; Martin Gierl schreibt, dass »sich in der Zeit von 1680 bis 1730 mehrere hundert Texte mit den Un- und Eigenarten der Gelehrten auseinandergesetzt haben« (Martin Gierl, *Pietismus und Aufklärung. Theologische Polemik und die Kommunikationsreform der Wissenschaft am Ende des 17. Jahrhunderts*, Göttingen: Vandenhoeck und Ruprecht 1997 (Veröffentlichungen des Max-Planck-Instituts für Geschichte 129), S. 546).

7 Marian Füssel, »›Charlataneria Eruditorum‹. Zur sozialen Semantik des gelehrten Betrugs im 17. und 18. Jahrhundert«, in: *Berichte zur Wissenschaftsgeschichte* 27 (2004), S. 119–135, hier: S. 125.

8 Johann Burkhardt Mencke, *Zwey Reden von der Charlatanerie oder Marktschreyerey der Gelehrten, nebst verschiedener Autoren Anmerckungen*, Nachdr. d. Ausg. Leipzig 1728, München: Kraus 1981 (Quellen zur Geschichte des Buchwesens 2.1), S. 257. Dabei handelt es sich um eine berühmte Abhandlung des damaligen Professors für Geschichte an der Universität Leipzig, die auf zwei Vorträge zurückgeht, in denen er die dortigen frisch Graduierten auf satirisch-humoristische Weise vor akademischem und wissenschaftlichem Fehlverhalten warnte.

des Alterthums«, »Antiquitäten-Krähmern«, »Ober-Zunft-Meistern in dieser Wissenschaft«[9] – Erwähnung. Athanasius Kircher sei beispielsweise von zwei Jünglingen ein mit phantastischen Figuren versehener vermoderter Stein untergeschoben worden: »Dieser sprang, so bald er den Stein gesehen, vor Freuden in die Höhe, und wußte ohne Verzug alle Circul, Creutze und übrigen merckwürdigen Figuren so geschickt und künstlich auszulegen, daß nichts darüber sein konnte.«[10] Einer anderen Kolportage zufolge habe man ihm ein chinesisches Seidenpapier »mit viel wunderlichen Zügen« gebracht, und als Kircher begonnen habe, dies auszulegen, habe man ihm das Blatt vor den Spiegel gehalten, so dass in lateinischer Schrift zu lesen gewesen sei: »Trachte dem nicht nach, was eitel ist, und verderbe die Zeit nicht mit unnützen Grillen.«[11] Als Zeichen guter wissenschaftlicher Praxis und auch als Werkzeug zum Erkennen gelehrter Betrüger galt allgemein ein Grundwissen über die relevanten Autoren und deren Schriften. Fehle dieses, könne man »nicht gäntzlich mißbilligen | wenn dergleichen Scribenten mit dem Critischen Griffel so lange verfolget werden; biß sie sich besser darinn legitimieret | und das Jus illius Civitatis mit grösserm applausu von neuem erhalten haben«.[12]

Die Figurensteine in der Fachpublikation »Lithographiae Wirceburgensis«

Der entscheidende Schritt im vorliegenden Fälschungsfall geschah aber, als die gefälschten Steine unter dem Titel *Lithographiae Wirceburgensis*[13] in Buchform publiziert wurden, sie zum einen also in Form von Kupferstichen ihr Medium wechselten und zum anderen in 14 in lateinischer Sprache verfassten Kapiteln in das Stadium ihrer wissenschaftlichen Diskursivierung eintraten. Ohne dieses Dokument, in dem – man erinnere sich an Ecos Konzeptualisierung von Fälschungen als ›pragmatisches Problem‹ – die künstlich hergestellten Objekte tendenziell zu Naturphänomenen erklärt werden, hätte die Fälschung sich

9 Ebd., S. 96–104.
10 Ebd., S. 104.
11 Ebd.; vgl. a. Reulecke, »Fälschung am Ursprung«, a. a. O., S. 40.
12 Nikolaus Hieronymus Gundling, *Kurtzer Entwurff Eines Collegii über die Historiam Literariam vor die Studiosos Juris, samt einer Vorrede / Darinnen er sein Vorhaben deutlicher entdecket*, Halle 1703, Vorwort unpaginiert, zit. n. Füssel, »›Charlataneria Eruditorum‹«, a. a. O., S. 127.
13 Die Bildtafeln wurden, wie an der Signatur des Titelkupfers abzulesen ist, von dem Nürnberger Kupferstecher Johann Georg Puschner angefertigt.

gar nicht in größerem Maßstab ins Werk setzen können, d.h. nicht die Effekte von jahrhundertelanger Tragweite entwickeln können, auch weil der Fall schlichtweg unzugänglich geblieben und vergessen worden wäre. Aus Beringers eigenen Schilderungen lässt sich entnehmen, dass ab einem bestimmten Zeitpunkt, als bekannt wurde, dass es zu einer Fachpublikation zu den »Wundersteinen« kommen sollte, von Eckhart ihn warnen wollte, indem er an der Ausgrabungsstelle »die freigelegten Steine höhnisch als falsche und abergläubische Angeberei«[14] verurteilte und Roderique ihn ebenfalls mit Steinen, die seinen bereits geborgenen genau glichen, konfrontierte und erklärte, dass er sie selbst hergestellt habe. Ferner ist von einem Brief die Rede, in dem Letzterer »drohte, in einer kurzen Abhandlung [s]eine Steine als Fälschungen zu entlarven« (99).[15] Diese Aufdeckungsversuche können als Anzeichen gewertet werden, dass den Fälschern ihr ›Werk‹ außer Kontrolle geriet und sie eine Veröffentlichung verhindern wollten, damit Beringer »nicht zum Spott Außenstehender werde« (93).

Zu einer Publikation kam es dennoch. Betrachtet man die Kupferstiche, ist mit der Wiedergabe der Bildsteine zugleich eine Transformation verbunden: Als Figuren von Figuren erscheinen sie weniger inhomogen, weil ihre auch farblich unterschiedliche Materialität zugunsten ihrer artifiziellen Plastizität verloren geht.[16] D.h., die abgebildeten Formen sind in den Bildtafeln um einiges deutlicher sichtbar als auf den Bildsteinen. Doch darüber ist sich Beringer zumindest zum Teil im Klaren, wenn er die Kupferstiche als »Notbehelf für jene [betrachtet, M.D.], die sie nicht selbst in Augenschein nehmen können« (100). Dennoch sind selbst die Werkzeugspuren in den »sehr akkuraten, diesem Text beigefügten

[14] Johann Bartholomäus Adam Beringer, *Lithographiae Wirceburgensis, ducentis lapidum figuratorum, a potiori insectiformium, prodigiosis imaginibus exornatae specimen primum* (1726), übers. nach der von Melvin E. Jahn u. Daniel J. Woolf veröff. Übertr. ins Englische von Herbert und Heide Vossmerbäumer [Masch.], Würzburg: H. Vossmerbäumer 1988, S. 93. Im Folgenden im Text zitiert mit Seitenangaben in Klammern.

[15] Diese Wiedergabe deckt sich mit von Eckharts eigenen Schilderungen des Geschehens: »[I]ch hielte eine kleine Rede von der einem physico nöthigen Vorsichtigkeit, und entdeckte die ganze Sache« (von Eckhart, »Schreiben an Herrn Aug. Joh. Hugo, Kön. Großbritannischen Hofrath und Leibmedicus« (1727), a.a.O., S. 165).

[16] Vgl. Reulecke, »Fälschung am Ursprung«, a.a.O., S. 40. Folgt man den Analysen von Niebuhr und Geyer, könnte man sogar von der Figur der Figur der Figur sprechen, da Illustrationen in zeitgenössischen Naturgeschichtsbüchern wahrscheinlich als Vorbild für viele Steine dienten (vgl. Birgit Niebuhr/Gerd Geyer, *Beringers Lügensteine: 493 Corpora Delicti zwischen Dichtung und Wahrheit*, II, Würzburg: Freunde der Würzburger Geowissenschaften e.V. 2005 (Beringeria Sonderheft 5), S. 40).

Gravuren« (43) akribisch in Kupfer gestochen wiedergegeben; von einer allzu starken Präparierung kann daher nicht die Rede sein.
Durch die Beringer'sche Konfiguration der Bildsteine in den einzel-

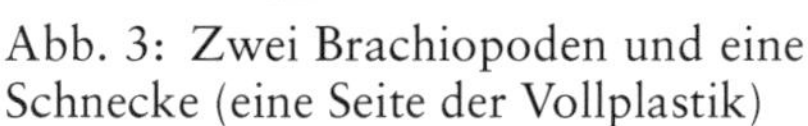

Abb. 3: Zwei Brachiopoden und eine Schnecke (eine Seite der Vollplastik)

Abb. 4: Ausschnitt aus *Lithographiae Wirceburgensis*, Tafel V

nen Tafeln ergibt sich, entgegen den Überlegungen von Anne-Kathrin Reulecke,[17] kein besonderer wissenschaftlicher Statuswechsel, weil die Taxonomie der Bildtafeln eher an die von Foucault in *Die Ordnung der Dinge* angeführte, von Borges in seinem Text »Die analytische Sprache John Wilkins'« zitierte ›gewisse chinesische Enzyklopädie‹[18] erinnert als an eine wissenschaftliche Systematisierung epistemischer Objekte: z.B. »kleinere, flügellose und bodenlebende Insekten«, »kleinere, flügellose, vielbeinige, bodenlebende Insekten«, »größere Insekten, mit Beinen, aber ohne Schwänze«, »[g]rößere Erdinsekten, mit Schwänzen und Beinen« (108).[19] Beringer entschuldigt sich sogar ausdrücklich beim wissenschaftlichen Leser, dass er bei der Einteilung seiner Steine nicht der Ordnung gefolgt sei, »die die Zoologen und Lithographen – nicht nur sehr geistvoll, sondern auch elegant – normalerweise bei der Beschreibung der verschiedenen Arten von Pflanzen und Tieren beachten«, vielmehr

[17] Vgl. Reulecke, »Fälschung am Ursprung«, a.a.O., S. 40.

[18] Vgl. Jorge Luis Borges, »Die analytische Sprache John Wilkins'«, in: *Gesammelte Werke*, V.2, übers. von Karl August Horst, München/Wien: Carl Hanser 1981, S. 109–113, hier: S. 111f.

[19] Mit dem Begriff des Insekts folgt Beringer wahrscheinlich dem französischen Naturforscher René Antoine Ferchault de Réaumur (1693–1757), für den alle Tiere, die nicht in die Einteilung Säuger, Vögel und Fische passten, Insekten waren (vgl. Niebuhr/Geyer, *Beringers Lügensteine*, II, a.a.O., S. 28f.).

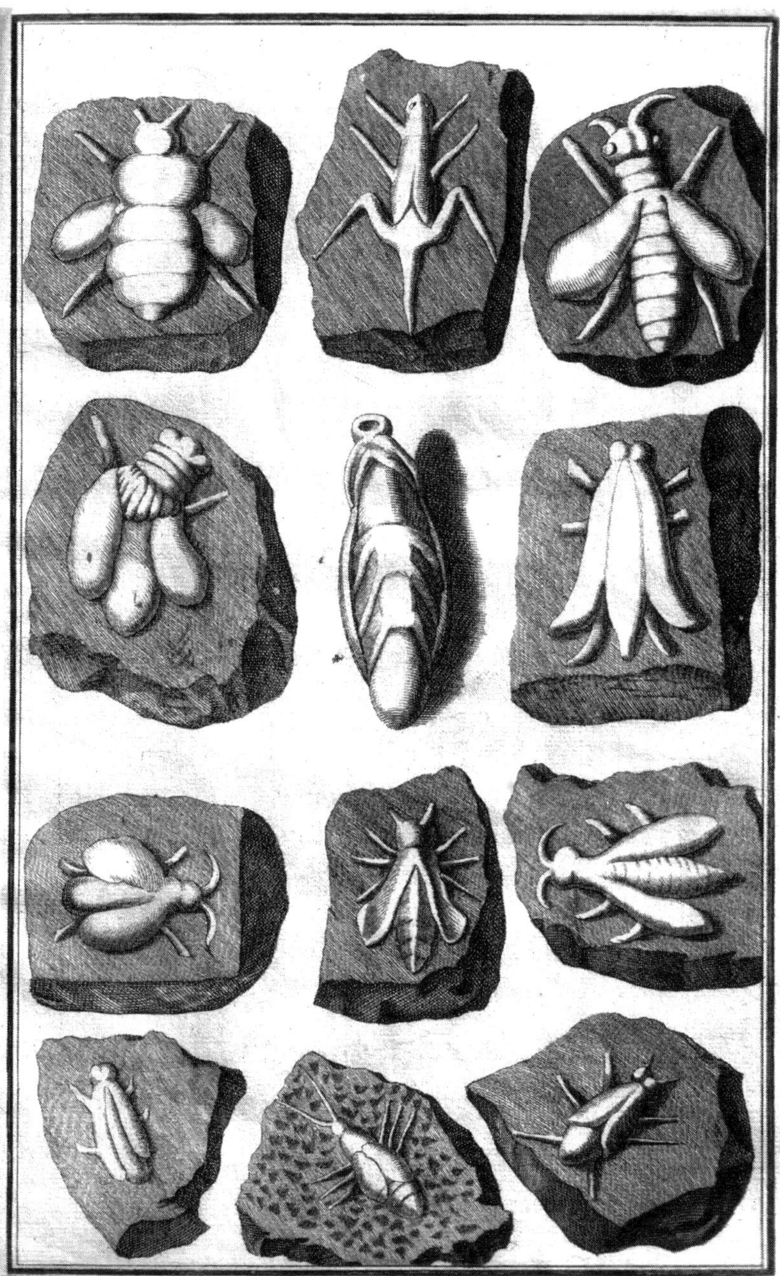

Abb. 5: »Geflügelte Insekten von der Gattung ›Käfer‹, mit geschlossenen (angelegten) Flügeln: Arten von Heuschrecken und Grillen«; *Lithographiae Wirceburgensis*, Tafel XVII

sei er wegen der geringen Zahl an Steinen, die er zum Zeitpunkt des Kupferstechens gesammelt hatte, gezwungen gewesen, »sie einfach in der Fundreihenfolge zu gruppieren« (107).

Schon die ersten Seiten geben Aufschluss über die Einbettung von Beringers[20] wissenschaftlichem Streben in politisch-religiöse Zusammenhänge seiner Zeit. Auf dem Titelkupfer ist vor dem Hintergrund der Eibelstädter Landschaft eine pyramidale Aufschichtung der Figurensteine zu sehen, an deren Spitze sich ein Obelisk befindet. Auf dessen halber Höhe ist das Wappen mit den Insignien des Würzburger Landesherren abgebildet. Folgt man dem Obelisk, so scheint er in höheren Sphären zu verschwinden; am Ende thront ein strahlenumkränztes Dreieck mit dem Tetragramm ›Jahwe‹. Mit dieser Darstellung wird der Landesfürst als weltliche Zwischeninstanz zwischen den erdverbundenen Steinen und der Jenseitigkeit und souveränen Macht Gottes eingesetzt. Der Sims im Vordergrund rechts ist mit einer ein Zitat aus Ovids *Metamorphosen* nicht ganz korrekt wiedergebenden Inschrift versehen, die sich – der im 17. Jahrhundert vorherrschenden Meinung gemäß – als Vorwegnahme der von Beringer schließlich vorsichtig formulierten Erklärung des Ursprungs der Steine als Naturspiele (*ludi naturae*),[21] also durch gottgegebene Kräfte der Natur entstanden, verstehen lässt: »EDIDIT INNUMERAS SPECIES, PARTIMQUE FIGURAS RETTULIT [bei Beringer: REDDIDIT, M.D.] ANTIQUAS, PARTIMQUE MONSTRAS CREAVIT« (»Sie [die Erde] warf [...] zahllose Arten ans Licht; teils brachte sie wieder [bei Beringer: gab sie wieder heraus, M.D.] die alten Formen, teils auch schuf sie zuvor nicht gesehene Wesen«).[22]

[20] Die Veröffentlichung der *Lithographiae Wirceburgensis* als Dissertation eines cand. med. Georgius Ludovicus Hueber hat einige Forscher dazu veranlasst, sie nicht mit Dr. Beringer in Verbindung zu bringen. Die Tradition medizinischer Promotionsverfahren dieser Zeit lehrt jedoch anderes: Die Arbeiten wurden seinerzeit nämlich von den Doktorvätern verfasst und mussten von den Doktoranden lediglich verteidigt werden, so dass eine Autorschaft Beringers kaum zu bezweifeln ist (vgl. August Padtberg, »Die Geschichte einer vielberufenen paläontologischen Fälschung. Beringers Lithographiae Wirceburgensis«, in: *Stimmen der Zeit. Monatsschrift für das Geistesleben der Gegenwart* 53.104 (1923), S. 32–48, hier: S. 35). Hans Franke schreibt, dass es bis etwa 1800 üblich gewesen sei, »die Doktoranden unter bestimmten Voraussetzungen als Mitverfasser der Dissertation zu bezeichnen und zwar, wenn sie die erheblichen Kosten für die wissenschaftliche Veröffentlichung zumindest mitgetragen haben.« (Hans Franke, *Die Würzburger Lügensteine. Tatsachen, Meinungen und Lügengespinste über eine der berühmtesten geologischen Spottfälschungen des 18. Jahrhunderts*, Würzburg: Ferdinand Schöningh 1991, S. 37)

[21] Vgl. Helmut Hölder, *Kurze Geschichte der Geologie und Paläontologie*, Berlin u.a.: Springer 1989, S. 5.

[22] Ovid, *Metamorphosen*, in dt. Hexameter übertr. u. hg. v. Erich Rösch, Zürich/Düsseldorf: Artemis & Winkler 1996, S. 28f. [»Metamorphosen« I, Ze. 436–437].

Abb. 6: Frontispiz der *Lithographiae Wirceburgensis*

In manieristischem Stil wird dann in der Einleitung[23] das allegorische Vortitelblatt gedeutet und untertänigst dem Fürstbischof Christoph Franz von Hutten (1724–1729) gewidmet: »Ich fürchte, trotzdem nicht von der Wahrheit abzuirren, wenn ich behaupte, daß in dieser umfangreichen Vielfalt versteinerter Bilder Eure verherrlichten Eigenschaften, Höchster Fürst, prophetisch angekündigt und [...] vor der ganzen Welt entfaltet werden. [...] Hierdurch wurde in der Tat ein Monument zum Ruhme unseres Fürsten gestaltet« (ii u. 9). Dass es nun endlich gelungen sei, Fossilien auch im heimischen Würzburg aufzufinden, wird als Ausdruck göttlicher Gunst für die Region und den regierenden Fürsten gedeutet: »[D]urch einen einzigen Flügelschlag der Göttlichen Vorsehung [...] offenbarte ein Berg [...] einen Schatz« (5), »[d]urch eine einmalige Gnade hat der Himmel, als ob er den Schlüssel zur Stein- und Schatzkammer Frankens in meine Hände legte, diese Wunder enthüllt« (9). Diesen tellurischen Lokalpatriotismus führt der Autor ferner als Grund für die Veröffentlichung an: Sie erfolge aus seiner »starken angeborenen Liebe zu Franken, dem – aus diesen figürlichen Früchten eines zuvor unbedeutenden Berges – nicht weniger Ruhm erwachsen wird als von den köstlichen Weinen seiner weinbedeckten Hügel« (8).

Die gefundenen Steine werden jedoch nicht nur als Geschenk Gottes gesehen, sondern auch als dessen unmittelbarer Ausdruck, wenn nicht sogar als dessen eigene Werkstücke: »Und so sage ich zu Ihnen allen, Kandidaten der Medizin, die Sie Ihr Gelübde vor dem Altar dieser Gottheit geleistet haben, daß in dieser neuen Grube ein neuer Schrein für Sie eröffnet wurde, und Spuren von ganz oben sind (hier) auf deren Erde aufgeprägt.« Entsprechend wird den »wundervollen Zeugnissen« von Gottes Händen zugeschrieben, als Mittel »zur Verbreitung des Ruhms seines Namens« zu dienen (9f.).

[23] Die ›Zueignung‹ wird allgemein Hueber zugeschrieben, zum einen, weil sie von ihm unterschrieben und in dritter Person von Beringer die Rede ist, zum anderen wegen ihres im Vergleich zu den restlichen Seiten völlig unterschiedlichen Stils (vgl. Niebuhr/Geyer, *Beringers Lügensteine*, II, a.a.O., S. 9). Für die Untersuchung der in die *Lithographiae* hineinwirkenden zeitspezifischen diskursiven Praxis tut dieser subjektive Aspekt, da es sich zudem um eine vom ›Doktorvater‹ autorisierte Schrift handelt, nichts zur Sache.

Abb. 7: Schriftzeichen JHWH auf einer Muschel (Vollplastik)

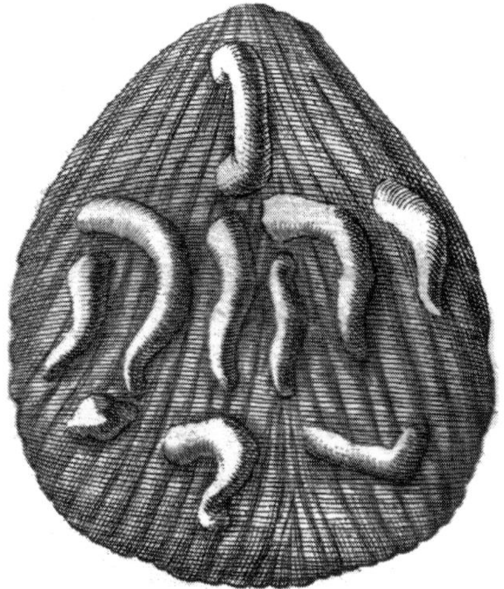

Abb. 8: Ausschnitt aus *Lithographiae Wirceburgensis*, Tafel VII

Als Beweis göttlichen Ursprungs werden diejenigen Steine angeführt, die hebräische Schriftzeichen (JHWH) aufweisen, d.h. in »der geheiligten Sprache« als Tetragramm den Namen Jahwes, also den Eigennamen Gottes, tragen »und auf diese Weise vielleicht den einen und einzigen Urheber dieser wundersamen Steine bezeugen« (8). Mit dieser Urheberschaft wird zugleich implizit eine Gottgegebenheit der Sprache vorausgesetzt. Beringers Abhandlung trägt somit noch deutliche Züge eines Sprachverständnisses, das Foucault dem ›Zeitalter der Ähnlichkeit‹ zuordnete, in dem die lesbaren Zeichen noch als konform mit der Sprache der Dinge begriffen wurden oder, anders gesagt, die Schrift und die Dinge sich aufgrund ihrer angenommenen Verwandtschaft noch ähnelten. Wie bereits dargestellt, werden solche Vorstellungen spätestens Mitte des 19. Jahrhunderts zur »sprachwissenschaftlichen Monstrosität«.[24] Bei Beringer liest man noch entsprechend: Seien die Steine Ergebnis einer tätigen Natur, »[s]o würde GOTT, der Schöpfer der Natur, unsere Gemüter mit seinen Lobpreisungen und seiner Vollkommenheit füllen, die von diesen wundersamen Erfolgen ausstrahlen, wenn die vergeßliche Menschlichkeit ruhig wird, diese stummen Steine mit der Beredsamkeit ihrer Figuren sprächen« (78). Diese Auffassung von der Beredsamkeit der

[24] Vgl. Michel Foucault: *Die Ordnung der Dinge*, übers. v. Ulrich Köppen, Frankfurt/M.: Suhrkamp 1997, v. a. S. 78–82. Frz. *Les mots et les choses*, Paris: Gallimard 1966, v. a. S. 60–64; siehe auch Fn. 69 auf S. 47.

Dinge, mit der zugleich behauptet wird, dass die Erkenntnis tatsächlich in den Dingen der Welt gründet, setzt voraus, dass Beringer Gott noch als Prinzip versteht, das eine Harmonie zwischen der Erkenntnis und den zu erkennenden Dingen gewährleistet. Dieses Verhaftetsein an einer unhintergehbaren Kongruenz von Wissenschaft und Theologie zeigt sich an vielen späteren Stellen in Beringers Lithographie: So beschreibt er die Sintflut-Theorie Johann Jacob Scheuchzers als annehmbar nicht nur aufgrund wissenschaftlicher Fundierung, sondern »da sie mit der Wahrheit der Naturgeschichte, mit der christlichen Religion und den Texten der heiligen Schrift so gut vereinbar ist« (31).[25] Die Tatsache, dass bekannte rationale Erklärungsmuster versagen oder passende Erkenntnisinstrumente fehlen, wird ebenfalls auf eine transzendente Herkunft der Steine hin interpretiert. Diese seien »Wunder des Autors der Natur [*Authoris Naturae miracula*] […], dessen wirksame Hand in solchen Phänomenen mit Bewunderung anerkannt werden muß. […] Und das ist um so offensichtlicher, als ihr Ursprung schwieriger zu erklären ist und menschliche Vernunft übersteigt« (13f.).

Mit diesem klaren religiösen Bekenntnis manövriert sich Beringer aber in ein epistemologisches Dilemma. Denn obwohl die Steine als Wunder eigentlich wissenschaftlich nicht erklärbar sind,[26] versteht er sich als Wissenschaftler. Die Lobpreisungen der Widmung treten folglich in den folgenden Kapiteln zugunsten einer Darstellung der gängigsten lithographischen Theorien zurück, obwohl er in bestimmtem Maße einer Vorstellung von der »dauerhaften […,] unveränderlichen Ordnung der Natur« oder einer »vom Schöpfer der Natur überall eingerichtete[n] Grundordnung« treu bleibt (50f.). Dennoch liest man auch Zweifel über Modelle, die nahelegen, dass die Steine »ausschließlich vom Schöpfer der Natur gebildet sind, der, in seiner allesvermögenden schöpferischen Ursächlichkeit, eine nicht weniger großzügige Vielfalt auf Steine als

[25] Scheuchzer veröffentliche ebenfalls 1726 eine Abhandlung über ein Fossil, das er als »betrübtes Beinskelett eines verruchten Sünders, so in der Sintflut ertrunken« deutete und als »homo diluvii testis« – als Mensch, der Zeuge der Sintflut war – bezeichnete. 100 Jahre später klärte Georges Baron von Cuvier den ›Irrtum‹ auf und kam zu dem Schluss, dass Scheuchzers »alter Sünder« Überreste eines Riesenmolches der Tertiärzeit seien. Heute bezeichnet man diesen indes als Ichthyosaurus (vgl. Johann Jacob Scheuchzer, *Homo diluvii testis et theoskopos*, Tigurum: Byrgklinus 1726; Manfred Deckers, »Die Würzburger Lügensteine und andere Fälschungen von Fossilien«, in: *Diagonal*, H. 2 (1994), S. 65–70, hier: S. 69; Franke, *Die Würzburger Lügensteine*, a.a.O., S. 65f.; vgl. a. Hölder, *Kurze Geschichte der Geologie und Paläontologie*, a.a.O., S. 167).

[26] Vgl. zum Problem, dass sich ›Wunder‹ und wissenschaftliche Erklärungen wechselseitig ausschließen: Lorraine Daston/Katharine Park, *Wonders and the Order of Nature: 1150–1750*, New York: Zone Books 1998, Kap. 7, v. a. S. 286f. u. 299f.

auf Pflanzen und Tiere verschwendet«; denn die Grundlage für diese Meinung beruhe »eher auf Frömmigkeit und Angemessenheit als auf Belesenheit und der Wissenschaft der Physiologie« (104f.). Bemerkenswert an Beringers Ausführungen ist daher, dass nicht der unumstößliche Beweis einer bestehenden Theorie durch die Steine seinen Forschergeist erweckt, sondern ihr »widersprüchlicher« (65) Charakter. Ausgehend von deren Erscheinung und Beschaffenheit kommt er zum Schluss, dass »es unmöglich ist, für unsere idiomorphen Steine jene natürlichen Ursachen anzunehmen, welche die berühmteren Lithographen üblicherweise als die Eltern der Fossilien bezeichnen« (100). Den Nachweis dieser Unmöglichkeit führt er anhand der einzelnen Theorien, die er einerseits allgemein auf Konsistenz befragt, andererseits besonders auf Anwendbarkeit bezüglich seiner konkreten Steine: »Es sei nur erwähnt, daß keine einzige dieser Meinungen so allgemein und unumstößlich gültig ist, daß man sie [...] auf alle Arten von Figurensteinen, am wenigsten aber auf die [...] Würzburger Steine, anwenden könnte« (27). Anders formuliert: Beringer nimmt die Steine zum Anlass zu fragen, welche vorherrschenden Hypothesen über die Entstehung von Figurensteinen verifiziert oder falsifiziert werden können und spielt dabei mögliche Entstehungsgeschichten durch.

In diesem Zusammenhang muss man sich jedoch vergegenwärtigen, dass die Paläontologie – wörtlich übersetzt: die Lehre vom alten Seienden – zum Zeitpunkt, als Beringer seine Abhandlung verfasst hat, noch nicht ausdifferenziert war oder – mit Foucault gesprochen – die Schwelle der Wissenschaftlichkeit noch nicht überschritten hatte. Entsprechend war sie zu Beginn noch nicht ausschließlich auf die Wissenschaft von den Organismen vergangener Zeitalter, als deren Begründer häufig Georges Cuvier (1769–1832) angeführt wird, beschränkt. Als ›Fossilien‹ wurden zu Beringers Zeit vielmehr alle mineralischen Objekte bezeichnet, die ungewöhnliche Formen aufwiesen und aus der Erde – wie der lateinische Stamm ›*fossilis*‹, der für gegraben steht, besagt – geborgen wurden.[27] Die

[27] Auch in der Sekundärliteratur wird gelegentlich auf diesen Bedeutungsunterschied hingewiesen (vgl. Jon M. Mallatt, »Dr Beringer's Fossils: A Study in the Evolution of Scientific World View«, in: *Annals of Science* 39 (1982), S. 371–380, hier: S. 372). Bei Ernst Wilhelm Martius, fast noch ein Zeitgenosse Beringers und später der erste Dozent für Pharmazie an der Universität Erlangen, findet der Begriff in der genannten Weise Anwendung, wenn er in den Beschreibungen seiner naturkundlichen Exkursionen von »charakteristischen Fossilien« spricht, die Auskunft über die mineralische Zusammensetzung von Gesteinsformationen gäben (vgl. Ernst Wilhelm Martius, *Wanderungen durch einen Theil von Franken und Thüringen. In Briefen an einen Freund*, Erlangen: Walthersche Buchhandlung 1795, S. 256).

Erforschung von deren Entstehung und Bildung hatte die sogenannte Lithologie bzw. Litho- oder Petrographie zur Aufgabe.

Wenige Jahrzehnte zuvor bewunderte man unerklärliche oder kuriose Objekte, darunter auch Figurensteine, sogar noch in Wunderkammern, deren Inventar, da man in dieser Zeitspanne keine scharfen Grenzen zwischen Kunst und Natur zog, sowohl artifizielle als auch natürliche Gegenstände sowie Hybride (wie z. B. gravierte Muscheln oder mit Figuren versehene Findlinge) umfasste. Einen besonderen Stellenwert erhielt dabei die Gleichartigkeit zwischen natürlichen und künstlerischen Formen. Dieses gleichberechtigte Nebeneinander stellte die antike Opposition von Natur und Kultur infrage, denn an den Gegenständen ließ sich aus der damaligen Perspektive nicht sofort erkennen, ob die Kunst – meistenteils eher im Sinne der antiken ›*techne*‹ als handwerkliche verstanden – die Natur imitierte oder umgekehrt. Lorraine Daston diskutiert diesen Zusammenhang als zeitgenössische Auffassung von »nature's anticipation of art«. Als größte Wunder galten demgemäß solche Dinge, bei denen es sogar unentscheidbar war, ob sie Kunstwerke oder Ergebnisse natürlicher Prozesse waren. Figurensteine, »sculptured by nature«, ordnete man daher nicht nach ihrer möglichen Herkunftserklärung ein, sondern entsprechend ihrer Ausformung. Obwohl für deren Entstehung nicht wenige ›wissenschaftliche‹ Erklärungen existierten, zählten sie im Kontext der Wunderkammern zu den Launen der Natur. Anfang des 18. Jahrhunderts wurden jedoch die natürlichen Gegenstände von den Artefakten systematisch getrennt und so der Weg bereitet für deren (vor)wissenschaftliche Betrachtung: Spätere Naturforscher der Aufklärung spotteten schon über ihre Vorgänger, die die Figurensteine noch mit Kunstwerken einer schaffenden Natur gleichgesetzt hatten.[28]

Vor dem Hintergrund dieser Umbruchphase ist Beringers lithologische Konzeptualisierung der ihm untergeschobenen Figurensteine oder genauer ›*lapides figurati*‹ besser zu verstehen. Sie ist Dokument einer Zeit, in der feststehende formale wissenschaftliche Kriterien zur Untersuchung von Gesteinsstrukturen, die erst von Georges Cuvier entwickelt wurden, noch nicht existierten. Stattdessen gab es eine Reihe noch unbewiesener Spekulationen. Schon 70 Jahre nach Erscheinen der *Lithographiae Wirceburgensis* begründet Ernst Wilhelm Martius Beringers Irrtum mit »den dunklen Begriffen, die zur selbigen Zeit noch in manchen Fächern

[28] Daston/Park, *Wonders and the Order of Nature: 1150–1750*, a. a. O., S. 260, 280f., 286f. u. 300f.

der Naturgeschichte unter den Deutschen herrschten«.[29] Bestimmte diskursive Praktiken, seien sie auch noch so dunkel, müssen zu dieser Zeit dennoch existiert haben, sonst hätten die Figurensteine für Beringer nicht zum epistemischen Objekt werden können.

Ohne hier auf alle detailreich eingehen zu können, lassen sich die von ihm angeführten gängigen »Meinungen« über Fossilien, zu denen zur damaligen Zeit, wie bereits dargestellt, Versteinerungen und Figurensteine zählten, in drei Gruppen einteilen: Erstens in noch bis in das 18. Jahrhundert das Denken der Naturforscher bestimmende anorganische Theorien, denen zufolge Fossilien durch die formenden Kräfte und Mächte der Natur entstehen (z.B. der ›*vis plastica*‹, wie sie, letztlich Aristoteles' Theorie der Urzeugung folgend, um das Jahr 1000 von Avicenna bezeichnet wurde[30]); zweitens in die Saat/Samen-Theorien, wonach sich der Samen existierender Tiere und Pflanzen in Felsspalten und Gesteinsporen ablagert und durch die Kraft der Natur zu den entsprechenden leblosen Formen heranwächst; und drittens in die uns geläufigen organischen Theorien, die Fossilien als versteinerte Überreste von Lebewesen begreifen.[31] Beringer befindet sich somit bei der Erklärung seiner Figurensteine in einer Zwickmühle zwischen Theorien, die Fossilien auf einen anorganischen Ursprung und solchen, die jene auf einen organischen Ursprung zurückführen. Zudem muss er sich damit auseinandersetzen, ob seine Petrefakte nicht sogar künstlicher Herkunft sind, also eigentlich Artefakte früherer Kulturen.

Entgegen der Legenden, in denen von einem dilettantischen Professor ausgegangen wird, unterscheidet Beringer aber sehr deutlich zwischen seinen »widersprüchlichen Figurensteinen« und Fossilien im heutigen Sinne, d.h. »den unverfälschten diluvialen und marinen Stücken von demselben Berg« (65). Unter den ca. 200 in Kupfer gestochenen Steinen

[29] Martius, *Wanderungen durch einen Theil von Franken und Thüringen*, a.a.O., S. 301. Stephen Jay Gould beschreibt die Zeit zwischen dem 16. und 18. Jahrhundert als die faszinierendste Epoche der Paläontologie, weil damals zahlreiche Anstrengungen unternommen wurden, die noch unerklärte Herkunft von Fossilien engültig zu verstehen (vgl. Stephen Jay Gould, *The Lying Stones of Marrakech. Penultimate Reflections in Natural History*, London: Vintage 2001, S. 4; vgl. dazu auch: Josef Weiss, »Die Würzburger Lügensteine«, in: *Abhandlungen des Naturwissenschaftlichen Vereins Würzburg* 4.1 (1963), S. 107–136, hier: S. 107 und die Anmerkungen in: Johann Bartholomäus Adam Beringer, *The Lying Stones of Dr. Johann Bartholomew Adam Beringer Being his Lithographiae Wirceburgensis*, übers. u. mit Anm. v. Melvin E. Jahn u. Daniel J. Woolf, Berkeley/Los Angeles: Univ. of California Press 1963, S. 5).

[30] Vgl. Hölder, *Kurze Geschichte der Geologie und Paläontologie*, a.a.O., S. 5 u. 15.

[31] Vgl. zu diesen Einteilungen: Mallatt, »Dr Beringer's Fossils«, a.a.O., S. 377; vgl. a. Niebuhr/Geyer, *Beringers Lügensteine*, II, a.a.O., S. 16.

findet sich nur ein Objekt, das zum Teil fossilen Ursprungs ist und einen künstlich modellierten Fisch auf versteinerten Muscheln aufweist. Beringer beschreibt es als »Fundulus mit kleinen Muscheln, die nur teilweise versteinert sind« (109). Ferner gibt es einen Figurenstein, der einem Ammoniten, ebenfalls einer Versteinerung im heutigen Sinne, nachgebildet, aber auf einer Seite zusätzlich mit einem Zickzack-Relief versehen ist.

Abb. 9: Gründling auf einem Schillkalk mit fossilen Muscheln (Flachrelief)

Abb. 10: Ausschnitt aus *Lithographiae Wirceburgensis*, Tafel XXI

Scheuchzers organische Theorie, wonach Fossilien versteinerte Überreste sind, die durch die Sintflut auf trockene Regionen verteilt wurden, wird zwar in diesem Zusammenhang – auch weil sie auf einem religiösen Fundament ruht – anerkannt, lässt aber angesichts der Beringer vorliegenden Steine zu viele Fragen offen: Beispielsweise sei die Sintflut nach Scheuchzer im Mai erfolgt, während ein Stein jedoch eine vollständige Aprikose, ein anderer eine voll ausgebildete Eichel zeige, die beide zu diesem Zeitpunkt noch nicht hätten reif sein können (64).

Abb. 11: Stieleichen-Zweig mit Blatt und zwei Eicheln (Flachrelief)

Abb. 12: Ausschnitt aus *Lithographiae Wirceburgensis*, Tafel VI

Da seine Petrefakte zudem nicht die üblichen Abdrücke, Negativformen oder Reste der Lebewesen aufwiesen, sondern erhabene Figuren und darüber hinaus nicht nur Lebewesen zeigten, sondern alle möglichen Motive, scheidet die alleinige Erklärung einer organischen Herkunft durch Versteinerung für ihn zusätzlich aus: »Es sind Steine gefunden worden, die, ob sie nun eine Figur sui generis darstellen oder die Formen anderer Körper nachahmen, dies nicht perfekt erreichen und hinsichtlich Masse und Ausdehnung und anderer Eigenschaften fehlerhaft sind, so daß ihre Abstammung von den Dingen, denen sie ähnlich sehen, nicht nachweisbar ist« (32). Ferner ist Beringer klar, dass die vergröberten Darstellungen von Spinnennetzen, Spinnen während des Fliegenfangs und Bienen im Anflug auf eine Blüte unmöglich als Versteinerungen verstanden werden können.

Abb. 13: Krautige Pflanze, wird von einem Insekt angeflogen (Flachrelief)

Abb. 14: Ausschnitt aus *Lithographiae Wirceburgensis*, Tafel VI

Andere Naturformen ließen »beweiskräftige Spuren ihrer inneren Organisation« vermissen, »wenn man sie zerbricht«; sie seien innen nur »eine ungeformte Gesteinsmasse« (63). Daher sei, »weil sie nicht mit den marinen Petrefakten in einen Topf geworfen werden« (ebd.) könnten, weil also ein organischer Ursprung für die meisten Exemplare ausscheidet, laut Beringer nach einem anderen Erklärungsmuster für ihre Entstehung zu suchen.

In seiner wissenschaftshistorischen Betrachtung der *Lithographiae Wirceburgensis* führt Jon Mallat Beringers fast schon verzweifelte Suche nach einer passenden Erklärung seiner epistemischen Objekte auf eine Art Theorie-Paradigmenwechsel im 18. Jahrhundert zurück, weil die gefälschten Steine zu Rückschlüssen auf eine bestimmte Form von Entstehungsgeschichte nötigten, die zum Zeitpunkt ihres ›Funds‹ jedoch schon abschließend verworfen worden waren. Er argumentiert schlüssig, dass die Artefakte hervorragend dazu geeignet waren, das noch neoplatonische Konzept von Fossilien aus der Zeit der Renaissance zu belegen. Neoplatonischen Philosophen zufolge ist der Kosmos einer strengen Stufenleiter gemäß eingerichtet: Gott an der Spitze, unter ihm Engel, gefolgt von Himmelsobjekten und geometrischen Figuren, dann der Mensch, die Tiere, die Pflanzen und schließlich das Mineralreich. Gesteine wurden folglich von Naturforschern, die diesem Weltbild folgten, wie Conrad Gesner (1516–1565) oder Robert Plot (1640–1696), für den Fossilien ausdrücklich ›*lapides figurati*‹, also Figurensteine waren[32], ebenfalls in dieser Hierarchie klassifiziert. Beringer hätte somit mit seinen ›Wundersteinen‹, die – entsprechend der neoplatonischen Rangordnung – Himmelskörper, Tiere und Pflanzen wiedergeben, die

Abb. 15: Komet (Flachrelief)

Abb. 16: Ausschnitt aus *Lithographiae Wirceburgensis*, Tafel III

[32] Vgl. Niebuhr/Geyer, *Beringers Lügensteine*, II, a.a.O., S. 17.

Auffassungen der besagten Forscher problemlos bestätigt finden können. Auch das Frontispiz der *Lithographiae* zeugt in der Anordnung der entsprechenden Elemente noch von dieser Sichtweise. Nur passte diese nicht mehr in das Theorieverständnis seiner Zeit, das zunehmend von einer mechanistischen Betrachtung der Natur geprägt war.[33]

Im dreizehnten Kapitel stimmt Beringer schließlich vorsichtig Forschern zu, die Figurensteine anorganisch erklären, d.h. sie auf eine »gewisse Verspieltheit der Natur [*lusus naturae*]« zurückführen, nicht jedoch ohne zuvor als übergeordnete Instanz wieder Gott als »Urheber der Natur« als »Triebkraft der Erzeugerkräfte« eingesetzt zu haben (32). Obwohl er für eine natürliche Entstehung der Steine argumentiert und dabei auf figurenhafte Objekte – »eine kleine Kröte oder Eidechse« aus »gesteinsbildende[r] Flüssigkeit« (102f.) – in Tropfsteinhöhlen verweist, enthält er sich aber einer abschließenden Erklärung und setzt, wie er selbst betont, »die Urteilsverkündung [...] aus«, ob die Steine künstlichen oder natürlichen Ursprungs sind (100). Vielmehr möchte er eine endgültige Entscheidung der Fachwelt überlassen: »Bereitwillig habe ich meine Tafeln der genaueren Untersuchung weiser Männer zur Verfügung gestellt, eher um ihren Urteilsspruch in dieser vollständig neuen und sehr strittigen Frage zu hören, als meine eigene Meinung zu verkünden. Ich wende mich an die Gelehrten und erhoffe von ihren hochwissenschaftlichen Antworten Belehrung in dieser widersprüchlichen Angelegenheit, entweder in Publikationen oder Briefen. Es ist meine leidenschaftliche Erwartung, daß berühmte Lithographen Licht in diese Auseinandersetzung bringen, die genauso dunkel wie ungewöhnlich ist« (106).

Betrachtet man Beringers Beweisführungen im Ganzen, bewegt er sich im Spannungsfeld verschiedener Erklärungsmodelle, die aus den unterschiedlichsten angrenzenden Feldern und Disziplinen stammen, u.a. der Geschichtsschreibung, der Theologie, der Optik.[34] Die davon

33 Vgl. Mallatt, »Dr Beringer's Fossils«, a.a.O., S. 377.

34 Ausgehend von damals bekannten optischen Apparaten wie der Camera obscura oder der Laterna magica schließt er auf eine formbildende Kraft des Lichts: »Da es nun anerkannt ist, dass Licht die wunderbare Fähigkeit besitzt, solche körperlichen Bilder, wie es sie in seiner Streuung erzielt, zu malen, darzustellen und zu formen, stellt sich die Frage: Ist es nicht weiter möglich, dass es auch mit einer gewissen eigenen Gestaltungskraft ausgestattet ist, die es erlaubt, diese Bilder in geeignete Materie einzuprägen?« Dieses von den optischen Instrumenten abgeleitete Modell lässt dann auch beispielsweise die »durch die Brechung, Verzerrung und Verworrenheit des bilderzeugenden Lichtes« grob geformten Spinnweben plausibel erscheinen. Verworfen wird diese Theorie schließlich mit dem Hinweis, dass Licht nur durch transparente Körper scheinen könne und somit nicht so tief ins Erdreich habe dringen können, dass es als plastische Kraft die Figuren hätte erzeugt haben können (47f.). Die von Beringer hier erörterte Theorie lässt sich auf

beeinflussten anorganischen und organischen Fossilienkonzepte bestanden in ihrer Streuung noch gleichwertig nebeneinander, weil sie weder restlos anerkannt noch abschließend verworfen waren. Erst Ende des 18. Jahrhunderts mit Cuvier und seinen Zeitgenossen (z.B. Jean-Baptiste Lamarck) wurde die organische Theorie für Fossilien schließlich verbindlich; etwa von da an fielen Objekte, die künstlicher Entstehung waren oder als Scheinversteinerungen Fossilien nur glichen, in eine andere Ordnung. Zugleich wurde, verbunden mit der entsprechenden Institutionalisierung, das Erkenntnissubjekt des Paläontologen hervorgebracht, der mit eng umgrenzten Methoden eine präzise wissenschaftliche Praxis zu verfolgen hatte.[35] Die Beschäftigung mit Fossilien war zu Zeiten Beringers dagegen noch nicht Aufgabe nur eines bestimmten Fachwissenschaftlers, sondern wurde u.a. von Philosophen, Astronomen, Medizinern, Botanikern und Historikern geleistet (vgl. 27–36), sogenannten ›*Virtuosi*‹, die als »learned dilettantes« zwar in ihrem eigenen Fach – z.B. als anerkannte Ärzte oder Theologen – mit einer bestimmten Aussagemodalität ausgestattete, autorisierte Spezialisten, in anderen Disziplinen jedoch Autodidakten waren.[36] Sie zählten zu den

Lukrez' Vorstellung von Abbildern (*simulacra*), wie er sie in *De rerum natura* entfaltet, zurückführen. Diese werden von ihm wie Häutchen verstanden, die sich von der Oberfläche der Dinge ablösen und, deren Formbild behaltend, »umherfliegen« können (Lukrez, *De rerum natura*, hg. u. übers. v. Karl Büchner, Stuttgart: Reclam 1973, S. 257–261 [»De rerum natura« IV].

[35] Martin J.S. Rudwick schreibt über diese Umwälzungen, dass es angesichts der Vielfalt an Naturphänomenen ein Forschungsdesiderat an Klassifikationen und einfachen Naturgesetzen gegeben habe. In dieses Forschungsmilieu habe Cuvier perfekt gepasst, weil seine Forschungsprinzipien schließlich optimal dazu geeignet gewesen wären, der vergleichenden Anatomie ein schlichtes und präzises Instrumentarium zur Verfügung zu stellen (vgl. Martin J.S. Rudwick, *The Meaning of Fossils. Episodes in the History of Palaeontology*, London: Macdonald 1972, S. 103, s. a. zur endgültigen Anerkennung der organischen Theorie: S. 105; vgl. a. Othenio Abel, »Paläontologie und Paläozoologie«, in: Richard von Hertwig/Richard Wettstein (Hg.), *Abstammungslehre: Systematik, Paläontologie, Biogeographie*, Leipzig/Berlin: Teubner 1914 (Die Kultur der Gegenwart, Teil 3, Abt. 4, Bd. 4), S. 303–395, hier: S. 319ff. u. Georges Cuvier, *Recherches sur les ossements fossiles de quadrupèdes, où l'on rétablit les caractères de plusieurs espèces d'animaux que les révolutions du globe paroissent avoir détruites*, Paris: Deterville 1812). Als konkretes Beispiel für zu Beringers Zeiten noch fehlende Richtlinien wäre anzuführen, dass er, indem er die Finder fürstlich entlohnte, der für spätere Ausgrabungen gängigen Grundregel, »für irgendwie fälschbare Einzelfunde keine Sonderbelohnungen auszusetzen«, noch nicht folgte. »Das Gegenteil«, schreibt Padtberg, »verlockt die Arbeiter fast unweigerlich, solche einträgliche Funde selbst herzustellen« (Padtberg, »Die Geschichte einer vielberufenen paläontologischen Fälschung«, a.a.O., S. 46).

[36] Vgl. Beringer, *The Lying Stones of Dr. Johann Bartholomew Adam Beringer Being his Lithographiae Wirceburgensis*, a.a.O., S. 1; vgl. a. Niebuhr/Geyer, *Beringers Lügensteine*, II, a.a.O., S. 15.

Liebhabern bestimmter, noch nicht in gleichem Maße wie anerkannte Wissenschaften formalisierter, codierter und reglementierter Wissensgebiete und standen daher immer im Verdacht der ›Pedanterey‹. Der ›Pedant‹ galt als Person, die »hochmüthig ist, und mit nichtswürdigen Dingen umgehet«[37] und die im Gegensatz zum ›Charlatan‹ weniger andere betrog, sondern vielmehr, »indem sie die eitle Einbildung grosser Weißheit aufbläset«[38], sich selbst täuschte.

In Beringers Ausführungen lässt sich diesbezüglich ein bestimmter Rechtfertigungsdruck gegenüber den zeitgenössischen Salongelehrten nachweisen. Er zitiert selbst entsprechende Gerüchte über sich als jemand, »der Betrug ahnungslos gegenüberstehe und von blinder Gier nach Kuriositäten voll beansprucht sei [...], zum leisen Gespött kluger Seelen« (92). Vor dem Hintergrund, dass noch nicht entsprechend scharfe Grenzziehungen eines seriösen Sprechens über ausgegrabene Steine stattgefunden hatten, musste er, so scheint es, fortwährend die Rechtmäßigkeit seiner Lithologie verteidigen: »Zu welchem Zwecke, fragen sie, starren wir mit Auge und Verstand gebannt auf kleine Steine und Figurensteine, auf kleine Abbilder von Tieren und Pflanzen, den Abfall von Berg und Fluß, den wir durch Zufall zwischen Unrat und Sand an Land und am Meer gefunden haben?« (11)[39] Spuren dieses Drucks vonseiten einer ›diskursiven Polizei‹[40] finden sich auch in Form von Absicherungen gegen den ›Charlatanerie‹-Verdacht: Die meisten Kapitel zeugen von einer emphatischen Betonung der Belesenheit des Autors und seiner Kenntnisse der bekannten und angesehenen Lithographen und ihrer Theorien. An zwei Stellen findet sich eine deutliche Abkehrbewegung von ›Vielschreiberei ›und ›Windma-

37 »Charlatanerie«, in: Johann Georg Walch, *Philosophisches Lexicon*, Reprograf. Nachdruck d. Ausg. Leipzig 1775⁴, I, Hildesheim: Georg Olms 1968, Sp. 552.

38 Sebastian Stadel, »Send-Schreiben an Johann Musen-Freund. Von der Marktschreyerischen Eitelkeit der Gelehrten«, in: Mencke, *Zwey Reden von der Charlatanerie oder Marktschreyerey der Gelehrten*, a.a.O., S. 289–327, hier: S. 294f.

39 Vgl. a. Gould, »The Lying Stones of Würzburg and Marrakech«, a.a.O., S. 89f.

40 Marian Füssel legt dar, dass durch die genannte Kennzeichnung bestimmter verächtlicher Verhaltensweisen zum damaligen Zeitpunkt strenge symbolische Grenzen entstanden, die auch als Machtinstrumente dienten (vgl. Füssel, »›Charlataneria Eruditorum‹«, a.a.O., S. 127). Im Vorwort des Übersetzers von Menckes Reden über die ›Charlataneria Eruditorum‹ findet sich ein entsprechender Hinweis, dass Menckes Wissen um den gelehrten Betrug dazu dienlich sei, »seinen Zuhörern die Augen zu öffnen, und ihnen durch wohl angebrachte Beyspiele solche Reguln [sic] an die Hand zu geben, wodurch sie vor sich selbst geschickt werden mögen, auf eben die Weise auch die Verrichtungen vieler hundert andern unter gleicher Masque spielenden Personen tieffer einzusehen, und vernünftig zu beurteilen« (Anonym, »Vorrede zu der ersten Auflage«, in: Mencke, *Zwey Reden von der Charlatanerie oder Marktschreyerey der Gelehrten*, a.a.O., Vorrede unpaginiert; vgl. a. Stadel, »Send-Schreiben an Johann Musen-Freund«, a.a.O., S. 291). Zur ›diskursiven Polizei‹ siehe S. 48.

cherey‹: Kursorische Argumentationen und Verweise begründet Beringer etwa mit der Furcht, den Eindruck zu erwecken, »Worte und Zeit in reinem Sport zu verschwenden« (70); um »eine prägnante Dissertation mit nackten Tatsachen vorzulegen«, weist er ferner zurück, seinen »Text, wie es viele tun, zu verlängern, beispielsweise mit Fußnoten, Zitaten und langen Abschweifungen« (101). Beringer ist jedoch nicht nur als Opfer diskursiver Zwänge anzusehen, denn er setzt sie in seinem Text auch selbst ins Werk: Mehrere Übersetzer betonen sein nicht leichtes Gelehrtenlatein und seinen geschraubten Stil.[41] Martius hebt entsprechend noch 1795 in seiner Behandlung des Falls lobend hervor, dass das Buch »nicht allein in dem schönsten Latein [...], sondern auch mit einem Aufwande von Gelehrsamkeit geschrieben ist, daß solches allein die Bewunderung des Lesers verdient«.[42] Beringer beweist schließlich in fast schon aristotelischem Wortlaut[43] klare Einsicht in die mit wissenschaftlichen Autoritäten verbundenen Machtbeziehungen: »[S]olche Dinge werden wahrgenommen, denen Männer von bezüglich Rechenschaft und Bildung großem Rufe pflegend nachgehen, die weite Zustimmung und die Anerkennung der Weisen finden« (16). Um eventuellen Vorwürfen zuvorzukommen, geht Beringer gegen die Verächter empirischer Naturforschung,[44] »die Seichtheit jenes habgierigen und rohen Haufens von Akademikern [...], die die Lithologie als sinnlose Beschäftigung angreifen« (16), vorwiegend im ersten Kapitel zum Angriff über und kritisiert die deduktiv verfahrenden Denker, »die notwendiges Experimentieren schlichtweg umgingen« (27). Im Gegenzug spricht er sich deutlich für empirische Forschung aus und rühmt jene Gelehrten, die mit den »Mitteln der experimentellen Philosophie« arbeiten, »angetrieben von einer erhabeneren Hingabe zur Naturgeschichte, ohne Rücksichtnahme auf Vornehmheit und ohne das

[41] Vgl. Padtberg, »Die Geschichte einer vielberufenen paläontologischen Fälschung«, a.a.O., S. 34; Franke, *Die Würzburger Lügensteine*, a.a.O., S. 36 u. Gould, »The Lying Stones of Würzburg and Marrakech«, a.a.O., S. 88.

[42] Martius, *Wanderungen durch einen Theil von Franken und Thüringen*, a.a.O., S. 301.

[43] Siehe S. 29.

[44] Füssel erwähnt ausdrücklich die Vorbehalte, die zu dieser Zeit allgemein gegenüber Experimenten vorherrschten und die experimentell arbeitenden Wissenschaftlern, sogenannten ›Wissenschaftlichen Schaustellern‹, den Verdacht der ›Charlatanerie‹ eintrugen (vgl. Füssel, »›Charlataneria Eruditorum‹«, a.a.O., S. 128). Im 17. Jahrhundert erschienen auch eine Reihe literarischer Satiren wie z.B. Samuel Butlers *The Elephant in the Moon*, die mit dem Habitus des Virtuoso zugleich experimentell vorgehende Wissenschaften im Allgemeinen angriffen (vgl. Thomas Brandstetter, »Elefanten im Mond. Der prekäre Status des wissenschaftlichen Instruments«, in: *Berichte zur Wissenschaftsgeschichte* 27 (2004), S. 109–118).

Niedrige, womit sie sich beschäftigen, für unter ihrer Würde zu halten« (2). Denn obwohl sein Forschungsansatz aufgespannt ist zwischen einer theologischen Fundierung, die durch seine direkte Abhängigkeit von der fürstbischöflichen Gunst auch als taktisches Vorgehen interpretiert werden kann, und einer rationalistischen Wissenschaftlichkeit, gibt Letzteres den Hauptausschlag; und es ist mehrfach zu lesen, dass nur »durch unwiderlegbares Experimentieren« gewonnene Einsichten als Erklärungen akzeptiert werden (48). Damit verbindet er ein regelrechtes Plädoyer für die »hehre Wissenschaft« der »Pflege der Lithographie, die bislang von so wenigen geschätzt und von so vielen entsprechend vernachlässigt wurde« (iv u. 16).

Diese fehlende Anerkennung mag vielleicht dafür gesorgt haben, dass die Echtheit der Steine und vor allem Beringers ›wissenschaftliche‹ Betrachtungen – d. h. der Versuch, in einem prekären, kaum formalisierten Wissensgebiet systematisch vorzugehen, sich in großem Umfang entsprechend repräsentative Erkenntnisgegenstände zur Verfügung zu stellen und von diesen ausgehend wissenschaftliche Schlüsse zu ziehen – bereits vor ihrer Veröffentlichung in Zweifel gezogen wurden: Den zeitgenössischen Salongelehrten war das persönliche Ausgraben vonseiten der Forscher als nicht allgemein anerkannte empirische Methode fremd, so dass man vermuten könnte, dass aufgrund dieser Praxis-Inkongruenz die Bereitschaft, die epistemischen Objekte nicht anzuerkennen bzw. von vornherein als Fälschung anzusehen, größer war. Es ließe sich so mutmaßen, dass das Fake nicht nur ins Werk gesetzt wurde, um Beringers ›Hoffärtigkeit‹ bloßzustellen, sondern auch um seine nicht allgemein akzeptierte induktive Forschungsmethode zu diskreditieren. Denn trotz seiner für heutige Forscher zweifelhaften und damals schon veraltenden Theorieschlüsse war seine Vorgehensweise in einem gewissen Sinne neu und passte nicht in das Umfeld spekulativer Überlegungen, die noch ein halbes Jahrhundert zuvor über die Einzeldinge in den Wunderkammern angestrengt wurden.

Die Auswirkungen der »Lithographiae Wirceburgensis« als Manifest fehlgeleiteter Gelehrsamkeit

»[P]raktisch am Vorabend der Veröffentlichung [...s]eines Werks« (92) mit dem Verdacht auf Fälschung konfrontiert, entschied sich Beringer – wie er selbst berichtet –, ein ganzes Kapitel (XII) am Ende seines Buches der Beweisführung zu widmen, dass die »idiomorphen Steine [...] keine betrügerischen Artefakte aus jüngster Zeit sind« (91).[45] Tatsächlich wurde der Fall im April 1726 justiziabel, nachdem Beringer, um sich selbst vom Vorwurf der Fälschung zu befreien, an das Domkapitel einen Antrag auf Untersuchung gestellt hatte.[46] Bereits zwei Tage später wurden die drei »Eivelstatter Leut« im Rathaus verhört. Zwischen diese Vernehmung und einer zwei Monate später folgenden, bei der nur noch der hauptbelastete Christian Zänger anwesend war, fiel die Veröffentlichung der *Lithographiae Wirceburgensis*.[47] Das Fake entfaltete somit sein Hauptpotential (mit jahrhundertelangen Epiphänomenen) nicht durch seine Entdeckung, sondern weil der Getäuschte die Aufdeckungsversuche schlichtweg ignorierte und die geplante Veröffentlichung zu Ende brachte. Zugleich war Beringer jedoch mit einem schweren Fälschungsverdacht konfrontiert, d. h., die Steine konnten nur während einer sehr geringen Zeitspanne noch uneingeschränkt als echt gelten. Angesichts der ihm von Roderique nachweislich untergeschobenen falschen Steine findet Beringer in seiner Abhandlung nicht weniger als acht Gründe, um die Fälschungsvorwürfe zu entkräften, von denen nur einige kurz erwähnt werden sollen:[48]

Er argumentiert erstens, dass, so wie Falschmünzerei nicht alle Münzen generell entwerten würde, selbst die nachgewiesene Gefälschtheit einiger Steine nichts über den Status aller Funde aussagen könne. Im Gegensatz zu vielen anderen Fälschungsfällen sieht Beringer damit nicht sich selbst als denjenigen, der die Echtheitsbehauptung aufstellt, in der Beweispflicht, sondern den Fälscher Roderique, der nachweisen müsse, dass alle Steine gefälscht seien. Als weitere Rechtfertigung bringt er zweitens vor, dass die Kupferstiche lange vor den ihm offen untergeschobenen Falsifikaten angefertigt worden seien. Drittens spreche die hohe Zahl der Fundstücke, etwa 2000, gegen die Durchführbarkeit einer Fälschung und viertens seien am Berg keinerlei Grabungsspuren, die auf einen Eingriff haben schließen lassen können, nachweisbar gewesen. Fünftens schließlich seien die sorgfältig überwachten Grabungshelfer

[45] Niebuhr und Geyer mutmaßen, da sich manche Kapitel deutlich durch eine hastigere Schreibweise auszeichnen und die Seiten 80 u. 81 sogar doppelt vorhanden sind, dass Beringer, um als Reaktion auf die Vorwürfe Korrekturen vornehmen zu können, noch nach dem Schriftsatz das Kapitel XI geteilt sowie das Kapitel XII neu verfasst und nachträglich eingefügt habe (vgl. Niebuhr/Geyer, *Beringers Lügensteine*, II, a.a.O., S. 30f. u. 50).

[46] Vgl. Anonym, »Eintrag im Domcapitel-Protokoll pro 1726«, S. 107f. (=Urkunde Nr. 133), in: von Wegele, *Geschichte der Universität Würzburg*, II, a.a.O., S. 321.

[47] Vgl. Niebuhr/Geyer, *Beringers Lügensteine*, II, a.a.O., S. 29 u. 43.

[48] Vgl. a. Padtberg, »Die Geschichte einer vielberufenen paläontologischen Fälschung. Beringers Lithographiae Wirceburgensis«, a.a.O., S. 42ff.

nicht dabei beobachtet worden, »heimlich Steine im Boden« deponiert zu haben (98).

Ohne dies hier vertiefen zu wollen, fällt sofort auf, dass Beringers Gegenargumente unzureichend sind, da sich kein einziges auf unterscheidende Merkmale zwischen seinen ›echten‹ und den ihm als falsch präsentierten Steinen stützt, sondern nur äußere Umstände angeführt werden. Lässt man diese von ihm zu seiner Ehrenrettung vorgebrachten Überlegungen beiseite, ist es aus heutiger Sicht dennoch schwer zu verstehen, warum er, obwohl er immer wieder eine genaue Beschreibung bestimmter Aspekte der Steine vornimmt, die zu einer Entdeckung der Fälschung hätten führen können, diese Möglichkeit ausschließt. Er schreibt, dass die Figurensteine, »vollendet geformt«, »oben eine glatte Oberfläche« zeigen, »als ob sie intensiv mit Bimsstein poliert wären« und sie »in der Art eines Geschnittenen und polierten Reliefs«, weil sie »unmißverständliche Anzeichen des Skulpturenschneider-Messers zu tragen scheinen«, so aussehen, als »seien sie das Werk eines übergenauen Bildhauers« oder stammten »von der Hand und Scheibe eines Töpfers« – »[e]s gibt [...] nur edle Anmut und Eleganz überall« (22ff. u. 68). Als eine Erklärung ließe sich anführen, dass er zwar den Kunstcharakter der Petrefakte anerkannte, sie aber vielmehr, im Sinne der weiter oben im Zusammenhang mit den Wunderkammern erwähnten Natur-Kunst-Konvergenz auf die künstlerische Kraft der Natur, »wenn wir hier von ihr als von einem Kunsthandwerker sprechen«, zurückführt (42).

Betrachtet man die Effekte durch die Aufdeckung der Fälschung, so scheint – neben der öffentlichen Bloßstellung – Beringers Karriere entgegen den moralisierenden Kolportagen[49] keinen besonderen Schaden genommen zu haben. Padtberg, der wie kein anderer die zeitgenössischen Quellen auswertet, bemerkt angesichts mancher verzerrender Darstellungen: »Zeitgenossen haben ihn jedenfalls zurückhaltender und gerechter beurteilt. Sie beschränken sich im Allgemeinen darauf, eine natürliche Entstehung der Bildsteine so ziemlich abzulehnen und

[49] In vielen Beschreibungen des Falls findet sich einerseits das Narrativ, dass Beringer erst auf die Fälschung aufmerksam geworden sei, nachdem er einen Stein, der in hebräischen Buchstaben seinen eigenen Namen getragen habe, gefunden habe, und andererseits dasjenige, dass er angesichts der durch die Fälschungsenthüllung erlittenen Bloßstellung frühzeitig gestorben sei (vgl. die Verweise bei Gould, »The Lying Stones of Würzburg and Marrakech«, a.a.O., S. 18f. u. James Parkinson, *Organic Remains of a Former World. An Examination of the Mineralized Remains of the Vegetables and Animals of the Antediluvian World; Generally Termed Extraneous Fossils*, I, London: Sherwood, Neely and Jones 1820, S. 26).

sich mehr und mehr für künstlichen Ursprung auszusprechen.«[50] In der Würzburger Universitätsgeschichte von Franz Xaver von Wegele wird Beringer retrospektiv als »das thätigste Mitglied der Fakultät dieser Zeit« und als »ohne Zweifel ein höchst kenntnisreicher Gelehrter« bezeichnet.[51] Martius beschreibt ihn als einen »der würdigsten Gelehrten seiner Zeit«.[52] Auch nach der Aufdeckung der Steine als gefälscht blieb Beringer Professor der Universität und Leiter des Spitals, es sind sogar mehrere nachfolgende Publikationen dokumentiert.[53]

Aus der öffentlichen Entlarvung resultierten jedoch politische Implikationen: Das Werk hatte Beringer als Leibarzt seinem Regenten, dem Fürstbischof Christoph Franz von Hutten, gewidmet. Als entdeckt wurde, dass es auf Fälschungen basierte, wirkte dies folglich auf dessen Autorität zurück, so dass versucht wurde, die bereits veräußerten Exemplare restlos zurückzukaufen. Roderique wurde indes, entgegen anderslautender Berichte, nicht formell seines Amtes enthoben, verließ aber 1729 Würzburg und ging nach Köln; er wurde 1732 sogar zum ersten Professor für Geschichte an der Universität Köln berufen; auch von Eckhart behielt seine Professur. Gewisse disziplinarische Konsequenzen sind dennoch nachweisbar: Als Roderique nach von Eckharts Tod um Erlaubnis bat, nach Würzburg reisen zu dürfen, um dessen geistiges Erbe zu verwalten, wurde ihm dies vom Fürstbischof zwar gewährt, nicht ohne ihn aber zugleich für die frühere »Vernachlässigung seiner Pflichten und [...] seinen schlechten Lebenswandel, der ihn bei den Meisten in einen üblen Ruf gebracht habe«, zu rügen.[54]

Die Aufdeckung der ›Lügensteine‹ scheint zu Lebzeiten Beringers somit wenig Echo gefunden zu haben;[55] sie waren – mit Foucault gesprochen – noch ›im Wahren‹ zwar veraltender, aber noch nicht endgültig verworfener Diskurspraktiken. Überliefert ist ein Artikel aus den *Neuen Zeitungen*, in dem es heißt: »Denn ob sich gleich der Herr

50 Padtberg, »Die Geschichte einer vielberufenen paläontologischen Fälschung«, a.a.O., S. 47.

51 von Wegele, *Geschichte der Universität Würzburg*, I, a.a.O., S. 411.

52 Martius, *Wanderungen durch einen Theil von Franken und Thüringen*, a.a.O., S. 300.

53 Niebuhr/Geyer, *Beringers Lügensteine*, II, a.a.O., S. 8.

54 Brief des Fürstbischofs an Roderique (8.3.1730), zit. n. Kirchner, »Die Würzburger Lügensteine im Lichte neuer archivalischer Forschung«, a.a.O., S. 612; vgl. a. Franke, *Die Würzburger Lügensteine*, a.a.O., S. 54f.; Niebuhr/Geyer, *Beringers Lügensteine*, II, a.a.O., S. 12 u. von Wegele, *Geschichte der Universität Würzburg*, I, a.a.O., S. 406.

55 Vgl. Padtberg, »Die Geschichte einer vielberufenen paläontologischen Fälschung«, a.a.O., S. 35.

Doctor entschuldigt, daß man dieselben in den gelehrten Zeitungen wieder seine Meinung vor zu Stein gewordene Sachen ausgegeben, so hat er doch behauptet, daß die Tiere und Ungeziefer auf seinen Steinen von der Natur gebildet worden wären; dagegen man bey Betrachtung derselben leicht wahrnehmen kann, wie solchen Bildern durch die Kunst sehr mercklich nachgeholfen worden.«[56] Heftigere Gegenreaktionen setzten erst Mitte des 18. Jahrhunderts ein, zu einem Zeitpunkt, als sich das naturwissenschaftliche Wissen weiter ausdifferenziert und an Breite gewonnen hatte. Der Theologe und Geologe Johann Ernst Immanuel Walch schreibt in seiner *Naturgeschichte der Versteinerungen* 1773: »Lange in der Schweiz war wohl mit einer der letzten, der der irrigen Meynung von Naturspielen mit ganzem Ernst beipflichtete. Herr Beringer [...] machte endlich mit einem recht comischen Auftritt den Beschluß. Er lies sich betriegen, und weil er auf gekünstelten Steinen, die man ihm hingelegt hatte, Sonne, Mond und Sterne, ebräische Buchstaben und mancherley sich begattende Conchylien fand, so wärmte er alle die schon damals längst aus der Mode gekommenen Meynungen von einem Welt-Geist, vi plastica, aura seminali und so weiter, zum Nachteil seiner Ehre wieder auf.«[57]

Bemerkenswert ist indes das spätere Fortwirken der Lügensteine im wissenschaftlichen Diskurs der Paläontologie; denn um diesen Fälschungsfall kreisen eine Reihe völlig unterschiedlicher Interpretationen, die Beringer auf der einen Seite – mit Foucault gesprochen: als ›*Transformation* Beringer‹[58] – das Verdienst zuschreiben, spekulativen Vorstellungen über die anorganische Herkunft von Fossilien als Ergebnissen einer Laune der Natur ein für allemal ein Ende bereitet zu haben, also »[i]n der Zusammenfassung der bisher vertretenen Theorien über das Wesen und den Ursprung von Fossilien [...] vorwissenschaftlichen, teilweise mystifizierten Spekulationen unbewußt den Todesstoß«[59] versetzt »und für immer der Lächerlichkeit preisgegeben zu haben«[60]. Diese selbstverständliche Lächerlichkeit, von der hier gesprochen wird, lässt sich nur

[56] *Neue Zeitungen von gelehrten Sachen* (4. Juli 1726), zit. n. Niebuhr/Geyer, *Beringers Lügensteine*, II, a.a.O., S. 50.

[57] Johann Ernst Immanuel Walch, *Die Naturgeschichte der Versteinerungen zur Erläuterung der Knorrischen Sammlung von Merkwürdigkeiten der Natur*, II, Nürnberg: Paul Jonathan Felsecker 1786, S. 36, zit. n. Niebuhr/Geyer, *Beringers Lügensteine*, II, a.a.O., S. 53.

[58] Siehe dazu S. 50.

[59] Weiss, »Die Würzburger Lügensteine«, a.a.O., S. 114; s.a. Gould, »The Lying Stones of Würzburg and Marrakech«, a.a.O., S. 20.

[60] Abel, »Paläontologie und Paläozoologie«, a.a.O., S. 315.

mit dem diskreditierenden Effekt erklären, den der Sachverhalt nach sich zog, dass die epistemischen Objekte Beringers Fälschungen gewesen waren: Die Theorien erschienen *ex post* zweifellos als Mystifikationen, weil sie durch die Falsifikate hatten verifiziert werden können, d. h., weil sie auch bei den fingierten Gegenständen evident gewesen waren und deren Gefälschtsein nicht hatten offensichtlich werden lassen. James Parkinson schreibt entsprechend über die disziplinierenden Auswirkungen des Falls: »[I]t appeared that the censure and ridicule, to which its author was exposed, served, not only to render his contemporaries less liable to imposition; but also more cautious in indulging in unsupported hypotheses. [...] In the middle of the eighteenth century a more strict and close mode of philosophising, than had hitherto employed, appears to have been generally adopted.«[61]

Auf der anderen Seite – ganz im Sinne des von Foucault kritisierten Kontinuitätsdenkens – wird die Fälschung als »Irrtum Beringer«, d.h. als einmalige und vorübergehende Abweichung aus der Geschichte der fortwährenden Innovationen, in der sich die menschliche Vernunft in einer einzigartigen und zielgerichteten Kraft zum Besten[62] entwickelt, ausgeschlossen. Gould beispielsweise schränkt den diskursiven Effekt der Lügensteine deutlich ein: »In summary, the *Lügensteine* of Würzburg played a notable role in the most important debate ever pursued in palaeontology – a struggle that lasted for centuries and that placed the nature of reality itself up for grabs. By Beringer's time, this debate had largely been settled in favor of the organic nature of fossils, and this resolution would have occurred even if Beringer had never been born and the *Lügensteine* never carved.«[63]

Dass selbst einige Jahrzehnte nach der Veröffentlichung großes Interesse an dem Buch bestand, lässt sich daran ablesen, dass 1767 der Bamberger Buchhändler Tobias Goebhardt posthum auf der Basis der Restbestände eine ›zweite Auflage‹ mit geändertem Titelblatt auf den Markt brachte. Noch heute gehören die Exemplare beider Ausgaben zu antiquarischen Raritäten, die für über 10 000 Euro gehandelt werden.

[61] Parkinson, *Organic Remains of a Former World,* I, a. a. O., S. 26. Noch 2005 schreiben Birgit Niebuhr und Gerd Geyer: »Die Dissertation erhielt letztlich so große Aufmerksamkeit, dass Fossilien und deren Entstehung spätestens gegen Ende des 18. Jahrhunderts eine deutlich revidierte, aufgeklärte Interpretation erfuhren« (Niebuhr/Geyer, *Beringers Lügensteine,* II, a.a.O., S. 58).

[62] Der Wortlaut ist dem Vorwort angelehnt von: Gould, *The Lying Stones of Marrakech*, a.a.O., S. 1.

[63] Gould, »The Lying Stones of Würzburg and Marrakech«, a.a.O., S. 89.

Auch die Steine selbst sind zwischenzeitlich zu teuren Liebhaberstücken geworden, so dass sogar gefälschte Fälschungen auftauchten.[64]

Bis heute wird der Fall Beringer als abschreckendes Beispiel schlechter wissenschaftlicher Praxis angeführt, nicht selten jedoch ohne die zeitbedingten Irrtümer und damit die historisch variablen Grundlagen der Paläontologie selbst zu berücksichtigen. Parkinson spricht von den Steinen in einem Vokabular, das fast wörtlich Foucaults Beschreibungsinstrumentarium entspricht, mit dem er das aufgrund zeitspezifischer Zwänge aus manchen Diskursen ausgeschlossene monströse Wissen[65] thematisiert: Aus dem historischen Abstand von 100 Jahren betrachtet sind für Parkinson die Figurensteine jenseits des ›Wahren‹, d.h. »too monstrous and ridiculous to deserve even mention«.[66]

»The entrance to a long-past world of humanity« – The Piltdown Man (1912–1953)

Am 18. Dezember 1912 präsentierten Arthur Smith Woodward, Konservator der Geologischen Abteilung des Britischen Museums, und Charles Dawson, Rechtsanwalt sowie Amateur-Geologe und Altertumsforscher, im Vorlesungssaal der Londoner Geological Society Überreste eines Menschen aus grauer Vorzeit, die in einer Grube nahe Piltdown ausgegraben worden waren: den linken Teil eines affenähnlichen Unterkiefers mit zwei Backenzähnen und menschliche Schädelfragmente. Das hohe Alter der Relikte – sie wurden von Dawson auf das Pleistozän (ca. 2,3 Millionen bis 10 300 Jahre vor unserer Zeit) datiert – wurde vor allem durch die Tiefe der Ausgrabungsschicht sowie benachbarte tierische Überreste und einfache Steinwerkzeuge (Eolithe und Paläolithe) bestimmter bekannter Erdzeitalter[67] beglaubigt. Das sogenannte Missing

[64] Vgl. Niebuhr / Geyer, *Beringers Lügensteine,* II, a. a. O., S. 42 u. 53. Die beiden Autoren sprechen, wenn es von den 434 nachweisbaren Figurensteinen um diejenigen (insgesamt 92) geht, die in der *Lithographiae Wirceburgensis* abgebildet und noch erhalten sind, bezeichnenderweise von Originalen.

[65] Siehe dazu S. 48.

[66] Parkinson, *Organic Remains of a Former World,* I, a. a. O., S. 26.

[67] Die Unterteilung und Datierung von Erdzeitaltern nach behauenen und feiner ausgearbeiteten Werkzeugen, Paläolithen bzw. Neolithen, geht u. a. auf John Lubbock zurück. Der Werkzeuggebrauch wurde somit als Spiegel der biologischen Evolution angesehen. Ob Eolithe als natürlich entstandene Bruchstücke betrachtet werden sollten oder als Zeugnisse früher menschlicher Werkzeugherstellung, war Anfang des 20. Jahrhunderts Gegenstand einer langanhaltenden wissenschaftlichen Kontroverse (vgl. John Lubbock, *Prehistoric Times, as Illustrated by Ancient Remains and the Manners and Customs of Modern Savages*, London: Williams and Norgate 1865 u. Claudine Cohen, »Faux et authenticité en préhistoire«, in: *Terrain*, H. 33 (1999), S. 31–40, hier: S. 32).

Link, das, wie es durch Darwins Schriften nahegelegt worden war, eine Affenart als Vorfahren des Menschen bezeugen sollte, war gefunden. Nachdem der 20 Jahre zuvor von Eugène Dubois ausgegrabene fossile Affenmensch von Java aufgrund fehlender zusätzlicher Anhaltspunkte nicht die eindeutigen Schlüsse zu ziehen erlaubt hatte und für die meisten der damaligen Wissenschaftler als Riesen-Gibbonaffe galt, wurde damit eine Forschungslücke endlich geschlossen. Die Entdeckung wurde, seinem Finder zu Ehren, »Eoanthropus dawsoni« getauft – *Eoanthropus* (›Dawn Man‹ bzw. Mensch der Morgendämmerung), weil damit offensichtlich die ›Geburt‹ des heutigen Menschen bezeugt war.[68]

Obwohl der entscheidende anatomische Beweis einer Zusammengehörigkeit von menschlichem Schädel und affenähnlichem Kiefer, nämlich das Kiefergelenk fehlte, schlossen Dawson und Woodward vornehmlich aufgrund externer geologisch-stratigraphischer Überlegungen – d.h., weil sie in unmittelbarer Nähe zueinander gefunden worden waren und zudem in der gleichen zeitspezifischen Kies-Schicht genauer datierbare Tierzähne sowie Werkzeuge angetroffen worden waren – auf eine ursprüngliche Einheit beider Teile. Außerdem schien das Aussehen in Größe und Färbung beider Untersuchungsgegenstände zu passen: »The right mandibular ramus [...] is in the same mineralized condition as the skull, and corresponds sufficiently well in size to be referred

[68] Der Vortragstext und die anschließende Diskussion ist dokumentiert in: Charles Dawson/Arthur Smith Woodward, »On the Discovery of a Palaeolithic Human Skull and Mandible in a Flint-Bearing Gravel Overlying the Wealden (Hastings Beds) at Piltdown, Fletching (Sussex)«, in: *The Quarterly Journal of the Geological Society of London* 69 (1913), S. 117–144, hier: S. 123; vgl. dazu a. Federico Di Trocchio, *Der große Schwindel. Betrug und Fälschung in der Wissenschaft*, übers. v. Andreas Simon, Reinbek: Rowohlt 1999, S. 172ff.; Joe S. Weiner, *The Piltdown Forgery*, Nachdr. d. Ausg. London/New York 1955, New York: Oxford Univ. Press 2003, S. 1ff. u. Frank Spencer, *Piltdown. A Scientific Forgery. Based on Research by Ian Langham (1942–1984)*, London u.a.: Oxford Univ. Press 1990, S. 43. Die letztgenannten Bücher von Weiner und Spencer können als Standardtexte zum Piltdown Man angesehen werden. Weiner, der zu den Wissenschaftlern gehört, die die Fälschung aufdeckten, rekonstruiert nicht nur in Ansätzen, warum die Funde zunächst nicht als Artefakte entlarvt wurden, sondern widmet sich auch in einer Art Detektivgeschichte ausführlich der Suche nach den möglichen Tätern. Spencer, Wissenschaftshistoriker der Somatologie, trägt in seinen Ausführungen die langjährigen Recherchen von Ian Langham zusammen, um den Kontext der Piltdown-Entdeckungen und die fachwissenschaftlichen Diskursivierungen einsichtig zu machen. Er diskutiert dabei ebenso wie Wiener, aber weniger populärwissenschaftlich, mögliche Tatbeteiligte. Das dazu herausgegebene materialreiche Begleitbuch *The Piltdown Papers* ist eine hervorragende Quellensammlung, denn es bietet eine kommentierte Auswahl von zahlreichen den Fälschungsfall betreffenden Briefen und Dokumenten (vgl. Frank Spencer (Hg.), *The Piltdown Papers. The Correspondence and Other Documents Relating to the Piltdown Forgery 1908–1955*, London u.a.: Oxford Univ. Press 1990).

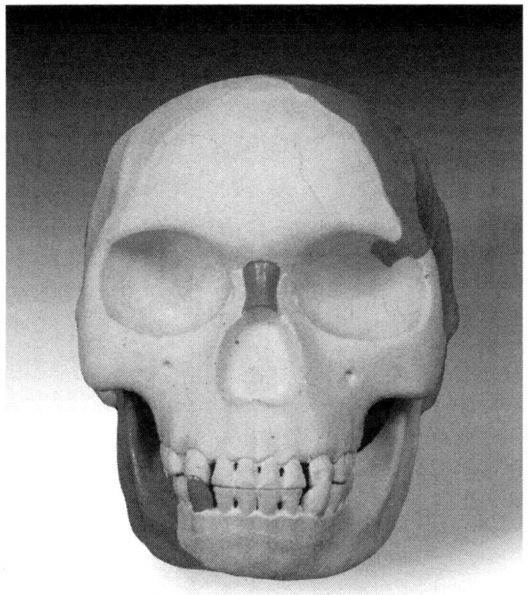

Abb. 17: Modellrekonstruktion des Piltdown-Schädels des Natural History Museum, London. Die dunklen Bereiche geben die Fragmente wieder, die vorlagen; die hellen die hypothetischen Ergänzungen.

to the same specimen without any hesitation.«[69] Im Unterschied zu Beringers ›Lügensteinen‹ kennzeichnet sich der Fall des Piltdown Man durch eine unscharfe Grenze zwischen Fälschung und Fake: Je nach aktuell Beschuldigtem wechselt auch die jeweilige Zuordnung, ob die ›Funde‹ von Dawson und Woodward selbst in betrügerischer Absicht hergestellt wurden bzw. ob sie ihnen mit der Intention der Bloßstellung untergeschoben wurden; denn eine ausdrückliche Aufdeckung vonseiten eines oder mehrerer Fälscher hat nie stattgefunden. Unzählige Experten haben sich im Lauf der Jahre an Spekulationen über die Täter beteiligt und, um ihre jeweiligen Theorien zu erhärten – einer kriminalistischen Vorgehensweise gemäß –, nach entsprechenden Motiven[70] gesucht;

[69] Dawson/Woodward, »On the Discovery of a Palaeolithic Human Skull and Mandible ...«, a.a.O., S. 129, vgl. a. S. 143.

[70] Federico Di Trocchio erklärt die Frage nach dem Motiv sogar zum Mittelpunkt seiner Beschäftigung mit wissenschaftlichen Fälschungen und teilt diese je nach den jeweiligen Absichten sehr fragwürdig in »geniale Fälschungen«, wenn große, ›wahre Wissenschaftler‹ sie im Interesse der Wissenschaft produzieren, und in unehrenhafte

doch das ›*Whodunit*‹ ist bis heute nicht aufgeklärt. T.H. Turritin führt in seiner kommentierten Bibliographie zur Piltdown Man-Fälschung neben dem hauptverdächtigen (Er-)Finder Dawson nicht weniger als 15 weitere mögliche Täter auf. Die zugehörige Liste einschlägiger Sachtitel ab 1953 füllt mittlerweile 18 Seiten.[71] Da eine abschließende Klärung des Geschehens weder möglich noch nötig ist, soll der Fokus der Betrachtung weg von einer detektivischen Spurensuche hin zu den diskursiven Umfeldern und Auswirkungen verlagert werden, um zu erhellen, warum die Relikte im damaligen wissenschaftlichen Diskurs der Paläanthropologie als echt und beweiskräftig akzeptiert wurden.[72] Dabei lassen die Vorgänge deutlich hervortreten, wie nahe die Arbeit des Fälschers an der zeitgenössischen wissenschaftlichen Praxis situiert war. Entsprechend wurden nahezu alle an der Konzeptualisierung der Fälschung beteiligten Forscher nach und nach zum Kreis der Verdächtigen gezählt.

Im Gegensatz zu den ›Lügensteinen‹, bei denen Veröffentlichung und Aufdeckung nahezu zusammenfielen, erstreckte sich die Zeitspanne, in der der Piltdown Man weitestgehend als wahr anerkannt wurde, auf über 40 Jahre, nicht zuletzt weil die Schädelreste die zeitgenössischen Evolutionstheorien nur zu gut zu bestätigen schienen. Wieder lässt sich aufzeigen, dass eine Fälschung aufgrund der wechselseitigen Beziehungen, die sie mit ihrem diskursiven Umfeld unterhielt, nicht nur kalkulierbare Wirkungen zeitigte, sondern auch eine Vielzahl an unvorhersehbaren Performanzen entwickelte. Es kann daher nur darü-

»Betrügereien«, wenn sogenannte ›Söldner der Wissenschaft‹ sie im Eigeninteresse ausführen (Di Trocchio, *Der große Schwindel*, a.a.O., S. 218 u. 233). Wie das erste Kapitel deutlich gemacht hat, sollen hier solche vagen subjektfokussierten Kriterien bewusst unberücksichtigt bleiben.

71 Vgl. T.H. Turritin, »An Annotated Bibliography of the Piltdown Man Forgery, 1953–2005«, www.palarch.nl/NorthWestEurope/nweur_2006_1_1.pdf, zuletzt aufgerufen am 14.3.2006. Einen exzellenten Überblick über verschiedene Quellen, zum Teil mit allerdings nicht immer ganz korrekten Transkriptionen der Originalartikel, bietet: Charles Blinderman/David Joyce, *The Piltdown Plot*, Worcester (Mass.): Clark Univ., www.clarku.edu/~piltdown/pp_map.html, zuletzt aufgerufen am 6.04.2006.

72 Angesichts der Vielzahl einschlägiger Publikationen ist es bezeichnend, dass die meisten davon hauptsächlich der Suche nach den Tätern gewidmet sind und nur in sehr wenigen die Frage gestellt wird, warum so viele Wissenschaftler die Fälschung akzeptierten. Ausdrücklich hervorzuheben sind für Letzteres: Stephen Jay Gould, »Piltdown Revisited«, in: *Natural History* 88.3 (1979), S. 86–97; Michael Hammond, »A Framework of Plausibility for an Anthropological Forgery: The Piltdown Case«, in: *Anthropology* 3.1–2 (1979), S. 47–58 u. Spencer, *Piltdown*, a.a.O., S. 1–131. Im Folgenden sollen die in den genannten Texten erörterten Kontextualisierungen zusammengetragen, gegeneinander abgewogen und unter vornehmlicher Berücksichtigung der zeithistorischen Quellen vertieft werden.

ber spekuliert werden, welche Absichten sich dahinter verbargen; ihre Effekte im wissenschaftlichen Feld waren jedoch weitreichend, weil durch die Fälschung die paläoanthropologische Forschungstätigkeit von Jahrzehnten absorbiert wurde, wie Weiner resümiert: »This ill-begotten form of primitive man in the several hundred papers devoted to him received nearly as much attention as all the legitimate specimens in the fossil record put together.«[73]

Authentifizierung und diskursives Zirkulieren der Fälschung

Um die langanhaltende Akzeptanz des Piltdown Man zu verstehen, ist anhand der Experten-Aussagen die zum damaligen Zeitpunkt vorherrschende paläontologische Praxis sichtbar zu machen, die die Aussagen über diskursspezifische epistemische Objekte im Allgemeinen beherrschte und die zugleich ihr reibungsloses Funktionieren im Besonderen, d. h. im Zusammenhang mit der konkreten Fälschung unter Beweis stellte. Aus der Perspektive, dass man von der Fälschung weiß, lassen sich diese Vorgehensweisen in besonderer Weise herauspräparieren und zeigen, dass sie sich nicht in die lange Geschichte der fortschreitenden wissenschaftlichen Entdeckung einer den Dingen schon immer eingeschriebenen Wahrheit integrieren lassen, von der Fälschungen und fehlgeleitete Diskursivierungen nur vorübergehende Abweichungen wären. Denn gerade anhand dieser Aberrationen lassen sich erstens implizit vorhandene Praktiken – mit Foucault gesprochen: ein positives Unbewusstes der Aussagen[74] – sichtbar machen, mit denen man, vermeintlich wissenschaftlicher Rationalität folgend, auch anderen paläontologischen ›Fakten‹ in dieser Zeitspanne begegnete; zweitens lässt sich verdeutlichen, dass die beteiligten Forscher trotz gegenteiliger Selbstbeschreibungen explizit formalisierte, codierte und reglementierte Vorgehensweisen ihrer Disziplin außer Acht ließen oder regelrecht gegen sie verstießen; drittens schließlich lassen sich politisch-gesellschaftliche Kräfte vor Augen führen, die die Dynamik der Fälschung maßgeblich mitbestimmten.

Die Knochenfunde bezeugten nämlich ihre Evidenz einerseits vor dem Hintergrund der zeitspezifischen, vonseiten autorisierter Kapazitäten vertretenen paläontologischen Praxis, Ausgrabungen kontextuell zu bestimmen und zu datieren, andererseits, weil sie aufgrund ihres fragmentarischen Charakters genügend Leerstellen ließen, um als Pro-

[73] Weiner, *The Piltdown Forgery*, a. a. O., S. 186.
[74] Siehe dazu S. 53.

jektionsfläche für theoretische und politisch-soziale Erwartungen zu dienen. Die Fälschung fiel zudem in eine Phase der Evolutionsforschung, in der noch unbewiesene Spekulationen über die Abstammung und Entwicklung des Menschen endlich faktisch bestätigt werden sollten. Noch einmal ist zu betonen, dass nicht nur die falschen Fakten selbst und ihre scheinbar authentische Herkunft, sondern vor allem ihre Diskursivierung – die fachwissenschaftlichen Echtheitsbehauptungen und daran gekoppelte theoretische Schlüsse – für die Effekte der Fälschung verantwortlich zu machen sind. Folgt man den Erklärungen Dawsons, dass Bauarbeiter an der Schottergrube die Schädelreste zunächst für ein »thing like a cocoa-nut«[75] gehalten hatten, wäre denkbar gewesen, dass sie wie anderer Aushub auch schlichtweg auf der Abraumhalde gelandet oder in einer Straße verbaut worden wären. Erst aufgrund des Einbringens in den paläontologischen Diskurs mit den assoziierten wissenschaftlichen Feldern der Geologie und der Anatomie, verbunden mit der renommierten Institution des Britischen Museums sowie den entsprechenden autorisierten Spezialisten konnte das Artefakt die entsprechenden Auswirkungen zeitigen.

Die in den Fälschungsprozess anfangs involvierten Experten genossen höchstes Ansehen. Dies galt für Dawson im geologischen und archäologischen Gebiet: Er war seit 1885 Mitglied der Geological Society und langjähriger ehrenamtlicher Sammler für das Britische Museum, gehörte mehreren archäologischen Gesellschaften an und hatte wichtige Bücher veröffentlicht. Entscheidend ist jedoch der ›Besitzerwechsel‹ der Funde zum Geologen und Paläontologen Woodward, der 1901 sogar in die Royal Society gewählt worden war, damals zu den Koryphäen seines Fachs gehörte und während der Piltdown-Entdeckungen zuerst Vize-, dann sogar Präsident der Geological Society wurde.[76] Diejenigen, die die Echtheit des Piltdown Man bezweifelten, hatten dagegen eine schwache Stellung im paläontologischen Informationsnetz, weil die meisten anderen Gelehrten sich früher oder später für die Authentizität aussprachen. Zu Letzteren zählten, neben den bereits aufgeführten, die angesehensten Wissenschaftler ihrer Zeit: Boyd Dawkins und Sir Ray Lankester aus der Biologie sowie Edwin Newton und William Sollas aus der Geologie. Einige Amateure im Umfeld dieser Disziplinen (z.B.

[75] Anonym [Arthur Keith], »Discovery of a New Type of Fossil Man«, in: *British Medical Journal*, H. 2712 (1912), S. 1719–1720, hier: S. 1719. Der Artikel wird, obwohl anonym veröffentlicht, aufgrund eines entsprechenden Tagebucheintrags Arthur Keith zugeschrieben (vgl. Spencer, *Piltdown*, a.a.O., S. 188f.).

[76] Vgl. Weiner, *The Piltdown Forgery*, a.a.O., S. 71ff.

Harry Morris, Reginald Marriott oder Alfred Kennard) stellten zwar vehement die Echtheit des Piltdown Man infrage, hatten jedoch gegenüber den Unterstützern einen sowohl fachlich wie auch institutionell untergeordneten Aussagestatus.[77] Andere wagten nicht einmal, Zweifel zu haben: »The thought that the jaw and tooth were recent specimens and not fossils, of course, could not enter our minds, for the material had been accepted by the Geological Department as fossil«.[78] William Gregory, Paläontologe des American Museum of Natural History, bestätigt diese autoritative Praxis, wenn er die Inakzeptanz der damaligen Fälschungsverdächte folgendermaßen kommentiert: »None of the experts who have scrutinized the specimens and the gravel-pit and its surroundings has doubted the genuineness of the discovery.«[79]

Die Diskussion um den Piltdown Man war somit unweigerlich eingebettet in zeitspezifische diskursive Kräfteverhältnisse, die dafür sorgten, dass sich die falschen Aussagen der Autoritäten wechselseitig bekräftigten und andere aus dem wahrgenommenen Kreis der Sprecher ausgeschlossen wurden, wie sich an den Referenzen in den einzelnen Texten ablesen lässt. Einige Forscher, die die Echtheit bezweifelten, wurden als konservativ gebrandmarkt, weil sie angeblich die Vetternschaft von Affe und Mensch nicht akzeptieren wollten;[80] andere Skeptiker hatten gar nicht das Recht, sich in dieser Frage Gehör zu verschaffen. Der Amateur-Malakologe Alfred Kennard formuliert dies retrospektiv in einem Brief sehr deutlich: »I have always thought it was a great pity that someone didn't speak out about Piltdown and the unsatisfactory nature of the evidence. But ASW [Arthur Smith Woodward] was an authority and who were […] I to challenge his conclusions backed as they would be by the Nat. Hist. Officials.«[81]

[77] Vgl. zur Personenkonfiguration: ebd., S. 150.

[78] Martin A. C. Hinton, »Piltdown Man Forgery. Investigators' Access to Fragments«, in: *The Times* (4.12.1953), S. 2. Nachdem Mitte der 70er Jahre bei Renovierungsarbeiten im Britischen Museum ein Koffer mit den Initialen Hintons gefunden worden war, der künstlich behauene und verfärbte Säugetierknochen und -zähne enthielt, wurde auch er zu den Hauptverdächtigen gezählt (vgl. Henry Gee, »Box of Bones ›Clinches‹ Identity of Piltdown Palaeontology Hoaxer«, in: *Nature* 381 (1996), S. 261–262).

[79] William K. Gregory, »The Dawn Man of Piltdown, England«, in: *The American Museum Journal* 14.5 (1914), S. 189–200, hier: S. 191. Dennoch kann er als der erste Wissenschaftler gelten, der die auffälligen Übereinstimmungen des Piltdown-Kiefers mit dem eines Orang Utans feststellte, von dem das gefälschte Artefakt auch letztendlich stammte.

[80] Vgl. ebd.

[81] Brief von Alfred Kennard an Samuel Hazzledine Warren (17.5.1946), in: Spencer (Hg.), *The Piltdown Papers*, a. a. O., S. 183.

Die Fälschung entwickelte ihr Potential jedoch nicht, weil einige Autoritäten sich ohne fachliche Grundlage für die Echtheit ausgesprochen hatten. Deren affirmative Aussagen erhielten im institutionellen Netz zwar mehr Gewicht, weil den Fachwissenschaftlern mit ihrem Status die entsprechenden Präsentationsrituale und Publikationsmöglichkeiten, die Sitzungen bzw. Fachjournale der Geological Society, zur Verfügung standen, aber die Expertenurteile legitimierten sich auch vor dem Hintergrund eines ›historischen Apriori‹, d. h. vor dem Hintergrund vorangegangener Ausgrabungen und darauf aufbauender Konzepte. Da bereits Erkenntnisse über affenähnliche Ausprägungen menschlicher Vorfahren durch die Relikte des als Vorgänger des Neandertalers angesehenen ›*Homo heidelbergensis*‹ (1907) und des ›Java-Menschen‹ (1891) existierten, wurden diese zum Vorbild genommen, um den Piltdown Man als älter, weil affenähnlicher aussehend, für plausibel zu erachten. Auch die im Vergleich tiefere geologische Schicht, in der Letzterer ausgegraben wurde, bestätigte diese Datierung.[82] In einem Brief Charles Dawsons an Arthur Smith Woodward, in dem er ihn über die Entdeckung unterrichtete, wird entsprechend eine »portion of a human skull which will rival H. heidelbergensis in solidity« betont.[83] Woodwards erste Rekonstruktion ging daher auch von einem Schädelvolumen (1070 cm^3) aus, das zwischen dem eines Affen und demjenigen des heutigen Menschen liegt. Ein zeitgenössischer amerikanischer Anthropologe folgerte in dieser Logik: »Comparing the parts in common, the Piltdown lower jaw is seen to be intermediate between the lower jaw of Heidelberg and that of a young chimpanzee.«[84]

Dass aus derlei kleinen und wenigen Bruchstücken ein ganzer Schädel rekonstruiert wurde, schien den Wissenschaftlern aufgrund der geringen Zahl damals vorliegender ähnlicher Funde[85] ebenfalls nicht fragwürdig. Die möglicherweise verräterischen Teile wurden mit Sachverstand, könnte man retrospektiv sagen, weggelassen und so mit dem nur teilweise perfekt gefälschten Übrigen die ›Einbildungskraft‹ – auch im Sinne der Fähigkeit des In-eins-Bildens – der beteiligten Forscher ausreichend genährt. Gerrit S. Millar äußerte bereits 1915 vorsichtig seine Zweifel

[82] Vgl. Weiner, *The Piltdown Forgery*, a. a. O., S. 100ff.

[83] Brief von Charles Dawson an Arthur Smith Woodward (14.2.1912), in: Spencer (Hg.), *The Piltdown Papers*, a. a. O., S. 17.

[84] George Grant McCurdy, »Ancestor Hunting: The Significance of the Piltdown Skull«, in: *American Anthropologist*, Neue Folge 15 (1913), S. 248–256, hier: S. 255.

[85] Vgl. Weiner, *The Piltdown Forgery*, a. a. O., S. 1ff. u. Di Trocchio, *Der große Schwindel*, a. a. O., S. 17f.

mit einem entsprechenden, heute prophetisch anmutenden Hinweis: »Deliberate malice could hardly have been more successful than the hazards of deposition in so breaking the fossils as to give free scope to individual judgement in fitting the parts together […]; while in no single feature is there any trace of the blending of the two types.«[86] Die zum Teil echten Tierfossilien und ›authentischen‹ Sedimenttiefen, verbunden mit der farblichen Entsprechung aller Elemente, stellten somit einen ersten Kontext sicher, in dem die anthropoiden Knochen als Einheit ›gelesen‹ wurden. Betrachtet man die wissenschaftliche Grafik, mit der 1914 die geologischen Überlegungen illustriert waren, ist hervorzuheben, dass die Schädelfragmente bereits als Ganzheit *in situ* wiedergegeben sind.

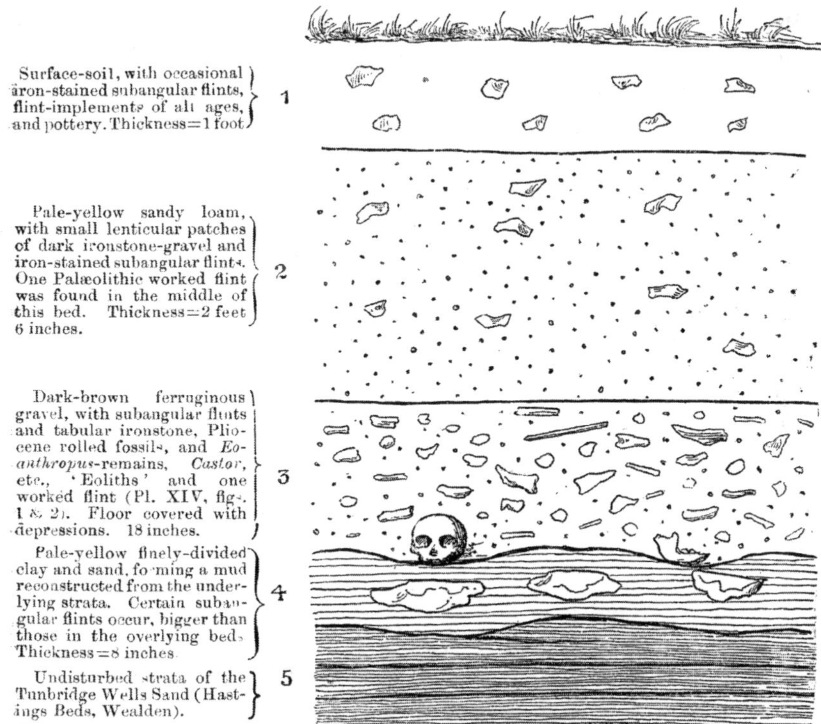

Abb. 18: Querschnitt des Kiesbetts bei Piltdown, aus: Charles Dawson, »Supplementary Note …«

[86] Gerrit S. Millar, »The Jaw of the Piltdown Man«, in: *Smithsonian Miscellaneous Collections* 65.12 (1915), S. 1–31, hier: S. 1 u. 18.

Die Forscher wiesen daraufhin sogar Attribute nach, die selbst in den gefälschten Artefakten nicht feststellbar sind, so dass sogar ungeachtet der manipulierten Eigenschaften der menschlichen Schädeldecke affenähnliche und dem Kiefer menschliche Züge zugesprochen wurden. Ein Exemplar gab somit dem komplementären seine Evaluation. Dabei zeigt sich ein Deutungsprinzip, das an sprachliche Sinnproduktion erinnert, bei der das Verstehen Resultat von Verkettungen einzelner Elemente ist, die sich durch die Art der Verknüpfung wechselseitig affizieren; mit dem Unterschied, dass der Sinneffekt hier zugleich, den Diskursregeln gemäß, Faktizitätseffekt war, d.h., dass durch die wissenschaftliche Konzeptualisierung ›Fakten‹ geschaffen wurden, die jener, der disziplinären Selbstbeschreibung nach, hätten vorgängig sein müssen. Woodward schreibt beispielsweise über das Schädelfragment: »The only noteworthy reminiscences of the ape are met with in the upward extension of the temporal fossæ, and in the low and broad shape of the occipital region.«[87] Grafton Elliot Smith fügt in seinem Appendix zu dessen Ausführungen an: »Taking all features into consideration, we must regard this as being the most primitive and most simian human *brain* so far recorded«.[88] Noch 1924 bekräftigt er, »that the brain-case, although unquestionably human, presents a number of very primitive features [...] and that the jaw and teeth, in spite of their superficial likeness to Chimpanzee's, were definitely human.«[89]

Als Hintergrund für die Akzeptanz des ›Affenmenschen‹ sind jedoch nicht nur tatsächlich ausgegrabene Formen anzuführen, sondern auch Theorien mit hypothetisch entworfenen Morphologien, als deren Leitfigur Charles Darwin anzusehen ist. Betrachtet man die einschlägigen Stellen in *The Descent of Man*, fällt auf, dass Darwin nicht nur die obengenannten Hoffnungen an ein Missing Link befördert hatte, sondern die Fälschung geradezu theoretisch präfiguriert war.[90] Darwin ging

[87] Dawson/Woodward, »On the Discovery of a Palaeolithic Human Skull and Mandible ...«, a.a.O., S. 127, vgl. a. S. 132f.

[88] Grafton Elliot Smith, »Preliminary Report on the Cranial Cast«, in: *The Quarterly Journal of the Geological Society of London* 69 (1913), S. 145–147, hier: S. 147; Hervorhebung M.D.; vgl. a. Gould, »Piltdown Revisited«, a.a.O., S. 96.

[89] Grafton Elliot Smith, *The Evolution of Man. Essays* (1924), London: Oxford Univ. Press 1927², S. 73; vgl. a. Gregory, »The Dawn Man of Piltdown, England«, a.a.O., S. 195 u. Gould, »Piltdown Revisited«, a.a.O., S. 96f.

[90] Michael Hammond weist zu Recht darauf hin, dass Darwin eher einen Vorfahren beschreibt, der früher als der Piltdown Man in der Ahnenreihe des Menschen angesiedelt ist. Das reicht jedoch nicht aus, um die Annahme einer Präfiguration von dessen Seite als unbedeutend abzutun. Denn durch Darwins skizzierten Stammvater ergibt sich als ein Gegenpol zum heutigen Menschen ein Vorbild, von dem ausgehend

1882 in seinen Überlegungen über den Stammbaum des Menschen von langsamen, graduellen Veränderungen der Arten aus. In den Ahnenreihen von Mensch und Menschenaffe sah er deshalb, Lamarcks Descendenztheorie beerbend, denselben Vorfahren. Aus diesem Urahn habe sich ab einem nicht näher bestimmten Zeitpunkt der Mensch durch additive Häufung mehrerer kleiner Abweichungen, deren Vererbung zudem durch natürliche Auslese (*natural selection*) im Kampf um das Dasein (*struggle for existence*) bestimmt gewesen sei, entwickelt. Für dieses Theorem fehlte ihm allerdings der endgültige und eindeutige Beweis – ein fossiles Verbindungsglied: »[Y]et the facts given in the earlier chapters appear to declare, in the plainest manner, that man is descended from some lower form, notwithstanding that connecting-links have not hitherto been discovered.«[91] Diese mangelnde faktische Grundlage wurde daher nicht selten von Kritikern, die die Schöpfungslehre vertraten, gegen die Evolutionstheorie vorgebracht, wie selbst Darwin bemerkt.[92] Obwohl er die Notwendigkeit eines solchen Fundes sehr deutlich anerkennt, führt er gegen die Einwände, dass das Fehlen der entsprechenden Nachweise die tatsächliche Existenz dieser niederen Form generell zweifelhaft erscheinen ließe, allgemein vorherrschende Schwierigkeiten an, fossile Überreste zu entdecken: »With respect to the absence of fossil remains, serving to connect man with his ape-like progenitors, no one will lay much stress on this fact who reads Sir C. Lyell's discussion, where he shews that in all the vertebrate classes the discovery of fossil remains has been a very slow and fortuitous process. Nor should it be forgotten that those regions which are the most likely to afford remains connecting man with some extinct ape-like creature, have not as yet been searched by geologists.«[93] Retrospektiv lässt sich dies als Erklärung

über die entsprechenden Eigenschaften der Zwischenglieder, die der Piltdown Man scheinbar in Reinform aufwies, spekuliert werden konnte. Darüber hinaus gibt es in *The Descent of Man* auch einige Andeutungen über die mögliche Gestalt des Missing Link (vgl. Hammond, »A Framework of Plausibility for an Anthropological Forgery: The Piltdown Case«, a.a.O., S. 48f.).

91 Charles Darwin, *The Descent of Man and Selection in Relation to Sex*, London: John Murray 1882, S. 146.

92 Ebd., S. 156.

93 Ebd., S. 157. Ernst Häckel, auf den Darwin in seinem Buch auch Bezug nimmt, vertritt Ende des 19. Jahrhunderts so vehement die Evolutionstheorie, dass er in seinem Plädoyer dafür die fehlenden, die Abstammung des Menschen vom Affen beweisenden ›Fakten‹ generell für unnötig erklärt: »Derjenige, der umfassende Kenntnisse in der vergleichenden Anatomie und Ontogenie sowie in der Palaeontologie besitzt, und der zu einer unbefangenen Vergleichung der Erscheinungen befähigt ist, bedarf nicht jener fossilen Documente, um die ›Abstammung des Menschen vom Affen‹ als *historische Thatsache* anzuerkennen. Für uns erscheint dieselbe schon jetzt als *völlig*

für die wissenschaftliche Vorgehensweise mit den Piltdown-Überresten lesen; nämlich dass diese lediglich als Bestätigung einer bereits vorab anerkannten Theorie kritiklos als plausibel erachtet wurden.

Da der entscheidende Beweis, das Missing Link, noch fehlte, hatte Darwin mit seinen Spekulationen über die Stammeseltern des Menschen und deren nachfolgende Generationen zielgerichtete Erwartungen entfacht, wie der Anatom Arthur Keith in seiner Betrachtung der Entdeckungen bei Piltdown hervorhebt: »Ever since Darwin impressed the truth of his theory of man's origin on his fellow-scientists we have expected to encounter man's progenitors«.[94] Auch hatte er wissenschaftliche Mutmaßungen über die mögliche Gestalt des fehlenden Bindeglieds entscheidend mitbestimmt, von denen einige im Zusammenhang mit der (re)konstruierten Morphologie des *Eoanthropus dawsoni* besonders relevant sind. Darwin schreibt beispielsweise über die graduelle Verkleinerung von Kiefer und Zähnen in der Ahnenreihe der menschlichen Vorfahren: »[A]s the jaws and teeth in man's progenitors gradually become reduced in size, the adult skull would have come to resemble more and more that of existing man.«[95] Bei der Untersuchung des Piltdown Man wurde den Zähnen entsprechend hohe Priorität beigemessen, d.h., vor dem theoretischen Hintergrund der Darwin'schen Mutmaßungen schienen die gefundenen anthropoiden Backenzähne den begonnenen Übergang des *Eoanthropus* zum Menschen eindeutig zu bezeugen. Bezüglich der Eckzähne entwirft Darwin ebenfalls ein morphologisches Bild: »The males had great canine teeth, which served them as formidable weapons«.[96] An anderer Stelle schreibt er: »In every large collection of human skulls some may be found, as Häckel observes, with the canine teeth projecting considerably beyond the others in the same manner as in the anthropomorphous apes, but in a less degree.«[97] Im Zusammenhang mit der Piltdown-Fälschung wurde daher bedauert,

empirisch begründete Hypothese, gleichviel ob spätere palaeontologische Entdeckungen noch ›Zwischenformen‹ auffinden werden oder nicht« (Ernst Häckel, *Systematische Phylogenie. Entwurf eines natürlichen Systems der Organismen auf Grund ihrer Stammesgeschichte*, III, Berlin: G. Reimer 1895, S. 618; Hervorhebungen teilweise getilgt). Häckel war in einem solchen Maße von der Richtigkeit der Evolutionstheorie überzeugt, dass er, um diese empirisch zu stützen und somit ein weiteres Argument gegen die Vertreter der Schöpfungslehre in der Hand zu haben – wie spätestens 1908 aufgedeckt wurde – Schautafeln von Embryonen fälschte. Di Trocchio führt dazu einen Briefwechsel zwischen Darwin und Häckel an, in dem Ersterer Letzteren auf seine Veröffentlichung der *Generellen Morphologie* hin zur Zurückhaltung mahnt (vgl. Di Trocchio, *Der große Schwindel*, a.a.O., S. 159–168).

94 Arthur Keith, *The Antiquity of Man*, II, London: Williams & Norgate 1925², S. 535.

95 Darwin, *The Descent of Man and Selection in Relation to Sex*, a.a.O., S. 59.

96 Ebd., S. 160, vgl. a. zu Spekulationen über die Gestalt der Zähne ebd., S. 20.

97 Ebd., S. 40.

dass das Gebiss keinen Eckzahn aufwies. Wohl aber wurde über dessen mögliches hybrides Aussehen (zwischen Affe und Mensch) gesprochen, das Woodward – obwohl das entscheidende Element, die Kinnregion, fehlte – bereits anhand des Raums, den das Kieferfragment plausibel erscheinen ließ, rekonstruiert hatte: »[I]t seems difficult to fill this space without assuming that a relatively large canine was present. [...] [T]he canine in any case cannot have been very prominent«.[98] Doch diese faktische Lücke wurde ebenfalls geschlossen, als am 30. August 1913 Teilhard de Chardin nach weiteren Ausgrabungen in der Nähe der ersten Fundstelle einen Zahn aufspürte, der fast genau der erwarteten affen-menschlichen Gestalt und Woodwards Schädelrekonstruktion entsprach, wie Dawson in einem weiteren Artikel triumphierend hervorhebt: »[T]he tooth is almost identical in form with that shown in the restored cast«.[99] Keith, der auch die weiter oben zitierte diesbezügliche Stelle von Darwin anführt, sieht die Zahn-Ausformung folglich als direkte Bestätigung der Thesen aus *The Descent of Man*: »In the discovery at Piltdown, then, there was revealed for the first time, a human race in which the canine teeth were pointed, projecting, and shaped as in anthropoid apes. That we should discover such a race, sooner or later, has been an article of faith in the anthropologist's creed ever since Darwin's time.«[100] In diesem Zahn, der in seiner Passgenauigkeit eigentlich Misstrauen hätte erwecken müssen, sah man gleichsam das ›Missing Link‹ des Missing Links, weil er eine menschenähnliche Bauform hatte und somit ein weiteres Argument für die Zusammengehörigkeit von Kiefer und Schädel lieferte. Bislang hatte

[98] Dawson/Woodward, »On the Discovery of a Palaeolithic Human Skull and Mandible ...«, a.a.O., S. 132.

[99] Charles Dawson, »The Piltdown Skull«, in: *The Hastings and East Sussex Naturalist* 2 (1915), S. 182, zit. n. Weiner, *The Piltdown Forgery*, a.a.O., S. 8. Man fand an dieser Stelle auch das Fragment eines Elefantenknochens, der wegen seiner Gestalt den Beinamen Cricket-Schläger bekam (Charles Dawson/Arthur Smith Woodward, »On a Bone Implement from Piltdown (Sussex)«, in: *The Quarterly Journal of the Geological Society of London* 71 (1915), S. 144–149). Die Vertreter der Hoax-Theorie sehen dieses Objekt, das neben der anhand der Paläolithen nachgewiesenen elaborierten Werkzeugverwendung des Piltdown Man auch Rückschlüsse auf die Geburtsstunde des Cricket erlaubt habe, als einen vom Fälscher bewusst platzierten Aufdeckungshinweis. Winslow und Meyer verdächtigen dafür sogar Sir Arthur Conan Doyle, der seinerzeit in der Nähe von Piltdown gewohnt und in seinem 1912 erschienenen Abenteurroman *The Lost World* angeblich eindeutige Anspielungen hinterlassen habe (vgl. John Hathaway Winslow/Alfred Meyer, »The Perpetrator at Piltdown«, in: *Science 83* 4.7 (1983), S. 32–43, zit. nach dem Transkript auf www.tiac.net/~cri_a/piltdown/winslow.html, zuletzt aufgerufen am 20.3.2006; vgl. a. Robert B. Anderson, »The Case of the Missing Link«, in: *Pacific Discovery* 49.2 (1996), S. 15–20 u. S. 32–33).

[100] Keith, *The Antiquity of Man*, II, a.a.O., S. 667; vgl. a. Hammond, »A Framework of Plausibility for an Anthropological Forgery: The Piltdown Case«, a.a.O., S. 48f.

es dafür – außer der farblichen Anmutung und der Spezifik der Fundstelle – noch an Beweisen gemangelt, so dass viele kritische Stimmen, die die Authentizität der Relikte zwar nicht bezweifelten, aber noch von zwei verschiedenen Lebewesen ausgegangen waren, überzeugt wurden.[101]

Der Piltdown Man bewies zudem perfekt die weitverbreitete These, dass nicht mit dem aufrechten Gang, sondern mit der Vergrößerung des Gehirns die Geschichte des Menschen eingesetzt hatte und andere körperliche Modifikationen nachfolgten. Wieder präsumiert bereits Darwin diese Form der Entwicklung: »The gradually increasing weight of the brain and skull in man must have influenced the development of the supporting spinal column, more especially whilst he was becoming erect.«[102] Das menschliche Gehirn sollte sich also vor dem aufrechten Gang entwickelt haben. Unter Verweis auf ihm vorliegende Vergleiche von Schädeln aus dem 12. u. 19. Jahrhundert betont er, dass der ermittelte Größenzuwachs ausschließlich in der Stirnregion nachweisbar sei und schreibt darüber an anderer Stelle: »It is commonly said that the forehead gives to man his noble and intellectual appearance«.[103] Genau diese frühe intelligente Erscheinung des Menschen ließ sich nun durch eines der Fragmente des vorderen Schädels bzw. durch die aus der ›Fakten‹-Beobachtung vermeintlich *induktiv* gewonnenen Erkenntnisse über die hohe Stirn des *Eoanthropus* bestätigen.

Anhand der Beweisführung lässt sich deutlich machen, wie sehr die Wunschvorstellung einer bereits sehr frühen Ausbildung der menschlichen Intelligenz dafür sorgte, dass nur bestimmte Eigenschaften des Piltdown-Funds im Kontext vorangegangener Ausgrabungen betrachtet wurden; Diskrepanzen hingegen, die auch zur Entlarvung der Artefakte hätten führen können, wurden nämlich zugunsten seiner Einzigartigkeit ausgelegt: Kraft der falschen anatomischen Signal-Eigenschaften des affenmenschlichen Kiefers, verbunden mit den zusätzlichen externen Alters-Plausibilisierungen durch die geologische Schicht und die im Umfeld nachgewiesenen Säugetierfossilien wurde einerseits darauf geschlossen, dass der Piltdown Man bereits vor den zum damaligen Zeitpunkt bekannten Urmenschen gelebt haben müsse. Die dieser hy-

[101] Noch bei der Diskussion am Abend der Vorstellung der ersten Funde hatten sich nämlich auch kritische Stimmen zu Wort gemeldet und sowohl die stratographische Datierung als auch die angenommene Einheit von Schädel und Kiefer bezweifelt (vgl. die Aussagen von Sir Ray Lankester u. Prof. Waterston in: Dawson/Woodward, »On the Discovery of a Palaeolithic Human Skull and Mandible …«, a.a.O., S. 148f.; vgl. a. Weiner, *The Piltdown Forgery*, a.a.O., S. 9 u. 29).

[102] Darwin, *The Descent of Man and Selection in Relation to Sex*, a.a.O., S. 55.

[103] Ebd., S. 55 u. 151.

pothetischen Kontinuitätsrechnung widerstrebenden Attribute aber, z. B. die im Vergleich zum Heidelberg- oder Java-Menschen viel menschlichere Schädelpartie (hohe Stirn, flacher Augenbrauenwulst) wurde bei dieser Altersschätzung unberücksichtigt gelassen und sogar auf der Basis des bereits als gesichert vorausgesetzten Alters als Anzeichen betrachtet, dass bereits eine frühere ›Vorhut‹ intelligenten Lebens existiert habe. Prof. Grafton Elliot Smith, »the highest authority of the human brain«[104], der bereits 1910 Spekulationen über die frühzeitige Entwicklung des Gehirns veröffentlicht hatte, schließt seine Ergänzungen zu Dawsons und Woodwards Präsentation entsprechend mit den Worten: »The apparent paradox of the association of a simian jaw with a human brain is not surprising to anyone familiar with recent research upon the evolution of man.«[105] Auch die Kommentare der geladenen Wissenschaftler in der ersten Diskussion bestätigen diese Haltung. Von Dr. Duckworth, einem Spezialisten für Anatomie aus Cambridge, ist zu lesen: »On the anatomical side, the Piltdown skull realized largely the anticipations of students of human evolution«. Und eine Aussage von Prof. Boyd Dawkins, dem ersten Professor für Geologie an der Manchester University, wird wie folgt wiedergegeben: »The evidence was clear that this discovery revealed a missing link between man and the higher apes«.[106] Smith bezeichnet die Vorherrschaft der Evolution des Verstandes in seinem 1924 erschienenen Buch sogar als Binsenweisheit: »The outstanding interest of the Piltdown skull is in the confirmation it affords of the view that in the evolution of Man the brain led the way. It is the veriest *truism* that Man has emerged from simian state in virtue of the enrichment of the structure of his mind. […] In other words, Man at first […] was merely an Ape with an overgrown brain. The importance of the Piltdown skull lies in the fact that it affords tangible confirmation of these inferences.«[107] Als Gegenprobe zu dieser anatomisch nachgewiesenen Intelligenz

[104] Dawson/Woodward, »On the Discovery of a Palaeolithic Human Skull and Mandible …«, a. a. O., S. 149.

[105] Ebd., S. 147; vgl. a. Hammond, »A Framework of Plausibility for an Anthropological Forgery: The Piltdown Case«, a. a. O., S. 52.

[106] Dawson/Woodward, »On the Discovery of a Palaeolithic Human Skull and Mandible …«, a. a. O., S. 149; vgl. Weiner, *The Piltdown Forgery*, a. a. O., S. 5 u. Gould, »Piltdown Revisited«, a. a. O., S. 95. Die Befunde Duckworths zum Piltdown Man passten, wie bei vielen anderen Forschern jeweils auch, perfekt zu den bereits vorher publizierten eigenen theoretischen Annahmen; bei ihm z. B. zu den Schlussfolgerungen in seinem 1912 veröffentlichten Buch *Prehistoric Man* (vgl. zu diesen Überschneidungen: Hammond, »A Framework of Plausibility for an Anthropological Forgery: The Piltdown Case«, a. a. O., S. 53f.).

[107] Smith, *The Evolution of Man*, a. a. O., S. 106, vgl. a. S. 82ff.; Hervorhebung M. D.

dienten zudem die gefundenen Steinwerkzeuge, die als ›Dokumente‹ der sich frühzeitig entwickelnden höheren handwerklichen Fähigkeiten des *Eoanthropus* betrachtet wurden. Ironie der Geschichte ist, dass danach Zeugnisse des genau umgekehrten Vorganges ausgegraben wurden: Die Australopithecinen hatten zwar schon den aufrechten Gang, besaßen aber noch sehr kleine Gehirne.[108]

Die wissenschaftlichen Prozesse um den Piltdown Man lassen deutlich hervortreten, dass jenseits des postulierten disziplinären Selbstverständnisses die fragmentarischen ›Fakten‹ der Theorie angeglichen wurden. Sie gerieten – antizyklisch zur scheinbar unhintergehbaren wissenschaftlichen Vorgehensweise, nämlich von Daten ausgehend Schlussfolgerungen zu ziehen – zu Tatsachen, weil sie sich in bereits bestehende Theorien, Erklärungen und Interpretationen perfekt einfügten. Eine Replik von Arthur Keith führt diesen, wie man in Anlehnung an Foucaults ›Unbewusstes der gesagten Sache‹[109] formulieren könnte, diskursiven ›Double Bind‹ im Spannungsfeld zwischen explizit formalisierter Forschungstätigkeit und effektiver Wissenspraxis vor Augen, wenn dieser einem Kritiker mit heute unfreiwilliger Ironie eben den Fehler vorwirft, den die meisten Apologeten des Piltdown Man begingen: »That is one way of getting rid of facts which do not fit into a preconceived theory; the usual way pursued by men of science is, not to get rid of facts, but frame theory to fit them. That is what I propose to do.«[110] Grafton Elliot Smith begründet seine Verteidigung der Zusammengehörigkeit der Knochenteile ebenfalls explizit mit diesem Codex naturwissenschaftlicher Praxis. Er formuliert seine Aussage zwar als Argument für die Authentizität der Funde; sie lässt sich aber retrospektiv auch als Problematisierung vermeintlich verbriefter naturwissenschaftlicher Begriffe von Fakt, Indiz und Beweis lesen, die hier ungefragt als aus sich heraus einleuchtende Erkenntnismomente Verwendung finden: »No cause of dispute need have arisen if the only justifiable procedure had been adopted – to study the

Smith hatte 1912 erstmals gegen die Forscher des 19. Jahrhunderts, die noch die aufrechte Haltung zum Kriterium der Menschwerdung genommen hatten, die Hypothese veröffentlicht, dass die graduelle Entwicklung des Gehirns den Menschen vom Affen unterscheide und der aufrechte Gang lediglich die bereits ansatzweise entwickelten Geisteskräfte bekunde (vgl. ebd., S. 60). Dies mag Arthur Keith dazu veranlasst haben, Woodwards erster Schädelrekonstruktion eine Alternative mit deutlich höherem Hirnvolumen (1500 statt 1070 Kubikzentimeter) entgegenzusetzen (vgl. Gregory, »The Dawn Man of Piltdown, England«, a.a.O., S. 197).

[108] Vgl. Gould, »Piltdown Revisited«, a.a.O., S. 95.

[109] Siehe dazu S. 53.

[110] Arthur Keith, *A New Theory of Human Evolution*, New York: Philosophical Library 1949, S. 229; vgl. a. Gould, »Piltdown Revisited«, a.a.O., S. 94.

evidence revealed in the fragments themselves and build up the skull in strict accordance with facts.«[111]

1915 fand man, zwei Meilen von der ersten Ausgrabungsstelle entfernt, Überreste des gleichen urgeschichtlichen Menschen: ›Piltdown 2‹. Dawson schreibt: »I believe we are in luck again!«;[112] wieder handelte es sich um Teile einer Schädeldecke und einen Backenzahn zusammen mit einem Rhinozeros-Zahn aus dem Pleistozän. Daraufhin wurden die meisten Paläontologen und Anatomen, die bis zuletzt am Piltdown Man oder vielmehr an der Komplementarität von Schädel und Kiefer gezweifelt hatten, besänftigt;[113] denn die zweite Fälschung erweiterte den Authentifizierungskontext der ersten: Dass Gebiss und Schädel in der gleichen geologischen Schicht gefunden worden waren, konnte Zufall sein; dass zudem zufällig ein affen-menschlicher Eckzahn entdeckt worden war, war schon unwahrscheinlicher; dass schließlich in kurzer Entfernung von dieser Fundstelle ein weiteres Exemplar des Piltdown Man nachgewiesen wurde, überstieg die Gesetze des Zufalls. Woodward selbst spielte diesen Trumpf bei der Präsentation von ›Piltdown 2‹ aus: »From the new facts now described it seems reasonable to conclude that *Eoanthropus dawsoni* will eventually prove to be as definite and distinct a form of early Man as was at first supposed; for the occurrence of the same type of frontal bone with the same type of lower molar in two separate localities adds to the probability that they belonged to one and the same species.«[114] Henry Fairfield Osborn, damals einer der führenden amerikanischen Paläontologen und früherer Skeptiker, spricht sogar ohne Ironie von scheinbarer Vorsehung: »If there is Providence hanging over the affairs of prehistoric men, it certainly manifests itself in this case, because the three fragments of the second Piltdown man found by Dawson are exactly those which we would have selected to confirm the comparison with the original type.«[115]

So entstand nach und nach ein Korrelationsraum gefälschter Fakten und darauf basierender Annahmen, dass fortwährend weitere Artefakte

[111] Smith, *The Evolution of Man*, a.a.O., S. 74.

[112] Postkarte von Charles Dawson an Arthur Smith Woodward (9.1.1915), in: Spencer (Hg.), *The Piltdown Papers*, a.a.O., S. 119.

[113] Vgl. Weiner, *The Piltdown Forgery*, a.a.O., S. 9–12.

[114] Arthur Smith Woodward, »Fourth Note on the Piltdown Gravel with Evidence of a Second Skull of *Eoanthropus Dawsoni*«, in: *The Quarterly Journal of the Geological Society of London* 73 (1917), S. 1–10, hier: S. 6.

[115] Henry Fairfield Osborn, »The Dawn Man of Piltdown, Sussex«, in: *The American Museum Journal* 21.6 (1921), S. 577–590, hier: S. 581; vgl. a. Smith, *The Evolution of Man*, a.a.O., S. 73.

als echt anerkannt wurden; denn jedes Mal, wenn ein *Eoanthropus*-Fragment als genuin akzeptiert und zum Korpus hinzugefügt wurde, festigte sich der Verifizierungskontext und potentielle Vorbehalte gegenüber der Echtheit weiterer Funde wurden nach und nach verunmöglicht. Osborn, ein ›konvertierter‹ Skeptiker, befindet schließlich zur Entdeckung von ›Piltdown 2‹: »[S]parse as the new evidence is, it has all been in the direction of gradual confirmation and strengthening of the original Dawson-Smith Woodward discovery [...] finally establishing beyond question the authenticity of the ›Dawn Man‹ of Piltdown.«[116]

Als zum damaligen Zeitpunkt maßgebliches Kriterium der Authentizität bzw. der Untermauerung wissenschaftlichen Wissens im Allgemeinen lässt sich somit der Nachweis einer stochastischen Probabilität, also eine relationale, nicht absolute Beweisführung, festhalten. Die mit der steigenden Zahl der Funde wachsende Wahr*scheinlichkeit* der Zusammengehörigkeit von Schädel- und Kieferfragmenten führte so zugleich zur Annahme der *Wahr*scheinlichkeit des ersten Menschen aus Piltdown, der für manche zuvor noch als »improbable monster« gegolten hatte – ein Einwand, der schließlich selbst als unwahrscheinlich verworfen wurde: »The chances against this are, however, so overwhelming that the conjecture might be dismissed as unworthy of serious consideration.«[117] Grafton Elliot Smith führt ebenfalls ausdrücklich die Gesetze der Wahrscheinlichkeit an: »When one considers the fact that many writers are now claiming that the mandible did not belong to the same individual [...] as the skull, and that Mr. Lyne suggests that the canine was not a part of either, we have to consider the possibility that three hitherto unknown man-like apes, or ape-like men, died side by side; [...] I claim that the balance of probability [...] against this hypothesis of three different unknown creatures leaving complementary fragments is simply colossal.«[118]

Der Fälschungsfall macht jedoch nicht nur anschaulich, dass die präparierten Artefakte – wie von den Forschern, die die Fälschung untersucht hatten, *ex post* betont wurde – den methodischen Anforderungen der Paläontologie auf der Höhe ihrer Zeit genügten, sondern auch, dass bereits bestehende Überprüfungsmethoden und alternative Theorien

[116] Osborn, »The Dawn Man of Piltdown, Sussex«, a.a.O., S. 580 u. 590.

[117] William Sollas, *Ancient Hunters and Their Modern Representatives*, London: Macmillan 1925[3], S. 189.

[118] Grafton Elliot Smith (Diskussionsbeitrag) zu W. Courtney Lyne, »The Significance of the Radiographs of the Piltdown Teeth«, in: *Proceedings of the Royal Society of Medicine. General Reports* 9 (1916), S. 33–62, hier: S. 57f.

schlicht unberücksichtigt blieben. Ließe sich der erste Aspekt noch in das beruhigende Bild eines wissenschaftlichen Reifeprozesses integrieren, ist Letzterer Ausdruck eines diskontinuierlichen, bestimmtes Expertenwissen ausschließenden Verlaufs der Wissensgeschichte. Dazu gehörte z.B. Mendels Vererbungslehre. Seine Überlegungen zur Kontinuität der Vererbung wurden, nachdem sie von den meisten Forschern aufgrund ihrer diskursunspezifischen mathematisch-stochastischen Methodik über 35 Jahre lang weitestgehend unberücksichtigt geblieben waren, um 1900 u.a. von Hugo De Vries wiederentdeckt und zum großen Teil bestätigt.[119] Mendels Gesetze, die eine konstante Vererbung von Merkmalen festschreiben, sind jedoch mit Darwins Alleinerklärung für die Entstehung der Arten mit langsam vonstattengehenden, allmählichen Veränderungen, verbunden mit natürlicher Auslese im Überlebenskampf, nicht vereinbar. Aufgrund jahrelanger Züchtungsversuche hat De Vries schließlich Mendels Regeln erweitert und auch plötzliche Variationen nachgewiesen, die er Mutationen nannte. Mit diesem Wissen wäre die Suche nach einer lückenlosen Ahnenreihe des Menschen, die dessen graduelle Veränderung bezeugt, obsolet geworden. Darwin war dem Problem der noch nicht nachgewiesenen Bindeglieder, die die ungeklärten Brüche in der Entwicklung des Menschen überbrückt hätten – eine Leerstelle, die seine gesamte Theorie bedrohte –, noch mit der Begründung begegnet, dass diese schlichtweg ausgestorben seien: »The great break in the organic chain between man and his nearest allies, which cannot be bridged over by any extinct or living species, has often been advanced as a grave objection to the belief that man is descended from some lower form [...]. But these breaks depend merely on the number of related forms which have become extinct.«[120] Wie schnell Veränderungen von Organismen vor sich gehen – eine Frage, die zugleich die Häufigkeit notwendig zu findender Bindeglieder betrifft –, war bei Darwins Theorie ebenfalls noch ein blinder Fleck: »We are also quite ignorant at how rapid a rate organisms, whether high or low in the

[119] Siehe zu Foucaults Beschreibung von Mendels Vererbungslehre und zum daran veranschaulichten Konzept des ›wilden Außen‹ (*extériorité sauvage*) S. 47. Mittlerweile ist bekannt, dass Mendel zwar, ohne Chromosomen zu kennen, mit seinen Vererbungsregeln weitgehend richtig lag, seine Experimente aber anders beschrieb, als sie tatsächlich stattgefunden hatten. Die Ergebnisse hatte er nämlich vorwiegend auf der theoretischen Ebene der Wahrscheinlichkeitsrechnung erzielt und nicht mit dem, auch nahezu unmöglichen, gezielten Anbau nur bestimmte Merkmale aufweisender Erbsenpflanzen (vgl. Di Trocchio, *Der große Schwindel*, a.a.O., S. 130–141).

[120] Darwin, *The Descent of Man and Selection in Relation to Sex*, a.a.O., S. 156.

scale, may be modified under favourable circumstances«.[121] Bezeichnend ist nicht nur, dass bereits zuvor Mendels Vererbungsgesetze im paläontologischen Diskurs nicht wahrgenommen wurden, sondern dass selbst 35 Jahre später, nach deren weitgehender und um den Aspekt der Mutation erweiterten Bestätigung gängige Evolutionstheorien weiterhin vornehmlich eine kontinuierliche leiterartige Entwicklung voraussetzten – »evolution working in an orderly manner, passing step by step from a Simian to a modern type of man« – und so zumindest zu einer anfänglichen Akzeptanz des Piltdown Man beitrugen.[122]

Im Zusammenhang mit solchermaßen ›vergessenen‹ Theorien ist auch hervorzuheben, dass trotz vereinzelt geäußerter Zweifel gegen die Echtheit der Funde bestimmte Kontrollmethoden nicht zur Anwendung kamen, weil man die vermeintliche Fossilienentdeckung aufgrund des Vorrangs wissenschaftlicher Konzepte über die vorliegenden ›Fakten‹, wie man sagen könnte, wahrhaben wollte. Denn die Fälschung war nicht, wie viele Forscher entschuldigend meinen, in allen Elementen perfekt ausgeführt: Die Färbung war zwar zum damaligen technischen Stand chemischer Analysen fast unwiderlegbar, die Steinwerkzeuge waren aber plump zugeschnitten und die Backenzähne grob abgefeilt,[123] so dass dies selbst mit den zeitgenössischen Möglichkeiten der Mikroskopierung hätte erkannt werden können. Wilfrid Le Gros Clark, einer der drei Forscher, der an der finalen Aufdeckung beteiligt gewesen ist, bemerkt später über die Kratzspuren an den Zähnen: »The evidences of artificial abrasion immediately sprang to the eye. Indeed so obvious did they seem it may well be asked – how was it that they had escaped notice before.«[124] Dieses ›Übersehen‹ ist nicht allein einer ungenauen wissenschaftlichen Praxis zuzurechnen, die daraus resultierte, dass man sich zum damaligen Zeitpunkt vornehmlich auf andere, im Kontext bestehender Theorien maßgeblicher erscheinende Aspekte konzentrierte, sondern auch dem Medienwechsel, dem die Ausgrabungen unterworfen waren. Die meisten Forscher bekamen nämlich sehr schwer oder nur kurz Zugang zu den im Safe verwahrten wertvollen ›Original‹-Stücken und stützten somit ihre Ergebnisse auf die vom Britischen Museum bereitgestellten Gipsabdrücke. Die kurze Gegenüberstellung von Original

[121] Ebd.

[122] Arthur Keith, *Ancient Types of Man*, London: Harper & Brothers 1911, S. 26; vgl. a. Hammond, »A Framework of Plausibility for an Anthropological Forgery: The Piltdown Case«, a.a.O., S. 49.

[123] Vgl. Gould, »Piltdown Revisited«, a.a.O., S. 89.

[124] Wilfrid Le Gros Clark, zit. n. Gould, »Piltdown Revisited«, a.a.O., hier: S. 89.

und Kopie hatte die Experten lediglich von der Exaktheit der Reproduktionen zu überzeugen. Selbst Woodward soll, um die ›Originale‹ zu schonen, mit den Nachbildungen gearbeitet haben.[125] Diese sorgten zum einen für eine Homogenisierung der disparaten Teile und stützten damit die These der Komplementarität; zum anderen erlaubten sie keine Rückschlüsse auf die zahlreichen Manipulationen, weil deren minimale Indizien nicht mitreproduziert worden waren. Die Replikate waren als Fakten somit selbst schon Ergebnis eines bestimmten zeitspezifischen wissenschaftlichen Blicks, der vornehmlich die oberflächlichen Größenverhältnisse in den Mittelpunkt rückte, so dass durch sie bestimmte theoretische Ergebnisse befördert wurden, die wie in einer Rückkopplung bereits vorab die Erstellung der Beobachtungsgegenstände beeinflusst hatten. Anders gesagt: Die Nachbildungen waren bereits von bestimmten Deutungsmustern durchdrungen.

Viele Wissenschaftler stützten darüber hinaus ihre Schlussfolgerungen nicht auf eigene Beobachtungen; ihr Wahrnehmungsfeld war nicht nur auf die genannten Reproduktionen, sondern auch auf übernommene Dokumente oder Berichte und daraus deduzierte Zahlen beschränkt. Betrachtet man die Artikel der Fachjournale, fällt auf, dass regelmäßig auf die gleichen Illustrationen und Photographien rekurriert wurde. Ebenso wurden immer wieder Überlegungen der Autoritäten Woodward, Smith und Keith referiert. Dadurch ergab sich ein komplexes Abhängigkeitssystem zwischen dem als wahrscheinlich angenommenen theoretischen Hintergrundwissen, dem Gesehenen, dem von den Koryphäen Übernommenen und dem schließlich Postulierten, das auf die einfache Formel: ›Missing-Link-Hypothese ⇒ Verifizierung‹ vermittels der Akzeptanz der Fälschung gebracht werden kann. Da der Schädel vor dem Hintergrund der Bestätigung vieler Erwartungen und der Aussagen der ausgrabenden Experten seine Evidenz bezeugt hatte, wurde er im Detail nicht weiter hinterfragt; dies gilt vor allem für ›Piltdown 2‹.

Aus Vorsicht den ›Originalen‹ gegenüber blieben aber nicht nur bestimmte Beobachtungstechniken unberücksichtigt, sondern auch bereits verfügbare chemische Analysen. So hat Weiner nur zum Teil Recht, wenn er später konzediert: »[I]t needed all the new discoveries of palaeontology to arouse suspicion, and completely new chemical and X-ray techniques

[125] Vgl. Miles C. Burkitt, »Obituaries of the Piltdown Remains«, in: *Nature* 175 (1955), S. 569; Louis Leakey, *By the Evidence. Memoirs 1932–1951*, New York/London: Harcourt Brace Jovanovich 1974, S. 24; Brief von Martin Hinton an Wilfrid Le Gros Clark (29.12.1953), in: Spencer (Hg.), *The Piltdown Papers*, a.a.O., S. 227 u. Spencer, *Piltdown*, a.a.O., S. 57.

to prove the suspicion justified.«[126] Man erachtete die Entdeckung nämlich als so wertvoll, dass man sie nicht für Materialproben verstümmeln wollte, wie Martin Hinton nach der Aufdeckung überspitzt bestätigt: »As for drilling small holes in any of the specimens to test their nature, such a proposal would have been rewarded with instant expulsion from the Museum, and possibly death!«[127] Ein Fluor-Test, eine Methode, die auf 1892 gemachten Erkenntnissen des französischen Mineralogen Adolphe Carnot beruht, der festgestellt hatte, dass der Anteil an Fluor mit dem Alter von Fossilien steigt, hätte die Möglichkeit geboten, zumindest die unterschiedliche zeitliche Herkunft beider Funde aufzuzeigen. Eine andere Methode wäre das Messen des Stickstoff-Gehalts der Knochen gewesen. Im Gegensatz zum erstgenannten Verfahren sinkt der auf organische Substanzen verweisende Wert mit dem Alter von Knochen. Eine Messung wurde offensichtlich aus genannter Bedachtsamkeit nur am Schädel, nicht am Kiefer vorgenommen, denn die Ergebnisse hätten umgehend auf deren unterschiedliches Alter schließen lassen müssen.[128] Diese Methode war beispielsweise schon bei der Aufdeckung der Jacques Boucher de Perthes untergeschobenen Moulin-Quignon-Artefakte von den englischen Forschern George Busk und John Prestwich angewandt worden. Der Zweifel an der Echtheit kulminierte damals in einem internationalen Streit zwischen französischen und englischen Forschern, so dass eine Kommission ins Leben gerufen wurde, die im Mai 1863 zu einer Konferenz zusammenkam.[129] Während die Engländer den Nachweis erbrachten, dass es sich um eine Fälschung handelte, verfochten die Franzosen, der nationalen Ehre willen, bis zuletzt die Authentizität der Relikte.[130]

[126] Weiner, *The Piltdown Forgery*, a.a.O., S. 71.

[127] Hinton, »Piltdown Man Forgery«, a.a.O., S. 2; vgl. a. Wilfrid Le Gros Clark, »The Exposure of the Piltdown Forgery«, in: *Nature* 175 (1955), S. 973–974, hier: S. 973.

[128] Dawson referiert beispielsweise im ersten Artikel über den Piltdown Man, dass bei chemischen Analysen durch Samuel Allinson Woodhead kein organisches Material nachgewiesenen worden sei (Dawson/Woodward, »On the Discovery of a Palaeolithic Human Skull and Mandible ...«, a.a.O., S. 121; vgl. a. Weiner, *The Piltdown Forgery*, a.a.O., S. 70).

[129] Claudine Cohen spricht davon, dass sich damit zum ersten Mal in der Paläanthropologie Forscher trafen, um über die Authentizität von Fakten und die Bedingungen ihrer wissenschaftlichen Akzeptanz zu diskutieren (vgl. Cohen, »Faux et authenticité en préhistoire«, a.a.O., S. 35).

[130] Eric Trinkaus/Pat Shipman, *Die Neandertaler. Spiegel der Menschheit*, übers. v. Julia Beise, München: Bertelsmann 1993, S. 122–129; vgl. a. Weiner, *The Piltdown Forgery*, a.a.O., S. 70.

Dieser Fall macht in seiner Ähnlichkeit auch den Status extradiskursiver politisch-sozialer Kräfte deutlich, nämlich wie sehr der Stellenwert des Piltdown Man für die nationale Identität Großbritanniens die Kritiklosigkeit der Wissenschaftler genährt hatte. Im Gegensatz zu ihren französischen Kollegen, die etliche Zeugnisse ihrer Vergangenheit ausgegraben hatten, wussten englische Forscher nichts über ihre Vorfahren. So kam es zu einem regelrechten Wettbewerb, wie Stephen Jay Gould hervorhebt: »French anthropologists delighted in rubbing English noses with this marked disparity of evidence.«[131] Mit ihrer Entdeckung konnten die Engländer ihrem alten Rivalen Frankreich etwas entgegensetzen, das selbst deren ›Hominiden‹ übertraf; da das britische Missing Link älter datiert wurde als alle bisher nachgewiesenen, konnte davon ausgegangen werden, dass das früheste Verbindungsglied zwischen Affe und Mensch von nun an mit dem Namen Englands in Verbindung gebracht werden würde.[132] Dies hatte über bloße Wissenschaftspolitik hinausgehende Konsequenzen, denn dadurch wurde die aus England stammende Evolutionstheorie nicht nur mit Funden aus dem eigenen Land belegt, sondern Großbritannien konnte als Gebiet gelten, in dem höchstwahrscheinlich die Wiege der Menschheit gestanden hatte. Arthur Keith betont dies in einer späteren Eloge auf Dawson: »The fossil bones [...] gave us the entrance to a long-past world of humanity, such a world as had never been dreamt of by anyone in England or in any other land.«[133] Arthur Keith, Arthur Smith Woodward und Grafton Elliot Smith wurde später der Titel ›Sir‹ verliehen, »largely«, schreibt Gould, »for their part in putting England on the anthropological map«.[134] Ein 1913 zwischen den beiden Letzteren geführter Briefwechsel über die möglicherweise nötige Korrektur der Schädel-Rekonstruktion dokumentiert diesen nationalistischen Konkurrenz-Hintergrund und den daraus resultierenden Zeitdruck sehr deutlich: »[W]ould you prefer me to reexamine the whole matter at issue and send a note to ›Nature‹? What I fear may happen is that Schwalbe or some other continental authority may arrive at these conclusions before any British statement has been made. Hence the need of a note published as soon as possible«.[135] Hier gilt es, sich

[131] Gould, »Piltdown Revisited«, a.a.O., S. 95.

[132] In diesem Punkt folgten die Befürworter der Entdeckung Darwin jedoch nicht, der seine diesbezüglichen Erwartungen eher an afrikanische Gebiete gerichtet hatte.

[133] Anonym, »The Piltdown Man Discovery. Unveiling of a Monolith Memorial«, in: *Nature* 142 (1938), S. 196–197, hier: S. 197.

[134] Gould, »Piltdown Revisited«, a.a.O., S. 94.

[135] Brief von Grafton Elliot Smith an Arthur Smith Woodward (4.7.1913), in: Spencer (Hg.), *The Piltdown Papers*, a.a.O., S. 72.

in Erinnerung zu rufen, dass die Vorgänge um den Piltdown Man im internationalen Spannungsfeld vor dem Ersten Weltkrieg stattfanden. Bedeutende wissenschaftliche Ergebnisse vonseiten Deutschlands, das mit seinem Flottenbauprogramm mehr und mehr zur Herausforderung für England geworden war und für das Gustav Schwalbe im deutsch-elsässischen Straßburg einstand, waren nicht akzeptabel.

Mit der Entdeckung des Piltdown Man, dessen Attribute man als allgemeingültigen Maßstab setzte, wurden schließlich die französischen Neandertaler-Funde, denen die menschlicheren Merkmale ihres englischen ›Vorgängers‹ fehlten, zu Relikten einer belanglosen Seitenlinie im Stammbaum des Menschen. Als Beweis galt die deutlich höhere Stirn, die für die höhere Intelligenz einstand, wie Dawson und Woodward triumphierend herausstellen: »[A]t the end of the Pliocene Epoch the representatives of man in Western Europe were already differentiated into widely divergent groups. […] The conclusion seems therefore inevitable, that at least one type of man with a high forehead was already in existence in Western Europe long before Mousterian man [Neandertaler, M.D.], with a low and prominent brow, spread widely in this region. […] It tends to support the theory that Mousterian man was a degenerate offshoot of early man, and probably became extinct; while surviving man may have arisen directly from the primitive source of which the Piltdown skull provides the first discovered evidence.«[136] Die Annahme, den Neandertaler als ausgestorbene Seitenlinie neben der evolutionären Hauptstufenleiter zu begreifen, wurde jedoch bereits ab 1908 von Marcellin Boule vertreten, der allerdings seine Ergebnisse, dass jener noch nicht den aufrechten Gang aufweise und somit zu einer Affenart zu zählen sei, auf eine falsche Rekonstruktion des Chapelle-aux-Saints Neandertalers stützte. Da damit die Unterschiede dieser Spezies zu groß waren, um sie als Vorfahren der gegenwärtigen Menschen betrachten zu können, weil sie in einer verhältnismäßig kurzen Zeitspanne gewaltige Transformationen hätten durchlaufen haben müssen, wurden sie zum Seitenarm im Stammbaum des Menschen erklärt. So ist von einer wechselseitigen Affizierung auszugehen: Boules Zurückweisung

[136] Dawson/Woodward, »On the Discovery of a Palaeolithic Human Skull and Mandible …«, a.a.O., S. 137ff. Die breite Akzeptanz des Sachverhalts, dass der urzeitliche Piltdown Man bereits die für den modernen Menschen typische Schädelgröße aufwies, während der gleich alte Peking-Mensch (1927 gefunden) nur zwei Drittel davon erreicht hatte, liest Stephen Jay Gould sogar im Kontext zeitgenössischer Rassismen, weil somit ›bewiesen‹ werden konnte, dass der Vorfahre der weißen Europäer bereits früher die Schwelle zum intelligenten menschlichen Wesen überschritten hatte (vgl. Gould, »Piltdown Revisited«, a.a.O., S. 95).

des Neandertalers half, den Piltdown Man zu plausibilisieren, ebenso wie Letzterer Boules Annahmen untermauerte. Dabei sei erwähnt, dass Boule die Erkenntnisse über den Piltdown-Schädel, weil sie tendenziell seine eigenen Thesen bestätigten, begrüßte, bis zur Entdeckung von Piltdown 2 aber zu denjenigen Wissenschaftlern gehörte, die die Komplementarität der beiden Fundstücke bezweifelten.[137]

Erörterungen über den Piltdown Man zirkulierten jedoch nicht nur in Fachjournalen, sondern waren auch ein bestimmendes gesellschaftliches Thema, wie sich anhand verschiedener Manifestationen zeigen lässt: Bereits im Dezember 1912 erschien »the earliest known inhabitant of England« als Aufmacher in der *Illustrated London News*, begleitet von einer Ganzkörper-Rekonstruktion des »Sussex Man« in seiner Lebenswelt – »a near approximation to the truth«.[138] Von den Grabungsarbeiten wurde sogar 1912 eine Postkarte angefertigt, auf die Porträts der beiden Heroen Dawson und Woodward einbelichtet waren.

Abb. 19: A. Forestier: *Reconstructed from a Part of the Jaw and a Portion of the Skull: The Most Ancient Known Inhabitant of England – The Newly Discovered Man of Sussex*, 1912

[137] Vgl. Hammond, »A Framework of Plausibility for an Anthropological Forgery: The Piltdown Case«, a.a.O., S. 49f.

[138] W.P. Pycraft, »The Most Ancient Inhabitant of England: The Newly-Found Sussex Man«, in: *The Illustrated London News* (28.12.1912), S. 958.

Abb. 20: J. S. Frisby: *Searching for the Piltdown Man*, 1912, Postkarte.
© The Natural History Museum, London

Abb. 21: John Cooke: *A Discussion of the Piltdown Skull*, 1915, Öl auf Leinwand. Hinten (v. l. n. r.) Barlow, Elliot Smith, Dawson und Woodward; vorne (v. l. n. r) Underwood, Keith, Pycraft und Lankester.
© Geological Society/The Natural History Museum, London

Im Mai 1915 wurde bei der jährlichen Ausstellung der Royal Society ein Ölgemälde von John Cooke enthüllt, das bezeichnenderweise unter dem Auspizium eines Darwin-Konterfeis die an der wissenschaftlichen Untersuchung des Piltdown Man beteiligten Forscher in Eintracht versammelt abbildete. Es setzte damit ›imaginär‹, für die Öffentlichkeit zumindest[139], den Kontroversen um dessen Morphologie ein Ende und besiegelte die Aufnahme des ›*First Englishman*‹ in die Annalen der britischen Wissenschaft. Nach Angaben der *Illustrated London News* galt es als Höhepunkt der Ausstellung und wurde wegen des großen Interesses als Kupferlichtdruck vervielfältigt und mit Künstlersignatur in limitierter Auflage vertrieben. Das Gemälde selbst wurde später in den Räumen der Geological Society, wo auch schon die ersten Präsentationen stattgefunden hatten, aufgehängt.[140]

Am 23. Juli 1938 enthüllte Arthur Keith, Dawsons Entdeckung zu Ehren, bei Piltdown feierlich ein von Woodward gestiftetes Denkmal. 1950 schließlich wurde das gesamte Umfeld des Fundorts eingehend abgesucht, allerdings ohne Erfolg; denn trotz akribischer Vorgehensweise fand man, wie bereits in den Jahren zuvor, keine weiteren Fossilien. Die freigelegte ›originale‹ Schicht ließ man zu Demonstrationszwecken offen, versiegelte sie mit einer Glasplatte und plante, den Bereich zum Nationaldenkmal zu erklären.[141]

Vom Unwahrscheinlichwerden bis zur Aufdeckung

Im Lauf der Zeit transformierte sich das diskursive Feld des Akzeptierbaren jedoch zu Ungunsten des Piltdown Man. Zuvor hatte seine Evidenz epistemologisch noch die Einschätzung der Relevanz anderer Funde, wie z.B. die Ausgrabung des sogenannten Taung-Kindes (wissenschaftlich: *Australopithecus africanus*), des ersten Australopithecinen aus Afrika, der 1924 von Raymond Dart beschrieben wurde, überschattet:[142] Da man die Relikte als Fossilien eines Kindes eingestuft hatte, hatte man die Schädelgröße durch Interpolation auf das Erwachsenenalter hochgerechnet und als Ergebnis etwa die Gehirngröße eines Gorillas erhalten, so

[139] Woodward und Keith waren indes lange Jahre erbitterte Gegner im Streit um die Datierung und vor allem um die die Gehirngröße betreffende korrekte Rekonstruktion des *Eoanthropus dawsoni*. Spencer nimmt dies als ein Indiz, Keith sogar als Hauptverdächtigen der Piltdown-Fälschung anzusehen (vgl. Spencer, *Piltdown*, a.a.O., S. 78–82 u. S. 188–208).

[140] Vgl. ebd., S. 92 u. Spencer (Hg.), *The Piltdown Papers*, a.a.O., S. 99 u. 113.

[141] Vgl. Weiner, *The Piltdown Forgery*, a.a.O., S. 13.

[142] Vgl. Anderson, »The Case of the Missing Link«, a.a.O., S. 16.

Abb. 22: Arthur Smith Woodward vor dem enthüllten Piltdown Memorial, Juli 1938. © The Natural History Museum, London

dass der *Australopithecus* von der wissenschaftlichen Gemeinschaft im Plausibilitäts-Kontext des ›Dawn Man‹ aus England, aber auch aufgrund fehlender Daten über die geologische Beschaffenheit der Grabungsstätte als mögliches Exemplar menschlicher Vorfahren zunächst zurückgewiesen worden war. Vor allem in den 1930er und 1940er Jahren wurden jedoch weitere Urmenschen in China, Java und Südafrika ausgegraben, und sie schienen genau das Gegenteil der *Eoanthropus*-›Quintessenzen‹ zu belegen: Obwohl älter datiert, zeichneten sie sich durch affenähnliche Schädel und menschliche Gebisse aus. Erst nach dem Zweiten Weltkrieg, im Licht dieser Entdeckungen, änderte sich daher die Haltung zugunsten von Dart.[143]

Der Piltdown Man geriet somit ab 1920 mehr und mehr aus dem Fokus der Forscher und wurde schließlich aufgrund anderer Erkenntnisse, den genannten Wissenspraktiken gemäß, unwahrscheinlich, d. h. zu einem abseitigen Element neben dem Hauptstrang in der Genealogie des

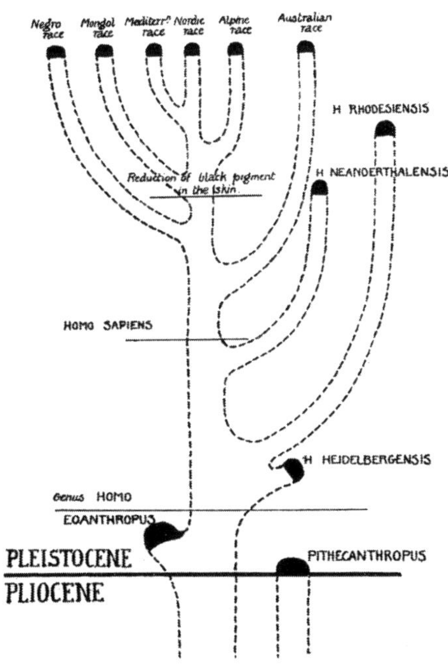

Abb. 23: »Human Family« (1924), aus Grafton Elliot Smith, *The Evolution of Man*

[143] Vgl. Weiner, *The Piltdown Forgery*, a. a. O., S. 18f.; vgl. a. Spencer, *Piltdown*, a. a. O., S. 117.

Menschen erklärt.[144] Der vergleichsweise zurückgebliebene Bau passte nicht mehr in die mittlerweile auf der Basis von älteren Hominiden-Arten rekonstruierte Abstammungslinie des Menschen. Dieses Irrelevantwerden für die spätere Paläoanthropologie, die vornehmlich an der direkten Ahnenreihe der menschlichen Evolution interessiert war, mag neben den bereits geschilderten Details für die verspätete Aufdeckung gesorgt haben, u. a. weil viele Forscher vor diesem Hintergrund darauf verzichteten, die ›Originale‹ zu studieren.[145] Der veränderte Bezugsrahmen veranlasste 1943 den Anatomen Franz Weidenreich dazu, noch einmal deutliche Skepsis nicht an der Echtheit, aber an der Wahrscheinlichkeit, dass beide Fragmente zusammengehören, zu formulieren: »Eoanthropus should be erased from the list of human fossils. It is the artificial combination of fragments of a modern human braincase with orang utang like mandible and teeth.«[146] Er bezeichnet später an anderer Stelle die angenommene Komplementarität von Kiefer und Schädeldecke sogar als Chimäre: »[B] oth skeletal elements cannot belong to the same skull. [...] The ›missing links‹ the anthropologists of early days had in mind were not chimeras but forms harmoniously fitting in between man and apes. In all finds in which subsequent accidental mixing-up of fragments could be excluded, disharmonies like those of the Piltdown case have never been noted.«[147]

Im Zusammenhang mit der wachsenden Deplausibilisierung des ›Menschs der Morgenröte‹ kam es 1949 schließlich doch zu einem neuerlichen Studium der ›Originale‹[148], als Kenneth P. Oakley deren Fluor-Gehalt analysierte – ein Test, den er für die englische Paläanthropologie wiederentdeckt hatte[149] – und die Ergebnisse 1950 veröffentlichte. Es zeigte sich, dass sie maximal aus dem mittleren Pleistozän stammten,

[144] Vgl. Cohen, »Faux et authenticité en préhistoire«, a.a.O., S. 36.

[145] Vgl. Hammond, »A Framework of Plausibility for an Anthropological Forgery: The Piltdown Case«, a.a.O., S. 56. Die lange Zeitspanne ergab sich auch durch den ›extradiskursiven‹ Faktor von zwei Weltkriegen, von denen weltweit auch die Forschungstätigkeit Schaden nahm, wie sich an der geringen Zahl der Veröffentlichungen in den Krisenzeiten ablesen lässt.

[146] Franz Weidenreich, *The Skull of Sinanthropus Pekinensis. A Comparative Study on a Primitive Hominid Skull*, Lancaster: Lancaster Press 1943 (Palaeontologia Sinica 127), S. 273, zit. n. Keith, *A New Theory Of Human Evolution*, a.a.O., S. 229.

[147] Franz Weidenreich, *Apes, Giants and Man*, Chicago: Univ. of Chicago Press 1945, S. 23.

[148] Als Auslöser gibt Charles Blinderman ein Treffen der Geological Association im Jahr 1947 an, bei dem Alvan T. Marston in einem Vortrag sowohl den Hinterkopf als auch den Kiefer einem Affen zuschrieb und Kenneth P. Oakley während der anschließenden Diskussion den Fluor-Test in Erwägung zog (Charles Blinderman, *The Piltdown Inquest*, Buffalo [N.Y.]: Prometheus Books 1986, S. 65).

[149] Siehe zum Fluor-Test S. 126 in diesem Kapitel.

so dass sie mit dieser jüngeren Datierung (etwa 30 000 Jahre) mit den aufgrund anderer inzwischen anerkannter Funde neu bewerteten stratographischen Fakten sowie mit dem geschätzten Alter der in ihrem Umfeld geborgenen Tierknochen und Werkzeuge nicht mehr in Einklang zu bringen waren. Zu einer Aufdeckung der Fälschung kam es in diesem Zusammenhang allerdings noch nicht, denn der nachgewiesene Fluor-Gehalt war bei Schädel und Kiefer durch technisch bedingte Messtoleranzen etwa gleich, so dass – »comparison of the fluorine values leaves little doubt« – von einem sehr wahrscheinlichen gleichen Alter beider Teile ausgegangen wurde.[150]

Weiner berichtet, dass bei einem Paläontologen-Kongress 1953 zum Thema menschlicher Fossilien der Piltdown Man nicht einmal diskutiert wurde. Bei einem informellen Gespräch stellte sich aber heraus, dass der Fundort von ›Piltdown 2‹, der so viele kritische Stimmen besänftigt hatte, nie genau lokalisiert oder beschrieben worden war; zudem waren dessen Knochenüberreste nicht annähernd so genau untersucht worden wie die vorhergehenden; die einzigen, allerdings unnützen Angaben darüber sind einer Postkarte Dawsons an Woodward aus dem Jahr 1915 zu entnehmen.[151] Die aus dieser Summe an Ungereimtheiten resultierenden Zweifel veranlassten schließlich Weiner, die verschiedenen Aspekte noch einmal genauer zu analysieren und eine Fälschung zu vermuten. Nach den ersten Indizien, Feilspuren an den Zähnen, versuchten er und Oakley – den expliziten Regeln ihrer Wissenschaft gemäß, nämlich mit Wahrscheinlichkeiten zu operieren – nachzuweisen, dass die ›Fossilien‹ ihr Aussehen einer Manipulation verdanken könnten, indem sie selbst mit den vermuteten Mitteln gefälschte ›Piltdown-Relikte‹ herstellten; in Weiners Worten: »to ›fake‹ the ›faked‹«.[152] Fälschung und Forschertätigkeit fielen dabei in eins, denn mit diesen wissenschaftlich gefälschten Nachweisen gelang es, die Genehmigung für weitere chemische Analysen zu erhalten. Deren Resultat zeigte, dass der Fluor-Test von 1950 zu ungenau war, nicht zuletzt weil die Größe der Probe aus Vorsicht zu

[150] Kenneth P. Oakley/C. Randall Hoskins, »New Evidence on the Antiquity of Piltdown Man«, in: *Nature* 165 (1950), S. 379–382; Miles C. Burkitt, »The Older Stone Ages«, in: *Nature* 165 (1950), S. 914–915; vgl. a. Joe S. Weiner/Kenneth P. Oakley/Wilfrid Le Gros Clark, »The Solution of the Piltdown Problem«, in: *Bulletin of the British Museum (Natural History) Geology* 2.3 (1953), S. 141–146, hier: S. 143; vgl. a. Spencer, *Piltdown*, a. a. O., S. 128 u. 227; Weiner, *The Piltdown Forgery*, a. a. O., S. 19ff. Oakley gehörte auch 1950 noch zu den an den letzten Grabungen beteiligten Forschern (vgl. ebd., S. 159).

[151] Siehe Fn. 112 auf S. 121; vgl. a. Joe S. Weiner, *The Piltdown Forgery*, a. a. O., S. 24.

[152] Ebd., S. 51.

gering ausgefallen war. Die neuere Untersuchung brachte indes selbst anhand geringeren Materials deutlich differierende Messergebnisse bei Schädel und Kiefer.

Nach und nach wurden 1953 alle neueren Datierungsmethoden, die einige Jahre zuvor noch nicht zur Verfügung gestanden hatten, an den Piltdown-Überresten erprobt (beispielsweise Messungen des Eisengehalts, des Kollagen-Gehalts, der Radioaktivität sowie Röntgenaufnahmen zur Sichtbarmachung der Kristallstruktur). Es stellte sich heraus, dass das Gebiss das eines zeitgenössischen weiblichen Orang Utans war, dessen Zähne nicht nur abgefeilt, sondern auch durch Farb- und Pigmentauftrag künstlich gealtert wurden. Ferner wurde ans Licht gebracht, dass Teile von ›Piltdown 2‹, die die ersten Funde aufgrund ihrer Komplementarität perfekt authentifiziert hatten, mit größter Wahrscheinlichkeit vom selben Schädel stammten.[153]

Durch die Entdeckung der Feilspuren an den Zähnen und durch die anhand der neuerlichen Messergebnisse vorgenommene Neudatierung fiel das Gebäude der einzelnen Beweiselemente, die sich perfekt ergänzt sowie wechselseitig gestützt und plausibilisiert hatten, in sich zusammen. Nahm man eine Komponente heraus, ergaben die damit verknüpften keinen Sinn mehr: Nachdem zunächst die Piltdown-Knochen deauthentifiziert worden waren, folgten danach das archäologische Umfeld, d. h. die Werkzeuge, und zuletzt die Reste der Fauna aus dem ›Pleistozän‹. Alle waren künstlich der Farbe der geologischen Umgebung angepasst worden, und kein einziges Exemplar stammte tatsächlich aus der Gegend von Piltdown.[154]

Diskurseffekte der Enthüllung

Bezüglich der Effekte der Fälschungs-Offenlegung ist einerseits in Erinnerung zu rufen, dass sie sämtlichen hier vorangegangenen Analysen, mithin auch dem kritischen Hinterfragen damaliger wissenschaftlicher Praxis aus heutiger Perspektive, den Weg bereitet hat; andererseits zeitigte sie zudem explizite Wirkungen im zeitgenössischen Diskurs.

[153] Vgl. a. Weiner/Oakley/Le Gros Clark, »The Solution of the Piltdown Problem«, a. a. O., S. 145. 1959 wendete man nachträglich die etwa 1950 entwickelte Radiokarbon-Analyse an – eine Technik, die erstmals die absolute Datierung von Funden erlaubte – und entdeckte, dass der Kiefer lediglich 500 (+/- 100) und der Schädel 620 (+/- 100) Jahre alt ist (vgl. Cohen, »Faux et authenticité en préhistoire«, a. a. O., S. 36).

[154] Vgl. Spencer, *Piltdown*, a. a. O., S. 141–147.

Für die an der wissenschaftlichen Diskursivierung des Piltdown Man maßgeblich beteiligten Personen konnte die Aufdeckung keine Konsequenzen mehr haben: Charles Dawson starb bereits 1916; Sir Grafton Elliot Smith 1937, Sir Arthur Smith Woodward 1944. Letzterer hatte bis zu seinem Tod die Echtheit des ›Dawn Man‹ verfochten und ihm sogar sein letztes Buch *The Earliest Englishman*, das postum 1948 veröffentlich wurde, gewidmet.[155] Von den prominentesten Forschern, die direkt in die Ereignisse verwickelt waren, erlebten lediglich, bereits sehr alt, Arthur Keith und Teilhard de Chardin die spektakuläre Enthüllung; wobei Letzterer nur anfangs an den Ausgrabungen und kaum an den theoretischen Schlussfolgerungen beteiligt war.[156]

Für die internationale Paläontologie war jedoch der diskreditierende Effekt immens, weil deren Vertreter umgehend mit der Frage konfrontiert wurden, warum so viele internationale Kapazitäten ihres Fachs über 40 Jahre lang hatten getäuscht werden konnten. Di Trocchio erwähnt sogar, dass im britischen Parlament der Vorschlag gemacht wurde, die jährlichen Zuwendungen an das Britische Museum zu kürzen.[157] Dokumentiert ist ein Misstrauensantrag gegen die Sachverwalter des Britischen Museums – »because of the tardiness of their discovery that the skull of the Piltdown Man is a partial fake« –, der aber nach kurzer Debatte und vor allem weil ranghohe Personen (der Sprecher des House of Commons, der Premierminister, der Justizminister und der Erzbischof von Canterbury) zu ihnen zählten, zurückgezogen wurde.[158]

Der zweifellos diskurskritische Effekt, den die verzögerte Aufdeckung ins Werk setzte, wird von Anhängern der Schöpfungslehre – oder von deren ›Nachfolger‹, dem ›*Intelligent Design*‹ – bis heute vorgebracht, um die Evolutionstheorie im Allgemeinen infrage zu stellen. Diese Debatte hält bis heute an und flammte vor allem Anfang 2003 wieder auf, als im Zusammenhang mit der erstarkenden Bewegung der religiösen Rechten

[155] Vgl. Arthur Smith Woodward, *The Earliest Englishman*, London: Watts 1948.

[156] Gould führt dies in seinen Untersuchungen über Teilhard de Chardin ausdrücklich als Indiz für eine mögliche Mittäterschaft an. Ihm erscheint verdächtig, dass dieser, obwohl er später als Geologe und Paläontologe sogar eine Professur in Paris innehatte, in seinen Publikationen kaum auf ›Fakten‹ des Piltdown Man rekurriert (vgl. Stephen Jay Gould, »The Piltdown Conspiracy«, in: *Natural History* 89.8 (1980), S. 8–28, hier: S. 22f.).

[157] Dies ist allerdings weder bei ihm genau nachgewiesen noch durch vorliegende Dokumente zu verifizieren; vgl. Di Trocchio, *Der große Schwindel*, a. a. O., S. 180.

[158] Anonym, »Business of the House (26.11.1953)«, in: *Parliamentary Debates/House of Commons. Official Report* 521.18 (1953), Sp. 530–531; vgl. a. Charles Blinderman, *The Piltdown Inquest*, a. a. O., S. 79.

in Amerika mehrere Gesetzesvorschläge eingebracht wurden, die Evolutionstheorie aus dem amerikanischen Schulunterricht zu verbannen.[159]

Wie schon bei Beringers Lügensteinen wird aus der Aufdeckung jedoch auch eine diskursimmanente methodenkritische Lehre gezogen: »The greatest lesson of Piltdown for the student of human evolution is that there never was enough of the fossil to justify the theories built around it.«[160] Vonseiten der Evolutions-Forscher wurde den epistemokritischen Auswirkungen der Fälschung allerdings mit zwei Taktiken begegnet, zum einen, indem man von einem »most elaborate and carefully prepared hoax« sprach und ins Feld führte, »that the faking of the mandible and canine is [...] extraordinarily skilful«,[161] um so die getäuschten Paläontologen und Archäologen zu entlasten – die Fülle an Texten, die sich vornehmlich der Suche nach den Tätern und ihren möglichen Motiven widmen, legt davon zudem Zeugnis ab; zum anderen, indem man die Enthüllung als Erfolg einer sich der wissenschaftlichen Wahrheit fortwährend annähernden Naturwissenschaft wertete. Die *Times* folgt beispielsweise unter dem Titel »Elaborate Hoax« der Veröffentlichung des Britischen Museums: »That the deception – whoever carried it out – has, though cunning and long successful, at last been revealed is a tribute to the persistence and skill of modern palaeontological research.«[162]

[159] Vgl. die weitgehend übereinstimmenden Argumentationslinien, von denen viele, aber nicht alle durch einen christlich-fundamentalistischen Hintergrund motiviert sind, bei: Jerry Bergmann, »The Piltdown Hoax's Influence on Evolution's Acceptance«, in: *Creation Research Society Quarterly* 36.3 (1999), S. 145–154; ders., »A History of the Piltdown Hoax«, in: *Rivista di Biologia/Biology Forum* 96 (2003), S. 457–484; Malcolm Bowden, *Ape-man, Fact or Fallacy?*, Bromley: Souvereign Publications 1977, S. 3–43; ders., *Science vs. Evolution*, Bromley: Souvereign Publications 1991, S. 177–194; Duane T. Gish, *Evolution, the Fossils Say No!*, San Diego: Creation-Life Publishers 1973, S. 91f.; Marvin L. Lubenow, *Bones of Contention. A Creationist Assessment of Human Fossils*, Grand Rapids: Baker Book House 1992, S. 39–44; Henry Morris/Gary E. Parker, *What Is Creation Science?*, El Cajon: Master Books 1987, S. 153–160 u. Francis Vere, *Lessons of Piltdown. A Study in Scientific Enthusiasm at Piltdown, Java and Peking,* Stoke: Evolution Protest Movement 1959; vgl. a. Turritin, »An Annotated Bibliography of the Piltdown Man Forgery, 1953–2005«, a.a.O., S. 10.

[160] Sherwood L. Washburn, »The Piltdown Hoax«, in: *American Anthropologist*, Neue Folge 55 (1953), S. 759–762, hier: S. 761; Hervorhebungen des Originals getilgt.

[161] Weiner/Oakley/Le Gros Clark, »The Solution of the Piltdown Problem«, a.a.O., S. 145.

[162] Anonym, »Piltdown Man Forgery. Jaw and Tooth of Modern Ape. ›Elaborate Hoax‹«, in: *The Times* (21.11.1953), S. 6; vgl. a. mit einer ähnlichen Schlagzeile: Anonym, »›An Elaborate and Carefully Prepared Hoax‹. Piltdown Man«, in: *The Illustrated London News* (28.12.1912), S. 887. Die Presse, die ebenfalls über die gesamte Zeitspanne ›falsch‹ berichtet hatte, nahm durch die Vorfälle keinen Schaden, denn sie konnte

Gegen die erniedrigenden Beweise, dass sich mehrere Jahrzehnte lang die meisten der anerkannten Forscher der evolutionären Hauptlinie menschlicher Vorfahren auf die falsche Fährte hatten führen lassen, wurde die Fälschung als Motor wissenschaftlichen Fortschritts und der Perfektionierung von Forschungsmethoden in Stellung gebracht: »The fact is that the investigation of the Piltdown remains [...] has proved a most profitable investigation, for it has led to the development and perfection of a whole battery of techniques which will not only make it virtually impossible for anyone to repeat such a deception, but which will in the future be of the greatest use in estimating the antiquity of genuine fossils.«[163] Ein anderer Forscher bestätigt dies: »These methods have to some extent been perfected as a result of the Piltdown re-investigation, and to that extent the ›hoax‹ has been useful. [...] Such a hoax nowadays is impossible«.[164]

Wie bereits gezeigt, hatten Transformationen im paläontologischen Diskurs, vor allem Einsichten aus anderen Entdeckungen, die Piltdown-Überreste immer unwahrscheinlicher, abwegiger oder, mit Foucault gesprochen, monströser werden lassen, so dass im Spannungsfeld dieses Wissens die Deauthentifizierung der Exemplare auch als Erleichterung gewertet wurde: »›Piltdown Man‹ (*Eoanthropus*) was actually a most awkward and perplexing element in the fossil record of the Hominidae, being entirely out of conformity both in its strange mixture of morphological characters and its time sequence with all the palaeontological evidence of human evolution available from other parts of the world.«[165] Teilhard de Chardin, der zum damaligen Zeitpunkt einen Lehrstuhl für Geologie am Institut de Paléontologie Humaine innehatte, reagierte, als er von der Fälschung als Fälschung in Kenntnis gesetzt wurde, auf

über die Enthüllungen mit ähnlich spektakulären Artikeln berichten, wie man bereits zuvor die Entdeckung gefeiert hatte; man lieferte neue Fakten über gefälschte Fakten. Siehe zu einer genaueren Auseinandersetzung mit den in Bezug auf das System der Massenmedien verhältnismäßig geringen kritischen Auswirkungen von Fälschungen S. 358f.

163 Le Gros Clark, »The Exposure of the Piltdown Forgery«, a.a.O., S. 973.

164 Burkitt, »Obituaries of the Piltdown Remains«, a.a.O., S. 569. Die Vorfälle um den Frankfurter Anthropologen Reiner Protsch von Zieten, der die Herkunft von Knochenfunden 10000–40000 Jahre älter datiert hatte, als neuere Untersuchungen ergaben, beweisen indes, dass nach wie vor trotz der ›zweifelsfreien‹ C-14-Methode Manipulationen zum Teil über 20 Jahre unerkannt bleiben können (vgl. Matthias Schulz, »›Die Regeln mache ich‹«, in: *Der Spiegel*, H. 34 (2004), S. 128–131 u. Ralf Breyer/Barbara Kausch, »Wissenschaftliches Fehlverhalten wird geprüft«, in: *UniReport* (Johann Wolfgang Goethe-Universität Frankfurt) 37.5 (2004), S. 4).

165 Weiner/Oakley/Le Gros Clark, »The Solution of the Piltdown Problem«, a.a.O., S. 146.

ähnliche Weise: »Anatomically speaking, ›Eoanthropus‹ was a kind of monster. And from a palaeoanthropological point of view, it was equally shocking that a ›dawn man‹ could occur in England. Therefore I am fundamentally pleased by your conclusions, in spite of the fact that, sentimentally speaking, it spoils one [of] my brightest and earliest palaeontological memories.«[166] Weiner konzediert daher im Epilog seines Buches: »The end of Piltdown man is the end of the most troubled chapter of human palaeontology.«[167]

[166] Handgeschriebener Brief von Pierre Teilhard de Chardin an Kenneth P. Oakley (28.11.1953), in: Spencer (Hg.), *The Piltdown Papers*, a.a.O., S. 212.
[167] Weiner, *The Piltdown Forgery*, a.a.O., S. 186.

3. Gefälschte Literatur oder Fälschungen als Literatur

In den bislang erörterten Fällen von Fälschungen handelte es sich um fingierte Objekte, bei denen ihr Artefakt-Charakter verschleiert wurde, indem man sie als vorgefundene ausgab. Sie entwickelten ihre je eigene Dynamik dadurch, dass sie in den spezifischen Wissensgebieten diskursiviert wurden, d. h. als Gegenstand sprachlicher Betrachtungen auf bestimmte Weise zirkulierten. Bei literarischen Fälschungen indes dreht es sich von vornherein um Artefakte, um textliche Phänomene, die wiederum auf ihre Art Gegenstand eines zeitspezifischen literarischen Wissens werden und entsprechend kursieren. Fragen nach Faktizität und Authentizität stellen sich in diesem Bereich daher anders als in den Naturwissenschaften; diejenigen nach *Autor*ität sind in besonderer Weise, um es mit Foucault zu formulieren, mit dem diskursiven Funktionieren des ›Autors‹ – und damit ist nicht der empirische Autor gemeint – bzw. der zeitspezifischen Autor-Funktion (*la fonction-auteur*) verknüpft: »Die Tatsache, dass ein Diskurs einen Autornamen aufweist, die Tatsache, dass man sagen kann ›dies wurde von dem und dem geschrieben‹ oder ›der und der ist der Autor‹ weist darauf hin, dass es sich nicht um ein alltägliches, gleichgültiges Reden handelt, [...] sondern dass es sich um eine Rede handelt, die auf eine bestimmte Weise rezipiert werden muss und die in einer gegebenen Kultur einen bestimmten Status erhalten muss. [...] [D]as, was man bei einem Individuum als Autor bezeichnet (oder was ein Individuum zum Autoren macht), [ist] nur die mehr oder weniger psychologisierende Projektion der Behandlung, die man den Texten angedeihen lässt, [...], der Merkmale, die man für wichtig hält, [...] oder der Ausschlüsse, die man vornimmt.«[1]

Dieses funktional bestimmte Konzept des Autors wird laut Foucault je nach Diskurs und je nach Zeitalter jeweils unterschiedlich ins Werk gesetzt. Im Bereich formalisierter Wissenschaften stehe der Name des

[1] Michel Foucault, »Was ist ein Autor« (1969), in: *Schriften*, I, a. a. O., S. 1003–1041, hier: S. 1014 u. 1017f. Frz. »Qu'est-ce qu'un auteur«, in: *Dits et écrits*, I, a. a. O., S. 817–849, hier: S. 826 u. 828; Übersetzung modifiziert.

Autors beispielsweise lediglich dafür ein, einem Theorem oder einem Krankheitssyndrom einen Namen zu geben. Der Verweis auf ein Individuum bleibe dabei zweitrangig, weil sich spätestens seit dem 17. oder 18. Jahrhundert wissenschaftliche Ausführungen vornehmlich vor dem Hintergrund anerkannter oder immer wieder neu zu beweisender Wahrheiten hätten zertifizieren müssen. Spuren des mittelalterlichen Beweises *ex auctoritate*, für den der wissenschaftliche Autor noch als maßgeblicher Teil der Theorie ins Feld geführt wird und bei dem bestimmte Argumente unter Berufung auf Autoritäten als bereits bewiesen dargestellt werden, lassen sich jedoch, wie im vorangegangenen Kapitel dargelegt, noch bei den Auseinandersetzungen um den Piltdown Man nachweisen.

Im literarischen Bereich stellt sich die Funktion des Autors jedoch völlig anders dar, weil ihm dort direkt oder indirekt eine Vorrangstellung eingeräumt wird. Foucault zufolge genügt es daher nicht, wie er in Anspielung auf Roland Barthes formuliert, die leere Aussage zu wiederholen, dass der Autor verschwunden sei; stattdessen bedarf es in besonderer Weise, die durch dieses Verschwinden frei gewordenen Stellen und Funktionen auszuloten. Die Bedeutung, die man dem Autor (bzw. seiner Funktion) zuerkennt, lasse sich deutlich daran erkennen, wie sehr danach gefragt werde, woher ein literarischer Text komme oder wer ihn zu welchem Zeitpunkt und unter welchen Umständen verfasst habe. Genau diese mit Texten verknüpften Autor-Funktionen werden bei der Behandlung von Fälschungen im literarischen Bereich besonders relevant. Die Zuschreibung *eines* Autornamens sorgt nämlich dafür, dass verschiedene Texte miteinander in Beziehung gesetzt werden. Anhand hierbei entstehender Korpora kann deshalb besonders deutlich hervortreten, welche Texteigenschaften in einer bestimmten Zeitspanne als maßgeblich erachtetet wurden und unter welchen Bedingungen und in welchen Formen ein bestimmtes ›Autorsubjekt‹ in der Ordnung des Diskurses erschienen ist.

Dabei ist in Erinnerung zu rufen, dass die Literaturwissenschaft, grob eingeteilt, mit drei Aspekten konfrontiert ist: der Eigenrealität von Sprache und Schrift (ihr autotelischer Charakter, wie Roman Jakobson herausgearbeitet hat), der Referentialität von Texten (sei es auch in Form ihrer Negation, wenn sie als fiktional markiert sind) sowie mit ihren Produktions- und Rezeptionsbedingungen.[2] Literarische Fälschungen

[2] Vgl. Bernhard J. Dotzler/Sigrid Weigel, »Literaturforschung & Wissenschaftsgeschichte. Vorwort«, in: dies. (Hg.), *›fülle der combination‹. Literaturforschung und Wissenschaftsgeschichte*, München: Wilhelm Fink 2005, S. 9–13; vgl. a. Paul de Man, »Semiology and Rhetoric«, in: ders., *Allegories of Reading. Figural Language in Rousseau, Nietzsche, Rilke, and Proust*, New Haven/London: Yale Univ. Press 1979, S. 3–19.

bewegen sich in dieser Triade vornehmlich im Spannungsfeld zwischen dem zweiten und dritten Gesichtspunkt, weil die Zuschreibungen oder Echtheitsbehauptungen, mit denen sie publiziert und kontextualisiert werden auf ihrer Rezeption und damit mitunter auch darauf, wie ihre Referenzen gelesen werden, lasten.

Man könnte versucht sein, bezüglich der Referentialität von literarischen Texten zu behaupten, dass durch den Begriff der literarischen Fiktion die Rede von Fälschungen umgehend obsolet würde. Gegen Platons Vorwurf, dass Dichter lügen oder die Wirklichkeit verfälschend wiedergeben und dementsprechend keinen Platz in seinem Idealstaat beanspruchen können, wurde nämlich vonseiten vieler Autoren der besondere fiktionale Status literarischer Äußerungen in Stellung gebracht, und zwar insofern, als durch die Fiktionalität der Anspruch auf Wahrheit generell entfällt. Das bekannteste Argument darunter ist das des englischen Dichters Sir Philip Sidney in seiner *Defence of Poesie* (1595): »Now for the *Poet*, he nothing affirmeth, and therefore never lieth: for as I take it, to lie, is to affirme that to bee true, which is false [...]. And therefore though he recount things not true, yet because he telleth them not for true, he lieth not«.[3] Dabei wird sozusagen ein sprachhandlungstheoretisches Verständnis von Literatur zugrunde gelegt: Wenn keine pragmatische Wahrheitsbehauptung aufgestellt wird, kann auch nicht das Verdikt der Täuschung gefällt werden.

Anders gewendet findet sich die textliche Autorität der Referenz bei Paul de Man heftig als Ideologie der Sprache kritisiert – »the confusion of linguistic with natural reality, of reference with phenomenalism«.[4] Damit wird die Sprache von der Beschränkung befreit, lediglich auf eine außersprachliche Realität zu verweisen; sie wird dadurch aber auch in erkenntnistheoretischer Sicht äußerst fragwürdig und volatil, »since its use can no longer be said to be determined by considerations of truth and falsehood«.[5] Dies ist jedoch nicht mit einem naiven Relativismus zu verwechseln, mit dem *per se* die referentielle Funktion von Sprache geleugnet würde – »a denial of the reality principle in the name of absolute fictions«.[6] Stattdessen wird der Bezug selbst scharfsichtig

3 Philip Sidney, »The Defence of Poesie« (1595), in: ders., *The Prose Works of Sir Philip Sidney*, hg. v. Albert Feuillerat, III, Cambridge: Cambridge Univ. Press 1962, S. 3–46, hier: S. 29.

4 Paul de Man, »The Resistance to Theory«, in: *Yale French Studies*, H. 63 (1982), S. 3–20, hier: S. 11.

5 Ebd., S. 10.

6 Ebd.

problematisiert, indem daran gemahnt wird, die Referenz auf ein Phänomen nicht mit diesem selbst zu verwechseln: »Literature is fiction not because it somehow refuses to acknowledge ›reality‹, but because it is not *a priori* certain that language functions according to principles which are those, or which are *like* those, of the phenomenal world. It is therefore not *a priori* certain that literature is a reliable source of information about anything but its own language.«[7] Aus diesem Grund soll im Folgenden nicht angestrebt werden, diese zu Recht kritisierte Ideologie wieder ins Recht zu setzen, sondern es soll untersucht werden, wie deren Annahme das diskursive Zirkulieren von Texten beherrschte. In diesem Zusammenhang ist auch gegenwärtig zu halten, dass Derrida sein provokatives Diktum »Il n'y a pas de hors-texte«, das ebenfalls immer wieder zu vorschnellen Relativismus-Vorwürfen geführt hat, in *Limited Inc.* als »Il n'y a pas de hors contexte« präzisiert und damit das Spiel von Differenzen, das durch jeweilige Verschiebungen im Verhältnis zu einem niemals vollkommen und einwandfrei gesicherten Kontext angestoßen wird, deutlich gemacht hat.[8] Fälschungen selbst veranschaulichen durch ihren Kippcharakter diese Aufschübe eines niemals restlos festzuschreibenden Sinns oder Werts.

Doch möchte man zumindest als Hilfsbegriff die Duden-Definition heranziehen, so bezieht sich Fiktion auf die Nicht-Wirklichkeit oder auf das Erdachte des Dargestellten,[9] während eine literarische Fälschung dagegen als etwas zu bezeichnen ist, in dem – vornehmlich bezüglich des Autors – eine falsche Herstellungsgeschichte des darstellenden Texts behauptet wird. Dass bei alledem die Grenzen fließend sind, wie etwa Daniel Defoe, der die Herstellungsgeschichte wiederum selbst in einer Herausgeberfiktion zum Gegenstand seiner Darstellungen gemacht hat, sehr deutlich vorführt, liegt auf der Hand. Dennoch lässt sich eine Unterscheidungsebene einziehen, von der aus der fiktionale Aspekt als textimmanent verstanden werden kann, das Gefälschtsein aber auf die textexterne Art und Weise bezogen werden kann, wie literarische Texte zirkulieren und sich auswirken. Auch de Man macht im Zusammenhang seiner Ausführungen sehr deutlich, dass die Warnung vor der Verwechslung von Sprache mit natürlicher Realität nicht bedeutet, »that fictional

[7] Ebd., S. 11.

[8] Jacques Derrida, *Limited Inc.*, Paris: Éd. Galilée 1990, S. 252. Dt. *Limited Inc.*, Wien: Passagen 2001, S. 211.

[9] Vgl. »Fiktion«, in: *Duden. Das große Wörterbuch der deutschen Sprache*, III, a. a. O., S. 1231; vgl. zu einer systematischen Untersuchung der Begriffe: Frank Zipfel, *Fiktion, Fiktivität, Fiktionalität. Analysen zur Fiktion der Literatur und zum Fiktionsbegriff in der Literaturwissenschaft*, Berlin: Erich Schmidt 2001.

narratives are not part of the world and of reality; their impact upon the world may well be all too strong for comfort«.[10] Um diesen ›*impact*‹ fiktionaler Literatur auf die Welt und *vice versa* von Realitätsverständnissen auf Fiktion im Allgemeinen in den Blick zu nehmen sowie die zeitspezifischen diskursiven Effekte im Besonderen herauszuarbeiten, wird im Folgenden vornehmlich der pragmatische Aspekt von Fälschungen betrachtet. Es wird also ihre spezifische Existenzweise in den zeitgenössischen literarischen Diskursen in den Vordergrund gerückt, vor allem wie sie in Umlauf gebracht wurden und welche mit entsprechenden Gewichtungen und Wertschätzungen verbundene Aussage-Beziehungen zu anderen Texten und u. a. zu mit einem bestimmten Status ausgestatteten Personen sie unterhielten. Textimmanent spielt dabei die Materialität und Form ihrer Herausgabe, wie z. B. der Autorname, Titel, Vorworte und Kommentare, eine besondere Rolle – Phänomene, die Foucault u. a. als Einheiten im Text abgelegter Zeichen gewertet hat, die auf den Autor verweisen. Durch sie ergebe sich nicht zwingend eine integrale Entität eines Autorsubjekts, sondern eine Summe von *alter egos*, d. h., die Autor-Funktion könne, wie Foucault schreibt, mehreren Subjekt-Positionen oder einer ›Egopluralität‹ *(pluralité d'ego)* Raum geben. Denn das Ich, das im Vorwort auf die Umstände der Abfassung hinweise, unterscheide sich zum einem von dem, das in den nachfolgenden Ausführungen spreche, und zum anderen von dem, das diese wiederum kommentiere und daran angelehnte Schlussfolgerungen skizziere.[11]

Die genannten Herausgeberphänomene, wie Vorwort und Kommentar, wären in Genettes Terminologie auch als Paratexte – oder genauer: als Peritexte – zu fassen.[12] Da hinreichend konkrete Begriffe

[10] De Man, »The Resistance to Theory«, a. a. O., S. 11.

[11] Vgl. Foucault, »Was ist ein Autor« (1969), a. a. O., S. 1020f. (frz. I, S. 831f.). Foucaults *Archäologie* ist selbst sehr deutlich von dieser Pluralität gekennzeichnet, wenn man die Einleitung, die drei Hauptabschnitte und den fiktiven Dialog des Schlusswortes einander gegenüberstellt.

[12] An dieser Stelle soll jedoch weder eine ausführliche Auseinandersetzung mit dieser Typologie geleistet noch die Problematik vertieft werden, dass für die Definition eines Paratextes (also etwas, das [gr. pará, pára] entlang, neben oder jenseits eines Textes oder sogar gegen ihn steht) eine sehr fragwürdige Kategorie des klar abgrenzbaren wesentlichen Haupttextes vorausgesetzt werden muss. Dies wird auch durch die paradoxe Wendung »offenkundig – von punktuellen Ausnahmen abgesehen […] – in allen seinen Formen« bei Genette selbst deutlich; ausführlich lautet die Stelle: »Wesentlich, weil der Paratext offenkundig – von punktuellen Ausnahmen abgesehen, die wir da und dort antreffen – in allen seinen Formen […] im Dienst einer anderen Sache steht, die seine Daseinsberechtigung bildet, nämlich des Textes« (Gérard Genette, *Paratexte. Das Buch vom Beiwerk des Buches*, übers. v. Dieter Hornig, Frankfurt/New York: Campus 1992, S. 18. Frz. *Seuils*, Paris: Éd. du Seuil 1987, S. 16).

zur Verfügung stehen, die keiner weiteren übergeordneten Kategorien bedürfen, soll Genettes Begrifflichkeit hier nicht weiter zur Anwendung kommen. Sein theoretischer Ansatz lässt sich aber aufgreifen, um daraus resultierende Konsequenzen als mögliche Ansatzpunkte zum Verständnis von Fälschungen zu nutzen; z.B. findet sich bei ihm eine interessante Bemerkung über den ›faktischen Paratext‹: Der faktische Paratext sei ein »Faktum, dessen bloße Existenz, wenn diese der Öffentlichkeit bekannt ist, dem Text irgendeinen Kommentar hinzufügt [...] das Alter oder das Geschlecht des Autors [...] oder das Datum des Werks [...]; es steht zumindest fest, daß das historische Bewußtsein der Epoche, in der ein Werk entstand, für dessen Lektüre selten ohne Belang ist«.[13] Diese Fakten sollen im Folgenden nicht als unhintergehbare Sachverhalte verstanden werden, sondern vielmehr als diskursive Zuschreibungen:[14] Werden Angaben bezüglich der Verfasserschaft oder allgemein der Herkunftsgeschichte eines Texts in einem bestimmten Zeitraum als Tatsachen behandelt und beruhen Aussagen darüber auf einer solchermaßen angenommenen Faktizität, können sich vor diesem Hintergrund auch Fälschungen plausibilisieren und ein zersetzendes Verwirrspiel damit buchstäblich ins Werk setzen. Literarische Texte können also dann als Fälschungen angesehen werden, wenn sie aufgrund entsprechender ›Fakten‹ im literarischen Diskurs auf bestimmte Weise als authentisch oder echt wahrgenommen wurden, später aber dieser Eigenschaft wieder entkleidet wurden. Dabei lässt sich zeigen, wie prekär die Grenzziehungen zwischen Fälschungen und legitimen literarischen Praktiken sind. Anhand dieser Demarkationen lässt sich indes deutlich machen,

[13] Genette, *Paratexte*, a.a.O., S. 13f. (frz. S. 12). Darüber hinaus erweitert er diesen faktischen Paratext auf jeden im Umfeld des Textes angesiedelten impliziten Kontext, der dessen Bedeutung präzisiert oder mehr oder weniger verändert, und folgert schließlich, »daß jeder Kontext als Paratext wirkt« (ebd. (frz. S. 13)).

[14] Genette spart bezeichnenderweise die Betrachtung von Fälschungen in seinen Überlegungen aus, weil sie, wie man vermuten könnte, sein Koordinatensystem gefährden würden. Obwohl in der Tabelle zu seiner Typologie als Gegenpol zum ›authentischen Vorwort‹ eine ganze Zeile den apokryphen Vorworten zugestanden wird, belegt er die sich ergebenden drei Typen ausnahmslos mit erfundenen Beispielen. Die dafür angeführte Erklärung fällt entsprechend vage aus: »Nicht mehr eingehen werde ich mangels eindeutig belegter wirklicher Beispiele auf die Reihe der *apokryphen* Vorworte. [...] Hier bewegen wir uns [...] im unsicheren Gelände der Ausforschung der (wirklichen) Urheberschaft, das weder in unseren Bereich gehört noch nach unserem Geschmack ist« (Genette, *Paratexte*, a.a.O., S. 184 (frz. S. 177), vgl. a. S. 174–176 (frz. S. 166–169)). Im Sinne der weiter oben problematisierten Referentialität müsste Genette entweder konsequent mit dem apokryphen zugleich das ›unsichere Gelände der Ausforschung‹ authentischer Vorworte verwerfen oder beide Ebenen, verbunden mit den entsprechenden Komplikationen heikler Bezugnahmen, weiterverfolgen.

welche Rolle die Autor-Funktion sowie die Verfasstheit der scheinbar empirischen Verfasser und Quellen – ihr Ort, ihre Zeit – oder vielmehr deren Projektion und Behauptung, wie fragwürdig diese auch immer für die konkrete Textbetrachtung mittlerweile zu Recht geworden sind, in diesem Wissensgebiet spielten. Foucaults berühmte rhetorische Frage »Was liegt daran, wer spricht?«,[15] die mittlerweile zur Binsenweisheit geworden zu sein scheint, wenn man über den ›toten Autor‹ spricht, soll also im Folgenden wörtlich genommen werden und Aspekte seines lebendigen Fortbestehens[16] bzw. seiner hartnäckigen Verteidigung in literarischen und literaturwissenschaftlichen Diskursen anhand von Fälschungsdiskussionen beleuchtet werden.

»Genuine remains of ancient Scottish poetry« – James Macphersons »Ossian« (1759–1805)

Der Fall Ossian/James Macpherson ist bereits an vielen Stellen referiert worden. Daher sei hier eine weitere Paraphrase eingespart und den folgenden Überlegungen eine knappe Zusammenfassung von Andreas Höfele vorangestellt: »1759 [...] nimmt mit der Übersetzung eines gälischen Heldengedichts, *The Death of Oscur*, durch den 23jährigen schottischen Hauslehrer James Macpherson die neuzeitliche Karriere des Barden Ossian ihren Anfang. Die Geschichte ist oft erzählt worden. Wie der junge Highlander dem Wunsch, einige Proben gälischer Dichtkunst ins Englische zu übersetzen, nur sehr zögerlich nachkam. Wie ihm diese Proben dann förmlich aus der Hand gerissen wurden und er, der brotlose Poet, über Nacht zur Schlüsselfigur eines Projektes von nationaler Bedeutung avancierte, für dessen Betreiber nichts Geringeres auf dem Spiel stand, als Schottland ein für allemal aus dem Schatten englischer Kulturhegemonie zu lösen. Wie die Creme der Edinburgher

[15] Foucault, »Was ist ein Autor« (1969), a.a.O., S. 1003 (frz. I, S. 817).

[16] Der spektakulärste Fall in der jüngeren Geschichte, der diese ›Remanenz‹ der Autorschaft bezeugt, ist Binjamin Wilkomirskis Buch *Bruchstücke* und die mit heftigen Diskussionen verbundene Enthüllung, dass der empirische Autor Bruno Doesekker fälschlicherweise vorgab, Häftling eines Konzentrationslagers während der Nazizeit gewesen zu sein: »Ich schrieb diese Brüchstücke des Erinnerns, um mich selbst und meine früheste Vergangenheit zu erforschen [...]. Und ich schrieb in der Hoffnung, daß vielleicht Menschen in vergleichbarer Situation auch die nötige Unterstützung und Kraft finden, ihre traumatischen Kindheitserinnerungen endlich in Worte zu fassen und auszusprechen [...]. Sie sollen wissen, daß sie nicht ganz allein sind. Juni 1995. B.W.« (Binjamin Wilkomirski, »Zu diesem Buch«, in: ders., *Bruchstücke. Aus einer Kindheit 1939–1948*, Frankfurt/M.: Jüdischer Verlag im Suhrkamp Verlag 1995, S. 143).

Literaturszene ihm eine Expedition ins Hochland und zu den abgelegenen nordwestlichen Inseln finanzierte, auf daß er dort jenen Schatz berge, dessen monumentaler Umriß sich bereits in einigen *Fragments of Ancient Poetry* abzuzeichnen schien, die Macpherson mit Unterstützung des angesehenen Rhetorikprofessors Hugh Blair 1760 publizierte: die verlorenen Epen des blinden Barden Ossian, des kaledonischen Homer. Und wie er diese Großwerke – *Fingal* und *Temora* – tatsächlich mitbrachte und mit ihnen eine Begeisterung auslöste, die ganz Europa erfaßte und deren berühmtestes Denkmal die Ossian-Lektüre im zweiten Buch von Goethes *Werther* ist. Wie dieser Begeisterung auch Skeptiker wie Dr. Johnson nichts anhaben konnten, die schon sehr bald die Authentizität der melancholisch düsteren Gesänge bestritten. Wie der inzwischen zum großstädtischen Lebemann mutierte Macpherson dem hartnäckigen Drängen auf Vorlage gälischer Manuskripte noch hartnäckiger auswich und seine frühe literarische Zelebrität geschickt zur Beförderung einer politischen Karriere nutzte [...]. Und schließlich: Wie eine nach Macphersons Tod von der Highland Society of Scotland eingesetzte Untersuchungskommission nach neunjährigen Recherchen zu dem Schluß kam, daß Macpherson gälische Volksballaden als Quellen benutzt habe, daß die auf dieser Grundlage entstandenen Epen jedoch seiner eigenen Phantasie, nicht der eines keltischen Barden aus dem 3. Jahrhundert entstammten.«[17]

Ossians oder vielmehr James Macphersons Einfluss auf die Literatur ist seither unbestritten. Otto Jiriczek zitiert bereits 1940 eine Aussage von Ludwig Christian Stern aus dem Jahr 1895, dass »eine vollständige Ossianische Bibliographie ein Buch bilden würde«.[18] Dass dafür heute nicht einmal mehr ein Buch ausreicht, belegen die zahlreichen danach erschienenen entsprechenden Veröffentlichungen.[19] Die Summe

[17] Andreas Höfele, »Der Autor und sein Double. Anmerkungen zur literarischen Fälschung«, in: *Germanisch-Romanische Monatsschrift* 49.1 (1999), S. 79–101, hier: S. 82f.; vgl. zu einer ausführlicheren Darstellung der Geschehnisse die Monographie von: Fiona J. Stafford, *The Sublime Savage. A Study of James Macpherson and the Poems of Ossian*, Edinburgh: Edinburgh Univ. Press 1988.

[18] Otto L. Jiriczek, »Vorwort«, in: *James Macpherson's Ossian*, hg. v. Otto L. Jiriczek, I, Faksimile-Neudr. d. Erstausg. v. 1762, Heidelberg: Carl Winters 1940, ohne Paginierung.

[19] Vgl. im englischen Sprachraum für zeitgenössische Texte: »James Macpherson 1736–1796«, in: Margaret M. Smith, *Index of English Literature Manuscripts*, III.2, London: Mansell u. New York: R.R. Bowker 1989, S. 179–193, für ältere Texte: George F. Black, *Macpherson's Ossian and the Ossianic Controversy*, New York 1926; für solche bis in die 60er Jahre des 20. Jahrhunderts: John J. Dunn, »Macpherson's ›Ossian‹ and the Ossianic Controversy: A Supplementary Bibliography«, in: *Bulletin of the New York Public Library* 75 (1971), S. 465–473; für solche bis in die

der darin aufgelisteten Publikation im vorliegenden Fall auszuwerten, würde wiederum mehrere Bücher erfordern. Im Folgenden soll daher die Perspektive deutlich auf textuelle Authentifizierungsstrategien, die meistenteils auf einem verfälschenden Spiel mit Autor- und kritischer Herausgeberschaft (Vorworte, Fußnoten, Marginalien) beruhen, und auf das entsprechend hervorgerufene Diskurs-Echo eingeschränkt werden. Die Fälschung, die dadurch zustande kam, dass die Texte mit einem falschen zeitlichen und räumlichen Index versehen wurden und dass die Existenz von Original-Manuskripten behauptet wurde, wirkte jedoch nicht nur auf Praktiken literarischen Wissens zurück, sondern war von vornherein in zeitspezifische diskursive Regelmäßigkeiten eingewoben: z. B. welcher Stellenwert Manuskripten beigemessen wurde oder welche historische Faktizität Literatur jeweils unterstellt wurde. D. h., die Fälschung erforderte bestimmte zeitgenössische geschriebene oder ungeschriebene Gesetze, die regelten, was als wahr[20] oder richtig annehmbar war und die im Folgenden anhand der meistenteils akzeptierten fingierten Herkunfts- und Originalitätsbehauptungen ans Licht gebracht werden sollen.

Möchte man vorläufig auf Ian Haywoods Unterscheidung zwischen dem Begriff »authentisch«[21] (*authentic*), der vor dem Hintergrund einer textexternen Bestimmung von Authentizität auf die Autorschaft bezogen wird, und dem Begriff »echt« oder »wirklich« (*genuine*), der vor dem Hintergrund einer internen Bestimmung von Authentizität auf historische Fakten bezogen wird, zurückgreifen, so ließe sich provisorisch zwischen dem historischen Roman und Geschichtsschreibung insofern differenzieren, dass Letztere verspricht, beiden Voraussetzungen zu genügen.[22] Inwieweit dieser Anspruch jedoch auch auf ein literarisches Artefakt übertragen werden kann und somit einem doppelten Fälschen – zum einen hinsichtlich des Autors, zum anderen hinsichtlich des Status als sozialgeschichtliches Dokument – den Weg bereitete, ist zu zeigen. Daher soll zunächst ein allgemeiner Horizont von im 18. Jahrhundert an

80er Jahre: Paul J. de Gategno, *James Macpherson*, Boston: Twayne 1989 (Twayne's English Authors Series 467). Für den deutschen Sprachraum ist v. a. folgende jüngst erschienene Publikation anzuführen: Wolf Gerhard Schmidt, *»Homer des Nordens« und »Mutter der Romantik«. James Macphersons Ossian und seine Rezeption in der deutschsprachigen Literatur*, II, Berlin u. a.: de Gruyter 2003.

[20] Im Folgenden wird zwar das Moment der idealistischen Wahrheit der literarischen Texte, das die Diskursivierung ihrer möglichen ästhetischen Erfahrung betrifft, gestreift, aber der Fokus der Überlegungen bleibt auf der Akzeptabilität der ›Authentizität‹ der einzelnen Artefakte.

[21] Siehe dazu auch S. 28.

[22] Vgl. Haywood, *Faking It*, a. a. O., S. 25.

Texte und ihre Überlieferungen gerichteten Anforderungen aufgespannt werden, um vor diesem Hintergrund Macphersons Authentifizierungen deutlich machen zu können.

Aus heutiger Perspektive mögen die Ossianischen Gedichte als historische Fiktionen erscheinen, aber anhand damals vorherrschender diskursiver Praktiken lässt sich vor Augen führen, wie die Annahme einer bestimmten Form von Ursprünglichkeit deren Lektüre affizierte. Oder anders formuliert: Dass sie überhaupt zum gegebenen Zeitpunkt als Fälschungen betrachtet wurden – eine Zuschreibung, die ohne eine bestimmte vorangegangene Originalitätszuschreibung keinen Sinn ergibt –, ist als Zeugnis zeitspezifischer Echtheitserwartungen anzusehen. Im Folgenden soll dargelegt werden, dass das, was wir heute beruhigt als historische Fiktion betrachten, zum damaligen Zeitpunkt noch nicht klar als eine Art Genre codiert war, sondern dass, wie Ian Haywood schreibt, »Ossian« diesem u.a. auf eine bestimmte Art und Weise den Weg bereitete: »The whole concept of historical fiction was in its infancy. […] Macpherson and Chatterton […] gave a boost to the very genre they were disguising.«[23]

Literatur als historische Quelle – Historische Quellen als Literatur

Betrachtet man zeitgenössische Theorien der Geschichtsschreibung, lässt sich im 18. Jahrhundert eine Veränderung markieren, die sich zum einen in der Zunahme an entsprechenden Veröffentlichungen, zum anderen in der steigenden Fokussierung darauf, wie historische Fakten zu betrachten und zu beschreiben sind, niederschlägt.[24] Haywood unterscheidet dabei drei interdependente Bewegungen: erstens die Suche nach einer verlässlichen Geschichtsschreibung, verbunden mit einer Emphase des Authentischen und des Originalmanuskripts, zweitens eine Erweiterung des Forschungsinteresses auf kulturelle und gesellschaftliche Detailaspekte der Vergangenheit und drittens die Hinwendung zur Erkundung einer eigenen Nationalgeschichte.[25]

[23] Haywood, *The Making of History*, a.a.O., S. 11.

[24] Als wertvolle Online-Ressource hat sich die *Eighteenth Century Collections Online* (ECCO) (Farmington Hills: Thomson Gale 2002, http://galenet.galegroup.com/servlet/ECCO) erwiesen, durch die eine Vielzahl an Faksimiles von Erstausgaben elektronisch bereitgestellt und mittels Volltextsuche recherchierbar ist. Die folgenden mit * gekennzeichneten Quellen aus dem 18. Jahrhundert sind anhand dort verfügbarer Dokumente nachgewiesen.

[25] Vgl. Haywood, *The Making of History*, a.a.O., S. 16; Jack Lynch liefert sogar eine

Die Frage nach einer glaubwürdigen, zugleich aber auch ansprechenden Informationsvergabe in Historiographien lässt immer auch Punkte ihrer Konvergenz mit dichterischen Verfahren deutlich werden: Geschichtsschreibung einerseits muss auf Erzählstrukturen zurückgreifen, wenn sie Fakten anschaulich machen will; Erzählungen andererseits müssen den Anschein von Faktizität erzeugen, wenn sie als plausible realistische Beschreibung wirken sollen.[26] Wie einzelne zeitgenössische Bekundungen zur Verfasstheit von Historiographien deutlich machen, verabschiedete man sich zum Teil von der klassischen aristotelischen Differenzierung, durch die dem Geschichtsschreiber nur die untergeordnete Rolle des Fakten aufzählenden Chronisten zugewiesen wird. Samuel Johnsons *Dictionary* definiert Geschichte beispielsweise als eine »narration of facts and events delivered with dignity«;[27] Edward Gibbon betont in seinen *Memoirs*, dass er versucht habe »the middle tone between the dull chronicle and a rhetorical declamation«[28] zu treffen, und Joseph Addison fordert vom Historiker: »It is the most agreeable talent of an Historian, to be able to *draw* up his Armies and fight his battels *in proper expressions*, to *set before our Eyes* the divisions, cabals, and jealousies of great men«.[29] Umgekehrt bezeichnet Hugh Blair in seinen *Lectures* Romane (»romances and novels«) als »fictitious histories« und trägt damit den unzähligen Publikationen des 18. Jahrhunderts Rechnung, die als wahre Geschichten (»such as may actually occur in life«) fiktiver Personen, wie etwa Robinson Crusoe, betitelt sind, oder bei denen in Form von ›Autobiographien‹ oder Briefromanen auf pseudo-

statistische Auflistung des zunehmenden Aufgreifens von Echtheits-Begriffen in Publikationstiteln des 18. Jahrhunderts: Während im ersten Jahrzehnt lediglich einmal das Wort ›*authentic*‹ nachweisbar ist, sind es im folgenden bereits sechs, im dritten: sieben, im vierten: 15, im fünften: 77 bis hin zu 324 in den 90er Jahren (vgl. Jack Lynch, »Samuel Johnson's ›Love of Truth‹ and Literary Fraud«, in: *Studies in English Literature 1500–1900* 42.3 (2002), S. 601–618, hier: S. 611 u. 618).

[26] Lennard J. Davis bezeichnet die ›English novel‹ in seiner deutlich von Foucault beeinflussten Abhandlung über deren Wurzeln als ambivalente »factual fiction which denied its fictionality and produced in its readers a characteristic uncertainty [...] as to whether they were reading something true or false« (Lennard J. Davis, *Factual Fictions. The Origins of the English Novel*, New York: Columbia Univ. Press 1983, S. 36, vgl. a. Kap. VI (»Theories of Fiction in Early English Novels«), S. 102–122).

[27] »History«, in: Samuel Johnson, *A Dictionary of the English Language*, I, London: 1756, o.S.*

[28] Edward Gibbon, *Miscellaneous Works of Edward Gibbon. With Memoirs of his Life and Writings*, hg. v. John Sheffield, I, Dublin: P. Wogan u.a. 1796, S. 145*. Der Text wird später geläufig unter dem Titel *Memoirs of My Life.*

[29] Joseph Addison, »The Spectator N° 420«, in: *The Works of the Right Honourable Joseph Addison*, III, London: 1721, S. 514–516, hier: S. 514*; Hervorhebungen M.D.

historische Quellen rekurriert wird: »We create worlds according to our fancy, in order to gratify our capacious desires.«[30] Doch es ging nicht nur darum, Dichtung als Schilderung von Fakten erscheinen zu lassen, sondern auch darum, historische Tatsachen selbst zu ihrem Gegenstand zu machen, wie Joseph Warton in einem Essay über Pope hervorhebt: »Events that *actually* happened are, after all, the properest subjects for poetry. [...] If we briefly cast our eyes over the most interesting and affecting stories, ancient or modern, we shall find that they are such, as however adorned and a little diversified, are yet grounded on *true history*, and on real *matters of fact*.«[31] D.h., historische Dichtung hatte idealerweise realistisch anzumuten und erreichte dies im besten Fall dadurch, dass sie auf tatsächlich stattgefundenen Begebenheiten beruhte. Das sich dadurch zwangsläufig ergebende Problem der Ununterscheidbarkeit zwischen Dichtung und Geschichtsschreibung wurde daher zum prekären Problem des 18. Jahrhunderts.[32]

Da die Form der Darstellung über die Verlässlichkeit des Dargestellten keine Auskunft gab, verschob sich der Fokus auf die Verfasstheit der Quellen, so dass im 18. Jahrhundert dem Manuskript als empirischem Objekt der Geschichtsforschung eine neue Autorität zukam. Weil sie angeblich der tatsächlichen Erfahrung näher standen, zählten Dokumente oder Urkunden, anders als im Jahrhundert zuvor, mehr als autoritativ abgesicherte Historiographien, die jene lediglich wiedergaben oder zitierten. Diese Aufwertung von Original-Manuskripten und das gesteigerte Interesse an deren Authentizität zog zugleich unweigerlich eine Reihe von Fälschungen nach sich, von denen neben Macphersons »Ossian« Thomas Chattertons ›mittelalterliche‹ Funde und William Henry Irelands ›Shakespeare-Manuskripte‹ zu erwähnen sind.[33] Es ge-

30 Hugh Blair, »Lecture XXXVII: Philosophical Writing – Dialogue – Epistolary Writing – Fictitious History«, in: *Lectures on Rhetoric and Belles Lettres*, III, London: W. Strahan/T. Cadell/W. Creech 1785², S. 57–83, v. a. S. 74ff. u. 81*.

31 Anonym [Joseph Warton], *An Essay on the Genius and Writings of Pope*, I, London: J. Dodsley 1782⁴, S. 263*; Hervorhebungen M.D. Hinweise auf die soeben zitierten Stellen, wenn auch hier aus anderen Ausgaben nachgewiesen, im Einzelnen kritisch überprüft, korrigiert und zum Teil erweitert, verdanke ich Haywood, *The Making of History*, a.a.O., S. 17 u. Keith Stewart, »Ancient Poetry as History in the 18th Century«, in: *Journal of the History of Ideas* 19.3 (1958), S. 335–347, hier: S. 347.

32 Vgl. zum definitorischen Problem: Keith Stewart, »History, Poetry, and the Terms of Fiction in the Eighteenth Century«, in: *Modern Philology* 66.2 (1968), S. 110–120, hier: S. 114f.

33 Vgl. Thomas Chatterton, *Poems, Supposed to Have Been Written at Bristol, in the Fifteenth Century; the Greatest Part Now First Published from the Most Authentic Copies, with an Engraved Specimen of One of the MSS*, hg. v. Thomas Tyrwhitt, London: T. Payne and Son 1777*; ders., *Poems, Supposed to Have Been Written at*

hörte damit zu den Kernkompetenzen des damaligen Historikers, unter den ihm vorliegenden Aufzeichnungen die Spreu vom Weizen trennen zu können und auch auseinanderzusetzen, warum diejenigen, auf die er sich berief, als echt und unverändert für plausibel zu erachten sind.[34]

Doch die Person des Historikers, wie man ihn heute als Fachwissenschaftler versteht, begann sich erst im 18. Jahrhundert auszudifferenzieren oder stand vielmehr in unmittelbarer Konkurrenz zu der zeitgleich meistenteils eher verachteten Person des Altertumskenners (*antiquarian*). 1718 wurde die ›Society of Antiquarians‹ gegründet, während professionelle Historiker, wie Haywood hervorhebt, als solche noch nicht existierten.[35] Obwohl beide die Aufarbeitung historischer Fakten zur Aufgabe hatten, galt Letzterer lediglich als von Neugierde angetriebener dilettantischer, enthusiastischer Sammler, während Ersterer zu den Gebildeten oder gelehrten Theoretikern gezählt wurde. Die pedantischen Altertumskenner als sogenannte ›*Virtuosi*‹, wie sie bereits im Zusammenhang mit Beringer erörtert wurden,[36] waren damals Gegenstand einer breit gefächerten Kritik. Thomas Madox erwähnt 1711 dieses Vorurteil: »[T]he Lovers of Antiquities are commonly looked upon to be men of a Low unpolite genius, fit only for the rough and *Barbarick* part of Learning«;[37] Henry Bolingbroke spricht 1752 verächtlich vom »learned lumber that fills the head of an antiquary«[38] und Samuel Johnson schreibt 1751 in einem seiner halbwöchentlich erscheinenden Essays unter dem Titel *The Rambler*: »[L]ife is surely given us for higher purposes than to gather what our ancestors have wisely thrown away«.[39]

Bristol, in the Fifteenth Century, by Thomas Rowley, Priest, etc., London: T. Payne and Son 1782*; William Henry Ireland, *Miscellaneous Papers and Legal Instruments under the Hand and Seal of William Shakespeare: Including the Tragedy of King Lear and a Small Fragment of Hamlet, from the Original MSS in the Possession of Samuel Ireland of Norfolk Street*, London: Cooper and Graham 1796*.

[34] Vgl. Haywood, *Faking It*, a.a.O., S. 42; vgl. a. Haywood, *The Making of History*, a.a.O., S. 16ff., S. 20 u. 24.

[35] Vgl. Haywood, *The Making of History*, a.a.O., S. 15.

[36] Siehe dazu weiter oben, S. 96.

[37] Thomas Madox, *The History and Antiquities of the Exchequer of the Kings of England*, London: John Mathews 1711, S. ii*.

[38] Henry St. John Bolingbroke, *Letters on the Study and Use of History*, I, London: A. Millar 1752, S. 9*.

[39] Samuel Johnson, »The Rambler No. 121, Tuesday, 14 May 1751«, in: *The Yale Edition of the Works of Samuel Johnson*, hg. v. Edward Lippingcott MacAdam, IV, New Haven: Yale Univ. Press u.a. 1969, S. 280–286, hier: S. 286; vgl. zu den Zitaten und über die Person des ›*antiquarian*‹: Stewart, »Ancient Poetry as History in the 18th Century«, a.a.O., S. 335f.

Dennoch setzte im 18. Jahrhundert eine regelrechte Popularisierung der Geschichtsschreibung[40] ein, so dass sich eine Reihe von Formen ausbildete, mit denen Historiker ihre Autorität, auf ›Fakten‹ beruhende Schlussfolgerungen zu ziehen, abstützten, um sich zugleich vom notorisch sammelnden Altertumskenner abzusetzen. Dies ist als eine Bewegung anzusehen, die sehr stark an Foucaults Diskussion der sich Ende des 18. Jahrhunderts formierenden Unterscheidung zwischen Arzt und Quacksalber erinnert.[41] Um sich vom unreflektierten, blindwütigen antiquarischen Sammler abzugrenzen und sich den mit Autorität ausgestatteten Aussagestatus zu verschaffen, von dessen Position aus man das Recht hatte, sowohl die gelehrte Auswahl und Prüfung der historischen Fakten als auch deren anerkannte Synthetisierung für sich zu beanspruchen, kamen bestimmte Textpraktiken, vor allem Vorworte, ausführliche Fuß- und Endnoten sowie textkritische Abhandlungen zum Einsatz. Dabei trat man in der Regel den Beweis *ex auctoritate*[42] an, meist allerdings ohne präzise Nennung der Quelle. Haywood zitiert beispielsweise *A General History of England* (1747), in der der Autor Thomas Carte bekundet: »I have been careful to examine each fact, before I allowed it a place in the body of this work; and always quote the decisive authority upon which I relate it.«[43] Über die Kriterien der Auswahl, d.h. darüber, was unter ›*decisive*‹ zu verstehen ist, und ob überhaupt andere Quellen ausgewertet wurden, gibt der Text keine Auskunft.[44]

Die mit dieser Konjunktur der Historiographie einhergehende geschichtswissenschaftliche Interessenverschiebung auf partikulare kulturelle Aspekte der Vergangenheit beförderte zudem die Aufnahme literarischer Artefakte in den Korpus der Historiker. Keith Stewart führt beispielsweise den Autor der *Polite Correspondence* an, der die Verdienste der Poeten für die Bewahrung der Vergangenheit besonders hervorhebt: »[H]ad it not been for these [Poetick Panegyricks], the whole *British* Story had been swallow'd up in Oblivion, as it is certainly for

[40] Edward Gibbon schreibt in seiner Autobiographie: »History is the most popular species of writing« und über den Erfolg seiner *History of the Decline and Fall of the Roman Empire*: »My book was on every table, and almost on every toilet« (Gibbon, *Miscellaneous Works of Edward Gibbon*, I, a.a.O., S. 148; vgl. zur Popularisierung der Geschichtsschreibung: Haywood, *The Making of History*, a.a.O., S. 15).

[41] Siehe dazu S. 50.

[42] Siehe dazu S. 30.

[43] Thomas Carte, *A General History of England*, I, Westminster: gedr. f. d. Autor 1747, S. x*.

[44] Vgl. Haywood, *The Making of History*, a.a.O., S. 25f.

want of paying Respect to these, that so little of it is yet known«;[45] Bolingbroke, der weiter oben bereits als Gegner des Altertumskenners zitiert wurde, der sich mit unnützem ›*learned lumber*‹ befasse, lobt ebenfalls 1752 die Funktion des Barden als Historiker: »[T]he triumphs of ODIN were celebrated in runic songs, and the feats of our British ancestors were recorded in those of their bards.«[46] Diese Gesänge waren aber weniger als Chroniken historischer Ereignisse, sondern eher als Ausdruck vergangener Sitten und Gebräuche, also nur in bestimmter Hinsicht als geschichtliche Dokumente akzeptabel. Gedichte konnten so zwar falsche Fakten über große geschichtliche Ereignisse aufweisen oder diese durch an die Einbildungskraft gerichtete Ausschmückungen verstellen, wurden aber als Zeugnisse sozialgeschichtlicher Details ernst genommen. Thomas Percy schreibt 1767 in seinen Anmerkungen zu »An Essay on the Ancient Minstrels« über die Leerstellen, die offizielle geschichtliche Aufzeichnungen im Gegensatz zu der in den Dichtungen bewahrten Vergangenheit aufweisen, »giving only a concise and general relation of the more remarkable events, that scarce any of the minute circumstantial particulars are to be found in them; nor do they hardly ever descend to a description of the customs, manners, or domestic economy of their countrymen«.[47] Die Auswahl der Gedichte in seinen *Reliques* erfolge daher, wie er in seinem Vorwort darlegt, zur Behebung dieses sozialgeschichtlichen Mangels, nämlich »[to] exhibit the progress of popular opinions, display the peculiar manners and customs of former ages«.[48] Diesbezüglich ist auch eine Stelle in Percys Essay »On the Ancient Metrical Romances« relevant, an der er alte Gedichte und Gesänge mangels anderer Dokumente als einzig verfügbare, allerdings nur bruchstückhafte historische Quellen bestimmter Zeitalter ins Recht setzt: »The first attempts at composition among all barbarous nations are ever found to be Poetry and Song. The praises of their Gods, and the atchievements of their heroes, are usually chanted at their festival meetings. *These are the first rudiments of History.*«[49] Der Barde wurde

[45] Anonym [John Campbell], *The Polite Correspondence*, London: John Atkinson u.a. 1750, S. 250*.

[46] Bolingbroke, *Letters on the Study and Use of History*, I, a.a.O., S. 12.

[47] Thomas Percy, »An Essay on the Ancient English Minstrels«, in: ders., *Reliques of Ancient English Poetry*, I, Dublin: P. Wilson u. E. Watts 1767², S. xix–lxxvi, hier: S. xlviii*.

[48] Thomas Percy, *Reliques of Ancient English Poetry*, I, a.a.O., S. xi.

[49] Thomas Percy, »On the Ancient Metrical Romances«, in: ders., *Reliques of Ancient English Poetry*, III, Dublin: P. Wilson/E. Watts 1767², S. ii–xxxii, hier: S. ii*; Hervorhebung M.D.

in diesem Zusammenhang in seiner Funktion als Geschichte weitervermittelnder Zeuge – wenn auch aufgrund der Einschränkung, dass es sich um mündliche Tradierungen handelte, nicht unumstritten – quasi als erster Historiker betrachtet, wie Adam Smith schreibt: »The Poets were the first Historians of any.«[50]

Im Zuge der Aufwertung der Geschichtsschreibung im Allgemeinen kommt es somit zu einer regelrechten, aber kontrovers diskutierten Konjunktur von Anthologien historischer Literatur, von denen vor allem das 1723 anonym erschienene, ausführlich kommentierte Werk *A Collection of Old Ballads*[51] hervorzuheben ist. Doch die Grenzen zwischen ernst zu nehmender Literaturhistorie und antiquarischer Liebhaberei sind wie in der traditionellen Geschichtsschreibung fließend, wie sich 1727 William Warburton über »the present state of English History« beschwert: »Every Monkish Tale, and Lye, and Miracle, and Ballad, are rescued from their Dust and Worms, to proclaim the Poverty of our Forefathers; whose Nakedness, it seems, their pious Posterity take great Pleasure to pry into. For all those Writings given us by the *Learned Oxford Antiquary*, there is not one that is not a Disgrace to Letters«.[52] So oblag es dem vernünftigen Historiker, aus dem ihm vorliegenden zwischen Wahrheit und Fiktion angesiedelten poetischen Material die richtigen Informationen herauszudestillieren: »For tho' their [the poets', M.D.] Works were interspersed with many fabulous Strokes, yet they might have furnished a judicious Historian, that could distinguish between Truth and Fiction, with good Materials for a History.«[53] Als Strategie, sich als Herausgeber historischer Fundstücke und Fragmente von diesem zweifelhaften Vorwurf, »Monkish Tales and Lyes« zu veröffentlichen, zu befreien, wäre so einerseits deren gelehrte Kommentierung, andererseits deren Aufwertung zu historischen Dokumenten festzuhalten. Dadurch bildete sich die Konvention eines fachwissenschaftlichen Apparats heraus, der inhaltlich zur Aufgabe hatte, sowohl die Authentizität der benutzten

[50] Adam Smith, *Lectures on Rhetoric and Belles Lettres* (1762/63), in: *The Glasgow Edition of the Works and Correspondence of Adam Smith*, IV, hg. v. J.C. Bryce, Oxford: Clarendon Press u. New York: Oxford Univ. Press 1983, S. 104.

[51] Vgl. Anonym [Ambrose Philips], *A Collection of Old Ballads*, London 1723*. Laut Stewart sind die Kommentare nicht immer ganz ernst zu nehmen. Wann Ironie einsetzt und wann jene wörtlich zu nehmen sind, bleibe an vielen Stellen unentscheidbar (vgl. Stewart, »Ancient Poetry as History in the 18th Century«, a.a.O., S. 340).

[52] William Warburton, *A Critical and Philosophical Enquiry into the Causes of Prodigies and Miracles*, London: Thomas Corbett 1727, S. 64*.

[53] Anonym, *An Universal History. From the Earliest Account of Time to the Present*, I, Dublin: Edward Bate 1744–47, S. xxxvi*.

Artefakte zu stützen als sie auch mittels mutmaßender Ergänzungen in einen größeren Zusammenhang zu stellen. Die Rekonstruktion der Abfolge und der Kausalität geschichtlicher Ereignisse und Verhaltensweisen, bei denen fehlende Fakten mittels gelehrter, aber spekulativer Annahmen ergänzt und verallgemeinert werden – sogenannte konjekturale Geschichtsforschung – wird daher auch zum maßgeblichen Gegenstand von Macphersons Herausgeberapparat.[54]

Mit den Bemerkungen über »the Pleasure to pry into the Poverty of the Forefathers« ist bereits der dritte weiter oben angedeutete Aspekt berührt: Den Geschichtsschreibern oder Herausgebern alter Dichtung ging es nämlich nicht um das Verfassen irgendeiner Geschichte, sondern um diejenige ihrer eigenen Vorfahren bzw. um ihr nationales Erbe und damit letztendlich um die Konstruktion einer weit in die Ferne reichenden nationalen Identität. Da Identität sich immer auch durch Abgrenzungen und Ausschlüsse konstituiert, ist die Veröffentlichung der Ossianischen Gesänge im größeren Zusammenhang einer schon seit Jahrhunderten andauernden Rivalität zwischen Schotten und Iren zu sehen. Beide waren in diesen Auseinandersetzungen bemüht, ihre Vorherrschaft durch das höhere Alter ihrer jeweiligen keltischen Kultur zu belegen. Thomas Innes schreibt 1729 über die Anmaßung der Iren »[to] excel other nations in the antiquity of the settlement and monarchy of the Scots in Britain«.[55] Dabei kam es, wie er schreibt, zu einem regelrechten Wettbewerb – »each nation vying with, and endeavouring to surpass one another in their antiquities [...], and the more they were ignorant of what passed before their own time, the more they were inclined to run up their antiquities to incredible heights«.[56]

Das in diesem Wettstreit um die Anciennität der Vorfahren aufgeworfene Authentizitätsproblem, das auch die Verlässlichkeit der Überlieferungsstufen betraf, bewegte jedoch nicht nur die Quellenforscher, sondern wurde auch Gegenstand philosophischer Debatten. Besonders hervorzuheben ist ein Kapitel aus John Lockes *Essay on Human Un-*

[54] Vgl. dazu, zu den vorangegangenen Zitaten (wenn auch hier aus anderen Ausgaben nachgewiesen, im Einzelnen kritisch überprüft und zum Teil erweitert), zur nicht unumstrittenen Konjunktur von Anthologien historischer Literatur und zur Debatte um die geschichtliche Zeugenschaft der Barden: Stewart, »Ancient Poetry as History in the 18th Century«, a.a.O., besonders S. 338–345 u. Haywood, *The Making of History*, a.a.O., S. 35–45.

[55] Thomas Innes, *A Critical Essay on the Ancient Inhabitants of the Northern Parts of Britain, or Scotland*, I, London: William Innys 1729, S. xiv*.

[56] Ebd., S. iii.

derstanding (1690),[57] in dem – ähnlich den bereits weiter oben in den naturwissenschaftlichen Diskursen nachgewiesenen Praktiken – eine stochastische Wahrscheinlichkeit (Probabilität) als Argument für eine allgemeine Verlässlichkeit von Aussagen ins Zentrum gerückt wird: Bezeichnend ist dabei, dass Locke Wahrscheinlichkeit (*probability*) mit der logischen Beweisführung (*demonstration*) ins Verhältnis setzt und betont, dass, während Letztere auf unumstößlichen (»constant and immutable«), nämlich abstrakten Nachweisen der Übereinstimmung von zwei Ideen beruhe, Erstere lediglich der Anschein (*the appearance of*) davon sein könne. Dennoch reiche dieser aus »to induce the mind to judge the proposition to be true or false«.[58] Während bei einer mathematischen Beweisführung das Ergebnis einerseits *per se* unwiderlegbar sei, kann es andererseits von einem Zuhörer – ohne genaueres Wissen davon – aufgrund der auch nur angenommenen Wahrhaftigkeit (*veracity*) des Sprechers als wahr empfunden werden. Probabilität sei daher in diesem Fall keine immanente Eigenschaft von Dingen, sondern ihnen äußerlich: »That which makes me believe is something extraneous to the thing I believe«.[59] Als Basis für eine solche Wahrscheinlichkeit sieht Locke entweder die Übereinstimmung einer Proposition mit eigenem Wissen und eigener Erfahrung oder deren Bezeugung durch andere Personen, die er folgendermaßen aufspreizt: »In the testimony of others, is to be considered, 1. The number. 2. The integrity. 3. The skill of the witnesses. 4. The design of the author, where it is a testimony out of a book cited. 5. The consistency of the parts and circumstances of the relation. 6. Contrary testimonies.«[60] Im weiteren Verlauf seiner Überlegungen und im Zusammenhang mit seiner Konzeptualisierung von Zustimmung (*assent*) kommt Locke auf geschichtliche Zeugnisse zu sprechen, die sich den abstrakten Gesetzen mathematischer Beweisbarkeit entziehen müssen und damit eine Frage der Probabilität werden: »[I]f all historians that write of Tiberius say that Tiberius did so, it is extremely probable. And in this case, our assent has a sufficient foundation to raise itself to a degree which we may call confidence.«[61] Einen Absatz später ergänzt er das Kriterium der Häufigkeit um das Ansehen der Sprecher und da-

[57] Die Hinweise auf Locke und Hume, denen im Folgenden genauer und mit anderen Schwerpunkten nachgegangen wird, verdanke ich ebenfalls Ian Haywood, *The Making of History*, a. a. O., S. 26ff.

[58] John Locke, *Essay on Human Understanding* (1690), in: *The Works of John Locke*, III, a. a. O., S. 96 [Book 4, Chapter XV, §1].

[59] Ebd., S. 98 [§3].

[60] Ebd. [§4].

[61] Ebd., S. 106 [Chapter XVI, §7].

rum, ob der wiedergegebene Umstand unwidersprochen geblieben ist, »yet being related by historians of credit, and contradicted by no one writer, a man cannot avoid believing it«.[62]

Trotz dieser Überlegungen bekundet Locke jedoch auch Zweifel an unverstellten mündlichen Tradierungen einer tatsächlich stattgefundenen Gegebenheit, die er ›*original truth*‹ – »the being and existence of the thing itself« – nennt. Er geht vielmehr von Aberrationen aus, die sich mit der Zahl der Überlieferungen verstärken: »[A]ny testimony, the farther off it is from the original truth, the less force and proof it has. [...] A credible man vouching his knowledge of it is a good proof: but if another equally credible do witness it from his report, the testimony is weaker; and a third that attests the hearsay of an hearsay, is yet less considerable. So that, in traditional truths, each remove weakens the force of the proof: and the more hands the tradition has successively passed through, the less strength and evidence does it receive from them.«[63] Damit bricht Locke mit dem auf der antiken Rhetorik basierenden mittelalterlichen Traditionalismus, der die ältere Bekundung der neueren vorzieht, und fordert empirische Grundlagen, d.h. historische Aufzeichnungen als ›*first originals*‹: »I think nothing more valuable than the records of antiquity: I wish we had more of them, and more uncorrupted.«[64]

David Hume reagiert später in seiner *Treatise of Human Understanding* (1739/40) auf diese Locke'sche Entwertung der Überlieferung einer ›*original truth*‹ qua derivativer Verfälschung. Dabei stärkt er unter Berufung auf die ihm zufolge einer mechanischen Kausalität von Ursache und Wirkung unterliegenden Sinneseindrücke die Beweiskraft von mehrstufigen Tradierungen des ›*original fact*‹. Dass diese allerdings auf schriftlich Fixiertes beschränkt bleibt und er das Problem mündlicher Überlieferungen, obwohl er es zunächst thematisiert, ausblendet, kann als implizite Abwertung der Letzteren gelesen werden:[65] »[L]et us consider, that tho' the links are innumerable, that connect any original fact with the present impression, which is the foundation of belief; yet they are all of the same kind, and depend on the fidelity of Printers and Copyists. One edition passes into another, and that into a third, and so on, till we come to that volume we peruse at present. There is no

[62] Ebd., S. 107 [§8].
[63] Ebd., S. 108 [§10].
[64] Ebd., S. 109 [§11].
[65] Vgl. David Hume, *Treatise of Human Nature* (1739/40), in: *Philosophical Works*, hg v. Thomas Hill Green, I, Nachdr. der Ausg. London 1886, Aalen: Scientia 1964, S. 441 [Book 1, Part III, Sect. XIII].

variation in the steps. After we know one, we know all of them [...]. [A]s most of these proofs are perfectly resembling, the mind runs easily along them, jumps from one part to another with facility [...]. By this means a long chain of argument, has as little effect in diminishing the original vivacity, as a much shorter wou'd have«.[66] Damit bezieht sich Hume jedoch ausschließlich auf historisch-diplomatische Dokumente, denn Dichtern spricht er als offenkundigen »*liars by profession*«[67] zwar zu, durch Einwirkung auf die Einbildungskraft Gefühle der Leidenschaft zu erzeugen; diese sind im Verhältnis zu historischen Berichten aber defizitär: »A poetical description may have a more sensible effect on the fancy, than an historical narration. It may collect more of those circumstances, that form a compleat image or picture. It may seem to set the object before us in more lively colours. But still the ideas it presents are different to the *feeling* from those, which arise from the memory and the judgment. There is something weak and imperfect amidst all that seeming vehemence of thought and sentiment, which attends the fictions of poetry.«[68] An anderer Stelle fällt sein Urteil noch vernichtender aus: »Poets can paint virtue in the most charming colours; but, as they address themselves entirely to the passions, they often become advocates for vice.«[69] Während also Locke von einer gewissen Flüchtigkeit historischer Tatsachen in großen geschichtlichen Zeiträumen ausgeht, stärkt Hume die Möglichkeit ihrer konstanten, allerdings schriftlichen Überlieferung. Dieses Spannungsfeld, in dem sich Manifestationen eines ›*original fact*‹ oder einer ›*original truth*‹ bewegen, und auch die Spannung zwischen Mündlichkeit und Schriftlichkeit spielen bei Macphersons Authentifizierungs-Strategien eine entscheidende Rolle.

Auto(r)-Authentifizierungen

Die soeben skizzierten zeitspezifischen diskursiven Regelmäßigkeiten im Umgang wie auch in der Bewertung von historischen Texten und ihren Autoren lassen sich als Kernprobleme der von Macpherson den ›Übersetzungen‹ angefügten Begleittexte betrachten. Bei den einzelnen Erstveröffentlichungen (*Fragments of Ancient Poetry*, *Fingal*, *Temora*)

[66] David Hume, *Treatise of Human Nature* (1739/40), a.a.O., S. 442f. [Book 1, Part III, Sect. XIII].

[67] Ebd., S. 419 [Book 1, Part III, Sect. X].

[68] Ebd., S. 421f. [Book 1, Part III, Sect. X, Appendix].

[69] David Hume, »Of the Study of History« (1741), in: *Philosophical Works*, IV, Aalen: Scientia 1964, S. 388–391, hier: S. 390f.

wurde nicht nur über den Titel für sie beansprucht, Übersetzungen von vorgefundener gälischer Dichtung (»translated from the galic language«) zu sein, sondern es wurden auch mittels des Apparats (Vorbemerkungen (*advertisements*), Vorworten, Abhandlungen und Fußnoten) ausführliche Beweisführungen geleistet und mögliche Einwände bezüglich deren Echtheit geschickt vorweggenommen. Ein nicht unwesentlicher Aspekt bei Macphersons Argumentation ist die Nachzeichnung einer plausiblen Herstellungsgeschichte, die zweifach abgesichert werden musste: Erstens musste die Existenz eines Originaltextes beglaubigt, zweitens dessen unveränderte Tradierung belegt werden. Die zentrale Frage war daher: Wie konnte der Eindruck erweckt werden, dass die vorgefundenen Gedichte authentisch seien? Damit verbunden musste erklärt werden, wie die Überlieferung vonstattengegangen sei und wie sichergestellt worden sei, dass durch die jeweiligen Übermittlungen die Originale im Lauf der Zeit nicht verfälscht worden waren. Erst nachdem diese Fragen für den zeitgenössischen Leser stichhaltig geklärt worden waren, konnten die Texte nicht nur als Poesie verstanden, sondern auch zu Dokumenten historischer Sitten- und Kulturgeschichte aufgewertet werden.

Verfolgt man die Publikationsgeschichte, tritt deutlich hervor, dass zunächst vornehmlich mit Behauptungen operiert wird, die jedoch nach und nach durch theoretische oder quasi-theoretische Beweisführungen ergänzt werden. Das Vorwort zu den *Fragments*[70] setzt umgehend mit einer Echtheitserklärung ein: »The public may depend on the following fragments as genuine remains of ancient Scottish poetry.«[71] Als Autoren werden die als ›*first historians*‹ anerkannten schottischen Barden – »[t]here can be *no doubt* that these poems are to be ascribed to the Bards«[72] –, aber vor allem für die letzten Gedichte der Sohn des schottischen Königs Fingal »Ossian the last of the heroes« genannt.[73]

[70] Aus einer Erklärung Hugh Blairs in einem Brief an das ›Committee of the Highland Society of Scotland‹ aus dem Jahr 1797 ergibt sich, dass das Vorwort eigentlich von ihm stammt. In der Erstausgabe ist dieses allerdings nicht ausdrücklich namentlich gekennzeichnet, so dass er im Namen von Macpherson spricht (vgl. Hugh Blair, »Letter to Mr. Mackenzie« (20.12.1797), in: *Report of the Committee of the Highland Society of Scotland, Appointed to Inquire into the Nature and Authenticity of the Poems of Ossian*, hg. v. Henry Mackenzie, Edinburgh: University Press 1805, S. 56–62, hier: S. 57f.

[71] James Macpherson, *James Macpherson's Fragments of Ancient Poetry* (1760), hg. v. Otto L. Jiriczek, i. dipl. Neudr. m. d. Lesarten der Umarbeitung, Heidelberg: Carl Winters 1915 (Anglistische Forschungen 47), S. 3 (im Original S. III).

[72] Ebd., S. 3 u. 5 (im Original S. III u. Vf.); Hervorhebung M.D.

[73] Ebd., S. 4ff. (im Original S. Vff.).

Ossian wird dabei regelrecht als historischer Augenzeuge instauriert: »And the author speaks of himself as present in the expedition of Fingal.«[74] Es wird jedoch nicht nur die Authentizität der literarischen Fragmente bekräftigt, sondern jene werden auch, den oben dargestellten historiographischen Praktiken gemäß, als sozialgeschichtliche Dokumente gewürdigt, »which [...] paint those manners, that belong to the most early state of society«.[75]

Dadurch dass die Gedichte als *Fragments* ausgewiesen werden, wird ihnen von vornherein der Anschein alter und unvollständiger Funde verliehen; denn seit der Renaissance benutzten Herausgeber klassischer Texte das Wort Fragment, um deren Unvollständigkeit im Abdruck zu markieren.[76] Der Begriff des Fragments steht jedoch nicht nur für die Destruktion einer Ganzheit, sondern, verstanden als Bruchstück, *Pars pro Toto* auch für eine derzeit unzugängliche, aber in der Vergangenheit möglicherweise existente Werkgesamtheit. Dadurch werden bereits im Titel implizit Erwartungen an einen potentiell größeren Textkorpus geschürt, die dann in den Ausführungen des Vorworts über eine zukünftige Edition, in der eine Einordnung eines Teils der Texte in einen größeren Zusammenhang geleistet werden könnte, weiter genährt werden: »[T]here is ground to believe that most of them were originally episodes of a greater work which related to the wars of Fingal. [...] It is believed, that, by a careful inquiry, many more remains of ancient genius, no less valuable than those now given to the world, might be found in the same country where these have been collected. In particular there is reason to hope that one work of considerable length, and which deserves to be styled an heroic poem, might be recovered and translated, if encouragement were given to such an undertaking.«[77] Die Bedingung »if encouragement« erscheint geradezu als ein Austesten des Buchmarktes, ob Bedarf an weiteren Artefakten besteht, bzw. als ein Akquirieren von Sponsoren, Recherchen nach ihnen zu finanzieren. Dabei wird in Aussicht gestellt, dass die zukünftigen Funde in ihrer möglichen Gesamtheit faktisch Aufschluss über die irische und schottische Geschichte geben

[74] Ebd., S. 6 (im Original S. VIII).

[75] Ebd., S. 3 u. 5 (im Original S. III u. Vf.); Hervorhebung M.D.

[76] Vgl. a. C. Dionisotti, »On Fragments in Classical Scholarship«, in: Glenn W. Most (Hg.), *Collecting Fragments*, Göttingen: Vandenhoeck & Ruprecht 1997 (Aporemata 1), S. 1–33.

[77] Macpherson, *James Macpherson's Fragments of Ancient Poetry* (1760), a.a.O., S. 4 u. 6 (im Original S. V u. VII).

könnten: »If the whole were recovered, it might serve to throw considerable light upon the Scottish and Irish antiquities.«[78]

Im Vorwort zu *Fingal*, der zweiten großen Veröffentlichung 1762, bekräftigt Macpherson im Zusammenhang mit einer Beschreibung seines zu diesem Zeitpunkt schon erfolgten Rechercheaufenthalts in den Highlands in rhetorischer Bescheidenheit, dass das gleichnamige Epos, über das noch in den *Fragments* gemutmaßt wird, aufgefunden worden sei: »It is only my business to lay it [the epic poem] before the reader, as I have found it.«[79] Als Herausgeber stand Macpherson aber vor einem doppelten Problem, denn er musste nicht nur glaubwürdig versichern, dass die ›vorgefundenen‹ Dokumente als authentische sozialgeschichtliche Quellen zu betrachten seien, sondern auch, dass sie ihm wirklich *materialiter* vorgelegen hätten. Deshalb verweist er erstens wiederum vage auf die Aussagekraft der Zeugnisse (»The story of this poem is so little interlarded with fable, that one cannot help thinking it the genuine history of Fingal's expedition, embellished by poetry«[80]), um schließlich fast wörtlich die Schlussphrase des Vorworts zu den *Fragments* zu wiederholen: »[T]he compositions of Ossian are not less valuable for the light they throw on the ancient state of Scotland and Ireland than they are for their poetical merit.«[81] Zweitens spricht er in der Vorbemerkung (*advertisement*) offensiv von existierenden Original-Manuskripten: »[T]here's a design on foot to print the Originals, as soon as the translator shall have time to transcribe them for the press; and if this publication shall not take place, copies will then be deposited in one of the public libraries«.[82] In der ›Dissertation‹ zur nächsten Publikation, *Temora*, triumphiert er schließlich, sogar das ›Gesamtwerk‹ Ossians sichergestellt zu haben: »In a journey thro' the Highlands and isles [...] *all* the genuine remains of the works of Ossian have come to my hands.«[83]

78 Ebd., S. 7 (im Original S. VIII); vgl. zum Zustandekommen und zur Finanzierung der Nachforschungen in den Highlands: Stafford, *The Sublime Savage*, a.a.O., v. a. Kapitel 7, S. 113–132.

79 Ebd., S. X^0 (keine Paginierung im Original).

80 Ebd., S. XV^0 (keine Paginierung im Original).

81 Ebd.

82 James Macpherson, *Fingal* (1762), in: *James Macpherson's Ossian*, hg. v. Otto L. Jiriczek, I, Faksimile-Neudr. d. Erstausg. v. 1762, Heidelberg: Carl Winters 1940, S. III^0 (im Original A2 recto). Originalmanuskripte hat Macpherson allerdings nie herausgegeben.

83 James Macpherson, *Temora* (1763), in: *James Macpherson's Ossian*, hg. v. Otto L. Jiriczek, II, Faksimile-Neudr. d. Erstausg. v. 1763, Heidelberg: Carl Winters 1940, S. xviii; Hervorhebung M.D.

Die hohe Zahl der auf seiner Expedition angeblich gefundenen und sukzessive kollationierten alten Gedichte setzten Macpherson aber latent dem Vorwurf aus, kein ernst zu nehmender Historiker, sondern ein blindwütiger Aufbewahrer von ›*learned lumber*‹ zu sein – ein möglicher Einwand, der den epistemischen Status seiner historischen Dokumente zu schwächen drohte. Wenn er daher schreibt: »Inquiries into the antiquities of nations afford more pleasure than any real advantage to mankind«,[84] lässt sich dies als Abgrenzung von antiquarischer Sammelleidenschaft lesen, die zudem mögliche Kritiker von vornherein entwaffnen sollte. Vergleicht man die aufeinanderfolgend publizierten Texte, so lässt sich ihre zunehmende Kohärenz ebenfalls als Taktik werten, sich vom Vorwurf des allen Trödel auflesenden ›*antiquarian*‹ zu befreien. Anfangs sind lediglich verschiedene schottische Barden als Urheber fragmentarisch überlieferter Gesänge (*Fragments*) genannt, später konzentrieren sich die ›Dokumente‹, zum Teil als Epos angeordnet, um die Figur Ossians (*Fingal*) und kulminieren schließlich in einer geschlossenen zeitgeschichtlichen Präsentation der Ereignisse bei Temora (*Temora*): »The story of the poem, with which I had been long acquainted, enabled me to reduce the broken members of the piece into the order in which they now appear.«[85] Durch diese Geschlossenheit gewinnen die Gedichte in *Temora* an Faktizität, d.h. an Aussagekraft als historische Zeugnisse: »[W]hat renders Temora infinitely more valuable than Fingal, is the light it throws on the history of the times. [...] The subject and catastrophe of the poem are founded upon facts.«[86] Bezeichnend sind dabei auch die Anschlüsse, die zwischen den einzelnen Publikationen hergestellt werden, da die vorangegangene Publikation in Teilen immer schon die nächste ankündigt und beinhaltet: Die letzten bereits vage Ossian zugeschriebenen Gedichte (XIII–XV) in den *Fragments* werden in *Fingal* wieder aufgegriffen; das epische Gedicht »Temora« im *Fingal*-Band antizipiert bereits thematisch dessen episch breite Entfaltung in der nachfolgenden Publikation *Temora*.[87]

Damit die Anthologien nicht nur als Gegenstand geschmäcklerischen Wohlgefallens wahrgenommen werden konnten, musste ihr Status als Erkenntnisobjekt durch textkritische Anmerkungen weiter untermauert

[84] Macpherson, *Fingal* (1762), a.a.O., S. i; vgl. a. Stewart, »Ancient Poetry as History in the 18th Century«, a.a.O., S. 344.

[85] Macpherson, *Temora* (1763), a.a.O., S. xviii.

[86] Ebd., S. xviii.

[87] Zu einer genaueren Genealogie der *Fragments* vgl. Otto Jiriczek, »Vorwort«, in: Macpherson, *James Macpherson's Fragments of Ancient Poetry* (1760), a.a.O., S. VII.

werden. Die Argumente, mit denen Macpherson seine Echtheitsbehauptungen zu stützen versucht, konzentrieren sich vor allem auf die Herstellungsgeschichte und die damit verbundene historische Einordnung der Gedichte. Die entsprechende Rechtfertigung erfolgt zum einen auf der Basis textimmanenter Beweise und zum anderen mittels externer Verifizierungen, also historischen Kontextualisierungen der ›faktischen‹ Referenzen. Letztere werden jedoch vornehmlich *ex negativo* geleistet, d.h., die Nichterwähnung historisch bekannter Umstände wird als Zeichen für die Vorzeitigkeit der Artefakte gewertet. Das hohe Alter, obwohl zunächst nicht klar datiert (»most remote antiquity«), wird nämlich bereits im Vorwort zum ersten Band einerseits am altertümlichen Stil, andererseits inhaltlich daran festgemacht, dass die Ausprägung der schottischen Clangesellschaften wie auch die Verbreitung der christlichen Religion keine – und wenn Letztere doch, dann noch abschätzig – Erwähnung fänden: »A full *proof* that Christianity was not as yet established in the country.«[88] Der Beleg für den vorchristlichen Hintergrund indes ist nicht publiziert, sondern wird lediglich angegeben als »a fragment of the same poems, which the translator has seen«.[89] Bezeichnend ist in diesem Zusammenhang auch eine Fußnote, in der die Umstände des Selbstmords von Dargos Tochter kommentiert werden: »In those early times suicide was utterly unknown among that people, and no traces of it are found in the old poetry. Whence the translator suspects the account that follows of the daughter of Dargo killing herself, *to be the interpolation of some later Bard.*«[90] Das Fragment wird somit durch die Markierung des anachronistischen Topos des Selbstmords als nachträgliche Einfügung plausibilisiert. Indem damit eine mögliche Veränderung des ›Ursprungstexts‹ ausgewiesen wird – die Verfälschung in der Fälschung –, erfährt der restliche Text eine zusätzliche Authentifizierung.[91] In *Fingal* wird diese Form der Verifizierung noch übertroffen, wenn Macpherson in einer Fußnote über vier Seiten Länge ein Gedicht mit folgender Bemerkung seinem ›Original‹ gegenüberstellt: »It is a thousand years later than Ossian, but the authors seem to have observed his manner, and adopted some of his expressions.«[92]

[88] Vgl. Macpherson, *James Macpherson's Fragments of Ancient Poetry* (1760), a.a.O., S. 4 (im Original S. V); Hervorhebung M.D.

[89] Ebd. (im Original S. IV); Hervorhebung M.D.

[90] Macpherson, *James Macpherson's Fragments of Ancient Poetry* (1760), a.a.O., S. 27 (im Original S. 35); Hervorhebung M.D.

[91] Vgl. zur Fälschung in der Fälschung: Haywood, *The Making of History*, a.a.O., S. 83.

[92] Macpherson, *Fingal* (1762), a.a.O., S. 253. Auf diese authentifizierende Fußnote

Eine genauere externe Belegung des hohen Alters nimmt Macpherson aber in der *Fingal* vorangestellten »Dissertation Concerning the Antiquity of the Poems of Ossian the Son of Fingal« vor, indem er die Gedichte inhaltlich mit der offiziellen römischen Geschichtsschreibung vergleicht und sie dadurch in die Textur bereits bekannter Dokumente, die von zeitgenössischer Seite als Zeugnisse der Vergangenheit von vornherein akzeptiert wurden, einflicht. Mit zahlreichen unter dem Text angeordneten Marginalien rekurriert er auf historische Referenzen von Plinius bis Cäsar, die die nachfolgend skizzierte Geschichte der Kaledonier – diesmal allerdings ohne entsprechende Verweise – mit Glaubwürdigkeit ausstatten sollen. In diesem Zusammenhang wird auch eine klare Datierung der geschilderten Ereignisse vorgenommen: »Ossian then lived at [...] the latter end of the third, and beginning of the fourth century. What puts this point beyond dispute, is the allusion in his poems to the history of the times.«[93] Als Beweis dient ihm unter anderem die Erwähnung einer Person namens Caracul im Gedicht, die er mit der historischen Figur Caracallas gleichsetzt: »A complete poem, which relates to this subject, is printed in this collection.«[94] Geschichtliche ›Fakten‹, die allerdings nur auf Vermutungen beruhen, sorgen so für einen Verifizierungskontext. Auch später, im Apparat zu *Temora*, stärkt Macpherson die Autorität der Überlieferung mit schriftlichen römischen Zeugnissen: »By comparing the history preserved by Ossian with the legends of Scotch and Irish writers, and, by afterwards examining both *by the test of the Roman authors*, it is easy to discover which is the most probable.«[95] Der gesamte von Macpherson u.a. aus der Dichtung abgeleitete Abriss der Geschichte der Kaledonier lässt sich als konjekturale Historiographie bezeichnen, die der Poesie Faktizität supplementiert. Dabei wird ein infiniter Regress erzeugt, weil der historische Hintergrund, der als authentifizierender Beweis angeführt wird, meist seinerseits aus den Gedichten gewonnen ist. In einem paradoxen Spiel belegt der – zudem nur vage und autoritativ beglaubigte – Kontext die im Gedicht dargestellten ›Fakten‹ als scheinbar aus sich selbst heraus

kommt später auch Hugh Blair zu sprechen: »This representation of Ossian's times, must strike us the more, as genuine and authentic, when it is compared with a poem of later dater, which Mr. Macpherson has preserved in one of his notes« (vgl. Hugh Blair, *A Critical Dissertation on the Poems of Ossian, the Son of Fingal*, London: T. Becket u. P.A. De Hondt: 1763, S. 17*).

93 Macpherson, *Fingal* (1762), a.a.O., S. vii.

94 Ebd., S. viii.

95 Macpherson, *Temora* (1763), a.a.O., S. xi.

leuchtende Evidenzen, obwohl diese ihrerseits durch die spekulative historische Kontextualisierung erst zum Leuchten gebracht werden.

Über die einzelnen historischen Vermutungen hinaus schuf auch der ausgehend von den *Fragments* über *Fingal* bis zu *Temora* allmählich anwachsende Korpus allein durch die steigende Zahl an verfügbaren ›Gesängen‹ re- und prospektiv ein immer stabileres Textgebäude, in dem die einzelnen Teile sich zunehmend wechselseitig stützten. Quantität, die, wie weiter oben bereits entfaltet, auch bei der Authentifizierungsdynamik des Piltdown Man eine entscheidende Rolle spielte,[96] stand dabei wie in einer mathematischen Gleichung, Lockes Ausführungen entsprechend, für Probabilität. Insofern sind die weiter oben von Locke zitierten Kriterien zur Authentifizierung von Zeugnissen zugleich als Werkzeuge der Ossian-Fälschungen anzusehen. Mit einer entsprechenden Beweisführung, jedoch anders gewendet, beugt Macpherson auch ausdrücklich dem naheliegenden Vorwurf vor, dass die historischen Referenzen vorgetäuscht sein könnten, indem er in einem ersten Argumentationsschritt nur unzeitgenössische Interpolationen für möglich erachtet: »Some people may imagine, that the allusions to the Roman history might have been industriously inserted into the poems, to give them the appearance of antiquity. This fraud must then have been committed at least three ages ago, as the passages in which the allusions are made, are alluded *too often* in the compositions of those times.«[97] Dieser Datierung wiederum wird aber in einem zweiten probabilistischen Argumentationsschritt damit begegnet, dass, selbst wenn eine Verfälschung denkbar wäre, es dem Fälscher nicht hätte gelingen können (»it is next to impossible«), seine Landsleute zu täuschen – »when all of them were so well acquainted with traditional poems of their ancestors«.[98] Macpherson errichtet damit einen weiteren fiktiven historischen Kontext, in dem die Gedichte aufgrund von damals (»three ages ago«) noch in vorgeblich reinerer Form vorliegendem Wissen über die Poesie der Vorfahren schon vor Jahrhunderten als echt akzeptiert waren. Diese Form der Verifizierung fußt jedoch nicht nur auf einer Behauptung, sondern kam bei der zeitgenössischen Rezeption der Gedichte selbst zum Tragen: Dass Macpherson, zumindest bei den ersten beiden Veröffentlichungen, Material aus existierenden gälischen Legenden verarbeitet hatte, sicherte ihm die Unterstützung seiner schottischen Zeitgenossen.[99] Anders gesagt:

[96] Siehe dazu weiter oben, S. 122.
[97] Macpherson, *Fingal* (1762), a. a. O., S. ix.
[98] Ebd., S. x.
[99] Derrick Thomson lieferte 1952 die Bestätigung, dass Macpherson in *Fingal* an 12

Er plausibilisierte die Texte durch ihre punktuelle Verankerung in bereits allgemein anerkanntem ›Tatsachenwissen‹.

Der weitaus schwerer wiegende Einwand, dem Macpherson zuvorkommt, betrifft jedoch die Verlässlichkeit und Art der Tradierung. Im Vorwort zu den *Fragments* ist noch, um die Gedichte als Zeugnisse einer vergangenen Kultur zu authentifizieren und den Barden als verlässliche historische Quelle einzusetzen, von mündlicher Überlieferung *und* Manuskripten die Rede, indem eine regelrechte Genealogie evoziert wird: »Every chief or great man had in his family a Bard or poet, whose office it was to record in verse, the illustrious actions of that family. By the succession of these Bards, such poems were handed down from race to race; some in manuscript, but more by oral tradition.«[100] Die Festlegung auf mündliche Tradierung erfolgt erst in der ›Dissertation‹ zu *Fingal*: »The use of letters was not known in the North of Europe till long after the institution of the bards: the records of the families of their patrons, their own, and more ancient poems were handed down by tradition.«[101] Dennoch muss Macpherson erklären, wie es zum Medienwechsel in die ihm angeblich vorliegende Schriftform kam: »This custom [die Tradierung, M.D.] came down near to our own times; and after the bards were discontinued, a great number in a clan retained by memory, or committed to writing, their compositions«.[102]

Der ›historische‹ Beweis einer mündlichen Überlieferung genügt jedoch nicht, um diese selbst als verlässlich zu authentifizieren, d.h. nachzuweisen, dass die Summe an Übertragungsfehlern im Laufe der Jahrhunderte, so wie Locke es problematisiert, das Übermittelte nicht total entstellt hat. Macpherson beugt diesem möglichen Einwand dadurch vor, dass er die immanente Verfasstheit der Texte selbst als Beweis anführt. Die Poesie sei nämlich sehr leicht einprägsam, weil sie durch ihre besondere Versform immanent eine Art Mnemotechnik zur Verfügung stelle; zudem werde durch ihre ›ursprüngliche‹ lautliche Einheit in »most perfect harmony« eine verändernde und damit verfälschende Tradierung verunmöglicht: »Each verse was so connected with those

Stellen auf existierende gälische Quellen rekurriert, sie allerdings deutlich modifiziert hat (vgl. Derrick S. Thomson, *The Gaelic Sources of Macpherson's ›Ossian‹*, Edinburgh/London: Aberdeen Univ. Press 1952 (Aberdeen Univ. Studies 130), S. 14, 59 u. 84; siehe a. in Fn. 136 auf S. 177 die Ausführungen zu Hugh Blairs Appendix mit den autoritativen Zeugenaussagen).

[100] Macpherson, *James Macpherson's Fragments of Ancient Poetry* (1760), a.a.O., S. 3 u. 5 (im Original S. III u. Vf.); Hervorhebung M.D.

[101] Macpherson, *Fingal* (1762), a.a.O., S. xii.

[102] Ebd.

which preceded or followed it, that if one line had been remembered in stanza, it was almost impossible to forget the rest. The cadences followed in so natural a gradation, and the words were so adapted to the common turn of the voice [...] that it was almost impossible, from similarity of sound to substitute one word for another.«[103] Damit rückt Macpherson die Überlieferung »with wonderful exactness«[104] in die mechanische Kausalität ein, die, wie dargestellt, Hume lediglich schriftlichen Zeugnissen zuspricht oder, zugespitzt formuliert, die mündliche Tradierung wird durch die lautliche Unveränderbarkeit der Phrasen einer verbrieften, wortgetreuen, buchstäblichen Schriftkultur äquivalentgesetzt.

Macpherson verfolgt in diesem Zusammenhang außerdem eine doppelte Strategie: Einerseits stärkt er die Ursprünglichkeit seiner Gedichte und spricht ihnen eine Hume'sche unveränderte Tradierung »without interruption«[105] zu, andererseits evoziert er, um seine Leistung als Herausgeber aufzuwerten, die Locke'sche Gefahr eines zunehmenden Verlöschens dieser Originalität. Besonderer Stellenwert wird dabei den durch das Aufkeimen des Kapitalismus bedingten kulturellen Veränderungen beigemessen: »The genius of the highlanders has suffered a great change within these few years. [...] [T]he introduction of trade and manufactures has destroyed that leisure which was formerly dedicated to hearing and repeating the poems of ancient times. [...] When property is established, the human mind confines its views to the pleasure it procures. [...] Hence it is, that the taste for their ancient poetry is at low ebb among the highlanders.«[106] In der ›Dissertation‹ zu *Temora* entwirft Macpherson eine regelrechte Stufenleiter des geschichtlichen Verfalls einer ursprünglichen gesellschaftlichen Einheit, die von der natürlichen Blutsverwandtschaft der Familien ihren Ausgang nimmt, über die Einführung von Privateigentum verläuft und in der beginnenden Unterordnung unter eine nicht natürli-

[103] Ebd. Hugh Blair wird in seiner 1763 erscheinenden *Critical Dissertation* mit einer Paraphrase aus Cäsars *De bello Gallico* dieses Argument weiter stützen, indem er die dort geschilderte Verpflichtung der Druiden, eine Vielzahl von Versen auswendig zu lernen – »some employed twenty years in this course of education« – auf die Barden überträgt (Blair, *A Critical Dissertation on the Poems of Ossian, the Son of Fingal*, a.a.O., S. 12). Kristine Louise Haugen weist interessanterweise darauf hin, dass Blair, um die mündliche Kultur zu stärken, Cäsars nachfolgende Erörterung der Verwendung der griechischen Schrift bei den Druiden ausspart (vgl. Kristine Louise Haugen, »Ossian and the Invention of Textual History«, in: *Journal of the History of Ideas* 52.2 (1998), S. 309–327, hier: S. 318).

[104] Macpherson, *Temora* (1763), a.a.O., S. xvi.

[105] Ebd., S. xxxiii.

[106] Macpherson, *Fingal* (1762), a.a.O., S. xv.

che, dieser Gesellschaft fremden Gesetzgebung und Regierung ihr Ende hat. Die von Ossian dargestellten Umstände werden von Macpherson als Zeugnisse des erstgenannten, ›unverfälschten‹ Gemeinschaftsgebildes eingestuft und: »As the first is formed on nature, so, of course, it is the most disinterested and noble. Men, in the last, have leisure to cultivate the mind, and to restore it, with reflection, to a primeval dignity of sentiment«.[107] Damit formuliert Macpherson *in nuce* sein Publikationsvorhaben, das sich als ästhetischer Idealismus *avant la lettre* liest, nämlich mittels der poetischen Vergegenwärtigung einer als ursprünglich angenommenen, aber vergangenen und verlorenen Einheit mit der Natur, den Verstand mit der natürlichen, edlen und uneigennützigen Kraft des Gefühls zu versöhnen: »His [Ossian's] ideas, tho' remarkably proper for the times in which he lived, are so contrary to the present advanced state of society, that more than a common mediocrity of taste is required, to relish his poems as they deserve.«[108]

Aufgrund des faktisch-historiographischen Aspekts der Gedichte spielten neben dieser dem zeitgenössischen Frühkapitalismus entgegengestellten unvoreingenommenen Erfahrung des archaischen Ossian auch andere extradiskursive Kräfte, d.h. politisch-nationale Belange in ihre Herausgabe und Rezeption hinein. Wenn Macpherson schreibt: »[N]o kingdom in Europe is now possessed by its original inhabitants«, so standen Ossians ›ursprünglich‹ schottische Gesänge auch im politischen Spannungsfeld der Auseinandersetzungen mit England um die königliche Regierung und die eigene nationale Identität. Die emphatische Rede von einer verlöschenden Highland-Kultur ist daher ein Echo zeitgenössischer politischer Umbrüche.[109] In diesem Zusammenhang ist auch an das anta-

[107] Macpherson, *Temora* (1763), a.a.O., S. xii.

[108] Ebd., S. xvii. Macpherson manövriert sich damit in einen performativen Widerspruch; denn er glorifiziert zwar die in den Texten und ihrer Tradition angeblich zum Ausdruck kommende von ökonomischen Aspekten freie archaische Form des unmittelbaren Zusammenlebens, betreibt aber selbst einen gut florierenden Handel mit den Texten. Damit wird einerseits die ursprüngliche Subsistenzwirtschaft idealisiert, andererseits aber durch eine Art immaterielle Wertschöpfung in eine lukrative Ware, in eine auf dem Buchmarkt verkäufliche Tradition verwandelt.

[109] Denn durch die 1707 verabschiedete *Treaty of Union* wurde Schottland formal mit England zum Königreich Großbritannien vereinigt, eine eigene Volksvertretung aufgelöst und Abgeordnete ins Parlament von Westminster entsandt. 1714 übernahm kein Stuart mehr, sondern das Haus Hannover den Thron. Die Jakobiter, die zum legitimen Nachfolger der Stuarts standen, versuchten danach immer wieder, gegen England zu opponieren und die Souveränität Schottlands zurückzuerobern. Ihr letzter großer Aufstand, angeführt von dem aus dem Exil zurückgekehrten Prinz Charles Edward, führte 1745 fast zum Sturz des englischen Königs, wurde aber 1746 bei Culloden blutig niedergeschlagen. Daraufhin wurden viele der verbleibenden Jakobiter hingerichtet oder in die Kolonien

gonistische Kräfteverhältnis zwischen Schottland und Irland zu erinnern, vor dessen Hintergrund Macpherson seine Zeugnisse des ›*most early state of society*‹ ins Spiel brachte. Denn dem Nachweis, »how superior the probability of Ossian's tradition is to the undigested fictions of the Irish bards«,[110] nämlich dass Ossian, der auch als Topos zahlreicher irischer Gedichte nachweisbar ist, ein schottischer Barde gewesen sei sowie dass alle entsprechenden irischen Gedichte lediglich falsche Aneignungen und Nachahmungen seien, wird in den quasi-theoretischen Abhandlungen viel Raum gegeben. Für die Vorzeitigkeit seiner ›Funde‹ bringt Macpherson in der ›Dissertation‹ zu *Temora* die sprachliche Tradition in Stellung und reklamiert für die nordschottische ›*Celtic tongue*‹ eine die irisch-keltische Sprache übertreffende Reinheit (»much more pure«), ergo eine ältere Herkunft, deren Nachweis er durch eine Unilateralität des Verstehens liefert: Ein Schotte könne zwar – »from that derivative analogy which it has to the *Galic* of North-Britain« – Gedichte der Iren verstehen, die Iren ihrerseits aber nicht gälische Dichtung aus Schottland.[111] Dem Schottisch-Gälischen wird somit eine Ursprünglichkeit im Superlativ zugesprochen – »a proof that the Scotch Galic is the *most original*, and, consequently, the language of more antient and unmixed people«.[112]

Um sein Werk zusätzlich zu authentifizieren, wertet er in diesem Zusammenhang die irischen Gedichte, die der Glaubwürdigkeit seiner Fälschung diametral entgegenstanden und sie dadurch gefährdeten, auch mittels eines der ältesten Werkzeuge des Textkritikers ab, nämlich durch den Nachweis von Anachronismen in Inhalt und Stil. Die irischen Quellen werden so im Vergleich zu den »genuine poems of Ossian« nicht nur zu »spurious pieces« degradiert, die lediglich »the ignorance of their authors« bezeugten, sondern erfahren auch – »in matters of antiquity [...] monstrous in their fables« – eine deutliche Umdatierung: »[T]hey appear to be the work of a very modern period. Every stanza, nay almost every line, affords striking proofs, that they cannot be three centuries old. [...] The idiom is so corrupted and so many words borrowed from the English, that that language must have

verbannt. Diese systematische Vertreibung, die sich über 100 Jahre fortsetzte, besiegelte die Eingliederung Schottlands in das englisch dominierte Großbritannien. Durch eine Entwaffnungsakte 1747 wurde noch im selben Jahr nicht nur das schottische Clansystem aufgelöst, sondern auch weitgehend die Hochland-Tracht und das Dudelsackspiel verboten (vgl. Andrew Mackillop, »Jacobitism«, in: Michael Lynch (Hg.), *The Oxford Companion to Scottish History*, New York: Oxford Univ. Press 2001, S. 349–352).

110 Macpherson, *Temora* (1763), a.a.O., S. xix.

111 Ebd., S. vi u. xxi.

112 Ebd., S. xxi; Hervorhebungen im Original getilgt und durch eigene ersetzt.

made considerable progress in Ireland before the poems were writ.«[113] Macpherson berücksichtigt somit bei seiner Fälschung nicht nur die ihm vorliegenden Werkzeuge des Kritikers, sondern betätigt sich selbst als solcher.[114]

Über die Textkritik hinaus festigt er seinen Nachweis über die gegenüber Irland ältere indigene Kultur Schottlands auch mit Attacken gegen bekannte Historiker – bzw. »more recent and regular legends of both Irish and Scotch historians«[115] –, welche zu anderen Ergebnissen kommen. John Fordun, der im 14. Jahrhundert als Erster den Versuch unternahm, eine kontinuierliche Geschichte Schottlands zu schreiben, wirft er vor, in Konkurrenz zu den ebenfalls das Alter ihrer Vorfahren zurückdatierenden Engländern vorschnell auf falsche irische Quellen zurückgegriffen zu haben: »Destitute of annals in Scotland, he had recourse to Ireland, which, according to the vulgar errors of the times, was reckoned the first habitation of the Scots. He found, there, that the Irish bards had carried their pretensions to antiquity as high, if not beyond any nation in Europe. It was from them he took those improbable fictions, which form the first part of his history.«[116] Ihm nachfolgende Historiker, wie der Schotte George Buchanan sowie die Iren Geoffrey Keating und Roderick O'Flaherty, hätten daher als »idle fabulists« diesen Irrtum lediglich weitergeschrieben.[117] Bereits in *Fingal* nimmt er einen Vorwurf, den man seinen Texten selbst machen könnte, nämlich die Gesänge zur Stärkung der nationalen schottischen Identität zurückdatiert zu haben, geschickt vorweg und reicht ihn implizit an die Adresse der Iren weiter: »[P]osterity being always ready to believe any thing, however fabulous, that reflects honour on their ancestors«.[118] Macpherson dagegen reklamiert für seine kaledonische ›Geschichte‹ emphatisch eine Tatsachenorientierung: »I prefer the national fame, arising from a few certain facts, to the legendary uncertain annals of ages of remote and obscure antiquity.«[119] Die Hochland-Schotten werden kraft dieser konjekturalen ›*facts*‹ als »genuine descendents of the antient Caledonians« und nicht als

[113] Ebd., S. xxxii, vgl. a. S. xiii u. xxxiv u. Macpherson, *Fingal* (1762), a.a.O., S. XV° (keine Paginierung im Original).

[114] Zur allgemeinen Interdependenz von Fälscher und Kritiker siehe: Grafton, *Fälscher und Kritiker*, a.a.O.

[115] Macpherson, *Temora* (1763), a.a.O., S. xix.

[116] Ebd., S. iii.

[117] Vgl. ebd., S. xi.

[118] Macpherson, *Fingal* (1762), a.a.O., S. i. Dieser Vorwurf deckt sich mit den Einwänden, die später Samuel Johnson Macpherson gegenüber äußert (siehe weiter unten, S. 182).

[119] Macpherson, *Temora* (1763), a.a.O., S. xix.

Nachfahren der ›*Scots*‹, d.h. der erst später einwandernden Kelten aus Irland dargestellt.[120] Damit setzt er schließlich die Hochländer als allein verlässliche Zeugen der ältesten Vergangenheit Schottlands und gleichzeitig als Besiedler Nordirlands ein: »It is, therefore, highly probable, that they, very early, found their way to the north of Ireland, which is within sight of their own country. That Ireland was first peopled from Britain is certain. [...] Ossian, in his poem of Temora, throws considerable light on this subject. His accounts agree so well with what the antients have delivered, concerning the first population and inhabitants of Ireland, that every unbiassed person will confess them more probable, than the legends handed down, by tradition, in that country.«[121] An späterer Stelle formuliert er diese Annahme noch deutlicher: »The favourite chimaera, that Ireland is the mother-country of the Scots, is totally subverted and ruined.«[122] *Temora*, das letzte und ausgerechnet das ›Ossianische Werk‹, das, wie Derrick S. Thomson 1952 argumentiert, am wenigsten auf bestehendem Legendenmaterial beruht,[123] wird von Macpherson daher zum alle anderen überragenden geschichtlichen Zeugnis stilisiert: »Ossian has not only preserved the history of the first migration of the Caledonians into Ireland, he also delivered some important facts, concerning the first settlement«.[124]

Macphersons Neuschreibung der Geschichte der Highlander mitsamt ihrer Urtradition lässt sich in das Phänomen einrücken, das Eric Hobsbawm und Terence Ranger die Erfindung der Tradition (*invention of tradition*[125]) nennen. D.h., den zeitgenössischen sozialen und ökonomischen Umstrukturierungen – der Eingliederung Schottlands

[120] Ebd., S. iv.

[121] Ebd., S. viii.

[122] Ebd., S. xxii.

[123] Nach Thomson ist *Temora* im Gegensatz zu *Fingal* in viel größerem Maße eine freie Erfindung, weil nur an einer Stelle im 1. Buch eine Referenz zu gälischen Quellen nachweisbar ist: »*Temora* is more coherent, if no more historical, in its footnotes than in its text« (Thomson, *The Gaelic Sources of Macpherson's ›Ossian‹*, a.a.O., S. 59).

[124] Macpherson, *Temora* (1763), a.a.O., S. ixf.

[125] Die genaue Definition lautet: »›Invented tradition‹ is taken to mean a set of practices, normally governed by overtly or tacitly accepted rules and of a ritual or symbolic nature, which seek to inculcate certain values and norms of behaviour by repetition, which automatically implies continuity with the past. In fact, where possible, they normally attempt to establish continuity with a suitable historic past. [...] In short, they are responses to novel situations which take the form of reference to old situations, or which establish their own past by quasi-obligatory repetition« (Eric Hobsbawm, »Introduction: Inventing Traditions«, in: Eric Hobsbawm/Terence Ranger (Hg.), *The Invention of Tradition*, Cambridge u.a.: Cambridge Univ. Press 1983, S. 1–14, hier: S. 1f.).

in das Königreich Großbritannien; der Niederlage der Jakobiten; dem aufkeimenden Kapitalismus – begegnete Macpherson mit konstruierten Traditionen, indem er retrospektiv eine eigene, von den Iren unabhängige kaledonische Identität, Kultur, Sprache und Literatur der Highlander erdichtete, die in dieser Form nie existiert hatten.[126]

Fremd-Authentifizierungen und Skepsis

Die ausgeführten Echtheitsbekundungen und -beweise beschränken sich jedoch nicht auf, um mit Eco zu sprechen, den Prätendenten Macpherson selbst, sondern wurden auch vonseiten von ›Richtern‹, und zwar von bekannten Autoritäten, bestätigt oder aber bezweifelt. Als prominentester Fürsprecher lässt sich unter ihnen Hugh Blair anführen, der 1762 an der Universität von Edinburgh einen Lehrstuhl für Rhetorik und Literatur (*Belles Lettres*) erhielt und bereits sowohl die Herausgabe der *Fragments* entscheidend geprägt als auch in Macphersons Namen das erste Vorwort dazu verfasst hatte. Der Verteidigung der ›Poems of Ossian‹ widmete er, der sie bereits ab 1761 in seinen Vorlesungen analysiert hatte[127], eine ausführliche Abhandlung (*Critical Dissertation*), die zunächst 1763 im selben Verlag wie die Ossianischen Gesänge eigenständig erschien und dann ab 1765 allen Ossian-Gesamtausgaben des 18. Jahrhunderts beigefügt wurde. Die Publikationspraxis, bereits die Erstausgaben mit einem wissenschaftlichen Apparat zu versehen und in großer zeitlicher Nähe ein dazugehöriges ausführliches akademisches Handbuch zu liefern, ist als entscheidende Komponente für das erfolgreiche Zirkulieren der Dichtungen anzusehen.[128]

[126] Hugh Trevor-Roper sieht in diesem Sinne Macphersons Ossian als ein Element in der Erfindung einer eigenen schottischen Hochland-Tradition, bei der verstreute mit lediglich in verkümmerter Form vorgefundenen Praktiken zu einer eigenen Tradition amalgamiert wurden. Er weist u. a. nach, dass die Highlander als Nachfahren irischer Einwanderer eigentlich entsprechend irische Trachten trugen und der karierte Schottenrock, der später zum Bild für die eigene Identität wurde, vor dem 18. Jahrhundert unbekannt gewesen war und erst nach der (oder als Reaktion auf die) *Treaty of Union* (1707) erfunden wurde. Die Entstehung unterschiedlicher ›*clan tartans*‹ und des Begriffs ›*kilt*‹ sind sogar erst 20 Jahre später nachweisbar (vgl. Hugh Trevor-Roper, »The Invention of Tradition: The Highland Tradition of Scotland«, in: Hobsbawm/Ranger (Hg.), *The Invention of Tradition*, a. a. O., S. 15–41, hier: S. 17ff.).

[127] Vgl. Robert Morell Schmitz, *Hugh Blair*, New York: King's Crown Press 1948, S. 48f.

[128] Robert Crawford hebt diese zeitliche Nähe als außerordentliche hervor: »Never before in the history of poetry had a work been followed so quickly by an academic handbook« (Robert Crawford, *The Modern Poet. Poetry, Academia, and Knowledge since the 1750s*, New York: Oxford Univ. Press 2001, S. 52). Robert Crawfords Untersuchung

Authentizitätsbeweisen, d.h. Überlegungen zur Verlässlichkeit von Macphersons Quellen und Übersetzungen, wird in dieser Schrift – Blair beschränkt sich in diesem Zusammenhang darauf, die Argumente aus dem ersten Vorwort noch einmal aufzugreifen – sehr wenig Raum gegeben, wie in der Vorbemerkung deutlich klargelegt wird: »In this dissertation, it is proposed [...] to point out those Characters of Antiquity, which the Works of Ossian bear; to give an Idea of the Spirit and Strain of his Poetry; and after applying the Rules of Criticism to Fingal, as an Epic poem, to examine the Merit of Ossian's Compositions in general, with Regard to Description, Imagery, and Sentiment.«[129] Dennoch liegt Blairs gesamter Argumentation die Annahme der Echtheit der Ossianischen Gesänge zugrunde, die, betrachtet man die Publikationsgeschichte, keinen geringen Anteil an der damaligen Rezeption von Ossian und dessen Aufnahme in den literarischen Kanon Schottlands hatte.[130] Robert Crawford versteht Blairs Veröffentlichungen und ihr Echo sogar als idealtypischen Ausdruck bestimmter diskursiver Transformationen, als deren zentrales Merkmal er festhält, dass die Urteile der akademischen Literaturkritik begannen, auf das ökonomische und institutionelle Zirkulieren von Ideen wachsenden Einfluss zu haben.[131]

Blairs *Critical Dissertation* ist aber auch im Kontext erster laut werdender Kritik nach der Veröffentlichung der *Fragments* und von *Fingal* zu lesen. Obwohl die Iren sich vor der Aneignung ihrer mythischen Vergangenheit verwahrten, konzentrierte sich die Kontroverse im literaturwissenschaftlichen Diskurs eher um das Thema der literarischen

widmet sich ausführlich dem sich seit 1750 permanent wandelnden Verhältnis zwischen der Figur des Literaten und akademischen Diskursen. Der Korpus ist dabei jedoch beschränkt auf Literatur aus Großbritannien, Irland und den Vereinigten Staaten.

[129] Blair, *A Critical Dissertation on the Poems of Ossian, the Son of Fingal*, a.a.O., o. S. Im Zusammenhang mit dem in Fälschungslegenden häufig auftretenden Topos des dilettantischen Gelehrten (»a gentleman lecturing on a language he did not know, of a past he had not studied, of a poem on whose origin he was utterly mistaken«) sei betont, dass Blair keineswegs eine stümperhafte Arbeit vorgelegt hat, sondern als Professor, der mit klassischer und zeitgenössischer Literatur vertraut war, eine qualifizierte Analyse der *englischsprachigen* Ausgabe der Gedichte geleistet hat (vgl. Henry Gray Graham, *Scottish Men of Letters in the Eighteenth Century*, London: Adam u. Charles Black 1908, S. 126; vgl. zur Gegenposition: Steve Rizza, »A Bulky and Foolish Treatise? Hugh Blair's ›Critical Dissertation‹ Reconsidered«, in: Howard Gaskill (Hg.), *Ossian Revisited*, Edinburgh: Edinburgh Univ. Press 1991, S. 129–146, hier: S. 129f.).

[130] Vgl. Otto L. Jiriczek, »Zur Bibliographie und Textgeschichte von Hugh Blairs *Critical Dissertation on the Poems of Ossian*«, in: *Englische Studien* 70 (1935/36), S. 181–189; vgl. a. John Valdimir Price, »Ossian and the Canon in the Scottish Enlightenment«, in: Gaskill (Hg.), *Ossian Revisited*, a.a.O., S. 109–128, besonders S. 111–113.

[131] Vgl. Crawford, *The Modern Poet*, a.a.O., S. 84, vgl. a. S. 50f.

Qualität der Gedichte. Blairs Auseinandersetzung mit ihnen findet daher ihren Angriffspunkt darin, dem Leser des 18. Jahrhunderts, dem der Ossianische Stil angesichts des ihm vertrauten neuklassischen Regelkanons befremdlich erscheinen musste, die besondere poetische Ausdruckskraft der vermeintlich primitiven Gedichte darzulegen.[132] Die Anciennität der Gedichte erschloss sich ja nicht aus bereits bekannten Vorlagen, sondern war, um noch einmal Ecos Vokabular zu bemühen, mangels entsprechender Vorbilder zumindest stilistisch eine Fälschung *ex nihilo*.

Vor diesem Hintergrund nimmt die Aufwertung der Gedichte zu sozial- und kulturgeschichtlichen Dokumenten bei Blair wie schon bei Macpherson einen hohen Stellenwert ein: »They make us acquainted with the notions and feelings of our fellow-creatures in the most artless ages; discovering what objects they admired, and what pleasures they pursued, before those refinements of society had taken place, which [...] disguise the manners of mankind.«[133] Die Poesie wird somit als unmittelbarer Ausdruck einer im Einklang mit der Natur lebenden, ursprünglich freien und unverstellt interagierenden Menschheit gelesen: »[M]en [...] display themselves to one another without disguise; and converse and act in the uncovered simplicity of nature.«[134] Blair stellt dabei die Gedichte in den Zusammenhang eines universell gleichen gesellschaftlichen Ursprungs: »But mankind never bear such resembling features, as they do in the beginnings of society. Its subsequent revolutions give rise to the principal distinctions among nations; and divert into channels widely separated, that current of human genius and manners, which descends originally from *one spring*.«[135]

Um seine Argumente abzustützen, unternimmt Blair jedoch weniger den Versuch, externe Beweise, d.h. historische Fakten für das Alter und die Authentizität der Gedichte zusammenzutragen. Stattdessen geht er von ihrer textimmanenten rhetorischen Beschaffenheit aus. Dem Ge-

[132] Vgl. Rizza, »A Bulky and Foolish Treatise?«, a.a.O., S. 132 u. 144.

[133] Blair, *A Critical Dissertation on the Poems of Ossian, the Son of Fingal*, a.a.O., S. 1. Orthographie vom Original übernommen.

[134] Ebd., S. 2.

[135] Ebd., S. 4; Hervorhebung M.D. Diese Annahme führt ihn schließlich auch dazu, Ossian zwar nicht zeitlich, aber in Bezug auf die gesellschaftliche Entwicklung mit Homer auf die gleiche Stufe zu stellen und einen umfangreichen Teil seiner Untersuchung deren Vergleich zu widmen: »For though Homer lived more than thousand years before Ossian, it is not from the age of the world, but from the state of society, that we are to judge of resembling times« (ebd., S. 22). Siehe zu einer ausführlicheren Auseinandersetzung mit dem zeitgenössischen Topos der Gleichsetzung von Homer und Ossian, die hier nicht weiter verfolgt wird: Haugen, »Ossian and the Invention of Textual History«, a.a.O., S. 309–327.

dichtkorpus wird dabei zugesprochen, aus sich selbst heraus, selbstverständlich im buchstäblichen Sinne, seine frühe Herkunft für jedermann zu bezeugen: »The compositions of Ossian are so strongly marked with characters of antiquity, that although there were no external proof to support that antiquity, hardly any reader of judgement and taste, could hesitate in referring them to a very remote æra.«[136] Später wird dafür, zumindest in Lockes Verständnis davon, schließlich doch ein externer Beweis, nämlich der der Probabilität oder vielmehr der Unwahrscheinlichkeit einer Fälschung in Stellung gebracht: »[O]ne who could support this counterfeited antiquity through such a large collection of poems, without the least inconsistency; and who possessed of all this genius and art, had at the same time the self-denial of concealing himself, and of ascribing his own works to an antiquated bard, without the imposture being detected; is a supposition that transcends all bounds of credibility.«[137] Quantität dient auch in diesem Fall als nicht unwesentliches Beweiskriterium: Dass ein Gedicht gefälscht sein könnte, wäre noch plausibel; dass ein solch immenser Korpus an Gedichten hätte erfunden sein können, überstieg die Gesetze der Wahrscheinlichkeit. Dass der Übersetzer zudem seine Person bescheiden in den Hintergrund stellte, galt als weiterer Beweis der Echtheit: In quasi-kriminalistischer Vorgehensweise wird dabei von der Abwesenheit eines Tatmotivs – nämlich des klassischen Fälschungsmotivs der persönlichen Bereicherung – auf eine Unmöglichkeit der Tat geschlossen.

Bemerkenswert ist, wie sich Blair in der Auseinandersetzung mit dem ›*poetical merit*‹ der Ossianischen Gesänge in unauflösbare Widersprüche verstrickt, die das Spannungsverhältnis zwischen dem Zeitpunkt ihrer Veröffentlichung und ihrem vorgeblichen Alter deutlich hervortreten lassen. Einerseits wird an vielen Stellen primitivistisch die Ursprünglichkeit und Unmittelbarkeit des Ausdrucks zelebriert, andererseits jedoch von einem für die damalige Zeit hohen Maß an gelehrter dichterischer Kunstfertigkeit gesprochen. Wie schon Macpherson setzt Blair die Ge-

[136] Blair, *A Critical Dissertation on the Poems of Ossian, the Son of Fingal*, a.a.O., S. 16. In der zweiten Auflage seiner Abhandlung schließt Blair diese empirische Beweislücke durch einen entsprechenden Appendix, in dem er Aussagen von Autoritäten, »persons of credit and honour, both gentlemen of fortune, and clergymen of the established church«, die die Authentizität der Gedichte bezeugten, zusammenträgt: »They all, without exception, concur in holding his translations to be genuine, and proceed upon their authenticity as a fact acknowledged throughout all those Northern Provinces« (Hugh Blair, *A Critical Dissertation on the Poems of Ossian, the Son of Fingal*, London: T. Becket u. P.A. De Hondt: 1765[2], S. 137*).

[137] Blair, *A Critical Dissertation on the Poems of Ossian, the Son of Fingal*, a.a.O., S. 20.

dichte an den Anfang der Stufenleiter gesellschaftlicher Entwicklung, die sich zwar in ihrer Abfolge von derjenigen des Ersteren unterscheidet, deren erste Sprosse aber als gemeinsames Merkmal die Abwesenheit von Eigennutz und Privateigentum trägt: »Every thing presents to us the most simple and unimproved manners. [...] Whatever was beyond the necessaries of life was known to them only as the spoil of the Roman province; ›the gold of the stranger‹«.[138] Während die Menschheit im Lauf der Geschichte zu immer größerer Verstandesleistung fortschreite, geschehe dies unweigerlich auf Kosten der Einbildungskraft, von dessen unverstellter Größe die alten Gedichte Zeugnisse seien: »Hence, poetry, which is the child of imagination, is frequently most glowing and animated in the first ages of society. [...] Throughout Ossian's poems, we plainly find ourselves in the first of these periods of society«.[139] Diese ›edle Einfalt‹, Erfahrungen unmittelbar, spontan und in lebendiger Weise Ausdruck zu verleihen, wird dann schließlich in umfangreichen stilistischen Untersuchungen an den Gedichten nachgewiesen. Man begegnet dabei immer wieder Argumenten, mit denen Ossians Sprache im Gegensatz zu angeblich zeitgenössisch geläufigen Abstraktionen sehr nahe an das beschriebene Objekt gerückt und somit dessen Bemühung um Einzelheiten oder -dinge gegen das Sprechen in allgemeinen Begriffen gestellt wird: »The ideas of men at first, were all particular. They had not words to express general conceptions. [...] Ossian, accordingly, almost never expresses himself in the abstract. His ideas extended little farther than to the objects he saw around him.«[140] Die Ossians ›konkreter lebendiger Sprache‹ zugeschriebene Authentizität und Einmaligkeit lässt sich als Komplementärphänomen zu zeitgenössischen Erfahrungen mit der industriellen Revolution sowie der Geldwirtschaft, ihren Abstraktionen und Äquivalentsetzungen verstehen. Die gefeierte ›Originalität‹ ergibt sich so ganz im Sinne der Hobsbawm'schen ›*invented tradition*‹ aus der Retrospektive, d.h., bei der Fälschung scheint der verklärende Blick der Macpherson'schen Epoche zurück auf die Vorzeit mitkalkuliert.[141] Dabei zeigt sich, dass ›Natur‹ nicht ›Kultur‹ vorgängig ist, sondern als Gegenkonstrukt dem jeweiligen zeitspezifischen Kulturverständnis erwächst. Ossians Verdienst liegt für Blair daher darin, in aufgrund

[138] Ebd., S. 17.
[139] Ebd., S. 3 u. 17.
[140] Ebd., S. 19.
[141] Vgl. zum Phänomen, dass Fälschungen, die die Vergangenheit lebendig erscheinen lassen, immer auch zeitspezifische Denkweisen der Epoche ihrer Verfertigung aufgeprägt sind: Grafton, *Fälscher und Kritiker*, a.a.O., S. 63f.

ihrer Einfachheit unnachahmlichen Beschreibungen eigene Eindrücke zu *präsent*ieren und buchstäblich vor Augen zu stellen; denn die Formulierungen seien Ausdruck eines ursprünglich naiven Dichtens, das nicht aus gelehrter Stilistik resultiere, sondern aus der Unmittelbarkeit der Gefühlsäußerungen: »In a word, whilst reading him, we [...] dwell among his objects as if they were all real. [...] The simplicity of Ossian's manner adds great beauty to his descriptions, and indeed to his whole Poetry. We meet with no affected ornaments; no forced refinement; no marks either in style or thought of a studied endeavour to shine and sparkle. Ossian appears every where to be prompted by his feelings; and to speak from the abundance of his heart.«[142] Die poetischen Äußerungen werden darum immer wieder von einem Regelkanon gelöst und direkt auf die wiedergegebenen Phänomene bezogen. Für Blair sind die von Ossian beschriebenen (Seelen-)Landschaften keine Kunstgriffe oder Symbole (»The introduction of foreign images betrays the poet copying not from nature, but from other writers«[143]), sondern dem Leser vergegenwärtigte oder lebendig vor Augen geführte Veranschaulichungen der von ihm konkret vorgefundenen Lebensumwelt: »His imagery is, without exception, copied from that face of nature, which he saw before his eyes [...]. We meet with no Grecian or Italian scenery; but with the mists, and clouds, and storms of a northern mountainous region.«[144] Fortwährend stärkt Blair die Vorzüge von Ossians unartifizieller, unmittelbar lebendiger Ausdruckskraft, frei von ›*superfluous decoration*‹: »Ossian [...] wrote from the *immediate* impulse of poetical enthusiasm [...]. He rests on the majesty of his sentiments, not on the pomp of his expressions.«[145] Die hervorragende Qualität (*genuine merit*) der Gedichte fasst Blair schließlich am Ende seiner Abhandlung in einer Reihe rhetorischer Fragen an den »poetical genius« und an wahre Dichtung (*true poetry*) zusammen. Sie lassen sich auch als Skizze der späteren Ästhetik des Genies verstehen, eines Genies, das den ›Regeln‹ der Natur nach dichtet: »Does he [Ossian] utter the voice of nature? Does he elevate by his sentiments? Does he interest by his descriptions? Does he paint to the heart as well as to the fancy? Does he make his readers glow, and tremble, and weep?«[146] Die gleiche Spur findet sich

[142] Blair, *A Critical Dissertation on the Poems of Ossian, the Son of Fingal*, a.a.O., S. 45 u. 49.

[143] Ebd., S. 52.

[144] Ebd., S. 53.

[145] Ebd., S. 54 u. 69; Hervorhebung M.D.

[146] Blair, *A Critical Dissertation on the Poems of Ossian, the Son of Fingal*, a.a.O., S. 74; vgl. a. Rizza, »A Bulky and Foolish Treatise?«, a.a.O., S. 137.

bereits bei Macpherson, wenn er in *Fingal* – wohl von Shaftesbury beeinflusst – von der »divine inspiration« der Dichter spricht.[147]

Dieser Eloge auf die zeitspezifisch wilde, ursprüngliche Fähigkeit Ossians, seinen Empfindungen ungestaltet und unmittelbar Ausdruck zu verleihen und somit die Affekte der Leser im selben Maß und auf dieselbe Weise zu affizieren wie seine eigenen, steht an anderen Stellen jedoch eine Erhöhung der kulturellen Entwicklung und Gebildetheit der Kelten diametral entgegen.[148] Denn Blair betont, dass diese insgesamt nicht »a gross and rude nation« gewesen seien, wie Ossian als Zeuge des »more cultivated state, in which [...] poetry subsisted among the ancient Celtæ, than among most other barbarous nations« belege.[149] Diese Superiorität wird mit konjekturalen Annahmen zum einen einer höher entwickelten Sittlichkeit, zum anderen einer regelrechten keltischen poetischen Schule untermauert: »[T]he celtae [...] possessed from very remote ages a formed *system of discipline and manners*, which appears to have had a deep and lasting influence. [...] [T]he Celtic tribes appear to have been addicted so high a degree to poetry, and to have made it so much their *study* from the earliest times, as may remove our wonder, at meeting with a vein of *higher poetical refinement* among them, than was at first sight to have been expected among nations«.[150] Obwohl Blair also einerseits über die stilistischen Untersuchungen Ossians schnörkellose, einfache Sprache (›no affected ornaments; no forced refinement; no marks either in style or thought of a studied endeavour to shine and sparkle‹) als besondere Qualität hervorhebt, bezeichnet er ihn andererseits widersprüchlich als »professed bard, educated with care [...] to all the poetical art then known«.[151] Wieder ist man mit einer eigenwilligen Beweisführung konfrontiert: Ausgehend von der nicht weiter extern belegten Annahme, dass die Gedichte echt und historisch datierbar seien, werden sie als Dokumente einer im Verhältnis zur ihrer historischen Einordnung vergleichsweise hochentwickelten keltischen Kultur gedeutet. Hätte man die Poesie von vornherein als Fälschung enttarnen wollen, hätten die von Blair angeführten stilistischen Analysen auch als Beweis ihrer Unechtheit dienen können, indem man ihre formale Ausgestaltung als Anachronismus

[147] Macpherson, *Fingal* (1762), a.a.O., S. xi.

[148] Rizza weist daher vor diesem Hintergrund zu Recht darauf hin, dass Blairs Überlegungen nur auf den ersten Blick primitivistisch erscheinen (vgl. Rizza, »A Bulky and Foolish Treatise?«, a.a.O., S. 134f.).

[149] Blair, *A Critical Dissertation on the Poems of Ossian, the Son of Fingal*, a.a.O., S. 64.

[150] Ebd., S. 12f.; Hervorhebungen M.D.

[151] Ebd., S. 15.

hätte auslegen können. Die Enttarnung einer Fälschung kommt aber, wie bereits beim *Eoanthropus Dawsoni*, erst in Betracht, wenn man sie von vornherein in Erwägung zieht.

Die Veröffentlichung der Ossianischen Gesänge hatte jedoch nicht nur prominente Fürsprecher, sondern ebensolche Kritiker, wie z. B. Samuel Johnson, der ihre Echtheit vehement bezweifelte.[152] Dass Macpherson traditionelle Legenden als Material für seine Gedichte verwendet hatte, sicherte ihm, wie bereits gezeigt, den Rückhalt seiner Landsleute. Der Nachweis dieser Adaptionen wurde spätestens mit der Veröffentlichung des *Report of the Committee of the Highland Society* zumindest für *Fingal* öffentlich erbracht.[153] Die dem *Report* vorangegangene Fälschungsdebatte war von diesem Wissen um bestimmte Entlehnungen zwar geprägt, aber keineswegs beendet. Johnson, schärfster Kritiker von Macpherson, gestand den Ossian-Dichtungen nämlich inhaltliche Übereinstimmungen mit gälischen Quellen von vornherein ausdrücklich zu, stellte jedoch vehement erstens die von Macpherson behauptete Existenz von Manuskripten, zweitens die verlässliche Tradierung und drittens die Aufbereitung zu einem kohärenten größeren Werk infrage, wie ein von James Boswell auf einer gemeinsamen Reise zu den Hebriden dokumentiertes Gespräch belegt: »›He has found names, and stories, and phrases, nay passages in old songs, and with them has blended his own compositions, and so made what he gives to the world as the translation of an ancient poem.‹«[154] Verifizierungen durch Highland-Autoritäten, die die Echtheit der tradierten Gedichte bezeugt hatten, lässt er jedenfalls nicht gelten, sondern bezichtigt sie, ausgehend vom Wiedererkennen bestimmter Motive, verbunden mit blindem Eifer und Lokalpatriotismus, vorschnell den gesamten Korpus als echt anerkannt zu haben: Macpherson »has doubtless inserted names that circulate in popular stories, and may have translated some wandering ballads, if any can be found; and the names, and some of the images being recollected, make an inaccurate auditor imagine, by the help of Caledonian bigotry, that he has formerly heard

[152] Vgl. dazu: Lynch, »Samuel Johnson's ›Love of Truth‹ and Literary Fraud«, a. a. O., S. 611 u. 618.

[153] Derrick S. Thomson hat somit diese Zuerkennung 1952 nur analytisch vertieft (siehe dazu Fn. 99 auf S. 167). Nicht selten wird dies bis heute als Argument für die Rehabilitation Macphersons eingesetzt. Damit aber, wie Schmidt schreibt, den Begriff der Fälschung als »vollkommen inadäquat erscheinen« zu lassen, scheint wiederum als voreiliger Schluss, der deren historische Echtheits-Rezeption außer Acht lässt (vgl. Schmidt, *»Homer des Nordens« und »Mutter der Romantik«*, I, a. a. O., S. 16).

[154] Samuel Johnson, zit. n. James Boswell, *The Journal of a Tour to the Hebrides with Samuel Johnson* (1785), Dublin: White, Byrne u. Cash 1785, S. 297*.

the whole. […] The Scots have something to plead for their easy reception of an improbable fiction: they are seduced by their fondness for their supposed ancestors. A Scotchman must be a very sturdy moralist, who does not love Scotland better than truth«.[155]

Anders als für Blair, dessen Ausführungen, entkleidet man sie ihrer historischen Indizes, auch heute, im Wissen, dass es sich nicht um Originale handelt, als poetologische Betrachtungen nicht von Ossians, aber von Macphersons dichterischem Schaffen lesen lassen, war für Johnson die Echtheit und das Alter für die Einschätzung der Gedichte essentiell. Ein eigenständiger ›*poetical merit*‹ wird ihnen nicht zugestanden, da ihr Wert sich allein an ihrem Status als Dokument historischer Mentalitätsgeschichte zu bemessen hatte: »Had it been really an ancient work, a true specimen how men thought at that time, it would have been a curiosity of the first rate. As a modern production, it is nothing.«[156] Zum Maßstab der Betrachtung der Ossianischen Gesänge wird für Johnson daher die tatsächliche Existenz der von Macpherson ausgewiesenen Originale: »Let Mr. Macpherson deposit the manuscript in one of the colleges at Aberdeen […]; and, if the professors certify the authenticity, then there will be an end of the controversy.«[157] Umgekehrt gerät der fehlende Nachweis der Originaldokumente selbstredend zum Beweis für Macphersons Schuld: »The editor, or author, never could shew the original; nor can it be shewn by any other; to revenge reasonable incredulity, by refusing evidence, is a degree of insolence, with which the world is not acquainted; and stubborn audacity is the last refuge of guilt.«[158] Eine andere diesbezügliche Stelle lässt sich als direkte Replik auf die von Blair in der zweiten Auflage seiner ›Dissertation‹ vorgenommenen externen Authentifizierungen mittels verbriefter Zeugen lesen: »Why is not the original deposited in some publick library, instead of exhibiting attestations of its existence?«[159] Dabei wird sogar das Bild einer Gerichtsverhandlung heraufbeschworen; denn auch dort würde, wenn es darum gehe, die Existenz eines Mannes zu beweisen, seine konkrete Anwesenheit gegenüber den Aussagen von 50 Gewährsmännern,

[155] Samuel Johnson, *A Journey to the Western Islands of Scotland* (1791), in: *The Yale Edition of the Works of Samuel Johnson*, hg. v. Edward Lippingcott MacAdam, IX, New Haven/London: Yale Univ. Press 1971, S. 118f.

[156] Samuel Johnson, zit. n. Boswell, *The Journal of a Tour to the Hebrides with Samuel Johnson* (1785), a.a.O., S. 294.

[157] Ebd., S. 97f.

[158] Johnson, *A Journey to the Western Islands of Scotland* (1791), a.a.O., S. 118.

[159] Johnson, zit. n. Boswell, *The Journal of a Tour to the Hebrides with Samuel Johnson* (1785), a.a.O., S. 487.

die jenen nur bezeugen könnten, juristisch Vorrang haben.[160] Mangels manifester Zeugnisse und aufgrund von Zweifeln über die Existenz einer kaledonischen Schriftkultur stellt Johnson also die lückenhaften Geschichtsdarstellungen und die von Macpherson daran angelehnten Vermutungen vehement infrage: »But this is the age in which those who could not read, have been supposed to write; in which the giants of antiquated romance have been exhibited as realities. If we know little of the ancient Highlanders, let us not fill the vacuity with Ossian.«[161] Auf der Grundlage fehlender Manuskripte kritisiert auch Boswell, seinem Vorbild folgend, die von Macpherson in seiner Abhandlung zu *Fingal* vorgestellte konjekturale Geschichte Schottlands: »I read some of Dr. Macpherson's Dissertations on the Ancient Caledonians. I was disgusted by the unsatisfactory *conjectures* as to antiquity, before the days of record.«[162]

Es lässt sich dabei deutlich machen, dass diejenigen Argumente, mit denen Macpherson seine Schriften beglaubigt, aus dem Blickwinkel, dass man sie als Fälschungen in Betracht zieht, jederzeit gegen ihre Echtheit gewendet werden können: Macphersons Vorgehensweise, zum Teil wiedererkennbares Legenden-Material zu verarbeiten und damit den gesamten auch fingierten Korpus seiner Gedichte zu authentifizieren, wird von Boswell in einer gleichnishaften Wendung gegen ihre Authentizität gerichtet. Während im ersten Fall wiedererkennbare Teile zur Akzeptanz des Ganzen führen, infiziert bei der letztgenannten Argumentation die Unechtheit eines Teils das ganze Werk: »That *Fingal* is not from beginning to end a translation from the Galick, but that *some* passages have been supplied by the editor to connect the whole, I have heard admitted by very warm advocates for its authenticity. If

[160] Vgl. ebd. Jack Lynch arbeitet schlüssig heraus, dass sich Johnson in seiner moralischen Argumentation – nicht umsonst operiert er u. a. mit dem Bild einer Gerichtsverhandlung und sich dadurch ergebenden Implikationen juristischer Schuld – so vehement gegen Fälschungen ausspricht, weil damit ihm zufolge das jedem Verstehen, Wahrnehmen und gesellschaftlichen Austausch zugrundeliegende Vertrauen bedroht werde. Johnsons mit Fälschungen verbundene Angst vor einer epidemischen Ausbreitung eines gesellschaftlichen Vertrauensverlusts lässt sich an einer prägnanten Stelle in einem seiner *The Rambler*-Essays nachweisen: »Whoever commits a fraud is guilty not only of the particular injury to him whom he deceives, but of the diminution of that confidence which constitutes not only the ease but the existence of society.« (Samuel Johnson, »The Rambler No. 79, Tuesday, 18 December 1750«, in: *The Yale Edition of the Works of Samuel Johnson,* IV, a. a. O., S. 50–55, hier: S. 55; vgl. Lynch, »Samuel Johnson's ›Love of Truth‹ and Literary Fraud«, a. a. O., S. 608f.)

[161] Johnson, *A Journey to the Western Islands of Scotland* (1791), a. a. O., S. 119.

[162] Boswell, *The Journal of a Tour to the Hebrides with Samuel Johnson* (1785), a. a. O., S. 179; Hervorhebung M. D.

this be the case, why are not these distinctly ascertained? Antiquaries, and admirers of the work may complain, that they are in a situation similar to that of the unhappy gentlemen whose wife informed him, on her death bed, that one of her reputed children was not his; and, when he eagerly begged her to declare which of them it was, she answered, ›*That* you shall never know;‹ and expired, leaving him in irremediable doubt as to them all.«[163]

Diskurseffekte und literaturtheoretische Konsequenzen der Deauthentifizierung

Der 1805, neun Jahre nach Macphersons Tod, veröffentliche *Report of the Committee of the Highland Society of Scotland* beruhigte in einem erheblichen Maß die Echtheitsdebatte über Ossian durch die offizielle Bestätigung, dass Macpherson einerseits zwar sehr frei gälische Volksballaden als Quellen benutzt hatte, dass andererseits die auf dieser Grundlage entstandenen Epen, vor allem ihr Sprachduktus, die Zusammenstellung und zahlreiche Interpolationen jedoch seiner eigenen Phantasie, nicht der eines kaledonischen Barden aus dem 3. Jahrhundert, entstammten: »The Committee has not been able to obtain any one poem the same in title and tenor with the poems published by him. It is inclined to believe that he was in use [...] to add what he conceived to be dignity and delicacy to the original composition [...] by changing what he considered as too simple or too rude for a modern ear, and elevating what in his opinion was below the standard of good poetry.«[164] Nicht nur die umfangreichen kritischen Auseinandersetzungen mit den Ossian-Texten, von denen hier nur Johnson und Blair angeführt wurde, sondern auch die jahrelange Sucharbeit der ›Highland Society‹ lässt deutlich hervortreten, welchen Stellenwert die Gedichte im zeitgenössischen literarischen Diskurs hatten. Oder anders gesagt: Die in die Texte investierte Arbeit der Kritik erhöhte sie, zeichnete sie aus und rückte sie erst als wertvoll in die Tradition ein.[165]

[163] Ebd., S. 487.

[164] Vgl. *Report of the Committee of the Highland Society of Scotland*, a.a.O., S. 152.

[165] Die Attraktion der Veröffentlichung, ob authentisch oder nicht, gab auch dem Diskursfeld der ›Celtic Studies‹ Auftrieb, indem die Bedeutung der gälischen Tradition und die Gefahr ihres ›Aussterbens‹ bzw. die Dringlichkeit ihrer Bewahrung in den Fokus öffentlicher Aufmerksamkeit gerieten. Macphersons ›Werk‹ fungierte dabei trotz seines Erfolges eher als zu korrigierender Abstoßungspunkt (vgl. Stafford, *The Sublime Savage*, a.a.O., S. 169–171).

Malcolm Laing, der bereits 1802 seine *Dissertation on the Authenticity of Ossian's Poems* als Teil seiner *History of Scotland* veröffentlicht hatte, gab 1805 eine kritische Edition der *Poems of Ossian* heraus, in der er ihre Falschheit durch den Nachweis belegte, dass sie nicht auf gälischen Quellen beruhten, sondern Anleihen bei fast 100 englischsprachigen Autoren gemacht worden seien: »a composition of scraps, an accumulation of crude, undigested similes, transcribed with a few exceptions, from Homer, Virgil, and their two translators Pope and Dryden, from Shakespeare, Milton, Thomson, Young and the English Bible«.[166] Bezeichnenderweise verwarf Laing Macphersons Gedichte damit jedoch nicht wie Johnson als ›*nothing*‹, sondern lobte deren eigene literarische Qualität und behandelte sie als Originaldichtungen Macphersons. Entsprechend gab er sie zusammen mit denjenigen Gedichten, die Macpherson von vornherein unter seinem eigenem Namen publiziert hatte, heraus.[167] Walter Scott stellt im selben Jahr in einer Besprechung des *Report of the Committee of the Highland Society* und von Laings *Poems of Ossian* ebenfalls klar, dass der Verlust der Authentizität der Gedichte ihre literarische Qualität nicht schmälere[168]: »[W]hile we are compelled to renounce the pleasing idea ›that Fingal lived, and that Ossian sung‹, our national vanity may be equally flattered by the fact, that a remote and almost barbarous corner of Scotland, produced, in the eighteenth century, a bard, capable not only of making an enthusiastic impression on every mind susceptible of poetical beauty, but of giving

[166] Malcolm Laing, *The Poems of Ossian, &c. Containing the Poetical Works of James Macpherson in Prose and Rhyme*, I, Edinburgh: A. Constable 1805, S. 206f., zit. n. James Porter, »›Bring Me the Head of James Macpherson‹. The Execution of Ossian and the Wellsprings of Folkloristic Discourse«, in: *Journal of American Folklore* 114 (2001), S. 396–435, hier: S. 416f.

[167] Vgl. Porter, »›Bring Me the Head of James Macpherson‹«, a. a. O., S. 417 u. Stafford, *The Sublime Savage*, a. a. O., S. 42.

[168] 1807 kam allerdings *The Poems of Ossian, in the Original Galic* heraus. Wie schon bei dem dem *Temora*-Band angehängten »specimen of the original of Temora« handelt es sich dabei meistenteils um Macphersons Übersetzungen seiner eigenen Ossian-Gedichte in künstliches Gälisch (vgl. Howard Gaskill, »Introduction«, in: ders. (Hg.), *Ossian Revisited*, a. a. O., S. 1–18, hier: S. 3; vgl. a. James Macpherson, *The Poems of Ossian, in the Original Gaelic*, London: 1807). Diese Ausgabe diente für Verfechter Ossians wiederum dazu, die von Macpherson unter seinem eigenen Namen publizierten Gedichte in Gegenüberstellung mit den ›originalen‹ Ossian-Versen als defizitär herauszustellen, um damit Letztere als echt zu beglaubigen. Der Beweis erfolgte somit über den Nachweis, dass Macpherson nicht in der Lage gewesen sei, die Gedichte wirklich zu fälschen (vgl. Francesca Broggi-Wütherich, »From Smith's *Antiquities* to Leoni's *Nuovi Canti*: The Making of the Italian Ossianic Tradition Revisited«, in: Gaskill (Hg.), *Ossian Revisited*, a. a. O., S. 303–334, hier: S. 329f.).

a *new tone* to poetry throughout all Europe.«[169] Es scheint somit, als habe durch die Ossian-Publikationen und vor allem durch ihre Entlarvung eine Transformation[170] im literarischen Diskurs stattgefunden, bei der vornehmlich zeitgenössische Begriffe von Authentizität fragwürdig wurden und das geniale Dichtervermögen, originell Ideen in einem ›new tone‹ zu veranschaulichen in den Vordergrund rückte. Die Fälschung, wie trivial sie auch immer ausgestaltet war, stellte so durch ihre Deauthentifizierung den Eigensinn literarischer Formen unter Beweis.

Im Gegensatz zu den bereits besprochenen Fälschungen im Feld naturwissenschaftlichen Wissens, die durch ihre Aufdeckungen zwar bestimmte Auswirkungen zeitigten, aber dadurch zugleich zu ›Monstren‹ wurden und ihren jeweiligen Status als epistemische Objekte verloren, hat selbst gefälschte Literatur als Literatur Bestand. Sie bleibt, auch als falsch bezüglich der Autorschaft markiert, mit Foucault gesprochen, ›im Wahren‹ des Diskurses, wenngleich unter anderen Bedingungen, d. h. mit verschobenen Koordinaten und den damit sich anders eröffnenden Betrachtungsmöglichkeiten. Die Literarizität von Texten, sofern sie bei der Lektüre ernst genommen wird, kann somit von Fälschungen nicht affiziert werden. Oder vielmehr: Durch die Verunsicherung ihrer epistemologischen Verlässlichkeit wird ihre figurative Macht deutlich und sie in ihrer Literarizität als Literatur erst in Kraft gesetzt.[171] Dieser Effekt lässt sich jedoch nicht nur retrospektiv rekonstruieren, sondern wurde – auch davon legt die bereits zitierte Äußerung Scotts Zeugnis ab – schon im zeitgenössischen Diskurs virulent. Die eingangs als zweiter Aspekt literaturwissenschaftlicher Betrachtung herausgestellte Referentialität von

[169] Sir Walter Scott, »Review of *Report of the Highland Society* (ed. Henry Mackenzie) and *Poems of Ossian* (ed. Malcolm Laing)«, in: *Edinburgh Review* 6 (1805), S. 429–62, zit. n. Dafydd Moore, »The Reception of *The Poems of Ossian* in England and Scotland«, in: Howard Gaskill (Hg.), *The Reception of Ossian in Europe*, London: Thoemmes Continuum 2004, S. 21–39, hier: S. 31; Hervorhebung M. D.

[170] Dieser Begriff scheint adäquater im Gegensatz zu Wolf Gerhard Schmidts Foucaults Ausführungen kategorial widersprechender Annahme, Ossian sei ein ›Diskursivitätsbegründer‹ (*fondateur de discursivité*) (vgl. Schmidt, *»Homer des Nordens« und »Mutter der Romantik«*, I, a. a. O., S. 53f.; vgl. a. Foucault, »Was ist ein Autor« (1969), a. a. O., S. 1021–1028 (frz. I, S. 832–838)).

[171] Fragen um die Echtheit der Ossianischen Gesänge, d. h., inwieweit oder in welchen Teilen es sich dabei um Übersetzungen gälischer Quellen handelt, beschäftigen bis heute die Philologen. Um sie als Poesie zu betrachten, ist diese Rehabilitation allerdings gar nicht nötig, wie eine Reihe von Arbeiten zeigt, die sich mit Ossian als literarischem Phänomen befassen (vgl. die Zusammenschau einschlägiger Publikationen bei: Schmidt, *»Homer des Nordens« und »Mutter der Romantik«*, I, a. a. O., S. 10–16; Porter, »›Bring Me the Head of James Macpherson‹«, a. a. O., v. a. S. 421–427 u. Moore, »The Reception of *The Poems of Ossian* in England and Scotland«, a. a. O., v. a. S. 37–39).

Texten erweist sich so als äußerst instabiles Kriterium bzw. als immer schon bis zu einem gewissen Grad supplementiert oder auf Konjekturen beruhend. Der von Macpherson selbst hergestellte Wirklichkeitsbezug, vor dessen Hintergrund die Gedichte gelesen werden sollten, wurde nach der Aufdeckung zu einer Kritik dieser Referentialität *in actu*; d.h., die Texte konnten nicht mehr in ihrem unmittelbaren Verhältnis zu phänomenalen Ereignissen gelesen werden, sondern die Art und Weise ihrer Bezugnahme wurde selbst Thema. Anders formuliert: Missversteht man sprachliche Referenz als ein Unmittelbar-Transparentwerden der dargestellten phänomenalen Ereignisse, verschwindet der Bezug als solcher. Durch den Entzug dieser scheinbar direkten Referenz – oder vielmehr durch das Deutlich-Werden, dass sie in dieser Form nicht existieren kann – qua Fälschungsaufdeckung wird die Unverlässlichkeit von Literatur als Informationsquelle deutlich vor Augen geführt. Oder zugespitzt formuliert: Diese Unverlässlichkeit lässt sie erst zur Literatur werden, weil sie, um mit de Man zu sprechen, eine Unentscheidbarkeit erzeugt, die den Akt des Lesens ins Werk setzt: »Reading is comparable to a battle of wits in which both parties are fighting over the reality or fictionality of their discourse, over the ability to decide whether the text is a fiction or an (auto)biography, narrative or history, playful or serious.«[172] Die von Blair ausdrücklich herausgestellte vermeintliche Unmittelbarkeit des Ausdrucks kippte so explizit zu einem Modus der Darstellung. Nach ihrer Aufdeckung als gefälscht waren die Gedichte nicht mehr als Spiegel historischer Sitten und Gebräuche lesbar. Stattdessen führten sie den Bezug selbst oder vielmehr die Unmöglichkeit einer unverstellten Vergegenwärtigung der Vergangenheit vor Augen. Sie waren zu Literatur geworden, die sich dadurch auszeichnet, nicht phänomenale Ereignisse, sondern das Sprechen darüber zu reflektieren: eine Verschiebung des Fokus weg von der Repräsentativität der Sprache hin zu ihrer Rhetorizität, d.h. zu der Art und Weise, wie buchstäbliche und figurative Bedeutung einander entgegenstehen.[173]

Der von Macpherson mit den Dichtungen herausgegebene wissenschaftliche Apparat, mit dem zum einen ein originärer, absoluter (Kon-)

[172] Paul de Man, »Aesthetic Formalization in Kleist's *Über das Marionettentheater*«, in: ders., *The Rhetoric of Romanticism*, New York/Chichester: Columbia Univ. Press, S. 263–290, hier: S. 282. Siehe zu einer genaueren Auseinandersetzung mit dieser Stelle weiter unten, S. 318.

[173] Der Begriff der Rhetorik wird nicht im Sinne von Redegewandtheit oder Überredungskunst, sondern so, wie ihn Paul de Man für die Untersuchung literarischer Figuren und Tropen konzeptualisiert hat, verwendet (vgl. de Man, »Semiology and Rhetoric«, a.a.O., S. 3–19, bes. S. 6).

Text (die Gedichte als Ausdruck einer geschichtlichen Epoche), zum anderen ein Werkganzes postuliert wird, erwies sich somit als ›Fliegenfalle‹ für am Lebensganzen des Autors orientierte Hermeneutiker. Der den einzelnen Gedichten vorangestellte Prä-Text wurde zum Prätext: Jene waren auf den biografistisch Auslegenden hin präpariert, der sie dann in Bezug allein auf diese fingierte Ganzheit und als persönliche Dokumente auf deren historische Wahrheit hin lesen sollte. In dem Moment, in dem diese jedoch als gefälscht offensichtlich wurden und der Text seinen faktischen Bezug zur schottischen Vorzeit verlor, wurde nachträglich augenfällig, wie unsicher die Kriterien derartiger hermeneutischer Betrachtungen sind, weil sie immer in einem gewissen Maß auf Intuition und auf Konjekturen beruhen.

Jede Form der psychologischen Auslegung indes ist davon bedroht, dass Texte nicht echt sein könnten. Dies zeigt sich am quälenden Zweifel, den der Theoretiker Friedrich Schleiermacher etwa zur selben Zeit, 1794, formuliert: »Ich gerieth nämlich auf den Gedanken, daß alle alten Schriftsteller und mit ihnen die alte Geschichte untergeschoben wären. Andere Gründe hatte ich allerdings nicht dafür als die, daß ich keine Zeugnisse für ihre Echtheit wußte und daß mir alles, was ich davon wußte, romanhaft und unzusammenhängend vorkam. Der Ruf eines guten Kopfes [...] hatte eine Verschlossenheit in mir hervorgebracht, welche Schuld war, daß ich auch diesen sonderbaren Gedanken, der mich sehr quälte, für mich behielt und bloß von dem, was ich mit der Zeit selbst entdecken würde, die Bestätigung oder Widerlegung desselben abzuwarten beschloß.«[174] Literarische Fälschungen sind, weil sie zunächst als echt das Funktionieren einer biografistischen Hermeneutik unter Beweis stellen, aber dann als falsch dieselbe *ex post* unterhöhlen, gleichsam als mächtige Agenten einer jenseits dieser Auslegungsmethode angesiedelten Betrachtungsweise zu verstehen. Dadurch rückte die Literarizität der Sprache – ihr Potential, »vertiginous possibilities of referential aberration«, also »schwindelerregende Möglichkeiten referentieller Verirrung«[175] zu eröffnen – in den Mittelpunkt.

[174] Friedrich Schleiermacher, *Aus Schleiermachers Leben. In Briefen*, I, Berlin: Georg Reimer 1860², S. 6; den Hinweis auf diese Stelle verdanke ich Helmut Müller-Sievers, »Ablesen. Zur Entwicklung des wissenschaftlichen Blicks«, in: Dotzler/Weigel (Hg.), *›fülle der combination‹. Literaturforschung und Wissenschaftsgeschichte*, a.a.O., S. 305–318, hier: S. 305.

[175] De Man, »Semiology and Rhetoric«, a.a.O., S. 10. Dt. »Semiologie und Rhetorik«, in: ders., *Allegorien des Lesens*, übers. v. Werner Hamacher u. Peter Krumme, Frankfurt/M.: Suhrkamp 1988, S. 31–51, hier: S. 40.

Der ganze Gedichtkomplex – d. h. der Titel, die falsche Signatur des schottisch-gälischen Barden, die vorgebliche Übersetzung und der textkritische Apparat – ist, mit Derrida gesprochen, *als* Literatur Falschgeld, das wie ein falsches Geldstück als Fiktion Referenzen vortäuscht und damit nicht nur *fiktive* historische Ereignisse hervorruft. Der Text war, als man den Apparat noch nicht zur Fiktion zählte, selbst Trug, kippte aber nach der Aufdeckung zum Schauplatz des Trugs.[176] In diesem Sinne muss es heute unpassend erscheinen, von *literarischen* Fälschungen zu sprechen, da die Gefälschtheit von Literatur sich immer nur auf Aspekte ihres diskursiven Zirkulierens – externe faktische Ergänzungen von u. a. Alter, Autorschaft, Autorität und Authentizität – beziehen kann. Je mehr somit, wie gezeigt werden konnte, solche Zuschreibungen einen Diskurs dominieren, desto mehr überschatten sie den eigentlich literarischen Charakter von Poesie.[177] Das Verdienst von Fälschungen kann deshalb darin gesehen werden, dies sichtbar zu machen und dabei zutage zu fördern, dass Literatur, wenn sie als solche betrachtet wird, nur über eines sicher Auskunft geben kann, und zwar über ihre eigene Sprache. Zugespitzt formuliert ist Literatur daher in bestimmter Hinsicht unfälschbar.

Liest man also Macphersons ›Peritexte‹ nicht als faktisches Beiwerk, sondern selbst als literarische Texte, lässt sich zeigen, wie die Unmöglichkeit, eine reine historische Gegenwart zu erzeugen oder, genauer gesagt, zu *präsent*ieren, in Aporien zum Ausdruck kommt, die die unvermeidlichen Abstände und Differenzen, die uns von der Vergangenheit immer in einem bestimmten Maß trennen, vor Augen führen. Im Vorwort zu den

[176] Vgl. Jacques Derrida, *Falschgeld. Zeit geben I*, übers. v. Andreas Knop u. Michael Wetzel, München: Fink 1993, S. 114–119. Frz. *Donner le temps. 1. La fausse monnaie*, Paris: Éd. Galilée 1991, S. 112–116.

[177] Wie sehr die Differenz zwischen Erzählung und Historie oder zwischen Fiktion und Autobiographie trotz aller literaturtheoretischen Transformationen noch heute auf der Bewertung von Büchern lastet, zeigen neben dem Skandal um Binjamin Wilkomirskis *Bruchstücke* (1995 u. 1998) einige weitere als sogenannte Fälschungen vom Buchmarkt genommene Veröffentlichungen. Denn nach der Aufdeckung als fiktional wurde den Erzählungen, beispielsweise als auf Recherchen basierende Literatur, die den Komplex aus traumatischen Erfahrungen, Erinnerung und Gedächtnis verhandelt, kein Platz mehr in der Belletristik eingeräumt. Ihre Wertschätzung – Wilkomirski erhielt mehrere Preise –, so ließe sich vermuten, beruhte nicht auf ihrer literarischen Qualität, sondern auf der angenommenen Wahrhaftigkeit der Autorenbezeugung bzw. der ›Authentizität‹ der empirischen Autoridentität. Anzuführen wären *Ich musste auch töten. Agentin für Israel* (2004) der angeblichen Mossad-Agentin Nima Zamar oder auch die Bürgerkriegs-Geschichte *Mitten in Afrika* (2003) der ›Augenzeugin‹ Ulla Ackermann (die bezeichnenderweise zuvor mehrere Reiseführer über Afrika veröffentlicht hatte).

Fragments schreibt Blair als Macpherson: »In a fragment of the same poems, which the translator has *seen*, a Culdee or Monk is represented as desirous to take down in writing from the mouth of Ossian [...] his warlike atchievements and those of his family. But Ossian treats the monk and his religion with disdain, telling him, that the deeds of such great men were subjects too high to be recorded by him, or by any of his religion.«[178] Der buchstäblichen Bedeutung nach wird zum einen davon berichtet, dass Ossian sich vor der Verschriftlichung seiner bardischen Gesänge durch einen christlichen Mönch verwahrte – eine ›Tatsache‹, die als Zeichen offensichtlich mangelnder Wertschätzung der christlichen Religion eine Datierung des Texts vor der allgemeinen Einführung des Christentums in Schottland ermöglichte. Zum anderen ist jedoch diese Gegebenheit nur re-zitierbar, weil sie selbst schriftlich niedergelegt (»which the translator has *seen*«, »is represented«) und als Manuskript zugänglich wurde. Die reine spontane Gegenwart der Gesänge, die der Legende nach vor der ihr fremden Verschriftlichung bewahrt werden sollte, wurde somit nur belegbar, weil sie von vornherein über die Schrift von einer Iterierbarkeit geprägt war und damit von Anfang an auch den Status als reine Präsenz verloren hatte.[179]

Auf ähnliche Weise setzen die Fußnoten die vor Augen gestellte ›Gegenwart‹ der Ossianischen Gesänge aus; sie durchbrechen die Ebene der Gegenwärtigkeit, indem das Dargestellte nicht präsent gemacht, sondern als Vergangenes behandelt wird: »Nothing was held by the ancient Highlanders ...«[180] Ist die Vergangenheit als *erzeugte* Gegenwart profiliert, wird sie zum Effekt einer Wiederholung, zur Wirkung von Sprache. Die Überlagerung der Zeitebenen prägt auch die dargestellte ›Gegenwart‹ der Gedichte selbst, in denen Erinnerung und auch ein Nach-Vorne-Erinnern immer wieder auf den Plan gerufen werden. Fragment VI der *Fragments* wird zur Szene der Erinnerung, weil die einzelnen Verse des Prosagedichtes in ihrer Zeitform alternieren und die im Dialog im Präsens dargestellte Trauer Ossians (»what shades

[178] Macpherson, *James Macpherson's Fragments of Ancient Poetry* (1760), a.a.O., S. 4 (im Original S. IV); Hervorhebung M.D.

[179] Ein ähnlicher Widerspruch zeichnet sich auch in Blairs *Dissertation* ab, wenn er, obwohl er Ossians Gesänge zunächst in die schottische ›*oral tradition*‹ (»before writing was invented«) einordnet, später konstatiert, dass jener von einem unmittelbaren Impuls getrieben *geschrieben* habe: »Ossian [...] *wrote* from the *immediate* impulse of poetical enthusiasm [...]. He rests on the majesty of his sentiments, not on the pomp of his expressions« (Blair, *A Critical Dissertation on the Poems of Ossian, the Son of Fingal*, a.a.O., S. 54 u. 69; Hervorhebung M.D.).

[180] Macpherson, *James Macpherson's Fragments of Ancient Poetry* (1760), a.a.O., S. 27 (im Original S. 36).

thy mighty soul?«, »of former times are my thoughts«) immer wieder durch gesprochene Rückblenden, d.h. durch in wörtlicher Rede wiedergegebene Rückschauen im Präteritum (»Fingal the mighty was here«) unterbrochen und auf eine vergangene Gegenwart verwiesen wird. Die letzte Strophe fasst alle Zeitebenen und ebenfalls die neu eingezogene der Gegenwart des Gedichts in der Eingangsstrophe als bereits schon vergangene zusammen: »Son of Alpin! the woes of the aged are many: their tears are for the past. This raised my sorrow, warriour; memory awaked my grief. Oscur my son was brave; but Oscur is no more. Thou hast heard my grief, O son of Alpin; forgive the tears of the aged.«[181]

Momente des Gedenkens werden jedoch nicht nur als Vergangenheit aufgerufen, sondern – wie in Fragment I dargestellt – auch in die Zukunft gerichtet, als Hoffnung, erinnert zu werden: »If fall I must in the field, raise high my grave, Vinvela. Grey stones, and heaped-up earth, shall mark me to future times. When the hunter shall sit by the mound, and produce his food at noon, ›some warrior rests here‹, he will say«.[182] Bedenkt man, dass die heraufbeschworene wörtliche Rede des dem Krieger gedenkenden Jägers in der ›Präsentation‹ des Gedichts mittels des ›Herausgeber‹-Apparats bereits selbst in die Vergangenheit verlegt ist, lässt es sich als Inszenierung einer vollendeten Zukunft, eines Ich-möchte-erinnert-worden-Seins lesen.[183] Auch an vielen anderen Stellen wird der Stellenwert der Bardengesänge als Gedächtnismedium hervorgehoben, dessen Tradierung mit der angeblichen Übersetzung Macphersons sogar bis in die Gegenwart der Publikation fortgesetzt ist. D.h., bereits der ersten singulären Äußerung ist ihre mögliche Wiederholung eingeschrieben: »[T]he song shall preserve thy name. Future times shall hear of thee«.[184] Dass die Gedichtsammlung in diesem Zusammenhang als *Fragments* bezeichnet wird, markiert jedoch, dass diese Erinnerung, diese Wiederholung nie restlos erfolgen kann, dass unweigerlich Lücken klaffen und ihr ›ursprünglicher‹ Sinn zwar rezitiert, aber auch Veränderungen und Verlusten unterworfen ist. Dabei

[181] Ebd., S. 20–23 (im Original S. 26–30).

[182] Ebd., S. 10f. (im Original S. 11f.).

[183] Da hier der Fokus auf dem Phänomen der Fälschung und ihren Implikationen liegt, kann keine ausführliche literarische Betrachtung der Gedichte geleistet werden. Um das soeben beschriebene Moment der Oszillation zwischen Gegenwart und Vergangenheit genauer zu beleuchten, führte eine weitere Analyse des Spiels mit den verschiedenen Zeitebenen innerhalb der Gedichte sicherlich weiter. In Ansätzen berücksichtigt dies: Haywood, *The Making of History*, a.a.O., v. a. S. 78–82.

[184] Macpherson, *James Macpherson's Fragments of Ancient Poetry* (1760), a.a.O., S. 15 u. 45 (im Original S. 18 u. 58).

ist auch gegenwärtig zu halten, dass Macpherson die Gedichte in seinen Vorworten und Abhandlungen zudem in den Kontext einer zunehmend verlorengehenden, verlöschenden Vergangenheit stellt.

Vor diesem Hintergrund lässt sich die Authentifizierung der Verlässlichkeit der Überlieferung nicht nur als pseudo-theoretische Plausibilisierung lesen, sondern auch als Thema, das die Gedichte samt ihrem literarischen ›Apparat‹ verhandeln. Macpherson evoziert nämlich um die Lücke des Originals ein komplexes und auch paradoxes Spiel mit Archetypen[185] zwischen Oralität und Literalität. Denn er generiert eine Art gespaltenen ›*textus receptus*‹ der Bardengesänge, indem er einerseits den ursprünglichen Akt der Erschaffung der Gedichte durch die unversehrte orale Tradierung bewahrt sieht und andererseits die Existenz eines imaginären Manuskriptarchetyps behauptet. Beide Formen der Überlieferung zeugen jedoch nur als Spur vom Original und haben als solche *ex definitionem* keine direkte Verbindung zu dem, was sie hervorgebracht hat. Mehr noch: Sie sind als solche Spuren auch anfällig für Verfälschungen; denn sie haben sich, wie Macpherson in seinen Kommentaren über mögliche Einfügungen und deren Datierung spekuliert, permanent durch neu entspringende Interpolationen von ihrem Ursprung entfernt: »[T]he first translations [...] became at last so much corrupted, through the carelessness of transcribers, that, for my own sake, I was obliged to print the genuine copies.«[186] Das vor Augen geführte Bild eines archivarischen Stammbaums der Tradierung (»handed down by tradition through so many centuries«[187]) ließe sich so auch als Bild einer Genealogie von Spuren lesen. Jede Übermittlung hat der nachfolgenden Generation Spuren ihrer Vergangenheit aufgedrückt, d.h., jede ›Übergabe‹ ist als Spur einer Spur zu verstehen, die zwar immer auf das ›Original‹ zurückweist, zugleich aber zunehmend verlischt, bis zu ihrer

[185] In der Editionswissenschaft steht der von Karl Lachmann vornehmlich für altphilologische Ziele und Verfahren im 19. Jahrhundert geprägte Begriff für die älteste Textstufe, die sich aus der Überlieferung antiker und mittelalterlicher Schriften erschließen lässt und als gemeinsame Vorlage aller erhaltenen Handschriften betrachtet wird. Sie ist jedoch nicht gleichzusetzen mit der nicht erhaltenen ›Urschrift‹ des Autors, soll dieser aber als adäquateste und vollständigste Rekonstruktion ihrer textlichen Gestalt am nächsten kommen (vgl. Kurt Gärtner, »Stemma«, in: *Reallexikon der deutschen Literaturwissenschaft*, hg. v. Klaus Weimar/Harald Fricke/Jan-Dirk Müller, III, hg. v. Jan Dirk Müller, gemeinsam mit Georg Braungart, 3., neu erarb. Aufl. (Neubearbeitung des Reallexikons der deutschen Literaturgeschichte), Berlin/New York: de Gruyter 2003, S. 506f. u. Bodo Plachta, *Editionswissenschaft. Eine Einführung in Methode und Praxis der Edition neuerer Texte*, Stuttgart: Reclam 1997, v. a. S. 27–31 u. 91).

[186] Ebd., S. IX⁰ (keine Paginierung im Original).

[187] Ebd., S. x.

finalen Existenzbedrohung: »The complete work, now printed, would, in a short time, have shared the fate of the rest. [...] Bards have been long disused, and the spirit of genealogy has greatly subsided.«[188] Die Gedichte werden so mit einem vorgeblichen historischen Fluchtpunkt versehen, einem Ursprung, einem Urbild (griech. *archetypon*), das als Spur die Lücke des Originals umschreibt. Obwohl das Verhältnis zu diesem Original unbestimmt ist, wird jenes als existent vorausgesetzt; zugleich kann dieser Archetyp nie das einholen, was ihm zugrunde liegt. Das Skandalon der Fälschung besteht somit nicht darin, die Existenz eines Originals zu behaupten, obwohl es nicht vorliegt, sondern zu markieren, dass es eine solche Originalität – ein ursprüngliches Sprechen im Einklang mit der Natur oder den (re)präsentierten Gegenständen – gar nicht geben kann. Insofern wird bei Macphersons Ossian, so könnte man in Anlehnung an Derrida schreiben, eine ursprüngliche Ursprungslosigkeit in Szene gesetzt.

Verfolgt man diese Spur weiter, so hat bereits Blair dieses Spannungsverhältnis deutlich herausgearbeitet, wenn er die Ossianischen Gesänge einerseits als ›*Poetry of the Heart*‹ bezeichnet, die aus der Größe der Empfindung und dem immediaten selbstgegenwärtigen Impuls poetischer Schaffensfreude gespeist wird, andererseits aber den ›*poetical merit*‹ explizit mit einer Vielzahl an Stilmitteln (Vergleichen, Analogien, Metaphern, Hyperbeln) belegt.[189] Ein derart konzeptualisierbares figuratives Sprechen und die Präsumtion seiner beständigen Überlieferung stehen zu der Annahme der Unmittelbarkeit der Äußerung bzw. eines selbstgegenwärtigen Sprechers in doppeltem Widerspruch: Zum einen, weil es bereits vorhandene rhetorische Figuren, die der Verlautbarungsinstanz nicht eigen und ihr äußerlich sind, erfordert, und zum anderen, weil es die intersubjektive Mitteilbarkeit und Tradierbarkeit der Sprache, also ihre Ablösbarkeit von einem bestimmten Sprecher voraussetzt. Als letzte Instanz dieses nie mit sich selbst identischen Sprechens wäre die Annahme seiner Übersetzbarkeit als »literal prose translation« zu erwähnen, von der Macpherson behauptet: »to be faithful to the language of my author«.[190] Als rein subjektive Sprache müsste sie sich eigentlich einer Übertragung entziehen, wird aber erst durch die Übersetzung – nicht

[188] Ebd., S. xv.

[189] Vgl. Blair, *A Critical Dissertation on the Poems of Ossian, the Son of Fingal*, a.a.O., S. 21, 51, 54, 63f. u. 69.

[190] Macpherson, *Fingal* (1762), a.a.O., S. xiv u. Macpherson, *Temora* (1763), a.a.O., S. xxix.

nur vom Gälischen ins Englische, sondern auch vom Mündlichen ins Schriftliche – dem Macpherson zeitgenössischen Leser zugänglich.[191]

Durch die Aufdeckung, dass der vor Augen gestellte empirische Autor Ossian nicht existierte, wird auch der Blick frei auf das komplexe Spiel mit den Äußerungsinstanzen, das bei den ›Poems‹ angestoßen wird: Das Autorsubjekt und seine scheinbare Individualität, d.h. Unteilbarkeit, gliedert sich auf in eine komplexe Konfiguration aus ›historischem Barden‹, ›Übersetzer‹ und Kommentator, die z.T. buchstäblich an der Grenze des Texts verläuft, ihn zerteilt und sein Erscheinen als Mosaik pluraler Herkünfte bestimmt.

Die Autor-Funktion spaltet sich so in mindestens zwei Positionen auf: einerseits in die Figur, die von einer ›*divine inspiration*‹ geprägt dichtet, und andererseits in die Figur, die die Gedichte als etwas ihr Fremdes wie ein Außenstehender überträgt, bewertet und kommentiert. Formen dieser Zersplitterung und Entäußerung werden dann explizit zum Gegenstand des Texts, wenn Macpherson seine eigene Aussageposition in fast schizophrener Weise verrückt: »[I]t is sufficient to me to be faithful to the language of my author«;[192] »[i]t is only my business to lay it before the reader, as I have found it«;[193] »the translator claims no merit from his version«[194]. Die Vorstellung einer mit dem Autornamen Ossian verbundenen originären individuellen Anschauung wird dabei im selben Text dadurch durchkreuzt, dass der Sprecher für sich diese Originalität (»no merit from his version«) zurückweist und sich als Verfasser samt seinem Eigennamen ausstreicht. Im Wissen um die Gefälschtheit der Gedichte wird diese Originalität dann als schlechthin nachträgliche (Re-)Konstruktion fragwürdig.[195]

[191] Dieser subjektive Aspekt wird von Macpherson auch *ex nihilo* in Anschlag gebracht, wenn er den unveröffentlichten Gedichten – denjenigen, die er angeblich beiseitegelassen habe, um sich auf das Heldengedicht *Temora* zu konzentrieren – eine mystisch anmutende sonore und daher auch nicht übersetzbare Ausdruckskraft (»the genuine language of the heart«) zuschreibt: »So well adapted are the sounds of the words to the sentiments, that, even without any knowledge of the language, they pierce and dissolve the heart. [...] The ideas, it is confessed, are too local, to be admired, in another language« (Macpherson, *Temora* (1763), a.a.O., S. xvii).

[192] Ebd., S. xxix.

[193] Macpherson, *Fingal* (1762), a.a.O., S. X⁰ (keine Paginierung im Original).

[194] Ebd., S. xvi.

[195] Robert Crawford sieht in diesem Kaleidoskop aus verschiedenem Sprachduktus und Sprechinstanzen in den ›Poems of Ossian‹ einerseits die spätere Entwicklung der freien Versform und des Prosagedichts maßgeblich vorbereitet, andererseits die Autor-Funktion des modernen Dichters sich abzeichnen: »Ossian is *ab initio* both text and paratext, simultaneously barbarous and academic, ancient and modern. Protean, slippery, and fertile, it is prose and poetry, Gaelic and English, original and translation, primitively simple and ultra-sophisticated« (Crawford, *The Modern Poet*, a.a.O., S. 53).

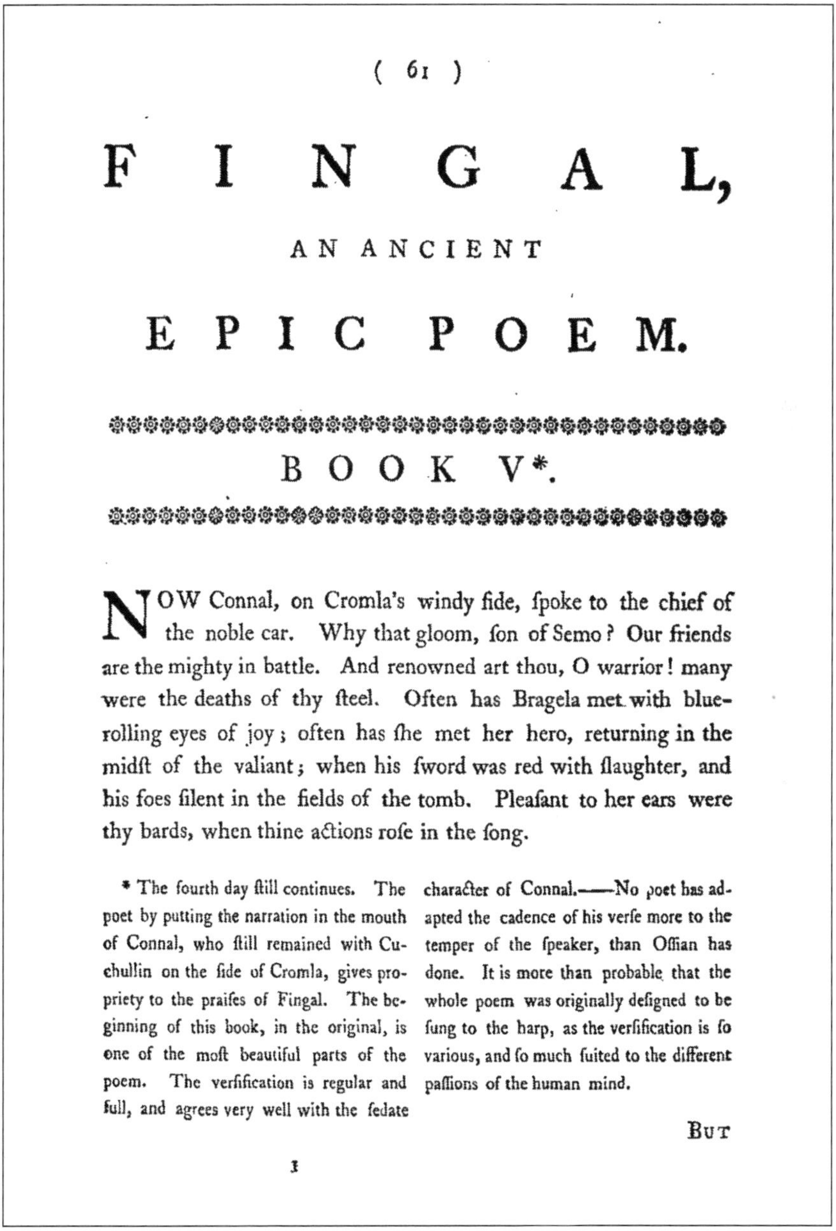

(61)

F I N G A L,

AN ANCIENT

EPIC POEM.

BOOK V*.

NOW Connal, on Cromla's windy fide, fpoke to the chief of the noble car. Why that gloom, fon of Semo? Our friends are the mighty in battle. And renowned art thou, O warrior! many were the deaths of thy fteel. Often has Bragela met with blue-rolling eyes of joy; often has fhe met her hero, returning in the midft of the valiant; when his fword was red with flaughter, and his foes filent in the fields of the tomb. Pleafant to her ears were thy bards, when thine actions rofe in the fong.

* The fourth day ftill continues. The poet by putting the narration in the mouth of Connal, who ftill remained with Cuchullin on the fide of Cromla, gives propriety to the praifes of Fingal. The beginning of this book, in the original, is one of the moft beautiful parts of the poem. The verfification is regular and full, and agrees very well with the fedate character of Connal.——No poet has adapted the cadence of his verfe more to the temper of the fpeaker, than Offian has done. It is more than probable that the whole poem was originally defigned to be fung to the harp, as the verfification is fo various, and fo much fuited to the different paffions of the human mind.

BUT

I

Abb. 24: Faksimile der Erstausgabe von *Fingal*

Diese ›Verrücktheit‹[196] der Aussageposition hat auch einen zeitlichen Aspekt, da die Sprechinstanz nicht nur in eine multiple Personalität aufgeteilt ist, sondern durch die Zurückdatierung auch den testamentarischen Charakter von Sprache sichtbar macht. In Anlehnung an Victor Hugos Vorwort aus den *Contemplations* kann dies als versteckter Imperativ gelesen werden, das Buch wie das eines Toten zu lesen.[197] Zu diesem ›Tod des Autors‹ *avant la lettre* finden sich explizite Hinweise im zweiten Absatz des Vorworts zu *Fingal*, in dem die Differenz zwischen einem empirischen Autor und seinen Doubles im Text – in den Worten Foucaults: zu textspezifischen Autorfunktionen – markiert wird: »Poetry, like virtue, receives its reward after death. [...] It often happens, that the man who writes differs greatly from the same man in common life.«[198] Man könnte dies als Ausdruck der die Fälschung grundierenden Einsicht verstehen, dass eine Aussage die Identität wechselt, wenn sie in einem Manuskript aufgegriffen und durch die Stimme eines Autors – oder hier sogar eines bereits lange verstorbenen Autors – artikuliert wird.

Obwohl bereits Macpherson die behauptete Ursprünglichkeit seines ›Urtexts‹ mit seiner Übersetzung spaltet und als Imitation bezeichnet (»The arrangement of the words in the original is imitated«[199]), belegt spätestens der durch die ›Poems of Ossian‹ ausgelöste Ossianismus die offizielle Akzeptanz einer möglichen Ablösung der Sprache von ihrer instantanen, spontanen Äußerung und die Zuerkennung ihrer Wiederholbarkeit und stilistischen Imitierbarkeit. ›Authentizität‹ wird dabei Gegenstand und Ziel von Nachahmungen und löscht sich selbst aus: Während ›Fragment‹ bei der Veröffentlichung der Ossian-Fälschung noch die oben genannte faktische Bedeutung hatte, die bei der Aufdeckung in ihr Gegenteil kippte, wurde es in der romantischen Literatur zum Topos einer artifiziell erzeugten und als solcher auch dargestellten

[196] Goethe, 1829 auf seinen früheren Anteil an der Popularisierung der Ossian-Gedichte (*Die Leiden des jungen Werther*, 1774) befragt, antwortet in diesem Sinne luzide: »[I]t was never perceived by the critics that Werter praised Homer while he retained his senses, and Ossian when he was going mad. But reviewers do not notice such things« (Johann Wolfgang Goethe, »Gespräch mit Henry Crabb Robinson« (2. August 1829), in: *Goethes Gespräche*, hg. v. Woldemar Freiherr von Biedermann, VII, Leipzig: Biedermann 1890, S. 103–106, hier: S. 105; vgl. a. Werner Fuld, *Das Lexikon der Fälschungen*, Frankfurt/M.: Piper 2000, S. 240f.).

[197] Wörtlich heißt es: »Ce livre doit être lu comme on lirait le livre d'un mort« (Victor Hugo, *Les contemplations*, I, in: *Œuvres complètes*, V, Paris: J. Hetzel u. A. Quantin 1882, S. 1).

[198] Macpherson, *Fingal* (1762), a. a. O., S. VIII⁰ (keine Paginierung im Original).

[199] Ebd., S. xvi.

Patina. Der Kult eines derartigen ›Authentischen‹ entsprach als Gegenphänomen dem Problematischwerden einer ursprünglichen Echtheit: Das Fragment wurde vom Gefundenen zur Erfindung.[200] Dem Szenenwechsel der Ossian-Gedichte bei der Fälschungsaufdeckung könnte so, berücksichtigt man zudem die Entlarvung von Chattertons gefälschten ›Rowley-Poems‹, ein entscheidender Anteil an den mit der Romantik verbundenen Verschiebungen des Sprach- und Literaturverständnisses zugesprochen werden. In einem Brief an Horace Walpole wird in diesem Zusammenhang sogar von einem »age of forgeries«[201] gesprochen, und von Letzterem ist ebenfalls brieflich die fundamentale Verunsicherung angesichts der sich 1781 transformierenden Rezeption einzelner Fälschungen dokumentiert: »I believed in Ossian, who is now tumbled into the Apocrypha; and I doubted of Rowley, who is now to rank with Moses and the prophets! – I doubt, I have very bad judgement.«[202] Aus geschichtlicher Distanz schreibt später Ezra Pound: »The romantic awakening dates from the production of *Ossian*«.[203]

Zahlreiche Veröffentlichungen, die sich auf Ossian berufen, bestätigen, dass der verlorene Ursprung der Gedichte ihrem Stellenwert keinen Abbruch tat, sondern die behauptete Ursprünglichkeit und Authentizität zum Modell inartifiziellen Dichtens wurde. Sir Walter Scott rehabilitiert vor diesem Hintergrund in einem Essay literarische Fälschungen als »a beautiful poem [...] under the disguise of antiquity«: »[T]he public is surely more enriched by the contribution than injured by the deception. [...] The very desire to unite modern refinement with the *verve* of the ancient minstrels, will itself betray the masquerade.«[204] Im Gegensatz zu den ›Ossianischen Gesängen‹ wird nun von den »professed imitators of Ancient Ballad Poetry« die antikisierte Gestalt als Verkleidung offen ausgestellt, d. h. die Imitation als Imitation sichtbar. Dadurch dass u. a. als Reaktion auf Macphersons Ossian die traditionelle Position des wahr-

[200] Vgl. Crawford, *The Modern Poet*, a. a. O., S. 59.

[201] Michael Lort, »From [Michael] Lort, Thursday 3 September 1778«, in: *The Yale Edition of Horace Walpole's Correspondence*, hg. v. W. S. Lewis, XVI, New Haven: Yale Univ. Press 1951, S. 178–179, hier: S. 179.

[202] Horace Walpole, »To Lady Ossory, Saturday 22 December 1781«, in: *The Yale Edition of Horace Walpole's Correspondence*, hg. v. W. S. Lewis, XXXIII, New Haven: Yale Univ. Press 1965, S. 316–318, hier: S. 317.

[203] Ezra Pound, »The Renaissance«, in: ders., *Literary Essays*, hg. v. T. S. Eliot, London: Faber and Faber 1954, S. 214–226, hier: S. 215; vgl. a. Crawford, *The Modern Poet*, a. a. O., S. 59.

[204] Walter Scott, »Essay on Imitations of the Ancient Ballad«, in: *The Poetical Works of Sir Walter Scott*, IV, Edinburgh: Robert Cadell & Whittaker ca. 1833, S. 3–78, hier: S. 16f.

haftigen Autors umgestoßen wurde, wurde zugleich eine neue Autorfunktion geschaffen: Der Dichter, »der bei der Nachahmung der Natur Dinge hervorbringt, die es nicht gibt«,[205] wurde zum Genie. In *The Lay of the Last* versieht Scott beispielsweise die Verse des Balladensängers, nicht ohne Ironie, mit einer Vielzahl an gelehrten Anmerkungen;[206] in *Waverley* (1814) wird die Figur der Hochland-Prinzessin Flora Mac-Ivor beschrieben, die der ihrerseits fiktiven, des Gälischen unkundigen Person Waverley Übersetzungen schottisch-gälischer Verse anbietet: »Some of these are said to be very ancient, and if they are ever translated into any of the languages of civilised Europe, cannot fail to produce a deep and general sensation.«[207] In der Vorrede zu den 1798 in Zusammenarbeit von Samuel Taylor Coleridge und William Wordsworth veröffentlichten *Lyrical Ballads* wird ein Gedicht ausdrücklich markiert als »professedly written in imitation of the style, as well as of the spirit of the elder poets«;[208] des Weiteren finden sich bei Coleridge direkte ›Ossian‹-Anleihen in Gedichten, wie »Imitated from Ossian« und »The Complaint of Ninathoma«, die in Ausgaben, die zwischen 1797 und 1834 herausgegeben wurden, abgedruckt sind.[209] Auch die berühmt gewordene Formel der »willing suspension of disbelief« diskutiert Coleridge in seiner *Biographia Literaria* vor dem Hintergrund der *Lyrical Ballads*. Diese lassen sich daher als Epiphänomene der von den Ossian-Fälschungen mitbedingten Transformationen im literarischen Diskurs lesen, welche schließlich dazu führten, historische Wahrheit als Akzeptanzkriterium für literarische Artefakte zugunsten einer mit der »semblance of truth« verbundenen Ästhetik des Als-ob zu verwerfen. Coleridge schreibt in seinem Essay, in dem er im Zusammenhang mit einer möglichen »communication of truths« auch auf die hier schon weiter oben mit Locke und Hume erörterte Binnendifferenzierung in wissenschaftliche Wahrheit (»truth absolute and demonstrable«) und historisches Faktum

[205] Norbert Bolz, »Der Kult des Authentischen im Zeitalter der Fälschungen«, in: Anne-Kathrin Reulecke (Hg.), *Fälschungen. Zu Autorschaft und Beweis in Wissenschaften und Künsten*, Frankfurt/M.: Suhrkamp 2006, S. 406–417, hier: S. 411.

[206] Vgl. dazu und auch zu anderen Echos: Crawford, *The Modern Poet*, a.a.O., S. 55f.

[207] Walter Scott, *Waverley; or, ›Tis Sixty Years Since*, in: ders., *The Waverley Novels*, I, Edinburgh: Adam u. Charles Black 1877, S. 310; siehe zu einer ausführlichen Auseinandersetzung mit Scott: Haywood, *The Making of History*, a.a.O., S. 160–174.

[208] Samuel Taylor Coleridge/William Wordsworth, *Lyrical Ballads with a Few Other Poems*, Bristol 1798, S. iv–v*; vgl. a. Michael Wiley, »Coleridge's ›The Raven‹ and the Forging of Radicalism«, in: *Studies in English Literature 1500–1900* 43.4 (2003), S. 799–813, hier: S. 799.

[209] Vgl. John J. Dunn, »Coleridge's Debt to Macpherson's Ossian«, in: *Studies in Scottish Literature* 7 (1969/70), S. 76–89.

(»facts experienced and recorded, as in history«) zu sprechen kommt: »A poem is that species of composition, which is opposed to works of science, by proposing for its *immediate* object pleasure, not truth«.[210] Ausgerechnet eine Fälschung sollte somit zum entscheidenden Movens einer Poetik der Emphase des Quasi-Authentischen geworden sein.

»A poet of tremendous power« – Ern Malley (1943)

Während Macphersons Ossianische Dichtungen die Autor-Funktion des modernen Dichters *avant la lettre* ins Werk setzten, ›ereignete‹ sich das Ern Malley-Fake knapp 200 Jahre später im Kontext kontroverser Diskussionen um den literarischen Modernismus in Australien. Es war daher in einem völlig anderen literarischen Umfeld verankert. Dies lässt sich durch ein Spannungsverhältnis zwischen Gegnern und Befürwortern modernistischer Kunst in einem Australien charakterisieren, welches aufgrund seiner isolierten geographischen Position und spätestens aufgrund von durch den Zweiten Weltkrieg bedingten kulturpolitischen Entscheidungen ein Entwicklungsland hinsichtlich avantgardistischer künstlerischer Praktiken war – John Williams spricht von »quarantined culture«[211] und Brian Elliott beschreibt Australien zwischen 1930 und 1940 als »emotionally and intellectually a colony in adolescence, awaiting cultural maturity«.[212]

Die genaueren Umstände des Fake sind schnell wiedergegeben: 1943 erhielt Max Harris, einer der maßgeblichen Mitherausgeber der u.a. in Adelaide edierten Literaturzeitschrift *Angry Penguins* einen Brief von einer Ethel Malley, in dem sie ihm mitteilte, dass sie im Nachlass ihres im Alter von 25 Jahren verstorbenen Bruders, Ern Malley, Lyrik gefunden habe, deren Wert sie nicht einzuschätzen imstande sei und

[210] Samuel Taylor Coleridge, *Biographia Literaria*, hg. v. J. Shawcross, II, Nachdr. der Ausg. London 1907, London u.a.: Oxford Univ. Press 1969, S. 5 u. 10.

[211] Diese ›Quarantäne‹ wurde durch die sogenannten ›Anti-Alien Laws‹ von 1920 und immense Importzölle für Kunstwerke verschärft. John Williams erläutert: »By about 1921 [...] an improvised, unstated but de facto cultural quarantine existed in Australia. It was propagated by an inchoate grouping of racial suprematists, anti-Semites, anti-bolshevists, protectionists, anti-industrialisers and the leaders of an élitist and conservative artworld Establishment [...]. On the proposition that isolation was better than contagion, Australian high culture was being ›protected‹: from decadence, from modernism, from almost anything that was unfamiliar« (John Williams, *Quarantined Culture. Australian Reactions to Modernism 1913–1939*, Cambridge/New York/Melbourne: Cambridge Univ. Press 1995, S. 5).

[212] Brian Elliott, »Introduction«, in: ders. (Hg.), *The Jindyworobaks*, St. Lucia: Univ. of Queensland Press 1979, S. xvii–lxvi, hier: S. xvii.

dementsprechend diese Aufgabe ihm überlassen wolle. Beigefügt waren drei modernistische Gedichte, die Harris in Begeisterung versetzten, so dass er sich mit seinem Mitherausgeber John Reed entschloss, die Herbstausgabe der *Angry Penguins* 1944 dem ›Gesamtwerk‹ von Ern Malley von insgesamt 17 Gedichten zu widmen. Doch bereits kurz nach deren Erscheinen enthüllte die Boulevard-Zeitung *Sunday Sun*, dass Ern Malley gar nicht existiert hatte, sondern dass Harris die Gedichte von James McAuley und Harold Stewart in der Absicht untergeschoben worden waren, die mangelnde Urteilskraft der ›Angry Penguins‹ durch ein »serious literary experiment«[213] öffentlich zu diskreditieren.

Es handelte sich dabei also um ein Fake, das als künstlicher Köder austesten sollte, ob Harris die Gedichte von ›guter Poesie‹ unterscheiden könne oder aber anbeißen würde. Der von den Urhebern von vornherein mitentworfenen Aufdeckung zum gegebenen Zeitpunkt kam die Regenbogenpresse, und zwar die *Sunday Sun*, jedoch durch eigene Recherchen zuvor. Auch andere von McAuley und Stewart geplante Auswirkungen sollten sich in eine unvorhergesehene Richtung entwickeln und – dem eigenen Diktum des ernsthaften literarischen Experiments gemäß – zu unerwarteten Ergebnissen führen. Der Fälschungs-Fall wird somit auf besondere Weise bestätigen, dass die Intention eines Fälschers, sei es eine deduzierte oder eine explizit definierte, für die Betrachtung von Fälschungen und Fakes ein kaum verlässliches Kriterium ist; oder vielmehr, dass Fakes als Experimente nicht planbare Effekte zeitigen können. Das Ern Malley-Fake affizierte den literarischen Diskurs in ›*Down Under*‹ langfristig sogar in einer Weise, die den explizit erklärten Absichten der Fälscher regelrecht zuwiderlief.

[213] James McAuley/Harold Stewart, zit. n. Anonym, »Ern Malley, Poet of Debunk: Full Story from the Two Authors«, in: *FACT* (25.6.1944), wiederabgedruckt in: Ern Malley, *Collected Poems*, Pymble: Angus & Robertson u. London: HarperCollins 1993, S. 4–7, hier: S. 4; vgl. a. Anonym, »Ern Malley, the Great Poet, or the Greatest Hoax?«, in: *FACT* (18.6.1944), wiedergegeben in: *Jacket* 17 (2002), http://jacketmagazine.com/17/fact1.html, zuletzt aufgerufen am 12.6.2007. Die ausführlichste Nachzeichnung der Vorgänge und die umfangreichste Auswertung von Manuskripten, allerdings ohne diese theoretisch zu vertiefen, leistet Michael Heyward in seiner narrativ bis belletristisch angelegten Monographie *The Ern Malley Affair*. Die materialreiche Publikation wird im Folgenden als Steinbruch genutzt, um die verschiedenen von Heyward angeführten Quellen, die zum Teil nur in australischen Archiven verfügbar sind, für die Analyse fruchtbar zu machen (vgl. Michael Heyward, *The Ern Malley Affair*, London: Faber and Faber 1993).

Um diese Transformationen adäquat thematisieren zu können, soll das Fake zunächst als spezifisches Symptom zeitgenössischer literarischer Praktiken betrachtet werden, d.h. dargestellt werden, vor welchem Hintergrund sich die Gedicht-Fälschungen unter dem Namen ›Ern Malley‹ ins Werk setzten und warum sie schließlich Auswirkungen von so außerordentlicher Tragweite haben konnten.

Modernistische Dichtung im literarischen Diskurs Australiens

Seit den 1930er Jahren, vor allem aber kriegsbedingt seit 1939 war in Australien der Import von Büchern und Zeitschriften nicht nur vielen Einschränkungen, sondern auch massiver Zensur unterworfen.[214] Die dadurch entstandenen Leerstellen wurden von vielen Kulturschaffenden jedoch als kreativer Freiraum gewertet oder vielmehr zum Anlass genommen, eine eigene australische künstlerische ›Handschrift‹ zu entwickeln, wie beim Herausgeber einer zeitgenössischen Literaturzeitschrift zu lesen ist: »With the present ban upon certain overseas literature, Australia is culturally isolated, so that we now have to fall back upon our own resources for literary entertainment and progress; thus at least, the Australian writer and artist is given the long-awaited opportunity of native expression.«[215] Darüber jedoch, wie diese »*native expression*« ausgestaltet

[214] Harris bezeichnet die Situation als moralisches Philistertum, das u.a. dadurch gekennzeichnet war, dass Australien neben Irland in den 1940er Jahren das einzige Land war, in dem insgesamt etwa 1100 Bücher auf dem Index standen, darunter auch ab 1930 James Joyce (*Ulysses*), Daniel Defoe (*Moll Flanders*), Aldous Huxley (*Brave New World*), George Orwell (*Down and Out in Paris and London*), Ernest Hemingway (*A Farewell to Arms*) und Hermann Broch (*Die Schlafwandler*). Ebenfalls nicht erlaubt war beispielsweise die Ausstellung von Aktgemälden Modiglianis. Maßstab der Verbote war, ob ein durchschnittlicher Haushalt ein fragliches Buch als Familien-Lektüre akzeptieren würde. Viele Schriften waren bereits 1944 wieder zugänglich, aber Hunderte andere weiterhin indiziert. Der Import von Joyces *Ulysses* wurde beispielsweise 1929 verboten, 1937 wieder zugelassen und 1941 abermals bis 1953 verboten (vgl. Heyward, *The Ern Malley Affair*, a.a.O., S. 55 u. 228; Max Harris, »Angry Penguins and After. A Contribution to Our Literary History«, in: *Quadrant* 7.1 (1963), S. 5–10, hier: S. 6.; Clement Semmler, »James Joyce in Australia«, in: ders., *For the Uncanny Man. Essays, Mainly Literary*, London u.a.: Angus & Robertson 1963, S. 12–92, bes. S. 13–30 u. John Thompson, »The Ern Malley Story. An Australian Broadcasting Commission Feature«, in: Clement Semmler, *For the Uncanny Man. Essays, Mainly Literary*, a.a.O., S. 160–183, hier: S. 173. Beim letztgenannten Text handelt es sich um ein Transkript einer einstündigen Radiosendung aus dem Jahr 1959, für die Thompson Interviews mit den in das Ern Malley-Fake involvierten Personen zusammengetragen hat. Einzelne Aussagen, wenn sie im Folgenden angeführt werden, werden daher mit dem Sprechernamen zitiert.

[215] Leon Batt, »Editorial«, in: *Pertinent* (August 1940), zit. n. John Tregenza, *Australian Little Magazines 1923–1954. Their Role in Forming and Reflecting Literary Trends*, Adelaide: Libraries Board of South Australia 1964, S. 54.

werden sollte, herrschte unter den damaligen Literaten keine Einigkeit, sondern eher Zwietracht, die zur Aufspaltung in, grob eingeteilt, drei Lager führte.

Für die einen hatte sich der neue kreative Impuls in einer nationalistisch gefärbten Kunst niederzuschlagen, die sich vor allem in der literarischen Bewegung ›Jindyworobak‹ um Rex Ingamells (das Pseudonym Reginald Charles') niederschlug. Der Name, der aus der Sprache der Aborigines entlehnt wurde und dort »verbinden« oder »anschließen« bedeutet, sollte das Ziel unterstreichen, die Traditionen der weißen und der indigenen Bevölkerung Australiens zu einer eigenen, von fremden Einflüssen (v. a. der ›Alten Welt‹) freien australischen Identität oder Zivilisation zu amalgamieren. Ingamells schreibt in seinem Manifest *The Conditional Culture*: »The Jindyworobaks, I say, are those individuals who are endeavouring to free Australian art from whatever alien influences trammel it, that is, to bring it into proper contact with its material.« Die ›Quintessenz‹ der »genuine culture« liegt für ihn daher »in the realization of whatever things are distinctive in our environment and their sublimation in art and idea«.[216] ›Jindyworobak‹-Dichtung, die in der gleichnamigen Zeitschrift und in der bis 1953 jährlich erscheinenden *Jindyworobak Anthology* veröffentlich wurde, konzentrierte sich somit auf die romantisierende Beschreibung australischer Landschaften mit Pseudo-Aborigines-Vokabular oder -Mythologie und war einem nationalistisch-folkloristischen oder, um es angelehnt an das Vokabular der Postcolonial Studies auszudrücken, ›Aboriginalismus‹ verpflichtet, durch den die Kultur der Einheimischen, die angeblich im Einklang mit der unberührten Natur lebten, nachträglich aus einer ›weißen‹ Perspektive heraus konstruiert wurde.[217]

[216] Rex Ingamells, »Three Extracts from Conditional Culture«, in: Elliott (Hg.), *The Jindyworobaks*, a.a.O., S. 227–231, hier: S. 230f.; vgl. a. ders., »Extract from a Letter to Miles Franklin« (16.3.1948), in: Elliott (Hg.), *The Jindyworobaks*, a.a.O., S. 221f.

[217] Ein Ausschnitt aus einem Gedicht Ingamells sei daher hier zitiert: »Far in moorawathimeering, | safe from wallan darenderong, | tallabilla waitjurk, wander | silently the whole day long« (Rex Ingamells, »Moorawathimeering«, in: Elliott (Hg.), *The Jindyworobaks*, a.a.O., S. 11). Stark beeinflusst war Ingamells von P.R. Stephensens Buch *The Foundations of Culture in Australia*, welches von der Idee geprägt war, eine neue, von der Macht britischer Investoren unabhängige australische Nation aufzubauen, die frei von Fehlern der ›Alten Welt‹ ist (vgl. John McLaren, *Writing in Hope and Fear. Literature as Politics in Postwar Australia*, Cambridge/New York/Melbourne: Cambridge Univ. Press 1996, S. 17); vgl. a. Michael Ackland, »Poetry from the 1890s to 1970«, in: Elizabeth Webby (Hg.), *The Cambridge Companion to Australian Literature*, Cambridge u.a.: Cambridge Univ. Press 2000, S. 74–104, hier: S. 88f.; Elliott, »Introduction«, a.a.O., S. xviii u. Philip Mead, »Cultural Pathology: What Ern Malley Means«, in: *Australian Literary Studies* 17 (1995), S. 83–88.

Eine andere Gruppierung um Max Harris propagierte dagegen modernistische Lyrik, kritisierte die ›Aboriginalisierung‹ der Sprache und die nationalistische Poesie der Jindyworobaks als »Jabberwocky«, als »desperate elaborations of bush balladry and outbackery«.[218] Bereits 1939 verlieh Harris in einem Artikel mit dem sprechenden Titel »I Am an Anarchist – So What?« seiner Abneigung gegen folkloristische Klischees Ausdruck und richtete seine Hoffnungen auf surrealistische und symbolistische Strömungen in Europa: »[A]ll Australian poetry has been written in the worst sense of romanticism, that consequently there is no Australian tradition in poetry, and he who would write true *Australian* poetry must put himself into relation with the general stream of *European* poetry and feeling, must learn his craftsmanship from sources external to his hopeless Australian heritage.«[219] 1940 wurde, um dieser Maxime zu folgen, als Nachfolger von *Phoenix* die Zeitschrift *Angry Penguins* gegründet, in der gegen die nationalistisch traditionalistische Poesie und Versform (»the plague of national poets«[220]) gerichtete avantgardistische Kunst veröffentlicht wurde. Sie verdankte ihren Namen einer Gedichtzeile aus Harris' Gedicht »Growth« im Band *The Gift of Blood* (1940): »We know no mithridatum of despair | as drunks, the angry penguins of the night«.[221] In den einzelnen Ausgaben sowie im monatlichen Supplement *Broadsheet* stand die Veröffentlichung internationaler modernistischer, surrealistischer und symbolistischer Kunst im Vordergrund, und es wurden Texte von den verschiedensten internationalen Vorbildern, wie z.B. von Jean-Paul Sartre, Charles Baudelaire, Stéphane Mallarmé, Franz Kafka, Rainer Maria Rilke, Dylan Thomas und Henry Miller, abgedruckt. Aber auch später bekannte australische Künstler, wie die Maler Sidney Nolan und Arthur Boyd oder die Schriftsteller Geoffrey Dutton und Peter Cowan, gingen aus *Angry Penguins* hervor. Dabei ist hervorzuheben, dass der Modernismus der ›Angry-Penguins‹ aufgrund der spezifischen Weise, in der sie ihre Vorbilder rezipierten, eine idiosynkratische Ausprägung der künstlerischen Strömung in Europa

[218] Max Harris, »Dance Little Wombat«, in: *Meanjin Papers* 2.2 (1943), wiederabgedruckt in: Elliott (Hg.), *The Jindyworobaks*, a.a.O., S. 259–263, hier: S. 261 u. Harris, »Angry Penguins and After. A Contribution to Our Literary History«, a.a.O., S. 6.

[219] Max Haris, »I Am an Anarchist – So What?«, in: *Bohemia* 4 (1939), zit. n. Tregenza, *Australian Little Magazines 1923–1954*, a.a.O., S. 70.

[220] Harris, »Dance Little Wombat«, a.a.O., S. 260.

[221] Max Harris, »Growth«, zit. n. James McAuley, *A Map of Australian Verse*, Melbourne: Oxford Univ. Press 1975, S. 158.

war.[222] Max Harris erinnert sich 1963: »Angry Penguins in the 1940s expressed a noisy and aggressive revolutionary modernism. […] *Angry Penguins* tilted vigorously at […] the fiercely entrenched art establishments of the day, the tired and mediocre nationalism which passed for poetry, the pedestrian bushwhackery which gave Australia a novel of unequalled verbal dullness.«[223] *Angry Penguins* entwickelte sich in dieser besonderen Aufbruchstimmung zur größten und bekanntesten Zeitschrift der literarischen Avantgarde in Australien. Waren ihre ersten zwei Ausgaben noch von der ›Adelaide University Arts Association‹ gefördert worden, wurde sie ab der dritten zu einem unabhängigen Unternehmen, das ab 1943 seinen Hauptsitz in Melbourne hatte. Durch die Verbindungen der Mitherausgeber John und Sunday Reed zur ›Contemporary Art Society‹, die zur Förderung moderner Kunst gegründet worden war, konnte sie sowohl Umfang und Auflagenstärke nach und nach steigern.[224]

Die dritte Bewegung in der literarischen Szene der 1930er und 1940er Jahre formierte sich in Sydney um die konservative Zeitschrift *Hermes*, die von Studenten der dortigen Universität getragen wurde und wie bereits zuvor die ›Australian Academy of Art‹ einen Anti-Modernismus vertrat. Deren Hauptunterstützer, Generalstaatsanwalt Robert Menzies, bekundete 1937 »to find nothing but absurdity in much so-called ›modern‹ art«.[225] Bekannte Beiträger von *Hermes*, manchmal auch unter *noms de plume*, waren James McAuley, Harold Stewart, Stewart Somerville und Alec Derwent Hope. Insbesondere Letzterer verlieh in vernichtenden Kritiken seiner Abneigung sowohl

[222] Brian Lloyd macht erstens darauf aufmerksam, dass, obwohl die ›Angry Penguins‹-Schule sich ausdrücklich auf den Surrealismus berufen habe und die entsprechenden Hauptvertreter gekannt habe, ihre literarischen Vorbilder eher T.S. Eliot, Rimbaud und Rilke gewesen seien; zweitens betont er, dass die Bewegung auch stilistisch nicht mit dem europäischen Surrealismus in eins zu setzen, sondern als »distinctive regional style« zu betrachten sei: Die Anthropomorphisierungen beispielsweise, wie sie die ›Angry Penguins‹ extensiv in ihren literarischen Landschaftsbeschreibungen verwendet hätten, kenne man nämlich vom Surrealismus in Europa vornehmlich aus der Malerei (vgl. Brian Lloyd, »Was Australian Modernism Oppositional«, in: *Span* 36.1 (1993), S. 95–99).

[223] Harris, »Angry Penguins and After. A Contribution to Our Literary History«, a.a.O., S. 6; vgl. a. Tregenza, *Australian Little Magazines 1923–1954*, a.a.O., S. 62; John Hetherington, *Forty-Two Faces*, Melbourne/Canberry/Sidney: F.W. Cheshire 1962, S. 216; McLaren, *Writing in Hope and Fear*, a.a.O., S. 15 u. William H. Wilde/Joy Hooton/Barry Andrews, *The Oxford Companion to Australian Literature*, Melbourne u.a.: Oxford Univ. Press 1991, S. 371f.

[224] Vgl. Tregenza, *Australian Little Magazines 1923–1954*, a.a.O., S. 63.

[225] Robert Gordon Menzies, zit. n. Bill Ashcroft, »Reading Carey Reading Malley«, in: *Australian Literary Studies* 21.4 (2004), S. 28–39, hier: S. 29.

gegen die ›Jindyworobaks‹ (»the Boy Scout School of Poetry [...] playing at being primitive«; »the [Jindyworobak, M.D.] poet who tries to write like a second-hand-Abo«[226]) als auch gegen Harris' angeblich »geschmacklosen« Modernismus Ausdruck. In einer Rezension von dessen *The Vegetative Eye* schreibt er: »Mr Harris is morally sick and discusses his symptoms with the gusto of an old woman showing the vicar her ulcerated leg.«[227] Die ablehnende Haltung gegenüber den ›Jindyworobaks‹ verband die Gruppierung um *Hermes* zwar mit den ›Angry Penguins‹; aber im Unterschied zu diesen versuchte sie, dem neo-kolonialistischen Romantizismus elaborierte realistische und traditionelle Poesie entgegenzustellen und den zeitgenössischen Problemen mit der Aufrechterhaltung zeitloser Ideale und einem soliden Handwerk, d.i. traditioneller Versform, zu begegnen: »[T]hat Sidney group which included A.D. Hope, James McAuley, Harold Stewart«, schreibt Harry Hooton 1948 in einem kritischen Rückblick, »did not advance their theories past a mere classical revival against romanticism.«[228] Die Qualität der Poesie hatte sich für Hope, McAuley und Stewart an ihrer gelungenen klassisch-formalen Struktur zu messen. Im Editorial der ersten Ausgabe der diesem ›Klassik-Revival‹ gewidmeten namenlosen Zeitschrift wird entsprechend hervorgehoben: »We are as utterly fed-up with self-conscious national bards as we are with the unoriginal importers of meretricious styles already done to death overseas by their own intrinsic mediocrity. We dislike [...] editors who give conformity to a creed priority over poetic quality«.[229]

Ihre Missbilligung des australischen Modernismus fußte jedoch nicht auf Ignoranz, denn die Gruppe hatte sich nachweislich eingehend damit auseinandergesetzt. Frühe Gedichte McAuleys waren sogar den modernistischen Arbeiten Eliots oder Pounds verpflichtet, z.B. erschien

[226] Alec Derwent Hope, »Culture Corroboree«, in: *Southerly* 2.3 (1941), wiederabgedruckt in: Elliott (Hg.), *The Jindyworobaks*, a.a.O., S. 248–252, hier: S. 248f.

[227] Alec Derwent Hope, »Confessions of a Zombie«, in: *Meanjin Papers* 3.3 (1944), S. 48.

[228] *Number Three* (1948), ohne Paginierung, zit. n. Tregenza, *Australian Little Magazines 1923–1954*, a.a.O., S. 75. Die Zeitschrift hatte keinen genannten Herausgeber, keine Titelseite, keinen Preis, keine Paginierung, keinen Vertrieb und wurde als Anti-Zeitschrift gegen die programmatischen Veröffentlichungen ihrer erklärten Gegner lanciert. Sie wurde der Einfachheit halber durchnummeriert und die einzelnen Ausgaben erhielten daher die Titel *Number One* (1943), *Number Two* (1944), *Number Three* (1948) (vgl. Heyward, *The Ern Malley Affair*, a.a.O., S. 61).

[229] *Number One* (1943), ohne Paginierung, zit. n. John Tregenza, *Australian Little Magazines 1923–1954*, a.a.O., S. 74.

1935 in *Hermes* McAuleys Gedicht »Homage to T. S. Eliot«.[230] Später distanzierte er sich jedoch von diesen Vorbildern, wie sich seiner Magisterarbeit über den Symbolismus und den Surrealismus ablesen lässt, in die thesenartig seine eigenen Überzeugungen über literarisches Schreiben eingeflossen sind. In seiner Lesart scheinen die betreffenden Bewegungen die Übernahme vorgeformter, stereotyper Stilistik zu propagieren – eine Poetik, die er entschieden zurückweist: »[E]ach subject must develop along the lines of its own unique structure, and not [...] be forced into an alien mould«.[231] Ferner verleiht McAuley in seinen Ausführungen immer wieder seiner Abneigung gegen gezielt inkohärente surrealistische Assoziationsketten Ausdruck; Poesie bedarf ihm zufolge »a consciously realised context [...] not a purely surrealist concatenation of blank pictures«.[232] Stewart Somerville verwirft die modernistischen Dichtungen Australiens zu dieser Zeit ähnlich verächtlich als »castrated replicas of surrealism without its political affiliations«.[233]

Die drei genannten Gruppierungen müssen eher als literarische Zirkel denn als Massenphänomen verstanden werden. Sie definierten sich meisteneils *ex negativo*, d. h. über den Ausschluss oder die Zurückweisung der literarischen Verfahren der jeweils angefeindeten anderen.[234] Die einzelnen ›Parteien‹ lassen sich als besonders kleine Diskursgesellschaften bezeichnen, die nach Foucault die Funktion haben, Diskurse nur nach strengen Regeln in einem geschlossenen Raum oder in einem bestimmten Kreis zirkulieren zu lassen und zu bewahren.[235] Der Zeitschriftentitel

[230] Vgl. Paul Kane, *Australian Poetry. Romanticism and Negativity*, Cambridge/Melbourne: Cambridge Univ. Press 1996, S. 146. Sein Biograph schreibt, dass McAuley zu dieser Zeit »a disciple of Eliot« gewesen sei (Peter Coleman, *The Heart of James McAuley*, Sidney: Wildcat Press 1980, S. 6).

[231] James McAuley, *Symbolism. An Essay in Poetics* [unveröffentlichte Magisterarbeit], Sidney Univ. 1940, zit. n. Michael Ackland, *Damaged Men. The Precarious Lives of James McAuley and Harold Stewart*, Crows Nest: Allen & Unwin 2001, S. 61.

[232] Ebd.

[233] Oliver Somerville, »Brief an Harry Hooton« (11. August 1942), Mitchell Library, Sidney, Manuskript 569, zit. n. Heyward, *The Ern Malley Affair*, a. a. O., S. 55. Vgl a. zu seinem Gedicht »Ballade«, in dem er seine Vorbehalte gegenüber dem Modernismus in lyrischer Form thematisiert: ebd., S. 57f.

[234] Max Harris schreibt beispielsweise: »›Angry Penguins‹ expressed a reaction to the ideas of the Jindyworobak, perhaps extreme in the other direction« (Max Harris, »Statement Max Harris«, in: Elliott (Hg.), *The Jindyworobaks*, a. a. O., S. 268–269, hier: S. 269).

[235] Foucault erläutert den Begriff der Diskursgesellschaft bereits selbst u. a. mit bestimmten Formen der Institutionalisierung von Literatur. Eine literarische Diskursgesellschaft zeichnet sich für ihn dadurch aus, dass in ihr bestimmten Ordnungen des Buches und des Edierens gefolgt wird und dass sich dabei vor allem die Schriftsteller selbst eine besondere Subjektposition zuschreiben (vgl. Foucault, *Die Ordnung des Diskurses*, a. a. O., S. 28 (frz. S. 43)).

Angry Penguins wurde in diesem Sinne namengebend für die Künstlergruppe um die Programmatik der Herausgeber (D. B. Kerr, Paul Pfeiffer und später Geoffrey Dutton).[236] Paul Kane kommentiert beißend deren überschaubare Größe: »The Angry Penguins were not the avant-garde, scouting out the territory ahead for the rest of the troops; they were the entire army itself.«[237] Die polemischen Abgrenzungen der einzelnen Gruppierungen voneinander – die Zeitspanne wurde danach als »angry years«[238] bekannt – führten dazu, dass innerhalb der einzelnen Zirkel eng abgesteckte Programmatiken oder Poetologien verfolgt wurden, die – im Foucault'schen Sinne – zu strikten literarischen Formationssystemen geronnen. Diese betrafen sowohl die Person des Literaten als auch die von ihm zu behandelnden Gegenstände sowie die Art und Weise des literarischen Sprechens.

Im Falle der ›Angry Penguins‹ äußerte sich diese Regelhaftigkeit in der Affirmation des romantischen Ideals des anarchischen Außenseiters, wie ihn ihr europäisches Vorbild Herbert Read bereits 1935 beschrieben hat, nämlich als »[d]isenfranchised by his lack of residence in any fixed constituency, wandering faithless in the no-man's land of his imagination«.[239] Harris stilisierte sich, wie bereits zitiert, in diesem Sinne als künstlerischer Anarchist (»I am an anarchist«), »enfant terrible«[240]

[236] Vgl. John Miles, »Lost Angry Penguins: D.B. Kerr, P.G. Pfeiffer and the Real Foundings of the Angry Penguins«, in: *Jacket* 12 (2000), http://jacketmagazine.com/12/penguins-miles.html), zuletzt aufgerufen am 13.6.2007 u. Max Harris, »The Hoax«, in: Ern Malley, *Collected Poems*, a.a.O., S. 1–20, hier: S. 18.

[237] Kane, *Australian Poetry*, a.a.O., S. 144.

[238] Max Harris, »Conflicts in Australian Intellectual Life 1940–1964«, in: Clement Semmler/Derek Whitelock (Hg.), *Literary Australia*, Melbourne u.a.: F.W. Cheshire 1966, S. 16–33, hier: S. 19.

[239] Herbert Read, »Essential Communism« (1938), in: ders., *Anarchy and Order. Essays in Politics*, Boston: Beacon Press 1971, S. 73–89, hier: S. 74. Dieses Kapitel aus *Anarchy and Order* wurde von ihm 1935 zuerst als Pamphlet für die soziale Bewegung ›Social Credit‹ in England veröffentlicht; vgl. dazu a. Jerald Zaslove, »Herbert Read and Essential Modernism: Or the Loss of an Image of the World«, in: David Goodway (Hg.), *Herbert Read Reassessed*, Liverpool: Liverpool Univ. Press 1998, S. 287–308, hier: S. 289f. u. 303; Heyward, *The Ern Malley Affair*, a.a.O., S. 21 u. McLaren, *Writing in Hope and Fear*, a.a.O., S. 20.

[240] Seine Lyrik zu dieser Zeit war von einer ostentativ provokativen Haltung geprägt. Im Gedicht »The Pelvic Rose« verbindet er ›*stream of consciousness*‹ mit sexuellem Vokabular: »But now the vision changes and the rose is blown, | petals spiralling the labia to the light | [...] flame writes the epic horror, fiercely states | ›through the ages the old old man masturbates‹« (Max Harris, »The Pelvic Rose«, in: *The Angry Penguins. Selected Poems of Max Harris*, hg. v. Alan Brissenden, Canberra: National Library of Australia 1996, S. 14); vgl. a. Ackland, »Poetry from the 1890s to 1970«, a.a.O., S. 89 u. Hetherington, *Forty-Two Faces*, a.a.O., S. 214.

und »the ham in all the sandwiches«.[241] Seinem poetischen Programm gemäß hatten Dichter ihr Augenmerk auf bestimmte Gegenstände zu richten und ihre individuellen Eindrücke mitzuteilen; d.h., sie hatten nicht die Darstellung der australischen Landschaft (wie bei den Jindyworobaks), sondern die der eigenen subjektiven Erfahrungswelt zur Aufgabe: »Poetry [...] concerns itself with that which is peculiar and individual in the artist's vision of his surroundings. His fundamental environment is himself.«[242] Trotz des revolutionären Gestus blieb Harris dabei dem im 19. Jahrhundert aufkommenden Motto »l'art-pour-l'art« treu, in seinen Worten: »poetry qua poetry«.[243] Die Zugehörigkeit zu dieser Diskursgesellschaft war aber auch mit dem Eintreten in ein bestimmtes Geheimnis verbunden. Eine Aussage Harris' über die Obskurität und Exklusivität der in der Zeitschrift *Angry Penguins* verfolgten poetischen Programmatik macht dies sehr deutlich: »Language is fluid. Words exist autonomously within the limitation of context. This demands an openness of mind which our desire for final comprehension, for static understanding resents. [...] Regretfully but unavoidable in these poems [...] the writers must place a burden of sympathy and of struggle against pre-conditionings upon the reader.«[244]

Die Aufgabe des Kritikers oder kritischen Herausgebers bestand für Harris paradoxerweise darin, einerseits rein subjektive Kriterien für die Beurteilung von Gedichten zu entwickeln (»to examine the poetry that is produced according to the highest aesthetic judgement and sensitivity that he can develop *within himself*«[245]), andererseits aber die modernistische Dichtung der europäischen und amerikanischen Vorbilder zum Maßstab zu nehmen. Doch eben jene von Harris reklamierte ›ästhetische Urteilskraft‹ sollte von James McAuleys und Harold Stewarts ›Ern Malley‹ einer Belastungsprobe unterzogen werden.

[241] Harris, »Angry Penguins and After«, a.a.O., S. 7.

[242] Harris, »Dance Little Wombat«, a.a.O., S. 262.

[243] Max Harris, zit. n. »Critical Extracts from Jindyworobak Review 1938–1948«, in: Elliott (Hg.), *The Jindyworobaks*, a.a.O., S. 264–272, hier: S. 269.

[244] Max Harris, »Editorial«, in: *Angry Penguins*, o.J., zit. n. Tregenza, *Australian Little Magazines 1923–1954*, a.a.O., S. 70. Die Ausgaben der *Angry Penguins* sind v. a. wegen Papierzerfalls zu einer solchen Rarität geworden, dass sie selbst für Wissenschaftler in Europa nicht zugänglich sind. Auch Faksimiles oder digitale Versionen existieren nicht. Daher wird im Folgenden – mit Ausnahme der Dezemberausgabe 1944, die in der Universitätsbibliothek Johann Christian Senckenberg eingesehen werden konnte – aus ausschnitthaften Nachdrucken in anderen Publikationen zitiert.

[245] Harris, »Dance Little Wombat«, a.a.O., S. 259; Hervorhebung M.D.; vgl. a. McLaren, *Writing in Hope and Fear*, a.a.O., S. 15.

›Ern Malley‹ – ›Angry Penguins‹-Dichter par excellence

Bereits die ersten drei Gedichte, die ›Ethel Malley‹ ihrem Brief beigelegt hatte, versetzten Max Harris und seine Mitherausgeber in Begeisterung und ließen Ern Malley für Harris zu »one of the most remarkable and important poetic figures of this country«[246] werden – allein John Reed zeigte sich bezüglich ihrer Qualität zögerlicher und zog sogar die Möglichkeit eines Fake in Erwägung.[247] Auf Nachfrage erhielt Harris schließlich in einer zweiten Postsendung den gesamten Korpus der von ›Malley‹ zum Konvolut *The Darkening Ecliptic* zusammengefassten 17 Gedichte mitsamt einem poetischen »Statement« und ausführlichen Lebensdaten des Autors. Als Reaktion auf das ihm wiederum von Harris weitergeleitete Œuvre gab Reed seine Vorbehalte mit folgenden Worten auf: »It was a big moment opening up all that additional packet of Malley's work and [...] he is obviously a poet of some standing«.[248] Auch Geoffrey Dutton bekundet rückblickend: »I was absolutely carried away by it«.[249] Die Herausgebergruppe entschied sich daraufhin, die Herbstausgabe 1944 der Zeitschrift *Angry Penguins* dieser Neuentdeckung zu widmen und Ern Malleys Lyrik zusammen mit einem Kommentar sowohl zu dessen »Preface and Statement« als auch zu dessen Vita zu veröffentlichen – »to commemorate the Australian poet Ern Malley«, wie es später auf der Titelseite heißt. Harris und Reed schreiben im Editorial: »Yet I am firmly convinced that this unknown mechanic and insurance peddler is one of the most outstanding poets that we have produced here.«[250]

Was hatte die Herausgeber angesprochen? Wie authentifizierten sich die Gedichte? Oder genauer: Wie fügten sie sich in den diskursiven Hintergrund der poetischen Postulate der ›Angry Penguins‹ ein? Oder, um

[246] Max Harris, Brief an ›Ethel Malley‹ (undatiert), McAuley Papers, zit. n. Heyward, *The Ern Malley Affair*, a. a. O., S. 91.

[247] Vgl. John Reed, Brief an Harris (9.11.1943), Reed Papers, 17/18/2, zit. n. Heyward, *The Ern Malley Affair*, a. a. O., S. 74.

[248] John Reed, Brief an Harris (26.11.1943), Reed Papers, 11/18/5, zit. n. Heyward, *The Ern Malley Affair*, a. a. O., S. 87.

[249] Interview mit Geoffrey Dutton (30.7.1988), zit. n. Heyward, *The Ern Malley Affair*, a. a. O., S. 83.

[250] Max Harris/John Reed, »Editorial«, in: *Angry Penguins* (Herbst 1944), wiederabgedruckt in: Malley, *Collected Poems*, a. a. O., S. 60–68, hier: S. 61. Therese-Marie Meyer weist darauf hin, dass, obwohl das »Editorial« von beiden unterschrieben ist, der erste, allgemeine Teil von John Reed stammt, während die Einleitung zu den Malley-Gedichten von Max Harris verfasst worden ist (vgl. Therese-Marie Meyer, *Where Fiction Ends. Four Scandals of Literary Identity Construction*, Würzburg: Königshausen & Neumann 2006, S. 48).

näher an den Fragestellungen dieses Buches zu bleiben: Worin bestand die Fälschung? Oder vielmehr: Welche scheinbar selbstverständlichen Phänomene, Formen und Regeln authentischen Schreibens lassen sich, wenn *ex post* von Fälschung die Rede ist, rekonstruieren?

Abb. 25: *Angry Penguins* (Herbst 1944), Cover-Illustration von Sidney Nolan

Das Fake setzte sich nämlich auf mehreren Ebenen ins Werk: Erstens durch die manipulierte Materialität der Manuskripte, zweitens durch die minutiöse textliche Konstruktion einer nicht existenten empirischen Autorperson, drittens durch ›Malleys‹ poetologisches »Statement« und viertens durch die spezifische Stilistik der Gedichte.

Vor ihrer Aushändigung an Harris hatten McAuley und Stewart sorgfältig maschinenschriftliche Textversionen erstellt. Sie gaben dabei der mechanischen Reproduktion, die sie zudem mit einer Paginierung versahen, den Vorzug, um, wie Harris es auch später interpretierte, den Eindruck zu erwecken, die Texte seien vom Autor für eine Veröffentlichung vorbereitet worden. Um die Herstellungsgeschichte und die Überlieferung dieser ›Fassung letzter Hand‹ zu beglaubigen, wurde das Typoskript in seinem materiellen Erscheinungsbild manipuliert: »We carefully mistyped and erased«, erinnert sich Stewart, »we rolled the paper in the dust, we stood our wet cups of tea on it to make ringed stains, we ›aged‹ the ink in the sun.«[251] Einzig das »Preface and Statement« und das später unveröffentlicht gebliebene Gedicht-Fragment »So long« wurden als Handschriften weitergereicht.

Als Hauptaspekt der Fälschung ist jedoch vor allem die Art und Weise hervorzuheben, wie McAuley und Stewart die empirische Person »Ern Malley« zuerst zum Leben erweckten und dann sterben ließen, um damit eine spezifische Autor-Funktion mehrschichtig ins Werk zu setzen: Einmal durch die brieflich mitgegebenen biographischen Informationen vonseiten der Persona ›Ethel Malley‹, dann durch Malleys poetologisches Credo, das sich im »Preface and Statement« niederschlägt, und schließlich durch die Gedichte selbst. Über die Figur seiner Schwester ›Ethel Malley‹ konstruierten die Fälscher eine Vita, die weitestgehend dem romantisierten Stereotyp des verkannten armen Künstler-Genius entsprach: Ein Mann aus einfachen Verhältnissen, zuerst Halb-, dann Vollwaise, hatte aufgrund mangelnder Schulbildung als Automechaniker, Versicherungsvertreter und Uhrmacher gearbeitet und, von der Öffentlichkeit unbehelligt, eine Reihe von Gedichten geschrieben. Er war kurz vor seinem Tod zu seiner Schwester zurückgekehrt und bei ihr anno 1943 mit 25 Jahren (im selben Alter wie John Keats) gestorben. ›Ethel Malley‹ schreibt: »I don't think he had a very happy life, though he didn't show it.«[252] Stewart erklärt später, dass die Abfassung der fiktiven Biographie deutlich mehr Zeit in Anspruch genommen habe als die Verfertigung der Gedichte selbst: »The letters required much more literary skill and much more time and trouble – having been written over several weeks – than did the actual poems themselves. Not only did we have to create the character of Ethel Malley, the middle-aged, middle-brow, middle-class young lady of no great education, who had

[251] Harold Stewart, »The Truth About Ern Malley«, Collin Simpson Papers, National Library of Australia (NLA), Manuskript 5252, zit. n. Heyward, *The Ern Malley Affair*, a.a.O., S. 125. Diese Manuskripte gingen bereits 1944 verloren und sind nur als Abschriften aus der *Angry Penguins*-Redaktion verfügbar (vgl. Heyward, *The Ern Malley Affair*, a.a.O., S. 294).

[252] Brief von ›Ethel Malley‹ an Harris, Reed Papers, 17/18.2, zit. n. Michael Heyward, *The Ern Malley Affair*, a.a.O., S. 76–78, hier: S. 78.

come upon these supposed poems of her imaginary brother, but also we had to create his character through her letters, and as he would have appeared to her, and so that required very delicate dislocations of grammar and spelling.«[253]

Relevant für die spezifische Funktionsweise dieses Fake sind jedoch nicht nur die den Gedichten beigegebenen authentifizierenden Behauptungen, sondern vor allem die Reaktionen darauf von Max Harris. Als literarisches Experiment angelegt, waren die Texte nämlich nicht von vornherein von einem Experten durch eine pragmatische Behauptung beglaubigt, sondern wurden Harris als Autorität der ›Angry Penguins‹ oder – um Ecos Personenkonfiguration zu verwenden – als Richter vorgelegt. Aufschluss darüber, wie die von Stewart und McAuley implizit hervorgebrachte Autorfigur der Gedichte tatsächlich Harris' Lektüre beeinflusste sowie wie sich das Fake dadurch zertifizierte, dass es die Programmatik der ›Angry Penguins‹ perfekt zu bestätigen schien, gibt sowohl das Editorial der entsprechenden *Angry Penguins*-Ausgabe als auch das bei den Gedichten ›gefundene‹ und von Harris ausführlich kommentierte »Preface and Statement« – wie er schreibt, »a beautiful and succinct expression of my own feelings to a poem«.[254]

Die Art und Weise, wie Harris die Gedichte Malleys diskutiert, zeugt davon, wie sehr er darin das in der ›Angry Penguins‹-Schule vorherrschende Modell eines subjektivistischen Schreibens bestätigt sah: Ern Malley, in dessen Poesie Harris zufolge persönliche Außenseiter-Erfahrungen auf individuelle Weise zum Ausdruck kamen, wurde so zum ›Angry Penguins‹-Dichter par excellence. Das Bild des unentdeckten Künstlers nahm Harris sogar zum Anlass eines hinkenden Vergleichs seiner Lage mit der Max Brods angesichts des Kafka-Nachlasses.[255] Harris' Wahrnehmung Ern Malleys im doppelten Wortsinne ist dabei von vornherein paradox aufgespalten zwischen einer expliziten Würdigung der Gedichte unabhängig von der Figur des Autors und einer Affirmation oder Überstilisierung des romantischen Künstlerideals. Einerseits weist er ostentativ zurück, dass seine Einschätzung des literarischen Könnens Malleys – »a poet of tremendous power, working through a disciplined and restrained kind of statement into the deepest wells of human experience« – auf dem ihm verfügbaren biographischen Wissen fußt: »[T]his is not based on any romantic reaction to the circumstances

[253] Harold Stewart, zit. n. Thompson, »The Ern Malley Story«, a. a. O., S. 182.
[254] Harris/Reed, »Editorial«, in: *Angry Penguins* (Herbst 1944), a. a. O., S. 63.
[255] Ebd., S. 62.

by which his poetry has come into possession, nor by the great artistic self-possession with which he treated his forthcoming death. It is the perfection and integration of his poetry.«[256] Andererseits widerspricht er sich an anderer Stelle mit der Bekundung: »I find respect for the amazing relation of his art and his dying that I feel I have no right to conceal facts which bespeak greatness«.[257] Dabei geht er nicht nur McAuleys und Stewarts fiktiver Autorfigur als ›faktischem Paratext‹ auf den Leim, sondern kleidet darüber hinaus die gefälschten biographischen ›Fakten‹ konjektural zu einer verklärenden Charakteristik Ern Malleys aus: »He treated death greatly, and as poetry, while undergoing the most fearful debilitating nervous strain that human being could possibly endure«;[258] »he deliberately invoked death upon himself to provide the deepening and consummating forces of poetic experience«.[259] Wie maßgeblich das ihm bekannte empirische Autorsubjekt seine Rezeption beeinflusste, lässt sich einem Artikel von Harris in der Literaturzeitschrift *Voices* ablesen, in dem er sämtliche Gedichte als »principally autobiographical«[260] bezeichnet. In seinem *Angry Penguins*-Editorial liest er dementsprechend einzelne Zeilen der Gedichte als buchstäbliche Hinweise auf die Verfasstheit ihres Verfassers: Eine Zeile aus dem Gedicht »Sybilline« (»And yet I know I shall be raised up on the vertical banners of praise«[261]) deutet er beispielsweise als Ausdruck von Malleys dichterischem Selbstvertrauen; oder eine enigmatische Stelle aus »Petit Testament« wird von ihm dahingehend interpretiert, dass Malley seine Liebesbeziehung geopfert habe »[f]or the sake of the unity of death and poetry«.[262]

Die Berücksichtigung der Gedichte selbst soll hier, wie auch schon bei der Behandlung der *Poems of Ossian*, zugunsten der genaueren Betrachtung ihrer diskursiven Einbettung, d. h. des Sprechens darüber, in den Hintergrund treten. Desgleichen soll auch eine Bewertung ihrer ›poetischen Güte‹ zugunsten der Betrachtung ihrer irritierenden Qualitäten ausgespart bleiben. Um dennoch einen flüchtigen Einblick in die Gestaltung der Verse zu geben, sei hier das bereits erwähnte Gedicht

[256] Ebd., S. 61f.
[257] Ebd., S. 63.
[258] Ebd., S. 61.
[259] Ebd., S. 64.
[260] Max Harris, »Commentary on Australian Poetry«, in: *Voices: A Quarterly of Poetry* 118 (1944) [einmalige australische Ausg., hg. von Harry Roskolenko und Elisabeth Lambert], S. 47, zit. n. Peter Anderson, »Ern Malley. ›The Greatest Australian Poet That (N)ever Lived‹«, in: *Southern Review* 24.3 (1991), S. 121–131, hier: S. 124.
[261] Harris/Reed, »Editorial«, in: *Angry Penguins* (Herbst 1944), a. a. O., S. 61.
[262] Ebd., S. 64.

»Sybilline« vollständig wiedergegeben. Obwohl sich etliche Zeilen mitunter durch sprachlich an Nonsens grenzende Konfrontationen disparater Begriffe und Bildfelder charakterisieren, sticht eine Passage durch ein hohes Maß an Verständlichkeit hervor. Sie ist auch als Hinweis auf die zweischneidige Autorschaft zu lesen: »It is necessary to understand | That a poet may not exist«.[263]

Sybilline[264]

That rabbit's foot I carried in my left pocket
Has worn a haemorrhage in the lining
The bunch of keys I carry with it
Jingles like fate in my omphagic ear
And when I stepped clear of the solid basalt
The introverted obelisk of night
I seized upon this Traumdeutung as a sword
To hew a passage to my love

And now out of life, permanent revenant
I assert: the caterpillar feet
Of these predictions lead nowhere,
It is necessary to understand
That a poet may not exist, that his writings
Are the incomplete circle and straight drop
Of a question mark
And yet I know I shall be raised up
On the vertical banners of praise

The rabbit's foot of fur and claw
Tapes on the drain-pipe. In the alley
The children throw a ball against
Their future walls. The evening
Settles down like a brooding bird
Over streets that divide our life like a trauma
Would it be strange now to meet
The figure that strode hell swinging
His head by the hair
On Princess Street?

[263] Diese und andere Passagen werden beispielsweise von Stewart später als überdeutliche Erkennungszeichen der Gefälschtheit der Gedichte dargestellt (vgl. Harold Stewart, zit. n. Thompson, »The Ern Malley Story«, a.a.O., S. 181f.). Dabei ist jedoch nicht zu vergessen, dass bestimmte Merkmale des Falschen in der eigentümlichen Kippdynamik von Fälschungen häufig nicht zu einem Verdacht führen, sondern erst dann als Anhaltspunkte zur Deauthentifizierung erscheinen, wenn man das betreffende Artefakt bereits zuvor der Fälschung verdächtigt hat. Oder um mit Kenneth Ruthven zu sprechen: »[N]o ›clue‹ precedes a suspicion« (Ruthven, *Faking Literature*, a.a.O., S. 176).

[264] Ern Malley, »Sybilline«, in: ders., *Collected Poems*, a.a.O., S. 30.

Die in diesem Gedicht befremdlichen Worte aus dem medizinischen oder technischen Bereich, wie »haemorrhage« oder »omphagic«, sowie Gallizismen oder Latinismen, wie sie die ›Angry Penguins‹-Dichter in ihren anthropomorphisierenden Landschaftsbeschreibungen selbst verwendeten und die sich bei Malley vor allem in »Colloquy with John Keats« häufen, werden von Harris als Bestätigung des ›Angry Penguins‹-Programms autarker und singulärer dichterischer Erfahrung gedeutet: »[T]he poem logically demands these words because of its strict autarchical domestic economy«, »image can be obscure, but never experience.«[265] Die ungewöhnliche Wortwahl liest er daher als poetische Entsprechung der von Malley in seinem »Preface and Statement« geäußerten Überzeugung: »Every poem should be an autarchy«.[266] Eine analog zu verstehende und ähnlich direkte Kongruenz findet sich als Köder für Harris in »Petit Testament«: »Though in this No-Man's-language appropriate | Only to No-Man's Land«.[267] Dabei wird fast wörtlich das weiter oben bereits von Herbert Read zitierte ›Niemandsland poetischer Imagination‹ aufgegriffen.

An dieser Stelle sei jedoch konzediert, dass im Gegensatz zu den weiter oben geleisteten Analysen eine weitere Betrachtung der Gedichte nicht verspricht, über bereits bekanntes Wissen hinausgehende Untersuchungsergebnisse bezüglich der Verfasstheit des spezifisch australischen ›Angry Penguins‹-Modernismus zu erzielen. Lohnenswerter wäre für dieses Unternehmen sicherlich eine genauere Auseinandersetzung mit anderen *Angry Penguins*-Ausgaben und mit dem in ihnen veröffentlichten Korpus an künstlerischen Arbeiten, wie es ansatzweise Brian Lloyd unternimmt.[268] Hier hingegen sollen im Folgenden die Umstände der Aufdeckung und ihre diskursiven Effekte, die die Diskussion der australischen literarischen Moderne bis heute beherrschen, genauer in den Blick genommen werden. Das Fake, von seinen Auswirkungen her betrachtet, bewegte sich nämlich in einem Spannungsfeld zwischen der geglückten Diskreditierung von Harris und dem gegenteiligen Effekt der retrospektiven Stärkung der ›Angry Penguins‹-Bewegung. Der Fälschungs-Fall sollte zudem nicht nur einen poetologischen Streit auf die Titelseite australischer und internationaler Zeitungen bringen,

[265] Harris/Reed, »Editorial«, in: *Angry Penguins* (Herbst 1944), a.a.O., S. 65.

[266] Ern Malley, »Preface«, in: ders., *Collected Poems*, a.a.O., S. 23f., hier: S. 23; vgl. a. Harris/Reed, »Editorial«, in: *Angry Penguins* (Herbst 1944), a.a.O., S. 63.

[267] Ern Malley, »Petit Testament«, in: ders., *Collected Poems*, a.a.O., S. 45f., hier: S. 46.

[268] Vgl. Lloyd, »Was Australian Modernism Oppositional«, a.a.O., S. 95–99.

sondern auch die Kontroverse um die Verständlichkeit oder vielmehr Interpretierbarkeit literarischer Sprache zum Gegenstand eines Strafprozesses werden lassen.

Die Negation der Intention als (Diskurs-)Effekt der Deautorisierung

Anders als bei Harris oder Reed lösten die Gedichte nicht bei allen, die sie vor der Veröffentlichung zu Gesicht bekommen hatten, rückhaltlose Begeisterung aus. J.I.M. Stewart, Professor für Sprache und Literatur an der Universität Adelaide, erachtete die Gedichte für »highly derivative and [...] rather incomprehensible«.[269] Ebenso wurde der Versuch von Harris, durch Malley-Vorabdrucke in *Australian Women's Weekly* bereits vor der entsprechenden *Angry Penguins*-Ausgabe für Publicity zu sorgen, von der verantwortlichen Redakteurin Freda Young mit folgenden Worten abgelehnt: »I think this is a load of rubbish«.[270]

Die erste bemerkenswerte Reaktion nach Erscheinen der Herbstausgabe der *Angry Penguins* mit den Gedichten Malleys stammt von Brian Elliot, Dozent für australische Literatur an der Universität von Adelaide. Er hatte für die Universitätszeitschrift *On Dit* eine Rezension zu verfassen, reagierte aber in seinem Text – veröffentlicht am 16. Juni 1944, begleitet von einem ›Aufmacher‹ unter der Schlagzeile: »LOCAL LECTURER CRIES ›HOAX‹. IS MALLEY, MALLEY OR MALLEY, HARRIS – OR WHO«[271] – mit Zweifeln am empirischen Autor der Gedichte. In den einleitenden Worten zu Elliots Heftkritik wird nicht nur die Existenz Ern Malleys infrage gestellt, sondern auch gemutmaßt, dass Max Harris die Gedichte selbst verfasst habe. Dennoch wird unter Verweis auf Elliot den Versen bescheinigt, dass sie »in true ›Penguins‹ style« geschrieben seien und literarische Qualität besäßen (»the poetry is generally recognized (even by Mr. Elliot) as being very good«).[272]

[269] J.I.M. Stewart, zit. n. Thompson, »The Ern Malley Story«, a.a.O., S. 164.

[270] Vgl. Interview mit Catherine Veitch (17. 3. 1992), zit. n. Heyward, *The Ern Malley Affair*, a.a.O., S. 84.

[271] Anonym, »LOCAL LECTURER CRIES ›HOAX‹«, in: *On Dit* (16.6.1944), zit. n. Heyward, *The Ern Malley Affair*, a.a.O., S. 150. Zur Erklärung dieses frühen Datums sei erwähnt, dass die betreffende Veröffentlichung der *Angry Penguins*, obwohl sie als Herbstausgabe betitelt ist, bereits Anfang Juni erschien (vgl. David Lehman, »The Ern Malley Hoax: Australia's ›National Poet‹«, in: *Shenandoah* 34.4 (1983), S. 47–73, hier: S. 53).

[272] Anonym, »LOCAL LECTURER CRIES ›HOAX‹«, in: *On Dit* (16.6.1944), zit. n. Heyward, *The Ern Malley Affair*, a.a.O., S. 150.

Elliots ›Besprechung‹ des Malley-Werks indes war in Form einer mit Latinismen übersäten ›Angry Penguins‹-Gedicht-Persiflage (»Batrachic Ode«) verfasst, welche als Akrostichon die Kurzformel »Max Harris Hoax« ergab.[273]

Auf diesen versteckten Hinweis hin setzte eine regelrechte Welle an Nachforschungen ein, denen es nicht um die Qualität der Gedichte zu tun war, sondern einzig um die Frage, ob Ern Malley tatsächlich existiert habe. Selbst Harris beauftragte einen Privatdetektiv, der schließlich den letzten Aufenthalt Malleys in Sydney nicht bestätigen konnte. Bereits am 18. Juni titelte *Fact*, das Sonntags-Supplement der Sydney *Sunday Sun*: »Ern Malley, the Great Poet or the Greatest Hoax?«[274] und lieferte ›Fakten‹ über die Nicht-Existenz Malleys. Am 24. Juni wurden schließlich Harold Stewart und James McAuley im *Daily Telegraph* als tatsächliche Autoren genannt.[275] Bezeichnend an diesen Veröffentlichungen ist, dass – wie bereits angedeutet – ›Ereignisse‹, die zunächst nur die kleine Diskursgesellschaft der ›Angry Penguins‹ affiziert hatten, zum Gegenstand des Print-Journalismus sogar über Australien hinaus wurden. In einem Artikel in *Bulletin* wird den Fälschern als »joint debunkers of Bosh and Blah and Blather« gedankt;[276] in der *New York Times* heißt es: »Australian Plaudits Go To Fictitious Poet«;[277] im *Time Magazine* wird Harris' Einleitung zu den Gedichten als »30-page rhapsody«, erfüllt von »deadly and Dadaistic earnestness«, herausgestellt.[278]

Der Literaturskandal wurde je nach Interesse der einzelnen Publikationsorgane funktionalisiert: Für die Boulevardpresse diente er als Bestätigung der allgemeinen Vorbehalte und Vorurteile ihrer Leserschaft gegenüber modernistischer Kunst. Für die Verfechter der Ästhetik des sozialistischen Realismus, mit denen die ›Angry Penguins‹ um die Frage über die ›Legitimität‹ freier Dichtung im Widerstreit waren,[279] fungierte er als Beweis des »decadent aestheticism« und »anarchistic

[273] Brian Elliot, »Batrachic Ode«, in: *On Dit* (16.6.1944), zit. n. Heyward, *The Ern Malley Affair*, a. a. O., S. 152.

[274] Anonym, »Ern Malley, the Great Poet, or the Greatest Hoax?«, a. a. O., o. S.

[275] Vgl. *The Daily Telegraph* (24.6.1944), zit. n. Heyward, *The Ern Malley Affair*, a. a. O., S. 170.

[276] *Bulletin* (5.7.1944), zit. n. Heyward, *The Ern Malley Affair*, a. a. O., S. 191.

[277] Anonym, »AUSTRALIAN PLAUDITS GO TO FICTITIOUS POET. Drainage Report Gems Culled in Hoax Called ›Tremendous‹«, in: *The New York Times* (3. Juli 1944), S. 6.

[278] Anonym, »Angry Penguins«, in: *Time Magazine* (17. Juli 1944), S. 99.

[279] Vgl. dazu Harris, »Conflicts in Australian Intellectual Life 1940–1964«, a. a. O., S. 25.

individualism«,[280] d.h. des Korrumpiertseins der ›Angry Penguins‹-Programmatik durch den Kapitalismus: »[The] artistic decadence of the Max Harris brand is a feature of all capitalist countries at the present time«.[281] Andernorts wurde Reed zur Zielscheibe und das Fake zum Beleg der »complete cultural bankruptcy of the decadent Right Wing of the Contemporary Arts Society«[282] erklärt. Die Summe dieser Stellungnahmen vermittelt ein Bild, wie sehr zu diesem Zeitpunkt politische und soziale Kräfte den Diskurs um die Moderne in Australien mitbeeinflussten. Das Fake ereignete sich somit auch in einem Spannungsfeld zwischen konservativen Verfechtern einer klassischen Ästhetik und der kommunistischen Bewegung Australiens, die die Kunst als direkten Vermittler politischer Ziele und als Waffe im Kampf für eine menschlichere Zukunft verstand (»art and literature – the most subtle weapons in our armoury for improving and perfecting human relationships«).[283] Dem Fake wurde von kommunistischer Seite daher eine reinigende und wegbereitende Funktion für eine realistische Literatur zugeschrieben: »A literary hoax may not be a very significant contribution to our war effort, but it has cleared the way for development of modern poetry and prose on a sound basis.«[284]

Harold Stewart und James McAuley hingegen hatten das Fake als literarisches Experiment lanciert, um die poetischen Leitideen der ›Angry Penguins‹ auf den Prüfstand zu stellen, und dabei Wirkungen erzielt, die sie nach eigenem Bekunden nicht beabsichtigt hatten. Stewart erinnert sich später daran, wie sehr er von diesem entfesselten Presse-Echo und vor allem von der Art und Weise der Berichterstattung angewidert gewesen sei.[285] Wie schon bei Beringers ›Lügensteinen‹ lässt sich rekonstruieren, dass das Fake zunächst u.a. ins Werk gesetzt wurde, um jemanden, in diesem Fall die ›Angry Penguins‹-Autorität Harris, öffentlich zu desavouieren: »It is a sheer joy«, schreibt Stewart im Juni 1944 an Donald Friend, »all those lovely baby garments which

[280] Katharine Susannah Prichard, »Hoax Renders Service to Literature«, in: *Communist Review* (März 1945), S. 456–457, hier: S. 456.

[281] *Tribune* (29.6.44), zit. n. Heyward, *The Ern Malley Affair*, a.a.O., S. 193.

[282] Noel Counihan, »Pretentious Penguins Exposed by Hoax«, in: *Guardian (Communist Weekly)* (14.7.1944), S. 7, wiederabgedruckt in: *Angry Penguins* (Dez. 1944), S. 106f.

[283] Prichard, »Hoax Renders Service to Literature«, a.a.O., S. 457.

[284] Ebd.

[285] Interview mit Harold Stewart (23.1.1989), zit. n. Heyward, *The Ern Malley Affair*, a.a.O., S. 191.

Maxie knitted for his foundling child!«[286] Die vorzeitige Aufdeckung des Fake durch *Fact* veranlasste die beiden Faker jedoch, ihre Absichten in einem offenen Brief zu erklären und damit ihr literarisches Programm zu verlautbaren. Ihren Angaben zufolge war die Abfassung der Gedichte weniger durch die Frage geprägt, ob es für ein Gedicht relevant sei, dass ihr Autor tatsächlich existiert hat, sondern durch die Frage, ob als Voraussetzung für die Hochschätzung von Literatur gewisse handwerklich-poetische Standards erkennbar sein müssten. Die Gedichte der ›Angry Penguins‹ erschienen ihnen als »collection of garish images without coherent meaning and structure«.[287] Das Fake sollte die *Angry Penguins*-Herausgeber testen, ob sie »the real product« von »consciously and deliberately concocted nonsense« unterscheiden könnten, also »[i]f Mr Harris proved to have sufficient discrimination to reject the poems«.[288] Aus diesem Grund, so schreiben sie, hätten sie die Gedichte an einem Nachmittag unter Zuhilfenahme griffbereiter Bücher – wie u.a. des *Concise Oxford Dictionary,* einer Shakespeare-Werkausgabe, eines Zitate- und eines Reim-Lexikons sowie eines amerikanischen Berichts über Stechmückenbekämpfung – gefertigt: »We opened books at random, choosing a word or a phrase haphazardly. We made lists of these and wove them into nonsensical sentences.«[289] Außerdem seien sie dabei bestimmten Anti-Gestaltungsregeln gefolgt, die ein kohärentes Thema und die Beachtung von Versformen weitgehend verboten: »1 There must be no coherent theme, at most, only confused and inconsistent hints at a meaning held out as a bait to the reader. 2 No care was taken with verse technique, except occasionally to accentuate its general sloppiness by deliberate crudities. 3 In style the poems were to imitate, not Mr. Harris in particular, but the whole literary fashion as we knew it from the works of Dylan Thomas, Henry Treece and others.«[290]

Bei den gefälschten Gedichten stand somit vonseiten der Urheber nicht der Aspekt ihrer empirischen Verfasserschaft, wie sie die Boulevardpresse zum Thema gemacht hatte, auf dem Spiel, sondern die Frage: »Ist es ein Gedicht oder nicht vielmehr nichts?«; d.h. das Problem, ob

[286] Brief von Harold Stewart, in: Donald Friend, *Diaries* (27.6.1944), NLA, Manuskript 5959/26, zit. n. Heyward, *The Ern Malley Affair*, a.a.O., S. 155.

[287] James McAuley/Harold Stewart, zit. n. Anonym, »Ern Malley, Poet of Debunk: Full Story from the Two Authors«, a.a.O., S. 5.

[288] Ebd.

[289] Ebd.

[290] Ebd., S. 6.

ein inkohärentes und aus textlichen Versatzstücken arrangiertes Gedicht überhaupt ein Gedicht ist. Harold Stewart spricht später sogar von »anti-poetry« und »un-poetry«.[291] Für McAuley und Stewart war diese Frage von vornherein beantwortet, denn damit ihnen zufolge überhaupt von Lyrik gesprochen werden konnte, musste ein Gedicht ein in einer einheitlichen und stimmigen formalen Struktur ausgearbeitetes Thema haben: »[A] poem must have a theme consistently developed«.[292] Das Fake hatte nach Auskunft der Fälscher zudem zum Ziel, sichtbar werden zu lassen, dass die ›Angry Penguins‹ einerseits nicht zwischen Sinn und Unsinn, andererseits nicht zwischen »what is beautiful and what is ugly«[293] zu unterscheiden vermochten. Damit erklärten sie sich implizit zu Statthaltern eines Kunstverständnisses, für das nur das Schöne in den Bereich der Ästhetik fällt. Dies beweist eine Aussage Stewarts, in der auch deutlich wird, dass mit dem Fake nicht nur die Lyrik des Modernismus zu diskreditieren beabsichtigt war, sondern die gesamte modernistische Kunstauffassung schlechthin: »You will get people listening to Musique Concrete or looking at the most hideous Picasso and saying, ›Isn't It beautiful?‹ – unable to tell, even see or hear, how hideous it really is, and I think that is what happened here«.[294]

Damit waren McAuley und Stewart einem ästhetischen Konservativismus verpflichtet, der darin bestand, Überzeugungen des Futurismus, des Dadaismus und des Surrealismus, die sich in Europa bereits durchgesetzt hatten, rückgängig zu machen. Horst Prießnitz ist daher zuzustimmen, wenn er sehr treffend zusammenfasst: »Was Stewart und McAuley mit ihrem angeblich überzeugenden Beweis demonstrierten, war weniger die Unsinnigkeit eines poetischen Verfahrens, das den Verzicht auf das Harmonische und Schöne, den Verstoß gegen grammatische Normen zugunsten von sprachlichen Innovationseffekten, die Anwendung einer assoziativen Logik von Bildern und Metaphern und die Durchbrechung syntaktischer Erwartungshaltungen mit Hilfe von neuartigen Wortarrangements legalisiert hatte, sondern eher die Unzeitgemäßheit ihres eigenen literaturkritischen Ansatzes.«[295]

Betrachtet man die Gedichte und vor allem die von Stewart und McAuley beschriebene Arbeitsweise bei ihrer Verfertigung, so lässt

291 Harold Stewart, zit. n. Thompson, »The Ern Malley Story«, a.a.O., S. 176.
292 Ebd., S. 175.
293 Ebd., S. 176.
294 Ebd.; vgl. a. Horst Prießnitz, »Ossian in Australien. Ein Nachtrag zum ›Ern Malley Hoax‹«, in: *Poetica* 10.1 (1978), S. 66–87, hier: S. 80.
295 Prießnitz, »Ossian in Australien«, a.a.O., S. 80.

sich feststellen, dass sie Opfer ihrer eigenen begrenzten literarischen Kunstauffassung wurden. Die Gedichte erscheinen nämlich nur als Fälschung, wenn man sie von vornherein einer Orthodoxie, einem starren System ›wahrer‹ oder ›echter‹ Poiesis, unterstellt. Stewart postuliert sogar später auf Shakespeare'sche Weise *ex negativo* gleichsam korrumpierte staatliche Ordnungsprinzipien für Poesie: »[S]omething is rotten in the state of poetry«.[296] Die Kommentare der ›Fälscher‹ geben so weniger Auskunft über die von ihnen zurückgewiesenen Modelle, sondern eher über ihre eigenen poetischen Leitideen, denen zufolge beim Dichten gewisse literarische Notwendigkeiten in Anschlag gebracht werden müssten. Abzulesen ist dies beispielsweise an der von McAuley am jeweils verwendeten Produktionsmodus verankerten Unterscheidung zwischen »genuine inspiration«, wenn der Autor bewusst komponiere, und »pseudo-inspiration«, wenn dieser sich etwa des surrealistischen automatischen Schreibens bediene.[297]

Löst man das ›Opus‹ Malleys aber aus dieser Fixierung in einem scheinbar unbeweglichen Kontext, lässt es sich auch im Lichte avantgardistischer Kunstauffassungen betrachten: McAuley und Stewart bedienten sich nämlich in kritischer Absicht vermeintlich illegitimer literarischer Methoden, die die von ihnen angegriffenen künstlerischen Bewegungen längst als rechtmäßige poetische Praxis profiliert hatten. Vergleicht man die von den beiden ›Fälschern‹ vorgenommenen Kunstgriffe, so lassen sich sehr leicht Übereinstimmungen mit den poetischen Postulaten der künstlerischen Avantgarden, wie sie in ihren Manifesten abgelegt sind, feststellen. Die Diskrepanz ergibt sich dadurch, dass McAuley und Stewart eine binäre Matrix guter ästhetischer Praxis bestätigt wissen wollten, die eben von den Surrealisten,[298] die sie u.a. attackierten, längst für obsolet erklärt worden war. André Breton, ihr Vordenker, schreibt: »Ja gerade aus dem ekelerregenden Gebrodel dieser sinnentleerten Abbilder erwächst und nährt sich das Verlangen, über die

[296] Harold Stewart, zit. n. Thompson, »The Ern Malley Story«, a.a.O., S. 181.
[297] James McAuley, zit. n. Thompson, »The Ern Malley Story«, a.a.O., S. 178.
[298] Da die Analyse hier auf den Surrealismus beschränkt bleiben soll, sei darauf verwiesen, dass Horst Prießnitz einen Vergleich der Malley-Gedichte mit dem Kunstverständnis sowohl der Futuristen, wie es sich u.a. in Marinettis Plädoyer für die Zerstörung der Syntax und die Befreiung der Worte (*Manifesto tecnico della letteratura futurista* (1912)) niederschlägt, als auch der Vortizisten, wie es in ihrem Pamphlet *The Revolution of the Word Proclamation* (1929) verlautbart ist, leistet (vgl. Prießnitz, »Ossian in Australien«, a.a.O., S. 80–82).

unzulängliche Unterscheidung von schön und häßlich, von wahr und falsch, von gut und böse hinauszugelangen«.[299]

Einerseits ließe sich zwar gegen Vergleiche der Gedichte mit surrealistischer Lyrik einwenden, dass die Malley-Autoren – wie sie in ihrem Statement ausdrücklich betonen – die surrealistische ›*écriture automatique*‹ oder ›*mécanique*‹, d.h. den ›reinen psychischen Automatismus‹ (*automatisme psychique pur*), bewusst unterbrochen und redigiert haben: »They are the conscious products of two minds, intentionally interrupting each other's train of free association and altering and revising them after they are written down. So they have not even a psychological value.«[300] Andererseits, betrachtet man Bretons mit »Secrets de l'art magique surréaliste« betitelte Anweisung zum surrealistischen Schreiben, finden sich mit Einschränkungen auch Überschneidungen zum System McAuleys und Stewarts: »Sehen Sie ganz ab von Ihrer Genialität, von Ihren Talenten und denen aller anderen. [...] Schreiben Sie schnell, ohne vorgefaßtes Thema [...] – brechen Sie ohne Zögern bei einer zu einleuchtenden Zeile ab«.[301] Die Arbeitsweise der Fälscher, sowohl pseudonymisiert als auch kollektiv zu schreiben, folgte ebenso dem Programm der Surrealisten, etwa dem u.a. im »Zweiten Manifest« geschilderten Wegwischen des Namens[302] oder dem experimentellen literarischen ›Gesellschaftsspiel‹ zur Erzeugung surrealistischer Texte. Breton erwähnt beispielsweise »Texte, die gleichzeitig von mehreren Personen zu einer bestimmten Zeit im selben Raum geschrieben wurden; Gemeinschaftswerke, bei denen ein Satz oder eine einzige Zeichnung erzielt werden mußte, wozu ein jeder nur ein Element [...] beigesteuert hatte«.[303] Zudem – stellt man den Produktionsaspekt zuruck und rückt die textliche Gestalt der Gedichte in den Fokus – finden sich auch eine Reihe von Übereinstimmungen mit den Ausdrucksmitteln des Surrealismus. Dieser ist nämlich wie das literarische Experiment McAuleys

[299] André Breton, »Zweites Manifest des Surrealismus« (1930), in: ders., *Die Manifeste des Surrealismus*, übers. v. Ruth Henry, Reinbek bei Hamburg: Rowohlt 1986, S. 50–99, hier: S. 56. Frz. »Second manifeste du Surréalisme«, in: ders., *Manifestes du Surréalisme*, Paris: Pauvert 1962, S. 147–221, hier: S. 155.

[300] James McAuley/Harold Stewart, zit. n. Anonym, »Ern Malley, Poet of Debunk«, a.a.O., S. 7; vgl. André Breton, »Erstes Manifest des Surrealismus« (1923), in: ders., *Die Manifeste des Surrealismus*, a.a.O., S. 10–43, hier: S. 26 u. 35. Frz. *Manifeste du Surréalisme. Poisson soluble*, Paris: Éd. du Sagittaire 1923, S. 42 u. 59.

[301] Breton, »Erstes Manifest des Surrealismus« (1923), a.a.O., S. 29f. (frz. S. 47f.).

[302] Breton, »Zweites Manifest des Surealismus« (1930), S. 92 (frz. S. 211). Auch nicht wenige Dadaisten, z.B. Hans Arp oder George Grosz, anonymisierten gelegentlich ihr Kunstschaffen.

[303] Ebd., S. 92 (frz. S. 212).

und Stewarts von vornherein der paradox anmutenden Leitidee unterstellt, keine ästhetischen Kriterien zu haben und etwas im doppelten Wortsinne nicht Klassifizierbares zu schaffen: sowohl im Sinne einer fehlenden klassisch-formalen Ausgestaltung als auch im Sinne des Nicht-Einordenbaren des Ungewöhnlichen und Wunderbaren. Die ›Formlosigkeit‹ der Malley-Gedichte kongruiert daher mit dem surrealistischen Postulat des Nonkonformismus, der ›vorbehaltlosen Sprache‹ (*langage sans réserve*) und der Bekämpfung eines vorgefertigten Rezepten verpflichteten ›Lyrismus‹: »Schluß mit [...] der künstlichen Ordnung der Ideen«![304] Ebenso verhält es sich mit der Unverständlichkeit oder dem scheinbaren ›Nonsens‹ bestimmter Wortarrangements, die Breton als Ergebnis eines Verzichts auf jede Art von ›Filtrierung‹, als ›unmittelbare Absurdität‹ (*absurdité immédiate*) begrüßt, um die »stupide Illusion von [...] Verstehen zu zerschlagen«.[305]

McAuleys und Stewarts Zurückweisung des »psychological value« der Gedichte geht bei genauerer Betrachtung auf ein sehr eindimensionales, dogmatisches Verständnis des Surrealismus zurück, das diesen darauf reduziert, ausschließlich dem reinen psychischen Ausdruck des Unbewussten verpflichtet zu sein, und dabei dessen Nähe und Verwandtschaft zum Dadaismus vergisst. Um diesen Hintergrund zu verdeutlichen, lässt sich eine Stelle aus dem surrealistischen Manifest anführen, an der Breton den Zufall als poetisches Schaffensprinzip ins Spiel bringt: »Man darf sogar GEDICHT nennen, was man durch eine so zufällig wie möglich gemachte Assemblage erhält [...], und zwar von Titeln und Titelfragmenten, die man aus Zeitungen ausgeschnitten hat«.[306] Damit übernimmt Breton ›poetische Baumaterialien‹, die Tristan Tzara bereits 1920 – der programmatischen Zerschlagung des eingespielten Funktionierens der Sprache oder ihres Verstehens gemäß – zur Durchbrechung der Regel und Logik konventionellen Zeichengebrauchs empfiehlt, »[u]m ein dadaistisches Gedicht zu machen«.[307] Also auch in diesem Punkt sind die

[304] Breton, »Erstes Manifest des Surrealismus« (1923), a.a.O., S. 21 (frz. S. 31), vgl. a. S. 22, 32 u. 43 (frz. S. 33, 54 u. 73).

[305] Breton, »Zweites Manifest des Surealismus« (1930), S. 75 (frz. S. 184); vgl. a. Breton, »Erstes Manifest des Surrealismus« (1923), a.a.O., S. 25 u. 28 (frz. S. 35 u. 45).

[306] Breton, »Erstes Manifest des Surrealismus«, a.a.O., S. 38 (frz. S. 65).

[307] »Nehmt eine Zeitung. | Nehmt Scheren. | Wählt in dieser Zeitung einen Artikel von der Länge aus, die Ihr Eurem Gedicht zu geben beabsichtigt. | Schneidet den Artikel aus. | Schneidet dann sorgfältig jedes Wort dieses Artikels aus und | gebt sie in eine Tüte. | Schüttelt leicht. | Nehmt dann einen Schnipsel nach dem anderen heraus. | Schreibt gewissenhaft ab | in der Reihenfolge, in der sie aus der Tüte gekommen sind. | Das Gedicht wird Euch ähneln. | Und damit seid Ihr ein unendlich origineller Schriftsteller mit einer charmanten, wenn auch von den Leuten unverstandenen Sensibilität.« (Tristan

Malley-Autoren mit der wahllosen Verwendung von Lexikoneinträgen, Gedichtanthologien und des Berichts über Insektenbekämpfung in einem performativen Widerspruch einem poetischen Programm gefolgt, das sie zu diskreditieren beabsichtigten. Wie für den Leser der Malley-Gedichte (beispielsweise der Verse aus »Culture as Exhibit«: »›Swamps, marshes, borrow-pits and other | Areas of stagnant water serve | As breeding-grounds ...‹ Now | Have I found you, my Anopheles«[308]) ist es nämlich laut Breton sowohl dem Verfasser als auch dem Rezipienten eines surrealistischen Gedichts unmöglich, die einzelnen Elemente bei der ersten Lektüre zu beurteilen: »Ihnen, der sie schreiben [sic], sind diese Elemente scheinbar *ebenso fremd wie jedem anderen*«.[309] Das dadurch beliebig werdende Aufeinandertreffen disparater und inkonsistenter Bildfelder, wie es Stewart zur An-Ästhetik erklärt, wird von Breton mit einem bei elektrischen Entladungen entstehenden Funken verglichen, dessen Schönheit mit dem Spannungsunterschied steige. Arbitrarität wird damit zum besonderen Impuls poetischen Ausdrucks erhoben: »Das stärkste Bild, muß ich gestehen, ist für mich das, das von einem höchsten Grad von Willkür gekennzeichnet ist; für das man am längsten braucht, um es in die Alltagssprache zu übersetzen, sei es, daß es einen besonders hohen Grad an offenkundiger Widersprüchlichkeit aufweist, sei es, daß einer seiner Ausdrücke merkwürdig verborgen bleibt, [...] sei es, daß es eine ungenügende formale Rechtfertigung in sich selbst findet, [...] sei es, daß es Gelächter auslöst«.[310] Ebenfalls hervorzuheben ist, dass McAuley und Stewart noch in der Bezeichnung ihrer Gedichte als Nicht-Poesie (*un-poetry*) oder Gegen-Poesie (*anti-poetry*) in gewissem Sinne den der Negation verpflichten poetisch-paradoxen Anti-Leitideen der Dadaisten folgen, wie sie sich beispielsweise in den Schlusszeilen des *Dadaistischen Manifests* (1918) finden: »Gegen die ästhetisch-ethische Einstellung! Gegen die blutleere Abstraktion des Expressionismus! Gegen die weltverbessernden Theorien literarischer Hohlköpfe! Für den Dadaismus in Wort und Bild, für das dadaistische Geschehen in der Welt. *Gegen dies Manifest sein heißt, Dadaist sein!*«[311]

Tzara, »Um ein dadaistisches Gedicht zu machen«, in: Karl Riha/Jörgen Schäfer (Hg.), *DADA total. Manifeste, Aktionen, Texte, Bilder*, Stuttgart: Reclam 1994, S. 266f. Frz. »Dada manifeste sur l'amour faible et l'amour amer« (1920), in: *Œuvres complètes*, hg. v. Henri Béhar, I, Paris: Flammarion 1975, S. 377–390, hier: S. 382.

[308] Ern Malley, »Culture as Exhibit«, in: ders, *Collected Poems*, a.a.O., S. 38.

[309] Breton, »Erstes Manifest des Surrealismus«, a.a.O., S. 25 (frz. S. 39).

[310] Ebd., S. 36 (frz. S. 60).

[311] Tristan Tzara u.a., »Dadaistisches Manifest« (1918), in: Riha/Schäfer (Hg.), *DADA total*, a.a.O., S 91–94, hier: S. 91; Hervorhebung M.D.

McAuley und Stewart haben somit durch ihr literarisches Experiment unwissentlich unter Beweis gestellt, dass es trotz der auktorialen Absicht, Nonsens zu erzeugen, möglich ist, interpretierbare Verse und in Ansätzen surrealistische oder dadaistische Dichtung hervorzubringen. Im Vokabular der Surrealisten wäre weniger von Unsinn, sondern eher von Wahnsinn zu sprechen, bedenkt man, wie Breton die surrealistische Produktionsweise u.a. dadurch spezifiziert, »daß es sich nicht um ein bloßes Neugruppieren von Worten oder um eine kapriziöse Wiederverteilung visueller Bilder handelt, sondern um die Wiederherstellung eines Zustandes, welcher dem Wahnsinn in nichts nachsteht«.[312] Zudem ist in Bretons zuvor zitierter Aufreihung von (Wahn-)Sinneffekten der zuletzt erwähnten Berücksichtigung von Komik Beachtung zu schenken. Damit wird nämlich ausdrücklich nicht ausgeschlossen, dass die sich zufällig ergebenden ›Mesalliancen‹ sich überlagernder unvereinbarer sprachlicher Bilder auch Anlass für Gelächter sein können. In diesem Punkt folgen die Surrealisten ihrem Vorbild und Vordenker Sigmund Freud, der bereits in seiner *Traumdeutung* auf komische Effekte gestoßen war.[313] In seiner Abhandlung über den Witz führt dieser später die ›Lust am Unsinn‹ auf die psychische Erleichterung durch das Vergnügen am »Reiz des von der Vernunft Verbotenen« zurück, weil durch die Verwendung des Widersinns alte, kindliche Freiheiten wiederhergestellt würden.[314] In diesem Zusammenhang ist daher darauf hinzuweisen, dass man die Malley-Gedichte auch als humorvoll surrealistisch rezipieren kann, ohne sie zwingend als Parodie auf den Surrealismus zu verstehen. Anders gesagt: Dass sie an manchen Stellen nicht der Komik entbehren, lässt sie nicht automatisch zu Parodien werden. David Lehmann schreibt folglich völlig zu Recht über dieses pragmatische Problem, dass die Malley-Poeme im Gegensatz zur erklärten Absicht der Verfasser ganz anders gelesen werden können: »[B]ut for all the parodic elements in *The Darkening Ecliptic* the poems do not *read* as parodies«.[315] Denn obwohl das Malley-Fake nicht selten mit dem Begriff der Parodie[316] in Verbindung gebracht wird, muss man sich

[312] Breton, »Zweites Manifest des Surrealismus«, a.a.O., S. 90 (frz. S. 209).

[313] Vgl. dazu die Fußnote Freuds zu einem kritischen Einwand von Fließ bei: Sigmund Freud, *Die Traumdeutung* (1900), in: *Studienausgabe*, hg. v. Alexander Mitscherlich, Angela Richards u. James Strachey, II, Frankfurt/M.: Fischer 2000, S. 298f.

[314] Sigmund Freud, *Der Witz und seine Beziehung zum Unbewußten* (1905), in: *Studienausgabe*, IV, Frankfurt/M.: Fischer 2000, S. 119–121.

[315] David Lehman, »The Ern Malley Hoax«, a.a.O., S. 73.

[316] Als neuere Publikation, in der die Lesart der Gedichte als Parodie privilegiert wird, wäre Therese-Marie Meyers *Where Fiction Ends* anzuführen (vgl. Meyer, *Where Fiction Ends*,

vergegenwärtigen, dass die Gedichte nicht offensichtlich durch stilistische Übertreibungen oder satirische Verfremdungen modernistische Dichtung persiflieren, sondern sich selbst als – wenn auch manchmal als komischer Widersinn wirkende – modernistische Dichtung ins Werk setzen.[317] Aus Freuds Ausführungen über die für den Witz zentrale Aufwanddifferenz oder die Ersparung an psychischem Aufwand ergibt sich eine weitere Erklärung für die ›surrealistische‹ Komik in manchen Malley-Gedichtzeilen: »Das bewußte Gewährenlassen der unbewußten und als fehlerhaft verworfenen Denkweisen ist ein Mittel zur Erzeugung der komischen Lust, und dies ist leicht zu verstehen, denn zur Herstellung der vorbewußten Besetzung bedarf es gewiß eines größeren Aufwandes als zum Gewährenlassen der unbewußten. Indem wir beim Anhören des wie im Unbewußten gebildeten Gedankens diesen mit seiner Korrektur vergleichen, ergibt sich für uns die Aufwanddifferenz, aus welcher die komische Lust hervorgeht«.[318] Eine gleichgelagerte Deutung der mittels der Durchkreuzung von Sinnerwartungen ausgelösten komischen Wirkung resultiert aus Freuds Überlegungen über den komischen ›Kurzschluss‹, der sich dann ergebe, wenn etwas sprachlich »auf kurzem Wege aus einem Vorstellungskreis in einen anderen geraten« ist.[319] Dies lässt sich sehr leicht an einer grotesken Gedichtzeile aus Malleys »Petit Testament« nachvollziehen: »In the twenty-fifth year of my age | I find myself to be a dromedary«.[320] Besonders hervorzuheben ist an dieser Stelle, dass Freud gleichsam von einer technischen Stilistik des Komischen ausgeht, wenn er nicht von »im Unbewußten gebildeten

a. a. O., bes. S. 52–72). Folgt man Genettes minutiöser Entfaltung der Terminologie der von ihm so genannten Hypertexte, müsste man – wenn überhaupt – korrekterweise eher von einem satirischen Pastiche oder einer Persiflage sprechen (vgl. Gérard Genette, *Palimpseste. Die Literatur auf zweiter Stufe*, übers. v. Wolfram Bayer u. Dieter Hornig, Frankfurt/M.: Suhrkamp 1993, S. 14, 35f. u. 44. Frz. *Palimpsestes. La littérature au second degré*, Paris.: Éd du Seuil 1982, S. 11, 29f. u. 37).

317 Andrew Taylor erläutert anhand der Rezeptionsgeschichte der Ern Malley-Gedichte, dass die jeweilige Erwartungshaltung der Leser bezüglich textlicher Kohärenz letztlich darüber entscheidet, ob ein Wortgefüge als Literatur wahrgenommen wird oder nicht: »[W]hat is poetry is determined extrinsically rather than intrinsically. [...] What has happened, since 1944, is that readers now expect to have to work harder in making coherence of the poems they read than McAuley and Stewart then felt they should. The result is that we can now read the Ern Malley poems as poetry. They have become poems, even if not major or particularly good ones, because their incoherences no long[er] exclude them from the space our reading habits allocate to poetry« (Andrew Taylor, *Reading Australian Poetry*, St. Lucia: Univ. of Queensland Press 1987, S. 18f.).

318 Freud, *Der Witz und seine Beziehung zum Unbewußten*, a. a. O., S. 190f.

319 Ebd., S. 114.

320 Ern Malley »Petit Testament«, in: ders., *Collected Poems*, a. a. O., S. 45.

Gedanken«, sondern von »*wie* im Unbewußten gebildeten Gedanken« spricht. Lässt man dies auch für die surrealistische Dichtung gelten, so wird – im Gegensatz zu McAuleys und Stewarts starrem Konzept davon – spätestens damit unerheblich, wie die Gedanken hervorgebracht wurden, sei es tatsächlich unbewusst oder sei es bewusst; ausschlaggebend ist, sie *wie* unbewusst gebildet erscheinen zu lassen. Als Hinweis auf diesen weniger dogmatischen Surrealismus kann auch eine Passage aus dem *Ersten Manifest des Surrealismus* gelesen werden, in der Breton erwähnt, wie er Philippe Soupault geringfügige Überarbeitungen und Korrekturen von Textstellen vorschlug, »die [...] in ihrer Art nicht gelungen erschienen«.[321]

Ern Malleys Gedichte sind somit keine Schriften *über* modernistische Dichtung, sondern selbst modernistische Dichtung. Oder mit Foucaults Vokabular gesprochen: Das literarische Experiment, das Ergebnisse *über* den Diskurs zu geben versprach, hatte sich als literarisches ›Ereignis‹ *im* modernistischen Diskurs selbst realisiert und wurde daher nicht mehr nur als Text zweiten Grades oder als Metatext, sondern als modernistischer Text selbst für diskussionswürdig erachtet. Dieser Lesart entsprechend telegraphierte Herbert Read, einer der europäischen Verfechter der Gedichte, kurz nach der Aufdeckung an Harris: »HOAXER HOISTED BY OWN PETARD«. Später führt er aus: »[T]he hoaxer, if he was a hoaxer, had got so worked up in the process of imitating certain types of modern poetry that he had become a genuine poet«.[322] Read bekleidet damit in Ecos Fälschungs-Konfiguration die Rolle des Richters, der paradoxerweise trotz gegenteiliger pragmatischer Bekundungen der Fälscher die Artefakte zu echter Dichtung erklärt: »In poetry, in art generally, it is not the originality of the unit that matters, but the genuineness of the total conception. [...] [T]he end justifies the means.«[323] Für McAuley und Stewart war ›Malleys‹ dichterisches Schaffen im Foucault'schen Sinne monströs, d.h. nicht ›im Wahren‹ literarischer Praxis. Aber innerhalb der Diskursgesellschaft der ›Angry Penguins‹ galten andere dichterische Vorgehensweisen als akzeptabel, so dass sich die Fälschung vor diesem Hintergrund im buchstäblichen Sinne bewahrheiten sollte. Bezeichnenderweise findet sich mit fast schon prophetischer Weitsicht von Breton im Zusammenhang mit dem Abfassen ›falscher Romane‹ vorgedacht, was sich im Kontext des Malley-Falls ›ereignen‹ sollte: »Ihr falscher Roman

[321] Breton, »Erstes Manifest des Surrealismus«, a.a.O., S. 25 (frz. S. 39).

[322] Herbert Read, zit. n. Thompson, »The Ern Malley Story«, a.a.O., S. 173; vgl. a. Heyward, *The Ern Malley Affair*, a.a.O., S. 195.

[323] Herbert Read, »A Cable and Letter«, in: *Angry Penguins* (Dez. 1944), S. 5.

wird auf wunderbare Weise einen wirklichen nachahmen […] und man wird sich darüber einig sein, daß ›etwas in Ihnen steckt‹«.[324] John Reed, einer der getäuschten Mitherausgeber der *Angry Penguins*, kommt zu einer ähnlichen Schlussfolgerung: »It is certainly something new that good poetry is created out of deliberate boguery.«[325] Auch Harris' erste Reaktion auf das Aufdeckungs-Statement Stewarts und McAuleys schreibt sich von diesem Verständnis her: »Not their claim of exposure, but time tells the story, and time will explain the fact that the myth is sometimes greater than its creator.«[326] Brian Elliott, der ja die vorzeitige Aufdeckung des Fake mit angestoßen hatte, wendet später die Bewertung der Malley-Gedichte sogar gegen ihre Autoren: »[I]n this one work of malicious deception, McAuley und Stewart, have written more forcefully and more to the purpose than they have ever done before.«[327] Obwohl er die durch das Fake zum Vorschein gebrachten Problematisierungen nicht außer Acht lässt, deutet er dessen kritische Effekte auch gegen die Intentionen der Fälscher: »It's a piece of literary criticism. And the irony of it is that these two fellows were criticizing themselves as much as they were criticizing anybody else.«[328] Der Kritiker Colin Badge verschiebt in seinem Artikel über den Fall im Nachhinein sogar die Versuchsanordnung Stewarts und McAuleys und mutmaßt polemisch, ob das Experiment nicht vielmehr testen sollte, ob die Öffentlichkeit in der Lage gewesen sei, die Qualität der Gedichte auch noch wertzuschätzen, nachdem sie zuvor als Nonsens diskreditiert worden waren: »The test is simply this. Even when you are told that good verse is a hoax, told in the most authoritative way that it is ›bad‹, can you still recognise it for what it is? That indeed, has intriguing possibilities in it, though it suggests a really breathtaking ingenuity.«[329]

Literaturtheoretische Konsequenzen der Aufdeckung

Eine Ablösung der Poiesis und auch der Rezeption von einer Autorintention könnte kaum deutlicher formuliert werden als in den zuletzt

[324] Breton, »Erstes Manifest des Surrealismus«, a.a.O., S. 31 (frz. S. 51).
[325] John Reed, Brief an Harris (27.6.1944), Reed Papers, La Trobe Library, Melbourne, 10/18/3, zit. n. Heyward, *The Ern Malley Affair*, a.a.O., S. 190.
[326] Harris in: *Mail* (24. Juni 1944), zit. n. Heyward, *The Ern Malley Affair*, a.a.O., S. 189.
[327] Brian Elliott, »The Merit or the Lack of it«, in: *Angry Penguins* (Dez. 1944), S. 10.
[328] Brian Elliott, zit. n. Thompson, »The Ern Malley Story«, a.a.O., S. 170.
[329] Colin Badger, »The Strange Case of Ern Malley«, in: *Age* (4.11.1944), zit. n. Heyward, *The Ern Malley Affair*, a.a.O., S. 199.

zitierten Ausführungen. Das Fake lässt sich somit, über die erklärten Absichten der Fälscher hinaus, als Experiment *in sensu strictu* verstehen, da es nicht im Sinne eines Beweises *quod erat demonstrandum* bereits vorgeformte Annahmen bestätigte; vielmehr beförderte es unerwartbare Ergebnisse zutage und löschte sich dabei *ex post* als Fälschung selbst aus. Als literarisches Artefakt realisierte es nicht nur zum Teil die poetischen Forderungen der literarischen Avantgarden, anstatt sie zu kritisieren, sondern es wurde auch zum Gegenstand weit darüber hinausgehender Debatten über Autorintention, Sinn und Unsinn und die Interpretierbarkeit von Gedichten oder Texten im Allgemeinen. Denn durch ihr ›falsches‹ Spiel mit Ern Malley, d. h. durch die fälschliche Konstruktion einer empirischen Autorperson und durch deren nachträgliche Ausstreichung, haben McAuley und Stewart schließlich eine Rochade in solch einer Vehemenz vorgenommen, dass die traditionelle Figur des Autors letztlich vom Spielfeld gefegt wurde. Den Rezipienten blieben dadurch nur zwei Optionen: Entweder die Gedichte mit dem Verschwinden des Autors für null und nichtig zu erklären, wie es die Boulevardpresse tat[330], oder sie ohne Ansehung eines Autors zu bewerten. Obwohl die Person Ern Malleys den Angaben der Verfasser zufolge konstruiert wurde, um mit seiner Nicht-Existenz den gesamten Modernismus zu diskreditieren, sorgte das Fake dafür, diese Nicht-Existenz des Autors schließlich als (Lektüre-)Prinzip zu stärken. McAuley und Stewart haben damit den Leser zu einer Rezeptionshaltung gezwungen, für die Roland Barthes über 20 Jahre später in »La mort de l'auteur« plädiert, wenn er davon spricht, dass die Schrift (*écriture*) immer schon jede Stimme, jeden Ursprung zerstört hat und die Fundierung von Literatur in der Lektüre sucht: »Der Text wird von nun an so gemacht und gelesen, dass der Autor in jeder Hinsicht verschwindet. [...] Nicht sein Ursprung oder seine Stimme sind der wahre Ort der Schrift, sondern die Lektüre.«[331]

Das Skandalon der sich so auf eigentümliche Weise bewahrheitenden ›Fälschung‹ und damit auch der Unterschied zu traditionellen Formen der Pseudonymie liegt darin, dass McAuley und Stewart nicht nur jede

[330] In den meisten Boulevardzeitungen, die abfällig über den ›Skandal‹ berichteten, wurden die Gedichte in ihrem Wortlaut selbst kaum thematisiert (vgl. die Aussage Barrie Reids in: Thompson, »The Ern Malley Story«, a. a. O., S. 169).

[331] Roland Barthes, »Der Tod des Autors«, in: Fotis Jannidis u. a. (Hg.), *Texte zur Theorie der Autorschaft*, Stuttgart: Reclam 2000, S. 185–193, hier: S. 189 u. 192. Frz. »La mort de l'auteur«, in: *Œuvres complètes*, hg. v. Éric Marty, II, Paris: Éd. du Seuil 1994, S. 491–495, hier: S. 493f.

Verantwortung für ihre Lyrik zurückgewiesen und das Autorsubjekt auf eine Nicht-Person reduziert haben, sondern dass die Texte, obwohl sie sie als »consciously and deliberately concocted nonsense« von jeder Lesbarkeit ausdrücklich abzukoppeln beabsichtigten, interpretierbar bleiben. Das Fake macht so darauf aufmerksam, dass die Behauptung eines ›Unsinns‹ oder ›Nicht-Sinns‹ einer klaren Definition von ›Sinn‹ als Gegenbegriff bedarf, die nicht unproblematisch zu gewinnen ist. Für McAuley und Stewart war augenscheinlich sowohl der Sinn als auch der Unsinn eines Textes wesentlich abhängig von der Intention seines Verfassers. D.h., eine gezielt wahllose Aneinanderreihung von Worten musste für sie zwangsläufig zu Unsinn führen. Dass der von ihnen in der Absicht, Unsinn zu erzeugen, als literarisches Experiment verfasste Text aber von jemandem ernst genommen, gelesen und interpretiert wurde, gab und gibt Auskunft über die Komplexität, in die Sinnproduktion oder Verstehensprozesse unhintergehbar verstrickt sind: Die Gedichtzeilen ergeben einen Sinn, indem sie, wie man in Anlehnung an Husserl schreiben könnte, zwar widersinnig, aber nicht sinnlos sind; sie tragen, während sie manchmal einer objektiven Bedeutung entbehren, zumindest genug Sinn, um sie als widersprüchlich beurteilen zu können. Um diese Überlegung noch weiter zu treiben, könnte man schließlich sogar sagen: Ihr Sinn ist zumindest, ein Beispiel für Agrammatikalität oder stilistische Devianz zu sein.[332] Als Testergebnis bleibt daher festzuhalten, dass Intention und Sinn nicht in eins gesetzt werden können, auch wenn die beiden Autoren ihre Versuchsanordnung als Beweis der mangelnden Urteilskraft des Begutachtenden werteten. Damit stärkte das Fake gerade nicht *ex negativo* die von Stewart und McAuley für Lyrik proklamierte »sovereign power of the shaping intellect«[333] und die Notwendigkeit eines »theme consistently developed«, also die Widerspiegelung eines vor ihr existierenden souveränen Subjekts bzw. Themas, sondern bewies par excellence die von jeglicher Autorintention und jeder Fixierung des Sinns abstrahierte Eigenrealität und -dynamik von Literatur, wie bei Barthes zu lesen ist: »Die Schrift bildet unentwegt Sinn, aber nur, um ihn wieder aufzulösen. Sie führt zu einer systematischen Befreiung

[332] Vgl. Jacques Derrida, »Signatur Ereignis Kontext«, in: ders., *Randgänge der Philosophie*, hg. v. Peter Engelmann, übers. v. Gerhard Ahrens u.a., 2., überarb. Aufl., Wien: Passagen 1999, S. 325–351, hier: S. 338f. Frz. »Signature événement contexte«, in: ders., *Marges de la philosophie*, Paris: Éd. de Minuit 1972, S. 365–393, hier: S. 381.

[333] James McAuley, zit. n. Thompson, »The Ern Malley Story«, a.a.O., S. 178.

vom Sinn«.[334] Bei Derrida bezieht sich diese Dynamik auf das Zeichen (*marque*) selbst als »produzierende Maschine«, wenn er auf eine Ebene des Sinns abhebt, von der der Autor nichts weiß oder die er zumindest nicht beherrscht – unter anderem weil das Zeichen nie restlos und in Gänze seinen Kontext mit sich führt oder erstellt; oder anders gesagt, weil es von seinem inneren oder äußeren Kontext trennbar ist. Das entsprechende Zitat ließe sich auch als direkter Kommentar zu Ern Malley lesen: »Es gehört zum Zeichen, schlechterdings lesbar zu sein, selbst wenn der Augenblick seiner Produktion unwiederbringlich verloren ist und selbst wenn ich weiß, was sein angeblicher Autor-Schreiber in dem Augenblick, da er es schrieb, das heißt es seiner wesentlichen Führungslosigkeit überließ, bewußt und mit Absicht hat sagen wollen«.[335]

Kehrt man noch einmal zum ausdrücklich wahllosen, d.h. intentionslosen, collagehaften Kompositionsprinzip Stewarts und McAuleys zurück, so scheint es in diesem Zusammenhang auch *avant la lettre* musterhaft Barthes Annahme anschaulich zu machen, dass ein Text immer ein Gewebe von Zitaten disparater kultureller Provenienzen ist. Unterstellt man den Malley-Gedichten eine gewisse poetische Aussagekraft, wird damit – sowohl über die Programmatik der Fälscher als auch über die der ›Angry Penguins‹ hinaus – die poetologische Voraussetzung einer subjektiv je eigenen dichterischen Sprache als nicht mehr haltbar profiliert. Damit wird der Autor (*l'auteur*) zum Schreiber (*l'écrivain*), der unhintergehbar auf eine bereits vorgefundene Sprache und Schrift zurückgreift und sie transformiert, der auf Worte rekurriert, die sich immer nur durch ihre Bezüge zu anderen Worten definieren. Literatur wird damit zu einem Gebilde, das sich nicht auf die Summe seiner sprachlichen Elemente zurückführen lässt, sondern sich wesentlich durch deren Wechselbeziehungen auszeichnet: »[D]er Schreiber [kann] nur eine immer schon vorhergehende, niemals originelle Geste nachahmen. Seine einzige Macht besteht darin, die Schriften zu vermischen und sie miteinander zu konfrontieren, ohne sich jemals auf eine einzelne von ihnen zu stützen.«[336] ›Ern Malley‹ wandelte sich durch die Aufdeckung von einem faktischen empirischen Autor – der, wie weiter oben ausge-

[334] Barthes, »Der Tod des Autors«, a.a.O., S. 191 (frz. S. 494).

[335] Derrida, »Signatur Ereignis Kontext«, a.a.O., S. 335 (frz. S. 377). Ein ›geschriebenes Syntagma‹ wird damit von einem ursprünglichen Kontext abgeschnitten, kann in andere Kontexte eingeschrieben, ihnen »aufgepfropft« oder in sie transplantiert (*greffer*) werden (vgl. ebd.).

[336] Barthes, »Der Tod des Autors«, a.a.O., S. 190 (frz. S. 494); Übersetzung modifiziert.

führt, für Harris zum einen als Projektionsfläche für sein sentimentales Dichter-Ideal diente und zum anderen seine Lektüre maßgeblich beeinflusste[337] – zum Schreiber im Barthes'schen Sinne, einem Schreiber, der nie seinem Text vorgängig ist, sondern die ›Identität des schreibenden Körpers‹ verliert, sich also allein textlich konstituiert und damit erst wirklich modern wird: »[D]er moderne Schreiber [wird] im selben Moment wie sein Text geboren. Er hat überhaupt keine Existenz, die seinem Schreiben voranginge oder es überstiege«.[338] Damit wird nicht der Autor, sondern die Sprache zur Instanz, die spricht und die das Autorsubjekt definiert – die aber zugleich eine Sprache ist, die unaufhörlich jeden Ursprung infrage stellt.

McAuley und Stewart haben somit nicht nur in besonderer Weise den Autor sterben lassen, sondern in einem Musterbeispiel experimentell für die Lyrik erschlossen, dass ein Text nie rein subjektiv sein kann, sondern stets in intertextuelle Bezüge verstrickt ist und sich durch sie definiert, wie es 1967 Julia Kristeva in ihrer mittlerweile zum Standardtext gewordenen Bachtin-Lektüre »Bakhtine, le mot, le dialogue et le roman« für den Roman formuliert: »[J]eder Text baut sich als Mosaik von Zitaten auf, jeder Text ist Absorption und Transformation eines anderen Textes. An die Stelle des Begriffs der Intersubjektivität tritt der Begriff der *Intertextualität*«.[339] Die ›Innerlichkeit‹ dichterischer Sprache, von deren Annahme Harris' subjektivistische Betrachtungen von Literatur geprägt waren und die McAuley als produktionsästhetisch orientierte »genuine inspiration« einforderte, wurde durch die Ern Malley'sche Ablösung der Sprache von ihrem Sprecher im Sinne Kristevas als lite-

[337] Wenn Max Harris als Reaktion auf die zunehmende Fragwürdigkeit der Autorperson Malleys bekundet »However, the personal life and philosophy of the poet is a factor of deep significance« (Max Harris, zit. n. Anonym, »Ern Malley, the Great Poet, or the Greatest Hoax?«, a.a.O., o.S.), so bleibt er mit seinem traditionellen Verständnis von Autorschaft sogar hinter dem von Stewart und McAuley zurück, wie sich an den Entwürfen zu deren Aufdeckungs-Statement ablesen lässt: »The quality of the poems is the only thing in question: who the author is makes no difference to their value« (James McAuley, Statement-Entwurf (19.6.1944), Colin Simpson Papers, NLA, MS 5252, zit. n. Heyward, *The Ern Malley Affair*, a.a.O., S. 181). Harris' naives Verständnis von Autorschaft lässt sich auch daran aufzeigen, dass er das lyrische Ich der Malley-Gedichte mit dem empirischen Verfasser in eins setzte, als er das absurde Unterfangen erwog, den von ihm beauftragten Detektiv bei der Suche nach Spuren von Ern Malleys Leben auf die »Princess [...] in Princess St« aus Malleys »Perspective Lovesong« anzusetzen (vgl. Heyward, *The Ern Malley Affair*, a.a.O., S. 88).

[338] Barthes, »Der Tod des Autors«, a.a.O., S. 189 (frz. S. 493).

[339] Julia Kristeva, »Bachtin, das Wort, der Dialog und der Roman«, in: Jens Ihwe (Hg.), *Literaturwissenschaft und Linguistik. Ergebnisse und Perspektiven*, III, Frankfurt/M.: Athenäum 1972, S. 345–375, hier: S. 348. Frz. »Bakhtine, le mot, le dialogue et le roman«, in: *Critique* 23 (1967), S. 438–465, hier: S. 441.

rarischer Effekt, als Erfahrung *in* der Sprache offengelegt. Denn indem die radikale »Exteriorität des Subjekts gegenüber der Sprache« an die Oberfläche gebracht wurde, wurde der »Fiktion einer inneren Stimme ein Ende [ge]setzt«.[340] Für Kristeva – Bachtins Dialogizitätskonzept folgend – ergibt sich nämlich eine Schreibweise (*écriture*) nie immanent, sondern dadurch, dass man in ihr eine andere, ihr äußerliche liest. Diese unhintergehbare korrelationale Mehrfachbestimmung durch eine Unzahl an heterogenen Verweisungszusammenhängen lässt sie ambivalent und polyvalent werden. McAuleys und Stewarts Offenlegung ihrer collageartigen Arbeitsweise – nämlich dass es sich bei den Ern Malley-Gedichten um Transformationen verschiedener Quellen in ein polyphones, mitunter dissonantes Textgefüge handelt – lässt somit überdeutlich hervortreten, dass eine Schreibweise immer schon Schreiben-Lesen (*écriture-lecture*), d.h. eine »Lektüre des vorausgegangenen literarischen Korpus« (etwa Shakespeare) ist, dass ein Text immer schon »Absorption eines anderen Textes« und »Antwort auf einen anderen Text« (etwa modernistische Gedichte von Dylan Thomas, John Keats oder T.S. Eliot) ist.[341] Insofern ist *The Darkening Ecliptic* nicht ein ›falsches‹ Double modernistischer Dichtung, sondern eines, das durch die genannten Korrelate wie jede Dichtung die irreduzible Duplizität der poetischen Sprache zutage fördert. Wie schon bei Ossian verhindert die Literarizität der Malley-Texte, dass sinnvoll von Fälschungen gesprochen werden kann, so dass die Nicht-Fälschbarkeit von Literatur ein weiteres Mal unter Beweis gestellt ist. Anders gesagt, Fälschungen scheinen regelrecht der Literatur einen Dienst zu erweisen, indem sie den zu sehr auf ›faktische Paratexte‹ konzentrierten Leser dazu zwingen, sich auf die Literarizität der poetischen Sprache zu besinnen, sich also auf ihre Eigenrealität zu konzentrieren, anstatt sie auf außersprachliche Para-Phänomene hin zu interpretieren. Denn Fälschungen lassen augenfällig werden, dass man sich bei der Berücksichtigung vermeintlich verbriefter ›literarischer‹ Fakten, die etwa die empirische Person des Autors oder seine Intention betreffen, auf unsicheres Terrain begibt, wie schon Schleiermacher[342] befürchtet hatte.

Um schließlich auf den dritten kanonischen Text über die Infragestellung traditioneller Autormodelle zurückzukommen und damit noch einmal den bereits mit Foucault entfalteten Begriff der Autor-Funktion aufzugreifen, ließe sich das Vexierspiel mit der Figur Ern

[340] Ebd., S. 348 (frz. S. 442).
[341] Ebd., S. 351 (frz. S. 444), vgl. a. S. 372f. (frz. S. 462f.).
[342] Siehe dazu die bereits angeführte Textstelle auf S. 188.

Malleys folgendermaßen rekapitulieren: McAuley und Stewart haben verunmöglicht, eine traditionelle Autor-Funktion, der zufolge ein Text auf seinen Verfasser hin gelesen wird, bei der Lektüre in Anschlag zu bringen. Stattdessen nötigen sie den Leser, den Autor – ausgehend vom expliziten Wissen um die empirische Leerstelle der Urheberschaft und um die Multiplizität der Textherkünfte – als rein textlich produzierte polyzentrische Funktion wahrzunehmen.[343]

Betrachtet man die Gesamtheit der von McAuley und Stewart angefertigten Artefakte, und wollte man versuchen, diese in Gattungen und Genres aufzuteilen, so haben die beiden Faker nicht nur mit modernistischer Poesie experimentiert, sondern sie gattungsübergreifend zugleich auch mit dem Briefroman amalgamiert. Denn folgt man dem bisher im Zusammenhang mit der Diskussion Ossians eingeschlagenen Weg, nicht zwischen einem wesentlichen Haupttext und einem Bei-, Peri- oder Paratext zu unterscheiden, insofern man sich auf eine literaturwissenschaftliche Betrachtung der Texte konzentriert, müsste man wie auch schon bei den Ossianischen Gesängen konstatieren, dass mit dem Ern Malley-Korpus eine Art multiperspektivisches, polymorphes Textgebilde aus Prosa und Poesie geschaffen wurde. Die spezifische Autor-Funktion konstituiert sich dabei aus dem lyrischen Ich der Gedichte und der über die Briefe der fiktiven Reflektorfigur ›Ethel Malley‹ konstruierten fiktiven Identität Ern Malleys. Konsequenterweise müsste man heute dafür plädieren, mit den Gedichten auch die Briefe als Literatur abzudrucken.[344] In dieser Weise kontextualisiert könnte die Lyrik ›Ern Malleys‹ in ihrem Pluristilismus, in ihrer Pluritonalität und angesichts ihrer disparaten Verweisungszusammenhänge als literarisches Spiel mit Identitätskonstruktionen und -destruktionen interpretiert werden, das das Autorsubjekt – da es dem Leser dann offensichtlich

[343] Therese-Marie Meyer betont ebenfalls die rein textliche Verfasstheit der Identität Malleys. Weiter kann ihren Überlegungen jedoch hier nicht gefolgt werden, da ihr fragwürdiges Konzept des ›Author Identity Model‹ – d.h., dass sich ein Modell der persönlichen Identität des Autors, sei es in Form einer emotionalen oder in Form einer ethischen Haltung, entweder explizit oder implizit in den Text einschreibt und nicht als Teil der Fiktion, sondern als Realität (»the author as physical writer«) wahrgenommen wird – sich darin verfängt, eine literarische Äußerungsinstanz mit einem realen Individuum zu verwechseln. Dies zwingt sie auch dazu, Parallelen von Ern Malleys Gedichten zu den Postulaten Barthes in »Le mort de l'auteur« zurückzuweisen (vgl. Meyer, *Where Fiction Ends*, a.a.O., S. 5 u. 52).

[344] Obwohl Ern Malley spätestens mit der Aufnahme in *The Penguin Book of Modern Australian Poetry* 1991 – allerdings als einziger Autor, der in einfache Anführungszeichen gesetzt ist – in den Kanon australischer Literatur eingegangen ist, finden die Briefe dabei keine Berücksichtigung (vgl. John Tranter/Philip Mead (Hg.), *The Penguin Book of Modern Australian Poetry*, Ringwood u.a.: Penguin Books 1991).

als Deutungsangebot sprachlicher Behauptungen innerhalb der literarischen Eigenrealität begegnet – schließlich als volatiles und empirisch unverlässliches kaleidoskopisches Konstrukt erscheinen lässt. Dann müsste man allerdings auch eingestehen, dass eine bestimmte Autor-Funktion, sei der ›Autor‹ dann auch eine Multi-Instanz, in der sich mehrere disparate ›Zentren‹ verknüpfen, allerdings als Anti-Modell weiterhin wirksam wäre.

McAuley und Stewart haben so mit ihrer »anti-poetry« einen Überschuss erzeugt, der sowohl über ihr eigenes Literaturverständnis als auch über das von den ›Angry Penguins‹ proklamierte hinauswies. John Reed und Sidney Nolan, Mitherausgeber der fraglichen *Angry Penguins*-Ausgabe, begründeten nämlich nach der Aufdeckung des Fake die Qualität der Gedichte damit, dass die Urheber gegen ihren Willen Energien des Unbewussten freigesetzt hätten, und blieben damit – im Unterschied zu der hier eingenommenen Lesart Malleys als Wegbereiter einer gewissen Exzentrik des Autors – einem subjektzentrierten Modell verhaftet. Reed würdigte die Verse insbesondere als Ergebnis von »internal and subjective sources focussed around the unconscious impact on the writers (McA & S) of the creative stream of the age, which in this case has, unknown to them, broken through their inhibitions and repressions. [...] [T]hese men [...] have been inhibited by reason of some personal complexes from utilizing it in their ›serious‹ writing, and have only been released when writing in a way which imposes no obligations on them«.[345] Die Gedichte wurden von den ›Angry Penguins‹ somit als Schrift des Unbewussten gedeutet und dadurch zu Zeugnissen der Individualität eines befreiten poetischen Schreibens (v) erklärt. Damit blieben sie – entgegen der hier vorgeschlagenen Lektüre der Gedichte als Exploration des Unpersönlichen in der Literatur durch Offenlegung der Korrelationalität von Sprache und Schreibweise – einer vormodernen bürgerlichen Verabsolutierung des Individuums treu. Die fragwürdige psychologische Lesart der Gedichte als Ergebnis einer unwillkürlichen Freisetzung unbewusster Kräfte schreibt sich noch bis in die von Albert Tucker verfasste Einleitung zur Neuveröffentlichung der Malley-Gedichte 1993 fort sowie im selben Band im Malley-Artikel von Colin Wilson, der sogar von der ›paranormalen‹ Natur der Inspiration spricht und diese mit dem Zustand unter Hypnose analogi-

[345] Reed, Brief an Max Harris (27.6.1944), Reed Papers, La Trobe Univ., Melbourne, 10/18,3, zit. n. Heyward, *The Ern Malley Affair*, a. a. O., S. 190f.; vgl. a. Max Harris/John Reed, »Editorial«, in: *Angry Penguins* (Dez. 1944), S. 2f.

siert.[346] Auch von McAuley ist neben den bereits angeführten Stellen überliefert, dass er einen autotelischen Charakter der Sprache immer entschieden zurückgewiesen hat, wie sich einer kritischen Bemerkung zur »modern attitude«, die angeblich in Michael Roberts' Einführung zu *The Faber Book of Modern Verse* zum Ausdruck komme, ablesen lässt: »That [...] exploration of language as a thing in itself, a world unconnected with the realities underlying the words [...] are rarely valuable as art. The good work [...] goes beyond this theory of a rootless, self-related language.«[347] In einer Ironie des Schicksals hatte das zusammen mit Harold Stewart verfasste Gedicht-Experiment schließlich dem entgegengesetzten Konzept von Literatur – das sie nicht nur als Repräsentation eines zuvor Erlebten fasst, sondern sie vor allem zum Erlebten selbst macht[348] – mit den Weg bereitet.

In Sachen Ern Malley – Die juristischen Konsequenzen des Fake

Der ›Skandal‹ um Ern Malley führte sowohl zum genannten einseitigen Presse-Echo als auch im September 1944 zu einer juristischen Kapriole, als 14 der in der Herbstausgabe der *Angry Penguins* veröffentlichten Texte, darunter sieben Gedichte von Ern Malley zum Gegenstand eines Prozesses gegen Harris[349] als Herausgeber von »indecent advertisements« wurden, d.h. von Veröffentlichungen, die mutmaßlich unmoralisch,

[346] Vgl. Albert Tucker, »Introduction«, in: Malley, *Collected Poems*, a.a.O., S. vi–x u. Colin Wilson, »Ern Malley«, in: Malley, *Collected Poems*, a.a.O., S. 47–57; zu weiteren psychologischen Lesarten vgl. a. die Auswertung der Literatur bei: Meyer, *Where Fiction Ends*, a.a.O., S. 67.

[347] McAuley, Brief an Dorothy Auchterlonie (1938/39), NLA, MS 5678, zit. n. Heyward, *The Ern Malley Affair*, a.a.O., S. 47.

[348] Vgl. Kristeva, »Bachtin, das Wort, der Dialog und der Roman«, a.a.O., S. 374 (frz. S. 464).

[349] Eine bezeichnende Pointe ergibt sich daraus, dass Breton bereits im *Ersten Manifest des Surrealismus* ein juristisches Gedankenexperiment über die Verantwortlichkeit und Schuldfähigkeit eines surrealistischen Dichters anstellt. Wegen seiner eklatanten Parallele zum Ern Malley-Fall, bei dem folgerichtig der Herausgeber zur Verantwortung gezogen wurde, sei dies kurz wiedergegeben: »Der Angeklagte hat ein Buch veröffentlicht, das die öffentliche Moral beleidigt [...]. Zu seiner Verteidigung beschränkt er sich darauf, zu versichern, daß er sich nicht für den Autor des Buches hält, insofern als dieses nur als surrealistische Produktion betrachtet werden könne, was jede Frage des Verdienstes oder Nicht-Verdienstes dessen, der dafür zeichnet, ausschließt; daß er nichts getan hat, als eine Schrift zu kopieren, ohne seine Meinung auszudrücken und daß der Text ihm mindestens so fern steht wie dem Herrn Vorsitzenden« (Breton, »Erstes Manifest des Surrealismus«, a.a.O., S. 41 (frz. S. 69)).

obszön und anstößig seien.[350] Dies zeigt, wie sehr die Diskussion um die Malley-Gedichte die Grenzen der entsprechenden Diskursgesellschaften überschritten hatte und zum Gegenstand öffentlicher Debatten geworden war. Es führt aber auch vor Augen, wie sehr extradiskursive konservative Kräfte zu dieser Zeit auf literarischen Praktiken lasteten. Harris kommentiert retrospektiv: »Had the Crown Solicitor's office, in its wisdom, chosen to prosecute the works of Shakespeare or the Holy Bible, a magistrate would have had little choice but to have found these work guilty of indecency, immorality or obscenity as the law in South Australia was then framed.«[351]

An dieser Stelle soll der zeitgenössische Stand der Rechtsprechung Australiens nicht weiter thematisiert werden. Sicherlich kann er als Ausdruck eines rückwärtsgewandten geistigen Philistertums dieser Zeit gelesen werden.[352] Besonders hervorzuheben ist indes nicht nur, dass anhand von Ern Malleys Lyrik während des Prozesses in einem beispiellosen Dialog Kriterien für Sinn und Unsinn sowie für die Interpretierbarkeit von Gedichten im Allgemeinen vor dem Gesetz verhandelt wurden, sondern auch, dass diesen paradoxerweise unterstellt wurde, zugleich unsinnig *und* unanständig zu sein.[353] Während des Prozesses lieferten sich Harris und die Anklage über zweieinhalb Tage lang einen außergewöhnlichen

[350] Vgl. den Brief des Generalstaatsanwalts (*Crown Solicitor*) A. J. Hannan an den Rechtsanwalt von Harris (4.9.1944), www.austlit.com/a/malley/1944-hannan.html, zuletzt aufgerufen am 14.06.2007; vgl. zu einer ausführlicheren Schilderung der Vorkommnisse: Heyward, *The Ern Malley Affair*, a. a. O., S. 225–262.

[351] Max Harris, »Appendix«, in: Ern Malley, *Ern Malley's Poems. With an Introduction by Max Harris*, Melbourne: Landsdowne Press 1961, S. 42–45, hier: S. 45; vgl. a. L. E. Clarke, »Angry Penguins Prosecution«, in *Angry Penguins* (Dec 1944), S. 103.

[352] Nicht selten wird in diesem Zusammenhang auch die etwa zur selben Zeit stattfindende Verhandlung des William Dobell-Falls angeführt: Der Maler hatte für ein Porträt seines Kollegen Joshua Smith 1944 den renommierten Archibald Prize der Art Gallery of New South Wales verliehen bekommen, musste sich aber danach vor Gericht verantworten, da seine Konkurrenten ihm vorwarfen, entgegen den Richtlinien eine Karikatur und kein Porträt eingereicht zu haben. Dabei stand gleichsam der Modernismus gegen einen traditionellen Naturalismus zur Verhandlung. Im Laufe des Prozesses wurde u. a. von einem medizinischen Sachverständigen bezeugt, dass das Gemälde anatomisch eher einem drei Monate alten Körper glich als dem eines erwachsenen Mannes. Am Ende wurde jedoch die Ähnlichkeit des Gemäldes zu seinem Modell richterlich bestätigt, so dass Dobell den Preis behalten durfte (vgl. u. a. Heyward, *The Ern Malley Affair*, a. a. O., S. 183 u. Prießnitz, »Ossian in Australien«, a. a. O., S. 76f.).

[353] Dies zeigt sich beispielsweise in der Lesart des Richters von Malleys »Egyptian Register«, in dem das Wort Genitalien vorkommt, in seiner Urteilsbegründung: »I regard the poem as nonsense. [...] I think however, that the dragging in of the genitals under the circumstances of this poem is indecent« (L. E. Clarke, Urteilsverkündung (5.9.1944), in Teilen wiederabgedruckt in: Ern Malley: *Ern Malley's Poems*, a. a. O., S. 45–56, hier: S. 55).

Schlagabtausch über die buchstäblich rechtmäßige Interpretation der Gedichte, wie der Urteilsverkündung zu entnehmen ist: »If there is a *reasonable* interpretation which is not indecent, immoral or obscene, then they [the poems] should not be held to be indecent, immoral or obscene.«[354] Dabei sollte sich zeigen, dass der Grad an Dissemination, bis zu dem Sprache interpretierbar oder intelligibel bleibt, sehr hoch ist. Harris' Ausführungen vor Gericht lassen sich darüber hinaus als das erste öffentliche ›*close reading*‹ der Gedichte verstehen; der Gerichtssaal wurde so zum Forum für den literarischen Diskurs. Anders gesagt, die Kontroverse um die Bewertung und das Verstehen von Lyrik, d. h. auch die Frage nach einer akzeptablen poetischen Praxis, kam somit noch einmal in besonderer Weise auf juristischer Ebene zur Anschauung. Die Verhandlung konzentrierte sich nämlich zum einen auf die Relevanz der auktorialen Intention und zum anderen, damit untrennbar verbunden, auf das adäquate Lektüreverfahren. Bezeichnenderweise bewies Harris in seiner taktischen Flucht nach vorn vor Gericht ein moderneres Literaturverständnis als in den bereits angeführten, noch der Subjektivität des Autors verpflichteten ersten Reaktionen. Betrachtet man das Prozess-Protokoll, scheint er geradezu die weiter oben vorgeschlagenen Parallelen der Ern Malley-Gedichte zu den Thesen von Roland Barthes, Julia Kristeva und Jacques Derrida direkt zu bestätigen:

> Q. [Anklage] You bel (believe) now that no such person as Ern Malley exists, dont you.
> A. [Harris] Yes. [...]
> Q. Dont you bel that Ern Malley's poems were never intended to be serious work at all.
> A. I have no opin on their intentns., I only worry abt their content as poems.
>
> [...]
>
> Q. And you say that it doesnt matter if the signif. is accidental or otherwise.
> A. I dont know if the signif is accidental, I am concerned with the significance.
> Q. If you knew that the authors never intended the poems to have any significance at all in serious way, wd you still say that the poems have a literary significance.

[354] Ebd., S. 51; Hervorhebung M.D.

A. No I dont judge poems by the intentn of people who write it, but by the result. [...] I dont know what the author thought, the interpretatn I put to it.[355]

Im Argumentationsgefecht zwischen Anklage und Verteidigung standen vor allem zwei Lesarten gegeneinander: Erstens eine wortwörtliche Lektüre der Anklage, die man elementar-buchstäblich nennen könnte, weil mit ihr versucht wurde, einzelne Worte auf ihren denotativen Sinn zurückzuführen, und zweitens die Betonung der grundlegenden Metaphorizität literarischen Sprechens vonseiten der Verteidigung, indem für ein sozusagen kontextuelles und korrelatives Verstehen votiert wurde.

Q. [T]hat sentce could be taken out of its context and given a meaning very easily cant it.
A. No, no meaning at all.[356]

[...]

Q. Doesnt all that amt to this, that you refuse to try and interpret literally, not in the sense that you wont, but that you dont bel. it is the proper way to study Sweet William.
A. When the word »staircase of flesh« is used, I dont intend to interpret it as staircase made of flesh.
Q. You bel the way to go abt Sweet Wm is to ignore the literal meaning dont you.

[...]

A. [John Reed] There is great difficulty, if you are referrg to literal meaning, in understanding the Ern Malley poems. [...] I would say for myself that I dont regard the literal meaning as being a factor of prime importance. I wdnt say that my view is that the writers did not intend the poems to have any literal meaning at all.[357]

Harris' Verteidigungsstrategie mittels einer minutiösen Interpretation aller als Corpus Delicti vor Gericht verhandelten Malley-Gedichte und mittels des Nachweises ihrer Intertextualität – durch die Betonung zahlreicher Verbindungen zu anderen Quellen – führte den Richter schließ-

[355] Anonym, »Court Transcript of the Trial of Max Harris in the Adelaide Police Court, 1944« [Verhandlungsprotokoll], John and Sunday Reed Papers, La Trobe Australian Manuscripts Collection, State Library of Victoria, MS 13186, Box 10, File 4, von John Tranter transkribiert, bearbeitet und online veröffentlicht unter: www.austlit.com/a/malley/trial-harris.html, zuletzt aufgerufen am 14.6.2007, S. 24f. u. 36f. Die Seitenangaben beziehen sich auf das Typoskript, aus dem sich auch die Abkürzungen ergeben, die von Tranter mitunter (hier in runde Klammern gesetzt) ergänzt wurden.

[356] Ebd., S. 56.

[357] Ebd., S. 45 u. 40.

lich zu diesem denkwürdigen Satz: »To attempt to interpret this poems seems to me rather like attempting to unravel a crossword puzzle from a newspaper with the aid of only half the clues, and without the satisfaction of seeing the solution in the next issue.«[358] Mit diesem Vergleich hat er oberflächlich – wenn man so will – unwissentlich den Rätselcharakter gestreift, den Adorno als Spezifikum der modernen Kunst generell in Anschlag bringt.[359] Darüber hinaus kommt er damit einer Sprachkonzeption sehr nahe, die für Leser Derridas heute selbstverständlich erscheint: Dass nämlich der Sinn oder die Bedeutung eines Textes nicht vom Sprecher darin abgelegt ist, sondern sich unentwegt aus komplexen Reaktualisierungs- und Kontextualisierungsprozessen ergibt.

Zu einer Verurteilung kam es dennoch. Zumindest war damit juristisch die Intelligibilität der Gedichte teilweise bestätigt, denn als reiner Nonsens hätten sie nicht für inhaltlich ›*indecent*‹ bewertet werden können. Der Richter löste damit seine Lektüre in ähnlicher Weise, wie hier im vorangegangenen Kapitel dargelegt, von den ausdrücklich benannten Nicht-Intentionen der Verfasser ab. Ausschlaggebend für das Urteil, durch das Harris eine Strafe von 5 £ oder wahlweise von 12 Tagen Haft auferlegt wurde,[360] war neben der Feststellung der Rechtmäßigkeit einer wörtlichen Interpretation, durch die nebenbei Harris' Lesarten als nicht »reasonable« verworfen wurden, vor allem jedoch das Bemessungskriterium der literarischen Zweckmäßigkeit oder, genauer gesagt, der Verhältnismäßigkeit der Mittel, wie es in der Begründung des Richters heißt: »[T]he language is poetically quite unjustifiable in the manner in which it is used.«[361] Zum einen werden anhand eines solchen Verdikts die Unterschiede im Sprachverständnis zwischen dem juristischen und dem literarischen Diskurs überdeutlich – ist für Ersteren eine wörtliche Interpretation des Geäußerten zwingend not-

[358] Clarke, Urteilsverkündung (5.9.1944), a.a.O., S. 52.

[359] Obwohl hier nicht ohne Grund von einem oberflächlichen Streifen gesprochen wird, sind die Überschneidungen zu Adorno eklatant, vergegenwärtigt man sich seine Charakterisierung des ›Rätselwesens‹ der Kunst als etwas, das sich in Form und Gehalt einem schnellen Begreifen entzieht, aber eine Lösung verspricht, die nicht zu lösen ist, das eine Bedeutung ausstellt, der es sich immer wieder selbst beraubt, und damit über das hinausweist, was wörtlich dasteht. Dafür seien hier drei paradigmatische Stellen angeführt: »Kunstwerke, die der Betrachtung und dem Gedanken ohne Rest aufgehen, sind keine. [...] Jedes Kunstwerk ist ein Vexierbild, nur derart, daß es beim Vexieren bleibt, bei der prästabilierten Niederlage ihres Betrachters. [...] Die gescholtene Unverständlichkeit der hermetischen Kunstwerke ist das Bekenntnis des Rätselcharakters aller Kunst« (Theodor W. Adorno, *Ästhetische Theorie*, Frankfurt/M.: Suhrkamp 1995, S. 184 u. 186).

[360] Harris, »Appendix«, a.a.O., S. 45.

[361] Clarke, Urteilsverkündung (5.9.1944), a.a.O., S. 52.

wendig für eine Verurteilung, hat sie in derselben Ausschließlichkeit in Letzterem keinen Bestand (mehr). Zum anderen zeigt sich, wie die Jurisdiktion, indem sie im wahrsten Sinne des Wortes eine regel- und gesetzmäßige poetische Praxis einforderte, beispiellos in literarische Praktiken hineinwirkte.

Restauration oder Revolution der poetischen Sprache? Auswirkungen von ›Ern Malley‹ im literarischen Diskurs Australiens

Wenngleich McAuley und Stewart mit ihrem Fake, im Lichte neuerer Literaturkonzepte betrachtet, langfristig einen Rückschlag erlitten haben, spielten die Vorkommnisse um Ern Malley eine entscheidende Rolle bei der Herausbildung eines strengeren poetologischen Formationssystems im literarischen Diskurs Australiens.[362] Obwohl er den Gedichten keine besondere Qualität zuschreibt, rekapituliert beispielsweise der australische Dichter und Literaturkritiker Les Murray: »[T]hey did bring about a temporary narrowing and deadening of the arts in Australia, and prolong the life of some pretty lousy anti-artistic attitudes here.«[363] Don Anderson bewertet dies retrospektiv ähnlich: »The great blow against any possibility of the modernist enterprise in Australia was of course struck in 1944 by the Ern Malley hoax. It seems to me that one could without exaggeration say that the Ern Malley hoax was the great catastrophe to our letters.«[364]

Der ›Skandal‹ hatte zwar zunächst für eine kurzfristige Konjunktur der ›Angry Penguins‹ gesorgt, so dass nicht nur zum ersten Mal eine gesamte Auflage (insgesamt 900 Stück) der gleichnamigen Zeitschrift verkauft werden konnte, sondern dass auch die im September 1944 erschienene Buchversion von *The Darkening Ecliptic* (in einer Auflage von 500 Exemplaren) umgehend restlos vergriffen war.[365] Mittelfristig kam es aber zu einer Rekonfiguration des literarischen Diskurses. *Angry Penguins* wurde nach drei weiteren Ausgaben im Juli 1946 eingestellt; der Autorenzirkel um Max Harris – und damit die modernistische

[362] Vgl. Judith Wright, *Preoccupations in Australian Poetry*, London u.a.: Oxford Univ. Press 1966, S. 202–219.

[363] Les Murray, »James McAuley – A Personal Appreciation«, in: ders., *The Peasant Mandarin. Prose Pieces*, St. Lucia: Univ. of Queensland Press 1978, S. 185–190, hier: S. 189.

[364] Don Anderson, »The Intellectual Environment: Conservation v Conservatism«, in: *Island Magazine* 34/35 (1988), S. 89–96, hier: S. 91.

[365] Vgl. Clarke, Urteilsverkündung (5.9.1944), a.a.O., S. 49 u. Heyward, *The Ern Malley Affair*, a.a.O., S. 221.

Bewegung Australiens *in toto* – löste sich auf, wie Paul Kane schreibt: »It is not just the fact that the hoax and its aftermath was sufficient to demoralize the few it involved, but that those few were all there were.«[366] Diese Neuordnung der Werte im Dichterischen lässt sich sicherlich nicht monokausal mit dem Ern Malley-Fall erklären, sondern ist auch auf andere Ursachen zurückzuführen, u.a. auf die veränderte politische und soziale Situation der Nachkriegszeit und auf den aufkommenden Kalten Krieg. Nach 1945 stiegen nämlich zum einen die Druckpreise, und es kam zu zahlreichen Streiks in der Druckindustrie, zum anderen wurden die Import-Beschränkungen gelockert, so dass sich das literarische Vakuum mitsamt dem Spielraum für kreative avantgardistische Praktiken verflüchtigte. Anders gesagt, es fehlte das Spannungsfeld, das die ›Angry Years‹ so produktiv gemacht hatte, so dass das Interesse der Leser zurückging und es zudem den Herausgebern an Inhalten und an Motivation mangelte, wie Harris später über die von ihm so genannten ›*Faded Years*‹ konzediert: »There is a simple reason why all the excitement, the energy, the creative passion (if not achievement) petered out. *We didn't have anything to say any more.* We didn't have anything to say, and so we stopped writing.«[367]

Obwohl die weiter oben geschilderte Gerichtsverhandlung dies nahelegt, sind die Veränderungen nicht als Ergebnis rigoroser Verbote zu beschreiben, sondern, ganz im Foucault'schen Sinne, als Transformationen, durch die sich ohne eine ausdrückliche ›Gesetzgebung‹ eine regelmäßige literarische Praxis herausbildete, in der avantgardistische Experimente keinen Platz mehr hatten, u.a. weil man die Gefahr scheute, mit Ern Malley verglichen zu werden. Kurzfristig kam es daher zu einer Stärkung eines sozialen Realismus, durch die – im Gegensatz zur Malley'schen Dezentrierung des Autors und der depersonalisierten Intertextualität der Gedichte – eine monologische Autorinstanz reaktualisiert wurde, die die Wirklichkeit in der Sprache abzubilden hatte. Harris schreibt: »[T]he realist novel, the novel of reportage became the prescribed style in Australia for nearly two decades«.[368] Barrie Reid blickt 1963 ebenso kritisch auf diese exklusive stilistische Orientierung an politisch-didaktischen Widerspiegelungen der gesellschaftlichen Realität zurück und spricht von einem aus heutiger Perspektive unglaublichen Konformismus: »[A] lot of my friends who were writing poems at the

[366] Kane, *Australian Poetry*, a.a.O., S. 144.

[367] Max Harris, »The Faded Years«, in: *Direction* 1 (Mai 1952), S. 6, zit. n. Tregenza, *Australian Little Magazines 1923–1954*, a.a.O., S. 80, vgl. a. S. 76.

[368] Harris, »Conflicts in Australian Intellectual Life 1940–1964«, a.a.O., S. 25.

time, it did shake *them*. Quite obviously. [...] Some of them became so extremely conformist as to join the Communist Party immediately.«[369] Im Kalten Krieg veränderte sich dieser ›Konformismus‹ jedoch, so dass jede politische Kunst, d.h. sowohl der mit einem linken politischen Programm identifizierte Surrealismus als auch der soziale Realismus in Misskredit geriet.

Als markanteste Transformation des literarischen Diskurses Australiens, u.a. als Nachwirkung des Ern Malley-Fake, ist jedoch die noch bis Ende der 1950er Jahre maßgeblich bleibende Rückkehr zu klassisch-traditionellen Formen der Poesie festzuhalten. Barrie Reid kommentiert die Reaktionen der Literaten zur damaligen Zeit folgendermaßen: »They began writing in iambic pentameter, or in some other ›respectable‹ verse form«.[370] Damit einher ging eine massive Veränderung der literarischen Produktion und Rezeption Australiens, die sich vor allem in einer Umordnung der Aussagemodalitäten im Feld des Literarischen niederschlug: Sowohl das Schreiben von Literatur als auch das Schreiben über Literatur war schließlich bis in die 1950er Jahre hinein fast ausschließlich auf akademische Kreise beschränkt, und die entsprechenden Texte zirkulierten nahezu exklusiv in den entsprechenden Institutionen und Publikationsorganen.[371] Harris wertet im Nachhinein diese Vorherrschaft als einen inzestuösen poetischen Professionalismus »of a whole generation of meticulous University poets«;[372] er spricht sogar von einem universitären Monopol der Literaturkritik, das – in den Händen von »a generation of grey, sour, hostile academics, propping up their insecurities with their doctorates«[373] – dogmatisch über die handwerkliche Qualität und den elaborierten Umgang mit traditionellen Versformen wachte. Dabei handelte es sich um eine regelrechte diskursive Polizei im Sinne Foucaults, weil der allein wissenschaftliche Umgang mit Poesie Harris zufolge dazu führte, dass vornehmlich ältere Autoren berücksichtigt wurden und damit selbstredend sogenannte »›out‹ poets in the sense of

[369] Barrie Reid, zit. n. Thompson, »The Ern Malley Story«, a.a.O., S. 169. Um sich diesen ›Konformismus‹ erklären zu können, ist in Erinnerung zu rufen, dass die ›Angry Penguins‹, wie ihr europäisches Vorbild André Breton auch, zunächst Mitglieder der Kommunistischen Partei gewesen waren, aber zu ihr unter dem Eindruck des russischen Stalinismus zusehends auf Distanz gingen (vgl. Tregenza, *Australian Little Magazines 1923–1954*, a.a.O., S. 61).

[370] Barrie Reid, zit. n. Thompson, »The Ern Malley Story«, a.a.O., S. 169.

[371] Vgl. a. Lloyd, »Was Australian Modernism Oppositional«, a.a.O., S. 95–99.

[372] Harris, »Conflicts in Australian Intellectual Life 1940–1964«, a.a.O., S. 26, vgl. a. S. 29f.

[373] Harris, »The Hoax«, a.a.O., S. 16.

being unfit subjects for academic critical interest«[374] zum Verschwinden gebracht wurden.

Selbst McAuley verurteilt 1962 in seiner »skeleton formula for an Australian poem« aus einer anderen Perspektive ironisch die zeitgenössischen Tendenzen, weniger weil sie eine Homogenisierung der literarischen Produktion beförderten, sondern weil damit eine Wiederbelebung des nationalistisch gefärbten ›*Australianism*‹ in der Dichtung einherging, wie er von den Jindyworobaks schon immer vertreten worden war:

> Stanza 1. This is an indigenous tree/bird/mammal.
> Stanza 2. How extremely well acquainted I am with the object in question!
> Stanza 3. The whole interest and merit of this object is that it is an Australian object, just as the only interest and merit of this poem is that it is an Australian poem.[375]

Trotz der für sie vernichtenden Effekte des Fake waren sich die ›Angry Penguins‹ hinsichtlich der Ablehnung eines Jindyworobak-Romantizismus mit ihren Gegnern Stewart und McAuley einig, wie Harris später versöhnlich schreibt: »[T]hey were developing the high traditionalism of the poetic craft in opposition to the prevailing gum-leaf romanticism. They were fighting, if silently, the same enemies as the *Angry Penguins*.«[376] Rückblickend räumt er daher auch zahlreiche Fehlentwicklungen ein, die seinerzeit aus der Euphorie um den australischen Modernismus entstanden seien. So beschreibt er – wie hier auch schon andeutungsweise in den Analysen herausgearbeitet wurde – die Bewegung als »quasi-surrealist literary movement«,[377] als »obscure cult-ridden subjectivism«[378] und relativiert die direkten poetischen Errungenschaften der ›Angy Penguins‹-Autoren gegenüber ihren Verdiensten, nachhaltig den Weg für experimentelle Poesie bereitet zu haben: »[A]ll this mythic energy produced work of nugatory value [...] and what value there was in the literary modernism of the Angry-Penguin School is traced in terms of lasting influences rather than of remarkable literary achievements at the time.«[379] Das Fake und das Manifest Stewarts und McAuleys

[374] Harris, »Conflicts in Australian Intellectual Life 1940–1964«, a.a.O., S. 27.
[375] James McAuley, »Literature and the Arts«, in: Peter Coleman (Hg.), *Australian Civilization*, Melbourne/Canberra/Sidney: F.W. Cheshire 1962, S. 122–133, hier: S. 127f.
[376] Harris, »Angry Penguins and After«, a.a.O., S. 6; vgl. a. McLaren, *Writing in Hope and Fear*, a.a.O., S. 20f.
[377] Harris, »Conflicts in Australian Intellectual Life 1940–1964«, a.a.O., S. 25.
[378] Max Harris, »The Faded Years«, in: *Direction* 1 (Mai 1952), S. 6, zit. n. Tregenza, *Australian Little Magazines 1923–1954*, a.a.O., S. 73.
[379] Harris, »Conflicts in Australian Intellectual Life 1940–1964«, a.a.O., S. 21 u. 23.

akzeptiert er in diesem Sinne nachträglich als berechtigtes »corrective to the excesses of the time«.[380]

Trotz der mittelfristigen Vereinnahmung der Literatur durch die universitär geprägte Literaturkritik, mit dem Ergebnis einer bestimmten Vereinheitlichung des Verständnisses von Dichtung, haben die ›Angry Penguins‹ – will man das Bild eines Zweikampfes aufrufen – langfristig den Sieg davongetragen. Weil sie nicht ›im Wahren‹ der zeitgenössischen poetischen Praxis waren, blieben die Ern Malley-Gedichte zusammen mit vielen anderen Dichtungsexperimenten zunächst bis in die 1950er Jahre im literarischen Diskurs unberücksichtigt und unsichtbar. Betrachtet man ihre Rezeption jedoch in einem größeren historischen Zeitraum, so haben sie ihre Wirksamkeit bewahrt. 1953 nannte Harris ein zusammen mit John Reed und Barrie Reid neu aufgelegtes Literaturmagazin trotzig *Ern Malley's Journal* und erklärte: »I still believe in Ern Malley.«[381] Bis zur Einstellung der Zeitschrift 1955 erschien jedoch nur eine weitere Ausgabe. Zu einem ›Comeback‹ kam es erst ab 1961, als *Ern Malley's Poems* von Harris neu herausgegeben und ihm zufolge zum Bestseller wurden: »The reverberations went further and produced one of the extraordinary pieces of irony which may amuse, and that was, of course, as one would expect, Ern Malley became a best-seller.«[382] Zur gleichen Zeit wurden auch zwei Malley-Gedichte in einer dem kollektiven Schreiben gewidmeten Ausgabe der in Frankreich edierten Zeitschrift *Locus Solus* in Amerika veröffentlicht. Kenneth Koch, einer der mitherausgebenden Prosaschriftsteller der sogenannten ›New York School of Poetry‹, lobt darin »profundity and charm« der Gedichte und solidarisiert sich mit Harris vielgeschmähter Entscheidung zur Veröffentlichung der Lyrik.[383] Nimmt man die weitere Publikationsgeschichte in den Blick, so ist Ern Malley mittlerweile Teil eines Kanons geworden, den es für Stewart und McAuley eigentlich zu diskreditieren galt: Seit 1961 ist es zu etlichen

[380] Ebd., S. 29.

[381] Max Harris, *Ern Malley's Journal* 1 (1953), zit. n. Tregenza, *Australian Little Magazines 1923–1954*, a.a.O., S. 69.

[382] Max Harris, zit. n. Thompson, »The Ern Malley Story«, a.a.O., S. 182f. Dadurch ergab sich u.a. eine prekäre Urheberrechtssituation, weil McAuley und Stewart durch die Stimme Ethel Malleys sämtliche Rechte an Harris abgetreten hatten, wie er verschmitzt kommentiert: »Ever since then, of course, cheques of small and large varieties have been coming through. And whatever agonies one has suffered, the pennies and pounds have come the way of those people who supported the unhappy stricken poet« (ebd., S. 183).

[383] Kenneth Koch, »A Note on this Issue«, in: *Locus Solus* 2 (1961), S. 203, zit. n. Heyward, *The Ern Malley Affair*, a.a.O., S. 287.

Neuausgaben gekommen, und 1993 hat John Tranter[384] in Zusammenarbeit mit Philip Mead sogar sämtliche Gedichte – allerdings mit dem Autornamen in Anführungszeichen – in die Anthologie *The Penguin Book of Modern Australian Poetry* aufgenommen.[385]

Ob man nun das Ern Malley-Fake als entscheidenden Motor zunächst des Anti-Modernismus und später einer Wiederbelebung des Modernismus ansieht oder es etwas vorsichtiger als Dokument vielschichtiger Transformationen des literarischen Diskurses in Australien – an denen es einen entscheidenden Anteil hatte und durch die es mehrfach bezüglich seiner Wertung umpositioniert wurde – beschreibt, seine nachhaltigen Effekte sind nicht von der Hand zu weisen. Betrachtet man paradigmatisch *The Cambridge Companion to Australian Literature*, zeugen auch aktuelle Diskursivierungen davon, wie sehr es als literarisches Experiment oder ›Ereignis‹ nachwirkt und dabei *ex post* meist zu Gunsten von Harris gelesen wird: »One of the most positive and enduring legacies of the hoax was to free Australian verse from dogmatic models and create an environment in which eclectic talents could flourish.«[386]

[384] Er selbst bekundete bereits zuvor rückblickend: »It was a joke at the time [the fifties, M. D.] for us to say that Ern Malley was one of Australia's best poets, but we both [he and Robert Adamson, M. D.] knew that it was more than a joke, we half-believed it« (Interview mit John Tranter (8.7.1989), zit. n. Heyward, *The Ern Malley Affair*, a. a. O., S. 286).

[385] Anzuführen wären u. a. folgende Publikationen: *Ern Malley's Poems*, Melbourne: Landsdowne Press 1961; *The Poems of Ern Malley*, Crows Nest: Allen & Unwin 1971; *Ern Malley's Poems*, Adelaide: Adelaide Festival Special Edition 1974; *The Darkening Ecliptic. Poems by Ern Malley. Paintings by Sidney Nolan*, London: McAlpine 1974; Ern Malley, *The Poems of Ern Malley. Comprising the Complete Poems and Commentaries by Max Harris and Joanna Murray-Smith*, Sydney: Allen & Unwin 1988; Tranter/Mead (Hg.), *The Penguin Book of Modern Australian Poetry*, a. a. O., S. 86–100; Malley, *Collected Poems*, a. a. O. und nicht zuletzt der Wiederabdruck bei Heyward, *The Ern Malley Affair*, a. a. O., S. 307–328.

[386] Ackland, »Poetry from the 1890s to 1970«, a. a. O., S. 91. Dabei zeigt sich ein weiteres Mal, wie die Situation des Kalten Krieges den literarischen Diskurs vielschichtig beeinflusste: Obwohl dadurch einerseits die linke literarische Szene, wie bereits erwähnt, isoliert und geschwächt wurde, sorgte andererseits McAuleys Hinwendung zu einem erbitterten ultrakonservativen Anti-Kommunismus dafür, dass viele Kommentatoren retrospektiv für Harris Partei ergriffen (vgl. dazu und zu einer Aufzählung entsprechender Literatur: Meyer, *Where Fiction Ends*, a. a. O., S. 67f.).

4. Journalismus

Nachdem in den letzten beiden Kapiteln die Betrachtung einzelner Diskurse im Vordergrund stand, seien es naturwissenschaftliche oder literarische, soll hier die Beobachtungsebene verschoben werden auf bestimmte massenmediale Fälschungsphänomene. Im Folgenden werden somit mediale Funktionslogiken, d.h. Weisen der massenmedialen Verbreitung, Kontextualisierung und Korrelierung von Bildern, Tönen und Texten in den Blick gerückt, die über die Ränder einzelner Diskurse hinausreichen. Der Korpus soll dabei auf Fälle aus den Nachrichtenmedien bzw. dem Journalismus beschränkt bleiben. Obwohl bei der Untersuchung dieses Gebiets ohnehin einzelne Instrumente aus Foucaults Werkzeugkiste zur Anwendung gebracht werden können, nicht zuletzt weil darin gleichsam als Zweitverwertung über zahlreiche bestehende klar umgrenzte Wissensbereiche berichtet wird, lässt sich das Feld des Journalistischen, das sogar zum gegebenen Zeitpunkt als Disziplin der Zeitungswissenschaft oder der Publizistik die Schwelle zur Wissenschaftlichkeit überschritten hat, wiederum selbst als Diskurs im strengen Sinne fassen.

Eine besondere Rolle wird der Beschreibung der historisch variablen Aussagemodalitäten zukommen, weil an Fälschungen in Massenmedien vor allem Modi des Zirkulierens und der Zertifizierung massenmedialer Information sichtbar gemacht werden können; denn Fälschungen werden erst wahrgenommen im doppelten Wortsinne, wenn sie auf bestimmte Weise verbreitet *und* institutionell als wahr abgesichert werden. Kontingente Setzungen können dann als nicht-kontingente Voraussetzungen erscheinen. Foucault hat einmal in einem Interview anhand von Fernsehnachrichten erklärt, wie sich sein radikal von einem ›Ding an sich‹ abgetrenntes Konzept der Wahrheitsproduktion, nämlich – wie bereits weiter oben detailliert ausgeführt – eine Gesamtheit von u.a. ritualisierten Prozeduren, die erlauben, Aussagen zu treffen, die als wahr anerkannt werden, unter massenmedialen Bedingungen aktualisiert: »Wenn zum Beispiel der Nachrichtensprecher im Radio oder Fernsehen etwas sagt, glauben Sie das oder Sie glauben es nicht, aber in den Köpfen Tausender von Menschen setzt sich diese Aussage als Wahrheit fest, nur weil sie auf diese Weise, in diesem Tonfall, von dieser Person zu dieser Stunde vorgetragen worden ist.«[1]

Nun könnte man an dieser Stelle die Ausführungen abbrechen und als Schlussfolgerung setzen, dass das, was beispielsweise in der *Tagesschau* zu sehen ist, zugleich von jedermann geglaubt wird. Da Foucaults Überlegungen jedoch vor allem darauf gerichtet sind, Wahrheit nicht absolut und objektimmanent, sondern als Ergebnis bestimmter Bezüge auf Objekte und zwischen ihnen zu fassen, sollen im Folgenden zunächst Aspekte in den Blick gerückt werden, die über das soeben genannte Glaubensmoment hinausgehen. Der Schwerpunkt der Analysen soll dabei auf die Frage gelegt werden, wie sich eine Wahr-Nehmung in den Massenmedien von den komplexen Wahrheitseffekten bestimmter Wissensgebiete unterscheidet. Im Gegensatz beispielsweise zu den ›Lügensteinen‹ Beringers, bei denen es zumindest möglich war, die Dinge ihrer Darstellung und Konzeptualisierung in der *Lithographiae Wirceburgensis* gegenüberzustellen, hat man es bei massenmedialen Bildern und Texten mit Phänomenen zu tun, bei denen es nicht möglich ist, das Dargestellte von der Darstellung oder vielmehr ihren Modi zu unterscheiden. Die Medienberichterstattung verspricht zwar die Abbildung einer außermedialen Realität. Diese ihrerseits steht aber in der Regel nicht für einen direkten Vergleich zur Verfügung, sondern wird durch die medialen Repräsentationen als hinter der Gesamtheit der einzelnen Referenzen stehendes Phantom erzeugt. Wie ließe sich dann jedoch das Falsche an der Fälschung fassen?

Wie bei der Behandlung der anderen Fälle auch soll in diesem Zusammenhang nicht von Fälschungen an sich die Rede sein, sondern dann davon gesprochen werden, wenn sie in den einzelnen Publikationsorganen selbst als solche bezeichnet werden. D. h., Fälschungen sollen dann als Fälschungen gelten, wenn die Massenmedien selbstreflexiv über sich selbst berichten und dabei die in bestimmten Reproduktionen aufgemachten Bezüge als illegitim verworfen werden, indem die mit ihnen verbundenen Echtheitsbehauptungen Lügen gestraft werden. Hierbei geäußerte Fälschungsvorwürfe sind besonders aufschlussreich, da mit ihnen für die Massenmedien *ex negativo* etwas ›Echtes‹, ›Authentisches‹, ›Wahres‹, ›Reales‹ behauptet wird. Insofern geben nicht nur die Diskursivierungen des Skandals der Aufdeckung, sondern auch die in diesem Zusammenhang zur Sprache gebrachten Gegenbegriffe Auskunft über die als akzeptabel geltenden Praktiken in diesem Feld. Mit dem im

[1] Foucault, »Macht und Wissen« (1977), a.a.O., S. 525 (frz. II, S. 408).

Folgenden im 19. Jahrhundert ansetzenden diachronen Schnitt durch die Geschichte der Fälschungen in Massenmedien lässt sich auch vor Augen führen, dass die Strenge, mit der um für diesen Bereich zentrale Begriffe, wie Faktum und Nachricht, Demarkationslinien gezogen worden sind, historisch variiert und ab Mitte des 19. Jahrhunderts deutlich zugenommen hat.

An Fälschungen in Massenmedien kann jedoch weniger der Status von (Ab-)Bildern im Allgemeinen oder an sich herausgearbeitet werden; denn es stehen dabei eher zeitspezifische Modi ihrer Darstellung oder ihrer Beglaubigung auf dem Spiel. Fälschungen und Fakes in den Massenmedien eignet in dieser Hinsicht ein aufklärerischer Aspekt, da sie bei ihrer Aufdeckung selbstverständliche ›*Wahr*nehmungsgewohnheiten‹ brüchig werden lassen. Dass Medienbilder einen neutralen, objektiven Blick, eine unmittelbare Anschauung wiedergeben, dürfte aber heute zur selbstverständlichen blauen Blume im Land der Technik geworden sein. Häufig werden daher in beliebten und eingeübten Baudrillardismen – hier ist zu betonen, dass Baudrillard Simulakren nicht nur in Massenmedien lokalisiert – massenmediale Bilder und Texte schlechthin zu Falschgeld, also zu etwas, das man nicht für bare Münze nehmen kann, erklärt.[2] Solch ein Skeptizismus mag berechtigt sein, aber wer bei

2 Mit dem Begriff ›Baudrillardismus‹ ist hier keine Kritik an Baudrillards Überlegungen selbst impliziert, sondern an deren Vulgarisierung. Die weitreichenden Konsequenzen seines Denkens für den eigenen Beobachterstandpunkt, die von Baudrillard mitreflektiert werden, werden von seinen Adepten häufig vergessen. Letztere reduzieren seine Theorie der Simulation nämlich nicht selten auf eine plumpe Kritik an einer vermeintlich durch die Medien verbreiteten ubiquitären Ideologie, über die sie selbst als ›objektive‹ Diagnostiker erhaben bleiben. Eine einschlägige Stelle Baudrillards über die epistemologischen Implikationen seiner Hypothesen lautet: »Aber es ist wichtig zu betonen, daß die Simulation etwas Zweischneidiges ist [...]. Ich bin nicht mehr in der Lage etwas zu ›reflektieren‹, ich kann lediglich Hypothesen bis an ihre Grenzen treiben, ihnen ihren kritischen Bereich der Bezugnahme entreißen [...]; ich lasse auch die Theorie in den Hyperraum der Simulation eintreten – sie verliert darin jede objektive Gültigkeit, gewinnt aber vielleicht an Kohärenz, d.h. wird dem System wesensverwandter, das uns umgibt« (Jean Baudrillard, »Das Jahr 2000 findet nicht statt«, in: ders., *Das Jahr 2000 findet nicht statt*, übers. v. Marianne Karbe, Berlin: Merve 1990, S. 7–27, hier: S. 10; Übersetzung modifiziert. Frz. »L'an 2000 ne passera pas«, in: *Traverses*, H. 33/34 (1985), S. 8–16, hier: S. 9). An einer Stelle, an der Baudrillard das Phänomen Disneyland in die Ordnung der Simulation einrückt, wird die gegen die Ideologiekritik eingenommene Haltung besonders deutlich: »Disneyland wird als imaginär hingestellt, um glauben zu machen, alles Übrige sei real, während Los Angeles und ganz Amerika, die es umgeben, schon nicht mehr real sind, sondern der Ordnung des Hyperrealen und der Simulation angehören. *Es handelt sich nicht mehr um die falsche Repräsentation der Realität (Ideologie), sondern darum zu verdecken, daß das Reale nicht mehr das Reale ist, und folglich darum, das Realitätsprinzip zu retten*« (Jean Baudrillard, »Die Präzession der Simulakra«, in: ders., *Die Agonie des*

der Feststellung der allgegenwärtigen Simuliertheit der Medien, die mittlerweile zum Allgemeinplatz geworden ist, stehenbleibt, macht es sich ebenfalls zu einfach. Daher kann es nicht die Aufgabe einer Untersuchung über Fälschungen sein, dies nur ein weiteres Mal zu bestätigen. In ihrer Alternativlosigkeit sind die Auswirkungen medialer Berichterstattung auf unsere Vorstellungen von bestimmten Wirklichkeiten zu stark, um es gerechtfertigt erscheinen zu lassen, sie lediglich als fiktiv oder simulakral zu markieren und damit vorschnell abzutun. Auch der Zweifel an bestimmten Phänomenen darf nicht selbst zu einer unhintergehbaren Größe verabsolutiert werden, sondern muss seinerseits weitergehendem Zweifel unterworfen werden können.

Auch ohne im Weiteren die Systemtheorie, verbunden mit der Akzentuierung binärer Leitdifferenzen, als maßgebliches Modell der Untersuchung einführen zu müssen, lässt sich mit Luhmann sagen, dass es wenig Sinn ergibt »zu fragen, ob und wie die Massenmedien eine vorhandene Realität *verzerrt* wiedergeben; sie *erzeugen* eine Beschreibung der Realität, eine Weltkonstruktion, und das *ist* die Realität, an der die Gesellschaft sich orientiert«.[3] In diesem Zusammenhang sei auch an sein berühmtes Diktum in etwas relativierter Form erinnert: Dass wir vieles über die Welt, in der wir leben, durch die Massenmedien wissen.[4] Trotz aller berechtigten Zweifel müsste ein verabsolutierter Medienskeptizismus nämlich eine Medienaskese zur Konsequenz haben, die allerdings dazu führte, dass man an der Welt, begegnet sie uns auch einzig in den Konstruktionen der einzelnen Publikationsorgane, nicht mehr teilnimmt.[5] Damit soll an dieser Stelle nicht eine Medienwahrnehmung einer wesentlichen und unverstellten Weltwahrnehmung oder ›wirklichen Wirklichkeit‹ gegenübergestellt werden, sondern von der Vorstellung verschiedener Realitäten – Realitäten im Plural – ausgegangen werden. D. h., den folgenden Ausführungen wird zugrunde gelegt, dass Wahrnehmungen phänomenaler wie medial vermittelter Ereignisse auf ihre Art

Realen, übers. v. Lothar Kurzawa u. Volker Schaefer, Berlin: Merve 1978, S. 7–69, hier: S. 25; Übersetzung modifiziert; Hervorhebungen M.D. Frz. »La précession des simulacres«, in: ders., *Simulacres et simulation*, Paris: Éd. Galilée 1981, S. 9–68, hier: S. 25f.).

3 Niklas Luhmann, *Die Gesellschaft der Gesellschaft*, II, Frankfurt/M.: Suhrkamp 1997, S. 1102.

4 Niklas Luhmann, *Die Realität der Massenmedien*, Opladen: Westdeutscher Verlag 1996², S. 9.

5 Vgl. dazu: Niklas Luhmann, »Die Realität der Massenmedien. Niklas Luhmann im Radiogespräch mit Wolfgang Hagen«, in: Wolfgang Hagen (Hg.), *Warum haben Sie keinen Fernseher, Herr Luhmann? Letzte Gespräche mit Niklas Luhmann*, Berlin: Kulturverlag Kadmos 2004, S. 79–107, hier: S. 85.

spezifische Relationen zur Welt darstellen und dabei auch je bestimmten Sichtweisen, Voraussetzungen und Codierungen unterworfen sind. Eine in den Massenmedien in Stellung gebrachte ›Realität hinter den Bildern‹ ist indes selbst als eine Art diskursive oder journalistische Annahme und nicht als eine unhintergehbare Kategorie zu verstehen, weil es keine übergeordnete Instanz gibt, die diese Realität endgültig bestätigen könnte. Im Zusammenhang mit Überlegungen zum Nachrichtenwert fasst Winfried Schulz diese Bezüge auf eine vorgängige, aber immer auf bestimmte Weise konstruierte Wirklichkeit sehr treffend als journalistische »Hypothese von Realität«: »Es läßt sich allenfalls untersuchen, ob das in den Medien gezeichnete Bild der Realität dem entspricht, was man sich als Norm oder Wunschbild vorstellt. [...] [S]o läßt sich leicht nachweisen, daß das, was von den Autoren als Maßstab zur Beurteilung der Angemessenheit oder ›Ausgewogenheit‹ herangezogen wird, tatsächlich immer eine fiktive Realität ist«.[6] Um einerseits nicht ein Reales behaupten zu müssen, das frei von Konzeptualisierungen wahrgenommen werden könnte oder das sich unproblematisch in Symbolisierungen überführen ließe, lässt sich zumindest als ein Anhaltspunkt die Existenz intersubjektiv verhandelbarer und natürlich immer auch unterschiedlich interpretierbarer Sinneswahrnehmungen festschreiben. Um sich andererseits nicht in einen heillosen Relativismus zu verstricken, müssen für eine Betrachtung von Fälschungen, wie bei allen diskursiven Ereignissen im Sinne Foucaults, zumindest zeitspezifische diskursive Wahrheiten[7] zugrunde gelegt werden können, z. B. mittels anderer Quellen historisch verifizierbare Ereignisse oder Dokumente – so sehr sie auch prekär, vorläufig und bestimmten ihnen externen Existenzbedingungen unterworfen sein mögen. Selbst Luhmann gesteht den Massenmedien – trotz der für ihre Definition als eigenständiges System für ihn notwendigen Feststellbarkeit einer operativen Schließung – zu, dass sie ihre Glaubwürdigkeit u. a. durch eine bestimmte Offenheit gewinnen, nämlich dadurch, dass sie an gesellschaftliche Kommunikation anschließen.[8]

Im Folgenden soll daher nicht nur aufgezeigt werden, dass Fälschungen im Allgemeinen mediale Bezugnahmen auf eine außermediale Realität aus erkenntnistheoretischer Sicht äußerst fragwürdig und volatil erscheinen lassen, sondern dass Fälschungen im Besonderen zeitspezifische journalistische Praktiken spiegeln. Zugespitzt formuliert: Anstatt es bei einer

6 Winfried Schulz, *Die Konstruktion von Realität in den Nachrichtenmedien*, Freiburg/München: Alber 1976, S. 27 u. 29.

7 Siehe dazu Fn. 60 auf S. 44f.

8 Vgl. Luhmann, *Die Gesellschaft der Gesellschaft*, II, a. a. O., S. 1103.

»leichtfertigen Immunisierungsgewißheit«[9] zu belassen, mit der man sich mit dem Distinktionsmerkmal des die Medien Durchschauenden von einem wie auch immer konstruierten naiven Rezipienten absetzt, soll versucht werden, Foucaults Beschreibung diskursiver Praxis folgend, die scheinbar selbstverständlichen Weisen des massenmedialen Umgangs mit Reproduktionen und Repräsentationen zu hinterfragen und dabei die jeweils in einem bestimmten historischen Zeitraum akzeptierten journalistischen Praktiken sichtbar zu machen. Auch wenn man den nicht abzuweisenden realitätskonstruierenden Aspekt von massenmedialen Berichterstattungen in Anschlag bringt, lässt sich anhand von Fälschungen fragen, welche Konstruktionen im Einzelnen als akzeptabel, als ›wahr‹ gelten und welche als Fälschungen ausgeschlossen werden. Anders gesagt, nicht ein Wesen von Bildern und Texten soll in den nachstehenden Ausführungen in den Blickpunkt gerückt werden, sondern ihre Kontextualisierung (die Art und Weise ihres Zum-Erscheinen-Gebrachtwerdens), die mit ihnen verknüpften Referenzbehauptungen sowie wie diese in den verschiedenen Massenmedien zertifiziert werden. Aus diesem Grund soll hier interessieren, wie Phänomene in den Massenmedien, unabhängig von einer essentiellen Wahrheit – sei es, dass Medienbilder in einem naiven Abbildrealismus als Fenster zur Welt verstanden werden, oder sei es, dass sie in einen die ›Realität‹ verstellenden Verblendungszusammenhang gerückt werden –, als diskursiv ›wahr‹ oder ›echt‹ markiert zirkulieren oder, mit Foucault gesprochen, unter welchen Voraussetzungen sie ›im Wahren‹ sind.

Mit Erich Kästner, der unter *noms de plume* Grenzgänger zwischen Literatur und Feuilletonjournalismus war, kann von Folgendem ausgegangen werden: »Meldungen, deren Unwahrheit nicht oder erst nach Wochen festgestellt werden kann, sind wahr.«[10] Dies muss auch für Fälschungen gelten, die so lange als mediale Wahrheit zirkulieren, bis sie ihrerseits in den Medien aufgedeckt werden. Der bereits angeführten Argumentation Foucault implizit folgend, betont Ignacio Ramonet sehr treffend die Signifikanz dieser pragmatischen Dimension der Wahrheit. Sie wird ihm zufolge nicht von autoritativ gestützten Behauptungen einzelner Publikationsorgane hervorgebracht, sondern ist Ergebnis der Presse in ihrer Gesamtheit: »Wenn Presse, Radio und Fernsehen hinsichtlich eines Ereignisses erklären, etwas sei wahr, dann steht auch fest,

[9] Klaus Theweleit, *Der Knall: 11. September, das Verschwinden der Realität und ein Kriegsmodell*, Frankfurt/M.: Stroemfeld/Roter Stern 2002, S. 267.

[10] Erich Kästner, *Fabian*, in: *Werke*, hg. v. Franz Josef Görtz, III, München: Hanser 1998, S. 7–201, hier: S. 26.

dass es wahr ist; selbst wenn es nicht wahr ist. Denn wahr ist fortan das, was die Gesamtheit der Medien für wahr erklärt.«[11] Hinzuzufügen wäre, dass dann auch als falsch zu gelten hat, was sämtliche Medien für falsch erklären.

In den weiteren Ausführungen soll mit der Beschreibung der Fälschungsfälle, nach Print- und TV-Medien differenziert, folgenden Fragen nachgegangen werden: Vor dem Hintergrund welcher Praktiken authentifizierten sie sich im Einzelnen? Oder vielmehr: Welche journalistischen Berichterstattungsmuster treten an ihnen hervor? Und schließlich: Wie wirkten sie auf diese zurück? Inwiefern – wie bei den anderen Fällen nachgewiesen werden konnte – die durch die Aufdeckung der einzelnen Fälschungen fragwürdig werdenden journalistischen Praktiken eine Transformation erfuhren oder erfahren können, ist von den Einzelfällen zu abstrahieren. Daher soll die Problemstellung, wie weit das kritische Potential von Fälschungen und Fakes im Feld der Massenmedien reicht oder reichen kann, am Ende des Kapitels für alle behandelten Fälle im Gesamten diskutiert werden.

Print

Fälschungen und Fakes in Massenmedien sind nicht nur ein zeitgenössisches Phänomen, sondern traten immer schon mit der Herausbildung bestimmter mit Wahrheitsgarantien versehener Veröffentlichungspraxen auf oder, aus einer anderen Perspektive betrachtet, wurden erst ab dem Zeitpunkt sanktioniert, ab dem publizistische Wahrheitsgarantien im Entstehen begriffen waren. Die Transformationen dieser Wahrheitspraxen lassen sich besonders an den ›Hoaxes‹ von Edgar Allan Poe und Mark Twain transparent machen, weil deren Rezeption deutlich von einem sich wandelnden Publikationsumfeld zeugt.

Fred Fedler dokumentiert einige historische Fälle in den Vereinigten Staaten und erklärt die Konjunktur von ›Media Hoaxes‹[12] im 19. Jahr-

[11] Ignacio Ramonet, *Die Kommunikationsfalle. Macht und Mythen der Medien*, Zürich: Rotpunkt 1999, S. 57.

[12] Mit dem gleichnamigen Buch hat der Professor für Journalismus einen historischen Abriss von in Massenmedien situierten Fälschungen vorgelegt, in dem er, beginnend mit Benjamin Franklins satirischen Veröffentlichungen – dabei gelegentlich bestimmte zeitgenössische publizistische Praktiken reflektierend –, die lange Geschichte von ›Media Hoaxes‹ darlegt, ohne jedoch die theoretischen Implikationen zu vertiefen. Dabei finden neben fingierten Tatsachenberichten beispielsweise auch Fälschungsskandale um manipulierte TV-Unterhaltungs-Shows Erwähnung (vgl. Fred Fedler, *Media Hoaxes*, Ames: Iowa State Univ. Press 1989).

hundert mit der gleichzeitigen Expansion des Zeitungsmarkts und ihren Konsequenzen. Denn während sich bis 1830 das Zeitungswesen eher an eine gebildete Oberschicht richtete und nur einige Tausend Leser erreichte, wurde es danach zunehmend ökonomisiert. Um die Auflage erhöhen zu können, wurde die ›breite Masse‹ als Zielgruppe erschlossen, indem sowohl der Verkaufspreis gesenkt als auch inhaltliche Umorientierungen hin zu skandalöseren Themen vorgenommen wurden. Fedler kommentiert die Konsequenzen folgendermaßen: »At the time, editors were more interested in selling newspapers than in journalism's ethics and responsibilities.«[13] Diese ›Gewissenlosigkeit‹ des Journalismus darf jedoch nicht vorschnell verurteilt werden, vergegenwärtigt man sich deren zeitspezifischen sprachpragmatischen Horizont: Der Berichterstattung war nämlich zu diesem Zeitpunkt nicht in gleicher Weise wie heute ein mit der scharfen Trennung zwischen ›Fakt‹ und ›Fiktion‹ verknüpftes Wahrheits- bzw. Wahrhaftigkeitsversprechen inhärent. Auch war damals die Tätigkeit als Journalist weder mit einer mit heute vergleichbaren Ausbildung verbunden noch ähnlich vergütet oder gesellschaftlich geachtet.

A »kind of ›exercise‹, or experiment, in the plausible or verisimilar style« – Edgar Allan Poes ›Hoaxes‹ (1835–1849)

In dem soeben skizzierten Publikationskontext des 19. Jahrhunderts veröffentlichte Edgar Allan Poe mehrere imaginäre wissenschaftliche

[13] Ebd., S. xviif. In den 60er Jahren des 19. Jahrhunderts gab es in den USA 400 Tageszeitungen, um 1900 waren es bereits 2000. 1860 erreichen deutsche Tageszeitungen wie die *Volkszeitung* oder *Münchner Neueste Nachrichten* Auflagen von 20 000 Stück – im Vergleich zum 18. Jahrhundert eine Verzehnfachung. Bis ins späte 18. Jahrhundert gab man Nachrichten meistenteils nicht in Tages- oder Wochenzeitungen wieder, sondern man berichtete in Form von Flug- oder Extrablättern nur dann, wenn sich etwas Wichtiges ereignet hatte. Es gab also eine Publikationspraxis, für die Karl Valentins berühmter Aphorismus »Es ist doch erstaunlich, daß jeden Tag genau so viel passiert, wie in eine Zeitung paßt!« noch nicht galt. Die Erhöhung der Auflagen und der Summe der einzelnen Medien hatte jedoch nicht nur ökonomische, sondern auch bildungspolitische Gründe, weil die Zahl potentieller Zeitungsleser im 19. Jahrhundert drastisch zunahm. Hans-Ulrich Wehler verweist darauf, dass sich die Rate des Analphabetismus in Deutschland zwischen 1800 und 1848 kontinuierlich verringerte, so dass er schließlich in manchen Gegenden nur noch 20% der älteren Bevölkerung betraf (vgl. ebd., S. xxi; Hans H. Hiebel u.a., *Große Medienchronik*, München: Fink 1999, S. 191; Niels Werber, »Factual Fiction. Zur Differenzierungsgeschichte von Literatur und Journalismus aus systemtheoretischer Perspektive«, in: Joan Kristin Bleicher/Bernhard Pörksen (Hg.), *Grenzgänger. Formen des New Journalism*, Wiesbaden: VS Verlag für Sozialwissenschaften 2004, S. 160–189, hier: S. 172f. u. Hans-Ulrich Wehler, *Deutsche Gesellschaftsgeschichte*, II, München: Beck 1987, S. 521).

Entdeckungen oder Errungenschaften, beispielsweise 1835 »The Unparalleled Adventures of One Hans Pfaall«.[14] Dabei handelte es sich um eine minutiöse Darstellung einer Reise per Luftschiff zum Mond sowie eines fünfjährigen Aufenthalts unter den dortigen Bewohnern. Sie war als Fortsetzungsgeschichte angelegt, wurde aber von Poe aufgegeben, nachdem in England von einem Reporter namens Richard Locke eine ähnliche ›Story‹ publiziert worden war. Im Gegensatz zu Poes Bericht, der viele leserunfreundliche Details aufwies, stieß Locke auf ein größeres Interesse der Leserschaft. Weil dieser von der Erfindung eines leistungsfähigen Teleskops ausging, konnte er glaubwürdiger behaupten, mit diesem sogar so klar auf den Mond habe sehen zu können, dass er die dortigen Lebensformen genau beschreiben könne.[15]

Am 13. April 1844 sollte Poe dann allerdings mit einer ausdrücklich als authentisch markierten und später als ›Balloon Hoax‹[16] bekannten Geschichte in der *New York Sun* kurzfristig erfolgreicher sein. Sie handelt davon, dass es mit einem speziell ausgerüsteten Heißluftballon in 75 Stunden gelungen sei, nicht nur, wie geplant, den Ärmelkanal, sondern zufällig sogar den Atlantik zu überqueren. Wie bei den literarischen Fälschungen Macphersons evoziert Poe mit einer Quellenbehauptung die Existenz eines Manuskripts, um den »thrillingly interesting account of the voyage«[17] zu beglaubigen: »The particulars furnished below may be relied on as authentic and accurate in every respect, as [...] they are copied *verbatim* from the joint diaries of Mr. Monck Mason and Mr. Harrison Ainsworth«.[18]

[14] Edgar Allan Poe, »The Unparalleled Adventure of One Hans Pfaall«, in: *Southern Literary Messenger* (Juni 1835), wiederabgedruckt in: *The Complete Works of Edgar Allan Poe*, hg. von James A. Harrison, II, New York: AMS Press 1965, S. 42–108; vgl. hier und im Folgenden zu Poes ›Hoaxes‹: Fedler, *Media Hoaxes*, a. a. O., S. 17–33. Bereits zuvor, im 18. Jahrhundert, wurden von Benjamin Franklin oder Jonathan Swift Falschmeldungen veröffentlicht. Sie sind aber, folgt man der Argumentation Fedlers, eher den als ›*practical joking*‹ geläufigen Glossen oder Satiren zuzuordnen (vgl. Fedler, *Media Hoaxes*, a. a. O., S. 3ff. u. George P. Mayhew, »Swift's Bickerstaff Hoax as an April Fools' Joke«, in: *Modern Philology* 61.4 (1964), S. 270–280).

[15] Vgl. Richard Locke, »Great Astronomical Discoveries Lately Made by Sir John Herschel, L. L. D, F. R. S, &c. At The Cape of Good Hope«, in: *New York Sun* (25.8.1835), wiederabgedruckt in: Augustus Maverick, *Henry J. Raymond and the New York Press for Thirty Years* (1870), Nachdr. der Ausg. Hartford (Conn.) 1870, New York: Arno Press/The New York Times 1970, S. 274–317.

[16] Edgar Allan Poe, [»The Balloon Hoax«], in: *The Extra Sun* (13.8.1844), wiederabgedruckt in: ders., *Tales and Sketches*, hg. von Thomas Ollive Mabbott, II, Urbana/Chicago: Univ. of Illinois Press 2000, S. 1068–1088.

[17] Ebd., S. 1075.

[18] Ebd., S. 1069.

Bereits die Ankündigung zuvor, dass es zu diesem ›Ereignis‹ am späten Morgen eine Extra-Ausgabe geben solle, sorgte für einen Massenauflauf beim Verlagshaus, wie Poe sechs Wochen später selbst bekundete: »I never witnessed more intense excitement to get possession of a newspaper.«[19] Dabei kommentierte er auch die Leichtgläubigkeit der Käufer: »Of course there was great discrepancy of opinion as regards the authenticity of the story; but I observed that the more intelligent believed, while the rabble, for the most part, rejected the whole with disdain. Twenty years ago credulity was the characteristic trait of the mob, incredulity the distinctive feature of the philosophic; now the case is exactly conversed.«[20] Die zitierte Stelle gibt nicht nur Auskunft über Poes Interesse am aufklärerischen Aspekt von Fakes oder vielmehr darüber, dass er davon ausgeht, der aufgeklärte Mensch müsse Fälschungen gegenüber immuner sein; sie gibt auch einen entscheidenden Hinweis auf die Funktionsweise von Fälschungen und Fakes, da diese sich immer mit Bezügen auf ein bestimmtes zeitgenössisch akzeptables Wissen der zu Täuschenden plausibilisieren – auf ein Vorwissen, das von den Gebildeteren im Vergleich zu den weniger Belesenen natürlich vorrangig aufgerufen werden konnte. Erstere mussten dadurch zwangsläufig eher darauf hereinfallen als ein Publikum, das mit dem technischen Hintergrund weniger vertraut war. Die Signifikanz dieser Hoax-Kulisse lässt auch den Doppelcharakter der ›Ereignishaftigkeit‹ von Nachrichten, von ›News‹, besonders augenfällig werden: Einerseits muss nämlich ein Hintergrundwissen, eine akzeptierte zeitgenössische Wissenspraxis wiederholt, also Redundanz erzeugt werden, um die Neuigkeit wahrscheinlich erscheinen zu lassen – eine Voraussetzung, die Poe mit dem Mondflug nicht erfüllte –, andererseits muss vor diesem Hintergrund eine Differenz, ein ›Allerneuestes‹ erkennbar sein, damit eine Verlautbarung auf Interesse stößt.

19 Edgar Allan Poe, »Letter II« (New York, 21.5.1844), in: ders., *Doings of Gotham*, Pottsville: Jacob E. Spannuth 1929, S. 31–37, hier: S. 33.

20 Ebd., S. 33f. Der Vollständigkeit halber seien hier einige weitere Hoaxes von Poe angeführt, die meist im Kontext bestimmter zeitgenössischer Geschehnisse als ›Mehrteiler‹ veröffentlicht wurden: Im Zusammenhang mit Wilkes' Vorbereitungen zu einer Antarktisexpedition 1837 »The Narrative of Arthur Gordon Pym« über die Polarabenteuer des Entdeckers Pym (in: *Southern Literary Messenger* (Jan./Feb. 1837)); 1840 »The Journal of Julius Rodman« über eine Überquerung der Rocky Mountains (in: *Burton's Gentlemen's Magazine*); 1845 »The Facts in the Case of M. Valdemar« über die Hypnotisierung eines Sterbenden (in: *The American Review*); im Zusammenhang mit dem Goldrausch in Kalifornien 1849: »Von Kempelen and his Discovery« über die Entdeckung eines Mannes, Blei in Gold zu verwandeln (in: *The Flag of Our Union* (14.4.1849)); vgl. zu allen Hoaxes: Fedler, *Media Hoaxes*, a.a.O., S. 28–33.

Eine ähnliche Dynamik war auch zur Zeit von Poes ›Balloon Hoax‹ am Werk, die Thomas Ollive Mabbott, der Herausgeber von Poes Werken, als »ballooning balloon climate«[21] beschreibt – eine Zeit also, in der täglich neue technische Möglichkeiten für eine Atlantiküberquerung per Luftschiff diskutiert wurden. Zur Zertifizierung der Vorkommnisse rekurriert Poe mit der Erwähnung zahlreicher technischer Details auf etliche als faktisch bekannte Berichte in zeitgenössischen Veröffentlichungen und setzt sogar als Autorität die historische Person Monck Mason, der zuvor schon eine gelungene Ballonfahrt von London nach Weilburg beschrieben hat, in seinen fiktiven Fesselballon.[22] Poe selbst schreibt später, dass außer den textexternen Indizien, dass ein solcher Report in der *New York Sun* erschienen sei – ein Medium also, das für ihn offensichtlich keine Wahrheitsgarantie zu geben imstande war – und dass der in der Ankündigung der Geschichte erwähnte Eilbrief von Charleston nach New York technisch so gut wie unmöglich gewesen sei, die Darstellung selbst keinen ihr immanenten Anlass für Zweifel geboten habe: »There is nothing put forth in the Balloon-Story which is not in full keeping with the known facts of aeronautic experience [...]. An expedition of the kind has been long contemplated«.[23]

Dennoch war das Medien-Echo eher gering. Bereits der Wiederabdruck in der *Sunday Times* ein Tag später war von einem ironischen Kommentar begleitet, und in den Montagsausgaben der großen Tageszeitungen wurde eher abschätzig Notiz davon genommen: Im *New York Herald* wurde nicht die Faktizität, sondern die schriftstellerische Qualität bemängelt und bedauert, dass kein besserer Schreiber beauftragt worden sei; und der New York *American* vermeldete ähnlich: »The *Sun* has issued an *Extra* with a poor imitation of the Moon Hoax.«[24] Selbst die *Sun* veröffentlichte schließlich zeitnah einen Widerruf: »BALLOON – The mails from the South last Saturday night not having brought a confirmation of the arrival of the Balloon from England, the particulars of which from our correspondent we detailed in our Extra, we are inclined to believe that the

[21] Thomas Ollive Mabbott, »The Balloon Hoax« [edit. Anmerkungen], in: Poe, *Tales and Sketches*, II, a.a.O., S. 1063–1068, hier: S. 1065.

[22] Vgl. Monck Mason, *Account of the Late Aeronautical Expedition from London to Weilburg, Accomplished by Robert Hollond, Esq., Monck Mason, Esq., and Charles Green, Aeronaut*, London 1836 u. New York 1837; siehe zu weiteren von Poe verwendeten Quellen: Mabbott, »The Balloon Hoax« [edit. Anmerkungen], a.a.O., S. 1064–1068.

[23] Poe, »Letter II« (New York, 21.5.1844), a.a.O., S. 33.

[24] Die Zeitungsechos sind zitiert nach: Mabbott, »The Balloon Hoax« [edit. Anmerkungen], a.a.O., S. 1067.

intelligence is erroneous. The description of the Balloon and the voyage was written with a minuteness and scientific ability calculated to obtain credit everywhere, and was read with great pleasure and satisfaction. We by no means think such a project impossible.«[25]

Neben Poes Selbstbeschreibung des Falls gibt es auch eine weitere, leicht differierende Schilderung von Thomas Low Nichols, die den umgehenden Misserfolg vielleicht aufzuklären hilft. Er berichtet, dass Poe, seinerzeit betrunken vor dem Verlagshaus stehend, das Fake selbst offengelegt und damit die Wirkung seines eigenen Artikels von Anfang an sabotiert habe: »Poe, crazed by a glass of wine, stood on the walk before the publisher's door, and told the assembled crowd that the extra was a hoax, as he personally knew, for he had written it himself. The crowd scattered, the sales fell off, and the publisher, on going to the door, to ascertain the cause of failure, saw his author making what he conceived to be the necessary explanations.«[26]

Dass die Veröffentlichung des ›Balloon Hoax‹ fast umgehend von einer eher unbeirrten Richtigstellung der *Sun* begleitet war (der bereits zitierte Satz lautet in Deutsch etwa: »Wir sind geneigt zu glauben, dass die Nachricht fehlerhaft ist«), kann, wie bereits weiter oben angedeutet, als Ausdruck eines anderen Publikationsselbstverständnisses gelesen werden. Zeitungen waren zu dieser Zeit weniger mit dem Versprechen verknüpft, ›Wahrheiten‹ und ›Fakten‹ zu berichten, sondern eher damit, unterhaltsame, d. h. auch dem Leser plausibel erscheinende Sensationen zu bieten. Nicht umsonst wurde im Dementi der *Sun* ausdrücklich darauf hingewiesen, dass die Beschreibung der Ballonfahrt mit großem Vergnügen und großer Zufriedenheit gelesen wurde. Dass dieser Geschichte zum gegebenen Zeitpunkt ein Widerruf folgen musste, erscheint in der Art, wie dieser formuliert ist, eher als beiläufige Nebensache, die der *Sun* nicht geschadet haben mag. Sie hatte mit der Sensationsgeschichte ihr Versprechen, vergnüglich zu unterhalten, eingelöst. Dennoch gibt Nichols' Schilderung der im doppelten Wortsinne enttäuschten sensationshungrigen Leser bei der Aufdeckung des Hoax Auskunft darüber, dass das Erscheinen des Textes in einem Nachrichten verpflichteten Presseorgan wie der *New York Sun* bereits mit gewissen Tatsachenerwartungen verbunden war.

[25] »Balloon«, in: *Sun* (15.4.1844), zit. n.: Mabbott, »The Balloon Hoax« [edit. Anmerkungen], a.a.O., S. 1067.

[26] Thomas Low Nichols, *Forty Years of American Life, 1821–1861*, New York: Stackpole 1937, S. 215f., zit. n. Doris V. Falk, »Thomas Low Nichols, Poe, and the ›Balloon Hoax‹«, in: *Poe Studies* 5.2 (1972), S. 48–49.

Insgesamt lassen sich die verschiedenen Reaktionen als Indiz einer im Zeitungswesen noch nicht restlos abgeschlossenen Ausdifferenzierung zwischen dem späteren Gegensatzpaar ›Fakt‹ und ›Fiktion‹ werten. Noch vor dem 18. Jahrhundert waren diese beiden Kategorien unter dem Dach von ›*news*‹ noch nicht so strikt getrennt, wie dies in heutigen Nachrichtenmedien der Fall ist. Als faktisch galt vornehmlich, was plausibel, also in sich nicht widersprüchlich erschien. Man verfügte somit zwar über Kriterien zu ihrer begrifflichen Unterscheidung, aber maßgeblich war dabei noch nicht, ob es sich um Tatsachen oder Erfindungen handelte. Die damals in Flugblättern veröffentlichten Nachrichten hatten somit noch mehr mit Erzählungen oder Kurzgeschichten gemein.[27]

Spuren dieser bis ins 19. Jahrhundert hineinreichenden Verwischung zwischen Nachrichtenfakt und -fiktion lassen sich somit noch bei Poes Praktiken finden, wie sich mit einem Brief aus dem Jahr 1849 belegen lässt, in dem Poe das Fake »Von Kempelen and his Discovery« dem Redakteur E. A. Duyckinck von der New York *Literary World* anbot. Denn der Wortlaut zeugt davon, dass der Pseudo-Tatsachenbericht als solcher im Einvernehmen mit den Verlegern veröffentlicht werden sollte:

> I mean it [the Von Kempelen article, M. D.] as a kind of ›exercise‹, or experiment, in the plausible or verisimilar style. Of course, there is *not one* word of truth in it from beginning to end. [...] My sincere opinion is that nine persons out of ten (even among the best informed) will *believe* the quiz (provided the design will not leak out before publication) and that thus, acting as a sudden, although of course very temporary check to the gold-fever, it will create a *stir* to some purpose [...]. I believe the quiz is the first deliberate literary attempt to the kind on record. [...] In ›Robinson Crusoe‹ the design was far more to please, or excite, than to deceive by verisimilitude.[28]

Die fortgeschrittene, aber noch nicht endgültig abgeschlossene Demarkation zwischen ›news‹ and ›fiction‹ ermöglichte Poe also, mit anderen Lesererwartungen zu spielen als zuvor noch Daniel Defoe und offen vor seinen Verlegern davon zu sprechen, literarisch durch Wahrscheinlichkeit

[27] Lennard J. Davis schreibt in seiner Untersuchung über die Entstehung des englischen Romans: »[F]ictional tales seem to be considered *newes* as readily as would an account of a sea battle or a foreign war. [...] [W]riters of ballads, newsbooks, and novels might claim their work was *trewe* since no once could prove them false. [...] The readers of these novels, ballads, *newes*, and so on clearly valued the idea that a narrative *might* have been true, but they bought the narratives whether true or false« (Davis, *Factual Fictions*, a. a. O., S. 51, 68 u. 70, vgl. a. S. 67 u. 72).

[28] Brief Edgar Allan Poes an E. A. Duyckinck (8.3.1849), zit. n. Thomas Ollive Mabbott, »Von Kempelen and his Discovery« [edit. Anmerkungen], in: Poe, *Tales and Sketches*, II, a. a. O., S. 1355–1357, hier: S. 1356.

zu *täuschen* – »to deceive by verisimilitude«.[29] Konsultiert man das *Oxford English Dictionary*, lässt sich einsichtig machen, warum Poe seine Schreibweise als ›*plausible*‹ oder ›*verisimilar style*‹ markiert, denn der Begriff des ›*realism*‹ fand im Sinne einer detaillierten realitätsgetreuen Darstellung in Kunst und Literatur erst ab 1856 Verwendung.[30]

Im Zusammenhang mit Poes ›Hoaxes‹ wären auch die ähnlich angelegten fiktiven Reportagen von Samuel Clemens alias Mark Twain zu erwähnen: In einem Artikel beispielsweise für den *Territorial Enterprise*, der danach in 12 weiteren Zeitungen abgedruckt wurde, schilderte er 1862 den Fund eines versteinerten Mannes, um satirisch gegen die zeitgenössische Konjunktur von Versteinerungs-Geschichten anzuschreiben.

Abb. 26: Illustration aus *Mark Twain's Sketches. New and Old* (1875)

[29] *Robinson Crusoe* ist 1719, also – wie bereits dargestellt – zu einem Zeitpunkt erschienen, zu dem die beiden Worte noch im Sinne einer weniger ausdrücklichen Trennung gebräuchlich waren. Davis hebt hervor: »As a journalist, Defoe was perhaps closer to the fictional than he was as a novelist. It would seem that for Defoe, fact was just another form of fiction, and fiction was just a particular category of fact« (Davis, *Factual Fictions*, a. a. O., hier: S. 173, vgl. im bes. S. 154–173).

[30] Vgl. »Realism«, in: *The Oxford English Dictionary*, XIII, a. a. O., S. 275; vgl. Davis, *Factual Fictions*, a. a. O., S. 177.

Entgegen seiner erklärten Absicht, die er auch bei der Beschreibung der verräterischen Handstellung des petrifizierten Mannes[31] mit Augenzwinkern offenlegt, hatte der Bericht – nach Twains Bekunden »a string of roaring absurdities« – jedoch keinen kritisch-zersetzenden Effekt, sondern wurde von den Lesern und Redakteuren weitestgehend geglaubt: »As a *satire* on the petrifaction mania, or anything else, my Petrified Man was a disheartening failure; for everybody received him in innocent good faith, and I was stunned to see the creature I had begotten to pull down the wonder-business with and bring derision upon it, calmly exalted to the grand chief place in the list of the genuine marvels our Nevada had produced.«[32] Eine von den Herausgebern der Werke Twains zitierte Bemerkung über den Redaktionsalltag beim *Territorial Enterprise* bestätigt in diesem Zusammenhang die weiter oben getroffene Einschätzung, dass Zeitungen zu diesem Zeitpunkt nur in geringem Maße dem Gebot der Wahrhaftigkeit unterlagen: Das Lokalressort des *Enterprise*, wie es von Mark Twain und Dan De Quille geleitet wurde, wird dabei retrospektiv – also aus einer Sichtweise heraus, die von einem durch die genannten Ausdifferenzierungen entsprechend gewandelten journalistischen Ethos zeugt – als »noble [in its] indifference to ›news‹« hervorgehoben.[33] Twain schreibt selbst: »To find a petrified man, or break a stranger's leg, or cave an imaginary mine, or discover some dead Indians in a Gold Hill tunnel, or massacre a family at Dutch Nick's, were feats and calamities that *we* never hesitated about devising when the public needed matters of thrilling interest for breakfast. The seemingly tranquil ENTERPRISE office was a ghastly factory of slaughter, mutilation and general destruction in those days.«[34]

Dass Twain freimütig die Erfindung von Skandalgeschichten eingestand und Poe offen von einem literarischen Versuch (*literary attempt*)

[31] »[T]he attitude was pensive, the right thumb resting against the side of the nose; the left thumb partially supported the chin, the fore-finger pressing the inner corner of the left eye and drawing it partly open; the right eye was closed, and the fingers of the right hand spread apart« (Mark Twain, »The Petrified Man«, in: *The Territorial Enterprise* (4.10.1862), wiederabgedruckt in: *The Works of Mark Twain*, hg. von Robert H. Hirst, XV.1, Berkeley u.a.: Univ. of California Press 1979, S. 156–159, hier: S. 159).

[32] Mark Twain, »Memorandum«, in: *The Galaxy* 9.5 (1870), S. 858–866, hier: S. 859, digitale Faksimiles unter: http://cdl.library.cornell.edu/cgi-bin/moa/moa-cgi?notisid=ACB8727-0009-109, zuletzt aufgerufen am 5.12.2006.

[33] McEwen, »Heroic Days«, in: San Francisco *Examiner* (22.1.1893), S. 15, zit. n. Edgar Marquess Branch, »Introduction«, in: Twain, *The Works of Mark Twain*, XV.1, a.a.O., S. 1–57, hier: S. 20.

[34] »Mark Twain's Letters from Washington. Number IX«, in: Virginia City *Territorial Enterprise* (7.3.1868), S. 1, zit. n. Branch, »Introduction«, a.a.O., S. 21.

sprach, der wie ein Tatsachenbericht authentisch erscheinen und entsprechend geglaubt werden sollte, lässt deutlich werden, dass zum damaligen Zeitpunkt literarisches und journalistisches Schreiben noch nicht in ähnlicher Weise unterschieden wurden, wie dies heute der Fall ist.[35] Die Fakes von Poe und Twain fielen somit in eine Umbruchphase, in der sich allmählich eine striktere auch institutionelle Trennung der Textsorten vollzog. Im Kontext ihrer Veröffentlichung wurden sie von einer trivialliterarischen Publikation in Buchform noch nicht so streng unterschieden, wie dies heute der Fall ist. Die danach folgende Ausdifferenzierung ist vergleichbar mit Foucaults Darlegung der Abgrenzung des medizinischen Diskurses von dem des ›*charlatan*‹ Ende des 18. Jahrhunderts.[36] Eine geregelte oder programmatische Trennung des Nachrichtenjournalismus vom fiktionalen Schreiben hat sich erst ab Mitte des 19. Jahrhunderts entwickelt. Die Phase davor bis zurück zur Aufklärung wird in der Sozialgeschichte des Journalismus sogar als ›Periode des schriftstellerischen Journalismus‹ begriffen.[37] Noch 1848 druckte die *Neue Rheinische Zeitung* auf der Titelseite literarisch aufbereitete Parlamentsberichte und satirische Texte von Friedrich Engels.[38] Danach begann der Journalismus, sich nach einer bestimmten Zahl an Regeln zu organisieren, die zwar noch keine Entscheidung über die Qualität des Journalismus erlaubten, wohl aber eine zwischen Journalist und Schriftsteller. D. h., der Journalismus gehorchte seit dieser Zeit anderen Gesetzmäßigkeiten als die Literatur.

Systemtheoretisch formuliert – dieser nochmalige Kurzexkurs erscheint hier gerechtfertigt, da die Systemtheorie derzeit als das zentrale Denkmodell der Journalismusforschung geltend gemacht werden

[35] Edgar Marquess Branch rückt die Fakes von Mark Twain bzw. Samuel Clemens dementsprechend in den Zusammenhang einer »subliterary tradition that permitted and even encouraged an indifference to news« (Branch, »Introduction«, a. a. O., S. 21).

[36] Siehe dazu weiter oben, S. 50.

[37] Vgl. Dieter Paul Baumert, *Die Entstehung des deutschen Journalismus*, München/Leipzig: Duncker & Humblot 1928, S. 35–46 u. Jörg Requate, *Journalismus als Beruf. Entstehung und Entwicklung des Journalistenberufs im 19. Jahrhundert*, Göttingen: Vandenhoeck & Ruprecht 1995, S. 43, 106–110, 132f. u. 237.

[38] Horst Pöttker unterscheidet in diesem Zusammenhang die Ausschließung von Fiktional-Literarischem aus dem Bereich des ernst zu nehmenden Journalismus von der innerhalb des Journalismus markierten Trennung zwischen Fakt und Fiktion. Letztere lasse sich bereits früher nachweisen, wie der dicke Querstrich zwischen politischen Berichten oben und feuilletonistischen Texten unten auf dem Titelblatt der *Neuen Rheinischen Zeitung* 1848 zeige (vgl. Horst Pöttger, »Berufsethik für Journalisten? Professionelle Trennungsgrundsätze auf dem Prüfstand«, in: Adrian Holderegger (Hg.), *Kommunikations- und Medienethik. Interdisziplinäre Perspektiven*, Freiburg (Ch): Universitätsverlag Freiburg u. Freiburg (Breisgau): Herder 1999, S. 299–327, hier: S. 311).

kann – ließe sich weniger als absolute, sondern eher als von den Journalisten sich selbst auferlegte binäre Leitdifferenz (Fakt/Fiktion) festhalten, dass der Journalismus sich ab einem gewissen Zeitpunkt die Norm gegeben hat, als nicht-fiktionale Informationsvermittlung zu gelten und damit einer Wiedergabe von Fakten eines, wenn man so will, zuvor allgemein akzeptierten Wirklichkeitsmodells verpflichtet zu sein, während die Literatur – wie sie vom Journalismus aus betrachtet wird – auf die Abwesenheit von Normierungen und das Entwerfen ›möglicher Welten‹ festgelegt worden ist.[39] Das schloss zwar nicht aus oder ermöglichte sogar erst, dass man vorgeblich als Journalist auftreten konnte, also den journalistischen Diskurs imitieren konnte. Sollte man aber von da an fiktive Geschichten als Tatsachenbehauptung in Zeitungen veröffentlichen, wurde man zum Fälscher.

Aus den genannten Grenzziehungen erwächst aber ein besonderes Problem, das mit der Unverlässlichkeit, die der Sprache als Medium der Erkenntnis zukommt, zu tun hat: Rein poetologisch ist nämlich unabhängig von der institutionellen Rahmung als ›*news*‹ oder ›*novel*‹, als Presseartikel bzw. Fortsetzungsroman, an der Art der Darstellung nicht abzulesen, ob es sich um einen literarischen Text oder einen Tatsachenbericht handelt. Anders gesagt, es gab und gibt keine sprachlichen Kriterien, die die Programmatik der Fakten-Veröffentlichung in den Texten selbst transparent werden lässt. Letztlich steht daher beginnend ab Mitte des 19. Jahrhunderts der Verleger oder Herausgeber bzw. die institutionelle Autorität des Publikationsorgans als Zwischeninstanz, als eine Art Bürge für die Verlässlichkeit der Information ein und sorgt dafür, dass ein Report, eine ›Story‹ *als* authentisch gilt. Diese Kontextabhängigkeit der Faktenrezeption lässt sich nachträglich auch an Poes ›Balloon Hoax‹ deutlich machen, der heute selbstverständlich als Literatur gelesen wird, weil er einige Jahre nach seinem Erscheinen in der *Sun* explizit als ›*tale*‹ veröffentlicht worden ist. Nachdem die Ausdifferenzierung zwischen ›*fact*‹, ›*news*‹ und ›*fiction*‹ abgeschlossen war, ist der Text dadurch eindeutig als Letzteres markiert worden und unterliegt seither anderen Lektürebedingungen als bei der Erstveröffentlichung.

[39] Vgl. zu der hier als Binnenperspektive dargelegten Definition aus der Sichtweise der Publizistik: Bernd Blöbaum, »Literatur und Journalismus«, in: Bernd Blöbaum/Stefan Neuhaus (Hg.), *Literatur und Journalismus. Theorie, Kontexte, Fallstudien*, Wiesbaden: Westdeutscher Verlag 2003, S. 23–51, hier: S. 27ff. u. Stefan Neuhaus, »Von Texten, Menschen und Medien. Die Literaturwissenschaft und ihr Gegenstand«, in: Blöbaum/Neuhaus (Hg.), *Literatur und Journalismus*, a.a.O., S. 11–21, besonders S. 11–13.

Sucht man nach den historischen Kräften, die die journalistische Maxime der Vermittlung empirisch überprüfbarer Fakten und die damit verbundene programmatische Grenzziehung zur Literatur hervorgebracht haben, lässt sich der zunehmende Einfluss des sich ab Mitte des 19. Jahrhunderts herausbildenden ›harten‹ amerikanischen Nachrichtenjournalismus und die dabei nicht unwesentliche Bedeutung der neu entstehenden Nachrichtenagenturen anführen.[40] Diese wurden im Zusammenhang mit der bereits angedeuteten Ökonomisierung und Vermassung des Zeitungsjournalismus gegründet, um den gestiegenen Bedarf an ›Nachrichtenrohstoffen‹ zu decken, und beförderten zugleich eine Globalisierung des Nachrichtenwesens. Daran hatten auch technische Innovationen, wie die Erfindung und Weiterentwicklung der elektromagnetischen Telegraphie ab den 1820er Jahren, keinen unwesentlichen Anteil: Zwischen 1832 und 1835 entstand in Paris um Charles-Louis Havas ein Übersetzungsbüro, die ›Agentur Havas‹, aus der die älteste internationale und heute drittgrößte Nachrichtenagentur, die ›Agence France Press‹, hervorgegangen ist. Die ›Associated Press‹ wurde 1848 von Verlegern in New York ins Leben gerufen und gewann 1892 durch die Fusion mit mehreren regionalen Presseagenturen entscheidend an Einfluss. 1849, also kurz nach der deutschen Revolution, richtete Bernhard Wolff in Berlin einen telegraphischen Nachrichtendienst ein. Er war selbst Eigentümer der *Nationalzeitung* und verkaufte aus Kostengründen Telegramme an andere Zeitungen weiter – daraus ist später die erste deutsche Nachrichtenagentur, ›Wolff's Telegraphenbüro‹, geworden. 1849 schließlich gründete Paul Julius Reuter in Aachen einen Nachrichtendienst und arbeitete zunächst mit Brieftauben, verlegte aber 1851 das Unternehmen nach London als ›Reuter's Telegramm Co.‹.[41] Nachrichten sind seit diesem Zeitpunkt nicht mehr nur Rechercheergebnisse des artikelverfassenden Journalisten, der in direkter Interaktion nachforscht, sondern ein Gut, das vermittelt über Agenturen – die, betrachtet man die Etymologie des Wortes, die Geschäfte des Zeitungsjournalisten vertreten – zirkuliert.

Im 20. Jahrhundert werden die Fälschungen und Fakes von Arthur Schütz, Joey Skaggs und Tom Kummer – im Zusammenhang mit der abgeschlossenen Ausdifferenzierung zwischen Fakt und Fiktion im Nachrichtenbereich – eine völlig gewandelte Medienlandschaft affizie-

[40] Vgl. Oliver Meier, »Literatur und Journalismus«, in: *Medienheft* (9.7.2004), S. 1–10, hier: S. 3f. u. Pöttger, »Berufsethik für Journalisten?«, a.a.O., S. 310ff.

[41] Vgl. Hiebel u.a., *Große Medienchronik*, a.a.O., S. 823; vgl. a. Dieter Roß, »Fakten und/oder Fiktionen. Zur Geschichte der Beziehungen zwischen Journalismus und Literatur in Deutschland«, in: Bleicher/Pörksen (Hg.), *Grenzgänger*, a.a.O., S. 83.

ren, die sich durch eine Professionalisierung und weitverzweigte Binnendifferenzierungen in Fachressorts auszeichnen wird: Das Schreiben für Zeitungen wird nämlich nach dem englischen Vorbild ab Mitte des 19. Jahrhunderts mit landestypisch unterschiedlichen Verzögerungen keine Tätigkeit mehr unter anderen, sondern zunehmend verberuflicht und akademisiert worden sein.[42] Der Zeitungsjournalismus wird dann zwar durch die »Vernachrichtlichung des Pressewesens«[43] mit einem größeren Fakten- und Aktualitätsversprechen verbunden werden, wird sich aber gerade dadurch auch durch Fälschungen und Fakes verwundbarer zeigen. Diese werden im Vergleich zu Poes ›*literary attempts*‹ eine größere kritische Wirkung entfalten können, weil die ›Tatsache‹ oder das ›Faktum‹ gleichsam die ›Substanz‹ der Massenmedien geworden sein wird. Vor diesem Hintergrund wird dann das Kippen der Fälschung oder des Fake in ein Falsches das Potential erhalten, das Fundament massenmedialer Berichterstattung zu bedrohen, weil zutage gefördert werden wird, dass man jener ›Substanz‹ ihren Status als echt oder falsch nicht ansieht. Den Massenmedien, die sich selbst als Spiegel der Welt ausgeben werden, wird so ihrerseits der Spiegel vorgehalten werden, indem sie als scheinbar unhintergehbare Wahrheitsinstanzen schließlich doch hintergangen werden. Die Rezipienten werden dabei, anders als bei den soeben beschriebenen historischen Fällen, nicht unterhaltsam und augenzwinkernd in die Irre geführt werden, sondern ihre Erwartungen an eine verbriefte publizistische Wahrheitsvergabe systematisch enttäuscht werden. Zudem werden die Vertreter der Publikationsorgane, im Unterschied beispielsweise zu den von Poe eingeweihten Verlegern, selbst zu den Getäuschten zählen und unter Rechtfertigungsdruck geraten.

Gegen die »Autorität der Druckerschwärze« – Die ›Grubenhunde‹ von Arthur Schütz (1911–1931)

Der mittlerweile sprichwörtliche ›Grubenhund‹ ist eine frühe Figur des kritischen Nachrichten-Fake. Er erhielt seinen Namen und seine Bedeutung durch einen von mehreren fingierten Berichten, die Arthur Schütz Anfang des 20. Jahrhunderts zunächst der Wiener Zeitung *Neue Freie Presse* und später auch anderen Journalen unterschob.

[42] Vgl. Bernd Blöbaum, »Literatur und Journalismus«, a.a.O., S. 36f.; vgl. a. Roß, »Fakten und/oder Fiktionen«, a.a.O., S. 85 u. Requate, *Journalismus als Beruf*, a.a.O., S. 24, 43, 149, 163, 180, 202 u. 237f.

[43] Roß, »Fakten und/oder Fiktionen«, a.a.O., S. 86.

Im November 1911 wurde in Wien ein schwaches Erdbeben verzeichnet, dem in den verschiedenen Zeitungen laut Schütz eine nicht enden wollende Serie an Abdrucken banalster privater Beobachtungen folgte: »Es war ein Wettrennen der Albernheit, der Reklamesucht, des geschmacklosesten Getues und der Gier nach dem ›Auch gedruckt werden‹. [...] Alle Schleusen der Druckerschwärze flogen auf. Es war furchtbar.«[44] Hier zeigt sich eine heute nicht mehr übliche journalistische Praxis, nämlich dass viele Zeitungen zu dieser Zeit sehr häufig kaum überprüfte Leserzuschriften als Grundlage für ihre Artikel nutzten. Heute begegnet einem diese Textsorte, allerdings deutlich als solche gekennzeichnet und meist mit entsprechenden Absicherungen versehen, allenfalls auf der Leserbriefseite. Vor dem genannten Hintergrund schrieb Schütz im Namen eines Dr. Ing. Erich Ritter v. Winkler »den haarsträubendsten technischen Unsinn« in Form einer persönlichen Erfahrung eines Erdbebens im Ostrauer Kohlerevier und schickte sie an die *Neue Freie Presse*, verbunden mit einer Wette, ob sie veröffentlicht werden würde. In diesem mit widersinnigen ingenieurstechnischen Details gespickten Bericht, der am 18. November 1911 schließlich abgedruckt wurde, kommt Schütz auch auf folgendes namengebendes Phänomen zu sprechen: »Völlig unerklärlich ist jedoch, daß mein im Laboratorium *schlafender Grubenhund* schon eine halbe Stunde vor Beginn des Bebens auffallende Zeichen *größter Unruhe* gab« (S. 13).[45]

1931 schließlich widmete Schütz seinen ›Grubenhunden‹ ein eigenes Buch, in dem er seine Vorgehensweise als Mittel des Protests gegen die vermeintliche Autorität der Medien – beispielsweise gegen die *Neue Freie Presse* (»der papierene Gott Österreichs« (S. 9)) – sowie als Mittel zur Entlarvung journalistischen Berufsdünkels erklärt: »Der Grubenhund ist das Symbol der Verulkung vorgetäuschten Universalwissens, der Protest gegen die angemaßte Autorität der Druckerschwärze in allen, besonders aber in technischen Dingen« (S. 11, Hervorhebungen getilgt). Anfangs ging es ihm um einen Angriff auf diejenigen Journalisten, die ohne genauere Fachkenntnisse fundiert wirkende Artikel mit widersinnigen technischen Details publizierten. Später erweiterte sich »das Jagdgebiet des Grubenhundes« auch auf andere Felder der Berichterstattung aus Wissenschaft und Kunst. Nicht selten täuschte Schütz dann sogar

[44] Arthur Schütz, *Der Grubenhund. Eine Kultursatire*, Wien/Leipzig: Jahoda & Siegel 1931, S. 10. Im Folgenden im Text zitiert mit Seitenangaben in Klammern.

[45] Die Hervorhebungen entsprechen dem Sperrdruck der Vorlage. Zur Erklärung sei erwähnt, dass als ›Grubenhund‹ ein zur Beförderung des Gesteins dienender kleiner Wagen im Bergbau bezeichnet wird.

diejenigen Zeitungen, die zuvor die ›Grubenhunde‹ in der *Neuen Freien Presse* in großer Aufmachung verhöhnt hatten (vgl. S. 23 u. 32).

Der ›Grubenhund‹ unterscheidet sich laut Schütz von einem Aprilscherz dadurch, dass er nicht nur kurzfristig amüsieren will, sondern kritisch zersetzend und auch pädagogisch aufklärerisch funktioniert: »Er ist [...] das Symbol der Empörung des Einzelnen gegen die Diktatur der Rotationspresse. [...] Er will das System treffen, das die Leser durch den Tonfall blufft und irreführt; er entlarvt durch den Zwang zur Selbstverspottung und leistet dadurch eine erzieherische Arbeit an der Zeitung und am Leser« (S. 15f.). D.h., es war Schütz darum zu tun, an die journalistische Sorgfaltspflicht zu appellieren und aufzudecken, dass nur selten technisch gebildete Redakteure an der Entscheidung für den Abdruck fachspezifischer Artikel beteiligt waren. Man könnte sagen, dass er mit Scharlatanerie gegen die Scharlatanerie der Redakteure vorging, sie austestete und offenlegte: »Man verlangt vom Redakteur kein Universalwissen, aber man muß verlangen, daß er es nicht vortäusche« (S. 75). In diesem Sinne wollte er die Autorität der Journalisten, die nicht auf Können, sondern ihm zufolge auf einer Art anmaßender »Geste der Unfehlbarkeit« (S. 9) beruhte – die also als Argumentationsposition erschien, die *ex ante* als wahrheitsgetreu galt –, aufdecken und Scharlatane unter ihnen zwingen, sich die Blöße zu geben: »Durch eine neue Methode [...] hat er [der Grubenhund, M.D.], ohne den Blättern offensiv zu Leibe zu gehen, sie gezwungen, aus freien Stücken in ihren eigenen Spalten ihr tiefstes Wesen durch Selbstverspottung zu demaskieren und sich auf dem hohen Söller journalistischer Autorität dem Volke als Majestät in Unterhosen zu zeigen« (S. 76). Es ging Schütz also um eine mehrschichtige Kritik an einer am vermeintlichen Status sowohl der ›Autoren‹ als auch der Publikationsorgane verankerten Autoritätsgläubigkeit, die in die lange Tradition der Problematisierung des Beweises *ex auctoritate* – man denke etwa an Senecas Ironisierung des »ipse dixit«[46] – eingerückt werden kann. Damit wurde einer Praxis, die bei der Akzeptanz von Aussagen den Status einer Person oder eines ›Experten‹ gegenüber rationalen Argumenten privilegiert, eine Absage erteilt.

Karl Kraus, der bereits am 22.02.1908 im Namen von Zivilingenieur J. Berdach ebenfalls der *Neuen Freien Presse* einen fragwürdigen Erdbebenbericht untergeschoben hatte – etwa mit dem Hinweis auf ein »Zittern in der Hand« oder die »Variabilität der Eindrucksdichtigkeit«

[46] Siehe dazu weiter oben, S. 30.

sowie mit einer ›fachwissenschaftlichen‹ Differenzierung in tellurische und kosmische Erdbeben[47] – widmete dem Ostrauer ›Grubenhund‹ zwei ausführliche Kommentare in der *Fackel*, in denen er die Effekte von Schütz' Erdbebenposse – »ein satirischer Meisterschuß« – als Katastrophe für das Presseorgan deutet: »Das Problem der Intelligenz und damit das Problem des Journalismus ist aufgerührt, [...] ein Erdbeben, vor dem sich die Völker Europas zu einem orkanartigen Gelächter vereinigen, macht die Neue Freie Presse kaputt.«[48]

Am 26. April 1925 zeigte die Zeitung *Die Stunde* sogar einen photographischen ›Grubenhund‹ von Arthur Schütz, den jener nach eigenem Bekunden »von der Kette gelassen hatte«, um darzutun, »daß selbst die photographische Platte, sonst ein untrügliches Beweismittel, von einem Journalisten zur Irreführung des Publikums verwertet werden kann« (S. 67):[49] Nachdem auf König Boris von Bulgarien ein Attentat verübt worden war, hatte Schütz ein Bild von sich selbst unter dem Pseudonym des bulgarischen Obersts Kosta Georgiew an die entsprechende Redaktion mit der Mitteilung geschickt, dass es den König darstelle. Es wurde abgedruckt mit der hinzugedichteten Legende, dass die Aufnahme zwei Stunden vor dem Attentat gemacht worden sei. Nachdem Schütz die falsche Zuschreibung der Photographie aufgedeckt hatte, erschien am 28. April als eine Art Richtigstellung eine seltsame Notiz, dass sich in Wien ein Mann namens »Schatz, Schotz, Schütz oder so ähnlich« ›herumtreibe‹, der aufgrund der abgedruckten Bilder behaupte, der König von Bulgarien zu sein. Die Zeitung schaltete zwischenzeitlich sogar die Polizei ein, die den Fall aber nicht weiterverfolgte (vgl. S. 67f.).

Schütz' Fakes unterscheiden sich von Zeitungsenten,[50] Nachrichtenfälschungen oder -erfindungen dadurch, dass sie nicht nur Fachwissenschaft-

[47] Anonym, »Weitere Mitteilungen über Erdbebenbeobachtungen«, in: *Neue Freie Presse* [Morgenblatt] (22.02.1908), S. 11 u. Karl Kraus, »Das Erdbeben«, in: *Die Fackel*, H. 245 (1908), S. 16–24, hier: S. 21f. Kraus kommentiert die Zielrichtung seines fingierten Artikels in eindringlichen Worten: »Nein, das war doch kein tellurisches, das war ein kosmisches Erdbeben. Das war die Dummheit!« (ebd., S. 24).

[48] Karl Kraus, »Der Grubenhund«, in: *Die Fackel*, H. 336–337 (1911), S. 5–9, hier: S. 7f.; vgl. a. Karl Kraus, »Nach dem Erdbeben«, in: *Die Fackel*, H. 338 (November 1911), S. 18–24.

[49] Eine detailliertere Auseinandersetzung mit der Indexikalität und Referentialität von Photographien wird weiter unten, ab S. 330 geleistet.

[50] Der Begriff der ›Ente‹ soll darauf zurückgehen, dass früher englischsprachige Nachrichtenagenturen Berichte, die nicht überprüft waren oder aus nicht überprüfbarer Quelle stammten mit »not testified« (n. t.) kennzeichneten. Aus dem deutsch ausgesprochenen »n. t.«-Kürzel entstand so die Ente (vgl. Gerald Heidegger, »Fabrizierte Wirklichkeit: Medien und Fälschung«, in: Etzlstorfer/Katzinger/Winkler (Hg.), *echt_falsch*, a. a. O., S. 40–55, hier: S. 49). Gegen diese Kolportage spricht allerdings, dass Kluge bereits

lern mit technischem Expertenwissen oder vor Ort nachrecherchierenden Journalisten, sondern auch dem Laien fragwürdig und widersinnig vorkommen müssen: Im Lauf der Jahre hat Schütz in der Darstellungsform technisch komplex wirkender privater Zuschriften und Beschwerden in verschiedenen Zeitungen beispielsweise nicht nur ›ovale Radsätze‹, ›kupferne Isolatoren‹ und ›rechteckige Kreise‹, sondern auch ›feuerfeste Kohle‹ und eine ›Mutter einer fünf Monate alten Tochter mit Geburtswehen‹ untergebracht (vgl. S. 17–20). Der Schütz'sche ›Grubenhund‹ ist somit eine Nachricht, die ihre fehlende Plausibilität textimmanent durch dem gründlichen Leser auffallende Paradoxien selbst offenlegt. Der Witz der Täuschung liegt somit nicht im Text, sondern in dessen Veröffentlichtwerden. Nach eigenem Bekunden war es Schütz an einem experimentellen Austesten der Kompetenz der Journalisten gelegen. Die Versuche waren daher um die Frage angeordnet: Sind die Redakteure in der Lage, die Spreu vom Weizen zu trennen und die Zuschrift unberücksichtigt zu lassen oder fallen sie auf die Worthülsen herein? Im Falle des Letzteren gereichte die »Häufung und Verzerrung ins Unerhörte« für Schütz zum Beweis, »daß kein Stumpfsinn zu stumpfsinnig, keine Lüge zu offenkundig und kein Hohn zu sinnfällig ist, um nicht gedruckt zu werden, wenn nur der Tonfall und die Tendenz zu den Absichten der Redaktion paßt« (S. 45). Es ging Schütz jedoch – im Gegensatz zu der beispielsweise bei den ›Lügensteinen‹ herausgearbeiteten Desavouierung eines Einzelnen, nämlich Beringer – nicht um »die Verulkung eines Redakteurs« (S. 16), sondern darum, bestimmte Presseorgane, die »blind, stumpf oder habgierig alles ungeprüft abdrucken« (S. 29), zu mehr ›Geist‹, Vorsicht und Sorgfalt anzumahnen: Der ›Grubenhund‹ »verbellte nicht den Einzelnen, sondern das System« (S. 74).

Die von Schütz konzipierten Attrappenversuche lassen sich auch vor dem Hintergrund der von Foucault profilierten Formationssysteme von Diskursen betrachten, weil sie auf gewisse Weise regelmäßige diskursive Praktiken experimentell sichtbar machten, die von den Themen selbst

deutlich frühere Verwendungen von ›Ente‹ für eine erlogene Geschichte, etwa im 16. Jahrhundert bei Hans Sachs (›Entenmäre‹) oder Sebastian Franck (›blaue Enten‹), auflistet. Der Bezug auf Zeitungen scheint sich indes vom französischen Begriff der ›canard‹ herzuschreiben, der sich Mitte des 18. Jahrhunderts im Sinne von »fausse nouvelle lancée dans la presse« durchsetzte. Er findet in dieser Bedeutung auch Erwähnung bei Balzac: »Nous appelons un canard […] un fait qui a l'air d'être vrai, mais qu'on invente pour relever les Faits-Paris quand ils sont pâles. […] Le journal […] tient pour vrai tout ce qui est probable. Nous partons de là.« (Honoré de Balzac, *Illusions perdues*, Paris: Gallimard 2003, S. 355f.; vgl. a. Kluge, *Etymologisches Wörterbuch der deutschen Sprache*, a.a.O., S. 246 u. »Canard«, in: *Dictionnaire historique de la lange française*, I, Paris: Dictionnaires LE ROBERT 1998, S. 602)

abstrahierbar sind. Schütz konnte so nachweisen, dass als Akzeptanzkriterium der Berichte – dasjenige, das darüber entschied, dass sie ›im Wahren‹ waren – nicht ihr Inhalt und somit ihre Plausibilität vorrangig war, sondern die Wahl der adäquaten Begriffe und vor allem der Autoritäten:

> Sobald ein Bericht im Gewande der Wissenschaft schillere und von einem gut klingenden Namen gezeichnet sei, sowie er den ausgefahrenen Gedankenbahnen des Publikums und der Mentalität des Blattes entspreche, werde er aufgenommen [...]. Nach den damaligen Denkgesetzen der Fichtegasse (Redaktion der ›Neuen Freien Presse‹) war die Wahrscheinlichkeit für die Aufnahme eines Berichtes direkt proportional der Bedeutung, der wahren oder vorgetäuschten Stellung des Einsenders, wobei der Wert des Inhaltes als praktisch belanglos außer acht blieb (S. 11f.).

Name, Stand des Absenders, äußere Form, Stil, Thema und vor allem der Tonfall mussten laut Schütz nur »der geistigen Atmosphäre, dem Horizont und dem jeweiligen Bedürfnis der auserkorenen Redaktion angepaßt sein« (S. 28). Die Auswahlpraxis der einzelnen von ihm attackierten Zeitungsredaktionen konnte er schließlich auf prävalente Begriffsmuster, akzeptable Objekte, maßgebliche Aussagemodalitäten und die mit Letzteren verbundenen zentralen Ideologeme herunterbrechen: der ›Kommerzialrat‹ für die *Neue Freie Presse*, die katholische Hausfrau mit einer antisemitischen Haltung für die *Reichspost*, der radikale Arbeiterrat mit »hörbar sozial klopfendem Herzen« für *Der Abend*. Schütz spricht in diesem Zusammenhang auch von ›Redaktionsaffekt‹, denn oft reichten nur einige Stich- oder Reizwörter als ›Köder‹, um die erwartbare Reaktion auszulösen: »Beim Antisemitenblatt sticht das Wort ›Jud‹, beim Kommunistenblatt das Wort ›Kapitalist‹, bei den völkischen Blättern ist's die ›deutsche Treue‹, ›reines Germanenblut‹ oder auch die ›östliche Moral‹« (S. 57). Schütz erarbeitete sich mit seinen Experimenten zwischen 1911 und 1930 eine beachtliche Detailkenntnis über das Funktionieren des Zeitungsjournalismus, so dass er beispielsweise »mit voller Sicherheit vorausbestimmen konnte, welche Sätze durch Sperrdruck hervorgehoben werden würden« (S. 23).

Folgt man seinen eigenen Ausführungen, hatten Schütz' erzieherische Fakes Erfolg, denn es setzte auf die ersten Aufdeckungen hin eine regelrechte ›Grubenhund‹-Panik ein, und schließlich wurden sogar für deren Entdeckung Prämien für die Setzer ausgelobt (vgl. S. 42f.). Auch kam es zu öffentlichen Rechtfertigungen. Nach der Veröffentlichung (23.6.1916) einer Zuschrift von dem als Reminiszenz zu Kraus' ›Berdach‹ von Schütz erfundenen ›Dr. Gabriel Bardach‹ über die Besteuerung von

Laufkatzen, den »bei Hebekränen auf Rädern laufenden Schwester[n] des Grubenhundes«, kam es erstmals zu einer Richtigstellung seitens der *Neuen Freien Presse* (25.6.1916). Dabei wurde der ›Grubenhund‹ oder die ›Laufkatze‹ mit dem fadenscheinigen patriotischen Verweis auf die Arbeitsbelastung der Redakteure angesichts des Krieges zu entschuldigen versucht:

> Wir können mit voller Wahrheit und mit der ernstesten Gewissenhaftigkeit gegen das Publikum versichern, daß der Redakteur unseres Blattes, den diese Buben antasten wollten, an Charakter, Wissen und Sorgfalt der Arbeit den Müßiggängern, die diese Gemeinheiten aushecken, weit überlegen ist und daß jene, die in einer so schweren Krise die Fratzerei solcher Fälschungen begehen wollten, von jedem Publizisten, der auf seinen Stand hält und Standesgefühl hat, aus tiefstem Herzen verachtet werden (S. 26).[51]

Es ging Schütz jedoch nicht nur um die Kritik an den Zeitungsredaktionen, sondern auch um die Erziehung der Leser dazu, Abgedrucktes nicht mehr nur kraft der Autorität der Journalisten für wahr zu halten: »Der Grubenhund trifft auch die Geistestätigkeit des Zeitungslesers, der ihn häufig nur deshalb nicht erkennt, weil er ihm gedruckt, in ›seinem Blatte‹ begegnet und er dem Leibblatte stumpfsinnig alles glaubt« (S. 23). D.h., auch bezüglich der Rezipienten war es Schütz um Aufklärung zu tun und nicht um ein vorübergehendes Gelächter über einzelne Personen oder einen gelungenen Tageswitz. Er schreibt daher eher verächtlich über jene, »die dreihundertvierundsechzig Tage im Jahr auf ihr Leibblatt schwören, nur am Tage des Gebelles zum Lichte erwachen, um dann wieder in Stumpfsinn zu versinken« (S. 24). Schütz wollte den Leser vielmehr mit einer grundsätzlich kritischen Haltung ausstatten – an anderer Stelle spricht er auch von »der Erziehung zur Kritik durch Selbstentschleierung der Autorität« (S. 42f.) – und sein bedingungsloses Vertrauen, die »Hemmung der Urteilskraft durch die Gemütsbindung an sein Blatt« (S. 59), buchstäblich enttäuschen. Der ›Grubenhund‹ sollte somit »als Korrektiv gegen die Denkfaulheit eines großen Teiles des Publikums [wirken], die den Zeitungen gestattet, gehaltlose Phrasen statt wirklichen Inhalten zu bringen. [...] Der Grubenhund zerstört den blinden Glauben an das gedruckte Wort« (S. 16).

[51] Karl Kraus kommentiert diese Verteidigungstaktik wütend: »Man muß diesen Schreihals würgen, bis ihm die Lust vergeht, sich den Freipaß für seine Unsauberkeiten durch Berufung auf die Millionen unserer Mitbürger, die an der Front sind, zu verschaffen« (Karl Kraus, »Die Laufkatze«, in: *Die Fackel*, H. 431–436 (1916), S. 116–131, hier: S. 120; vgl. a. Karl Kraus, »Verbrecherische Irreführung der Neuen Freien Presse«, in: *Die Fackel*, H. 368/369 (1913), S. 34–56, hier: S. 41).

»ZUR GÄNZE ERFUNDEN« – Die DADA-Zeitungsbluffs (1918/19)

Arthur Schütz' Zeitungszuschriften lassen sich als Theorie-Dada fassen und somit als Präfigurationen der später als dadaistisch ausgewiesenen Interventionsformen ansehen. Denn wenige Jahre nach Schütz' erstem Fake weiteten die Dadaisten selbst ihre Sprachexperimente *mit* collagierten Zeitungstexten[52] auf das Verfassen *von* fingierten Zeitungstexten aus. Auch sie machten sich zunutze, dass zu diesem Zeitpunkt Leserbriefe häufig ungeprüft als Grundlage für kurze Artikel genutzt wurden, und sandten Zuschriften mit erfundenen Begebenheiten an die Tagespresse, die jene meist unkritisch als Quelle verwendeten. Danach veröffentlichte man jedoch, manchmal in anderen Tageszeitungen, Dementis und stellte damit die Unverlässlichkeit der als wahr codierten Nachrichtenmedien offen aus. Beispielsweise berichtete am 5. Juli 1919 das *St. Galler Tagblatt*, einer Zuschrift von Walter Serner folgend, von einem Pistolenduell zwischen Tristan Tzara und Hans Arp.[53] Als Sekundanten wurden Walter Serner, J.C. Heer, Otto Kokoschka und Francis Picabia genannt. Ferner wurde verbreitet, dass gegen alle Beteiligten ein Untersuchungsverfahren der Züricher Staatsanwaltschaft eingeleitet worden sei. Am 9. Juli folgte eine Richtigstellung vonseiten Serners alias J.C. Heer in derselben Zeitung, dass »an der Nachricht [...] kein wahres Wort« sei.[54] Tags darauf erschien in der Regionalzeitung *Basler Nachrichten*, die die Falschmeldung am 8. Juli unter dem gleichen Titel wie das *Tagblatt* veröffentlicht hatte, ebenfalls ein diesmal angeblich von Tristan Tzara gewünschtes Dementi, »daß die [...] veröffentlichte Nachricht ZUR GÄNZE ERFUNDEN« gewesen sei.[55] 10 Tage später schließlich folgte in Form einer Zuschrift ›Heers‹ ein weiterer Widerruf in der *Neuen Zürcher Zeitung* mit der Bitte, »dem Duellmärchen endgültig ein Ende zu bereiten«.[56] Doch nicht nur die Züricher Dadaisten, sondern auch die Berliner machten vom Zeitungsfake Gebrauch: So gelang es, dass die *Deutsche Tageszeitung* am 19. September 1918

[52] Siehe Fn. 307 auf S. 223.

[53] Vgl. H.K. [Walter Serner], »Ein Aufsehen erregendes Duell«, in: *St. Galler Tagblatt* (5.7.1919), wiederabgedruckt in: Karl Riha/Waltraud Wende-Hohenberger (Hg.), *Dada Zürich. Texte, Manifeste, Dokumente*, Stuttgart: Reclam 1995, S. 122f.

[54] J.C. Heer [Walter Serner], »Dementi«, in: *St. Galler Tagblatt* (9.7.1919), wiederabgedruckt in: Riha/Wende-Hohenberger (Hg.), *Dada Zürich*, a.a.O., S. 123.

[55] Vgl. Tristan Tzara [Walter Serner], »Ein Aufsehen erregendes Duell«, in: *Baseler Nachrichten* (10.7.1919), wiederabgedruckt in: Riha/Wende-Hohenberger (Hg.), *Dada Zürich*, a.a.O., S. 124.

[56] J.C. Heer [Walter Serner], »Erklärung«, in: *Neue Zürcher Zeitung* (20.7.1919), wiederabgedruckt in: Riha/Wende-Hohenberger (Hg.), *Dada Zürich*, a.a.O., S. 124.

die Aufnahme Scheidemanns in den Club Dada meldete.[57] Am 1. April 1919 lancierte außerdem Johannes Baader seinen eigenen Tod in der Presse, um Werbung für eine Dadaveranstaltung in Zürich zu machen.[58]

Die dadaistische Zerschlagung des eingespielten Funktionierens der Sprache bzw. ihres Verstehens, d.h. das Durchbrechen des konventionellen Zeichengebrauchs wurde damit auf eine Ebene der Sprache verlegt, die man als ihre pragmatische, diskurspraktische und institutionalisierte Dimension bezeichnen könnte. Dadurch wurde nicht nur ein weiteres Mal die scheinbar selbstverständliche ›Autorität der Druckerschwärze‹ infrage gestellt, sondern auch die programmatische Störung der Ordnung auf die massenmedialen Kommunikationskanäle ausgeweitet und nebenbei die dadaistische Bewegung performativ publik gemacht.

Exkurs: »An article liberally salted with nonsense« – Der ›Sokal Hoax‹ (1994)

Das Geschehen, das allgemein unter dem Etikett ›Sokal-Hoax‹ oder sogar ›Sokal-Affaire‹ verhandelt wird, ist schwer einzuordnen. Einerseits ließe es sich als Fake fassen, das im geisteswissenschaftlichen Diskurs oder, genauer gesagt, im Diskurs der Wissenschaftsforschung situiert ist, andererseits ließe es sich in die soeben erörterten Publikations-Fakes einreihen, weil es vornehmlich Probleme wissenschaftlichen Veröffentlichens aufwirft. Da Sokals Vorgehensweise methodisch sehr nahe bei Arthur Schütz' ›Grubenhunden‹ liegt, soll der Fall in diesem Zusammenhang – aber trotzdem markiert als Exkurs – dargelegt werden.

Die Umstände des Fake wurden vielfach wiedergegeben. Über die daraus folgenden Konsequenzen existieren indes viele – auch einander wechselseitig widersprechende – Deutungen. 1994 reichte Alan Sokal, Physiker an der New York University, der Zeitschrift *Social Text*

[57] Vgl. Johannes Baader, »Der Dadaistenputsch im Rheingold«, in: ders., *Oberdada. Schriften, Manifeste, Flugblätter, Billets, Werke und Taten*, hg. v. Hanne Bergius, Norbert Miller u. Karl Riha, Lahn-Gießen: Anabas 1977, S. 51.

[58] Vgl. Karl Riha, »Der Oberdada im Urteil der Dadaisten«, in: Baader, *Oberdada*, a.a.O., S. 193–201, hier: S. 199; Hanne Bergius, »Zur phantastischen Politik der Anti-Politik Johannes Baaders oder Die unbefleckte Empfängnis der Welt«, in: Baader, *Oberdada*, a.a.O., S. 181–191, hier: S. 188 u. Il Yo, *Bezugnahme statt Nonsens: Eine semantische Untersuchung zu Goodmans Symboltheorie und zu literarischen Dada-Artefakten*, Dissertation, Humboldt-Universität zu Berlin, Philosophische Fakultät II, publiziert am 10.08.2005, urn:nbn:de:kobv:11-10044875, S. 181f.

einen Artikel mit dem Titel »Transgressing the Boundaries: Toward a Transformative Hermeneutics of Quantum Gravity« ein. Es handelt sich dabei um eine Erörterung der gesellschaftlichen, politischen und kulturellen Konsequenzen, die sich angeblich durch neuere physikalische und mathematische Theorien ergäben. Der Text ist angereichert mit unzähligen Zitaten aus der Wissenschaftstheorie und der neueren französischen Philosophie sowie mit unsinnigen aus der Physik abgeleiteten ›Theoremen‹ und Schlussfolgerungen, die jeder argumentativen Stützung entbehren. Er sollte nach Sokals eigenem Bekunden als »modest experiment« die »intellectual standards« der Wissenschaftsforschung (im Englischen: ›Science Studies‹) austesten: »Would a leading North American journal of cultural studies [...] publish an article liberally salted with nonsense if (a) it sounded good and (b) it flattered the editors' ideological preconceptions?«[59] 1996, nachdem der Artikel also knapp eineinhalb Jahre von den Herausgebern zurückgestellt worden war, wurde er schließlich in der Frühjahr/Sommer-Ausgabe von *Social Text*, die dem Thema ›Science Wars‹ gewidmet war, abgedruckt.[60] Drei Wochen später veröffentlichte Sokal in der Zeitschrift *Lingua Franca* die Aufdeckung seines Fake. Es folgte eine Welle publizistischer Debatten, die vornehmlich nicht in Fachzeitschriften, sondern in der Tagespresse geführt wurden: Der Sokal-Hoax gelangte auf die Titelseite der *New York Times* sowie u.a. in *The Wall Street Journal*, *The Los Angeles Times*, *Newsweek* und *The Times* (London); mit einiger Verspätung erreichte die Diskussion auch Frankreich (*Le Monde*, *Libération*) und Deutschland (*Die Zeit*).[61] Um sowohl die Funktionsweise des Fake als

[59] Alan Sokal, »A Physicist Experiments with Cultural Studies«, in: *Lingua Franca* 6.4 (1996), S. 62–64, hier: S. 62. Das ›Forschungsdesign‹ Sokals ist somit in vielen Punkten dem ›Ern Malley‹-Experiment James McAuleys und Harold Stewarts ähnlich.

[60] Alan Sokal, »Transgressing the Boundaries: Toward a Transformative Hermeneutics of Quantum Gravity«, in: *Social Text* 14.1/2 (1996), S. 217–252.

[61] Vgl. Janny Scott, »Postmodern Gravity Deconstructed, Slyly«, in: *The New York Times* (18.5.1996), S. 1 u. 22; Stanley Fish, »Professor Sokal's Bad Joke«, in: *The New York Times* (21.5.1996), S. 23; Edward Rothstein, »When Wry Hits Your Pi from a Real Sneaky Guy«, in: *The New York Sunday Times* (26.5.1996), S. 6; Mitchell Landsberg, »Physicist's Spoof on Science Puts One over on Science Critics«, in: *International Herald Tribune* (18.5.1996), S. 1; Ruth Rosen, »A Physics Prof Drops a Bomb on the Faux Left«, in: *The Los Angeles Times* (23.5.1996), S. 9; Peter Jones, »Academic Jargon«, in: *The Times* (25.5.1996), S. 18; Andrew Ross, »Burden of Spoof«, in: *The Times Higher Education Supplement* (21.6.1996), S. 16; Roger Kimball, »A Painful Sting within the Academic Hive«, in: *The Wall Street Journal* (29.5.1996), S. 18; George Will, »Smitten with Gibberish«, in: *The Washington Post* (30.5.1996), S. 31; McKenzie Wark, »Postmodernist Jokers«, in: *The Australian* (5.6.1996), S. 28; Sharon Begley, »The Science Wars«, in: *Newsweek*, H. 16 (1997), S. 54; Sharon Begley/Adam Rogers, »›Morphogenic Field‹ Day«, in: *Newsweek*, H. 23 (1996), S. 37; Steven Weinberg,

auch den Wirkungsradius seiner Aufdeckung erklären zu können, sei zunächst der amerikanische Kriegsschauplatz der sogenannten ›Science Wars‹ kurz dargelegt, auf dem sich der Sokal-Hoax zugetragen hat.

Als Auslöser der hartnäckigen Auseinandersetzungen zwischen den naturwissenschaftlichen und den geistes- oder sozialwissenschaftlichen Disziplinen in den USA[62] wird häufig angeführt, dass 1993 der US-Kongress erstmals in der Nachkriegsgeschichte Gelder für die Fortführung eines naturwissenschaftlichen Großforschungsprojekts – den Weiterbau des ›Superconducting Supercollider‹, eines riesigen Teilchenbeschleunigers – verweigert hatte. Steven Weinberg, renommierter

»Sokal's Hoax«, in: *The New York Review of Books*, H. 13 (1996), S. 11–15; Hans Ulrich Gumbrecht, »Blinde Überzeugungen, leere Welten«, in: *Die Zeit*, H. 10 (1997), S. 50–51; Paul Boghossian, »Der Wissenschaftsschwindel des Physikers Alan Sokal und seine Lehren«, in: *Die Zeit*, H. 5 (1997), S. 49; Natalie Levisalles, »Le canular du professeur Sokal«, in: *Libération* (3.12.96), S. 28; dies., »Montrer que le roi est nu« [Sammlung von Kommentaren von Alan Sokal], in: *Libération* (3.12.96), S. 28; Nicolas Weill, »La mystification pédagogique du professeur Sokal«, in: *Le Monde* (20.12.1996), S. 1 u. 16; Denis Duclos, »Sokal n'est pas Socrate«, in: *Le Monde* (3.1.97), S. 10; Bruno Latour, »Y-a-t-il-une science après la Guerre Froide«, in: *Le Monde* (18.1.97), S. 17; Alan Sokal, »Pourquoi j'ai écrit ma parodie«, in: *Le Monde* (31.1.97), S. 15, Jacques Derrida, »Sokal et Bricmont ne sont pas sérieux«, in: *Le Monde* (20.11.97), S. 17. Eine spezifischere Debatte aus der Perspektive der jeweiligen Disziplinen vonseiten nicht direkt beteiligter Personen findet sich aber auch in diversen Fachzeitschriften: vgl. u. a. Donna Haraway, »enlightenment@science_wars.com: A Personal Reflection on Love and War«, in: *Social Text* 15.1 (1997), S. 123–129; Stanley Aronowitz, »Alan Sokal's ›Transgression‹«, in: *Dissent* 44.1 (1997), S. 107–110; Anonym, »Science Wars and the Need for Respect and Rigour«, in: *Nature* 385 (1997), S. 373; Kurt Gottfried/Kenneth G. Wilson, »Science as a Cultural Construct«, in: *Nature* 386 (1997), S. 545–547; Colin Macilwain, »Campuses Ring to a Stormy Clash over Truth and Reason«, in: *Nature* 387 (1997), S. 331–332; David Dickson, »Champions or Challengers of the Cause of Science?«, in: *Nature* 387 (1997), S. 333–334 u. ders., »European Sparks Fail to Ignite«, in: *Nature* 387 (1997), S. 334. Einige Texte sind später im Sammelband *The Sokal Hoax. The Sham That Shook the Academy* erneut publiziert worden; nochmals 2008 hat Sokal unter dem Titel *Beyond the Hoax. Science, Philosophy and Culture* den ausführlich kommentierten Hoax-Text und thematisch angrenzende Artikel zusammen mit neueren Texten zur Wissenschaftsforschung und -philosophie veröffentlicht (vgl. Editors of Lingua Franca (Hg.), *The Sokal Hoax. The Sham That Shook the Academy*, Lincoln: Univ. of Nebraska Press 2000 u. Alan Sokal, *Beyond the Hoax. Science, Philosophy and Culture*, Oxford u. a.: Oxford Univ. Press 2008).

62 Dass die Debatte in Europa ein deutlich geringeres Echo erfuhr, wird von Bruno Latour damit erklärt, dass amerikanische Wissenschaftler in viel höherem Maße von der öffentlichen Meinung abhängig sind als ihre europäischen Kollegen. Für Letztere spiele die staatliche Förderung eine viel größere Rolle: »This makes scientists feel more secure« (Bruno Latour, zit. n. Dickson, »European Sparks Fail to Ignite«, a. a. O., S. 334). Die amerikanischen Science Wars nährten sich nämlich vornehmlich aus der Angst der Naturwissenschaftler, dass die »public perceptions of science are undermined by slipshod scholarship and misrepresentations« (Anonym, »Science Wars and the Need for Respect and Rigour«, a. a. O., S. 373).

Nobelpreisträger der Physik, der an diesem Projekt beteiligt war, machte seinerzeit für diese politische Entscheidung den angeblich wissenschaftsfeindlichen ›*relativism*‹ der ›Science Studies‹ mitverantwortlich.[63] Der Biologe Edward O. Wilson äußerte in diesem Zusammenhang sogar folgende Gleichung: »Multiculturalism equals relativism equals no supercollider equals communism.«[64] 1994 veröffentlichten Paul R. Gross und Norman Levitt mit *Higher Superstition. The Academic Left and its Quarrels with Science* schließlich eine Attacke auf die angeblich die Errungenschaften der Aufklärung zunichtemachende Haltung geistes- und sozialwissenschaftlicher Fakultäten. Von den beiden Autoren wird den einzelnen Fachwissenschaftlern vorgeworfen, sich zwar selbst in die Tradition linker Kritik einzureihen, aber angesichts ihrer Konzepte politisch wirkungslos zu bleiben. Gross und Levitt setzen dabei so vielfältige Ausrichtungen, wie etwa den ›Postmodernismus‹, den Marxismus, den Feminismus, den Konstruktivismus, den Multikulturalismus und die Umweltschutzbewegung, in eins: »We are using *academic left* to designate those people whose doctrinal idiosyncrasies sustain the misreadings of science, its methods, and its conceptual foundations that have generated what nowadays passes for a politically progressive critique of it.«[65] Vor dem Hintergrund dieser häufig als ›Science Wars‹ bezeichneten Debatten lässt sich der Sokal-Hoax als Kampf an mehreren Fronten betrachten. Um hier nicht den gleichen Fehler zu begehen, wie es häufig in den entsprechenden Auseinandersetzungen geschehen ist, nämlich die verschiedenen Standpunkte bei ihrer Paraphrasierung zu entstellen, sollen im Folgenden die einzelnen antagonistischen Positionen durch exemplarische Langzitate wiedergegeben werden. Die widerstreitenden Auffassungen und Vorwürfe lassen sich in folgende Gegenpole klassifizieren:

[63] Vgl. Klaus Taschwer, »Krieg der Wissenschaften«, in: *Heureka! Das Wissenschaftsmagazin im Falter*, H. 5 (1998), www.falter.at/web/heureka/archiv/98_5/01.php, zuletzt aufgerufen am 16.3.2007.

[64] Edward O. Wilson, zit. n. Sarah Franklin, »Making Transparencies: Seeing through the Science Wars«, in: *Social Text* 14.1/2 (1996), S. 141–155, hier: S. 142.

[65] Paul R. Gross/Norman Levitt, *Higher Superstition. The Academic Left and its Quarrels with Science*, Baltimore/London: Johns Hopkins Univ. Press 1994, S. 9.

a) Ein positivistisches gegenüber einem kontextualistischen Wissenschaftsverständnis

Sokal und Bricmont schreiben:

> [Die] Übereinstimmung zwischen Theorie und Experiment, in Verbindung mit Tausenden von ähnlichen, aber weniger spektakulären Übereinstimmungen wäre ein Wunder, wenn die Wissenschaft über die Welt nicht die Wahrheit – oder zumindest *annähernd* die Wahrheit – spräche. Die experimentellen Bestätigungen der am besten gesicherten wissenschaftlichen Theorien sind, in ihrer Gesamtheit, der Beweis dafür, daß wir wirklich ein objektives (wenngleich nur annähernd wahres und unvollständiges) Wissen über die natürliche Welt erworben haben.[66]

Dem steht die Einschätzung von Stanley Aronowitz (einer der Gründer von *Social Text*) entgegen, der sich in theoretischer Nähe zu Foucault darauf beruft, dass eine reine, deutungsfreie Beschreibung wissenschaftlicher Phänomene nicht möglich ist,

> that all processes of knowledge, including science, are mediated by their practices; for us ›practice‹ was not a mental, but a material category. [...] He [Sokal] believes that reason, logic, and truth are entirely unproblematic. He has an abiding faith that through the rigorous application of scientific method nature will yield its unmediated truth. [...] The point is not to deny the importance of observation but to show that its role in knowing is not free of presuppositions [...]. In fact, in much of micro-physics what is called observation is often the effects of machine technologies, a reading of effects. But the reading is theory-laden. Which means pure description based on observation is not possible.[67]

b) Ein auf politische Veränderung drängendes Denken, das sich auf transzendentale Wahrheiten stützt, gegenüber einem, das sich auf deren Hinterfragung beruft[68]

[66] Alan Sokal/Jean Bricmont, *Eleganter Unsinn. Wie die Denker der Postmoderne die Wissenschaften mißbrauchen*, München: C.H. Beck 1999, S. 76.

[67] Aronowitz, »Alan Sokal's ›Transgression‹«, a.a.O., S. 107 u. 109f.

[68] Die hier unter a) und b) erörterten Diskussionsebenen der ›Sokal-Affaire‹ erinnern, wie man in Anlehnung an Kerstin Palm folgern kann, sehr stark an die Anfang bzw. Mitte des 20. Jahrhunderts vornehmlich in den Sozialwissenschaften ausgetragenen Debatten im Werturteils- wie auch im Positivismusstreit. Selbst wenn diese hier in ihrer Komplexität nur stark reduziert dargestellt werden können, seien sie kurz angeführt: Im Erstgenannten ging es ausgehend von Max Weber darum, ob empirische Tatsachenfeststellungen frei von Werturteilen getroffen werden können oder, anders gesagt, ob deskriptive ›objektive‹ Aussagen nicht immer von Werten und normativen Anteilen durchdrungen sind. Im sehr ähnlich gelagerten späteren Positivismusstreit standen die Positionen des Kritischen Rationalismus und der Kritischen Theorie gegenüber. Karl Popper, als Vertreter des ersten Standpunkts, plädierte dabei für die wissenschaftliche Beschränkung auf empirisch überprüfbare (d.h. falsifizierbare) Fakten, während

Sokal wirft besonders in seinem Aufdeckungstext »A Physicist Experiments with Cultural Studies« der »self-proclaimed Left«[69] vor, mit der Problematisierung epistemischer Praktiken das Projekt wirkungsvoller sozialer Umgestaltungen zu gefährden. Die Ergebnisse der vielfältigen Analyseverfahren in den ›Science Studies‹ reduziert er dabei darauf, die von den Naturwissenschaften erzielten Forschungsergebnisse ausschließlich als soziale Konstruktionen erscheinen zu lassen:

> For most of the past two centuries, the Left has been identified with science and against obscurantism; we have believed that rational thought and the fearless analysis of objective reality (both natural and social) are incisive tools for combating the mystifications promoted by the powerful – not to mention being desirable human ends in their own right. The recent turn of many ›progressive‹ or ›leftist‹ academic humanists and social scientists toward one or another form of epistemic relativism betrays this worthy heritage and undermines the already fragile prospects for progressive social critique. Theorizing about ›the social construction of reality‹ won't help us [...] combat false ideas in history, sociology, economics, and politics if we reject the notions of truth and falsity.[70]

Bruce Robbins gibt hingegen, eine Diskussionssituation wiedergebend, zu bedenken:

> In answer to the question of whether the critique of truth was really in the interests of oppressed people, I had said, yes and no. No, in the sense that of course we had to leave ourselves with the resources of logic and evidence, which indeed we had never given up. But yes, in the sense that the supposed singleness of »the« truth has been used and is still being used to claim the last, authoritative word on highly ideological issues.[71]

c) Ein Wissenschaftsverständnis, für das nur eine Beweisführung, die eine wörtliche Bedeutung des Gesagten voraussetzt, als akzeptabel gilt,

Theodor W. Adorno und Max Horkheimer hingegen in Stellung brachten, dass wissenschaftliche Betrachtungen eines bestimmten Phänomens nur Sinn ergäben, wenn deren Bedingtheit durch die gesellschaftliche Totalität mitreflektiert werde (vgl. Kerstin Palm, »Disziplinen-Trouble«, in: Thomas Ernst u.a. (Hg.), *Wissenschaft und Macht*, Münster: Westfälisches Dampfboot 2004, S. 42–57, v. a. S. 44–46; vgl. a. Heino Heinrich Nau (Hg.), *Der Werturteilsstreit. Die Äußerungen zur Werturteildiskussion im Ausschuß des Vereins für Sozialpolitik (1913)*, Marburg: Metropolis-Verlag 1996; Karl R. Popper, »Die Logik der Sozialwissenschaften« [Referat], in: *Kölner Zeitschrift für Soziologie und Sozial-Psychologie* 14.2 (1962), S. 233–248 u. Theodor W. Adorno, »Die Logik der Sozialwissenschaften« [Koreferat], in: *Kölner Zeitschrift für Soziologie und Sozial-Psychologie* 14 (1962), S. 249–263).

69 Sokal, »A Physicist Experiments with Cultural Studies«, a.a.O., S. 64.

70 Ebd.

71 Bruce Robbins, »Just Doing Your Job: Some Lessons of the Sokal Affair«, in: *The Yale Journal of Criticism* 10.2 (1997), S. 467–474, hier: S. 474.

gegenüber einem Argumentieren, das die Komplexität sprachlicher Verweisungszusammenhänge mitreflektiert
Sokal schreibt:

> If, moreover, all is rhetoric and language games, then internal logical consistency is superfluous too: a patina of theoretical sophistication serves equally well. Incomprehensibility becomes a virtue; allusions, metaphors, and puns substitute for evidence and logic.[72]

Donna Haraway entgegnet, dass Sokal so argumentiere, als existierten Fakten unabhängig von ihrer sprachlichen wie auch mathematischen Symbolisierung, d.h., als ob die Sprache jene unmittelbar und unmissverständlich zum Ausdruck bringen könne:

> [T]here is no direct route to the relationship we call knowledge, scientific or otherwise. Technically, we cannot know, say, or write exactly what we mean. We cannot mean literally [...]. Mathematical symbolisms and finely honoured experimental protocols do not escape from the troping quality of any communication medium; nor do gestural or visual practices.[73]

d) Ein Wissenschaftsverständnis, das nur die ›korrekte‹ Verwendung mathematisch-physikalischer Begriffe und Modelle erlaubt, gegenüber philosophischen Textstrategien, bei denen jene als Metaphern zweckentfremdet werden
Sokal klagt Folgendes an:

> [O]ne has meaningless or absurd statements, name-dropping, and the display of false erudition. Secondly, one has sloppy thinking and poor philosophy, which come together notably (though not always) in the form of glib relativism. The first of these categories wouldn't be so important, perhaps, if we were dealing with a few assistant professors of literature making fools of themselves holding forth on quantum mechanics or Gödel's theorem. It becomes more relevant because we're dealing with important intellectuals, at least as measured by shelf space in the cultural-studies section of university bookstores.[74]

Derrida wirft dagegen ein:

> Il aurait été intéressant d'étudier scrupuleusement lesdites métaphores scientifiques, leur rôle, leur statut, leurs effets dans les discours incriminés. Non seulement chez ›*les Français*‹! Et non seulement chez *ces* Français! Cela aurait exigé qu'on lût sérieusement, dans leur agencement et dans leur stratégie théoriques tant de discours difficiles. Cela n'a pas été fait.[75]

[72] Sokal, »A Physicist Experiments with Cultural Studies«, a.a.O., S. 64.
[73] Donna Haraway, »enlightenment@science_wars.com«, a.a.O., S. 125.
[74] Alan Sokal, »What the Social Text Affair Does and Does Not Prove«, in: *Critical Quarterly* 40.2 (1998), S. 3–18, hier: S. 6f.; Hervorhebungen getilgt.
[75] Derrida, »Sokal et Bricmont ne sont pas sérieux«, a.a.O., S. 17.

Diese Positionen seien zunächst einmal dahingestellt, um sie später bei der Analyse der konkreten Fake-Effekte noch einmal aufzugreifen.

Als erstes markantes Resultat der Aufdeckung des Sokal-Hoax lässt sich festhalten, dass die soeben erörterten ›Science Wars‹-Auseinandersetzungen, die zuvor meist hinter verschlossenen Türen im akademischen Bereich geführt worden waren, einer breiteren US-amerikanischen Öffentlichkeit zugänglich wurden. Diese Verschiebung des Schauplatzes wird nicht selten auch als Präzedenzfall der wachsenden Rolle des Internets für öffentlich geführte Debatten angeführt. David F. Bell schreibt beispielsweise: »The whole episode may, in fact, have been the first public intellectual polemic whose importance was defined by the sheer quantity of cyber words devoted to it.«[76] Weil die Affäre auch Gegenstand der Tagespresse und diverser Radio- und Fernsehsendungen wurde, ergab sich jedoch das inhaltliche Problem, dass die komplexen einander widerstreitenden Theorie-Positionen, den Regeln des journalistischen Diskurses gemäß, stark vereinfacht und vornehmlich dem Kriterium des Skandalösen folgend wiedergegeben wurden. Nimmt man das Presse-Echo in den Blick, so wird deutlich, wie sehr Sokals Hoax meistenteils dazu funktionalisiert wurde, die Arbeitsweise der Science oder Cultural Studies *in toto* zu diskreditieren. *The New York Times* titelte polemisch: »Postmodern Gravity Deconstructed, Slyly«.[77] Peter Jones nahm in *The Times* die Aufdeckung zum Anlass, die Geistes- und Sozialwissenschaften generell für ihren unverständlichen Jargon, mit dem einfachste Phänomene unnötig verkompliziert würden, zu kritisieren: »Jargon, however, is longhand for simple phenomena. Its purpose is to obscure and obscurity seems to be the particular vice of the humanities and social sciences«;[78] Steven Weinberg wiederum nutzte die Diskussion, um eine unproblematische Erkenntnisgewissheit zu vertreten, d.h. sämtliche naturwissenschaftlichen Forschungsergebnisse als rein ›objektiv‹ darzustellen und den Einfluss, den diskursive und politisch-soziale Faktoren darauf haben können, zu marginalisieren.[79] Obwohl auch einige Verfechter der Cultural Studies gelegentlich zu Wort kamen, lässt sich das vorherrschende undifferenzierte Bild,

[76] David F. Bell, »Text, Context: Transatlantic Sokal«, in: *Yale French Studies*, H. 100 (2001), S. 25–40, hier: S. 25.

[77] Janny Scott, »Postmodern Gravity Deconstructed, Slyly«, a.a.O., S. 1.

[78] Jones, »Academic Jargon«, a.a.O., S. 18. Dort findet sich auch eine eindrucksvolle und nicht in allen Fällen unberechtigte Liste an Worten für das Programm »Getting Academic Articles Guaranteed Automatic Acceptance (GAA-GAA for short)« (ebd.).

[79] Vgl. Weinberg, »Sokal's Hoax«, a.a.O., S. 11–15.

das die Massenmedien zeichneten, als allgemeine Diskreditierung von geistes- und sozialwissenschaftlichen Infragestellungen unveränderlicher Wahrheiten oder Fakten sowie der Erkenntnispraktiken, die ihr Zustandekommen regeln, beschreiben. Kurz gesagt, die Ergebnisse von Sokals Experiment wurden ungerechtfertigt generalisiert, vor allem weil die unterschiedlichsten methodischen und philosophischen Überlegungen, auf denen die verschiedenen Formen der Erkenntniskritik je gründen, meist darauf reduziert wurden, wissenschaftliche Fakten als ›*social constructions*‹ von vornherein als Ergebnisse kultureller, politischer und gesellschaftlicher, wenn nicht sogar rein ideologischer Einflüsse zu konzeptualisieren. Roger Kimball erläutert entsprechend pauschalisierend in *The Wall Street Journal* bestimmte Begriffsverwendungen des »hyperinflated hot-air balloon of cultural studies«: »›Discourse‹, by the way, is academic shorthand for ›socially constructed‹, i.e., determined by politics, not truth.«[80] Auch George Will charakterisiert in der *Washington Post* diesbezüglich beispielhaft die von Sokal so genannte ›*academic subculture*‹: »It is defined by its ideology, which holds that ideology permeates everything, so there is no truth, only ›sublimated‹ power relations ›encoded‹ in various ›texts‹.«[81] Das Experiment würde darüber hinaus beweisen, »that any nonsense, however prolix and preposterous, can win academic approval if it includes ›progressive‹ murmurings about feminism and the baneful effects of ›the Western intellectual outlook‹«.[82]

[80] Kimball, »A Painful Sting within the Academic Hive«, a.a.O., S. 18. Die vor dem Hintergrund des Sokal-Hoax geäußerten generellen Vorwürfe an die Cultural Studies weisen erstaunliche Überschneidungen mit der im Zusammenhang mit der *Lithographiae Wirceburgensis* angesprochenen Gelehrtenkritik des beginnenden 18. Jahrhunderts auf. Der »hyperinflated hot-air balloon of cultural studies« ließe sich als Aktualisierung der damals als Pseudogelehrsamkeit getadelten ›Marktschreyerey‹, ›Vielschreiberei‹ und ›Windmacherey‹ lesen (vgl. zur ›Charlataneria eruditorum‹ die Ausführungen weiter oben, auf S. 79).

[81] Will, »Smitten with Gibberish«, a.a.O., S. 31.

[82] Ebd. Stephen Hilgartner führt für diese vorherrschende einseitige Pro Sokal-Interpretation zum einen die Erklärung an, dass die Physik als ›die wissenschaftlichste Wissenschaft des 20. Jahrhunderts‹ im Gegensatz zu den attackierten geistes- und sozialwissenschaftlichen Fakultäten von vornherein ein höheres Ansehen genossen habe; zum anderen passe die von Sokal beförderte Deutung zu den traditionellen Vorurteilen der Journalisten über den Niedergang der amerikanischen Universitäten sowie zu der von ihnen immer wieder in anderen Zusammenhängen vertretenen Kontrastierung von »the pompous, erudite foolishness of intellectuals against the plain, simple wisdom of the common people« (Stephen Hilgartner, »The Sokal Affair in Context«, in: *Science, Technology & Human Values* 22.4 (1997), S. 506–522, hier: S. 511ff.).

Um im Folgenden den Überblick nicht zu verlieren und auch den Schwerpunkt auf Fälschungen nicht aus dem Blick geraten zu lassen, ist es angesichts der Fülle an Argumenten, die im Zusammenhang des Sokal-Hoax geäußert wurden, notwendig, analytisch zwischen Sokals späteren Vorwürfen oder Schlussfolgerungen vonseiten anderer, denen das Fake nur als Anlass weiterführender Diskussionen diente, und dem, was das *Social Text*-Experiment in seiner Form als Fake in besonderer Weise hervortreten lässt, zu trennen. Im Weiteren soll deshalb vornehmlich der Frage nachgegangen werden, was als Ergebnis von Sokals Versuch festzuhalten ist, d. h., inwiefern er sich als immanente Diskurskritik ins Werk setzen konnte und inwiefern nicht. Wie bei den anderen Fällen auch soll dabei der Text einmal als ›authentische‹ und einmal als aufgedeckte Fälschung gelesen werden, also zum einen gefragt werden, auf welche Art er sich, von Anfang an mit Fragwürdigkeiten versehen, ins Werk setzte und was zu seiner Veröffentlichung geführt haben mag; zum anderen, welche diskursiven Transformationen oder kritischen Diskurseffekte aus der Entlarvung abzuleiten sind.

Um die Wirkungsweise des Fake zu erklären, soll hier zunächst einmal nicht die übergeordnete Position desjenigen eingenommen werden, der die Zweifelhaftigkeit des gesamten Artikels auf den ersten Blick hätte erkennen können. Beim ersten Lesen des Textes stellt sich nämlich für einen Nicht-Naturwissenschaftler angesichts der Fülle an enigmatisch formulierten physikalischen und mathematischen Theoremen zunächst totale Überforderung ein, die dazu führt, permanent in Versuchung zu geraten, vieles nur flüchtig zu lesen. Ein gründliches Durchdenken der angeführten Argumente ist daher nur unter höchster Disziplin möglich – einer Disziplin, die seitens einer verantwortungsvollen Herausgebergruppe im Lektoratsprozess allerdings erwartet werden muss. Der Text kann aber trotz dieser Verständnisschwierigkeiten als ›Grubenhund‹ im Schütz'schen Sinne bezeichnet werden, weil er – gründliches Lesen vorausgesetzt – an vielen Stellen seine fehlende Plausibilität und Kohärenz durch auffallende Paradoxien und Fehlschlüsse offen ausstellt.

Zuerst einmal fällt ins Auge, dass Sokal völlig heterogene Bereiche des amerikanischen geistes- und sozialwissenschaftlichen Forschens und Denkens, wie u. a. die Cultural Studies, die Science (and Technology) Studies, die Wissenschaftssoziologie, -geschichte und -philosophie sowie die Dekonstruktion und den Poststrukturalismus, unter die gemeinsame Rubrik der ›postmodernen Wissenschaft‹ fasst. Bereits hier wäre also zu fragen, warum diese krude Vermischung unterschiedlichster analytischer Ansätze von den Herausgebern für publikationswürdig befunden wurde.

Dieses Theorie-Konstrukt der *›postmodernist science‹* wird von Sokal in einem weiteren Schritt an vielen Stellen mit physikalischen Modellen fragwürdig analogisiert. So konstatiert er beispielsweise, dass sich eine *›postmodernist epistemology‹ avant la lettre* in Niels Bohrs im Feld der Quantenmechanik entwickelten Konzept der Komplementarität abzeichne und schreibt: »[Q]uantum gravity is in this respect an archetypal postmodernist science.«[83] An einer anderen Stelle wird die von Sokal entworfene sogenannte postmoderne Wissenschaft im Sprechen von einer »subjective space-time« sogar mit einem radikalen Subjektivismus gleichgesetzt.[84] Bereits im ersten Absatz findet sich die zweifelhafte Extremposition eines Plädoyers gegen die Existenz einer physischen Welt im Ganzen, gegen »the dogma imposed by the long post-Enlightenment hegemony over the Western intellectual outlook, which can be summarized briefly as follows: that there exists an external world«.[85] Eine weitere Passage ist hinsichtlich der Überfülle an gelehrt wirkenden Phrasen hervorzuheben; ohne Begründung wird zudem von Einsteins Relativitätstheorie auf die Historizität u. a. der Kreiszahl π geschlossen, um im Weiteren die Rolle des wissenschaftlichen Beobachters im Allgemeinen, wieder ohne schlüssige Argumentation, infrage zu stellen: »[T]he π of Euclid and the G of Newton, formerly thought to be constant and universal, are now perceived in their ineluctable historicity; and the putative observer becomes fatally de-centered, disconnected from any epistemic link to a space-time point that can no longer be defined by geometry alone.«[86] Besonders deutlich wird die Nachahmung akademischen Jargons an einer anderen Stelle. An ihr lässt sich auch kenntlich machen, dass der Text, obwohl er von Sokal und anderen nicht selten als Parodie bezeichnet wird, größtenteils als satirisches Pastiche[87] oder als Persiflage zu fassen wäre, denn er zeichnet sich nicht durch eine nahezu mechanische Transformation eines bestimmten Themas in einen anderen Stil aus, sondern vornehmlich durch einen quantitativen Exzess stilistischer Übertreibungen und satirischer Verfremdungen bekannten kulturwissenschaftlichen Vokabulars, wie sie

83 Sokal, »Transgressing the Boundaries«, a.a.O., S. 227, vgl. a. S. 219f.

84 Ebd., S. 224. Dieses Ineinssetzen verschiedener philosophischer Modelle mit einem Subjektivismus findet sich bei Sokal auch später in seiner Diskussion des Fake (vgl. Alan Sokal, »Transgressing the Boundaries: An Afterword«, in: *Dissent* 43.4 (1996), S. 93–99, hier: S. 94 u. ders., »A Physicist Experiments with Cultural Studies«, a.a.O., S. 63).

85 Sokal, »Transgressing the Boundaries«, a.a.O., S. 217.

86 Ebd., S. 222.

87 Vgl. Genette, *Palimpseste*, a.a.O., S. 14, 35f., 44 u. 107f. (frz. S. 11, 29f., 37 u. 88f.). Sokal benutzt in seinem Aufdeckungsartikel selbst einmal die korrekte Bezeichnung ›Pastiche‹ (Sokal, »A Physicist Experiments with Cultural Studies«, a.a.O., S. 63).

bereits im Titel[88] des Aufsatzes zur Anwendung kommen: »In quantum gravity, as we shall see, the space-time manifold ceases to exist as an objective physical reality; geometry becomes *relational* and *contextual*; and the foundational conceptual categories of prior science – among them, existence itself – become *problematized* and *relativized*. This conceptual *revolution*, I will argue, has profound implications for the content of a future *postmodern* and liberatory science.«[89] In der Weise, wie hier »and« Verwendung findet, wird auch an vielen weiteren Stellen übermäßig von nicht weiter inhaltlich untermauerten Konjunktionen und Kausaladverbien Gebrauch gemacht. Damit werden logische Schlussfolgerungen und Kausalitäten behauptet, die nicht argumentativ, sondern allenfalls durch autoritative Zitate gestützt sind. Diese Form des *non sequitur* wird vor allem in folgender Passage anschaulich, wenn Rupert Sheldrakes eher pseudowissenschaftliche Theorie des ›morphogenetischen Felds‹ völlig widersinnig unvermittelt mit der Quantenmechanik verknüpft wird: »*Thus* [...] we can infer that the morphogenetic field is the quantum counterpart of Einstein's gravitational field.«[90] Wieder an einer anderen Stelle werden sogar Minimalziele feministischer Gleichstellungsbestrebungen und das mathematische Gleichheitsaxiom im Rahmen einer grotesk anmutenden ›emanzipatorischen Mathematik‹ in Relation gesetzt:

> Just as liberal feminists are frequently content with a minimal agenda of legal and social equality for women and ›pro-choice‹, so liberal (and even some socialist) mathematicians are often content to work within the hegemonic Zermelo-Fraenkel framework (which, reflecting its nineteenth-century liberal origins, already incorporates the axiom of equality) supplemented only by the axiom of choice. But this framework is grossly insufficient for a liberatory mathematics, as was proven long ago by Cohen (1966).[91]

Auch ohne dass man die mathematische Zermelo-Fraenkel-Mengenlehre kennen müsste, werfen solche zweifelhaften Vergleiche die Frage auf, warum sich die Herausgeber von *Social Text* für die Veröffentlichung des Textes entschieden haben.

[88] Hans Ulrich Gumbrecht schreibt 1997: »Es gibt [...] heute kaum einen geisteswissenschaftlichen Publikationstitel in den Vereinigten Staaten, der nicht eine Verlaufsform (transgress-ing, invent-ing, imagin-ing, queer-ing sind die Lieblingswörter) mit der Präposition toward verbindet, was wohl auf Teilhabe an einer populärhegelianischen Dynamik des nach vorne gerichteten Progressiven verweisen soll. Im atemlosen Ehrgeiz, seiner eigenen Zeit voraus zu sein, müssen dann beständig Grenzen überschritten und Welten transformiert werden« (Gumbrecht, »Blinde Überzeugungen, leere Welten«, a.a.O., S. 50f.).

[89] Sokal, »Transgressing the Boundaries«, a.a.O., S. 218; Hervorhebungen M.D.

[90] Ebd., S. 223; Hervorhebung M.D.

[91] Ebd., S. 242.

Da Sokal jedoch das Fake bereits drei Wochen nach dessen Erscheinen aufgedeckt hat, lässt sich gar nichts über seine Rezeptionsgeschichte in Erfahrung bringen, d.h., es liegen keine Reaktionen auf die noch nicht entlarvte Fälschung vor. Interessante ›Testergebnisse‹ hätten sich vielleicht ergeben können, wenn einzelne Überlegungen von anderen Autoren bestätigend zitiert, vielleicht aber auch Gegenstand kritischer Gegenargumentationen geworden wären. Aber als ›authentische‹ Fälschung war der Sokal-Text nur von sehr kurzer Dauer. Weiterführende Einsichten sind daher lediglich anhand der Debatte um die Aufdeckung zu gewinnen.

Betrachtet man die Reaktionen der Herausgeber auf die Fälschungsenthüllung, fällt vor allem auf, dass die Veröffentlichung des Texts eigentlich widersprüchlich durch eine zugleich autoritätsgläubige und herablassende Haltung motiviert war. Denn Bruce Robbins und Andrew Ross legen mehrfach ihre negative Einschätzung von Sokals Argumentation dar, indem sie diese als zum Teil Quatsch (»*a little hokey*«), überholt (»*outdated*«) und unbeholfen (»*awkward*«) bewerten. Dennoch stellen sie heraus, dass der Artikel unabhängig von dieser Beurteilung abgedruckt wurde, weil er vonseiten eines Naturwissenschaftlers und Physikers eingereicht worden war: »Sokal's adventures in Postmodern-Land were not really our cup of tea. [...] As the work of a natural scientist it was unusual, and, we thought, plausibly symptomatic of how someone like Sokal might approach the field of postmodern epistemology [...]. In other words, we read it more as an act of good faith of the sort that might be worth encouraging than as a set of arguments with which we agreed.«[92] Bruno Latour, als Wissenschaftssoziologe einer der Hauptangriffsziele von Sokals Attacke, schreibt in der später in Frankreich aufflammenden Debatte über die Akzeptanz nicht ohne Ironie, dass die Herausgeber sich sowohl von der Autorität des Physikers Sokal haben blenden lassen als auch überheblich[93] gewesen seien:

92 Bruce Robbins/Andrew Ross, »Mystery Science Theater« [Antwort der *Social Text*-Herausgeber], in: *Lingua Franca* 6.5 (1996), S. 54–57, hier: S. 55. Robbins gesteht später sehr deutlich ein, dass das institutionelle Statut Sokals bei der Publikationsentscheidung ausschlaggebend war: »What I was proposing was [...] publishing someone not solely for the intrinsic value of what he or she says, but also because of who she or he is [...]. This is not to say that we have no standards, but only, that who the author of certain ideas is forms a legitimate part of our standards« (Robbins, »Just Doing Your Job: Some Lessons of the Sokal Affair«, a.a.O., S. 472).

93 Allerdings steht die naturwissenschaftliche Gegenseite in den Science Wars dieser Arroganz in nichts nach, wenn Sokal beispielsweise in seinem Aufdeckungstext hochkomplexe Konzepte, wie Lacans ›*jouissance*‹ und Derridas ›*différance*‹, als allgemein

»›Pensez donc! Un physicien qui a lu Lacan et qui cite Virilio, il faut bien accepter qu'il dise pas mal de bêtises, le pauvre.‹«[94] Denn – wie Stanley Fish und auch McKenzie Wark später zu Recht schreiben – die von Sokal in seinem Text zum Schein eingenommenen Haltungen und getroffenen theoretischen Aussagen werden von denjenigen, die er damit zu kritisieren beabsichtigte, gar nicht geteilt.[95] Die wenigsten Forscher würden beispielsweise die Existenz einer physischen Realität verneinen, allerdings würden die meisten den unproblematischen Bezug darauf infrage stellen und darauf beharren, dass das Wissen darüber nicht als deutungsfreie, vom Problem sprachlicher Formulierungen unabhängige, objektive Eins-zu-eins-Relation zu denken sei.[96]

In seiner pauschalisierenden Vermischung unterschiedlichster Theoriepositionen nimmt sich Sokal zudem die Möglichkeit einer zielgerichteten präzisen Kritik an bestimmten Standpunkten. Er greift nämlich in seiner Generalattacke auf die ›postmoderne Wissenschaft‹ nicht nur im weitesten Sinne poststrukturalistische TheoretikerInnen an. Mit seiner Zurückweisung von Analyseperspektiven, mittels deren man die auf naturwissenschaftlichen Erkenntnispraktiken lastenden gesellschaftlichen Einflüsse zu untersuchen bestrebt ist, bekämpft er nämlich zugleich marxistisch orientierte dialektisch-materialistische Auffassungen, wie beispielsweise die Kritische Theorie, die in gewisser Hinsicht zum Poststrukturalismus in Opposition steht.[97] Stanley Aronowitz, einer

unverständlich abtut, nur weil sie sich zunächst einem alltagssprachlichen Verständnis entziehen. Bereits Gross und Levitt schreiben in *Higher Superstition* noch anmaßender: »If, taking a fanciful hypothesis, the humanities department of MIT (a bastion, by the way, of left-wing rectitude) were to walk out in a huff, the scientist faculty could, at need and with enough released time, patch together a humanities curriculum, to be taught by the scientists themselves. It would have obvious gaps and rough spots, to be sure, and it might with some regularity prove inane; but on the whole it would be, we imagine, no worse than operative. What the opposite situation – a walkout by the scientists – would produce, as the humanities department tried to cope with the demand for science education, we leave to the reader's imagination« (Gross/Levitt, *Higher Superstition*, a.a.O., S. 243).

94 Bruno Latour, »Y-a-t-il-une science après la Guerre Froide«, a.a.O., S. 15. Dabei ist auch in Erinnerung zu rufen, dass in »Transgressing the Boundaries« beispielsweise der Mitherausgeber Ross nicht wenige Male zitiert wird. Sokal und Bricmont halten später in Anlehnung an David Lodge als eine der Regeln des akademischen Lebens fest, dass man seinen Kollegen nie genug schmeicheln könne (Sokal/Bricmont, *Eleganter Unsinn*, a.a.O., S. 310).

95 Vgl. Fish, »Professor Sokal's Bad Joke«, a.a.O., S. 23. Auch Ross schreibt später: »We decided [...] that readers would see it as a contribution from someone unknown to the field whose views, however offbeat, might still be thought relevant to the debate« (Ross, »Burden of spoof«, a.a.O., S. 16).

96 Vgl. Wark, »Postmodernist Jokers«, a.a.O., S. 28.

97 Vgl. Palm, »Disziplinen-Trouble«, a.a.O., S. 48 u. 56.

der Mitbegründer von *Social Text*, gibt in einem Kommentar klar zu erkennen, dass er sich in der Tradition des Marxismus versteht: »*Social Text* was founded, and remains within, the Marxist project, which is profoundly materialist. When Fredric Jameson, John Brenkman, and I started the journal we gave it the subtitle ›Theory, Culture, Ideology‹. Our objective was to interrogate Marxists' habitual separation of political economy and culture and to make a contribution to their articulation, even reunification.«[98] Während Sokal mit seinem Fake, wie er später bekundet, explizit die sogenannten ›PoMos‹ (›Postmodernen‹) zu verurteilen wünschte, geriet er somit bei *Social Text* eher in einen Publikationskontext, in dem ein »contemporary Marxist view«[99] vertreten wurde. So schreiben auch die beiden Herausgeber Bruce Robbins und Andrew Ross in ihrer Reaktion auf die Aufdeckung: »It is highly ironic that *Social Text* should now be associated with a kind of sectarian postmodernism that we have been at pains to discourage for many years.«[100] Die beiden konzedieren daher angesichts Sokals mangelnder Trennschärfe, dass ihre Entscheidung für die Veröffentlichung des Artikels nachträglich am ehesten Auskunft über ihr Verständnis »how physicists read philosophy« gebe.[101] Indem Ross später als weitere Entschuldigung anführt, *Social Text* sei – im Gegensatz zu professionellen Fachzeitschriften, die zudem über ein Peer Review-Verfahren Artikel auswählten – zu dem Zweck gegründet worden, Analysen kultureller Phänomene mit einer politischen Meinung zu verknüpfen (»*Social Text* is not simply a nonrefereed journal, it is a journal of tendency«[102]), gibt er aber indirekt Sokal Recht. Denn dieser führt als einen Anlass seines Experiments die Überprüfung der Frage an, ob eine zu *Social Text* passende politische Ausrichtung dafür sorgen würde, eine fehlende theoretisch schlüssige Argumentation für das Herausgeberkollektiv akzeptabel zu machen.[103] Andererseits wird dadurch jedoch die Aussagekraft des

[98] Aronowitz, »Alan Sokal's ›Transgression‹«, a. a. O., S. 107.

[99] Ebd.

[100] Robbins/Ross, »Mystery Science Theater«, a. a. O., S. 56.

[101] Ebd.

[102] Andrew Ross, »Reflections on the Sokal Affair«, in: *Social Text* 15.1 (1997), S. 149–152, hier: S. 152.

[103] Es drängt sich somit der Verdacht auf, dass Sokal mit seinem Experiment ansatzweise hat hervortreten lassen, dass manche Bereiche der amerikanischen ›Humanities‹ selbst nicht ganz frei sind von eigentlich angefeindeten ›Doxa‹. John Guillory spricht in Anlehnung an Louis Althusser davon, dass der Sokal-Hoax eine Art ›spontane Philosophie der Wissenschaftskritiker‹ zutage befördert habe. Althusser bezeichnet als ›spontane Philosophie‹ eine Art Ideologie, die mit wissenschaftlichen Praktiken untrennbar verbunden ist und zwei Komponenten umfasst: als interne das Forschungsverständnis

Fake deutlich eingeschränkt, weil von der Tatsache, dass der Artikel in einer Zeitschrift »with criteria and aims quite remote from those of a professional scientific journal«[104] veröffentlicht worden ist, nicht auf die ›intellektuellen Standards‹ aller in ihr angesprochen Disziplinen geschlossen werden kann. Latour schreibt dazu entsprechend: »Pourquoi donc cet article rasant fut-il accepté par une revue complaisante? Parce que, tout simplement, c'est une mauvaise revue, comme il y en a tant, hélas, dans toutes les disciplines.«[105]

Stanley Fish, seinerzeit Geschäftsführer der Duke University Press, die *Social Text* herausgibt, bringt in seiner Reaktion in *The New York Times* indes eine moralische Rechtfertigung in Stellung und wirft Sokal vor, dass er für sein aufklärerisches Ziel, intellektuelle Standards für die Geistes- und Sozialwissenschaften einzufordern, einen bestimmten Standard, nämlich die Regel wissenschaftlicher Aufrichtigkeit selbst verletzt habe. Da nicht jeder Forscher erneut einen gesamten vorliegenden Datenbestand erheben könne, sei ein maßgebliches Moment wissenschaftlichen Veröffentlichens das Vertrauen – er spricht von »trust« und »faith« – auf Tatsachenbehauptungen anderer.[106] Fish argumentiert dabei so, als sei der Nonsens in Sokals Text für einen in der Physik nicht bewanderten Leser gar nicht erkennbar. Das trifft aber nicht zu, wie zumindest einige oben angeführte Stellen zu beweisen helfen sollten. *Glaubt* man zudem den späteren Ausführungen Sokals und Bricmonts, so ist in den meisten Abschnitten die Erörterung der rein physikalischen Theorien »im großen und ganzen [...] korrekt, aber

der Wissenschaftler, als externe deren politische und gesellschaftliche Überzeugungen. Daraus schließt Guillory: »The spontaneous philosophy of the critics consisted [...] in the assumption that epistemological positions have a *necessary* relation to political positions« (John Guillory, »The Sokal Affair and the History of Criticism«, in: *Critical Inquiry* 28.2 (2002), S. 470–508, hier: S. 475f.; vgl. a. Louis Althusser, *Philosophie und spontane Philosophie der Wissenschaftler*, übers. v. Frieder Otto Wolf, in: *Schriften*, hg. v. Peter Schöttler u. Frieder Otto Wolf, IV, Hamburg: Argument-Verlag 1985). Auch Ken Hirschkop erachtet in einem Kommentar zu Andrew Ross' Einleitung zur Science Wars-Ausgabe von *Social Text* bestimmte Zweige der Cultural Studies für kritikwürdig, wenn sie einen politischen Dogmatismus vertreten, der mit ihrem Anspruch auf eine kontextualistische und differenzierte Analyse der Naturwissenschaften kollidiert: »[Ross] displays an uncanny faith that whereas no one can agree on what should constitute natural science, everyone will know what the principles of social justice are. Relativsm in epistemology finds its counterweight in dogmatism in politics« (Ken Hirschkop, »Cultural Studies and its Discontents. A Comment on the Sokal Affair«, in: *Social Text* 15.1 (1997), S. 131–133, hier: S. 132f.).

[104] Robbins/Ross, »Mystery Science Theater«, a.a.O., S. 55.

[105] Latour, »Y-a-t-il-une science après la Guerre Froide«, a.a.O., S. 17.

[106] Fish, »Professor Sokal's Bad Joke«, a.a.O., S. 23.

unglaublich schwammig«.[107] Sokals Text ist somit im Schütz'schen Sinne ein ›Grubenhund‹, der sich, auch ohne dass der Leser über größeres Fachwissen verfügen müsste, in vielen Punkten selbst deplausibilisiert, der aber zumindest mit Unterstützung eines Naturwissenschaftlers hätte hinterfragt werden können. Behielte Fish Recht und enthielte der Sokal-Text hingegen unüberprüfbare falsche physikalische Tatsachenbehauptungen – beispielsweise Messergebnisse eines Experiments, das nie stattgefunden hat –, würde er tatsächlich im Sinne von Kraus und Schütz des zersetzenden Potentials eines Publikations-Fake beraubt.[108] Sokals Textbeitrag »Transgressing the Boundaries« kann somit zumindest das Testergebnis zugesprochen werden, die fragwürdige Auswahl- und Veröffentlichungspraxis von *Social Text* offengelegt zu haben. Das Fake hatte, um die Formulierungen von Schütz hier noch einmal aufzugreifen, die Diskreditierung vorgetäuschten Universalwissens und die Infragestellung der Autorität des gedruckten Wortes zur Folge, indem sich *Social Text* durch die Publikation des Widersinns öffentlich selbst verspottete. Weitere Effekte des Experiments müssen jedoch deutlich eingeschränkt werden,[109] wie anhand der vier eingangs aufgelisteten Streitpunkte im ›Science-Wars‹-Disput nachgezeichnet werden kann.

a) Auch wenn Weinberg in seinem oben angeführten Artikel in *The New York Review of Books* den Sokal-Hoax zum Anlass nimmt, die Forschungsergebnisse der Physik als völlig unproblematischen Objekt- oder ›Realitäts‹-Bezug zu deuten, hat diese Ansicht mit den soeben gewürdigten Ergebnissen nichts gemein. Sokal kann in seinem Text den größten Widersinn am wirkungsvollsten dann platzieren, wenn er mathematische Theoreme (die Kreiszahl π oder das Gleichheitsaxiom) mit gesellschaftlichen und politischen Phänomenen eins zu eins korreliert. Diese grotesken Beispiele werden auch am häufigsten

[107] Sokal/Bricmont, *Eleganter Unsinn*, a.a.O., S. 313.

[108] Siehe zur Problematik der falschen Tatsachenbehauptung auch weiter unten, S. 362.

[109] Stephen Hilgartner argumentiert in seiner Entgegnung auf die von Sokal an die Wissenschaftsforschung gerichteten Vorwürfe, es an theoretischer Strenge mangeln zu lassen, damit, dass aus der Perspektive der empirischen Sozialforschung Sokals Methode seinerseits als unpräzise verworfen werden muss. In einem Vergleich mit einer empirischen Studie von William Epstein, der 1987 untersuchte, ob bestimmte Artikel – ungeachtet ihrer methodischen Schwäche – von Fachjournalen über Sozialarbeit nur aufgrund tendenziöser Schlussfolgerungen bevorzugt akzeptiert würden, gelingt es ihm, die Defizite von Sokals Experiment bezüglich des geringen, nicht aussagekräftigen Datenbestands (nur eine, unbegründet als repräsentativ bezeichnete Zeitschrift), fehlender Kontrollgruppen und mangelnder analytischer Auswertungsmethoden offenzulegen (vgl. Hilgartner, »The Sokal Affair in Context«, a.a.O., S. 506–522).

von seinen Fürsprechern angeführt. Als abstrakte Wissenschaft dürfte die reine Mathematik im Vergleich zu anderen Wissenschaften als am ehesten unabhängig von sozialen Praktiken gelten. Als diskursive Praxis ist sie laut Foucault von vornherein so hochgradig formalisiert, dass sie nur sehr schlecht als prototypischer Gegenstand einer allgemeinen Wissensgeschichte oder Erkenntniskritik herangezogen werden kann.[110] Eine auf die Mathematik fokussierte Wissenschaftsforschung würde entsprechend kaum maßgebliche implizite diskursive Regelmäßigkeiten oder sogar politisch-soziale Kräfte, die auf diesem Gebiet lasten, zutage fördern können. Viele Kommentatoren des Sokal-Hoax setzen daher die Physik, um sie mit einer ebenbürtigen Exaktheit auszustatten, der weitgehenden Autonomie hochformalisierter mathematisch-abstrakter Theoreme gleich – eine Schlussfolgerung, die aber, ähnlich den vielen in Sokals Text selbst, ihrerseits nicht gerechtfertigt ist.[111] John Horgan schreibt diesbezüglich: »Professor Sokal later announced that the article had been a hoax intended to expose the hollowness of postmodernism. In fact, however, superstring theory is exactly the kind of science that subverts conventional notions of truth.«[112] Sokal versucht in späteren Argumentationen, seinen Positivismus sogar auf die Vergleichbarkeit mit Alltagserfahrungen zu stützen: »[T]here is no fundamental ›metaphysical‹ difference between the epistemology of science and the epistemology of everyday life.«[113] Wie dies beispielsweise hinsichtlich der Quantenphysik, die sich im Bereich subatomarer Teilchen bewegt, zu verstehen ist, bleibt dabei jedoch unerklärt.

b) Zu der Diskussion, ob eher eine auf transzendentale Wahrheiten oder eher eine auf deren Hinterfragung gestützte Wissenschaft zu möglichen politischen Veränderungen führen kann, trägt »Transgressing the Boundaries« als Fake nichts bei, obwohl Sokal diese Frage nach der Zukunft linker Politik als »*principal* motivation for writing

[110] Siehe dazu Fn. 100 auf S. 56.

[111] Der Physiker Kurt Gottfried konzediert in einem *Nature*-Artikel im Zusammenhang mit den ›Science Wars‹ über das Verhältnis zwischen Theoretikern der reinen Mathematik und solchen der Physik, dass »most of the latter are satisfied with a level of rigour unacceptable in pure mathematics. Had that not been so, physics would still be struggling with problems solved generations ago« (Gottfried/Wilson, »Science as a Cultural Construct«, a.a.O., S. 547).

[112] John Horgan, »Science Set Free from Truth«, in: *The New York Times* (16.7.1996), S. 17.

[113] Sokal, »What the Social Text Affair Does and Does Not Prove«, a.a.O., S. 13.

the parody«[114] angibt. Wenn er in seinem Aufdeckungstext darauf zu sprechen kommt, dass er ein »leftist (and feminist)«[115] sei, und wenn er – wie bereits weiter oben zitiert – die »frühere Linke« auf den Glauben festlegt (»we have believed«), rationales Denken und »unerschrockenes« Analysieren der objektiven Realität seien die effektivsten Waffen gegen Irreführungen der Machthaber – um im gleichen Atemzug einen von ihm so genannten »epistemic relativism« der heutigen »self-proclaimed Left« für wirkungslos zu erklären[116] – bleibt er selbst hinter der von ihm eingeforderten theoretischen Strenge zurück. Denn zum einen bewegen sich diese Aussagen, fern jeder Argumentation – es sei denn auf der Basis: »So war es schon immer!« –, auf der Ebene eines Glaubensbekenntnisses; zum anderen bleiben sie im Fake-Text selbst weitgehend unthematisiert oder werden durch die Überzeichnungen sogar implizit diskreditiert.[117] Sokal gelingt es aber durch übersimplifizierende Reduktionen in seinem Text, eine einer dogmatischen Ideologiekritik verpflichtete undifferenzierte Sichtweise, mittels deren alle Wissensphänomene von vornherein pauschal auf politische Einflussnahmen zurückgeführt werden, karikierend zu verspotten. Zum Beispiel begründet Sokal in einer Fußnote polemisch und völlig ahistorisch die Entwicklung der Zahlentheorie mit der Anwendbarkeit in der kriegswichtigen Kryptographie: »Of course, the ›applications‹ traditionally privileged in this context have been those profitable to capitalists or

[114] Ebd., S. 4.

[115] Auch immer wieder in der Medienberichterstattung aufgegriffen wird das in diesem Zusammenhang geäußerte Engagement Sokals als Dozent für Mathematik an der ›Universidad Nacional Autónoma de Nicaragua‹ nach der Machtübernahme der Sandinisten in Nicaragua (vgl. Sokal, »A Physicist Experiments with Cultural Studies«, a.a.O., S. 64). Wenn hier von einer ›Linken‹ die Rede ist, so ist dabei, wie Lorraine Daston zu bedenken gibt, gegenwärtig zu halten, dass in den USA die demokratische Partei und selbst die Sozialisten rechts von der CDU in Deutschland stehen (vgl. Lorraine Daston, »Wahrheit über Wahrheit«, in: *Heureka! Das Wissenschaftsmagazin im Falter*, H. 5 (1998), www.falter.at/web/heureka/archiv/98_5/05.php, zuletzt aufgerufen am 16.3.2007).

[116] Siehe S. 278 in diesem Kapitel.

[117] Alan Sokal arbeitet sich in seinem »Afterword« auch an dem Problem seiner von ihm selbst ins Werk gesetzten doppelten Autorschaft ab, indem er sich zum einen von seinem Double, dem ›Fake-Sokal‹, distanziert, um die nachgereichten »true views« zu authentifizieren, zum anderen aber diese Abkehr zum Teil wieder relativiert: »In view of the important intellectual and political issues raised by this episode, I have written this (non-parodic) Afterword, in which I explain my motives and true views. [...] Readers are cautioned not to infer my views on any subject except insofar as they are set forth in this Afterword. In particular, the fact that I have parodied an extreme or ambiguously stated version of an idea does not exclude that I may agree with a more nuanced or precisely stated version of the same idea« (Sokal, »Transgressing the Boundaries: An Afterword«, a.a.O., hier: S. 93 u. 97).

useful to their military forces: for example, number theory has been developed largely for its applications in cryptography.«[118]

c) »Transgressing the Boundaries« leistet bezüglich der Frage nach einer adäquaten Wissenschaftssprache Aufklärungsarbeit. Dass die Herausgeber von *Social Text* den widersinnigen und unverständlichen akademischen Jargon abdruckten, ohne nach einer kohärenten Entfaltung von Argumenten zu fragen, lässt sich mit dem von ihnen selbst postulierten Ziel, für ein breites öffentliches Verständnis – und damit verbunden: für eine Kritik – der politischen Implikationen der Wissenschaften einzutreten,[119] nicht vereinbaren. Die Herausgeber gestehen selbst ein: »We share Sokal's own concerns about obscurantism«.[120] Insofern formuliert der Artikel – auch durch sein Veröffentlichtwerden – in seiner Hyperbolik eine immanente praktische Kritik an in den Cultural Studies gelegentlich benutzten Schreibstilen, bei denen terminologisch komplexe Formulierungen gegenüber meist möglichen einfacheren Alternativen privilegiert werden, um dadurch den Status einer Art Arkanwissen zu erhalten. Als Ergebnis des Textexperiments lässt sich an dieser Stelle die aufklärerische Wirkung festhalten, dass die betroffene wissenschaftliche Publikationspraxis auf den Prüfstand gestellt wurde. Darüber hinaus gab und gibt das Fake den Geistes- oder Kulturwissenschaftlern angesichts steigenden Publikationsdrucks zur Aufgabe, als Autoren wie auch als

[118] Sokal, »Transgressing the Boundaries«, a.a.O., S. 238. Damit soll jedoch nicht postuliert werden, dass die Mathematik nicht für politisch-militärische Ziele fruchtbar gemacht werden kann. Auch wenn die Zahlentheorie als wesentlicher Zweig der reinen Mathematik schon seit der Antike die Denker beschäftigte und zunächst unabhängig von politischen Einflüssen (und ohne auf einen bestimmten Nutzen hin ausgerichtet zu sein) betrieben wurde, hat sie im 20. Jahrhundert eine immer wichtigere Rolle in der auch für Kriegsziele relevanten Kryptographie gespielt. Dahinter verbirgt sich eine eigentümliche Ironie der Geschichte, weil der Mathematiker G.H. Hardy sich in seiner im Sokal-Text genannten Autobiographie *A Mathematician's Apology* (Cambridge: Cambridge Univ. Press 1967) beispielsweise brüstet, in mathematischen Gebieten zu arbeiten, die sich jeder Anwendbarkeit entzögen. 1941 nannte er zwei Zweige, die nie einem militärischen Nutzen unterworfen werden könnten: die Zahlentheorie und Einsteins Relativitätstheorie (vgl. Sokal/Bricmont, *Eleganter Unsinn*, a.a.O., S. 316). Bemerkenswert an der Sokal-Affaire ist in diesem Zusammenhang auch, dass in den Diskussionen das Thema der Kommerzialisierung der Wissenschaft, vor allem in Bereichen der Gentechnik und Mikrobiologie, weitestgehend ausgespart wurde. Lorraine Daston gibt diesbezüglich zu bedenken, dass die gesamte US-Forschung zu nahezu 80% durch das Verteidigungsministerium und die Industrie finanziert wird (vgl. Daston, »Wahrheit über Wahrheit«, a.a.O., o.S.; vgl. a. Dorothy Nelkin, »The Science Wars. Responses to a Marriage Failed«, in: *Social Text* 14.1/2 (1996), S. 94–101).

[119] Vgl. Robbins/Ross, »Mystery Science Theater«, a.a.O., S. 56f.

[120] Ebd.

Leser genau zu überprüfen, ob bestimmte Theorien präzise durchdacht oder nur aus modischen Gründen phrasenhaft angeführt werden. Daraus folgt jedoch nicht im Umkehrschluss, dass sich einzelne Konzepte – etwa die von Sokal angesprochene ›*jouissance*‹ Lacans oder die ›*différance*‹ Derridas – per se diskreditieren, nur weil sie vielschichtiger sind oder einer komplexeren Wortwahl bedürfen als alltagssprachlich üblich.

d) Folgt man Sokals Nachbereitung des Fake in einem Vortrag aus dem Jahr 1997, so hat er den Text nicht nur aus hier unter Punkt b) angesprochenen politischen Motiven, sondern auch mit dem Ziel verfertigt, die ›inkorrekte‹ Verwendung physikalisch-mathematischer Theorien in philologischen und philosophischen Texten anzuprangern – »speculative theories passed off as established science; strained and even absurd analogies [...] and confusion between the technical and everyday sense of English words«.[121] Auch wenn »Transgressing the Boundaries« mit einer Vielzahl unverständlicher Zitate von in den Geistes- und Sozialwissenschaften relevanten Theoretikern versehen ist – ausführlich wiedergegeben werden eine Wortmeldung Jacques Derridas sowie Überlegungen von Jacques Lacan, Gilles Deleuze, Félix Guattari, Luce Irigaray, Jean-François Lyotard, Michel Serres, Bruno Latour und Donna Haraway –, leistet der Text keine effektive Kritik an den zitierten Autoren. Die aufgerufenen Passagen – Sokal schreibt: »the most hilarious parts were not written by me«[122] – sind häufig unvermittelt als Beweis *ex auctoritate* an die Scheinargumente angehängt oder gehen im Dschungel des Unverständlichen unter. Die Defizite an Klarheit fallen somit zunächst auf den Autor Sokal und nicht auf die zitierten Texte zurück, weil sich der Eindruck aufdrängt, dass diese lediglich ungeschickt aus dem Zusammenhang gerissen wurden. Würde man einer solchen Zitattechnik kritisches Potential zusprechen, wäre der gesamte Bestand der Philosophie des Abendlandes in Gefahr, diskreditiert werden zu können. Im Pauschalisierungs-Furor während der ›*Social-Text*-Affaire‹ wurde so auch nur selten die Fragwürdigkeit bestimmter Theorieverwendungen und Analogisierungen Gegenstand gründlicherer Auseinandersetzungen. Sokal gibt aus diesem Grund auch später zu bedenken: »By the way, if you worry that I'm quoting out of context, just follow my footnotes, look up the originals, and decide for yourself. You'll find that these passages are even worse in context than out of context.«[123] Dass Sokal

[121] Sokal, »Transgressing the Boundaries: An Afterword«, a.a.O., S. 93.
[122] Sokal, »What the Social Text Affair Does and Does Not Prove«, a.a.O., S. 6.
[123] Ebd., S. 7.

zusammen mit dem belgischen Physiker Jean Bricmont im Oktober 1997 in Frankreich das Buch *Impostures intellectuelles* veröffentlichte, in dem eine ausführlichere Kritik an den einzelnen Theoretikern geleistet wird – wie überzeugend dies geschieht, sei in diesem Forschungszusammenhang dahingestellt[124] –, mag als Ergebnis der Einsicht in das Scheitern des Fake für die genannten desavouierenden Zwecke gewertet werden. Erst diese Publikation führte dazu, dass die Debatten, die sich zum Teil in Amerika bereits an dem *Social Text*-Artikel entzündeten, in anderer Form in Frankreich aufflammten.

Um die Effekte des Sokal-Hoax angemessen resümieren zu können, gilt es somit, angesichts der Fülle an Generalisierungen zu differenzieren und Abstand zu nehmen sowohl von der Zurückweisung vonseiten der *Social Text*-Herausgeber, dass der Hoax gar nichts bewiesen habe,[125] als auch von Schlussfolgerungen, dass damit der allgemeine Bankrott der Cultural Studies belegt worden sei. Sokal, der sich noch in seinen ersten Reaktionen auf die ehrgeizigen Ziele beruft, den »apparent decline in the standards of rigor in certain precincts of the American academic humanities«[126] aufzuzeigen oder zu belegen, »that some fashionable sectors of the American academic Left have been getting intellectually lazy«,[127] schränkt die Auswirkungen der Veröffentlichung des Texts – entsprechend den hier erarbeiteten Ergebnissen – später selbst deutlich ein:

> From the mere fact of publication of my parody, I think that not much can be deduced. It doesn't prove that the whole field of cultural studies, or cultural studies of science – much less sociology of science – is nonsense. Nor does it prove that the intellectual standards in these fields are generally lax. [...] It proves only that the editors of one journal were derelict in their intellectual duty, by publishing an article on quantum physics that they admit they could not understand, without bothering to get an opinion from anyone knowledgeable in quantum physics, solely because it came from a ›conveniently credentialed ally‹ (as Social Text co-editor Bruce Robbins later candidly admitted), flattered the editors' ideological preconceptions, and attacked their ›enemies‹.[128]

124 Eine gründliche Auseinandersetzung mit Sokals Vorwürfen findet sich in den Beiträgen des folgenden, leider nur in Frankreich erschienenen Buches: Jurdant Baudouin (Hg.), *Impostures scientifiques. Les malentendus de l'affaire Sokal*, Paris/Nizza: Éd. La Découverte/*Alliage* 1998.

125 Vgl. Ross, »Reflections on the Sokal Affair«, a.a.O., S. 151.

126 Sokal, »A Physicist Experiments with Cultural Studies«, a.a.O., S. 62.

127 Ebd., S. 64.

128 Sokal, »What the Social Text Affair Does and Does Not Prove«, a.a.O., S. 6; Sokal wiederholt dasselbe Argument auch im Vorwort seiner 2008 erschienenen ›Nachlese‹ (vgl. Alan Sokal, »Preface«, in: Sokal, *Beyond the Hoax*, a.a.O., S. xi–xxi, hier: S. ivx).

Trotz der hier dargelegten geringen Beweiskraft des Fake sind die in der Tagespresse veröffentlichten Überinterpretationen von Sokals ›Testergebnissen‹ als diskursives Echo ernst zu nehmen. Denn durch sie wurde in erheblichem Maße die vor allem in amerikanischen Forschungszusammenhängen[129] relevante öffentliche Meinung beeinflusst. Weil viele Debatten in Tageszeitungen und den zugehörigen Supplementen geführt wurden, ist gleichwohl als Verdienst der Sokal-Affaire festzuhalten, dass der akademische Disput überhaupt in die gesellschaftliche Öffentlichkeit gebracht wurde. Dadurch wurden nämlich beide Fronten der ›Science Wars‹ in hohem Maße genötigt, ihre jeweiligen Praktiken öffentlich zu reflektieren. In der Folge dieser Auseinandersetzungen wurden zwei fanatische Positionen der ›Science Wars‹ deutlich zutage gefördert: Auf der einen Seite ein dogmatischer ideologiekritischer Determinismus, dem zufolge jede Erkenntnistätigkeit von vornherein von gesellschaftlichen, sozialen und politischen Kräften beherrscht wird; und auf der anderen Seite eine Erkenntnisgewissheit, der zufolge jegliche Forschung und ihre sämtlichen Ergebnisse frei von Einflüssen, Deutungsmustern, sprachlichen Bedingungen und diskursiven Regelmäßigkeiten zu denken ist. Als Forschungsperspektive zwischen beiden Extrempositionen sei daher Foucaults archäologische ›Methode‹ empfohlen, mittels deren gegenstandsnahe Einsichten gewonnen werden können und mit der vermieden werden kann, dass *ex ante* gewünschte Ergebnisse lediglich auf die untersuchten Phänomene rückprojiziert werden.[130] Determinismus und Positivismus können so gleichermaßen einer differenzierteren Betrachtung weichen, indem von den konkreten Praktiken ausgehend auf die jeweils vorherrschenden diskursiven Regelmäßigkeiten geschlossen wird.

Durch die weitgehende Oberflächlichkeit der Diskussion haben sich die gegenüberliegenden Fronten indes eher verhärtet, so dass eine auf gegenseitigem Respekt basierende Vermittlung der verschiedenen Forschungsbereiche zunächst verhindert wurde. Folgt man den entsprechenden Darstellungen, so bleibt als ein exemplarischer konkreter institutioneller Effekt der Sokal-Affaire festzuhalten, dass dadurch das Scheitern eines Berufungsverfahrens in Princeton erheblich beeinflusst

[129] Siehe Fn. 62 auf S. 275.

[130] Dass Bruno Latour, der streng sozialkonstruktivistische Perspektiven ablehnt, bereits 1986 die Neuauflage seines zusammen mit Steve Woolgar 1979 veröffentlichten Buchs *Laboratory Life. The Social Construction of Scientific Facts* ohne das Attribut »social« herausbrachte, lässt sich als Ausdruck dessen deuten, dass er an seiner Studie die gegenstandsnahe Betrachtung konkreter Labor-Praktiken gegenüber einer apodiktischen Feststellung gesellschaftlicher Einflüsse herausstreichen wollte.

wurde: Am dortigen renommierten ›Institute for Advanced Study‹ sollte, nachdem man Fördergelder eingeworben hatte, eine Forschungsstelle für Science Studies eingerichtet werden. Bereits 1993 hatte nach Protesten seitens am Institut ansässiger Mathematiker und Naturwissenschaftler Bruno Latour seine Bewerbung zurückgezogen. 1997 schließlich wurde auch die Stellenvergabe an den im Vergleich zu Latour weniger radikalen Wissenschaftshistoriker Norton Wise durch ein Veto verhindert, u. a. weil er bei den Debatten um die Sokal-Affaire die Argumente Steven Weinbergs infrage gestellt hatte: »Had it not been for this exchange«, erklärt Joan Scott, Professorin der Sozialwissenschaften, »Dr. Wise's appointment might not have been contested.«[131] Man könnte somit mit Foucault konstatieren, dass sich in den Science Wars und um den Sokal-Hoax eine regelrechte diskursive Polizei errichtete, die, naturwissenschaftlich dominiert, anonym über das in den Science Studies Sagbare zu wachen begann, wie Wise selbst zu bedenken gibt: »If the rumours about what happened at the institute are correct, it would seem to indicate some of the most intimidating aspects of the science wars – a call for what Mario Bunge has called a truth squad, to expel the charlatans from the university«.[132]

»Hook, line and sinker« – Joey Skaggs' ›*Pranks*‹ (1976–1987)

Joey Skaggs' ›Arbeiten‹ aus den 1970er Jahren lassen sich in die vor dem Sokal-Exkurs skizzierte dadaistische Tradition einrücken. Er bezeichnet sie im Einzelnen als ›*prank*‹, das aus dem Englischen als Posse oder Streich übersetzt werden kann, und bindet sie in einem auf seiner Webseite veröffentlichten Manifest auch in einer direkten Reminiszenz an den Surrealismus: »The role model of the adult prankster is a scarce archetype indeed. But pranks can continue until one's dying breath: when he died, the great Surrealist André Breton was taken to the ce-

[131] Joan Scott, zit. n. Liz McMillen, »The Science Wars Flare at the Institute for Advanced Study«, in: *The Chronicle of Higher Education* (16.5.97), S. 13.

[132] Norton Wise, zit. n. McMillen, »The Science Wars Flare at the Institute for Advanced Study«, a. a. O., S. 13. Die einschlägige Stelle von Mario Bunge, der sowohl Physiker als auch Wissenschaftsphilosoph ist, findet sich als Conclusio zu seinem Essay »In Praise of Intolerance to Charlatanism in Academia«, in dem er u. a. Martin Heidegger, Edmund Husserl, Herbert Marcuse und Michel Foucault zu Nonsens erklärt: »Let all genuine intellectuals join the Truth Squad and help dismantle the ›postmodern‹ Trojan horse stabled in Academia before it destroys them« (Mario Bunge, »In Praise of Intolerance to Charlatanism in Academia«, in: Paul R. Gross (Hg.), *The Flight from Science and Reason*, New York: New York Academy of Sciences 1996, S. 96–115, hier: S. 111).

metery in a moving van.«[133] Für die hier bereits mehrfach in Anschlag gebrachte zeitliche Dimension von Fälschungen und Fakes, bestehend aus Echtheitsbehauptung wie auch Aufmerksamkeitslenkung, Akzeptanz und Aufdeckung, verwendet Skaggs die im Englischen geläufige Metapher »hook, line and sinker«, welche aus dem Bildfeld des Angelns stammt und dafür steht, jemanden zum Narren zu halten: »The Hook shows what Skaggs put out there to attract attention. The Line shows what happened as a result of the ›Hook‹. And the Sinker shows what happened when the piece was revealed as a hoax.«[134]

Im Gegensatz zu den weiter oben angeführten Fake-Texten fußen Skaggs' Interventionen nicht nur darauf, ein fiktives Vorkommnis zu schildern und als wahr auszugeben, sondern auch darauf, neben falschen Pressemeldungen bestimmte Gegebenheiten zu ihrer Authentifizierung eigens zu inszenieren, d.h. das Dargestellte in einem gewissen Sinne in die – allerdings vorgebliche – Tat umzusetzen. Für die getäuschten Journalisten fallen somit Darstellung und Herstellung des Medienereignisses nicht zusammen, da sie ihrerseits als Instanzen benutzt werden, die auf eigene Beobachtungen hin ihre Einschätzung des selbst vor Ort in Augenschein Genommenen vermelden. Der Mediennutzer indes steht diesen Falschnachrichten in gleicher Weise gegenüber wie einem fingierten Tatsachenbericht.

Skaggs unterrichtet seit 1976 ›Media Communications‹ an der New York ›School of Visual Arts‹ und unternimmt bis heute seine praktischen Versuche nicht selten mit Unterstützung seiner Studenten. Das erste Fake in der beschriebenen Art lancierte er ebenfalls 1976, indem er zunächst in der *Village Voice* eine Werbeanzeige für ein Hundebordell schaltete, mit dem Angebot an Tierliebhaber, ihre Vierbeiner für 50 Dollar von einem vielfältigen ›Personal‹ – vom Rassehund »Fifi the French Poodle« bis zum ›Köter‹ »Lady the Tramp« – verwöhnen lassen zu können. Diesem ersten Köder folgten mehrere Pressemitteilungen. Skaggs kommentiert seine Strategie: »The Press Release is the concept, and it has to have a

[133] Joey Skaggs, »Artist's Manifesto (Dogma)«, www.joeyskaggs.com/html/manif/index.html, zuletzt aufgerufen am 14.12.2006.

[134] Joey Skaggs, »Retrospective«, www.joeyskaggs.com/html/retsub.html, zuletzt aufgerufen am 30.11.2006. Die Quellenlage bei der Darstellung der Fakes ist etwas prekär. Skaggs dokumentiert auf seiner Webseite lückenlos die Geschichte und auch die Berichte zu seinen Fakes. Aber kann man die Homepage eines weltbekannten Fakers als verlässliche Quelle betrachten? Soweit möglich wurde daher auf Medienberichte zurückgegriffen, die andernorts recherchierbar waren. In einigen Fällen zeigte sich so beispielsweise, dass einzelne Publikationsorgane, entgegen Skaggs' Vermerken, Richtigstellungen veröffentlicht hatten.

good hook. What they all want is to visualize something. It has to have a visual to it, and it's best if you provide one.«[135]

741-0019 PETS 741-0019

HEALTHY DOGS AND CATS
NEUTERED AND INOCULATED
FOR ADOPTION

WE TRAIN YOU AND YOUR DOG
N.Y. SCHOOL OF DOG GROOMING

All Breeds
(Large & Small)
Chelsea Area
TRAMPS
By Appt. Only
691-2820

puppy palace

PETS (170)

AFGHAN HOUND PUPS
Black Males & Females. Champion Lineage. AKC Registered. Price negot.

AKC SHIH TZU PUPPIES
2 Males. Parents on Premises
Exquisite - Adorable

"CAT HOUSE FOR DOGS"
Featuring a savory selection of Hot Bitches-from pedigree (Fifi the French Poodle) to mutts (Lady the Tramp) Handler & Vet on duty-stud & photo service available-no weird-os, Please Dogs only-By appt.

$125. THE PUPPY PEOPLE
1484 THIRD AVE 535-1700.

PETS (170)

POCKET TOY POODLE FOR SALE
Apricot markings, two month old male. Has papers and very healthy.

Pugs-Handsome 11 wk old fawn males with black masks. $150

Siberian Husky Pups AKC M/F
Champion & racing lines, perfect blk&wh marks, excel health, all shots Home raised. Dam prem.

Siberian Husky-8 wk old male beauty. Paper trained. Health guaranteed. The Puppy People 1484 Third Ave.

Ten week old female Irish Setter, chestnut, growing and feminine, looking fo a companion. If interested, call Anthony

PETS (170)

WEIMARANER PUPS-AKC Reg.

YORKIES-Tiny males-AKC
Home bred. 7 wks. Parents on prem.

2 Beautiful Chihuahua Pups

2 Lovebirds with Cage. 1 white wrought iron tall round parrot cage. Best offer.

2 SIAMESE REDPOINT KITTENS
CFA, Champ sired. One beauty, one ugly duckling.

PETS FOR FREE (171)

AFFECTIONATE COLLIE/TERRIER

Beautiful black male kitten with jade eyes. Sweet disposition, clean. Will deliver, neuter, and give all shots.

BEAUTIFUL PUPPIES, born Nov 21
Strong, Healthy, Medium Sized. Great personalities, brown or Black Only to good homes.

BEAUTIFUL 7 WK. OLD KITTENS

Beautiful small German shepherd, healthy young female, obedient, affectionate, playful, marvelous. Call day or evening.

Abb. 27: Anzeige »Cat House for Dogs«, aus: *Village Voice* 1976

Abb. 28: Joey Skaggs' Cat House for Dogs Bitches

[135] Joey Skaags, [Interview], in: V. Vale/Andrea Juno (Hg.), *Pranks!*, San Franisco: RE/Search 1987, S. 36–50, hier: S. 48.

Nachdem neben einigen Interessierten schließlich auch die Tagespresse mit ihm Kontakt aufgenommen hatte, inszenierte Skaggs mit 25 Darstellern und 15 Hunden in einem Loft in Soho das entsprechende Etablissement. Selbst ein angeblicher Tierarzt gab Auskunft über die medikamentöse Behandlung der ›Angestellten‹. Sexuelle Vorgänge waren aber nie zu sehen. Die Journalisten bissen an: Die *SoHo Weekly News* berichtete zweimal darüber; selbst ein Kamerateam von New Yorks erster nächtlicher TV-Sexshow *Midnight Blue* dokumentierte die Gegebenheiten. Das gleiche Material wurde später – nachdem der Redakteur von *Midnight Blue* eingeweiht worden war – auch dem lokalen ›Channel 7‹ von ABC zugespielt und daraufhin in den *Eyewitness News* auf WABC TV gezeigt. Auf diese Berichterstattung hin setzte eine heftige Reaktion der Öffentlichkeit ein: Die ›American Society for the Prevention of Cruelty to Animals‹, das ›Bureau of Animal Affairs‹, die New Yorker Polizei und das Büro des Bürgermeisters schalteten sich ein. Schließlich erhielt Skaggs sogar eine Vorladung beim Generalstaatsanwalt, die er dadurch konterte, dass er am 1. April (!) in dessen Büro eine Pressekonferenz anberaumte, bei der er das Fake offenlegte. Als Folge wurde Alex Bennett nicht nur als verantwortlicher Redakteur von *Midnight Blue*, sondern auch als Radiomoderator bei WPLJ entlassen.[136]

In einer anderen Aktion 1981 verlautbarte Skaggs im Namen des Entomologen Dr. Josef Gregor von der Universität Bogotá, dass es ihm und seiner Gruppe ›Metamorphosis‹ gelungen sei, eine spezielle Kakerlaken-Art zu züchten, die resistent gegen jegliche Form von Umweltgiften sei, und dass daher ein aus diesen Tieren gewonnenes Hormon als Allheilmittel gegen Erkältungen, Akne, Anämie und sogar gegen radioaktive Strahlung wirke. Wieder präparierte Skaggs dafür eigens ein Apartment und stattete es mit einem Minilabor und diversen Kakerlaken-Exponaten aus, um die bei der Pressekonferenz anwesenden Journalisten zu überzeugen. Die Nachrichtenagentur United Press International (UPI) verbreitete daraufhin diese Information zwar nicht als ernst zu nehmende medizinische Errungenschaft, aber als Kuriosität unter dem Titel »Cockroach Pill Answer to Man's Survival?«[137] und

[136] Vgl. Anonym, »›Cathouse‹ Puts Alex Bennett in the Doghouse«, www.joeyskaggs.com/html/catsinker/catdailyplanet.jpg, aufgerufen am 14.12.2006. Skaggs gibt als Publikationsmedium allerdings den *Daily Planet* an – eine Zeitung, die nur in den Superman-Comics existiert. Im 1984 erschienenen *The Total Dog Book* wurde das ›Cathouse for Dogs‹ immer noch ernsthaft gelistet (vgl. Skaags, [Interview], a.a.O., S. 40).

[137] Ted Lion, »And by the Way ... Cockroach Pill Answer to Man's Survival?« [Agenturmeldung von United Press International (UPI)] (28. Mai 1981). Die im Folgenden zitierten

sorgte damit dafür, dass sie in 175 Zeitschriften in den USA – u.a. im *Washington Star*, im *Philadelphia Inquirer*, in der *Pittsburgh Press* und der *Chicago Tribune* – veröffentlicht wurde.[138] Dr. Gregor wurde schließlich auch von dem New Yorker Lokalsender WNBC in *Live at Five* gezeigt.

Abb. 29: ›Dr. Josef Gregor‹

Abb. 30 u. 31: ›Dr. Josef Gregor‹ bei *Live at Five*. WNBC, 1981

Agenturmeldungen sind als Volltexte recherchierbar in den Online-Datenbanken von LexisNexis unter: http://global.lexisnexis.com/de-de-signon.

[138] Vgl. David J. Blum, »A Kafkaesque Tale of Health Faddists Eating Cockroaches. And Journalists Eating Crow, As the Story Turns out to Be a Teacher's Hoax«, in: *Wall Street Journal* (28.9.1981), S. 1 u. 23.

Niemandem fiel die Namensübereinstimmung der grotesken Gruppe mit dem englischen Titel von Kafkas Erzählung *Die Verwandlung* und die entsprechende Reminiszenz mittels der Wiederaufnahme des Vornamens des Protagonisten Samsa auf. Erst einige Monate später lieferte UPI eine Richtigstellung (»We were hoodwinked ...«) mit der Aufdeckung, dass es sich bei Josef Gregor um Joey Skaggs gehandelt habe, setzte sie aber geschickt in den Kontext etlicher anderer Fakes, bei denen auch andere Presseorgane getäuscht worden waren.[139] Die Agenturmeldung gab auch Skaggs' künstlerisches Selbstverständnis als Performance-Künstler wieder, »who uses the media as his ›medium‹ to show how easily they can be duped«.[140]

Ein letztes Fake sei kurz angeführt, weil es auch in Deutschland ein Presseecho hatte. Im Zusammenhang mit den Vorkommnissen um Tschernobyl meldete sich Skaggs als Meeresbiologe Dr. Richard J. Long zu Wort und warnte vor der Ausrottung der Elefantenmuschel (*geoduck*): Da durch die Reaktorkatastrophe die nordischen Rentiere, deren Geweih in Pulverform in Japan als Aphrodisiakum gehandelt werde, verseucht worden seien, steige dort die Nachfrage nach der Elefantenmuschel in einem sie bedrohenden Ausmaß. Ein zweites Mal nahm UPI ein Skaggs-Fake in ihren Meldungspool auf, und zwar mit der Schlagzeile: »Saving the Geoduck from the Sexually Hungry«.[141] Der *U.S. News & World Report* gab als »Quote of the week« wörtlich Dr. Longs Warnung wieder: »The Geoduck is threatened with extinction due to a voracious international appetite for aphrodisiacs«;[142] und selbst *Der Spiegel* berichtete in einem Einspalter unter der Rubrik »Spektrum: Modernes Leben« über die »Gefährdete Liebesmuschel«.[143]

Ähnlich wie Schütz testete Skaggs mit seinen Fakes, im Gegensatz beispielsweise zu Poe, nicht Modi der textinternen Authentifizierung, sondern warum eine Plausibilitätsprüfung oder Gegenrecherche vonseiten der Journalisten außer Acht gelassen wurde: Seine fiktiven Identitäten, wenn sie sich nicht wie im Falle von Dr. Gregor und seiner ›Metamorphosis‹-Gruppe mit expliziten Hinweisen bereits selbst *ad absurdum* führten, waren so angelegt, dass sie jeweils durch einfache Nachforschungen aufzudecken gewesen wären. Im Nachhinein be-

139 Anonym, »We Were Hoodwinked ...« [Agenturmeldung von UPI] (3.8.1981).

140 Ebd.

141 Anonym, »Saving the Geoduck from the Sexually Hungry« [Agenturmeldung von UPI] (9.6.1981).

142 Anonym, »Quotes of the Week«, in: *U.S. News & World Report* (22.6.1987), S. 11.

143 Anonym, »Gefährdete Liebesmuschel«, in: *Der Spiegel*, H. 20 (1987), S. 282.

Abb. 32: ›Meeresbiologe‹ Dr. Richard Long

Gefährdete Liebesmuschel

Der Welt größte Seemuschel, die Geoduck (sprich: Guuidack), könnte schon bald auf der Liste der ausgestorbenen Arten erscheinen – weil japanische Männer sie als Aphrodisiakum entdeckt haben. Das bis zu 13 Pfund schwere Meereslebewesen kommt nur in den Gewässern des Puget Sound vor, einer von Landzungen geschützten Bucht im US-Bundesstaat Washington. Wegen eines penisartigen Fleischfortsatzes und der außerordentlichen Elastizität ihrer Muskelstränge stand die Geoduck unter Einheimischen und Besuchern der Bucht seit jeher im Ruf, die sexuellen Triebkräfte des

Abb. 33: »Gefährdete Liebesmuschel«, aus: *Der Spiegel* (1987)

trachtet legen die Fakes, indem sie das Fehlen solcher Überprüfungen öffentlich machen, in besonderer Weise den spezifischen »Redaktionsaffekt« der getäuschten Journalisten offen. Wenig Neues fördern in diesem Zusammenhang jedoch die Fakes wie das Hundebordell oder das Kakerlaken-Projekt zutage: Sie zeigen nur ein weiteres Mal die Anfälligkeit der Boulevardpresse für Reizthemen wie Ekelhaftes, Sex und Tiere.

Die Trivialität der verbreiteten Falschnachrichten ist jedoch wie bei Schütz' Paradoxien als Teil des Konzepts zu verstehen, insofern gleichsam mit dem Teufel der Belzebub ausgetrieben wird oder, anders gesagt, die Banalität der Medien mit der untergeschobenen Banalität der vorgeblichen Phänomene entlarvt und öffentlich diskreditiert wird. Wollte man hier einen literaturtheoretischen Begriff in Stellung bringen, ließe sich von einer Art unfreiwilliger Selbst-Parodie[144] seitens der

[144] Vgl. zu einer entsprechenden Definition des Begriffs: Genette, *Palimpseste*, a.a.O., S. 35f. u. 44 (frz. S. 29f. u. 37).

Publikationsinstanzen sprechen, weil der Stil, in dem in der Regel über etwas berichtet wird oder Medien-›Ereignisse‹ hergestellt werden, von jenen selbst auf ein vulgäres Thema bezogen wurde. Es handelte sich dabei aber um Parodien, die zunächst unerkannt blieben und die erst im Nachhinein – nach der Aufdeckung – eine satirisch-kritische Diskrepanz aufscheinen ließen, indem sie sichtbar machten, dass auch noch so trivialer Unsinn in professionellen und autoritativ gestützten Verlautbarungsorganen als nachrichtenwürdige Information zirkulieren kann. Als konkreter Effekt für die Berichterstattungsmedien lässt sich zumindest eine kurzfristige Desavouierung der entsprechenden Presse-Autoritäten festhalten; d. h., das massenmediale Versprechen, verlässliche Informationen zu bieten, sei dies auch im Bereich des Boulevardjournalismus, wurde öffentlich enttäuscht.

Hervorzuheben ist jedoch in besonderer Weise die ›*Geoduck*‹-Kampagne, die sich zum einen vor dem Hintergrund der Reaktorkatastrophe bei Tschernobyl und des in den 1980er Jahren durch Greenpeace prominent gewordenen Umweltaktivismus plausibilisierte, die zum anderen aber in besonderer Weise die zeitgenössischen japanfeindlichen Vorurteile satirisch verfremdete. Das Fake machte nämlich deutlich, wie sehr sich die Zeitungen von der damaligen xenophoben Stimmung leiten ließen – für die hohe US-amerikanische Staatsverschuldung und das hohe Außenhandelsdefizit wurde seinerzeit insbesondere Japan beschuldigt – und wie sie sie auch in absurder Weise fortschrieben. Das Fake legte somit die Funktion der Massenmedien bei der Beförderung von Vorurteilen offen. Da Skaggs die durch den Umweltprotest ausgelöste mediale Öffentlichkeit auch nutzte, um dem publizierten Skandal explizit politische Aussagen anzuheften, gelang es ihm, die Medienorgane zu zwingen, selbst kritische Positionen, die sonst nicht vermeldet worden wären, zu verbreiten, wie sich der Agenturnachricht von UPI ablesen lässt: »But the committee called off a planned protest in front of the Japan Society, saying that it did not want to become a party to the current ›frenzied orgy of Japan-bashing‹ by the U. S. government and the media over trade issues.«[145] Skaggs kommentiert später diese Form nicht nur der sprachlich geäußerten, sondern vor allem der praktischen Kritik, für die sich mittlerweile der Begriff des ›Culture Jamming‹ durchgesetzt hat, in einem Artikel der *New York Times* folgendermaßen: »As Joey Skaggs, I can't call a press conference to talk

[145] Anonym, »Saving the Geoduck from the Sexually Hungry« [Agenturmeldung von UPI] (9.6.1981).

about how the media has been turned into a government propaganda machine [...]. But as a media jammer, I can go into these issues in the process of revealing a hoax.«[146]

Skaggs' Experimente geben somit in besonderer Weise Auskunft über die Funktionslogiken der Nachrichtenmedien, insbesondere über die strukturelle Ebene der Berichterstattung, nämlich die nicht unwesentliche Rolle der Nachrichtenagenturen. Als Warenangebot von Agenturen werden Nachrichten von den einzelnen Publikationsorganen gekauft, um sich eigene Recherchen zu ersparen; sie gelten als von vornherein gesicherte Fakten, zumindest aber wird die Verantwortung für die Richtigkeit der Nachricht ausgelagert. Dadurch dass es Skaggs gelang – z.B. als Dr. Gregor mit seinen Kakerlaken-Medikamenten sowie als Dr. Long mit der ›*Geoduck*‹-Kampagne – die Nachrichtenagentur UPI zu täuschen, konnte er seine Nachrichten-Attrappen auf der obersten Stufe in die Kaskade der Informationsausschüttung einschleusen. Die internationalen Agenturkunden füllten mit diesen zugekauften, nicht weiter überprüften Informationen ihre jeweiligen Rubriken ›Vermischtes‹ und sorgten für die virusartige Verbreitung des Fake. Die breite Streuung in diesem weitverzweigten Informationsnetz hatte auch zur Folge, dass sich die Meldungen – wie bereits bei den anderen Fälschung mehrfach nachgewiesen – durch Erscheinen in anderen Zeitungen oder Nachrichtenmedien zusätzlich quantitativ plausibilisierten; d.h., die hohe Zahl der Veröffentlichungen sorgte im Sinne einer statistischen Wahrscheinlichkeit für eine zusätzliche Probabilisierung. Dieser Effekt lässt sich als ein allgemeines Problem des Agenturjournalismus fassen, denn für den Mediennutzer stehen die spezifischen Publikationsinstanzen für eine je im Einzelnen geprüfte Verlautbarung der Nachricht ein, obwohl alle ohne eigene Recherchen mitunter auf dieselbe Quelle (manchmal ohne entsprechenden Verweis) als übergeordnete Wahrheitsinstanz rekurrieren. Selbst ein kritischer Rezipient, der also mehrere Quellen befragt, ist einer Falschnachricht oder einer Skaggs'schen Fälschung gegenüber, insofern sie sich nicht wie bei Schütz durch interne Widersprüche deplausibilisiert, machtlos: Wie bereits zitiert, gilt als wahr dasjenige, was die Gesamtheit der Medien für wahr erklärt. Durch die hohe Veröffentlichungsrate der Fälschung kann die Aufdeckung indes – vorausgesetzt, dass die einzelnen Organe eine Richtigstellung publizieren – ein ebenso großes Echo erfahren, so

[146] Joey Skaggs, zit. n. Mark Dery, »The Merry Prankster and the Art of the Hoax«, in: *The New York Times* (23.12.1990), Sect. 2, S. 1.

dass sich die medienkritischen Effekte der allgemeinen Infragestellung von Nachrichtenfakten ebenfalls multiplizieren, weil sie nicht nur auf ein Medium beschränkt bleiben.

»Eine Implosion des Realen«? – Tom Kummers Starinterviews (1996–2000)

Am 15. Mai 2000 deckte die Zeitschrift *Focus* unter Verweis auf verschiedene PR-Agenten auf, dass die Interviews, die Tom Kummer angeblich mit amerikanischen Stars, wie Brad Pitt, Kim Basinger, Courtney Love oder Sharon Stone, geführt haben wollte und mit denen er zum größten Teil die Magazinbeilage der *Süddeutschen Zeitung* zwischen 1996 und 1999 versorgt hatte, nie stattgefunden hätten und gefälscht gewesen seien.[147] Bereits zuvor war 1999 seitens des Magazins als auch früher schon 1992 vonseiten der Zeitschrift *Tempo* sowie 1996 vom *stern*, ohne die Leser davon in Kenntnis zu setzen, die Zusammenarbeit mit Kummer jeweils wegen journalistischer Bedenken beendet worden. Bezeichnend an dem Fall ist, dass Kummer in besonderer Weise mit einem an Baudrillard geschulten Medienskeptizismus vertraut war, dem er bereits 1997 mit *Good morning Los Angeles. Die tägliche Jagd nach der Wirklichkeit* ein literarisches Denkmal setzte und dem er auch nach der Entdeckung seiner Fälschungen, indem er sich u. a. als »Nicht-Journalisten«[148] und seine Texte in der Tradition von Skaggs als »Konzeptkunst«[149] bezeichnete, Ausdruck verliehen hat: »Mir ging es darum, die Definition, was Realität ist und was Fiktion, in Frage zu stellen. Wenn ich schreibe, beginnt eine Implosion des Realen.«[150]

Um zu verstehen, warum es im Nachhinein – wie bei den anderen Fällen auch – unbegreiflich erscheint, dass Kummers Interviews nicht bereits zuvor als fingiert aufgefallen waren, gilt es, sich den besonderen Kontext ihrer Publikation ins Gedächtnis zu rufen. Sie fielen nämlich

[147] Holger Hoetzel, »›Frei erfunden‹, ›nie geführt‹«, in: *Focus*, H. 20 (2000), S. 221–222. Kummer schrieb nicht nur für die *Süddeutsche Zeitung*, sondern lieferte Interviews und Reportagen auch für *Die Zeit*, *Der Spiegel*, das Magazin des Zürcher *Tagesanzeigers*, die *Frankfurter Allgemeine Sonntagszeitung*, *stern* und *Elle*. Übersetzungen seiner Texte erschienen auch in der ausländischen Presse.

[148] Tom Kummer, zit. n. Christian Bommarius, »Die Wirklichkeit macht sich bemerkbar. Tom Kummer hat Interviews mit Hollywood-Stars gefälscht. Er sagt, das sei Kunst – andere nennen es Betrug«, in: *Berliner Zeitung* (29.05.2000), S. 3.

[149] Tom Kummer, zit. n. Bommarius, »Die Wirklichkeit macht sich bemerkbar«, a. a. O., S. 3.

[150] Marianne Wellershoff, »Implosion des Realen«, in: *Der Spiegel*, H. 21 (2000), S. 108–110, hier: S. 108.

in eine Zeitspanne, in der sich mit etwa 20-jähriger Verspätung und in einer spezifischen Lesart davon der sogenannte ›New Journalism‹ in Deutschland als Grundlage des Magazin-Journalismus etablierte. Als Vorreiter ist in diesem Zusammenhang die Zeitschrift *Tempo* zu sehen, die schon 1986 aufgrund ihrer am ›New Journalism‹ angelehnten Redaktionsphilosophie für Aufsehen sorgte.[151] Als wirtschaftliche und publizistische Voraussetzung der Herausbildung dieses später auch als Popjournalismus bekannten Schreibens kann man die vonseiten der großen Verlagshäuser eingeleitete Entwicklung von Magazinbeilagen und Supplementen ansehen. Sie wurden primär für den Verkauf von hochpreisigen Tiefdruck-Farbanzeigen aufgelegt, gerieten aber auch zum Experimentierfeld für eine auf die Erschließung jüngerer Zielgruppen abzielende Öffnung des Feuilleton-Journalismus hin zu popkulturellen Themen.[152] Anzuführen wären in diesem Zusammenhang die ›Berliner Seiten‹ der *Frankfurter Allgemeinen Zeitung*; das Jugendmagazin *jetzt*, die ›Berliner Seiten‹ und die Magazinbeilage der *Süddeutschen Zeitung* sowie die Magazin- und später die ›Leben‹-Beilage der *Zeit*.[153]

1996, zu dem Zeitpunkt also, ab dem Kummer vermehrt Aufträge erhalten sollte, wurde aus den genannten Gründen eine neue Generation an ›Zeitungs-Machern‹ in die Chefredaktion beim *SZ-Magazin* berufen: Ulf Poschardt und Christian Kämmerling. Letzterer skizziert das neue Selbstverständnis, für das sich später der selbstgeprägte Begriff ›Borderline-Journalismus‹ durchgesetzt hat, retrospektiv folgenderma-

[151] Vgl. weiterführend dazu: Bernhard Pörksen, »Die Tempojahre. Merkmale des deutschsprachigen New Journalism am Beispiel der Zeitschrift *Tempo*«, in: Bleicher/Pörksen (Hg.), *Grenzgänger*, a.a.O., S. 307–336.

[152] Vgl. Ralf Hohlfeld, »Der schnelle Marsch durch die Institutionen«, in: Bleicher/Pörksen (Hg.), *Grenzgänger*, a.a.O., S. 337–360, hier: S. 348f.

[153] Horst Pöttker spricht sogar von einer »Reliterarisierung des Journalismus« in den traditionellen Zeitungen und führt als besonderen Beleg der dadurch entstandenen Verwirrungen einen 1998 auf dem Titelblatt der *Zeit* erschienenen fiktiven Brief an die Leser an, der mit Gerhard Schröder unterschrieben war und dessen eigentlicher Autor, Jochen Buchsteiner, lediglich als Mitarbeiter aufgeführt war. Nach mehreren Briefen von Lesern, die diesen satirischen Text ernst genommen hatten und unter anderem über die ›Inhaltsleere‹ klagten, druckte man eine Ausgabe später eine ironische Richtigstellung. Ein weiterer literarischer Text auf der Titelseite, ein fiktiver Dialog zwischen Gerhard Schröder und Helmut Kohl, wurde später – Pöttger schreibt, man habe von dem ersten »Reliterarisierungsexperiment in offenbar noch unvertrautem Gelände« dazugelernt – ausdrücklich vom *Zeit*-Autor verantwortet (vgl. Horst Pöttger, »Berufsethik für Journalisten?«, a.a.O., S. 315f.; siehe a. Jochen Buchsteiner/Gerhard Schröder, »Anstelle einer Regierungsklärung« in: *Die Zeit*, H. 30 (1998), S. 1; Anonym, »Betr. Bordeaux«, in: *Die Zeit*, H. 31 (1998), S. 2; Jochen Buchsteiner, »Spätnachts, im Park des Kanzleramts«, in: *Die Zeit*, H. 50 (1998), S. 1).

ßen: »Unser Ding war, die Grenze zur Fiktion elastisch zu machen, zu dehnen, so weit es geht.«[154] Um die Herkunft dieser mitunter zu trivialen Ergebnissen führenden Poetologie genauer nachzuzeichnen, sei hier kurz auf die Entstehung ihres Vorbilds, d. h. des ›New Journalism‹ in den USA verwiesen, der sich als Gegenbewegung zu der weiter oben skizzierten Ausdifferenzierung von Literatur und Journalismus, also als Entdifferenzierung zwischen der Aussageinstanz des Schriftstellers und des journalistischen Berichterstatters fassen lässt.

Grenzgänge zwischen Literatur und Journalismus waren nach der Trennung der Bereiche bereits Anfang des 20. Jahrhunderts immer wieder unternommen worden. Grenzgänge sind ja *per definitionem* nur möglich, wenn eine Grenze existiert. In Deutschland wäre für die Einführung einer zuvor als journalismusfremd geltenden Parteilichkeit und eines teilnehmenden Beobachtens in die Tatsachenberichterstattung als prominentester Vertreter Egon Erwin Kisch zu nennen;[155] umgekehrt wurde in der Zeitspanne der sogenannten ›Neuen Sachlichkeit‹ im Zuge einer Stärkung des sozialen Realismus die Reportage als literarische Ausdrucksform gestärkt. Eine ausdrückliche Diskussion über die Amalgamierung von journalistischen Themen mit literarischen Präsentationsformen oder über das Spannungsfeld von ›*fiction*‹ und ›*non-fiction*‹ erfolgte jedoch erst in den 60er Jahren des 20. Jahrhunderts, als in erster Linie Tom Wolfe mit mehreren programmatischen Äußerungen Konzepte des ›New Journalism‹, obwohl er den Begriff als Etikettierung für ein neues Schreiben verabscheute, offensiv publik machte.[156] Das Neue an diesem Journalismus war somit weniger die Schreibweise als die mani-

[154] Christian Kämmerling, zit. n. Alexander Osang, »Der Hollywood-Reporter«, in: *Der Spiegel*, H. 40 (2004), S. 206–210, hier: S. 208.

[155] Eine einschlägige Stelle bei Kisch über dieses Eintauchen in das Umfeld, über das es zu berichten galt, lautet: »Ich drängte mich mit der Masse der Frierenden in den Wärmestuben, ich wartete mit den Hungernden in der Volksküche auf die Armensuppe, ich nächtigte mit den Obdachlosen im Nachtasyl, mit den Arbeitslosen hackte ich Eis auf der Moldau, schwamm als Flößerbursche nach Hamburg, statierte im Theater, zog mit dem Heerbann des Lumpenproletariats ins Saazer Land auf Hopfenpflücke und arbeitete als Gehilfe des Hundefängers« (Egon Erwin Kisch, *Marktplatz der Sensationen. Entdeckungen in Mexiko*, in: *Gesammelte Werke*, hg. von Bodo Uhse und Gisela Kisch, VII, Berlin/Weimar: Aufbau 1974, S. 294).

[156] Vgl. Tom Wolfe, *The New Journalism*, London: Pan Books u. Hannes Haas, »Fiktion, Fakt & Fake? Geschichte, Merkmale und Protagonisten des New Journalism in den USA«, in: Bleicher/Pörksen (Hg.), *Grenzgänger*, a. a. O., S. 43–73, hier: S. 51; vgl.zum *New Journalism* hier und im Folgenden: Hannes Haas/Gian-Luca Wallisch, »Literarischer Journalismus oder journalistische Literatur? Ein Beitrag zu Konzept, Vertretern und Philosophie des ›New Journalism‹«, in: *Publizistik* 36.3 (1991), S. 298–314.

festartige Ausrufung als ›neu‹.[157] Das Programm des ›New Journalism‹, der auch als ›*literary journalism*‹ oder ›*creative nonfiction*‹ bezeichnet wird, hieß: »Erzählung statt Wiedergabe, Intuition statt Analyse, Menschen statt Dinge, Stil statt Statistik.«[158] Wolfe schreibt: »The idea was to give the full objective description, plus something that readers had always had to go to novels and short stories for: namely, the subjective or emotional live of the characters«.[159] Für Wolfe war der amerikanische ›New Journalism‹, weil er formal über die minutiöse Zeichnung eines aktuellen Gesellschaftsbildes, wie man es auch vom realistischen Roman gekannt habe, hinausgegangen sei, bezüglich des Erfindungsreichtums an Darstellungsformen dem zeitgenössischen Roman sogar voraus: »In this new journalism there are no sacerdotal rules [...]. The result is a form that is not merely *like a novel*. It consumes devices that happen to have originated with the novel and mixes them with every other device known to prose. [...] In any case, journalists now enjoy a tremendous technical advantage. They have all the juice. [...] The work done in journalism over the past ten years easily outdazzles the work done in fiction«.[160] Er fasst dieses ›Surplus‹ in vier zentrale innovative Präsentationstechniken: Erstens eine am Populärkino angelehnte Dramaturgie, mittels deren die Geschichte anhand einer Folge von Einzelszenen entwickelt wird (manche einschlägige Autoren verschriftlichten sogar drehbuchartig filmische Einstellungswechsel und Brennweitenveränderungen); zweitens das Einflechten längerer Dialogpassagen (mit der Verwendung von Dialekten und Soziolekten orientierte man sich an einer möglichst wortgetreuen schriftlichen Wiedergabe des Gesprochenen – Wolfe selbst verwendet neben einer sehr freien und exzessiven Interpunktion zahlreiche Elemente aus der Populärkultur, wie Songtexte oder an der Comicsprache angelehnte onomatopoetische Exklamationen); drittens die Schilderung der Geschichte aus verschiedenen klar profilierten Perspektiven und viertens die Verwendung von vermeintlich marginalen Statusdetails, »the recording of everyday gestures, habits, manners, customs, styles of furniture, clothing, decoration, styles of

[157] Ralf Hohlfeld skizziert in diesem Sinne, dass schon zahlreiche produktionstechnische Innovationen in der Pressegeschichte als ›Neuer Journalismus‹ bezeichnet wurden: So zum Beispiel das Aufkommen der ›Penny Press‹ um 1830 oder die im ausgehenden 19. Jahrhundert entstehende ›Yellow Press‹ (vgl. Hohlfeld, »Der schnelle Marsch durch die Institutionen«, a.a.O., S. 337f.).

[158] Haas/Wallisch, »Literarischer Journalismus oder journalistische Literatur?«, a.a.O., S. 298 u. Haas, »Fiktion, Fakt & Fake?«, a.a.O., S. 43–73.

[159] Wolfe, *The New Journalism*, a.a.O., S. 35.

[160] Ebd., S. 49f., vgl. a. S. 46.

travelling, eating, keeping house, modes of behaving toward children, servants, superiors, inferiors, peers, plus the various looks, glances, poses, styles of walking [...] through which people express their position in the world or what they think it is or what they hope it to be.«[161] Die neue Schreibweise sollte sich dadurch auszeichnen, dass man – um es im narratologischen Vokabular zu formulieren – nicht nur eine übergeordnete, darüber hinaus den Anschein von Objektivität und Neutralität wahrende heterodiegetische Narrationsinstanz benutzte, sondern auch eine homodiegetische, die dem Journalisten in der Reportage erlaubte, Gefühle, Wertungen und Eindrücke sich selbst zuzuschreiben oder sogar am Dargestellten selbst teilzuhaben. Diese Form des Schreibens führte im Gegensatz zur möglichst unsichtbaren Instanz des allwissenden auktorialen Erzählers im klassischen Journalismus das ›Ich‹ als dominante Figur des Berichterstatters ein. Zudem bediente man sich wechselnder Fokalisierungen und setzte dabei die dargestellten Personen selbst, verschiedene ›Ichs‹, als Reflektorfiguren ein, indem man die Geschehnisse bisweilen aus deren Sicht schilderte. Die journalistische Grundregel ›Objektivität‹, der man gemeinhin dadurch zu entsprechen versucht, dass man die Vermitteltheit der Information möglichst verdeckt, wurde somit mittels subjektivierender Darstellungsmodi durchbrochen. Oder besser: Der Einsicht, dass jeder sich durch einen entpersonalisierten Schreibstil noch so objektiv gebende Bericht, sei es auch nur eine Aneinanderreihung von Vorgefundenem, nie frei von Deutungen, Wertungen und Gewichtungen ist – schon die antike Rhetorik lehrt beispielsweise, dass bei der Wiedergabe konkurrierender Positionen ihre sequentielle Anordnung über ihr Gewicht entscheidet –, wurde durch den Schreibstil in besonderer Weise Ausdruck verliehen. Es handelte sich dabei also, wenn man es den weiter oben dargestellten Poe'schen Verfahren der Wahrscheinlichkeitserzeugung durch einen technisierenden Stil gegenüberstellt, um eine Bewegung in umgekehrter Richtung: Nicht mehr der Anschein ›neutralen‹ Berichterstattens – das ohnehin ein unerreichbares Ideal ist, da es die Möglichkeit einer reinen Trennung von Form und Inhalt voraussetzt – oder einer Fakten aufzählenden objektiven Gegenwartschronik wie im etablierten Informationsjournalismus sollte durch Stil und Aufmachung erreicht werden, sondern die recherchierten Fakten

[161] Ebd., S. 47, vgl. a. S. 35f. u. Tom Wolfe, »Meine Absicht war es immer, ins zentrale Nervensystem eines Menschen zu schlüpfen« [Interview], in: *Die Weltwoche*, H. 4 (1988), S. 46–47, hier: S. 46.

wurden explizit um Deutungen und Auslegungen, sei es aus der Sicht des Journalisten oder der porträtierten Personen, ergänzt.

Mit der im ›New Journalism‹ mitunter proklamierten Verwischung der Grenze zwischen ›*fiction*‹ und ›*nonfiction*‹ ist also eher der formal-ästhetische Aspekt der Informationsvergabe angesprochen, nicht aber, ob die dargestellten Phänomene erfunden sind: Ruft man sich in Erinnerung, dass das Wort ›*fictio*‹ im Lateinischen vornehmlich im Sinne von Bildung oder Gestaltung benutzt wurde, dann lässt sich ›*Fictio*nalität‹, also die sprachliche Ausgestaltung von Recherchiertem, sogar als von den Journalisten immer schon angewendetes Prinzip verstehen.[162] Anders gesagt, der ›New Journalism‹ stellte aus, dass das in Berichterstattungen Dargestellte, Präsentierte immer schon Ergebnis von Interpretationen ist; sein Ziel war es, wie Hannes Haas erläutert, »auf Basis von Recherchen und Beobachtungen deklariert subjektive Versionen von Wirklichkeit zu (re)konstruieren«.[163] Als Grundlage des Schreibens galt damit zwar weiterhin eine minutiöse Recherche, die aber von nun an, angelehnt an dezidiert als literarisch bekannte Verfahren – und laut Wolfe sogar darüber hinausgehend –, sprachlich ausgestaltet wurde. Daraus ging jedoch keineswegs eine Zertrümmerung der Bedeutung von Authentizität hervor, da die neuen Formen im Gegenteil ausdrücklich dazu funktionalisiert wurden, jene in besonderer Weise zu erzeugen, wie Tom Wolfe bekundet: »Sicher habe ich immer belletristische Techniken angewendet, aber ich hatte doch auch das Gefühl, die Grenzen zwischen Fakt und Fiktion dürften nie verwischt werden. [...] Der Sport bestand darin, absolut wahrheitsgetreu zu sein und dennoch das Packende von erfundenen Geschichten zu haben. Mit ›packend‹ meine ich die Kraft, die einem das Gefühl vermittelt, man sei in der Geschichte drin. Man sei im Innern der Romanfiguren.«[164]

Konfrontiert man die beiden Pole journalistisches und literarisches Schreiben, ergeben sich in einer binären Matrix rein rechnerisch zwei einander gegenüberstehende Genrezuschreibungen: Je nach Rahmung, d.h. je nach meta- oder paratextueller Deklaration, kann der ›New Journalism‹, obwohl er im Magazinjournalismus seinen Ausgang nahm, in Buchform als literarische Gattung oder in Artikelform als journalis-

[162] Vgl. zu diesen etymologischen Überlegungen: Elisabeth Klaus, »Jenseits der Grenzen. Die problematische Unterscheidung zwischen Fakt und Fiktion«, in: Bleicher/Pörksen (Hg.), *Grenzgänger*, a.a.O., S. 100–125, hier: S. 115.

[163] Haas, »Fiktion, Fakt & Fake?«, a.a.O., S. 47.

[164] Wolfe, »Meine Absicht war es immer, ins zentrale Nervensystem eines Menschen zu schlüpfen« [Interview], a.a.O., S. 46–47.

tischer Darstellungsmodus aufgefasst werden. Für Ersteres hat Truman Capote mit seiner in *In Cold Blood* geleisteten literarischen Aufarbeitung der Gegebenheiten um die Ermordung einer Farmerfamilie durch Perry Edward Smith und Richard Eugene Hickock, für die er viele Jahre akribisch recherchiert hatte, den Begriff ›*nonfiction novel*‹ geprägt – im Deutschen ist auch die Bezeichnung ›dokumentarischer Roman‹ geläufig. Obwohl diese ›*novel*‹ 1965 zunächst als Serie im *New Yorker* erschien, wurde sie zumeist nicht als Journalismus, sondern als Literatur begriffen.[165] Als Form der Berichterstattung in den Tageszeitungen setzte sich der ›New Journalism‹ anfangs nicht durch: Seine Programmatik hat sich später am deutlichsten in literarischen Buchveröffentlichungen niedergeschlagen, sein publizistischer Ort in der Tagespresse wurde so allenfalls das Magazin.

Die Interview-Fälschungen von Tom Kummer fielen in eine Zeit, in der sich die genannten Formen nach dem Muster der Zeitschrift *Tempo*[166] als sogenannter Popjournalismus allmählich in Deutschland zu etablieren begannen und in den Supplementen nahezu aller großen deutschen Tageszeitungen eine Nische eingeräumt bekamen.[167] Eine mit dem amerikanischen ›New Journalism‹ vergleichbare Programmatik gab

[165] Tom Wolfe zieht von dieser nicht zuletzt von Capote selbst beförderten Diskursivierung eine Parallele zu der Zurückweisung der Gattungszuschreibung ›Roman‹ vonseiten früherer Autoren wie Henry Fielding. Denn so, wie Fielding bestrebt gewesen sei zu verhindern, dass z. B. *Joseph Andrews* der zum damaligen Zeitpunkt eher als minderwertig geltenden Gattung Roman zugerechnet wurde, habe Capote darauf insistiert, *In Cold Blood* nicht als journalistischen Text zu verstehen: »What he [Fielding] was doing, of course – and what Capote would be doing 223 years later – was trying to give his work the cachet of the reigning literary genre of his time, so that literary people would take it seriously. The reigning genre in Fielding's time was epic poetry and verse-drama of the classical sort. The status of the novel was so low – well, it was as low as the status of magazine journalism in 1965 when Capote started publishing *In Cold Blood* in *The New Yorker*« (Wolfe, *The New Journalism*, a. a. O., S. 52, vgl. a. S. 40f.).

[166] Markus Peichl, der die »Zeitschrift für Zeitgeist«, *Tempo*, mitkonzipierte, fasst die seinerzeit neue journalistische Herangehensweise, der konstruktivistische Argumente nicht fremd waren, retrospektiv wie folgt zusammen: »Wir wollten diesen überkommenen und verlogenen Objektivitätsjournalismus eine ehrliche Form von Subjektivität entgegensetzen. [...] Wo also von vornherein offen gelegt wird, man kann Realität nicht eins zu eins abbilden, sondern in dem Moment, wo ich sie in einem Medium beschreibe, schaffe ich eine Fiktion, neue Realität« (Markus Peichl, zit. n. Nils Minkmar, »Die Kummer-Fälschungen: Einzelfall oder Symptom?« [Gruppeninterview], in: *Die Zeit*, H. 26 (2000), S. 36).

[167] Damit wiederholte sich die Geschichte des amerikanischen ›New Journalismus‹ in ähnlicher Form: Tom Wolfe hatte seine ersten Experimente nämlich ebenfalls in damals als nahezu unterste Stufe des Magazinjournalismus geltenden Sonntagsbeilagen, beispielsweise in derjenigen der *Herald Tribune* veröffentlicht (vgl. Wolfe, *The New Journalism*, a. a. O., S. 28f.).

es allerdings für diesen ›Neuen Journalismus‹ nicht.[168] Dennoch lässt sich eine gewisse latente Institutionalisierung des Journalismuskonzepts von *Tempo* ausmachen, denn nicht wenige Autoren, die in den 1980er Jahren für dieses Magazin geschrieben hatten, arbeiteten später auch für ›seriöse‹ Blätter, vom *Spiegel* bis zur *Süddeutschen Zeitung*, teilweise in leitenden Funktionen.[169] Um auf die Besonderheit der Schreibweise Kummers einzugehen, sollen im Folgenden zwei Interviews genauer analysiert werden, indem sie journalistisch und literarisch sowie als Original und später als Fälschung zirkulierend kontextualisiert werden.

Auf der ›Borderline‹? – Tom Kummer als popliterarischer Star-Interviewer

Betrachtet man den Korpus von Kummers Interviews im Ganzen,[170] hat er, ob bewusst oder unbewusst, im Umfeld des amerikanischen ›New Journalism‹ ein Vorbild: Rex Reed. Dieser hat durch seine aggressiven und bloßstellenden Star-Interviews in den 1960er Jahren den Beinamen »hatchet man« bekommen und ist dafür bekannt geworden, die Konventionen des klassischen Interviews gesprengt zu haben, indem er vor allem die Eigenarten der Stars in einer Mischung aus Kommentaren in der ersten Person Singular, Beschreibungen marginaler Statusdetails und langen Dialogpassagen profilierte sowie seine Rechercheergebnisse zu einem kohärenten Handlungsstrang verflocht.[171] Bei Kummers Interview mit Courtney Love – das als eines unter vier anderen im *Focus*-Artikel als Fälschung aufgedeckt wurde, weil ein Gespräch nie stattgefunden hatte – fällt dementsprechend ins Auge, dass die Instanz des Fragenden durch ihr provozierendes Eingreifen in die Situation klar exponiert wird: So beginnt das Interview mit dem Hinweis, dass die bisherigen Antworten unverständlich geblieben seien, andere Repliken werden mit dem Etikett der ›Standardantwort‹ kritisiert, und schließlich wird Courtney Love vorgeworfen, ihr ›Look‹ sei übernommen, ihr Leben zur »Sei-

[168] Vgl. Hohlfeld, »Der schnelle Marsch durch die Institutionen«, a.a.O., S. 347.

[169] Minkmar, »Die Kummer-Fälschungen: Einzelfall oder Symptom?«, a.a.O., S. 36.

[170] Eine Auswahl findet sich publiziert in Buchform als: Tom Kummer, *Gibt es etwas Stärkeres als Verführung, Miss Stone? Star-Interviews von Tom Kummer*, München: dtv 1997.

[171] Vgl. Arthur J. Kaul, »Rex Reed«, in: ders. (Hg.), *American Literary Journalists, 1945–1995*, Detroit u.a.: Gale 1997, S. 233–240 u. Wolfe, *The New Journalism*, a.a.O., S. 41f. u. 72.

fenoper« und ihre Auftritte zur »Zirkusnummer« verkommen.[172] Man mag sich – wie immer – im Nachhinein fragen, warum solche Wagnisse angesichts des perfekten PR-Apparats der Musikindustrie, der die Stars von fordernden Fragen abschirmt, um das Image der Marke so weit wie möglich unter Kontrolle zu haben, nicht sofort als Fälschungen haben auffallen müssen. Aber eine solch aggressiv-herausfordernde Haltung, mit der sich das Frage-Ich durch kapriziöse Formulierungen in den Vordergrund stellte, war im Gegensatz zum klassischen, aushorchenden Journalisten, der als Impulse gebender Zuhörer allenfalls intelligent an Antworten anknüpfen durfte, zu diesem Zeitpunkt vom neuen deutschen Journalismus ausdrücklich gefordert. Kummer jedenfalls wurde durch diesen Stil in zweifacher Hinsicht zum Star-Interviewer. In seinen Gesprächen ergibt sich dadurch eine äußerst schwache Position der Antwortenden, die an manchen Stellen lediglich auf die Rolle festgelegt zu sein scheint, die suggestiven Fragen zu bestätigen oder aber zurückzuweisen – eine Interviewtechnik, der man auch bei Alexander Kluges Fernsehformaten begegnet.

Nimmt man die Antworten von Courtney Love in den Blick, erhält man den Eindruck, als spreche sie über jemand anders in der ersten Person, so dass sich ein eigentümlicher Effekt der Selbstdistanz ergibt.[173] Wenn Love sich folgendermaßen beschreibt: »Und dann symbolisiere ich für die Öffentlichkeit den Archetyp der Teenagerhure«,[174] wird im Gegensatz zum Authentizitätsbegehren des klassischen Journalismus, das die Persönlichkeit hinter den Kulissen zu entdecken sucht, deutlich vor Augen gestellt, dass »Courtney Love« lediglich eine Ansammlung popkulturell codierter Zeichen ist, in der bestimmte stereotype Muster reaktualisiert und rekonfiguriert sind. Love bekundet entsprechend: »Die amerikanische Musikpresse hat immer so getan, als sei es einer Frau nicht erlaubt, ihre eigene Selbstzerstörung zu *inszenieren.*«[175] Man könnte dies als Ausstellung der notwendigen Oberflächlichkeit der Images von Stars lesen, deren ›Persönlichkeit‹ als Ergebnis spezifischer Deutungsangebote

[172] Vgl. Tom Kummer, »›Hollywood ist eine wunderbare Therapie‹« [Interview mit Courtney Love], in: *SZ-Magazin*, H. 7 (1997), S. 21–26, hier: S. 23f.

[173] Vgl. Holger Schulze, »Wirklichkeit messen. Tom Kummer vs. Reality«, in: *Nach dem Film*, H. 2 (2000), www.nachdemfilm.de/no2/sul01dts.html, zuletzt aufgerufen am 27.12.2006.

[174] Ebd.

[175] Vgl. Tom Kummer, »Courtney Love«, in: ders., *Gibt es etwas Stärkeres als Verführung, Miss Stone?*, a.a.O., S. 96–104, hier: S. 97; Hervorhebung M.D. Die Stelle entspricht nicht ganz dem im *SZ-Magazin* abgedruckten Wortlaut: vgl. Kummer, »›Hollywood ist eine wunderbare Therapie‹«, a.a.O., S. 31.

(durch die Bereitstellung sprachlicher und visueller Codes) so lange als solche existiert, wie der Auftritt in der Öffentlichkeit andauert.[176] Mit anderen Worten: In den Antworten von Courtney Love begegnen dem Leser mediale Stilisierungen in ihrerseits stilisierter Form.

Deutlich wird diese Art Verfremdungseffekt auch durch zahlreiche Stilbrüche, die dadurch entstehen, dass Kummer Courtney Love pseudo-surrealistische Dichtung unterschiebt und damit ihre ›autobiographischen‹ Angaben oder ihr Geplauder über Musik und Filme jäh mit Zeilen unterbricht, wie beispielsweise: »Alle meine Gedichte brennen. Minotauren fressen die Genitalien des Mondes«; »ausgeflogene Fallschirmspringer landen in unseren Träumen«; »[j]ede Nacht schlagen sich in den Bergen alte Männer mit Bandsägen ihren Weg zum Mond«.[177] Solche Einschübe lassen sich einerseits, wenn man sie als Textstrategie der impliziten Figurencharakterisierung versteht, als Indiz für Loves Drogenkonsum lesen, andererseits aber auch als Hinweis, dass die Interviewte nicht Herr über ihr Sprechen, d.h. buchstäblich ›außer sich‹ ist.

In besonderer Weise tritt diese Distanznahme von einer authentischen Äußerung eines selbstidentischen Ichs jedoch in der Zitathaftigkeit ihrer Aussagen hervor. Love gab nämlich mit Sätzen in der ersten Person Auskunft über sich, die Kummer zwei Jahre zuvor in der *Weltwoche* über sie geschrieben hatte: Aus Zuschreibungen wurden dadurch Selbstbeschreibungen, als ob Kummer offen ausstellen wollte, dass er eigene Einschätzungen der Person dialogisch orchestriert hat. Hatte Kummer in der *Weltwoche* noch geschrieben, dass Stars dann von den Fans verehrt würden, wenn sie »von Desillusionierung, freudlosem Sex und komplizierten Seelenwanderungen erzählen«,[178] antwortete Love später auf die Frage, worum es in ihren Songs gehe: »Desillusionierung. Das ist mein Hauptprogramm. Freudloser Sex und komplizierte Seelenwanderungen.«[179] Deutlicher noch wird die Perspektivverschiebung von der dritten in die erste Person, von einer auktorialen zu einer Ich-Erzählsituation, an folgenden Übereinstimmungen. In der *Weltwoche* hatte es geheißen: »Sie will die Stimme aller gequälten Seelen dieser Welt verkörpern«.[180] Und Love gab im *SZ*-Interview auf die Frage

[176] Holger Schulze greift in diesem Zusammenhang Reinald Goetz' Begriff der ›medialen Persona‹ aus seinem Tagebuch *Abfall für alle* auf (vgl. Holger Schulze, »Wirklichkeit messen. Tom Kummer vs. Reality«, a.a.O.).

[177] Vgl. Kummer, »›Hollywood ist eine wunderbare Therapie‹«, a.a.O., S. 21 u. 26.

[178] Tom Kummer, »›Ich bin Quack, die Hure‹. Amerikas neues Hass-Objekt: Pop-Schlampe Courtney Love und ihre Affären«, in: *Die Weltwoche*, H. 41 (1995), S. 69.

[179] Vgl. Kummer, »›Hollywood ist eine wunderbare Therapie‹«, a.a.O., S. 23.

[180] Kummer, »›Ich bin Quack, die Hure‹«, a.a.O., S. 69.

»Sie zogen sich nie aus, um zu begeistern, sondern um zu beleidigen, richtig?« zu ›Protokoll‹: »Ich verwandle mich dann einfach zur Stimme aller gequälten Seelen dieser Welt«.[181]

Besonders zum Tragen kommt dieser durch Zitate erzielte Intertextualitäts-Effekt der Selbstdistanz in einem anderen Interview, und zwar mit Ivana Trump, das Kummer mit folgender ironischer Behauptung beglaubigt: »Der Text wurde im Rahmen eines philosophischen Diskurses protokolliert von Tom Kummer.«[182] Es handelt sich dabei um eine Form des Interviews, in dem keine Fragen, sondern nur die ›Antworten‹ zu lesen sind. Diese sind, dem zitierten Versprechen gemäß, protokollartig aufgelistet und verschiedenen ›philosophischen‹ Rubriken zugeordnet. Als Grundlage der ›Philosophie‹ Trumps greift Kummer fast wörtlich zahlreiche Aphorismen aus Andy Warhols *The Philosophy of Andy Warhol (From A to B and Back Again)* auf. Die nicht kenntlich gemachten Zitate ließen sich einerseits als Übersetzungsplagiat verstehen, andererseits aber auch als trickreiches Spiel mit der grundsätzlichen Ablösbarkeit der Sprache von ihrem Sprecher. Im Folgenden seien zwei Passagen gegenübergestellt:

> Ivana Trump: Ich bin eine Frau, die eigentlich keine psychologischen Probleme kennt. [...] Was mich in der Vergangenheit viel mehr belastet hat, sind die Probleme der anderen. Sie infiltrieren mein Territorium wie Keime.[183]
>
> Warhol: At a certain point in my life [...] I began to feel that I was picking up problems from the people I knew. [...] I had never felt that I had problems, [...] but now I felt that these problems of friends were spreading themselves onto me like germs.[184]

Diese Form des verdeckten ›Zitierens‹ ist kein Einzelfall, sondern lässt sich als eine der grundlegenden Techniken Kummers fassen. In seiner 2007 erschienen Nachzeichnung des Fälschungs-Skandals *Blow up* propagiert er aggressiv seine plagiatorische Vorgehensweise, wahllos ein Buch aus dem Regel zu ziehen, es an die Wand zu werfen und die aufgeschlagene Seite als Thema für das Interview zu wählen: »Diese magische Technik [...] empfehle ich allen Hollywood-Reportern in Not.«[185] So

[181] Vgl. Kummer, »›Hollywood ist eine wunderbare Therapie‹«, a.a.O., S. 23.

[182] Tom Kummer, »Es gibt eine unterirdische Ökonomie der Psyche« [Interview mit Ivana Trump], in: *SZ-Magazin*, H. 14 (1999), S. 26–31, hier: S. 31.

[183] Kummer, »Es gibt eine unterirdische Ökonomie der Psyche«, a.a.O., S. 30.

[184] Andy Warhol, *The Philosophy of Andy Warhol (From A to B and Back Again)*, London: Cassell 1975, S. 21. Den Hinweis auf die Übereinstimmungen verdanke ich der unkommentierten Auflistung, allerdings ohne präzise Nachweise, in: Anonym, »Fremde Federn«, in: *Süddeutsche Zeitung* (27.5.2000), S. 21.

[185] Tom Kummer, *Blow up. Eine wahre Geschichte im Zeitalter des Fakes*, München:

lassen sich aus seinen Interviews zahlreiche Quellen herausdestillieren: Mike Tyson zitiert Fassbinders *Katzelmacher*, Sharon Stone verweist ungenannt auf Kierkegaards *Tagebuch des Verführers*, Johnny Depp auf Borroughs' *Nova Express*, Nicole Kidman auf Carl Schmitt, Quentin Tarantino auf Louis Trenker, Sean Penn auf Robert Musil und Winona Ryder auf Dennis Johnson.[186]

Im Wissen um diese Übertragungen lässt sich Kummers Schreibweise als ein triviales Manifest der Intertextualitätsthesen von Kristeva lesen, da in ihm (über)deutlich wird, dass ein Text und damit auch das in einem Interview Geäußerte nie rein subjektiv sein kann und damit, mit Kristeva gesprochen, der »Fiktion einer inneren Stimme ein Ende [ge]setzt«[187] wird. Diese wird so selbst als sprachlicher Effekt (sei es im Falle Kummers auch beispielsweise nur durch die Konjugation der Personal-Pronomen von der dritten in die erste Person) profiliert.[188] Kummer, der wie kaum ein Fälscher zuvor seine Arbeiten theoretisch abzusichern verstand, kommentierte dies später offensiv: »Jedenfalls sind meine Interviews ein Werk der Montage, für das ich mich verschiedener Quellen bediene. Für mich gehört das zu meinem Verständnis von Journalismus, einer Art ›Borderline-Journalismus‹, wie es Ulf Poschardt mal genannt hat.«[189]

Kennt man also die fremden Quellen, lässt sich das Interview mit Ivana Trump als Anti-Interview, als kritische Praxis verstehen, die den journalistischen Mythos des Authentischen – das leere Versprechen, ein ureigenes Sprechen der Stars wiederzugeben – in allen Facetten zersetzt. Dadurch dass die Star-Persönlichkeit sprachlich als kaleidoskopisches Konstrukt aus schon einmal Gesprochenem erscheint, wird der selbstidentischen Präsenz des Subjekts in seinen Äußerungen eine Absage erteilt. Es wird damit deutlich, dass *Äußerungen* nicht ein Innen nach Außen tragen, sondern sich immer schon von Außen an das Subjekt heften und es dadurch erzeugen. Das Subjekt wird damit

Blumenbar 2007, S. 224.

186 Vgl. ebd., S. 48 u. 244; vgl. a. Diedrich Diederichsen, »... oder lügen wie gedruckt«, in: *Jungle World*, H. 22 (2003), http://jungle-world.com/artikel/2003/21/10679.html, zuletzt aufgerufen am 11.06.2010.

187 Kristeva, »Bachtin, das Wort der Dialog und der Roman«, a. a. O., S. 348 (frz. S. 442). Siehe zu einer genaueren Auseinandersetzung mit Kristevas Thesen weiter oben, S. 232.

188 Von journalistischen Kommentatoren werden die intertextuellen Zitate gelegentlich als Hinweis gelesen, dass Kummer seine Texte »mit grotesker Deutlichkeit als Fälschungen ausgewiesen hat« (Nils Minkmar, »Das gedopte Magazin«, in: *Die Zeit*, H. 22 (2000), S. 38).

189 Tom Kummer, zit n. Wellershoff, »Implosion des Realen«, a.a.O., S. 108.

depersonalisiert, unpersönlich oder, anders gesagt: Es wird des Status als Enunziator eines eigenen Sprechens entkleidet und als sprachlich erzeugte Persona zum Oberflächen-Effekt austauschbarer Signifikationen. Kummers Textstrategie bringt dabei zum Ausdruck, dass jede noch so im Sinne der Genie-Ästhetik originell wirkende Star-Identität lediglich ein artifizielles Zeichenagglomerat ist, wie es bereits das Interview-Vorbild Andy Warhol, der seinerseits für irreführende Selbstauskünfte – oder, in Genettes Vokabular formuliert, für das Spiel mit Konstruktionen faktischer Paratexte – bekannt geworden ist, postuliert hat: »If you want to know all about Andy Warhol, just look at the *surface*: of my paintings and films and me, and there I am. There's nothing behind it.«[190]

Die Kummer-Interviews zeugen so nicht zuletzt davon, wie sehr die poststrukturalistische Theorie, sei es auch in einer äußerst vulgarisierten oder trivialisierten Form, mittlerweile in die Populärkultur eingegangen ist. Betrachtet man die Texte philologisch, lassen sich nämlich zahlreiche Aspekte nachweisen, die zuvor einer ›gehobenen‹ Literarizität vorbehalten zu sein schienen: In traditionellen Interviews begegnet man nämlich einem Modus des »Ich«, das im klassischen Verständnis der Autorschaft, dem zufolge der Autor als Instanz gilt, die restlos über den Text herrscht, gründet. Die Aussagen scheinen von einem einzigen sich selbst reflektierenden Subjekt auszugehen und damit über dessen Innenleben Auskunft zu geben. Wie bereits weiter oben genauer dargelegt, lehren nach Barthes und Kristeva jedoch spätestens Überlegungen von Derrida oder de Man, dass die Sprache selbst darüber stumm bleibt, ob eine solche Aussagekraft, nenne man sie nun Intention oder Intuition, in den Text investiert wurde, d. h., es bleibt, verlässt man sich auf literaturwissenschaftliche Kriterien, unentscheidbar, ob es sich um eine wahrhaftige Selbstauskunft oder um Fiktion handelt. Als Rezeptionskategorie im literarischen Diskurs hat die Figur des als reales Individuum verstandenen Autors daher eine bedeutende Entmachtung erfahren und spielt als lektüreleitendes Prinzip keine explizite Rolle mehr. De Man entwickelt angesichts dieses auktorialen Bedeutungsverlusts – oder genauer: angesichts des Verlusts der Deutungshoheit des Autors über seinen Text – und anhand einer Lektüre von Kleists *Über das Marionettentheater* die Überlegung, dass die einzige Möglichkeit des Schreibers, wieder Macht über seinen Text zu gewinnen, darin besteht, die Unentscheidbarkeit zwischen intendierter

[190] Andy Warhol, zit. n. Gretchen Berg, »Andy: My True Story« [Interview mit Andy Warhol], in: *Los Angeles Free Press* (17.3.1967), S. 3, zit. n. Paul Mattick, »The Andy Warhol of Philosophy and the Philosophy of Andy Warhol«, in: *Critical Inquiry* 24.4 (1998), S. 965–987, hier: S. 965, vgl. zu Warhols ›Maskenspiel‹ auch S. 977.

und beim Lesen produzierter Bedeutung offen auszuspielen, und zwar indem er sie nach eigenem Belieben »as genuine or as fake« bestimmt: »[T]he author depends on the bewilderment and confusion of his reader to assert his control. Reading is comparable to a battle of wits in which both parties are fighting over the reality or fictionality of their discourse, over the ability to decide whether the text is a fiction or an (auto)biography, narrative or history, playful or serious.«[191] Diese bedeutungsoffene Situation wird für de Man also zur Voraussetzung, dass – kraft der Literarizität der Texte – verschiedene Lesarten bei der Lektüre ausgefochten werden müssen. Ohne diese Dynamik kämen unsere tiefergehenden Verstehens- und Interpretationsprozesse zum Erliegen: »[E]ither we master the text and then we are able but have no need to feint, or we don't and then we are unable to know whether we feint or not. In the first case, interpretation is superfluous and trivial, in the second it is necessary but impossible.«[192] Erst die Unentscheidbarkeit zwischen Fiktionalität und Realität – »between being a simulacrum and being the real thing«[193] – stößt für de Man also das Spiel der Literatur an, weil es ein Lesen und Interpretieren notwendig macht.

Bei Kummer begegnet man dieser spielerisch-literarischen Agonalität in äußerst banaler[194] Form und nur in der Kippfigur der enttarnten Fälschung, denn die Texte scheinen vorderhand als Zusammenstellung einfach zu erfassender authentischer Aussagen, in denen die Gedan-

[191] De Man, »Aesthetic Formalization in Kleist's *Über das Marionettentheater*«, a.a.O., S. 282.

[192] Ebd., S. 282f.

[193] Ebd.

[194] Dante Andrea Franzetti resümiert zu Recht, dass durch dieses Wechselverhältnis zwischen literarischem und journalistischem Schreiben der Journalismus zur schlechten Literatur und die Literatur zum schlechten Journalismus geworden sei. In ihren Analysen kommt sie zu dem Schluss, dass dadurch in Deutschland zumeist nur eine neue, drastische und blutrünstige Form der Trivialliteratur entstanden sei: »Wesentlich an diesen Texten sind: die Eindimensionalität (*ein einziger Gedanke* wird postuliert und detailreich ausgebreitet); der leicht erkennbare und den Leser daher versöhnende Aufbau; die Drastik einerseits, der Schwulst andererseits, erkennbar am inflationären Gebrauch der Adjektive; die kurzen, parataktischen Sätze und die strategisch platzierten Wiederholungen (Erinnerungsstützen)« (Dante Andrea Franzetti, »Die Zukunft der Fakten«, in: *Die Zeit*, H. 25 (2000), S. 49).

Bereits viele Jahrzehnte zuvor warnte Karl Kraus vor solchen Entwicklungen: »Was will ich denn anderes, als die Reinigung des Nachrichtendienstes vom Geist? Als daß ein meldender Bote uns nichts vorschmusen soll? Uns nicht mit Stimmungen behellige und nicht der Literatur unendlichen Schaden zufüge, die wir für einen Bericht halten, wenn der Bericht Literatur ist? Worin denn sehe ich den Ruin des mir wichtigen Geistes und den Ruin des mir weniger wichtigen Dienstes als in dieser greulichen Mischung?« (Kraus, »Verbrecherische Irreführung der Neuen Freien Presse«, a.a.O., S. 41).

ken der Stars ohne Verstehensaufwand transparent werden. Nach der Aufdeckung jedoch wird diese Gewissheit brüchig, weil das Wissen darum, dass einige Interviews nie stattgefunden haben, retrospektiv den ganzen Apparat infiziert und geradezu eine philologische Spurensuche nach verwendeten Textbausteinen oder intertextuellen Bezügen in Gang setzt. Die nachträgliche Unmöglichkeit zu bestimmen, wie sehr selbst diejenigen Interviews Kummers, bei denen sich zumindest ein Gesprächstermin hat verifizieren lassen, modifiziert sind,[195] lässt die besondere Verunsicherung deutlich werden, die die journalistische Sprache dabei als Medium wahrer Informationsvergabe erfahren hat. Insofern handelt es sich bei Kummers Interviews in ihrer Erscheinungsweise als aufgedeckte (Ver-)Fälschungen in der Tat um Grenzgänge zu literarischen Texten, bei denen nach de Man die Problematisierung der Legitimität ihrer veranschaulichenden Kraft zentrales Thema ist.[196] Dies gilt allerdings im journalistischen Diskurs und auch in dem des ›New Journalism‹ als Praxis, die gegen die Regel, lediglich Vorgefundenes auf möglichst eindeutige Weise wiederzugeben, verstößt.

Das journalistische Skandalon der Fälschung lässt sich somit darauf eingrenzen, dass Kummer seine trivialliterarisch ausgestalteten, montierten Porträts jeweils als faktische Textform des Interviews ausgab, d. h. den Stars eigene Sichtweisen und Deutungen in den Mund legte und dies nicht als Gemachtes, sondern als Vorgefundenes, als Protokoll eines Gesprächs auswies.[197] Günter Reus versucht, diese im journalistischen Diskurs illegitime Grenzüberschreitung zu erfassen, ohne auf einen ungeklärten Begriff absoluter Wahrheit rekurrieren zu müssen, indem er die Demarkation zwischen Literatur und Journalismus unter Verweis auf die bei Letzterem notwendige Quellentransparenz zieht: Ein journalistischer Text müsse »jederzeit benennen, wer durch ihn spricht, wer also Verständigung sucht. Das betrifft den Ursprung von Nachrichten im Allgemeinen und die wörtliche Rede im Besonderen. Wer äußert was? Wessen Interesse ist dabei berührt, wessen Wahrnehmung von Realität kommt zur Sprache, wessen Wahrheit wird verhandelt?«[198] Mit anderen Worten: Kummer stattete die Texte mit einer modifizierten Entstehungs-

[195] Vgl. zu dieser Spurensuche bzw. ihrer Unmöglichkeit: Klaus Ott/Annette Ramelsberger, »Ein Mann und sein besonderer Draht«, in: *Süddeutsche Zeitung* (27.5.2000), S. 21 u. Minkmar, »Die Kummer-Fälschungen: Einzelfall oder Symptom?«, a. a. O., S. 36.

[196] Vgl. de Man, »Aesthetic Formalization in Kleist's *Über das Marionettentheater*«, a. a. O., S. 276.

[197] Vgl. dazu Gunter Reus, »Mit doppelter Zunge«, in: Bleicher/Pörksen (Hg.), *Grenzgänger*, a. a. O., S. 249–276, hier: S. 259.

[198] Ebd., S. 260.

geschichte aus; er versah sie mit einer unausgesprochenen Quellenfiktion und täuschte damit dem Leser, der mit der Textsorte des Interviews bestimmte Voraussetzungen verknüpfte – zumindest diejenige, dass ein Gespräch stattgefunden hatte –, einen falschen Kontext vor.

Was jedoch Grenzziehungen zwischen einem im Journalismus erlaubten und einem sanktionierten Interview problematisch werden lässt und eine Verifizierung der einzelnen Gesprächsprotokolle so gut wie verunmöglicht, ist der Sachverhalt, dass diese Textsorte in den seltensten Fällen eine 1:1-Wiedergabe eines Gesprächs ist; sie unterliegt ohne entsprechende Kennzeichnung zahlreichen Ergänzungen,[199] Kürzungen und Umstrukturierungen, die danach mit den Interviewpartnern ausgehandelt werden oder nicht selten von ihren PR-Beratern, die sich dieses Vorbehaltsrecht vorab zusichern lassen, selbst vorgenommen werden. Also bereits in legitimen Interviewversionen begegnet man umgedichteten und abgeschriebenen sprachlichen Versatzstücken, die beispielsweise bei sogenannten Pressejunkets (Gruppeninterviews) nicht zwingend geäußert worden sein müssen; ferner Gruppeninterviews, die als Einzelinterviews ausgegeben werden, oder Einzelinterviews, die aus vorgefertigten Pressemappen stammen. Authentisch im philologischen Sinne als in der Tat vom Verfasser stammend, dem sie beigelegt werden, sind also diese schon nicht.[200] Diederichsen kommentiert dies bereits bei der Aufdeckung pointiert: »Der Glaube, dass irgendjemand wirklich so redet wie in einem von sieben Faktenprüfern gecheckten Spiegel-Interview verdient es immer wieder, nachhaltig erschüttert zu werden.«[201] Alexander Osang stellt die Empörung über die Interviews angesichts der jedermann vorliegenden Inhalte ähnlich infrage und betont, dass »jeder, der den Film ›Notting Hill‹ gesehen hat, wissen muss, dass man mit Superstars keine Interviews führen kann, in denen sie über Fassbinderfilme philosophieren«.[202] Insofern besteht Kummers

[199] Die Praxis, nach der Recherche verbleibende Leerstellen, welche eine kohärente Narration stören würden, mit Vermutungen zu vervollständigen, ist so alt wie der Nachrichtenjournalismus selbst. Reporter im 19. Jahrhundert erachteten sie für legitim und nannten sie »filling in«. Waren die Nachforschungen unergiebig, ging man in den Berichten – wie Mark Twain – allein aus ökonomischen Gründen über solche Einschübe sogar weit hinaus: »If a source was dull, other reporters might invent more interesting quotations. If a source was uncooperative, reporters might invent an entire interview. If reporters were unable to find a source, they might invent both their source and interview« (Fedler, *Media Hoaxes*, a.a.O., S. xxi).

[200] Siehe zu diesem Begriff des Authentischen weiter oben, S. 28.

[201] Diederichsen, »... oder lügen wie gedruckt«, a.a.O.

[202] Alexander Osang, »Reporter des Satans«, in: *Berliner Zeitung* (20.5.2000), www.berlinonline.de/berlinerzeitung/archiv/.bin/dump.fcgi/2000/0520/magazin/0041/

Vergehen darin, den Pakt gebrochen zu haben, der im journalistischen Diskurs ein ›authentisches‹ Interview bestimmt: das vertragliche Gegenzeichnen vonseiten der PR-Agenten, mit dem sie sich ihre Deutungshoheit über die Stars sichern. Das Gespräch selbst, das in Form eines Protokolls dargestellt wird, spielt, diesem Kriterium gemäß, nur eine untergeordnete Rolle. Zugespitzt formuliert: Eine Interviewfälschung ist eine nicht-autorisierte Erfindung bzw. ein legitimes Interview ist eine autorisierte Erfindung. Dass aber Kummer in mehreren Fällen gar keine Gespräche geführt hatte, ist die Grenzüberschreitung, die der seriöse Journalismus ihm nicht verziehen hat. Er machte sich also im Koordinatensystem des Journalismus der Anmaßung schuldig, den Stars oder vielmehr ihren PR-Agenten die Möglichkeit genommen zu haben, über das Spiel mit ihrer in der Öffentlichkeit zirkulierenden Identität maßgeblich zu bestimmen. Künstlern wie Warhol ist es erlaubt, in einem Maskenspiel ihre Identität zu verschleiern; dass Journalisten dies für ihre Interviewpartner übernehmen, nicht. Im neuen Journalismus sind nämlich erfundene Passagen oder erzählerische Freiheiten – im Gegensatz zu literarischen Texten, die de Man ja dann explizit als solche ansieht, wenn die Grenze zwischen »simulacrum« und »real thing« nicht scharf gezogen werden kann – nur zugelassen, wenn sie explizit transparent gemacht werden.[203]

Als die Chefredakteure des *SZ-Magazins* im Kontext des ›New Journalism‹ von ›Borderline-Journalismus‹ sprachen, versuchten sie damit zwar der Annäherung von literarischem und journalistischem Schreiben eine schillernde Marke zu geben, verdeutlichten damit aber zugleich, dass es für sie weiterhin gewisse Scheidelinien gab, sonst wäre die Rede von einer Bewegung auf der Grenze hinfällig gewesen. So unscharf, wie sie im Literarischen nach de Man als »Unentscheidbarkeit zwischen Ernst und Spiel« ausdrücklich geboten ist, war sie im Journalismus nicht gezogen. Kummers Fälschungen, insofern sie als solche bezeichnet wurden, geben somit auch Auskunft darüber, dass Konsens über diese Grenze bestand: Der neue deutsche Journalismus durfte ein bisschen literarisch sein, aber nicht ganz. So verlor Kummer beispielsweise schon 1994 seine Aufträge beim Magazin *Tempo*, als er der Chefredaktion

index.html, zuletzt aufgerufen am 11.06.2010.

203 Hannes Haas beschreibt den ›New Journalism‹ entsprechend als »Journalismuskonzept, das auf Fakten beruht, Fiktionen in transparenter Weise zulässt, aber Fakes ablehnt« (Haas, »Fiktion, Fakt & Fake?«, a.a.O., S. 69).

erklärte, »wie fließend im neuen Journalismus die Grenzen zwischen Non Fiction und Fiction seien«.[204]

Die Kummer-Fälschungen lassen somit idealtypisch das erkenntnistheoretische Problem hervortreten, dass die Sprache selbst – ihre Verfasstheit, ihr Stil – keine endgültige Auskunft über ihre Fiktionalität gibt – z. B. ob die journalistische Regel der Quellentransparenz eingehalten oder nur vorgeschoben wird –, weil sie selbst ihren Kontext nie restlos mit sich führt oder weil ihr Kontext nie restlos rekonstruierbar ist. Die Fälschungen konnten deshalb nicht textkritisch, sondern nur unter Zuhilfenahme externer Widersprüche, nämlich durch die Befragung der zuständigen PR-Agenten deautorisiert, d. h. aufgedeckt werden. Im Gegensatz zu naturwissenschaftlichen Verfahren, wie sie beim Piltdown Man zur Anwendung kamen, gibt es bei sprachlichen Artefakten keine Radiokarbon-Methode, durch die sie – insofern es sich nicht wie bei den ›Grubenhunden‹ um offensichtlich Widersinniges handelt – intern falsifizierbar würden. Bereits John Searle hat mit aller Deutlichkeit auf diese Ununterscheidbarkeit hingewiesen: »The utterance acts in fiction are indistinguishable from the utterance acts of serious discourse, and it is for that reason that there is no textual property that will identify a stretch of discourse as a work of fiction.«[205] Eine Interviewfälschung ließe sich daher intradiskursiv als etwas definieren, mit dem ein publizistisches Versprechen einer wahrhaftigen Gesprächswiedergabe, bei der ein bestimmtes ›Berichterstattungsmuster‹ mit der entsprechenden institutionellen Rahmung als Orientierung für die Erwartung des Lesers an den Text dient,[206] gebrochen wird. Dabei wird jedoch ein hoher moralischer Anspruch in Stellung gebracht, dem bei genauerer Betrachtung nur die wenigsten autorisierten Interviews gerecht werden.

[204] Michael Jürgs, zit. n. Ott/Ramelsberger, »Ein Mann und sein besonderer Draht«, a. a. O., S. 21.

[205] John R. Searle, *Expression and Meaning. Studies in the Theory of Speech Acts*, Cambridge u. a.: Cambridge Univ. Press 1979, S. 68. Searle zieht daraus allerdings theoretische Konsequenzen, die der hier eingenommenen Haltung, die Kategorie der Intention möglichst außer Acht zu lassen, widersprechen.

[206] Vgl. zur Funktion von ›Berichterstattungsmustern‹ aus publizistischer Perspektive: Bernhard Pörksen, »Das Problem der Grenze«, in: Bleicher/Pörksen (Hg.), *Grenzgänger*, a. a. O., S. 15–28, hier: S. 16.

Jenseits der ›Borderline‹ – Tom Kummer als Star-Fälscher und die journalistischen Konsequenzen

Die Effekte der Fälschungsaufdeckung lassen sich aus zwei Frageperspektiven beleuchten: Zum einen, wie sie die journalistische Praxis affizierten, und zum anderen, welche generellen Konsequenzen sich daraus für die Lektürepraxis der Leser ergeben. Letzteres Problem sei hier zurückgestellt, um es nach der Untersuchung auch audiovisueller journalistischer Fälschungen auf einer allgemeineren Ebene abzuhandeln.

Mit jeder Fälschung, insofern sie öffentlich als solche markiert wird, nimmt die auf Wahrheitsvergabe gründende journalistische Autorität eines Publikationsorgans Schaden, weil nicht nur der Fälscher, sondern vor allem derjenige, der auf die Täuschung hereingefallen ist – der Herausgeber der Fälschung –, innerhalb und außerhalb der Presseinstitutionen in den Verdacht gerät, mangelnde Sorgfalt walten gelassen zu haben. Die Wucht, die einmal freigesetzte Fälschungen nach ihrer Enttarnung entwickeln, lässt sich in besonderer Weise an den konkreten Reaktionen und *ex negativo* an den Vermeidungsstrategien qua Nicht-Reaktion vonseiten der betroffenen Pressevertreter ablesen; denn die *SZ-Magazin*-Leser wurden 1999 nicht von dem Fälschungsverdacht in Kenntnis gesetzt. 2000 aber, nachdem der *Focus*-Artikel den Fall publik gemacht hatte, wurde zum außerordentlichen Mittel der Selbstanzeige in Form einer ausführlichen Dokumentation gegriffen, nicht ohne für sich zugleich zwei Grundregeln des klassischen Journalismus zu reklamieren: Objektivität und Unparteilichkeit, d. h. »so umfassend wie nötig, ohne falsche Rücksichtnahme, möglichst objektiv und distanziert«[207] zu berichten. Bemerkenswert ist an diesem Versuch des ›Mutterblatts‹ *Süddeutsche Zeitung* die Taktik, sich vom mit Schande befleckten Ableger *SZ-Magazin* dadurch zu distanzieren, dass man zum einen auf die redaktionelle Trennung verwies, zum anderen die Leitung des Magazins implizit mitbeschuldigte.[208] Am 30.5.2000 vermeldete man schließlich sogar kurz auf Seite 2, dass die beiden Chefredakteure des *SZ-Magazins* von ihren Aufgaben entbunden worden seien, »um die *Süddeutsche Zeitung* und das SZ-Magazin vor weiterem Schaden zu bewahren«.[209] Die Fälschung wurde damit als Ausnahme von der Regel

[207] Anonym [Chefredaktion], [ohne Titel], in: *Süddeutsche Zeitung* (27.5.2000), S. 21.

[208] Vgl. ebd. u. Ott/Ramelsberger, »Ein Mann und sein besonderer Draht«, a. a. O., S. 21–22.

[209] Anonym, »SZ trennt sich von Magazin-Chefredaktion«, in: *Süddeutsche Zeitung* (30.5.2000), S. 2. Im Vergleich zu Schütz' Schlussfolgerungen, dass seine ›Grubenhunde‹ das System ›verbellen‹, zeugt diese Reaktion von einem gewandelten Publikations-

markiert; ferner wurde dadurch, dass man die Schuldigen öffentlich ahndete, für das eigene Blatt wieder der Normalfall ausgerufen.

Untersucht man die Artikel anderer Zeitungen in der Zeitspanne der Fälschungs-Aufdeckung, fällt aber ins Auge, dass der Fall umfangreiche weiterführende Debatten um den Status journalistischer Informationsvergabe auslöste. Denn dass die gefälschten Interviews vonseiten mehrerer Zeitungsredaktionen – neben der der *Süddeutschen Zeitung* auch als Kooperationspartner der des *Tagesanzeigers* in Zürich – über Jahre hinweg unentdeckt geblieben waren, belegte den gesamten Zeitungsjournalismus mit einem Zweifel, so dass seine Regeln im journalistischen Diskurs sowohl thematisch als auch diskussionsbedürftig wurden. In der Folge kam es zu einer Welle von Artikeln, in denen die Presseorgane sich selbst reflektierten und Selbstauskunft erteilten.[210]

In der *Zeit* wurde unter dem Titel »Gefangen im Aufmerksamkeitszyklus« der Versuch unternommen, die Interview-Fälschungen vornehmlich auf die Arbeitsorganisation der Journalisten zurückzuführen, und davon gesprochen, dass der Skandal zusammen mit anderen öffentlich gewordenen ›Unregelmäßigkeiten‹ »reinigende Effekte gezeitigt« habe, »und zwar in einem Ausmaß, das in der Medienindustrie bisher noch völlig unüblich« gewesen sei.[211] Der scheinbar selbstverständliche Begriff journalistischer Wahrheitstreue, verbunden mit solchen wie Fakt und Fiktion, wurde plötzlich strittig und Gegenstand einer »journalistischen[n] Generaldebatte«.[212] Drei Wochen später stellte *Die Zeit* daher in einem ausführlichen Gespräch mit zwei Vertretern des Journalismus die titelgebende Frage, ob die Kummer-Fälschungen als »Einzelfall oder Symptom«[213] des neuen deutschen Journalismus zu verstehen seien. Als erste bilanzierende Antwort des Kommunikationswissenschaftlers Siegfried Weischenberg, zugleich damaliger Vorsitzender des Deutschen Journalistenverbandes, ist zu lesen, dass die anhaltende Diskussion begrüßenswert sei, »weil sich der deutsche Journalismus bestimmter Regeln

Selbstverständnis. D. h., das System ›reinigte‹ sich, indem es einzelne Schuldige dingfest machte und aus dem Zeitungsbetrieb ausschloss.

210 Der Kummer-Skandal hatte auch ein internationales Echo. Auf eine Meldung der dpa hin berichtete sogar die *New York Times* über den Fall (vgl. Edmund L. Andrews, »Hollywood Tales Just Fiction, German Paper Says«, in: *The New York Times* (2.6.2000), www.nytimes.com/2000/06/02/world/hollywood-tales-just-fiction-german-paper-says.html, zuletzt aufgerufen am 18.7.2010).

211 Stephan Russ-Mohl, »Gefangen im Aufmerksamkeitszyklus«, in: *Die Zeit*, H. 23 (2000), S. 42.

212 Minkmar, »Die Kummer-Fälschungen: Einzelfall oder Symptom?«, a.a.O., S. 36.f.

213 Ebd.

vergewissern muss«.[214] In Foucault'schem Vokabular könnte man dies als Forderung nach einer erweiterten Formalisierung eines bislang nach vielen ungeschriebenen Regeln verfahrenden journalistischen Diskurses verstehen. Bestimmte Praktiken wurden für die Autorität des eigenen Diskurses gefährlich und verlangten eine explizit festgeschriebene Neuordnung. Damit lassen sich die aufgedeckten Fälschungen Kummers als diskursimmanenter Impuls zur Rekonfiguration des journalistisch Akzeptablen und zur verspäteten expliziten Auseinandersetzung mit den Einflüssen des ›Neuen Journalismus‹ betrachten.

Weischenberg, obwohl erklärter Gegner dieses von ihm »Zeitgeist-Journalismus« genannten Schreibens, konzedierte im Nachhinein die Rechtmäßigkeit der Ingression konstruktivistischer Theoreme und poststrukturalistischer Theorien in den klassischen Nachrichtenjournalismus:

> Wenn man einen positiven Effekt dieser Bewegung aus den achtziger Jahren sehen kann, dann den, dass heute im Journalismus eine sehr viel größere Sensibilität vorherrscht im Umgang mit solchen Begriffen wie Realität, Wirklichkeit oder Wahrheit. Dies hat sich, ausgehend von den Zeitgeistmagazinen, […] in viele Redaktionen ausgebreitet. Sie konnten noch bis vor ein paar Jahren mit Chefredakteuren deutscher Nachrichtensendungen nicht ernsthaft darüber reden, ob das Fernsehen die Realität quasi 1:1 abbildet oder eine eigene Realität schafft. Die fühlten sich persönlich gekränkt, wenn man ihnen sagte: ›Wenn ihr nur eure Kameras aufbaut, habt ihr schon eure eigene Realität geschaffen.‹ Und daher ist es gut, dass wir endlich über solche Fragen reden.

Die konstruktivistische Perspektive brachte für ihn im Zusammenhang mit Kummer aber die Aufgabe mit sich, bestimmten explizit vereinbarten Regeln, »bestimmte[n] Muster[n], Formen, Standards« zu folgen, »und zwar zum Zwecke gegenseitiger Orientierung und der Aufrechterhaltung eines bestimmten Maßes an Glaubwürdigkeit«. Eine Grenzüberschreitung dieser Regeln, wie sie Kummer dadurch vollzogen habe, dass er nicht einmal intersubjektiv verhandelbare Sinnenswahrnehmungen zum Gegenstand seiner Artikel gemacht habe, war daher aus der Sicht Weischenbergs zu disziplinieren: »Den Ereignisbezug von Journalismus kann man nicht ungestraft kündigen.«[215]

Um ihr Schreibkonzept durch Kummers ›Fehlleistung‹ nicht in Misskredit geraten zu lassen, versuchten Verfechter des ›Neuen Journalismus‹

[214] Ebd.

[215] Alle vorangegangenen Zitate stammen von Siegfried Weischenberg, zit. n. Minkmar, »Die Kummer-Fälschungen: Einzelfall oder Symptom?«, a.a.O., S. 36.

wie Markus Peichl indes, sie als Ausnahme darzustellen (»Kummer ist ein Einzelfall, wir dürfen nicht alle Vertreter des neuen Journalismus mit in den Strudel stürzen lassen«) und Kummer als persönlichkeitsgestört zu charakterisieren: »[E]r ist kein Borderline-Journalist, sondern eine Borderline-Personality«.[216] In einem anderen Artikel wird von Heiko Ernst, Chefredakteur der Zeitschrift *Psychologie heute*, der ›Borderline-Journalismus‹ durch Beiordnung eines Info-Kastens über die gleichnamige psychiatrische Störung sogar im Ganzen pathologisiert.[217]

Obwohl Weischenberg, gleichsam oberster Richter in Sachen journalistischer Sorgfalt, ausdrücklich verneint, »dass alles, was sich jenseits der Regeln der so genannten objektiven Berichterstattung bewegt, was nicht nach den Standards von Agenturjournalismus, von umgekehrter Pyramide und ganz sauberer Trennung von Nachricht und Kommentar funktioniert, kein Journalismus mehr ist«,[218] bildete sich im Zusammenhang mit dem Fälschungsskandal ein gewisser Revanchismus heraus, der darin bestand, wieder ausdrücklich danach zu trachten, »Medien als realitätsabbildende und nicht als realitätsschaffende Instrumente« zu verstehen.[219] Besondere Indizien dieser sich formierenden restaurativen Bewegung sind Artikel, in denen in der Auseinandersetzung mit Kummers Interviews Begriffe von Wahrheit in Anschlag gebracht werden, die entscheidende Hinweise auf die durch Fälschungen aufgeworfenen Probleme geben. Die Fälschung erscheint dort nicht als Gegenbegriff zur Wahrheit, sondern wird selbst implizit zum archimedischen Punkt, von dem aus *ex negativo* ein nicht weiter erläuterter unverrückbarer Wahrheitsbegriff errichtet wird: In der *Welt* ist etwa von der Auflösung der »Idee von Wahrheit«[220] die Rede, oder S.K. schreibt in der *FAZ*, dass »der Leser der Herr ist und der Reporter sein Diener. Er apportiert ihm die Wahrheit«.[221] Die Fälschung wurde somit dazu funktionalisiert, eine nicht weiter hinterfragte ideale Position des Beobachters zu konstruieren, aus der ein unmittelbarer, deutungsfreier Zugang zur Realität

[216] Markus Peichl, zit. n. Minkmar, »Die Kummer-Fälschungen: Einzelfall oder Symptom?«, a.a.O., S. 36.

[217] Vgl. Heiko Ernst, »Borderline-Journalismus. Die Ausweitung der Spielzone«, in: *Message*, H. 3 (2000), S. 64–67, hier: S. 66.

[218] Siegfried Weischenberg, zit. n. Minkmar, »Die Kummer-Fälschungen: Einzelfall oder Symptom?«, a.a.O., S. 36.

[219] Markus Peichl, zit. n. Minkmar, »Die Kummer-Fälschungen: Einzelfall oder Symptom?«, a.a.O., S. 36.

[220] Wolfgang Büscher, »Der Kummer mit Tom. Eine Ära Pop-Journalismus ist am Ende, die nächste spielt schon woanders«, in: *Die Welt* (31.5.2000), S. 37.

[221] Anonym [S.K.], »Kaltgeschrieben«, in: *Frankfurter Allgemeine Zeitung* (13.6.2000), S. 49.

oder, anders gesagt, zu einem apportierbaren ›Ding an sich‹ möglich ist, als wäre die Frage nach der Wahrheit – bezieht man sie auf den konkreten Fall – hinsichtlich der Selbstauskünfte von Stars so einfach zu beantworten.

Ähnlich den Auswirkungen des Ern Malley-Fake im literarischen Diskurs Australiens führte dies schließlich zu einer Rekonfiguration des Felds des ›Wahren‹ im Bereich des Journalismus. Dies manifestierte sich vornehmlich im Ausschluss bestimmter als marginal verworfener Themen und von da an als unseriös geltender Berichterstattungsmuster. Denn der sich in den soeben zitierten Wahrheitspostulaten abzeichnende Neopositivismus stellte angesichts der Kummer-Fälschungen den an literarische Formen angelehnten Journalismus als »grundsätzlich nur Lüge, Erfindung und Täuschung«[222] im Ganzen infrage.[223] Christian Seidl, damals Redaktionsleiter der SZ-Jugendbeilage *jetzt*, resümiert: »Plötzlich standen wir alle unter Generalverdacht, keinen richtigen Journalismus zu machen.«[224] In der Folge wurde der ›objektivierende‹, sich neutral gebende Stil wieder für ein akzeptables journalistisches Sprechen maßgeblich, obwohl er ebenso wenig eine wahrhaftige Informationsvergabe und einen verlässlichen ›Ereignisbezug‹ garantieren kann wie andere Schreibweisen.[225] Der auf diese Weise ›restaurierte‹ journalistische Grundsatz, Fakt und Fiktion explizit zu trennen, wurde damit zum Ausschlussmechanismus, zur Unterdrückung eines gewissen Schreibens und seiner publizistischen Orte:

Nachdem zuvor bereits die ähnlich orientierten eigenständigen Zeitschriften *Spiegel Reporter* und *Konrad* abgewickelt worden waren,

[222] Markus Peichl, zit. n. Minkmar, »Die Kummer-Fälschungen: Einzelfall oder Symptom?«, a.a.O., S. 36.

[223] Solche generalisierenden Vorwürfe vonseiten konservativer Journalisten und Literaten wurden schon, wie Tom Wolfe schreibt, angesichts des amerikanischen ›New Journalism‹ laut: »This *can't* be right. ... These people must be piping it, winging it, making up the dialogue. ... Christ, maybe they're making up whole scenes, the unscrupulous geeks [...]. They [the critics, M.D.] needed to believe, in short, that the new form was illegitimate ... a ›bastard form‹« (vgl. Wolfe, *The New Journalism*, a.a.O., S. 39); Auslassungszeichen im Original.

[224] Christian Seidl, zit. n. Frank Hornig/Thomas Schulz, »Generation Flop«, in: *Der Spiegel*, H. 34 (2002), S. 98–100, hier: S. 100.

[225] Für Horst Pöttger kann von einem solchen journalistischen Objektivitätsversprechen die Illusion genährt werden, dass »subjektivitätsfreie Nachrichten möglich seien«. Werde dies angenommen, bestehe die Gefahr, Werturteile einfach als Tatsachen zu formulieren (Horst Pöttger, »Ende des Milleniums, Ende des Journalismus? Wider die Dogmatisierung der professionellen Trennungsgrundsätze«, in: Markus Behmer u.a. (Hg.), *Journalismus im Wandel. Analysedimensionen, Konzepte, Fallstudien*, Wiesbaden: VS Verlag für Sozialwissenschaften 2005, S. 123–141, hier: S. 136).

kam es 2002 zu einer Serie von Umstrukturierungen bei den Magazinbeilagen der großen Tageszeitungen. Die ›Berlin-Seiten‹ der *Frankfurter Allgemeinen Zeitung* und der *Süddeutschen Zeitung* sowie die Jugendbeilage *jetzt* der *Süddeutschen Zeitung* wurden alle innerhalb einer Zeitspanne von wenigen Wochen aus Kostengründen eingestellt; auch die *Zeit*-Beilage ›Leben‹ wurde etwa zur gleichen Zeit thematisch und optisch wieder dem Hauptblatt angepasst.[226] Damit wurden fast alle Nischen des neuen Journalismus aufgegeben. Dies ist sicherlich nicht monokausal zu erklären. Neben der allgemeinen Zeitungskrise – die auf die Konkurrenz des kostenlosen Informationsmediums Internet sowie auf den Rückgang des Anzeigengeschäfts durch das Verpuffen der New Economy-Konjunktur zurückzuführen ist – und dem nach dem Anschlag auf das World Trade Center 2001 ausgerufenen ›Ende der Spaßgesellschaft‹ wird aber immer wieder als ein erster Auslöser dieser Agonie des ›Neuen Journalismus‹ der Kummer-Skandal genannt: »Was wegen Kummer infrage gestellt worden war, wurde nun, da die Verlage sparen, als Erstes abgeschafft.«[227] Und im *Spiegel* heißt es: »Einen womöglich anfangs unterschätzten Schlag hat der Generation Pop der Fall Tom Kummer versetzt«; die Wirtschaftsprobleme seien daher »nur der Todesstoß für eine bereits im Sterben liegende Szene« gewesen.[228] Als dem klassischen Nachrichtenjournalismus untergeordnetes Komplement war der Popjournalismus immer schon ein finanzielles Wagnis, das in Zeiten knapper Gelder nicht mehr eingegangen werden sollte, wie Christian Seidl bekundet: »Unsere Art von Journalismus galt im Betrieb immer als Risiko. Und was risikoreich ist, muss zuerst dran glauben.«[229] Christian Kämmerling, ehemaliger Chefredakteur des *SZ-Magazins*, bewertet dies ähnlich: »Wir waren wie eine kleine, subventionierte Experimentierbühne der städtischen Kammerspiele.«[230] Einige Journalisten, wie Peter Glaser, Marc Fischer, Christian Kracht und Benjamin von Stuckrad-Barre, wechselten auf diese diskursive

[226] Vgl. Hohlfeld, »Der schnelle Marsch durch die Institutionen«, a. a. O., S. 356. Dies hatte auch produktionstechnische Gründe, weil die Verbesserung des Vierfarb-Offsetdrucks ermöglichte, nun auch auf den Zeitungsseiten selbst höherwertige farbige Anzeigen zu drucken. Dies machte sich *Die Zeit* zunutze, als sie das Magazin zugunsten eines vierfarbigen Zeitungsteils ›Leben‹ einstellte (vgl. ebd., S. 349).

[227] Sebastian Hammelehle, »Kein Zuhause mehr« [ORF-Onlinemeldung] (27.02.2002), http://bachmannpreis.orf.at/bp2002/presse/deutschland/online-meldungen/zuhause.htm, zuletzt aufgerufen am 20.12.2006.

[228] Hornig/Schulz, »Generation Flop«, a. a. O., S. 100.

[229] Christian Seidl, zit. n. Hammelehle, »Kein Zuhause mehr«, a. a. O.

[230] Christian Kämmerling, zit. n. Hornig/Schulz, »Generation Flop«, a. a. O., S. 100.

Schließung hin die Lager und schrieben Bücher, verorteten sich somit im literarischen Diskurs, in dem ihre Erzählhaltung nicht sanktioniert wurde und in dem andere Regeln herrschten: Glaser, ehemals Autor für *Tempo* und *Konrad*, wurde 2002 sogar für seinen Erzählungsband *Geschichte von Nichts*, der im aus dem ›Neuen Journalismus‹ bekannten Tonfall gehalten ist, mit dem Ingeborg-Bachmann-Preis ausgezeichnet.[231]

Die retrospektiven Selbstbeschreibungen der ›Pioniere‹ des neuen Magazinjournalismus erinnern allerdings sehr stark an die selbstkritische Ernüchterung, die von den Vertretern der ›Angry Penguins‹[232] nach der Auflösung der Bewegung geäußert worden war. Sie lassen sich auch als Eingeständnis lesen, dass die offensive Stilisierung zu einer neuen Generation journalistischer Autoren nach einiger Zeit zur leeren Attitüde geronnen und der ›revolutionäre‹ Gestus zum Selbstzweck verkommen war. Wie die ›Angry Penguins‹ hatten sie nach der Aufbruchsphase nichts mehr zu sagen; das Neue des Neuen war aufgebraucht: So charakterisiert Peichl den wachsenden Solipsismus der Bewegung als »Ghetto der Selbstbefindlichkeiten«, und Ulf Poschardt verurteilt die mitunter »sinnlose Geheimwissenschaft mancher Pop-Journalisten«.[233]

Die neben den genannten Gründen durch Kummers Fälschungen ausgelöste Gegenbewegung führte schließlich zu Transformationen, die den Popjournalismus als eigenständige Kategorie zum Verschwinden brachten: Nach der kurzfristigen Ausschließung des als originell und neu markierten Berichterstattungsmusters setzte nämlich langfristig eine normalisierende Absorption ein, d. h., es fand als Konzept, wenn auch mit Modifikationen, Eingang in die traditionellen Zeitungen. Der der ersten rebellischen Generation gemeinsame Ansatzpunkt, den angefeindeten klassischen, pseudoobjektiven Stil *in toto* zu durchbrechen, ging auf diese Weise zumindest verloren, weil die vormals randständige Erzählhaltung zum Teil in den etablierten Blättern und neuen Zeitschriftenformaten, wie *Neon*, *Deutsch*, *Voss*, *Achtung*, *Zoo* und *Dummy*, ihren neuen Ort fand.[234] David Pfeiffer, ehemaliger Redaktionsleiter von *Tempo*, *Konrad* und *stern*, äußerte 2002 über diese Verstetigung verächtlich: »So schreibt heute jeder Kulturjournalist im Böblinger Tagblatt.«[235] Ralf Hohlfeld konstatiert entsprechend, dass die Schreib-

[231] Vgl. Hammelehle, »Kein Zuhause mehr«, a. a. O.
[232] Siehe dazu weiter oben, S. 244.
[233] Markus Peichl u. Ulf Poschardt, zit. n. Hornig/Schulz, »Generation Flop«, a. a. O., S. 100.
[234] Vgl. Arno Frank, »Lust auf die Lücke«, in: *die tageszeitung* (25.10.2003), S. 22.
[235] David Pfeiffer, zit. n. Hammelehle, »Kein Zuhause mehr«, a. a. O.

weise des Neuen Journalismus zu viele Bereiche sprachlich durchdrungen habe, als dass sie aus dem Pressemarkt ganz zu tilgen sei,[236] und knüpft dabei thematisch an Sebastian Hammelehles Diagnose über die neuen deutschen Popjournalisten an: »Statt der Revolution haben sie eine Reform zu Wege gebracht, so klein und niedlich wie viele Dinge, über die sie geschrieben haben.«[237]

Fernsehen

Betrachtet man die Benennung ›Fernsehen‹, sind dadurch bereits die für die entsprechenden Fälschungen grundlegenden Probleme oder auch Voraussetzungen ausgesprochen: Wir sehen etwas aus der Ferne oder vielmehr etwas uns Fernes wird uns nähergebracht. Denn das, was wir sehen, wird immer aus einem räumlichen, nicht selten auch zeitlichen Abstand, der uns von den gezeigten ›Phänomenen‹ oder ›Ereignissen‹ trennt, wiedergegeben. Spricht man von Medienereignissen *in sensu strictu*, fallen Darstellung und Herstellung sogar von vornherein in eins. Zudem handelt es sich beim Fernsehen nicht um ein Fern-Sehen, wie bei dem scheinbar griechischen Äquivalent ›Teleskop‹, sondern um technisch übermittelte Reproduktionen, deren Herkunft dem Betrachter aufgrund dieses genannten Abstands verdeckt bleiben muss. Wenn das Fernsehen über die Welt berichtet, gibt es somit nicht nur vorgefundene Phänomene als eine Art transparenter Schirm wieder oder zeigt Abbilder, die etwas aus der Ferne dem Zuschauer nahebringen, sondern es muss diese Phänomene, seinen eigenen Regeln gemäß, übertragen oder im doppelten Wortsinne nicht nur her-stellen, sondern auch herstellen.[238]

Das Indexikalische der Fälschung

Bereits der erste bekannte Fall einer technisch übermittelten Falschmeldung lässt vor Augen treten, dass jegliche Fernmeldung als bedeutungsvolle Nachricht nie von Deutungen frei ist.[239] Am 10. Mai 1869 wurde

[236] Vgl. Hohlfeld, »Der schnelle Marsch durch die Institutionen«, a.a.O., S. 357f.

[237] Vgl. Hammelehle, »Kein Zuhause mehr«, a.a.O.

[238] Vgl. zu der an den Begriffen Fernsehen und Teleskop herausgearbeiteten »Eigentümlichkeit des Mediums« und zur Ambiguität des Begriffs des ›Herstellens‹: Samuel Weber, »Zur Sprache des Fernsehens: Versuch, einem Medium näher zu kommen«, in: Jean-Pierre Dubost (Hg.), *Bildstörung. Gedanken zu einer Ethik der Wahrnehmung*, Leipzig: Reclam 1994, S. 72–88, hier: S. 76–81).

[239] Immer wieder wird im Zusammenhang mit Medien-Fakes das am 30.10.1938 gesendete Hörspiel *The War of the Worlds* von Orson Welles angeführt, weil es seinerzeit u.a.

in Amerika feierlich die Fertigstellung der ersten transkontinentalen Eisenbahn der Union Pacific Railroad Company begangen. Während der Zeremonie sollten die letzten Schienenelemente verankert werden: Sowohl der entsprechende Bolzen als auch der Vorschlaghammer waren verdrahtet, um die letzten drei Schläge telegraphisch zu übermitteln.

als Tatsachenbericht wahrgenommen wurde. Es soll hier nicht *in sensu strictu* als Fake verstanden werden; denn es wurde damals *ex post* nicht als solches behandelt bzw. Welles wurde retrospektiv kein Betrugsbewusstsein unterstellt. Die Reaktionen auf das Hörspiel müssten eher als ein Missverständnis eines fiktionalen Formats verstanden werden, weil die Sendung von Anfang an als Inszenierung von H. G. Wells' Roman angekündigt worden war. Auch die legendäre Massenpanik ist in der Forschung umstritten, obwohl sie nicht selten als Beleg für die Macht des Hörfunks angesehen wird. Derartige Diskursivierungen können ihrerseits als von bestimmten Wissensordnungen durchdrungene Aussageformationen betrachtet werden, die anhand von *The War of the Worlds* die Massenwirksamkeit medialer Repräsentationen bzw. einen bestimmten am Stimulus-Response-Modell orientierten Rezipiententypus als diskursives Objekt erzeugen. Ute Daniel setzt sich in einem Artikel mit der Herausbildung der Kommunikationsforschung zwischen 1930 und 1950 auseinander und arbeitet heraus, dass der Glaube an die Suggestionskraft der Massenmedien und die damit verbundene Annahme eines objektivierbaren Blicks in den Kontext der Selbstvermarktung kommerzieller und politischer Werbespezialisten zu rücken ist. Die von ihnen generierten ›Tatsachen‹ über die »durchschlagenden Effekte persuasiver Kommunikation« seien daher als Geschäftsmodell zu verstehen, den Kunden aus Politik, Wirtschaft und Massenmedien die Berechenbarkeit ihrer Umwelt und die Planbarkeit ihrer nächsten Schritte zu suggerieren (Ute Daniel, »Suggestive Experten: Zur Etablierung der US-amerikanischen Medienforschung in den 1930–1950er Jahren«, in: *Berichte zur Wissenschaftsgeschichte* 30 (2007), S. 183–198, bes. S. 192–195). Hadley Cantrils 1940 veröffentlichte sozialpsychologische Felduntersuchung lässt sich dann als frühes Exemplar einer so codierten Wirkungsforschung der Massenmedien verstehen. Eine fundierte Kritik an Überbewertungen des Ausmaßes der Panik und nicht zuletzt an Cantril leisten die Schweden Karl Erik Rosengren, Peter Arvidson und Dahn Sturesson, indem sie rein zahlenmäßig die von Cantril postulierte »tidal wave of terror that swept the nation« entkräften: »Cantril's main results [...] hardly bear out such an interpretation: 12% of the adult population listened to the programme, 28% of the listeners believed the broadcast was a news bulletin, and 70% of those who misunderstood the programme were frightened or disturbed. That is, some 2% of the adult population were excited by the programme«. Diese vergleichsweise geringe Zahl ergibt sich auch dadurch, dass das Hörspiel nur über das CBS-Network, das nicht landesweit empfangbar war, ausgestrahlt wurde (Karl Erik Rosengren/Peter Arvidson/Dahn Sturesson, »The Barsebäck ›Panic‹: A Radio Programme as a Negative Summary Event«, in: *Acta sociologica* 18.4 (1978), S. 303–321, hier: S. 303; siehe zu einer Auswertung der Reaktionen der Printpresse und dabei vorherrschender Negativtypisierungen der Radiohörer (»radio audience isn't very bright«, »radio audience [...] as an amorphous group«, »herd instinct«): G. Joseph Wolfe, »›War of the Worlds‹ and the Editors«, in: *Journalism Quarterly* 57.1 (1980), S. 39–44; siehe a. Werner Faulstich, *Radiotheorie. Eine Studie zum Hörspiel »The War of the Worlds« (1938) von Orson Welles*, Tübingen: Narr 1981, bes. S. 92ff. u. Hadley Cantril, *The Invasion from Mars: A Study in the Psychology of Panic*, Princeton: Princeton Univ. Press 1940, v. a. S. 59–63 u. Anonym, »Radio Listeners in Panic, Taking War Drama as Fact«, in: *New York Times* (31.10.1938), S. 1 u. 4).

Allerdings verfehlten die beiden Repräsentanten von Union Pacific, Leland Stanford und Thomas Durant, bei ihren drei Schlägen den Bolzen. Dennoch sendete der Telegraphen-Beamte Shilling drei Punkte oder ›*dits*‹, die für die Beamten am anderen Ende der Leitung »fertig« bedeuteten. Währenddessen wurde von den beiden Bauleitern, diesmal ohne Verdrahtung, der letzte Bolzen eingehauen.[240] Damit wurde in einer Art Live-Berichterstattung ein Ereignis suggeriert, das so nie stattgefunden hatte. Die drei Punkte, die für den tatsächlichen Vorgang der Hammerschläge standen, wurden von ihrer Erzeugung oder besser Nicht-Erzeugung abgelöst und als davon unabhängige Falsch-Information übermittelt.

Wenn hier der schillernde Begriff der Information Verwendung findet und zudem noch ein Beispiel aus der Telegraphie angeführt wird, das mit Claude Elwood Shannon als *das* technische Modell der Kommunikation Geltung erlangt hat,[241] dann sind einige erklärende Hinweise nötig, die das Grundanliegen dieser Ausführungen noch einmal verdeutlichen. Denn in der mathematischen Kommunikationstheorie nach Shannon wird Information wesentlich von Sinn unterschieden, d. h., die semantischen Aspekte der Kommunikation sind ohne Bedeutung: »Frequently the messages have *meaning* [...]. These semantic aspects of communication are irrelevant to the engineering problem.«[242] Insofern sind die übermittelten drei ›*dits*‹ des soeben geschilderten Beispiels im Sinne Shannons eine zu diskreten Signalen umgeformte Nachricht. Dass sie jedoch als Zeichen für die Fertigstellung der transkontinentalen Bahnstrecke standen, war eine Bedeutung, die mit dem technischen Informationsbegriff nichts zu tun hat. Um diese Sinnebene und nicht um die technischen Begriffe von ›Nachricht‹ und ›Information‹ kann es also in den folgenden Überlegungen nur gehen. Bernhard Siegert hat

240 Vgl. Anonym, »Golden Spike National Historic Site«, in: *Utah History Encyclopedia*, www.uen.org/cgi-bin/websql/ucme/media_display.hts?file_name=ta0004 91.txt&media_type= text&media_item_id=190, zuletzt aufgerufen am 26.9.2006.

241 Vgl. Friedrich-Wilhelm Hagemeyer, *Die Entstehung von Informationskonzepten in der Nachrichtentechnik. Eine Fallstudie zur Theoriebildung in der Technik in Industrie- und Kriegsforschung*, Phil. Diss. [Masch.], Berlin 1979, S. 108.

242 Claude Elwood Shannon, »The Mathematical Theory of Communication« (1948), in: Claude Elwood Shannon/Warren Weaver, *The Mathematical Theory of Communication*, Urbana/Chicago: Univ. of Illinois Press 1963, S. 29–115, hier: S. 31. Bernhard Siegert schreibt über die Konsequenzen der mathematischen Kommunikationstheorie: »Information und Sinn verabschieden sich voneinander, das eine betrifft technische, das andere semantische Aspekte der Kommunikation, und zumindest die semantischen sind irrelevant für die technischen« (Bernhard Siegert, *Relais. Geschicke der Literatur als Epoche der Post 1751–1913*, Berlin: Brinkmann & Bose 1993, S. 281).

dies treffend zusammengefasst: »Entweder hat man die Wahrheit [mathematische Kommunikationstheorie]: dann versteht man nichts oder man hat den Sinn [semantischer Aspekt der Kommunikation]: dann ist man betrogen.«[243]

Dass photographische und filmische Reproduktionen derjenigen Perzeption näherkommen, die man gemeinhin als alltägliche Sinneswahrnehmung versteht, macht die Sichtbarmachung ihrer deutenden Bezüge im Vergleich zu Texten heikler. Eine kurze Erläuterung der im Zusammenhang mit dem Sprechen über die ›Wahrheit‹ der Bilder häufig in Anschlag gebrachten semiotischen Theorien von Charles S. Peirce mag die Shannon'sche grundsätzliche Unterscheidung zwischen einer technisch und einer semantisch verstandenen Nachricht aus einer anderen Perspektive beleuchten.

Einerseits definiert sich laut Peirce ein indexikalisches Zeichen notwendig durch eine Zweiheit, d. h. durch eine existentielle Relation zu seinem Objekt: »An index, therefore, requires its object to have and must itself have individual existence.«[244] In dieser Definition stehen sich also mindestens zwei Entitäten, das verweisende Zeichen und das tatsächliche Objekt, auf das verwiesen wird, gegenüber. Diese im positivistischen Sinne irreduzible faktische Verbindung führt zum Zustandekommen eines Index unabhängig von seiner Interpretation: »An index is a representamen which fulfills the function of a representamen by virtue of a character which it could not have if its object did not exist, but which it will continue to have just the same whether it be interpreted as a representamen or not« (CP 5.073).[245] Andererseits wird es aber nur zu einem Zeichen durch das Akzidens, dass es als solches verstanden

[243] Ebd.

[244] Charles S. Peirce, *MS 478A* [*Syllabus of Certain Topics of Logic*], Transkription C. Strub, Syllabus 45 / ISP 175; Hervorhebung M. D. Die Paginierung mit »Syllabus XX« gibt die Seitenzählung von Peirce an; die ISP-Zählung ist die des Peirce Edition Project. Ist im Folgenden nur Letztere angegeben, handelt es sich bei den angeführten Stellen um Manuskriptvarianten, die Peirce nicht mit Paginierungen versehen hat. Das Manuskript 478A ist ein von Peirce erstellter Begleittext (*Syllabus of Certain Topics of Logic*) zu den von ihm 1903 am Lowell Institute in Boston gehaltenen Vorlesungen. Es ist bisher nur teilweise ediert und bildet die Grundlage von Helmut Papes Peirce-Übersetzungen in: Charles S. Peirce, *Phänomen und Logik der Zeichen*, Frankfurt/M.: Suhrkamp 1998. Ich danke Helmut Pape für die freundliche Überlassung der Rohtranskription, die im Rahmen einer geplanten Neuedition an der Universität Bamberg erstellt wurde.

[245] Die Dezimalnotation, hier 5.073, verweist auf den 5. Band und den 73. Abschnitt der *Collected Papers of Charles Sanders Peirce*, I-VI, hg. v. Charles Hartshorne/Paul Weiss, Cambridge: Harvard Univ. Press 1931–35. Im Folgenden wird im Text nur die Notation in Klammern zitiert.

wird. D.h., es handelt sich dabei um eine nicht notwendige Bedingung, die das Entstehen des Index als solchen nicht berührt: »It becomes a sign *by the accident* of being so understood, a circumstance which does not affect that character of it which makes it fit to be a sign.«[246] Peirce vergisst in seinem semiotischen Koordinatensystem jedoch keinesfalls denjenigen, der das Zeichen liest: »A sign, or representation [...] refers to its object [...] because it is in dynamical (including spatial) connection both with the individual object, on the one hand, and with the senses or memory of the person for whom it serves as a sign, on the other hand« (CP 2.305).

Nur aus diesem Grund lässt sich das Objekt, auf das ein Index verweist, nicht als reine Anwesenheit einer Sache betrachten, sondern als Ergebnis einer Semiose durch Zeichen, die der Interpretation bedürfen: »[A]n index, like any other sign, only functions as sign when it is interpreted.«[247] Obwohl die Erfolgsbedingung für die Entstehung eines Index also interpretationsunabhängig, d.h. nicht durch Konventionen festgelegt ist, kann es nur als Zeichen fungieren, wenn es interpretiert wird. Besonders hervorzuheben an Peirces Argumenten ist, dass er die Interpretation der Zeichenfunktion des Indexikalischen auf einen bestehenden Wissenshintergrund zurückführt. In diesem Sinne wird für Peirce das Wissen um die genannte existentielle oder faktische Relation Teil der Interpretationsbedingung des indexikalischen Zeichens. Die Zeichenfunktion des Indexikalischen kann sich somit nur ins Werk setzen, wenn angenommen wird, dass das Objekt des Index existiert. Die existentielle Relation ist so zum einen im indexikalischen Zeichen repräsentiert, zum anderen muss sie aber, damit sie beim Verstehen auch zum Tragen kommt, bei der Interpretation aufgerufen werden.[248]

Auch das Photographisch-Indexikalische verweist Peirce zufolge nicht automatisch auf etwas anderes, sondern nur aufgrund eines Wissens von dieser Verbindung: »The fact that the latter [the photograph] is known to be the effect of the radiations from the object renders it an index and highly informative« (CP 2.265). Er argumentiert also im Zusammenhang

[246] Charles S. Peirce, *MS 478A* [*Syllabus of Certain Topics of Logic*], Syllabus 45 / ISP 175; Hervorhebung M.D.

[247] Charles S. Peirce, »New Elements«, in: *The Essential Peirce. Selected Philosophical Writings*, hg. v. Nathan Houser, II, Bloomington/Indianapolis: Indiana Univ. Press 1998, S. 301–330, hier: S. 318 [=EP 2.318].

[248] Vgl. dazu die Überlegungen über den Zusammenhang von Index und Spur bei: Helmut Pape, »Searching for Traces. How to Connect the Sciences and the Humanities by a Peircean Theory of Indexicality«, in: *Transactions of the C.S. Peirce Society* 44.1 (2008), S. 1–25, bes. S. 15 u. 19.

mit dem Indexikalischen mit einem Vokabular der wissensgestützten Interpretation: Es müssen physikalische Determinanten mitgedacht werden, d.h., man muss von den photochemischen Produktionsbedingungen der Photographien oder von dem ihnen zugrundeliegenden physikalischen Materialitätskontinuum – vom Objekt ausgehende oder reflektierte Lichtstrahlen, die sich als Schwärzung der Photokristalle auswirken – wissen *und* von dieser Kenntnis bei ihrem Anblick auch Gebrauch machen, damit etwas als indexikalisches Zeichen erkannt werden kann. Dieses ist somit zwar *per se* indexikalisch, kann aber nur unter Einbeziehung bestimmter Voraussetzungen als solches betrachtet und als Spur gelesen werden. Ein Zitat aus einem völlig anderen Zusammenhang mag diese Notwendigkeit der Deutung des Deutens in besonderer Weise vor Augen führen: »A dog, if you point at something, will look only at your finger.«[249] Nur unter der Voraussetzung, dass wir im Gegensatz zu dem Hund im angeführten Beispiel das Hinweisen auf etwas anderes auch als solches wahrnehmen, lesen wir etwas als Zeigen und richten unsere Aufmerksamkeit in eine bestimmte Richtung.

Der von Peirce für die Photographie stark gemachte indexikalische Charakter lässt sich bei genauerer Lektüre zudem als Element eines komplexen Wechselverhältnisses mit anderen Zeichenkategorien ausmachen; denn die von ihm postulierte Referenz qua physikalischer Verbindung des Photos zu seinem Objekt ist nur ein Aspekt der späteren Auffassung des Bildgegenstands: »Thus, a photograph is an index, because the physical action of the light in producing produces an existential one-to-one correspondence between the *parts* of the photograph and the parts of the object; ant [sic] this is often what the photograph is most valued for. But furthermore, the photograph furnishes an icon of the object; that very *relation of parts* making it an image of the object.«[250] Peirce sagt damit einerseits deutlich, dass ein Index ein Ikon mit sich führen kann, und andererseits, dass der indexikalische Bezug, also das Hinweisen der Photographie auf Teile des Objekts, die auch zum Zeitpunkt der Aufnahme der Sinneswahrnehmung zugänglich waren, nichts über deren Konzeptualisierung aussagt. Es handelt sich lediglich um ein physikalisches Einschreiben von Lichtdaten in die chemische Filmschicht. Die Verbindung dieser Daten, ihre Synthese gehören indes zum

[249] David F. Wallace, »›Unibus pluram‹: Television and U.S. Fiction«, in: ders., *A Supposedly Fun Thing I'll Never Do Again. Essays and Arguments,* London: Abacus 1998, S. 21–82, hier: S. 33.

[250] Charles S. Peirce, *MS 478A* [*Syllabus of Certain Topics of Logic*], Syllabus 46 / ISP 176; Hervorhebung des Originals getilgt und durch eigene ersetzt.

Ikonischen des Bildes. Erst ihr Erkennen, ihr In-Eins-Bilden eröffnet die Möglichkeit, Ähnlichkeiten zu sehen. Damit scheidet Peirce die Zeichenfunktionen in ähnlicher Weise, wie man bei der Sinneswahrnehmung die Perzeption als reine ungeordnete Reizaufnahme von der Apperzeption als begrifflich urteilendes Erfassen, bei dem einzelne Irritationen zu einer einheitlichen Vorstellung synthetisiert werden, gedanklich voneinander trennen kann. Peirce betont die Komplementarität des Indexikalischen, das Angewiesensein auf andere Zeichenkategorien, auch an einer anderen Stelle, wenn er sein Koordinatensystem erweitert und über die Kriterien spricht, die dafür Voraussetzung sind, dass ein Photo – oder besser: ein photographischer Abzug – vom Index zum ›informativen Zeichen‹, zum ›Dicizeichen‹, d. h. zum Träger von Information werden kann: »The mere print does not, in itself, convey any information. But the fact, that it is virtually a section of rays projected from an object *otherwise known*, renders it a Dicisign. Every Dicisign [...] is a further determination of an already known sign of the same object« (CP 2.320). Der photographische Abzug, in seiner rein indexikalischen Dimension betrachtet, zeugt also nur ausschnitthaft (»a section of rays«) von den Lichtstrahlen, die das gezeigte Objekt reflektierte. Dieses wird somit zunächst einmal nur als unbestimmter Photonen-Reflektor definiert. Aber die Voraussetzung, dass das indizierte Objekt bereits anderweitig bekannt ist, »otherwise known«, lässt die Photographie zum informativen Zeichen werden. Das Indexikalische der Photographie liefert nach Peirce somit keine qualitative Bestimmung über das, auf das es hindeutet. Es ist kein Zeichen, das für die Sache selbst steht, sondern es zeigt als reiner Verweis nur auf etwas. Dies kann aber nur erkannt und verstanden werden, wenn ein bereits bekanntes ikonisches Zeichen oder eine vertraute bildliche Vorstellung (»familiar image in my mind«) miteinbezogen wird, durch die erst eine qualitative Bestimmung, in diesem Falle die der Ähnlichkeit, ins Spiel kommt.[251]

[251] Ebd., Syllabus 45 / ISP 181. Als Beispiel für diesen ikonischen Effekt wären die Mitte des 19. Jahrhunderts diskutierten Geisterphotographien anzuführen, bei denen u. a. Flecken oder ungeklärte chemische Reaktionen auf dem photographischen Abzug als Abbilder von Geistern gedeutet wurden. Dies wurde einerseits durch die photographietechnische Entwicklung des nassen Kollodiumverfahrens begünstigt, andererseits durch die damals weltweit einsetzende Konjunktur der spiritistischen Bewegung. Die Geisterphotographie wurde umgehend auch zum Betätigungsfeld diverser Fälscher, von denen als Pionier William Mumler zu nennen wäre (vgl. Rolf H. Krauss, *Jenseits von Licht und Schatten. Die Rolle der Photographie bei bestimmten paranormalen Phänomenen – ein historischer Abriß*, Marburg: Jonas 1992, S. 99–106).

Besonders einsichtig wird dieses Konzept, wenn Peirce das an der Semiose beteiligte Komplement aus indexikalischer Partikularität und ikonischer Ganzheit (oder einer bildlichen Vorstellung) an einer anderen Stelle sehr anschaulich mit einer bezeichnenderweise fiktiven Situation aus dem Roman *Robinson Crusoe* exemplifiziert:

> Thus, when Robinson Crusoe found the footprint generally spoken of as Friday's, we may suppose that his attention was first attrac[t]ed to an indentation of the sand. So far it was a mere substitutive index, a mere *something* apparently a sign of *something else*. But on examination he found that ›there was the print of toes, heel, and every part of a foot‹, in short, an icon converted into an index; and the *connection of this with its presence on the shore*, could only be *interpreted as* an index of a corresponding presence of a man.[252]

Solange die Vertiefung im Sand als substitutiver Index gesehen wird, ist es ein ›reines Etwas‹, ist es lediglich als Ansammlung flirrender Daten ein Anzeichen von etwas ›anderem‹, das nicht genauer definiert ist. Erst nachdem die Einzelheiten als ein Gesamtes, als eine Einheit aufgefasst, d.h. als Abdruck eines Fußes, als Ikon gelesen worden sind, können sie im zweiten Schritt – unter Zuhilfenahme ihres Kontexts (nämlich dass sie am Strand vorgefunden worden sind) und eines Vorwissens (über die kurze Beständigkeit einer solchen Spur an einem Sandstrand) – als Index auf die Existenz eines zweiten Inselbewohners *interpretiert* werden.

Bei der Photographie hat man es genaugenommen, wenn hier von einer Vereinheitlichung oder In-Eins-Bildung die Rede ist, mit zwei Syntheseleistungen zu tun: einerseits von der aufnahmetechnischen Seite, beispielsweise über die Wahl des Ausschnitts oder Blickwinkels sowie der Blende und der Belichtungszeit, die bei der Aufzeichnung darüber entscheidet, wie die Lichtstrahlen – und welche – durch die photographische Apparatur auf die photochemische Emulsion gebracht werden; andererseits vonseiten des menschlichen Betrachters, der die wiederum von der Photographie ausgehenden Sinnesdaten perzipiert und auf bestimmte Weise apperzipiert. Die Indexikalität des Photographischen, von der Peirce spricht, rechtfertigt also keinen naiven Abbildrealismus, bei dem ein Zeichen für die Sache selbst gehalten wird, sondern gründet sich auf ein Vorwissen, komplettiert sich zu einer Vorstellung eines Objekts nur kraft komplexer Bezugnahmen auf andere Zeichenkategorien und andere mentale bildliche Vorstellungen. Erst dadurch vermittelt die

[252] Charles S. Peirce, *MS 478A*, Syllabus 46, ISP 182; Hervorhebungen im Original getilgt und durch eigene ersetzt.

Photographie den Eindruck des – um es mit Roland Barthes' berühmter Wendung zu formulieren – »*Ça-a-été*«.[253]

Obwohl bei der analogen Videoaufnahme die auf den elektronischen Sensor auftreffenden Lichtstrahlen ganz anders, wie es im technischen Vokabular heißt, ausgelesen und aufgezeichnet werden als bei der analogen Photographie, erhalten die dabei entstehenden Artefakte kraft der Überzeugung des Zuschauers von ihrer Indexikalität ihre Glaubwürdigkeit. Darüber hinaus ist zu bedenken, dass auch das elektronische Bild im Peirce'schen Sinne indexikalisch bleibt, insofern es ebenfalls eine kausale oder physische Verbindung zu einem Gegenstand zur Voraussetzung hat. In diesem Fall wird das von einem Objekt reflektierte Licht eben nicht von Filmmaterial aufgezeichnet, sondern durch CCDs in elektrische Ladungen verwandelt und anschließend gespeichert.[254] Ob man nun analytisch den Peirce'schen Theoriehintergrund *in sensu strictu* oder aktuale, durch Überzeugungen und Konventionen geprägte ›*Wahr*nehmungsweisen‹ privilegiert, es ergibt sich in beiden Fällen eine bestimmte Referenz-Auffassung, die für die Beglaubigung audiovisueller Reproduktionen und für die Wirksamkeit der entsprechenden Fälschungen sorgt. Oder anders formuliert: Ohne die Voraussetzung, dass man zu wissen glaubt, das Gezeigte entspräche in irgendeiner Weise dem, was es ›reproduziert‹, wäre die Rede von einer Manipulation, mit der etwas *ex post* als Fälschung markiert wird, nicht möglich. Auch wenn die epochalen technischen Transformationen mit der Digitalisierung von Photo und Film zu einem Umbruch der Wahrnehmung audiovisueller Medien geführt haben mögen, bleibt diese Überzeugung von

[253] Roland Barthes, *La chambre claire. Note sur la photographie*, Paris: Gallimard 1980, S. 120. Dt. *Die helle Kammer. Bemerkungen zur Photographie*, übers. v. Dietrich Leube, Frankfurt/M.: Suhrkamp 1989, S. 89. Die deutsche Übersetzung »*Es-ist-so-gewesen*«, obwohl bei Barthes »comme ça« nicht zu lesen ist, ist irreführend, da sie eine allgemeine modale Bestimmung bzw. Analogie impliziert. Bei Barthes indes ist der Aspekt der Vergangenheit vorrangig.

[254] Vgl. zu einer genaueren Auseinandersetzung mit der Problematik des Analogen und des Digitalen: Jens Schröter/Alexander Böhnke (Hg.), *Analog/Digital – Opposition oder Kontinuum? Zur Theorie und Geschichte einer Unterscheidung*, Bielefeld: transcript 2004 (Medienumbrüche 2), v. a. die Einleitung, S. 7–30 u. darin: Jens Schröter, »Das Ende der Welt. Analoge vs. digitale Bilder – mehr und weniger ›Realität‹«, S. 335–354. Siehe zu einer eingehenden Betrachtung der epistemologischen Implikationen von Bildaufzeichnungen via CCD-Chips, verbunden mit der wichtigen Einsicht, dass diese eher mit der Quantenmechanik als mit dem Digitalen zu tun haben: Wolfgang Hagen, »Die Entropie der Fotografie. Skizzen zu einer Genealogie der digital-elektronischen Bildaufzeichnung«, in: Herta Wolf (Hg.), *Paradigma Fotografie*, Nachdr. der 1. Aufl., Frankfurt/M.: Suhrkamp 2002 (Fotokritik am Ende des fotografischen Zeitalters 1), S. 195–235.

einem *Das-ist-gewesen*, die das Feld der Wahrnehmung und Erfahrung maßgeblich beeinflusst, nicht zuletzt in der Rede von der digitalen Photographie, dem digitalen Video oder Film weitgehend erhalten. Warum spricht man beispielsweise nicht vom »synthetischen Bild«, das als solches nicht mehr als wahr oder falsch bezeichnet werden könnte?[255] Anders gesagt, das indexikalische Zertifikat des Photographischen – die Annahme einer existentiellen Relation zu seinem Objekt – verlängert sich für die elektronischen und sogar digitalen Medien. Diese werden daher – auch wenn sie gegebenenfalls nicht mehr im strengen Sinne unter diese Kategorie fallen – ebenfalls als indexikalisch aufgefasst. Peirces Definition, dass Indizes als solche interpretiert werden müssen, um als indexikalische Zeichen zu fungieren, eröffnet nämlich neben dem scheinbaren Normalfall eines gelungenen Verstehens des Zeichens zwei weitere gleichwertige Möglichkeiten, es zu (v)erkennen: Zum einen kann ein Index, selbst wenn eine existentielle Relation zu einem Objekt besteht, unerkannt bleiben, wenn er nicht als solcher interpretiert wird. Zum anderen aber kann etwas als Index auf ein Objekt gedeutet werden, obwohl eigentlich keine existentielle Beziehung zwischen beiden besteht: So kann Rauch, der häufig als Beispiel für ein indexikalisches Zeichen angeführt wird, unter Umständen von einer Nebelkerze stammen und dennoch als Zeichen für ein Feuer gelesen werden. Auf ähnliche Weise ergibt sich der ›Realitätseffekt‹ von am Computer errechneten Bildern. Man könnte davon sprechen, dass eine bestimmte Herstellungsgeschichte für sie angenommen wird, die dazu führt, dass sie als Indizes interpretiert werden.

Nicht nur bei der Photographie, sondern auch bei Film und Video sind neben der komplex zustande kommenden visuellen Information der Einzelbilder – sei es, dass man darin ein Wissen von ihrer Indexikalität investiert oder sie zudem ikonisch deutet – weitere Kontextualisierungen am Werk, die über ihre Evaluation maßgeblich entscheiden. Bereits Peirce kommt auf die besondere Funktion sprachlicher Indizes zu sprechen, die nicht nur dazu führen, etwas als Ikon zu betrachten, sondern auch dazu, dass daraus eine Behauptung (*assertion*) entsteht: »It is remarkable that while neither a pure icon nor a pure index can assert anything, an index […] which forces us to regard it [something] as an icon, as

[255] Vgl. zum Begriff des synthetischen Bildes: Bernhard Stiegler, »L'image discrète«, in: Jacques Derrida/Bernhard Stiegler, *Echographies de la télévision. Entretiens filmés*, Paris: Gallimard 1996, S. 161–183, hier: S. 169 u. 173. Dt. »Das diskrete Bild«, in: Jacques Derrida/Bernhard Stiegler, *Echographien. Fernsehgespräche*, Wien: Passagen 2006, S. 161–180, hier: S. 167 u. 171.

the legend under a portrait does, does make an assertion, and forms a proposition.«[256] Dies ist für die Einschätzung visueller Information eine entscheidende Schlussfolgerung, denn erst wenn etwas den Status einer Proposition hat – sei es durch eine pragmatische Echtheitsbehauptung im Sinne Ecos[257] oder sei es durch eine buchstäbliche Bildzuschreibung mittels einer Legende –, lässt sich überhaupt eine Unterscheidung zwischen richtig und falsch treffen.[258] Walter Benjamin hat diesen auch für journalistische Fälschungen grundlegenden operativen Zusammenhang von Bildern – d.h., wie sie oder neben was sie erscheinen – in einem Satz zusammengefasst: »Die Direktiven, die der Betrachter von Bildern in der illustrierten Zeitschrift durch die Beschriftung erhält, werden bald darauf noch präziser und gebieterischer im Film, wo die Auffassung von jedem einzelnen Bild durch die Folge aller vorangegangenen vorgeschrieben erscheint.«[259]

Neben dem maßgeblichen Einfluss, den die Verkettung von Filmeinstellungen auf ihre Einzelevaluation hat – ein Effekt, den schon sehr früh Kuleschow bei seinen Experimenten entdeckt hat –, ist im Bereich des Filmischen noch eine Reihe weiterer Elemente nicht zu vergessen, die sich in der Vorstellung des Zuschauers zu einem filmischen Gesamteindruck oder zu einer dokumentarischen Behauptung synthetisieren: Sprache (in Grafik und Wort) sowie Ton. Denn obwohl es die Bezeichnung nahelegt, muss man sich vergegenwärtigen, dass man es beim Fernsehen nicht nur mit einem Sehen, sondern immer auch mit einem Hören und damit auch mit dem sinnfälligen Verhältnis zwischen Ton und Bild, zwischen Text und Bild zu tun hat. Diese textlichen und auditiven Elemente haben nämlich einen entscheidenden Anteil an der Bedeutungsproduktion, weil sie auf bestimmte Bildaspekte hinweisen oder andere in den Hintergrund treten lassen. Zerlegt man die Bild-Sprache-Ton-Relationen in ihre Einzelteile, wird deutlich, dass mit *Voice-over*, Schrifteinblendungen und Geräuschen Bildern ein Sinn supplementiert wird, der ihnen äußerlich ist. Mit anderen Worten: Der Gebrauch, den man von Filmeinstellungen

[256] Peirce, *The Essential Peirce. Selected Philosophical Writings*, II, a.a.O., S. 307 (=EP 2.307).

[257] Siehe dazu weiter oben, S. 34.

[258] Dies betrifft beispielsweise auch das von Schütz der Zeitung *Die Stunde* als Bild des Königs von Bulgarien untergeschobene Portrait, vgl. dazu weiter oben, S. 268. Bezeichnenderweise ist ›Legende‹ aus dem mittellateinischen Begriff ›legenda‹ entlehnt, welcher für »zu lesende (Texte)« stand (vgl. Kluge, *Etymologisches Wörterbuch der deutschen Sprache*, a.a.O., S. 565).

[259] Walter Benjamin, »Das Kunstwerk im Zeitalter seiner technischen Reproduzierbarkeit« [Dritte Fassung], in: *Gesammelte Schriften*, hg. v. Rolf Tiedemann u. Hermann Schweppenhäuser, I.2, Frankfurt/M.: Suhrkamp 1991, S. 471–508, hier: S. 485.

macht, ist durch die einzelnen Bilder nicht vorgeschrieben.[260] Denkt man die zuletzt zitierten Überlegungen Peirces und Benjamins zusammen, werden Bilder meist erst kraft der Beiordnung sonorer und sprachlicher Zeichen oder anderer Bilder zu Aussagen verdichtet – zu Aussagen, die jenseits der Indexikalität der visuellen Darstellungen auch falsch sein können. Der Kontext der Aufnahme ist also in den Bildern nie restlos abgelegt und lässt sich auch nie vollkommen reproduzieren, sondern allenfalls unter Zuhilfenahme sprachlicher und filmischer Mittel (re)konstruieren; umgekehrt lässt er sich daher mit weitreichenden Konsequenzen variieren. Was als Kontext oder Umfeld eines Bildmotivs erscheint – sei es noch in einer Liveübertragung –, ist folglich immer Ergebnis zahlreicher Wahlentscheidungen oder Ausschlüsse sowie montagebedingter und sprachlicher Deutungen. Bei der Enttarnung von Nachrichtenfälschungen treten diese umfangreichen Möglichkeiten räumlich-zeitlicher Selektion sowie filmischer und sprachlicher ›Direktiven‹ deutlich hervor, weil nachträglich der behauptete deutungsfreie Phänomenbezug, der sie im journalistisch ›Wahren‹ situierte, gekappt wird.

Um die verschiedenen Spielformen von Fälschungen in audiovisuellen Massenmedien zu differenzieren, soll im Folgenden eine Typologie skizziert werden. Dabei lässt sich auch deutlich machen, wie unscharf die Grenze zwischen im journalistischen Diskurs legitimen Fernsehpraktiken und sogenannten Fernsehfälschungen gezogen ist.

Kurze Typologie audiovisueller journalistischer Fälschungen

1.) Fälschungen bezüglich der Referenz der Bilder auf ein Reproduziertes

a) Die Vortäuschung eines nicht existierenden Aufnahmegegenstands

Hierbei wird etwas als Vorgefundenes ausgegeben, das eigentlich synthetisch, etwa durch eine Computer-Simulation, hergestellt wurde – der Terminus des Simulierens steht ja begriffsgeschichtlich für ein Bejahen dessen ein, was nicht ist. Anders formuliert: Eine Photographie oder Filmsequenz zertifiziert sich dadurch, dass man von einer Indexikalität zu wissen glaubt, obwohl es keine physisch-kausale Verbindung

[260] Chris Marker hat die Maßgeblichkeit der genannten Korrelationen zum Gegenstand seines Films *Lettre de Sibérie* (1957) gemacht, in dem an einer Stelle eine bestimmte Filmsequenz mit identischen Bildern dreimal wiederholt wird, aber jeweils mit einem anderen Text-Kommentar (einmal pro-sowjetisch, einmal politisch möglichst neutral, einmal anti-sowjetisch) versehen ist, wodurch sich die Bedeutung, die der Zuschauer im Gezeigten sieht, jedes Mal radikal ändert.

zu den Lichtstrahlen eines Aufnahmegegenstands gab. Dies ist zwar im Zusammenhang mit der in den 1980er Jahren einsetzenden medienmaterialistischen Betrachtung digitaler Prozesse die am häufigsten diskutierte Form von Fälschung, hat aber in der Praxis nach wie vor so gut wie keine Relevanz. Auch wenn Filme wie *Matrix* solche Szenarien massenwirksam fiktiv durchgespielt haben und sie perfekt zu einer naiven Rezeption der Simulationsthesen von Baudrillard passen – der indes nachdrücklich darauf hingewiesen hat, dass die Simulation nicht repräsentierbar ist[261] –, ist kein als Fälschung markierter Fall bekannt, bei dem ein rein aus dem Computer errechnetes synthetisches Bild zu einem Skandal geführt hat. Es handelte sich meist allenfalls um digitale Retuschen, die dann eher als Manipulationen verworfen wurden. Solche Veränderungen waren allerdings bei der analogen Photographie, man denke an die berühmte Dissimulation Trotzkis – terminologisch also ein Verneinen dessen, was ist –, auch schon möglich. Man könnte sogar vermuten, dass die medienkritische Fokussierung auf solche bildimmanenten Manipulationen den Blick auf subtilere Mechanismen, visuelle Bedeutung zu stiften, unscharf werden lässt oder sogar alles, das frei von solchen Veränderungen ist, per se ›wahr‹ erscheinen lässt. Bereits die zuletzt angeführten Beispiele fallen indes unter den zweiten Typus:

b) Die Verfälschung

Dasjenige, was als indexikalisches Zeichen eines Vorgefundenen zirkuliert, wurde mittels digitaler oder analoger Technik manipuliert, sei es, dass es drastischer gestaltet wurde, wie bei einem in der Zeit des Israel-Libanon-Konflikts 2006 heftig diskutierten Photo, das Beirut nach einem israelischen Bombenangriff zeigt und in das von dem bekannten Reuters-Pressephotographen Adnan Hajj Rauchschwaden verdoppelnd einkopiert wurden; oder sei es mittels Bluebox-Verfahren um Elemente ergänzt, wie es beispielsweise in einer Filmszene in *Forrest Gump*, in der der Protagonist mit John F. Kennedy zusammentrifft, vor Augen gestellt wird. Die im journalistischen Diskurs legitime Variante davon ist allerdings beim täglichen Wetterbericht oder nicht selten bei Live-Schaltungen in den Nachrichten zu sehen, bei denen ein Auslandskorrespondent mittels Chroma Key vor eine Stadtansicht montiert wird.

[261] Vgl. Aude Lancelin, »Baudrillard décode ›Matrix‹« [Interview mit Jean Baudrillard], in: *Le Nouvel Observateur* (19.6.2003), S. 56–58.

2.) Verfälschungen bezüglich des Motivs
Dabei wird in die Vorgänge, die es vorgeblich nur desinteressiert zu dokumentieren gilt, inszenatorisch eingegriffen, wie bei diversen Bildern und Filmen, die 2006 tote Kinder als Opfer eines israelischen Bombardements auf das libanesische Dorf Kana zeigten, spekuliert wurde, und zwar weil immer wieder derselbe Helfer zu sehen war.[262] Aber selbst hier ist die Demarkationslinie, die das Verwerfliche von einer legitimen journalistischen Praxis trennt, unscharf gezogen: Einerseits verändert die Anwesenheit einer Kamera ohne weiteres Dazutun immer schon das Verhalten der Akteure, andererseits ist jede szenische, d.h. in Einstellungswechseln wiedergegebene Situation ein Eingriff in das Geschehen. Wer Kameramänner oder -frauen bei der Erarbeitung eines solchen, doppeldeutig Auflösung genannten Vorgangs beobachtet, wird bestätigen können, wie oft ein später in der montierten Bildsequenz als kontinuierlich dargestellter Vorgang für Perspektiv- und Einstellungswechsel unterbrochen oder wiederholt wird. Bei visuellen Berichterstattungen ist der Zuschauer also immer mit einer Raum-Zeit konfrontiert, die sich grundlegend von derjenigen während der Aufnahme unterscheidet. Die prekärsten Formen von Fälschungen basieren indes gar nicht auf manipulierten Bildträgern oder modifizierten Motiven, sondern sind:

3.) Fälschungen bezüglich der Bild-Kontextualisierung
Auch wenn sich durch die digitale Prozessierung von im Kamera-Chip auftreffenden Lichtdaten die Möglichkeiten der Manipulation des Dargestellten erheblich vereinfacht und vervielfacht haben, sind audiovisuelle Fälschungen weiterhin vornehmlich ein sprachliches Problem, insofern sie sich dadurch ergeben, dass die gezeigten Artefakte mit einer fragwürdigen Legende im doppelten Wortsinne versehen werden, sei es, dass einer Photographie ein bestimmter Ort, ein bestimmter Zeitpunkt wie auch weitere schriftliche Informationen bezüglich des gezeigten Personals hinzugefügt werden, die der Aufnahmesituation widersprechen, oder sei es, dass eine Film- oder Videosequenz mit Sprechertexten oder Texteinblendungen ergänzt wird, die bestimmte Aspekte des Gezeigten falsch verorten oder deuten. Eine medienmaterialistische Betrachtung der digitalen Prozessierung von Bildern und Tönen sorgt daher allenfalls dafür, diese mit einem berechtigten grundsätzlichen Zweifel zu versehen, der allerdings angesichts analoger Bildtechniken – seien es mit entsprechen-

[262] Vgl. Anonym, »Wahrheit und Fälschung – Bilderflut vom Krieg«, Magazinbeitrag zur Sendung *Zapp*, NDR Fernsehen, 09.08.2006, 23:15 bis 23:45 Uhr.

den ›Direktiven‹ versehene Photographien oder Videos – auch immer schon angebracht war. Selbst ohne den Peirce'schen indexikalischen Charakter bestimmter visueller Artefakte, ihre physisch-kausale Verbindung zu den partiellen Lichtemissionen oder -reflektionen des Ge*zeigt*en zu erschüttern, ergeben sich zahlreiche Möglichkeiten, die Deutungen und Syntheseleistungen des Zuschauers grundlegend in die falsche Richtung zu lenken. Der Unterschied zwischen einer Praxis, die im journalistischen ›Wahren‹ situiert ist, und Fälschung liegt somit nicht einmal im Eingreifen in das Motiv, sondern darin, ob mit dem inszenierten Bild später etwas konstruiert wird, das den Eindrücken des Reporters vor Ort oder seinen eigenen Recherchen völlig widerspricht. Insofern sind sogar längere inszenierte Situationen legitime Praxis, vorausgesetzt sie stimmen mit der recherchierten Nachricht überein: ›Wahrheit‹, d.h. erlaubte Praxis, und Fälschung, verbotene Praxis, trennt manchmal nur die Schrifteinblendung von zwei Worten: »Nachgestellte Szene«.[263]

Betrachtet man die akzeptierten journalistischen Praktiken, sind sogar Spielszenen, die nicht als solche ausgegeben werden, ebenfalls nicht-sanktioniert an der Tagesordnung, vor allem bei sogenannten Antext-Bildern: Jedes gezeigte Faxgerät, das just zum Zeitpunkt der Aufnahme eine einstweilige Verfügung ausgibt, ist nachgestellt, viele Gänge von Interviewpartnern oder ihr beiläufiges Blättern in Unterlagen vor dem Statement inszeniert. Als »branchenüblicher Kunstgriff«[264] gilt auch, die für die Illustration aktueller Nachrichten verwendeten Archivaufnahmen sowie das von den PR-Abteilungen größerer Firmen oder von Nachrichtenagenturen dafür bereitgestellte Material nicht eigens zu kennzeichnen – Material, von dem der Journalist, der als Autor genannt wird, nicht wissen kann, wo, wann und wie es entstanden ist.

Um den mit dem letzten Haupttypus aufgezeigten Spielraum von Fälschungen oder vielmehr die unscharfe Grenze, die zwischen ihnen und legitimen Dokumentar-Praktiken liegt, genauer in den Blick zu nehmen, sollen im Folgenden die fingierten Magazinbeiträge von Michael

[263] Aber auch hier scheint sich die explizit geregelte Praxis zu ändern, wie 2006 aus einem internen, sogenannten Prozesspapier der Redaktionsleitung der *Landesschau Rheinland-Pfalz* u.a. über das Verwenden »nachgestellter Szenen« bekannt wurde: »Sie machen den Film spannend.« Mit einem gesendeten Hinweis solle allerdings »nur im Ausnahmefall gearbeitet werden«, lautet die Anweisung, »beispielsweise, wenn eine echte Verwechslung entstehen könnte« (Hans-Jürgen Jakobs, »Rotlicht, Blaulicht; Waffen im Requisitenschrank des Chefs vom Dienst: Wie die Mainzer ›Landesschau‹ des SWR auf Quoten-Jagd geht«, in: *Süddeutsche Zeitung* (8.9.2006), S. 17).

[264] Vgl. Michael Bitala, »Als die Bilder lügen lernten. Mit welchen Praktiken der bekennende Fälscher Michael Born jahrelang Magazine bedienen konnte, obwohl er als unseriös galt«, in: *Süddeutsche Zeitung* (10.2.1996), S. 3.

Born analysiert werden. Sie zeichnen sich dadurch aus, dass im Bild technisch nicht manipuliert wurde, also dass die Vorgänge, die wiedergegeben werden, zwar ähnlich stattgefunden haben oder im Nachhinein in gewissem Sinne juristisch verifizierbar waren, dass aber die Bilder als Dokumente für etwas anderes eingesetzt werden. Was aber ist ein Dokument? Oder vielmehr: Was impliziert der schillernde Begriff des Dokuments, der solchen Bezeichnungen, wie ›Fernseh-Dokumentation‹, ›Dokumentarfilm‹ oder ›Dokumentieren‹, inhärent ist? Dafür sei hier kurz auf entsprechende Definitionen aus der Informationswissenschaft rekurriert.

Was ist ein Dokument?

1937 einigte sich das »Institut international de coopération intellectuelle« im Auftrag des Völkerbundes anlässlich des Weltkongresses für Dokumentation in Paris auf eine technische Definition, die in den Sprachen Englisch, Französisch und Deutsch festgehalten wurde: »Dokument ist jeder Gegenstand, der zur Belehrung, zum Studium oder zur Beweisführung dienen kann, z.B. Handschriften, Drucke, graphische oder bildliche Darstellungen.«[265] Damit wurde letztlich die Bedeutung des lateinischen Wortes ›*documentum*‹ fortgeschrieben, das zunächst für dasjenige stand, »wodurch man etwas lehren, woraus man etwas schließen kann«, und erst an zweiter Stelle im Sinne eines Beweises geläufig war. Es ist verwandt mit ›*docere*‹, dem Lehren oder Unterrichten, Nachweisen.[266]

Eine etwas andere Perspektive eröffnet die Bibliothekarin und Dokumentarin Suzanne Briet, der in Frankreich der Beiname »Madame Documentation« gegeben wurde. In ihrem 1951 veröffentlichten Ma-

[265] Anonym, »La terminologie de la documentation«, in: *Coopération intellectuelle*, H. 77 (1937), S. 228–240, hier: S. 234; vgl. zu den Hintergründen auch Michael K. Buckland, »What Is a ›Document‹?«, in: *JASIS* 48.9 (1997), S. 804–809, hier: S. 805.

[266] Kluge, *Etymologisches Wörterbuch der deutschen Sprache*, a.a.O., S. 208. Vergegenwärtigt man sich die Etymologie des Wortes Nachricht, so ergeben sich vor dem Hintergrund dieser Überlegungen zum Dokument erstaunliche Überschneidungen. Es fand nämlich zunächst wie das lateinische ›*documentum*‹ ebenfalls im Sinne von Unterweisung oder Belehrung Verwendung und stand eher für eine direktive Funktion der Kommunikation, im Besonderen: dass sich jemand *nach* etwas *richtet* (vgl. ebd., S. 643). ›Nachricht‹ in der Bedeutung einer scheinbar desinteressierten Faktenwiedergabe konnte sich erst mit dem zunehmenden, u.a. auf die Fortentwicklung der elektromagnetischen Telegraphie zurückzuführenden Einfluss des Newsjournalismus aus Amerika ab Mitte des 19. Jahrhunderts durchsetzen (vgl. Meier, »Literatur und Journalismus«, a.a.O., S. 3f. u. Pöttger, »Berufsethik für Journalisten?«, a.a.O., S. 310ff.).

nifest mit dem Titel *Qu'est-ce que la documentation?* führt sie aus, dass ein Dokument jedes konkrete oder symbolische Anzeichen sei, das aufbewahrt oder aufgezeichnet werde, um ein entweder physisches oder gedankliches Phänomen darzustellen, zu rekonstruieren oder zu beweisen.[267] Besonders hervorzuheben ist dabei, dass ein Dokument sich in erster Linie nicht durch seine Materialität auszeichnet, sondern auf seine Funktion bezogen wird, z. B. ob es in bestimmten Kontexten etwas repräsentiert oder Beweiskraft hat. Anschaulich wird diese Differenzierung, wenn man Briets kurze Aufzählung von Objekten liest, an denen sie exemplifiziert, ob es sich jeweils um ein Dokument handelt oder nicht: »Ist ein Stern ein Dokument? Ist ein von einem Wildbach rundgeschliffener Kieselstein ein Dokument? Ist ein lebendes Tier ein Dokument? Nein. Aber Photographien und Listen von Sternen, Steine in einem mineralogischen Museum oder katalogisierte und im Zoo ausgestellte Tiere sind Dokumente.«[268] Ein Photo eines Sterns wird also zum Dokument, weil es als Beleg oder Beweis für etwas und für diejenigen dient, die es beobachten. Ein Tier aus freier Wildbahn wird zum Dokument, wenn es als Exemplar einer bestimmten unter Umständen neu entdeckten Tierart im Zoo ausgestellt wird. Es liegt folglich nicht im Wesen der Sache, ein Dokument zu sein, weil in ihm ein bestimmter Bezug zur Realität garantiert ist, sondern es muss regelrecht zum Dokument gemacht oder als solches betrachtet werden, indem es beispielsweise entweder wissenschaftlich klassifiziert oder bestimmten Wissensfeldern zugeordnet wird. Dadurch bekommt das Verb ›dokumentieren‹ – wenn man es etwa versteht wie ›transformieren‹, d. h., dass etwas umgeformt wird – eine völlig neue prozesshafte Dimension, indem es nicht als Festhalten einer außermedialen Realität, sondern als Operation des Zuschreibens von Aussagekraft oder Beweischarakter erkannt werden kann. Beides kommt einem Dokument erst dann zu, wenn es in ein organisiertes, bedeutungsvolles Verhältnis zu anderen Beweismitteln gesetzt wird. Ein Dokument erscheint somit erst als solches und beweiskräftig, wenn es auf bestimmte Weise kontextualisiert, mithin gesammelt, katalogisiert, dargestellt und benutzt wird. Anders gesagt: Ein Dokument beweist nichts, sondern *mit* einem Dokument wird etwas bewiesen.

[267] Übersetzung M. D. Im französischen Original heißt es: »tout indice concret ou symbolique, conservé ou enregistré, aux fins de représenter, de reconstituer ou de prouver un phénomène ou physique ou intellectuel« (Suzanne Briet, *Qu'est-ce que la documentation?*, Paris: ÉDIT 1951, S. 7).

[268] Ebd.; Übersetzung M. D.

Übertragen auf audiovisuelle Dokumente bedeutet dies, dass sie, wie jedes andere Dokument auch, etwas nur vor dem Hintergrund bestimmter Prinzipien und Praktiken bezeugen, die ihr beweiskräftiges Hervortreten regeln. Wenn etwas filmisch dokumentiert wird, wird somit ein Bild zum Dokument für etwas anderes erhoben. Dessen Status, dessen Operativität hängt dann von der Platzierung ab, die es im medialen Kontext einnimmt. Briets Überlegungen geben also zur Aufgabe, die pragmatische und performative Dimension von Zuschreibungen und Verwendungsformen im Umgang mit Dokumenten mitzudenken. Als rein sensorische oder elektronische Information kann etwas keinen Sinn haben. Kommt Sinn ins Spiel, wird das Gebiet der Perzeption und des Signals verlassen, und es spielen unhintergehbare Sach- und Sinnzusammenhänge, d. h. um Dokumente gruppierte Interpretationen und Erzählungen eine Rolle.

Bezieht man diesen Bedeutungshorizont des Dokuments auf die Fälschungsthematik, ließe sich nun ergänzen: Von Fälschungen wird gesprochen, wenn etwas vorgeblich zu einem Dokument für etwas gemacht wird, wenn also etwas – den journalistischen Regeln ungemäß – als Beweis für etwas Non-Existentes fungiert.

Bei Fernsehbeiträgen ist der Zuschauer jedoch nicht mit für sich stehenden Dokumentationen konfrontiert. Im Gegensatz zu Fälschungen im Literaturbetrieb, an denen deutlich gemacht werden konnte, dass sie gerade dadurch, dass sie eine Unentscheidbarkeit zwischen einem Realitätenbezug und einer Fiktionalität ins Werk setzen, zu nicht fälschbarer Literatur werden – Verfahren, die spätestens im Falle Tom Kummers aus dem Printjournalismus definitiv ausgeschlossen wurden –, lässt sich, sprachhandlungstheoretisch gefasst, die Hypothese formulieren, dass Fernsehberichterstattung nicht nur kraft der Annahme einer Indexikalität der Bilder, sondern auch institutionell eine gewisse Verbindlichkeit des Realitätenbezugs verspricht.[269] Würde sie von vornherein

[269] Noch in der Markierung bestimmter anderer Formate als fiktional sind pragmatische Wahrheitsbehauptungen am Werk, weil dadurch eine trennscharfe Grenze zwischen ›Fakt‹ und ›Fiktion‹ impliziert wird. Eine Ausnahme indes bilden die nicht ausdrücklich als erfunden ausgewiesenen nachmittäglichen Unterhaltungssendungen wie Gerichtsshows. Claudia Gerhards konstatiert daher in diesem Zusammenhang eine zunehmende Verwischung der Faktizitäts-Grenze zumindest im vornehmlich an jugendliche Zuschauer gerichteten Nachmittagsprogramm; denn empirische Studien belegten, dass die entsprechende Zielgruppe das im Fernsehen Dargestellte immer weniger als Abbild einer systemexternen Wirklichkeit sehe: »Das Nachmittagsprogramm [...] ist gewisserweise ein Versuchslabor, das den Zuschauer trainiert, den Fake als Normalfall des Fernsehens und eben nicht mehr als skandalösen Einzelfall zu betrachten.« Im Abendprogramm sei diese Demarkation zwischen ›Erfundenem‹ und ›Echtem‹ aller-

vom Rezipienten nicht entsprechend wahrgenommen oder für wahr genommen, verlören viele Formate ihre Berechtigung. Oder, um es mit Luhmann zu formulieren: »Das gehört zu den Selbstbeschreibungen des Systems [...], dass man den Realitätswert der eigenen Kommunikation behauptet. [...] Ohne diesen Resonanzboden würde es gar keine Massenmedien geben. [...] [D]ie Theorie reflektiert den Konstruktivismus und sagt, dass es eine Konstruktion ist. Aber sie sagt zugleich, dass das nur funktioniert, wenn man das nicht ständig reflektiert.«[270] In diesem in der TV-Berichterstattung ausdrücklich oder latent vorhandenen Faktenversprechen ist der entscheidende Unterschied zwischen einem im Fernsehen gesendeten Bilddokument zum Dokumentarfilm im Kino zu sehen. Während Letzterer sich als abgeschlossenes Einzelwerk vornehmlich immanent plausibilisieren muss,[271] sind im Fernsehen eine

dings noch intakt, wie 2001 der Skandal um die manipulierte RTL-Show »Ich heirate einen Millionär« gezeigt habe (Claudia Gerhards, »Die Realität des Fernsehfakes«, in: Claudia Gerhards/Stephan Borg/Bettina Lambert (Hg.), *TV-Skandale*, Konstanz: UVK 2005 (kommunikation audiovisuell 35), S. 281–297, hier: S. 295).

[270] Luhmann, »Die Realität der Massenmedien. Niklas Luhmann im Radiogespräch mit Wolfgang Hagen«, a.a.O., S. 80 u. 83f.

[271] Aus diesem Grund wurden Fälschungen im Kino-Dokumentarfilm, wenn sie in gleicher Form wie im Fernsehen oder in Zeitungen überhaupt existieren, nicht berücksichtigt. Es gibt zwar Filme, die mittlerweile mit Zuschreibungen, wie ›*mockumentary*‹, ›*mock-documentary*‹ oder ›*fake documentary*‹, versehen werden, die aber eher als Pastiches oder Parodien zu betrachten wären, weil sie den Zuschauer nicht täuschen, sondern das formal-ästhetische Spiel mit dokumentarischen Formen offen ausstellen. Jane Roscoe und Craig Hight definieren dieses ›Genre‹ – die Verwendung dieses Terminus weisen sie allerdings zurück – entsprechend als fiktional: »Our definition of mock-documentary is specifically limited to *fictional* texts; those which make a partial or concerted effort to appropriate documentary codes and conventions in order to represent a fictional subject. [...] [W]e do not include within mock-documentary the numerous recent examples of media hoaxes which have been perpetrated *against* news organizations [...]. These are clear transgressions of journalism's own professional code, texts which are intended to operate as non-fiction and be accepted as such by their audience« (Jane Roscoe/Craig Hight, *Faking It. Mock-documentary and the Subversion of Factuality*, Manchester/New York: Manchester Univ. Press 2001, S. 2). Alexandra Juhasz und Jesse Lerner, Herausgeber des jüngst erschienenen Buches *F Is for Phony*, bevorzugen den Begriff ›*fake documentary*‹ und rücken die fiktionalen ›dokumentarischen‹ Formen ausdrücklich in die Nähe der Parodie (»a parody-with-a-difference«): »[F]ake documentaries are fiction films that make use of (copy, mock, mimic, gimmick) documentary style [...]. A fake documentary is close to the real thing, but not so close as to not be found out [...] because of a close but ultimately unsuccessful and therefore legible rendering of the codes of the target text« (Alexandra Juhasz/Jesse Lerner, »Introduction. Phony Definitions and Troubling Taxonomies of the Fake Documentary«, in: dies. (Hg.), *F Is for Phony. Fake Documentaries and Truth's Undoing*, Minneapolis/London: Univ. of Minnesota Press 2006, S. 1–35, hier: S. 6f.). In vielen theoretischen Auseinandersetzungen mit diesen Filmformen wird indes ihr Potential, den scheinbar verbrieften Realitätsbezug des Dokumentarfilms zu ›subvertieren‹, überschätzt, wie Alisa Lebow in ihrem lesenswerten Beitrag zum soeben genannten

Reihe von Rahmungen am Werk – sei es der Kanal (beispielsweise RTL oder das öffentlich-rechtliche Fernsehen), das Format (Journalistisches Magazin oder Show) und schließlich die Sendung (*stern TV* oder *SPIEGEL TV*) –, denen von vornherein eine bestimmte Wahrheits- oder Wirklichkeitsgarantie zukommt oder bei denen von vornherein bestimmt zu sein scheint, was jeweils als weniger real oder als realer zu gelten hat.[272] Nicht umsonst spricht man im Fernsehjargon weniger von Filmen als von Beiträgen. Man trägt also zu etwas bei, das schon da ist. Anhand von Michael Borns gefälschten Magazinbeiträgen soll nun kurz gezeigt werden, wie die audiovisuell erzeugten Artefakte im Bereich des Fernsehjournalismus ihren Status als Dokumente erhielten.

»Bilder logen schon immer«[273] – Die gefälschten TV-Beiträge von Michael Born (1990–1996)

Zwischen 1990 und 1995 hat der Fernsehjournalist Michael Born verschiedene Magazinredaktionen mit insgesamt 23 gefälschten Beiträgen beliefert. Hauptgeschädigter war die Redaktion von *stern TV*, die 11 davon in RTL gesendet hatte.

Die für die vorliegende Untersuchung verfügbaren Ausschnitte stammen aus vier Magazinbeiträgen in *stern TV*: Der erste Einspielfilm berichtet über Kokainschmuggel aus der Schweiz nach Deutschland und wurde am 4.11.1992 gesendet; der zweite über Bombenbauer der PKK wurde am 7.6.1994 und zudem zuvor in *S-Zett*, dem Fernsehmagazin der

Buch in aller Deutlichkeit zu Recht betont: »The films that attempt some formal or conceptual distinction from the venerable documentary are in some senses the least challenging of all of the mockumentary modes, in that they can efficiently serve to authorize documentary as the proper nonfictive model, from which they then depart« (Alisa Lebow, »Faking What? Making a Mockery of Documentary«, in: Juhasz/Lerner (Hg.), *F Is for Phony. Fake Documentaries and Truth's Undoing*, a.a.O., S. 223–237, hier: S. 223).

[272] Gewisse ästhetische Erscheinungsformen (Amateur-Video-Qualität wie Unschärfen, Bildrauschen, wackelige Handkamera etc.) sollen daher hier nicht als Authentizitätsgarantien gelesen werden – allein schon ihre Wiederholung oder Wiederaufnahme in deutlich als fiktiv markierten Spielfilmen lässt die genannten Bildqualitäten als Kriterien für eine Differenzierung zwischen Fiktion und Tatsachenberichterstattung unbrauchbar werden. Sie wären eher – ähnlich bestimmten Erzählformen, wie sie im Roman vorkommen oder wie sie Poe benutzte – als ›realistischer‹ Stil zu konzeptualisieren. Umgekehrt würden aufwendig gestaltete Filmbilder – beispielsweise pyrotechnische Special Effects, wie man sie aus Actionfilmen kennt – in der TV-Berichterstattung aufgrund der Erwartungen des Zuschauers einen falsifizierenden, zumindest aber einen ironisierenden Effekt haben.

[273] Michael Born, *Wer einmal fälscht … Die Geschichte eines Fernsehjournalisten*, Köln: Kiepenheuer & Witsch 1997, S. 15.

Abb. 34: Beitrag über Kokainschmuggel aus der Schweiz, in: *stern TV* (1992)

Abb. 35: Beitrag über ›Bombenbauer‹ der PKK, in: *stern TV* (1994)

Süddeutschen Zeitung, gezeigt; im dritten, ausgestrahlt am 26.4.1995, wird geschildert, dass deutsche Jäger Katzen als Schädlinge ansehen und abschießen; der vierte, der bekannteste, befasste sich mit Aktivitäten einer deutschen Subgruppierung des US-Geheimbundes Ku-Klux-Klan und lief am 7.9.1994.[274]

Aufgrund des letztgenannten Beitrags schaltete sich die Staatsanwaltschaft Koblenz ein, um wegen rechtsextremistischer Umtriebe zu ermitteln. Während der Untersuchungen verwickelte sich Born in Widersprüche, und es wurde wegen mutmaßlichen Betruges weiterermittelt. Bei der Sichtung des Beweismaterials – den Fernsehbeiträgen – und einer darauffolgenden Stimmanalyse fiel den Beamten auf, dass eine Person des Films mit einer ›anderen‹ Person im Beitrag über Drogenschmuggel identisch war.[275] Es kam zu weiteren Nachforschungen und einem in den Medien ausgefochtenen Skandal, bei dem vornehmlich die Redaktion von *stern TV* und Günther Jauch in ein schlechtes Licht gerieten. Im September 1996 wurde Born vor das Koblenzer Landesgericht gestellt, u. a. mit der Anklage der »objektiven Fälschung mit subjektivem Ansatz zum Betrug«, und am 23. Dezember zu vier Jahren Haft verurteilt. Die Höhe des Strafmaßes ergab sich jedoch nicht durch Betrug in 17 Fällen und versuchten Betrug in drei Fällen, sondern kam vornehmlich wegen Delikten, wie illegalen Waffenbesitzes, Fahrens ohne Fahrerlaubnis, Volksverhetzung, Aufstachelung zum Rassenhass, Urkundenfälschung

[274] Vgl. Thomas Pritzl, *Der Fake-Faktor. Spurensuche im größten Betrugsfall des deutschen Fernsehens*, München: kopaed 2006, S. 54 u. Haus der Bundesrepublik Deutschland (Hg.), *Bilder, die lügen*, Bonn: Bouvier 2000, S. 24–27.

[275] Vgl. Pritzl, *Der Fake-Faktor*, a. a. O., S. 13.

und des Vortäuschens von Straftaten, zustande.[276] Besonders zu betonen ist an dieser Stelle, dass die Anklage wegen Betrug sich nur auf die Irreführung der betroffenen Redaktionen bezog, denn Betrug am Zuschauer ist, wie der leitende Oberstaatsanwalt Norbert Weise ausführte, strafrechtlich nicht relevant.[277]

Worin aber besteht das nachträglich *im journalistischen Diskurs* sanktionierte Vergehen Borns, das Fälschen? Im Vorgang der Aufnahme nicht, denn alle Einstellungen könnten auch Bilder eines Amateur-Spielfilms sein oder eine fragwürdige Theateraufführung dokumentieren. Wenn man den Ausführungen des Gerichts folgt und annimmt, dass die Bilder technisch nicht manipuliert wurden, dann sind sie im Peirce'schen Sinne indexikalisch *in sensu strictu*, setzt man als Maßstab ihre existentielle Beziehung zu den Lichtemissionen des Reproduzierten an. Aber auch die ikonische Ebene der Bilder sowie die symbolische der Interviews vermitteln einen Eindruck, den ein Augenzeuge vor Ort genauso hätte haben können: Der Protagonist des Drogenkurier-Films schnupfte weißes Pulver; der Interviewte im Bericht über die ›PKK-Bombenbauer‹ sprach in Anwesenheit der Kamera davon, dass die Türkei sich wesentlich durch Touristen finanziert; in irgendeiner finsteren Höhle standen zu einem gegebenen Zeitpunkt Menschen mit einem Ku-Klux-Klan-Kostüm und während des Jäger-Drehs musste eine Katze ihr Leben lassen – ein Straftatbestand (»Töten eines Wirbeltiers«), für den sich Born später auch verantworten musste; die Indizien, die Dokumente hatte er ja selbst geliefert. Die Bilder wurden erst ab dem Zeitpunkt zu Fälschungen, als *mit* ihnen eine allgemeinere Nachricht behauptet wurde: dass sie Dokumente eines Kokainschmuggels von der Schweiz nach Deutschland, eines Bombenbaus der PKK, einer Veranstaltung des Ku-Klux-Klans in Deutschland oder der Dezimierung von Katzen durch Jäger im Taunus sind. Sie wurden auch zu Fälschungen, weil man sie im Rahmen des journalistischen Formats TV-Magazin ausstrahlte, durch das sie extern beglaubigt wurden. Borns Fälschungen sind somit, wie bereits bei den anderen Fällen dargestellt, ein pragmatisches Problem, denn Bilder haben kein intrinsisches Zertifikat. Anders gesagt: Der Bezug zu einer Realität, sei sie auch eine journalistische Arbeitshypothese, ist ihnen nicht immanent, sondern wird immer hergestellt oder präjudiziert. Insofern sind Borns Bilder nicht falsch, sondern die Bedeutung, die ihnen durch

[276] Vgl. Klaus-Peter Klingelschmitt, »Echt: TV-Fälscher soll vier Jahre büßen«, in: *die tageszeitung* (24.12.1996), S. 1.

[277] Vgl. Michael Bitala, »Eine Bombe, die lautlos explodiert«, in: *Süddeutsche Zeitung* (22.10.1996), S. 3.

bestimmte ›Direktiven‹ aufgepfropft[278] wurde. Sie lügen auch nicht, wie Born selbst es nennt, sondern mit ihnen wird gelogen.[279] Dass die Entlarvung der *stern TV*-Fälschungen zu einem Medien-Skandal führte, lässt offensichtlich werden, dass dabei etwas auf dem Spiel stand. Sie zwang nämlich die einzelnen Medienorgane dazu, ihre publizistische Praxis zu rechtfertigen.

Als erste Konsequenz der Enthüllung geriet das redaktionelle Umfeld, das die Fälschung ›abgenommen‹ hatte, in Misskredit. Dies zeigte sich zunächst dadurch, dass die Verantwortlichen bei *stern TV*, wie der der Verhandlung vorsitzende Richter Ulrich Weiland beklagte, mit einer »bisher nicht offenbar gewordenen Dreistigkeit« versuchten, den Skandal zu vertuschen.[280] Günther Jauch wurde im Zusammenhang mit den Ermittlungen ferner bekannt für die entschuldigende Beteuerung: »Ich bin im Grunde noch nie in einem Schneideraum gesessen«,[281] mit der er sich selbst *ex post* vom Journalisten zum Ansager degradierte. Auch auf den nächstgelegenen Verantwortlichen, das Printmagazin *stern*, das dem TV-Ableger namentlich zu journalistischer Autorität verhelfen sollte, wirkte die Fälschung zurück. Von der Seite des ›Mutterblattes‹, das ja Jahre zuvor schon durch die Veröffentlichung der von Konrad Kujau gefälschten Hitler-Tagebücher erheblichen Schaden genommen hatte, versuchte man indes, sich vom Glaubwürdigkeitsverlust nicht anstecken zu lassen, indem man sich offensiv von der gleichnamigen TV-Redaktion dadurch distanzierte, dass man – wie später die

[278] Wenn hier von Aufpfropfen die Rede ist, so soll damit nicht davon ausgegangen werden, es gäbe eine ursprüngliche Bedeutung, sondern dass es im Sinne Derridas immer schon beim Lesen des Sinns (von Bildern) am Werk ist. Bereits in der zitierten Stelle von Peirce war die Rede davon, dass ohne aufgepfropfte Legende ein Bild im strengen Sinne gar keine Bedeutung im Sinne einer Behauptung hat.

[279] Mit demselben Problem, diesmal aus umgekehrter Perspektive, war man beispielsweise konfrontiert, als der Fälschungsvorwurf laut wurde, CNN habe 2001 Bilder von jubelnden Palästinensern aus dem Jahr 1991 schnitttechnisch und textlich in den Zusammenhang mit den Anschlägen am 11. September gerückt. In diesem Falle entsprach die Kontextualisierung der Bilder jedoch dem Aufnahmezeitpunkt und den Recherchen anderer Journalisten – keine Fälschung.

[280] Vgl. Klingelschmitt, »Echt: TV-Fälscher soll vier Jahre büßen«, a.a.O., S. 1. Wie gefährlich den heute Verantwortlichen das Material nach wie vor erscheint, lässt sich daran ablesen, dass selbst 10 Jahre danach für wissenschaftliche Zwecke keine Einsichtnahme gewährt wird. Nach telefonischen Angaben (20.11.2006) des zuständigen Archivars vor Ort sind die Bänder sogar mit Stahlspangen versehen und selbst für die dort arbeitenden Redakteure nicht verfügbar.

[281] Günther Jauch, zit. n. Anonym, »Ist auch Jauch ein Born?«, in: *die tageszeitung* (25.10.1996), S. 16.

Süddeutsche Zeitung im Kummer-Skandal – die strikte redaktionelle Trennung profilierte.[282]

Die Kritik blieb jedoch nicht nur auf die direkt betroffenen Organe beschränkt, sondern infizierte die ganze Branche mit einem Generalverdacht. Borns Fälschungen bzw. die Umstände ihrer Aufdeckung sorgten somit für eine Verunsicherung der unangefochtenen Erzähl-Hoheit des TV-Journalismus – vor allem bezüglich der vorgeblichen Authentizität der Bilder – und führten zu einer allgemeinen Kritik an der journalistischen Institution Fernsehen. Georg Seeßlen resümierte seinerzeit: »Und Born? Nein, er ist kein Täter. Seine ›Schuld‹ besteht eher darin, den Mythos des Authentischen entlarvt zu haben – so wie die Kunstfälscher einst den Mythos des Originals zerstörten«.[283] Insbesondere die nicht betroffenen und sich in permanenter Konkurrenz zum Fernsehen befindenden Printmedien stellten »die Glaubwürdigkeit des gesamten Fernsehjournalismus«[284] bzw. »die Glaubwürdigkeit von stern TV im speziellen und der Fernsehinformation im allgemeinen«[285] infrage, insofern Born mit seinem virtuellen Journalismus »dem Medium TV eine neue Bedeutung als Scherbenwelt verliehen«[286] und damit den »Glauben an die Integrität der TV-Magazine«[287] erschüttert habe.

Selbst die öffentlich-rechtlichen Fernsehanstalten konnten sich nicht ganz vor dem Flächenbrand, den die Aufdeckung entfacht hatte, schützen. Der ehemalige Chefredakteur des WDR, Claus-Hinrich Casdorff, der außerdem als Sachverständiger beim Prozess geladen war, gab zu bedenken: »[L]eider genügt ein schwarzes Schaf, um unseren Berufsstand in ein schiefes Licht zu rücken.«[288] Die ARD-Anstalten konnten ihre Hände auch nicht durch Distanznahme in Unschuld waschen, weil ein Beitrag Borns über Schlepperbanden, die angeblich Kurden illegal über die österreichisch-deutsche Grenze schleusen, 1991 im vom

[282] Vgl. Anonym, »Fragen an ›stern‹-Chefredakteur Dr. Werner Funk«, in: *Medien aktuell*, H. 7 (1996), S. 5.

[283] Georg Seeßlen, »Heute wird der TV-Fälscher Michael Born verurteilt. Er ist der Sündenbock – für die Macher und uns, die Zuschauer«, in: *die tageszeitung* (23.12.1996), S. 10.

[284] Thomas Leif, »Der Skandal um die gefälschten Fernsehbeiträge trifft den Journalismus härter als seinerzeit die ›Hitler-Tagebücher‹«, in: *die tageszeitung* (2.2.1996), S. 10.

[285] Michael Quasthoff, »Jetzt sitzt er im Gefängnis. Wie ein TV-Journalist es offenbar schaffte, mit gefälschten Filmen ins Fernsehen zu kommen«, in: *Süddeutsche Zeitung* (20./21.1.1996), S. 18.

[286] Nanah Schulze, »Börse, Born und Bürsti«, in: *Horizont*, H. 42 (1996), S. 16.

[287] Bitala, »Als die Bilder lügen lernten«, a.a.O., S. 3.

[288] Claus-Hinrich Casdorff, zit. n. Anonym, »... eben schärfer aufpassen« [Interview], in: *Focus*, H. 42 (1996), S. 14.

WDR verantworteten Magazin *ZAK* ausgestrahlt worden war. Zu einer Beendigung des Geschäftsverhältnisses und einer Warnung an andere Redaktionen kam es zwar, aber nicht wegen fragwürdig erscheinender Recherchen, sondern wegen Borns falschem Exklusiv-Versprechen; denn der vermeintlich exklusive Beitrag war bereits zuvor in der Sendung *Klartext* bei Tele 5 gezeigt worden.[289]

Auf einer allgemeinen Ebene wurde bei der Aufdeckung entlarvt, dass eine audiovisuelle Informationsvergabe immer Kompositum, immer etwas Zusammengesetztes, Montiertes ist und dass die raum-zeitlichen Bedingungen des Geschehens dabei demontiert werden; dass also etwas gezeigt wird, das den außermedialen Phänomenen nie exakt entsprechen kann. Durch die unhintergehbare Perspektivität filmischer Informationsvergabe sind die wiedergegebenen Phänomene immer Ansichten im doppelten Wortsinne: Fernsehwahrnehmung bietet kein Wahres, das sich nehmen ließe, sondern etwas, das *für* wahr genommen wird.[290] Denn kein Bild bildet die Umstände mit ab, unter denen es entstanden ist; erst die sprachlich-visuelle Kontextualisierung lässt es als Behauptung in einer gewissen Bandbreite sinnvoll erscheinen und – wie gezeigt – zum Dokument werden. Zudem wurde offenbar, dass die meisten Fernsehbeiträge, wenn sie dokumentieren, eher illustrieren, und zwar in dem Wortsinne, dass eine ihnen vorgängige Bedeutung mit Bildern versehen wird. Nicht Abbilder zeigen etwas, sondern *mit* Bildern wird etwas veranschaulicht, eine Geschichte, eine ›Story‹ rekonstruiert oder nacherzählt. Es wurde somit deutlich, dass fernsehjournalistische Nachrichtenbeiträge nicht in der Weise entstehen, wie es der Zuschauer annehmen mag, nämlich durch eine Selektion, Anordnung und Verdichtung technisch reproduzierter vorgefundener Phänomene. Vielmehr werden meist für eine bereits recherchierte Nachricht die entsprechenden Bilder und ›Dokumente‹ gesucht oder eigens hergestellt. Anders gesagt: Nicht die Legende kommt zum Bild, sondern das Bild zur Legende.[291] Einsichtig wird diese

[289] Vgl. Bitala, »Als die Bilder lügen lernten«, a. a. O., S. 3.

[290] Vgl. Weber, »Zur Sprache des Fernsehens«, a. a. O., S. 81 u. 87.

[291] Der Pressekodex des Deutschen Presserats, der, weil das Presserecht einen Standeszwang ausdrücklich ablehnt, nur moralische Verbindlichkeit hat, sieht indes ausdrücklich vor, dass symbolische Illustrationen bzw. Symbolphotos (»gleiches Motiv bei anderer Gelegenheit«, »nachgestellte Szene, künstlich visualisierter Vorgang zum Text«, »Fotomontagen oder sonstige Veränderungen«), die als dokumentarische Abbildung aufgefasst werden könnten, »als solche kenntlich sein oder erkennbar gemacht werden müssen«. Die Grenzen zwischen einer dokumentarischen und einer symbolischen Abbildung sind jedoch, wie bereits im Zusammenhang mit der Fälschungstypologie weiter oben diskutiert, nicht klar zu ziehen, so dass die Kenntlichmachung in die Verantwortung des Journalisten fällt. Ob überdies z. B. symbolische ›Events‹, die nicht vom

im Journalistischen akzeptierte Praxis auch angesichts eines gefälschten Beitrages von Born über die amerikanische Colorado-Kröte, die angeblich ein halluzinogenes Sekret absondert, welches von Drogensüchtigen durch Ablecken konsumiert wird. Obwohl diese reißerische Nachricht in vielen Zeitungsartikeln Borns Phantasie zugeschrieben wird, handelte es sich um einen Redaktionsauftrag, der auf eine Zeitungsente im *Spiegel* zurückging. Dort wurde im August 1994 von amerikanischen und australischen »Drogenfreunden« der *Bufo alvarius* bericht. Born indes hatte für seinen Bericht ähnliche Vorkommnisse in Deutschland zu finden. Nachdem sich herausgestellt hatte, dass solche Fälle nicht einmal bei der Polizei in Amerika bekannt waren, wurden die entsprechenden Bilder produziert.[292] Steht bei Barthes Noema des Photographischen (*Ça-a-été*) schon im Vordergrund, dass dem Betrachter etwas Vergangenes als Vergangenes begegnet, gibt auch das französische Wort ›*reporter*‹, von dem sich im Deutschen die Tätigkeit des Reporters herschreibt und das unter anderem für zurücktragen und zurückversetzen steht, über diese nachträgliche ›Unmittelbarkeit‹ einer Nachricht im Film Auskunft.[293]

Betrachtet man allerdings die konkreten Reaktionen in den Massenmedien, ist eine nachhaltige Verunsicherung des journalistischen Mediums Fernsehen nicht festzustellen. Es verteidigte seinen Realitätswert, indem es die Fälschung anders fortschrieb. Das Fernsehen und die Printmedien hatten dadurch nämlich ein neues Nachrichtenthema, so dass von Aufdeckungs-Geschichten über Glossen bis hin zu Talkshows eine Masse an Beiträgen generiert wurde, die in Zahlen die Born'schen Fälschungen um ein Vielfaches überstiegen. Auch konkrete Auswirkungen auf das Verhalten der Fernsehnutzer oder der Werbekunden stellten sich nicht ein: Die Einschaltquoten von *stern TV* blieben bei einem Niveau von über drei Millionen Zuschauern, und zu Stornierungen von Werbezeiten

Journalisten, sondern von PR-Agenturen oder politischen Instanzen inszeniert wurden, im Sinne des Pressekodex kennzeichnungspflichtig sind, bleibt unbeantwortet. Würde man die Gebote des Presserats streng befolgen, müsste die Überzahl filmischer Einstellungen bei der Bildberichterstattung als nicht-dokumentarische, d.h. vom Journalisten maßgeblich beeinflusste Abbildung erkennbar gemacht werden (vgl. »Publizistische Grundsätze (Pressekodex)«, in: *Jahrbuch des Deutschen Presserats* (1998), S. 257–279, hier: S. 261; vgl. a. Martin Löffler/Reinhart Ricker, *Handbuch des Presserechts*, 4., neubearb. Aufl., München: C.H. Beck 2000, S. 307); zu einer der explizit geregelten Praxis entgegenstehenden impliziten ›öffentlich-rechtlichen‹ Erweiterung des genannten Ermessenspielraums aus dramaturgischen Gründen siehe Fn. 263 auf S. 344.

292 Vgl. Anonym, »Mutwilliges Lecken. Amerikanische und australische Drogenfreunde haben neue Stofflieferanten: Kröten«, in: *Der Spiegel*, H. 32 (1994), S. 92–93.

293 Vgl. zum Problem der Direktübertragung und zur Semantik von ›*reporter*‹ die Anmerkungen des Übersetzers Horst Brühmann in: Derrida/Stiegler, *Echographien. Fernsehgespräche*, a.a.O., S. 182.

kam es ebenfalls nicht. Dies war unter anderem der Grund, warum das Urteil bezüglich des Betrugsfalles vergleichsweise mild ausfiel, denn nach Einschätzung des Gerichts hatte *stern TV* mit den Beiträgen »sehr viel Geld« verdient und auch durch den Imageverlust keine nennenswerten materiellen Schäden erlitten.[294]

Abb. 36: Beitrag über die deutsche Abordnung des Ku-Klux-Klans, in: *stern TV* (1994)

Abb. 37: Beitrag über Jäger, die Katzen als Schädlinge erschießen, in: *stern TV* (1995)

Wie bei vielen anderen Fällen auch – beispielsweise beim ›Piltdown Man‹ – wurde im Falle Borns *ex post* nicht nur von Fälschungen geredet, sondern nicht selten auch von dilettantischen und plumpen Fälschungen.[295] Man könnte vermuten, dass dies geschah, um das journalistische System der Wahrheitsprüfung nicht im Ganzen in Misskredit geraten zu lassen. Wenn Fälschungen immer plumpe Fälschungen sind, dann können einzelne Skandale nicht die gesamte Funktionslogik der Medien mit einem Generalverdacht infizieren, denn es wird eine klare Unterscheidbarkeit zwischen echten und falschen Beiträgen suggeriert. Das Skandalon der Fälschung offenzulegen, dass den audiovisuellen Informationsvergaben im Fernsehen nicht per se ein ›Wahrheitsgehalt‹ zukommt oder, anders formuliert, dass die entsprechenden Realitätskonstruktionen von einer freien Erfindung grundsätzlich nicht zu unterscheiden sind, wurde dadurch eingehegt. Die üblichen Darstellungsmodi in der TV-Berichterstattung geben den

[294] Vgl. Pritzl, *Der Fake-Faktor*, a.a.O., S. 61, 79 u. 121.

[295] Vgl. Anonym, »Mehr Dichtung als Wahrheit. TV-Filmer Born wegen Faktenfälschung verurteilt«, in: *Süddeutsche Zeitung* (24.12.1996); Marika Schärtl/Günther Bähr/Uli Martin, »TV-Fälscher 1. ›Absurdes Theater‹«, in: *Focus*, H. 6 (1996), S. 30–32; Michael Handwerk, »Mord für die Quote«, in: *Focus*, H. 52 (1997), S. 168–170.

Zuschauern nämlich keine entsprechenden Hinweise: Ein Beweis – sei er in anderen Wissensfeldern durch noch so zeitspezifische Regelmäßigkeiten definiert und nicht ontologisch fundiert – ist aus den Beiträgen jeweils ausgelagert. Anders gesagt: Als filmischen Dokumenten wird den Reproduktionen eine objektive Beweiskraft zugesprochen, die sich jedoch einer Überprüfung vonseiten der Zuschauer entzieht. Ihnen bleibt lediglich die unmündige Position, den gezeigten Ausführungen zu vertrauen. Die Anmahnung der plumpen Fälschung lässt zudem die Frage unbeantwortet, warum die Nachrichtenfilme trotzdem jahrelang von Millionen Zuschauern und von den entsprechenden Redaktionen[296] als seriöser Journalismus wahrgenommen wurden. Umgekehrt gibt die Publikumsakzeptanz sogar solcher Beiträge, die in hohem Maße sich selbst deplausibilisierende Einzelbilder enthalten – beispielsweise ein seitenverkehrtes Hakenkreuz auf einer Fahne im Film über den deutschen Ku-Klux-Klan oder der seltsam als Maskerade wirkende Bart des Katzenjägers –, Auskunft über die höchst effektive Autorität der Publikationsorgane als Multiplikatoren von ›Wahrheiten‹, die nicht weiter hinterfragt werden. Zudem lässt die Akzeptanz selbst der fragwürdigen Eigenschaften der Born'schen Fälschungen erneut offensichtlich werden, dass bestimmte entlarvende Charakteristika eines Falsifikats erst dann deutlich vor Augen treten, wenn man es auch als solches betrachtet, d. h., wenn die einzelnen Artefakte bereits ihrer autoritativen Absicherung entkleidet sind.

An dieser Stelle ist nochmals zu betonen, dass sich Fälschungen, solange sie unaufgedeckt als seriös zirkulieren, weitgehend durch regelmäßige, nicht offensichtlich regelwidrige diskursive Praktiken ins Werk setzen. Das Verdienst der Born'schen Fälschungen liegt also darin, deutlich hervortreten zu lassen, dass die Bedingungen der audiovisuellen Informationsvergabe im Fernsehen die Möglichkeit von Fälschungen nicht kategorisch ausschließen, sondern dass sie ihnen sogar umgekehrt den Boden bereiten. Um jedoch eine Demarkationslinie zu ziehen, diesseits deren die Seriosität der Fernsehpublizistik als ›Normalfall‹, als unerschütterlich gekennzeichnet werden konnte, wurde Born wie auch später Kummer, folgt man den Prozessberichten, von vielen TV-Journalisten zum »Einzelfall« deklariert, der ein »eiskalter Fälscher [...] mit hoher krimineller Energie« gewesen sei.[297] Damit wurde schließlich

[296] Dieser Sachverhalt führte zu zahlreichen Spekulationen über die mögliche Mitwisser- bzw. Mittäterschaft der Chefredaktion, die an dieser Stelle weder im Fokus des Interesses ist noch abschließend beantwortet werden kann.

[297] Bitala, »Als die Bilder lügen lernten«, a. a. O., S. 3.

die Verantwortung für die Fälschungen externalisiert, d.h. aus dem Zuständigkeitsbereich der Institution Fernsehen ausgeschlossen und als reine Strafsache abgetan.

Das diskurskritische Potential journalistischer Fakes und Fälschungen

Betrachtet man die Summe aller hier angeführten journalistischen Fälschungen, lässt sich der gemeinsame Effekt ausmachen, dass angesichts ihrer Aufdeckung das Versprechen von Authentizität, Wahrheit und Faktizität, mit dem sich sowohl textliche wie auch audiovisuelle Nachrichten zertifizieren, kurzfristig fragwürdig wurde; denn es wurde jeweils deutlich, dass die genannten Eigenschaften den einzelnen Nachrichtenbeiträgen nicht aufgrund der technisch-medialen Bedingungen immanent zukommen, sondern dass sie Ergebnis vornehmlich institutionell gerahmter autoritativer Beglaubigungstechniken sind. Ab dem Zeitpunkt der Offenlegung, dass diese Beglaubigungen hintergangen worden waren bzw. dass sie generell vortäuschbar sind, gerieten die betroffenen journalistischen Medien daher unter Rechtfertigungsdruck. Wie sehr die Autorität der Publikationsorgane von den jeweiligen Entlarvungen bedroht war, lässt sich an den Verfahren ablesen, mit denen ihr Öffentlichwerden oder weitere gleichgelagerte Exemplare vermieden werden sollten, erinnert man sich beispielsweise an die aufgeschobene Gegendarstellung im *SZ-Magazin*[298] bzw. an die ›Grubenhund‹-Fangprämien der *Neuen Freien Presse*.

Allen Fällen ebenfalls gemeinsam ist der Aspekt, dass sie nur darum als Fälschungen verworfen wurden, weil die Begebenheiten und Erfahrungen, die angeblich dokumentiert worden waren, nie stattgefunden hatten, also freie Neuschöpfungen waren. Man könnte daraus schließen, dass im journalistischen Diskurs vornehmlich nur dasjenige als Fälschung markiert wird, das *in toto* als freie Erfindung erkannt werden kann. Diese Einschätzung deckt sich mit dem Statut, das sich durch die Rechtssprechungen zu §6 der Landespressegesetze ergibt. Die Presse genügt demzufolge bereits ihrer ›Wahrheitspflicht‹, »wenn die Nachricht *im Kern richtig* ist; auf die Unrichtigkeit unwesentlicher Einzelheiten kommt es nicht an«.[299] Der Begriff des Unwesentlichen

[298] Bei *stern TV* dauert diese Geheimhaltungsstrategie in gewissem Sinne bis heute an (siehe Fn. 280 auf S. 352).

[299] Löffler/Ricker, *Handbuch des Presserechts*, a.a.O., S. 310.

eröffnet dabei jedoch einen ungeheuren Deutungsspielraum, wie an der Gegenüberstellung von im fernsehjournalistischen Diskurs akzeptablen und nicht-akzeptablen Vorgehensweisen deutlich gemacht wurde.

Trotz der genannten Parallelen ist zwischen den verschiedenen Fällen und ihren jeweiligen Auswirkungen aber auch zu differenzieren: Vornehmlich anhand von Poes oder Twains ›Hoaxes‹ konnte herausgearbeitet werden, dass erfundene Berichte nur dann zum Skandal werden können, wenn sie sich vor dem Hintergrund bestimmter ›wahrer‹ Praktiken abheben. Sie wurden zum damaligen Zeitpunkt nicht als Fälschungen markiert, weil sich bestimmte Wahrheitsordnungen, die zugleich das literarische Schreiben in Zeitungen vorläufig zum Verschwinden brachten, erst später aufgrund der globalen Verbreitung des ›objektiven‹ Nachrichtenjournalismus durch Agenturen herausgebildet haben. Solange Zeitungen noch nicht unter dem mit den technischen Möglichkeiten der elektromagnetischen Telegraphie verbundenen Einfluss des amerikanischen Newsjournalismus standen und dementsprechend nicht ausschließlich unter der Voraussetzung zirkulierten, ›Fakten‹ zu liefern, ergab die Rede von Fälschungen noch keinen Sinn, wie Poes offenes Eingeständnis von »literary attempts« veranschaulicht.

Eine besondere Position nehmen indes die ›Grubenhunde‹ von Kraus und Schütz ein, denn sie zeichnen sich im Gegensatz zu den anderen Fällen dadurch aus, dass sie sich immanent deplausibilisieren. Sowohl den Redakteuren als auch den Zeitungslesern wäre es möglich gewesen, die Paradoxien in den Texten – zum Beispiel im Sprechen von ›feuerfester Kohle‹ – zu erkennen. Die offensichtlich widersinnigen Passagen, die, den Kriterien der Aussagenlogik gemäß, falsch sind, wurden als Teile eines Experiments lanciert, mit dem zum einen ausgetestet wurde, ob die Redakteure angesichts der hinter den Zuschriften stehenden Autoritäten oder angesichts der zur Ausrichtung der jeweiligen Zeitung passenden Aussageinstanzen und Haltungen auf jedes gründliche Gegenlesen verzichteten; zum anderen wurde, im Falle eines geglückten untergeschobenen Unsinns, die ›Autorität der Druckerschwärze‹ für die Leser diskreditiert. Nicht nur der Printjournalismus im Allgemeinen war daher auf dem Prüfstand, sondern im Besonderen auch die Veröffentlichungspraxis bestimmter tendenziöser Zeitungen, vornehmlich die der *Neuen Freien Presse*.

Die Fakes von Joey Skaggs hingegen richteten sich gegen den journalistischen Medienapparat und seine Auswahlkriterien im Ganzen. Anhand der ›*Pranks*‹ wird deutlich, dass mittlerweile – im Gegensatz zu den ›Grubenhunden‹ von Kraus und Schütz Anfang des 20. Jahrhunderts – ein den einzelnen Journalisten durchaus ersichtlicher Widersinn als Kuriosität nachrichtenwürdig oder zum akzeptierten Objekt der Berichterstattung geworden ist. Dies gibt auch Auskunft über die sich angesichts der Expansion der Printmedien ausdifferenzierenden Ressorts im Nachrichtenjournalismus, für die nun, sei es für die ›Yellow Press‹ oder die Rubrik ›Vermischtes‹, sogar Boulevardthemen von den Agenturen als Ware bereitgestellt werden. Versteht man die Performances von Skaggs ebenfalls als Versuchsanordnung, ist als ihr Ergebnis festzuhalten, dass sie, insofern sie in der Nachrichtenpresse wiedergegeben wurden, nicht nur Einsicht in die mitunter mangelnde Sorgfalt vonseiten der Redakteure gewähren, sondern auch in deren Selektionskriterien, z. B. dass die Auswahl der Nachrichten jeweils von zeitgenössischen Vorurteilen oder Modethemen maßgeblich bestimmt wurde. Zeugte schon bei Poe die anfängliche Akzeptanz des »Balloon-Hoax« von einem »ballooning balloon climate«, Twains »Petrified Man« von der zeitgenössischen »petrifaction mania«, so fand Skaggs' ›*Geoduck*‹-Kampagne ihr breites Presse-Echo vor dem Hintergrund der ökonomischen Krise der USA, die zu einer allgemeinen Japan-Phobie geführt hatte. Skaggs' Fakes belegen zudem das allgemeine Pressephänomen der kaskadierten Verifizierung, also dass bestimmte Nachrichten ohne weitere Recherchen als bereits zertifiziert wiederabgedruckt werden, wenn sie zuvor in einem anderen als seriös geltenden Medium veröffentlicht worden sind. Fälschungen oder Nachrichten-Attrappen schreiben sich dann – wie sich auch bei Kummer zeigte – als schon von anderer Seite authentifiziert fort. Ein besonderer Stellenwert kommt dabei den Nachrichtenagenturen als ›Wahrheitsmultiplikatoren‹ zu, weil sie gleichsam auf der obersten Ebene Nachrichten in die genannte Kaskade einschleusen. Im Gegensatz zu den noch in lokalen Blättern erscheinenden Hoaxes von Twain und Poe zirkulierten die Falschmeldungen, die Skaggs mit seinen Fake-Aktionen auslöste, daher weltweit.

Die Fälschungen von Tom Kummer und Michael Born fördern in besonderer Weise zutage, dass es seitens der Rezipienten (d. h. auch seitens der betroffenen Redaktionen) grundsätzlich nicht möglich ist, anhand der konkreten Artefakte eine journalistische von einer fiktiven Wiedergabe von Ereignissen zu unterscheiden, sei es ein Protokoll eines Gesprächs mit Ivana Trump oder eine visuelle Darstellung der Einflüsse des Ku-Klux-Klans in Deutschland. Zugleich wird offensichtlich, dass sprachlichen wie auch audiovisuellen Repräsentationen erkenntnistheoretisch nicht per se eine ›Objektivität‹, ein dokumentarischer Charakter zukommt. Die im journalistischen Diskurs scheinbar klar definierten Praktiken, wie dokumentarische Beiträge zustande kommen sollen, können dabei als Ideal verstanden werden, dem durch nicht gekennzeichnete inszenatorische Rekonstruktionen oder Illustrationen bzw. durch nicht erkennbar gemachte Interview-Montagen vor allem im Ressort der Boulevardthemen in den seltensten Fällen entsprochen wird.

Nimmt man die publizistischen Reaktionen auf die jeweiligen Fälschungsaufdeckungen in den Blick, wird deutlich, inwiefern Fälschungen nicht nur eine verunsichernde, sondern auch eine geradezu die Funktionslogik der Nachrichtenmedien stabilisierende Wirkung haben können, weil die Fälschungen als Abstoßungspunkte funktionalisiert werden, von denen ausgehend ein ›wahres‹ Sprechen überhaupt erst definiert wird: Wahr ist dann, was nicht der Ausnahmefall ›Fälschung‹ ist. Insofern haben Fälschungen mitunter den Effekt, alle Meldungen um sie herum mit nur differentiell markierten Wahrheitsgarantien auszustatten. Fälschungen erschüttern so einerseits die Leichtgläubigkeit der Rezipienten, durch sie wird aber andererseits *ex negativo* eine Nicht-Fälschung, ein ›Echtes‹ erst produziert. Ähnlich suggeriert die Einblendung ›Nachgestellte Szene‹, bei sämtlichen anderen Einstellungen eines Beitrages handele es sich um authentisches Tatsachenmaterial. Holger Thomsens Sicht auf Fälschungen aus kommunikationswissenschaftlicher Perspektive gibt darüber sehr deutlich Auskunft: »Man mag das Auffliegen von Fälschungen begrüßen, denn nur der Skandal erlaubt es, eine öffentliche Diskussion über die Normalität der Medien und das Fernsehen zu führen. Er muss von ihnen als Sonderfall ausgegrenzt werden, der nicht als strukturelles Problem mißverstanden werden darf.«[300] Damit wird die ›Normalität der Medien‹ ausgehend von den als Sonderfall markierten Fälschungen errichtet und zugleich Schadensbegrenzung betrieben, insofern Fälschungen der Aspekt, strukturelle Probleme ans Licht zu bringen, schlicht abgesprochen wird. Luhmann schreibt darüber auf einer allgemeineren Ebene: »Es mag zu Irrtümern kommen und gelegentlich auch zu gezielten Falschmeldungen, die sich aber häufig später aufklären lassen. [...] Selbstverständlich muß, wie überall, mit Fehlerquoten gerechnet werden. Wichtig ist, daß sie nicht hochgerechnet werden zu einem mehr oder weniger typischen Normalfall. Es bleiben Einzelereignisse, denn andernfalls würde die Besonderheit dieses Programmbereichs Nachrichten und Berichte zusammenbrechen.«[301] Stephen Isaacs, Pro-

[300] Holger Thomsen, »Fälschung und Qualitätssicherung im Journalismus«, in: Gerhards/ Borg/Lambert (Hg.), *TV-Skandale*, a.a.O., S. 355–372, hier: S. 369.
[301] Luhmann, *Die Realität der Massenmedien*, a.a.O., S. 55f.

fessor der ›Journalism School‹ an der Columbia University, gibt über diesen Rückstoß-Effekt, der Fakes im Waffenarsenal der Medienkritik zukommt, zu bedenken: »When one of these media hoaxers pulls of a stunt, I find it fairly amusing. I don't think it presents a problem. You simply print a corrections column. When you admit error, it makes you more human. There's also the implication that every other fact in your paper is true.«[302] Wie vor allem die in Stellung gebrachten Wahrheitsbegriffe im Presse-Echo um die Interview-Fälschungen von Tom Kummer haben hervortreten lassen, bleiben Zeitungen nach einem Fälschungsskandal als Wahrheitsinstanz funktionsfähig oder gehen sogar gestärkt daraus hervor, weil der Unfall der Fälschung dazu dient, den ›authentischen‹ Normalfall zu festigen. Der Vorfall der Fälschung wird dabei von den Publikationsorganen als Schaden dargestellt, der ihnen gewissermaßen von außen zugefügt wurde, d. h., ohne dass sie oder ihre Funktionslogiken an deren Zustandekommen und Veröffentlichtwerden in irgendeiner Weise mitverantwortlich gewesen wären. Langfristig evozieren daher Fälschungen in Form von falschen Tatsachenbehauptungen in den Massenmedien keine maßgebliche Veränderung der journalistischen Praktiken. Im Zusammenhang mit mehreren Falschmeldungen, die ihm immer wieder zugeschrieben wurden, warnt bereits Karl Kraus scharfsichtig vor den kontraproduktiven Nebenwirkungen von Tatsachenfälschungen; er spricht von »ungeschickte[r] Nachahmung« seines Zivilingenieurs Berdach, von der »Verkehrung der Idee in ihr Gegenteil und des Nutzens in heillosen Schaden«:

> Man sei mit dem Blatt vorsichtiger als das Blatt. Wer es irreführen will, vermeide Tatsachen. Denn es wird sie zwar nicht vermeiden, aber berichtigen. Im Tatsächlichen irren, macht den Offenbarungsglauben, den die Presse anstrebt, nicht zu schanden. Hier dürfen sie fehlbar sein; nur im Meinen, Fühlen und Wissen sind sie hors concours. [...] [E]s ist eine logische Untat, solch sinnreiche Erfindungen, die nur auf dem Kanevas eines bereits vollzogenen Ereignisses ausgeführt werden dürfen, mit Hilfe einer Lüge an den Mann zu bringen. Denn ein solcher Betrug ermöglicht es dem betrogenen Schwindler, sich bei aller urteilslosen Welt für sein ganzes Vorleben Amnestie zu erwirken. Wer einmal angelogen wurde, dem glaubt man immer und wenn er auch nie die Wahrheit spricht.[303]

[302] Stephen Isaacs, zit. n. Dery, »The Merry Pranksters and the Art of the Hoax«, a. a. O., S. 1.

[303] Kraus, »Verbrecherische Irreführung der Neuen Freien Presse«, in: *Schriften*, hg. v. Christian Wagenknecht, IV, Frankfurt/M.: Suhrkamp 1989, S. 278–299, hier: S. 293 (siehe auch: Kraus, »Verbrecherische Irreführung der Neuen Freien Presse«, in: *Die Fackel*, H. 368/369 (1913), S. 50ff.). Der in den *Schriften* abgedruckte Wortlaut stimmt nicht mit der Erstveröffentlichung überein.

Auch Arthur Schütz warnt in diesem Sinne vor dem »Mißbrauch des Grubenhundes«: »Noch immer wird der Grubenhund mit einer Mystifikation, einer falschen Nachricht, einem politischen Manöver, einer Ente verwechselt. [...] Wenn etwas nicht wahr ist, so ist es noch lange kein Grubenhund.«[304]

Die Aufdeckung von Nachrichtenfälschungen oder -fakes lässt sich zwar zum Anlass nehmen, um die Existenzbedingungen massenmedialer Berichterstattung zu analysieren. Da die Enthüllungen aber wiederum in den Massenmedien verhandelt werden, muss ihr kritisches Potential deutlich relativiert werden. Denn die sich dabei ergebenden skeptisch stimmenden Einsichten sind erneut ein Deutungsresultat aus massenmedialer Perspektive. Das Medium kann sich im eigenen Medium im doppelten Wortsinne nicht in Gänze reflektieren. Aus diesem referentiellen Paradox führen auch Fälschungen und Fakes nicht heraus; selbst nach ihrer Entlarvung bleiben sie ein massenmediales Konstrukt, da man über ihre Gefälschtheit ebenfalls durch die Massenmedien informiert wird. D.h., die Aufdeckung ist wiederum ein mittelbares Phänomen und darf nicht als unmittelbares missverstanden werden: Man erhält dann massenmedial konstruierte »Fakten über gefälschte Fakten«,[305] ohne dass der Status der Faktizität im Allgemeinen hinterfragt würde. Dieser erscheint durch die quasi-unmittelbare, kritische ›Transparenz‹ vielmehr so, als müsste er nicht weiter hinterfragt werden. Fälschungen und Fakes können daher keine Medienkritik im emphatischen Sinne leisten, weil sie den Medien als kritisches Instrument immanent bleiben und sie nicht zu transzendieren vermögen. Augenscheinlich wird erstens diese Rekursivität und zweitens der problematische Charakter von Fakes, lediglich weitere verwertbare Medienereignisse zu generieren und insofern dem Apparat zuzuarbeiten, in der Sendung *20/20* über und mit Joey Skaggs im Kanal *ABC News*:

> [Off Camera]: What's Joey Skaggs' next hoax? He won't tell me, but you can ask him Monday. He'll take your questions live online. Abcnews.com has the details. We'll be right back.
>
> (Commercial break)
>
> John Stossel: That's our program for tonight. We hope we've helped you look at the media with a sharper eye.[306]

[304] Schütz, *Der Grubenhund*, a.a.O., S. 31.

[305] Sigrid Weigel, »Editorial«, in: *Trajekte. Zeitschrift des Zentrums für Literaturforschung* 4.7 (2003), S. 2–3, hier: S. 2.

[306] John Stossel/David Hartmann, »Joey Skaggs Intentionally Creates Hoax Stories for Media«, in: Sendung *20/20*, ABC, 12. Juli 2002.

Mit dieser in Aussicht gestellten Schärfung des Zuschauerblicks wird das Medium, gegen das sich der medienontologische Verdacht der Manipulation oder der Unaufrichtigkeit richtet, selbst zum Medium, das diesen Verdacht äußert oder zumindest befördert. Wie man in Anlehnung an Boris Groys formulieren könnte, wird das Medium, dadurch dass es den schlimmsten Verdacht des Zuschauers bzw. Lesers bestätigt oder sogar übertrifft, selbst auf den ersten Blick glaubwürdig. Die Verdachtsbekundung, mit der zugleich ein unter der Oberfläche der Medien verborgenes anderes – Groys nennt dies den ›submedialen Raum‹ – postuliert und gesucht wird, gerät dann zum Zeichen für eine mediale Aufrichtigkeit, die wiederum als Authentifizierungs-Effekt verstanden werden muss. Denn derjenige, der Verdacht bezüglich der Massenmedien äußert, sichert sich die Position einer unhintergehbaren Wahrheitsinstanz oder einer authentischen, ihnen übergeordneten Perspektive – bis zur ›*commercial break*‹.[307]

Eine andere Episode im Zusammenhang mit Skaggs zeugt sogar davon, dass Fakes als von den Sendern selbst inszenierte Medienereignisse mittlerweile regelrecht Konjunktur haben: Für die TV-Sendung *Danny Wallace's Hoax Files* wurde Skaggs 2005 um ein Interview gebeten. Er schickte jedoch, wie schon einige Male zuvor, seinen Freund Norman Savage zum Termin. Auch Danny Wallace wollte indes Skaggs täuschen und entsendete in seinem Namen den Produzenten Ben Sinden, so dass sich während der Aufzeichnung des Gesprächs, ohne dass die daran Beteiligten davon wussten, zwei falsche Interviewpartner gegenübersaßen. Nach Sichtung des Materials fiel den Produzenten diese Hoax-Endschlosschleife auf, und es kam zu einem Telefonat zwischen Wallace und Skaggs, das in der späteren Sendung auf SkyOne am 19. Dezember 2005 jedoch so montiert wiedergegeben wurde, dass zum einen der Eindruck entstand, als hätte Skaggs Wallace zu seinem Hoax-Erfolg gratuliert, und zum anderen, als hätte Wallace von Anfang an über die Täuschung Bescheid gewusst.[308] Es scheint, als wollte sich das Fernsehen seine Deutungshoheit über wahr und falsch oder, anders gesagt, über das ›wahre‹ Falsche nicht nehmen lassen.

Was geben journalistische Fälschungen somit den betroffenen Akteuren zur Aufgabe? Journalisten wären vielleicht dazu anzuhalten,

[307] Vgl. Boris Groys, *Unter Verdacht. Eine Phänomenologie der Medien*, München/Wien: Carl Hanser 2000, v. a. S. 217–227.

[308] Joey Skaggs, »It Ain't Me Babe ...Joey Skaggs, That Is« [Pressemitteilung vom 16.12.2005], www.joeyskaggs.com/html/dannydoc/dannypr.pdf, zuletzt aufgerufen am 28.01.2007.

ihre Quellen sorgfältig zu prüfen und vor allem mit Fremdmaterial vorsichtig umzugehen sowie die Herkunft ihrer Informationen und die Produktionsbedingungen ihrer Bilder kenntlich zu machen. Im Falle von Schütz und Kraus hätten sie von vornherein anhand der inhärenten Widersprüche Verdacht schöpfen können; die Identitäten von Joey Skaggs hätten durch wenige Telefonate aufgedeckt werden können und dass die Interviews von Kummer nie stattgefunden hatten, wäre zumindest an fehlenden Tonbandaufzeichnungen zu falsifizieren gewesen. Zentrales Problem bei brisanten Details ist jedoch der sogenannte Informantenschutz, der den einzelnen Journalisten eingeräumt wird. In diesem Falle wird die Kontaktperson, durch den die Information erst beglaubigt wird, aus rechtlichen Gründen verschleiert.[309] In diesem Fall bleibt auch den leitenden Redakteuren keine Überprüfungsmöglichkeit.

Was fordern Fälschungen für den persönlichen Umgang bei der Rezeption von Nachrichten? Eine Medienaskese, die alles verwirft, von dem man sich nicht selbst ein Bild hat machen können? Das würde strenggenommen zu einem Provinzialismus führen, weil man in diesem Fall weder etwas von den Vorgängen im Irak und im Libanon noch in Afghanistan etc. – wie konstruiert auch immer – erfahren könnte. Vielleicht legen Fälschungen eher eine kritische Rezeption nahe, die im Sinne des Wortes Kritik versucht, nachzuprüfen und zu beurteilen, ob etwas den Anforderungen, die diesem beigelegt sind, entspricht oder nicht. Aufgedeckten Fälschungen und Fakes eignet so zumindest der aufklärerische Aspekt, Rezipienten dazu anzuregen, buchstäblich analytisch vorzugehen und Nachrichten, seien sie textlich oder audiovisuell verfasst, nicht als unhintergehbare Ganzheiten zu betrachten, sondern als Ergebnisse bestimmter Synthesen und Kontextualisierungen. Eine Medienreflexion müsste sich dann darauf konzentrieren, einerseits darauf zu achten, aus welchen einzelnen Informationselementen sich eine Meldung zusammensetzt (und wie diese in Korrelation gesetzt sind), und andererseits, wie sie sich insgesamt zertifiziert. Dabei mögen die durch Fälschungen zutage geförderten Probleme dazu anleiten, Nachrichten skeptisch nicht von vornherein als wahr zu betrachten, sondern immer zuerst als Fälschungen, um dann danach zu fragen, aufgrund welcher Informationen – z.B. durch den Abgleich mit anderen Realitätsvor-

[309] Darauf habe sich nach Angaben des *stern TV*-Redaktionsleiters auch Michael Born im Zusammenhang mit dem Katzenjäger im Taunus berufen (vgl. Anonym, »Treue blaue Augen«, in: *Der Spiegel*, H. 4 (1996), S. 169). Im Laufe des Prozesses verstrickten sich die Redakteure von *stern TV* jedoch in Widersprüche, weil sie von einem Telefonat mit dem Jäger berichteten (vgl. Pritzl, *Der Fake-Faktor*, a.a.O., S. 117f.).

stellungen oder im Nachrichtenbereich mit anderen Quellen[310] – sie als konsistente mediale Rekonstruktionen für plausibel erachtet werden können. Denn das bedrohlichste Potential entlarvter Fälschungen liegt vielleicht darin, vor Augen zu führen, dass die beste Fälschung diejenige ist, die bislang unentdeckt geblieben ist, die als Normalfall und damit weiterhin als ›wahr‹ gilt.

Trotz dieser möglichen Vorbehalte sind die kritischen Instrumente auf Seiten der Rezipienten begrenzt. Während die ›Grubenhunde‹ von Schütz sich selbst *ad absurdum* führten, handelte es sich bei den anderen hier angeführten Fälschungen um nicht intern falsifizierbare Nachrichten, d. h. um Formen der Berichterstattung, deren Erscheinungsweise keine Auskunft darüber gab, ob sie sich auf phänomenale Ereignisse, die in ähnlicher Weise stattgefunden hatten, bezogen oder nicht. Wenn weiter oben im Zusammenhang mit den journalistischen Praktiken von den professionellen Verfahren der Gegenprobe gesprochen wurde – beispielsweise durch Überprüfung der Tonbandaufzeichnungen –, dann gilt es dabei zu bedenken, dass diese Recherche-Möglichkeiten für die Rezipienten in der Regel nicht bestehen. Es bleibt ihnen nur der Vergleich, wie Ignacio Ramonet schreibt: »Das einzige Mittel des Bürgers, zu kontrollieren, ob eine Information wahr ist, besteht darin, die Aussagen der verschiedenen Medien miteinander zu vergleichen. Doch wenn alle das gleiche behaupten, bleibt ihm nur noch, diesen einheitlichen Befund gelten zu lassen«.[311] Wie bei den naturwissenschaftlichen Fälschungen wird damit eine stochastische Wahrscheinlichkeit zum Kriterium von Wahrheit. Diese steht jedoch dem maßgeblichen Nachrichtenwert der

[310] Eine neue Generation an Nachrichtenwächtern entwickelt sich in Weblogs im Internet: Ihnen wurde beispielsweise eine maßgebliche Verstärkerrolle bei dem Skandal um die Aufdeckung journalistischer Fälschungen von Jack Kelley und Jayson Blair, die die *New York Times* und *USA Today* mit erfundenen Geschichten beliefert hatten, zugesprochen. Diesen Foren darf jedoch – obwohl es bei *Chronowatch.com* hieß: »Anders als die Mainstream-Medien sind wir im Geschäft der Wahrheit« – ebenso wenig eine absolute Wahrheitsgarantie zugeschrieben werden wie den traditionellen Medien. Denn solche Blogs werden in gleichem Maße für politische und korporative PR-Kampagnen genutzt. Die Spekulationen um die sogenannten ›Bush-Memos‹, mit denen die Diensthaltung George W. Bushs bei der texanischen Nationalgarde und die Bewertung seiner Leistungen infrage gestellt wurde, die aber später in Blogs als Fälschung aufgedeckt wurden, mögen dies verdeutlichen: Denn Fälschung und Aufdeckung könnten vom selben ›Urheber‹ gestammt haben, im Interesse, die Zweifel an Bushs Militärdienst durch eine plumpe Falschmeldung (verbunden mit einer entsprechenden Enthüllung) zu zerstreuen (vgl. Nina Rehfeld, »Die Blogger sind los«, in: *Frankfurter Allgemeine Zeitung* (22.02.2005), S. 40 u. Anonym, »Blogger-Hype in den USA«, in: *Netzeitung.de* (29.09.2004), www.netzeitung.de/internet/306872.html, zuletzt aufgerufen am 31.01.06).

[311] Ramonet, *Die Kommunikationsfalle*, a. a. O., S. 57.

Exklusivität fundamental entgegen. Es ergibt sich dadurch regelrecht ein Paradox, weil der Wert exklusiver Nachrichten in dem Maße steigt, wie sich in Ramonets Koordinatensystem die Möglichkeiten ihrer vergleichenden Verifizierung verringern. Damit bleiben vor allem exklusive Meldungen, das Kerngeschäft einzelner Publikationsorgane, für den Rezipienten unüberprüfbar, sie dulden ja *per definitionem* keine gleichartige Nachricht neben sich. Aber auch nicht-exklusive Nachrichten sind in diesem Zusammenhang nicht weniger problematisch, da sie meist von derselben Quelle stammen, die nur weltweit unterschiedlich ausgewertet wird, wie in den Überlegungen zum System der Nachrichtenagenturen offenbar geworden ist. Differenzen werden durch dieses System weitestgehend nivelliert, so dass selbst in der Gegenüberstellung vermeintlich unterschiedlicher Publikationsmedien nur verschiedene Phänotypen der gleichen Meldung verglichen werden können. Verschärft wird dieser ›Synergie-Effekt‹ durch die Konzentration auf dem Zeitungsmarkt bzw. durch den Zusammenschluss von privaten Fernsehkanälen zu sogenannten Senderfamilien.[312] Da sich Nachrichten somit zwangsläufig wechselseitig ›verifizieren‹, ist ein noch so aufgeklärter Fernsehzuschauer oder Zeitungsleser meist gezwungen, die ihm vermeldete Gegebenheit ernst zu nehmen. Er kommt nicht umhin, die ihm vonseiten der autoritativ abgesicherten Publikationsinstanzen nahegelegten Sinnstiftungen oder Deutungen als richtig zu akzeptieren.

Wenn hier von Instanz gesprochen wird, schwingt damit zugleich der Begriff des Urteils oder vielmehr des Urteilenden mit; d.h., anhand von Fälschungen lässt sich die Frage danach aufwerfen, wer über das diskursiv ›Wahre‹ oder ›Falsche‹ urteilt oder urteilen kann oder, genauer gesagt, wer für sich beansprucht, richtig urteilen zu können, oder wie es um den Rahmen bestellt ist, in dem Urteile abgesichert sind. Um es noch einmal zu rekapitulieren: Der Fernsehzuschauer oder Zeitungsleser ist bei diesem Urteilsvorgang so gut wie unmündig, und es gibt dabei auch keinen Ausgang aus dieser Unmündigkeit. Denn die Publikationsorgane funktionieren auf der Basis, dass die Erzählinstanz, sei es das Programm

[312] *Berliner Zeitung*, *Frankfurter Rundschau*, *Kölner Stadtanzeiger* und *Mitteldeutsche Zeitung* gehören z. B. mittlerweile zur DuMont-Gruppe. So wird etwa der Wissenschaftsteil der *Frankfurter Rundschau* aus der *Berliner Zeitung* übernommen, umgekehrt wird die Medienseite der *Berliner Zeitung* mit Inhalten aus der *Frankfurter Rundschau* bestückt. Im Bereich des Privatfernsehens ist von ähnlichen Kooperationen über Redaktionsgrenzen hinweg auszugehen, bedenkt man zum einen, dass die Sender RTL, Vox, RTL II, Super RTL, N-TV alle zur Mediengruppe RTL Deutschland gehören, und zum anderen, dass SAT.1, ProSieben, kabel eins und N24 Teil der ProSiebenSat.1 Media AG sind.

oder der Redakteur, wahrhaftig berichtet und dass dem Rezipienten aus Gründen der Informationsökonomie diejenigen Basisinformationen vorenthalten werden, die ihm erlauben könnten, sich selbst ein Urteil zu bilden. Oder anders formuliert: Die hinter den Nachrichten stehenden Recherchen, d. h. die Beweise der Tatsachenbehauptungen – seien sie auch immer schon nach diskursiven Regeln organisiert –, werden größtenteils nicht mitvermeldet. Der Zuschauer oder Leser hat somit nicht nur wenige, sondern meist gar keine Möglichkeiten, eine Nachricht zu überprüfen. Dessen oberster Richter bleibt somit der Journalist.

Aus erkenntniskritischer Sicht zeigt sich folglich, dass die Richtigkeit visueller und textueller Informationsvergabe angesichts der in den Artefakten vorliegenden Hinweise unbegründbar bleibt. Fälschungen und Fakes scheinen somit, in einer binären Matrix gedacht, zunächst zwei einander ausschließende Modelle zur Konsequenz zu haben: Sie führen entweder zu einem Neo-Positivismus, dem zufolge alle vermeintlich nicht-gefälschten Darstellungen grundsätzlich als wahr betrachtet werden, oder zu dessen logischem Gegenpol, zu einer Haltung, mit der alles generell als unwahr verworfen wird.

Bereits vor dem Hintergrund der Auseinandersetzung mit den Kummer-Fälschungen dürfte einsichtig geworden sein, dass der Poststrukturalismus, Baudrillards Simulationstheorien und Luhmanns Konstruktivismus längst keine Außenperspektiven auf den Journalismus mehr sind; vielmehr werden diese Theorien mittlerweile nicht nur im Journalismus in seiner akademisierten Form, sondern auch, wie nicht zuletzt Kummers Aussage von der ›Implosion des Realen‹ bezeugt, in der Praxis – wie oberflächlich auch immer – mitgedacht. Sie garantieren daher nicht eine von vornherein kritische Perspektive, sondern lassen sich als zentrale Herausforderung des journalistischen Diskurses zur Jahrtausendwende begreifen. Fälschungen zum Anlass zu nehmen, die allgemein notwendige Abkehr von diesen Theorien zu proklamieren, ist indes ein naiver Ausweg. Die meisten Absetzbewegungen basieren zudem größtenteils auf einem naiven Missverständnis der sogenannten ›Postmoderne‹, wie bereits im Exkurs zu Sokals Hoax im Allgemeinen deutlich gemacht werden konnte und wie eine Phrase aus einem *Zeit*-Artikel im Besonderen unter Beweis stellt: »Der postmoderne Aberglaube, in einer medial vermittelten Welt sei auch die Realität nur eine Simulation, ist nicht erst seit dem Fall des seltsamen Journalisten Tom Kummer offenbar geworden.«[313]

[313] Thomas Aßheuer, »Todeshunger«, in: *Die Zeit*, H. 27 (2000), S. 37.

Wenn die Sprache oder die Bilder selbst keine Auskunft darüber geben, ob das Dargestellte fiktiv ist oder nicht, und wenn Fälschungen genau diese Janusköpfigkeit vor Augen stellen oder jede scheinbar selbstverständliche Möglichkeit der Unterscheidung fragwürdig werden lassen, dann kann an dieser Stelle ohne relativistische Konsequenzen nicht bei der Zerstörung des Mythos unhintergehbarer Wahrheiten oder bei dem Hinweis auf die für jede diskursive Wahrheit wesentliche Kontextualität stehengeblieben werden. Stattdessen muss ein Blick auf ein Drittes gerichtet werden, das selbst in bestimmter Hinsicht Nachrichten fundiert. Denn wenn kein endgültiger Beweis möglich ist, dann muss etwas anderes gleichsam am Grund der Nachricht stehen. Anhand von falschen Tatsachenbehauptungen wird zwar nicht selten die Nachlässigkeit der beteiligten Akteure angemahnt, aber das beunruhigende Moment der aufgedeckten Fälschungen liegt nicht im nachträglich offensichtlich gewordenen fehlenden Beweis der Nachrichten, sondern in der Abwesenheit seiner Möglichkeit. Anders gesagt: Die Publikationsorgane müssen zur Verteidigung ihrer Objektivität eine Beweisbarkeit behaupten, die es vor allem bei exklusiven Nachrichten gar nicht gibt.

Dasjenige, was die Valenz journalistischer Information – trotz aller ihr zugestandenen Relationalität und Konstruktivität – im Kern ausmacht, scheint moralisch begründet oder eine Frage der Wahrhaftigkeit und des Vertrauens. Um es zu verstehen, muss man die erkenntnistheoretische Ebene verlassen und ein Verständnis von Wahrhaftigkeit als Gegenbegriff der Lüge in Anschlag bringen, wie es sich exemplarisch in der an das Konzept der ›moralischen Wahrheit‹ gebundenen bereits eingangs zitierten Definition bei Locke findet.[314] Die Wahrhaftigkeit einer Nachricht in dieser ethischen Ordnung des Äußerns besteht dann nicht darin, ob etwas objektiv richtig oder ›wahr‹ ist, sondern darin, ob der Journalist seine Eindrücke und Anschauungen im Einklang mit seinen ›journalistischen Hypothesen von Realität‹ oder in Übereinstimmung mit seiner Einschätzung der Situation weitergibt.[315] Mit diesem Wechsel in eine andere Kategorie lässt sich noch einmal, diesmal anders fundiert, der Nachweis erbringen, dass im journalistischen Diskurs die Rede von Bildern, die lügen, keinen Sinn ergibt. Von einer Lüge kann erst gesprochen werden, wenn ein Journalist Bilder mit Legenden oder Direktiven versieht, die seinen eigenen, ihm bewussten Deutungen

[314] Siehe dazu die Ausführungen zur Wahrhaftigkeit weiter oben, auf S. 22f.

[315] Vgl. Günther Bien, »Lüge«, in: *Historisches Wörterbuch der Philosophie*, V, a.a.O., Sp. 533–544 u. Jan Szaif/Urs Thurnherr, »Wahrhaftigkeit«, in: *Historisches Wörterbuch der Philosophie*, XII, a.a.O., Sp. 42–48.

widersprechen; d.h., wenn er etwas wider besseres Wissen zu einem Dokument für etwas anderes erhebt. Um es noch einmal zu wiederholen: Ein Bild lügt nicht, sondern mit Bildern wird gelogen. Nur mit dieser ethischen Fundierung kann die berechtigte erkenntnistheoretische Hinterfragung unverrückbarer, absoluter oder objektiver Wahrheiten nicht dazu führen, als Freibrief für Lügen missverstanden zu werden. Insofern ist das essentielle Konstituens vor allem von exklusiven Nachrichten keine absolute Vorstellung von Wahrheit, obwohl diese begrifflich immer wieder, zumindest als Versprechen, Verwendung findet, sondern Wahrhaftigkeit. Selbst das Presserecht sieht dementsprechend nicht die Vergabe von objektiven Wahrheiten als Aufgabe des Journalisten vor, sondern verpflichtet ihn zu Wahrhaftigkeit: »Demnach genügt die Presse ihren Sorgfaltspflichten dann, wenn sie ihre publizistische Tätigkeit im Hinblick auf Inhalt, Wahrheit und Herkunft der Nachrichten mit den ihr zu Gebote stehenden Mitteln überprüft. Bei der Bemessung dieser *Prüfungspflicht* muß berücksichtigt werden, daß die Presse nicht über die weitreichenden Möglichkeiten der Wahrheitsfindung verfügt wie z.B. die Justiz [...]. Deshalb muß das *objektive und ernstliche Bemühen* um wahrheitsgemäße Darstellung ausreichen [...]. Nach zutreffender Ansicht ist also die Presse nur zur Wahrhaftigkeit verpflichtet; sie hat keine Rechtspflicht zur (objektiven) Wahrheit«.[316] Ein Insistieren auf Wahrhaftigkeit darf jedoch nicht dazu führen, im Umkehrschluss einen Neo-Positivismus wieder einzuführen, wie es die Ausführungen des Kommunikationswissenschaftlers Thomsen nahelegen: »Dem von außen gestellten Anspruch an journalistische Wahrhaftigkeit kann nämlich nur jemand genügen, der anders als Kummer das Bestehen extramedialer Fakten anerkennt«.[317]

Auf der Seite der Rezipienten wäre diesem »Anspruch an journalistische Wahrhaftigkeit« ein Begriff des Vertrauens gegenüberzustellen, wie es beispielsweise »als Sich-Verlassen auf ein Gegenüber angesichts eines ungewissen und risikohaften Ausgangs einer Handlung unter freiwilligem oder erzwungenem Kontrollverzicht« definiert wird.[318] Dieser Kontrollverzicht – oder besser: -verlust – beschreibt die Situation des Mediennutzers adäquater als an ihn gerichtete Vorwürfe der Leichtgläubigkeit. Der Journalist ist somit für den Rezipienten eine Art Zeuge, der für die Wahrhaftigkeit des von ihm Geschilderten einsteht.

[316] Löffler/Ricker, *Handbuch des Presserechts*, a.a.O., S. 308.
[317] Thomsen, »Fälschung und Qualitätssicherung im Journalismus«, a.a.O., S. 367.
[318] Tanja Gloyna, »Vertrauen«, in: *Historisches Wörterbuch der Philosophie*, hg. v. Joachim Ritter u. Karlfried Gründer, XI, Basel: Schwabe 2001, Sp. 986–990, hier: Sp. 988.

Um den komplexen Status der Zeugenschaft genauer zu beleuchten, sei im Folgenden auf einige diesbezügliche Überlegungen von Jacques Derrida rekurriert. Damit soll hier versucht werden, in gewissem Sinne zu den Bedingungen der Möglichkeit journalistischer Glaubwürdigkeit vorzudringen.

Derrida zufolge zeichnet sich das Zeugnis dadurch aus, dass es niemals zu einem Beweis werden kann oder sogar darf. Erst dadurch, dass ein Beweis nicht möglich ist, erhält eine Zeugenschaft, verbunden mit den Werten von Vertrauenswürdigkeit oder Wahrhaftigkeit, ihre Bestimmung:

> Ich kann Zeugnis ablegen im strengen Sinne dieses Wortes nur in dem Augenblick, da von dem, wovon ich Zeugnis ablege, niemand an meiner Statt Zeugnis ablegen kann. [...] Ich bin der einzige, der diese einmalige Sache gesehen hat, der gehört hat oder der bei diesem oder jenem in einem bestimmten, unzerteilbaren Augenblick zugegen war; und man muß mir glauben, weil man mir glauben muß – das ist der für das Zeugnis wesentliche Unterschied zwischen Glauben und Beweis.[319]

Eine Zeugenschaft ist für Derrida somit jenseits eines theoretischen Beweises situiert oder, wie er mit Celan formuliert, unabhängig von einer Gegenprobe vonseiten eines anderen: »Niemand | zeugt für den | Zeugen«.[320] Durch diesen Ausschluss der Beweisbarkeit wohnt einem Zeugnis jedoch als Versprechen, wahrhaftig zu sein, stets zugleich wieder die Möglichkeit der Fiktion, des Meineides und der Lüge inne: »Wenn diese Möglichkeit, die das Zeugnis scheinbar untersagt, wirklich ausgeschlossen wäre, wenn das Zeugnis folglich zum Beweis, zur Information, zur Gewißheit oder zum Archiv geriete, würde es seine Funktion als Zeugnis verlieren«.[321] Dabei kommt bei Derrida auch die grundsätzliche Möglichkeit ins Spiel, über etwas im Irrtum und dennoch definitionsgemäß wahrhaftig zu sein: »Ein Zeugnis kann fälschlich, das heißt irrig sein, ohne ein falsches Zeugnis zu sein, das heißt ohne den Meineid, die Lüge, die vorsätzliche Absicht zu täuschen zu implizieren«.[322]

Im Zusammenhang mit dieser Einmaligkeit der Zeugenschaft stellt sich jedoch ein zentrales Problem, nämlich dass, selbst wenn jemand als

[319] Jacques Derrida, *Bleibe. Maurice Blanchot*, hg. v. Peter Engelmann, übers. v. Hans-Dieter Gondek, Wien: Passagen 2003, S. 28f. u. 42, vgl. a. S. 32. Frz. *Demeure. Maurice Blanchot*, Paris: Éd. Galilée 1998, S. 32 u. 47.

[320] Paul Celan, »Aschenglorie«, in: *Gesammelte Werke*, hg. v. Beda Allemann, II, Frankfurt/M.: Suhrkamp 1983, S. 72; vgl. a. Derrida, *Bleibe*, a.a.O., S. 29 (frz. S. 34).

[321] Derrida, *Bleibe*, a.a.O., S. 28 (frz. S. 31).

[322] Ebd., S. 37 (frz. S. 41).

einziger eine Begebenheit gesehen, gehört oder ertastet hat, eine Bezeugung derselben nur möglich ist, wenn sie in gewissem Sinne mitteilbar ist. Bliebe sie eine absolute oder rein subjektive Empfindung, würde sie sich dieser Mitteilbarkeit entziehen müssen – nicht umsonst vermeidet Derrida den Begriff des Subjektiven. Es muss also jemand unterstellt werden, der den Zeugen versteht, bei dem man eine ausreichende Beherrschung der gemeinsamen Sprache voraussetzt, damit es überhaupt dazu kommen kann, etwas glaubwürdig zu versichern: »Man muß dieselbe Sprache sprechen bis ins böseste Mißverstehen hinein und in der Absicht einer Unterbrechung des *wir*, in der Absicht des radikalsten, des kriegerischsten, des spaltendsten Bruches des ›wir‹ – in der Lüge, im Meineid, in der Täuschung, im falschen Zeugnis (*faux témoignage*), das – ich erinnere daran – kein fälschliches Zeugnis (*témoignage faux*) ist«.[323] Dieses heikle Problem des Verstehens lässt sich auch daran ablesen, dass sich das Presserecht in einen ausweglosen Widerspruch verwickelt, wenn es heißt: »Maßgeblich für die Richtigkeit einer Darstellung ist nicht die subjektive Meinung des Publizisten, sondern der *objektive Eindruck*, den ein unbefangener Durchschnittsleser von der Veröffentlichung gewinnen muß«.[324] Obwohl ja der Journalist von der ›Rechtspflicht der objektiven Wahrheit‹ entbunden ist, wird hier im Sinne der genannten Mitteilbarkeit die Trennlinie der Verpflichtung auf eine verallgemeinerbare Objektivität, auf einen richtigen *objektiven Eindruck* wieder eingezogen.[325]

Derrida löst das hier adressierte Problem, ohne den Begriff der Objektivität zu bemühen. Der singuläre Augenblick wird ihm zufolge durch den Anspruch auf Mitteilbarkeit und Wiederholbarkeit zu einem idealen Augenblick: »Wenn ich mich verpflichte, die Wahrheit zu sagen, verpflichte ich mich, dasselbe einen Augenblick danach, zwei Augenblicke danach, am nächsten Tag und für alle Ewigkeit auf eine bestimmte Weise zu wiederholen«.[326] Das Unersetzbare der Bezeugung, da jemand der Einzige war, der etwas wahrgenommen hat, muss sich also ersetzen, übersetzen lassen können. Dadurch ergibt sich eine Aporie, weil die genannte Singularität zugleich wiederholbar oder universalisierbar sein

[323] Ebd.

[324] Löffler/Ricker, *Handbuch des Presserechts*, a.a.O., S. 310.

[325] Dass diese dem Journalisten zur Aufgabe gegebene Vermittlung eines objektiven Eindrucks immer auch scheitern kann, beweist beispielsweise die bereits angeführte, als ernsthaft missverstandene Satire, die in Form eines an die Leser gerichteten fiktiven Briefs Gerhard Schröders in der *Zeit* abgedruckt war (siehe Fn. 153 auf S. 306).

[326] Derrida, *Bleibe*, a.a.O., S. 33 (frz. S. 36f.).

muss: »[D]a, wo ich der einzige gewesen bin, der gesehen oder gehört hat, und wo ich der einzige bin, der das bezeugen kann, so ist das in dem Maße wahr, wie irgend jemand *an meiner Stelle* in diesem Augenblick dieselbe Sache gesehen oder gehört oder berührt hätte und beispielhaft, universal die Wahrheit meines Zeugnisses wiederholen könnte«.[327] Für Derrida schreibt sich mit diesem Anspruch auf Wiederholbarkeit – schon bevor Kamera, Video oder Computer als Aufzeichnungsapparate ins Spiel kommen – eine ›*techne*‹ in die Zeugenschaft ein, die zugleich die Möglichkeit ihrer Instrumentalisierung eröffnet: »Und da schleicht sich vielleicht am eigentlichen Ursprung des wahrhaften Zeugnisses, der glaubwürdigen Autobiographie und des aufrichtigen Bekenntnisses mit der Technologie als Idealität und als prothetische Iterabilität zugleich die Möglichkeit der Fiktion *und* der Lüge [...] als ihre wesentliche Mitmöglichkeit ein«.[328] Übertragen auf den Journalisten ließe sich schlussfolgern, dass er – vor allem bei exklusiven Nachrichten – wie ein Zeuge für die mitunter gewöhnlichsten, phänomenalen Ereignisse einsteht. Dies gilt auch für photographische und filmische Artefakte, für deren korrektes Zustandekommen er als derjenige, der bei den entsprechenden Vorkommnissen anwesend war, ebenfalls bürgt.[329] Er hat wahrhaftig, seinen eigenen Erfahrungen gemäß Zeugnis abzulegen, das zugleich Anspruch darauf erhebt, verstanden zu werden, universalisierbar zu sein, d.h. vom Standpunkt des idealen Zeugen aus mitgeteilt worden zu sein. In dem Moment, in dem eine journalistische Zeugenschaft als Nachricht im entsprechenden Medium erscheint, findet jedoch ein diskursiver Statuswechsel weg von einer Art Zeugnis statt, weil nun eine allgemeine, ›objektive‹ Gültigkeit versprochen wird. Dadurch dass die Meldung mit einer eigentlich unbegründeten Beweisbarkeit etikettiert wird, wird deren ethische Basis verdeckt. Journalistische Fälschungen führen in besonderer Weise vor Augen, wie diese allgemeinen, der Wiederholbarkeit und Verständlichkeit geschuldeten Modi der Sprache und der Filmsprache von einem falschen Zeugnis parasitiert werden können. Das journalistische Zeugnis ist, um ein solches sein zu können, untrennbar mit der stets offenen Möglichkeit seines Missbrauchs, der Fälschung, verbunden. Anders gesagt: Journalistische Fälschungen sind nicht der Ausnahmefall, sondern müssen aufgrund ihrer Fundierung in

[327] Ebd., S. 43 (frz. S. 47f.).
[328] Ebd., S. 44f. (frz. S. 49).
[329] Diese Form der Zeugenschaft wird vor allem angesichts der digitalen Photographie bzw. der digitalen Bildverarbeitung (mit ihren weitreichenden technischen Möglichkeiten der Bildmanipulation) virulent.

der Zeugenschaft immer möglich sein. Eine absolute Möglichkeit der Unterscheidung zwischen einer ernsthaften Bezeugung und einer freien Erfindung ist den entsprechenden Ausformungen nicht beigegeben. In diesem Sinne ließe sich im folgenden Zitat der Begriff der ›literarischen Fiktion‹ durch den der ›Fälschung‹ ersetzen: »Man kann denselben Text – der folglich niemals ›an sich‹ existiert – als ein sogenanntes ernsthaftes und authentisches Zeugnis [...] oder als ein Dokument oder als ein Symptom lesen – oder als das Werk einer literarischen Fiktion [einer Fälschung, M. D.], die all die Status simuliert, die wir gerade aufgezählt haben«.[330] Während diese Unbestimmtheit im literarischen Diskurs erlaubt ist, müssen ihr im journalistischen Diskurs – trotz verbleibender Entscheidungsspielräume – weitgehend Grenzen gesetzt werden.

Die mit Derrida vorgenommene doppelbödige ethische Begründung von Nachrichten, die man unter die Kategorie der moralischen journalistischen Wahrheit subsumieren könnte, steht allerdings nicht, wie man angesichts eines emphatischen Begriffs der Wahrhaftigkeit vermuten würde, quer zu wirtschaftlichen Interessen, sondern geht mit ihnen eine problematische Verbindung ein. Denn bei der journalistischen Ethik handelt es sich um eine Art Ethik unter Konkurrenzbedingungen. Sie löscht sich damit streng genommen als moralische Kategorie aus: Weil sie zweckorientiert auf Auflagenstärke und Verkaufszahlen, Einschaltquoten und Werbebuchungen hin befolgt wird, ist sie nämlich zugleich anderen Bestimmungsgründen unterworfen als einem selbstgegebenen Sittengesetz. D. h., dadurch dass anökonomische und ökonomische Logik unvermittelt aufeinander stoßen, strukturiert der externe wirtschaftliche Nutzen wesentlich eine insofern nicht mehr subjektive, selbstgegebene oder selbstkontrollierte Leitidee im Sinne Kants. Wenn Thomson, wie weiter oben zitiert, von einem »von außen gestellten Anspruch an journalistische Wahrhaftigkeit« spricht, dann gibt er auch über diese existentielle Doppeltheit und die genannte Auslöschung moralischer Kategorien Auskunft. Sollte bestimmten Publikationsorganen die Qualität abhanden kommen, den Gesetzen journalistischer Wahrhaftigkeit zu gehorchen, ist dies nicht nur ein moralischer Verstoß, sondern kann auch zur ökonomischen Existenzbedrohung werden.

John H. McManus definiert in seinem ökonomischen Koordinatensystem Nachrichten entsprechend als Glaubwürdigkeitsgüter – »›credence goods‹, products that must be consumed on faith. In such cases it is difficult for the consumer to assess the quality of the product even

[330] Ebd., S. 27 (frz. S. 30).

after having experienced it.«[331] Damit bestätigt er auf andere Weise die bisherigen Ausführungen, insofern er davon ausgeht, dass sich der Wert einer Nachricht für den Rezipienten jenseits einer ihm möglichen Beurteilung ihrer Echtheit oder Exaktheit bemisst: »By definition, news is what the public does not yet know. Consumers are rarely in a position to compare even a single news account with their own experience or the experience of a trusted third party. So consumers rarely can determine the fairness or accuracy of that account, much less the contents of an entire newspaper or newscast.«[332] Als Folge dieser Nicht-Einschätzbarkeit greifen die Konsumenten nach Untersuchungen von Wirtschaftswissenschaftlern wie bei anderen Glaubwürdigkeitsgütern auch – McManus führt beispielsweise die medizinische Versorgung oder Reparaturleistungen an – auf Markennamen, d. h. auf den allgemeinen Ruf der Warenanbieter zurück. In diesem Sinne sind Fälschungen Gift für die Publikationsorgane, in denen sie platziert sind, weil sie durch das öffentliche Dementieren ihrer Glaubwürdigkeit die betreffende Marke direkt beschädigen.

Als Fazit wäre somit festzuhalten, dass journalistische Fälschungen deutlich vor Augen treten lassen, dass ihnen mit erkenntnistheoretischen Kategorien nicht zu begegnen ist. Darin liegt auch der kluge Schachzug Tom Kummers, der seine erfundenen Interviews, insofern er auf epistemologischer Ebene argumentiert, schlüssig entschuldigen kann. Als Basis der Verlässlichkeit von Nachrichten – vor allem im Bereich des exklusiven Recherchejournalismus – lässt sich jedoch in Anlehnung an Derrida keine erkenntnistheoretische, sondern eine ethische Fundierung ausmachen – wie sehr sie auch immer im Dienste des Versprechens, ›objektive Wahrheiten‹ zu liefern, verdeckt gehalten werden muss. Andererseits ist diese journalistische ›Ethik‹ von Grund auf von ökonomischen Zwängen durchdrungen, so dass sie letztendlich ihren Status als emphatisch verstandene eigenständige moralische Kategorie einbüßt.

[331] John H. McManus, »What Kind of Commodity Is News?«, in: *Communication Research* 19.6 (1992), S. 787–805, hier: S. 794.
[332] Ebd., S. 793.

5. Fakes und (elektronische) Gegenöffentlichkeit

Die folgenden Fälle lassen sich als Fake-Praktiken fassen, die sich in politisch-sozialen und ökonomischen Wissensbereichen platzieren, um dort kritische Wirkungen zu erzielen. Den diesbezüglichen Überlegungen sei ein kurzes und einfaches Gedankenexperiment vorausgeschickt: Man stelle sich eine Künstlergruppe vor, die ihre Kritik an der gegenwärtigen Ausrichtung globaler politischer Institutionen wie der World Trade Organization (WTO) dadurch publik macht, dass sie Presseerklärungen an die Tagespresse schickt mit der Bitte um Veröffentlichung. Sowohl regionale als auch internationale Tageszeitungen greifen die kritischen Anregungen auf und machen sie zum Gegenstand großer Artikel, selbst der Fernsehsender CNBC lädt einen Protagonisten als Diskussionspartner in eine Talk Show ein. Schließlich wird die kritische Verlautbarung Thema globaler Diskussionen. – So wirkungsvoll dieses Szenario erscheint, so schnell würde man es sicherlich zu Recht von vornherein als rein hypothetisch und als nicht in die Tat umzusetzen abtun.

Im Folgenden seien daher Projekte vorgestellt, die auf andere Weise in die genannten Wissensbereiche eindringen, um Kritik nicht mittels klassischer Kommunikationsstrategien, sondern mittels elaborierter Fakes zu lancieren. Wieder soll bei deren Betrachtung kenntlich gemacht werden, wie sie erstens von einer bestimmten diskursiven Praxis durchdrungen sind, zweitens, wie sie sich diese parasitär zunutze machen und drittens, wie sie schließlich auf diese zurückwirken. Zuvor jedoch sei als Ergänzung zu den vorangegangenen Erörterungen über die klassischen journalistischen Medien die besondere Rolle des Internets bei diesen Täuschungs-Praktiken profiliert.

Originalität und Authentizität im Zeitalter des Internets

Naheliegend und häufig nachzulesen ist die Position, das Fake vor allem im Internet in eine Kultur allgemeiner Reproduzierbarkeit im Zeichen von Simulakren und Simulation unproblematisch einzureihen.[333] Konsequent gedacht müssten diese Relativierungen jedoch auch den Begriff der Fälschung oder des Fake hinfällig werden lassen. Betrachtet man hingegen Fälle, von denen explizit als Fälschungen, Hoaxes oder Fakes die Rede ist, so zeigt sich, dass bestimmte diskursive Formationsregeln, für die die Medientechnik *eine* der Grundbedingungen darstellt, indes weiterhin existieren und darüber bestimmen, was keine Fälschung ist. Es handelt sich dabei nicht um ontologische Prinzipien, sondern um diskursive Regelmäßigkeiten, die sich um das herausbilden, was als Echtes, Originales und Authentisches zirkuliert.

Boris Groys hat in einer produktiven Lektüre des Kunstwerkaufsatzes von Walter Benjamin den prekären Status von Originalen im Internet auf ungewöhnliche Weise herausgearbeitet. In Anlehnung an Benjamin wird nicht selten emphatisch begrüßt, dass – da im Zeitalter der Reproduzierbarkeit jedes Original massiv entwertet sei – bei Dokumenten im Internet, die mühelos aufgrund ihrer digitalen Struktur massenhaft identisch vervielfacht werden könnten, das Sprechen von Originalen erst recht obsolet geworden sei. Groys stellt diese These mit und gegen Benjamin allerdings auf den Kopf. Im Kunstwerkaufsatz ist zu lesen: »Noch bei der höchstvollendeten Reproduktion fällt eines aus: das Hier und Jetzt des Kunstwerks – sein einmaliges Dasein an dem Orte, an dem es sich befindet.«[334] Ein paar Absätze weiter heißt es, dass, indem die Reproduktionstechnik das Reproduzierte vervielfältige, sie »an die Stelle seines einmaligen Vorkommens sein massenweises« setze.[335] Groys betont, dass ein Unterschied zwischen Original und ›höchstvollendeter‹ Reproduktion von Benjamin somit nicht substantiell begründet, sondern neu definiert werde. Ab dem Zeitpunkt (und sei er auch technisch ge-

[333] Judith Mair und Silke Becker erklären beispielsweise in ihrem gleichnamigen populären Sachbuch das »Fake for Real« als »So-tun-als-ob-im-als-ob« zum Allheilmittel. Sie verzeichnen zwar als Ergebnis der von ihnen hochgelobten Praktiken, dass »Realitäten, Muster, Dinge oder Strukturen« der »Als-ob-Gesellschaft« bloßgestellt werden, folgen aber trotz gegensätzlicher Bekundungen weitgehend einer naiven Ideologiekritik, deren politisches Ziel in den folgenden zwei Fragen verpufft: »Das habt ihr geglaubt? Was um Himmels Willen haltet ihr für Objektivität?« Wie auf diese Weise die »Produktion neuer Realitäten« zu verstehen ist sowie wie sie erreicht werden soll, bleibt ungeklärt, weil durch Fakes – so wie sie die beiden Autorinnen analysieren – dem Als-ob einfach weitere Facetten hinzugefügt werden. Ein solche Herangehensweise nivelliert die unterschiedlichen konkreten ›Wahrheits‹-Wirkungen akzeptierter politisch-sozialer und epistemischer Praktiken, deren kritische Betrachtung einer negativen Ontologie nicht widersprechen muss (vgl. Silke Becker/Judith Mair, *Fake for Real*, Frankfurt/M. u. a.: Campus 2005, S. 236–240).

[334] Benjamin, »Das Kunstwerk im Zeitalter seiner technischen Reproduzierbarkeit« [Dritte Fassung], a. a. O., S. 475.

[335] Ebd., S. 477.

sehen ein in die Zukunft projizierter), an dem durch die Reproduktion der ›Bestand‹ oder die materielle Verfasstheit eines Kunstwerks perfekt zu kopieren möglich ist, werde folglich ein anderes Unterscheidungskriterium relevant: »Laut Benjamin unterscheidet sich das Original daher nur noch dadurch, daß es einen bestimmten Ort hat, während die als Multiplizität auftretende Kopie frei zirkuliert und nicht zu verorten, nicht zu territorialisieren ist.«[336] Der Unterschied zwischen Original und Kopie sei somit kein formaler, sondern ein topologischer: »Das Original gehört in einen Raum mit einer festgelegten Topologie, die den Ort des Originals sowie seine eventuellen Ortsveränderungen verfolgen und feststellen lässt. Die Kopie gehört dagegen in einen offenen Raum mit einer unbestimmten Topologie. Die Reproduktion ist also eine Operation, die eine Form aus dem geschlossenen und zugleich geschichtlichen Raum in einen offenen, außergeschichtlichen Raum versetzt.«[337]

Diese Operation ist nach Groys auch in umgekehrter Richtung denkbar, so dass nicht nur Originale durch ihre Reproduzier- und Kopierbarkeit entwertet werden, sondern auch Kopien oder Reproduktionen zu Originalen aufgewertet werden können. Er erwähnt dabei neben dem Museum das Internet. Während Photographie und Film zunächst als Multiplizität in Erscheinung träten, erhielten nämlich alle Zeichen, Worte und Bilder im Netz mit dem URL (*Uniform Resource Locator*) eine einmalige Adresse, durch die sie verortet, territorialisiert und in eine Topologie eingeschrieben würden: »In diesem Sinne macht das Netz aus jeder Datei, die vielleicht ursprünglich als multiple Kopie entstanden ist, ein Original. Das Netz vollzieht eine (Re-)Originalisierung der Kopie, indem sie ihr eine Netzadresse verleiht. Dadurch bekommt jede Datei eine Geschichte, weil sie von den materiellen Bedingungen ihres Ortes abhängig wird. Im Netz ist die Datei nämlich von der Beschaffenheit der jeweiligen Hardware, des Servers, der Software, des Browsers usw. wesentlich abhängig.«[338] Durch diese Abhängigkeit – z. B. von Computerviren oder der Serverstabilität – »bekommen Dateien im Netz ihre Geschichte, die wie jede Geschichte vor allem die eines möglichen oder reellen Verlustes ist«.[339] Dieses Argument wird einsichtig, wenn man sich die Statusveränderung vor Augen führt, der ein Dokument unterworfen

[336] Boris Groys, »Programmierte Magie. Aus Kopien mach Originale. Kleine Kunstgeschichte der Dateien«, in: *Du*, H. 711 (2000), S. 36–39, hier: S. 36.
[337] Ebd.
[338] Boris Groys, »Die Topologie der Aura«, in: ders.: *Topologie der Kunst*, München: Hanser 2003, S. 33–46, hier: S. 41.
[339] Ebd.

ist, wenn es unabhängig von einer speziellen Website – z.B. von der Festplatte irgendeines Rechners – aufgerufen wird: Eine Presseerklärung verliert beispielsweise ihr Gewicht, wenn sie nicht mehr an eine spezielle Aussageinstanz – an ihren ›Ursprung‹, d.h. die Verortung im Internet – gekoppelt ist. In ausgedruckter Form oder als Kopie erhält sie ihre Verbindlichkeit lediglich dadurch, dass sie etwas Zitathaftes hat, also mit Verweis auf ihren sowohl räumlichen (Webadresse) als auch zeitlichen Ort (Abrufdatum) nachgewiesen und gegebenenfalls gegengelesen werden kann.

Ergänzend zu Groys Überlegungen, vor allem zu seinen auf das materielle Fundament des Internets rekurrierenden Verweisen, die mit technischem Fachwissen sehr schnell widerlegt werden könnten, müssen einige Differenzen zwischen der physischen wie auch informationstechnischen Beschaffenheit des Internets und der Art, wie es sich phänomenal dem Benutzer zeigt, deutlich gemacht werden. Denn zwischen seiner technischen Konfiguration und der Art, wie es erscheint, klafft eine breite Kluft. So sind zum einen beim Betrachten einer Website, beim Versenden von E-Mails oder beim Download von Dateien – vom Anwender in der Regel unbemerkt – eine Reihe von Adressierungsoperationen wie auch Transformations- und Übersetzungsprozesse im Spiel.[340] Zum anderen ist im Gegensatz zu Brief und Festnetztelefon die Lokalisierung des Adressaten – so präzise sie sein mag – nicht mehr an eine identisch bleibende Stelle im physischen Raum gekoppelt.[341] Dennoch steht der URL für eine eindeutige und einmalige Adressierung einer Ressource im Netz, d.h., die elektronischen Adressen sind, wenn auch variabel, irgendwo

[340] Dies betrifft z.B. die sogenannten IP-Adressen als Kernstücke der elektronischen Adressenordnung im Internet, die 32 Bit breit sind, aber per Konvention durch eine durch Punkte voneinander getrennte Dezimalzahl (*Dotted Decimal Notation*) repräsentiert werden, d.h., die IP-Adresse »10101100000100000010001011011110« wird beispielsweise als »172.16.34.222« wiedergegeben. Diese wird wiederum vom ›Domain Name System‹ (DNS) in benutzerfreundliche Namen übersetzt, wie man sie von der Adresszeile im Browserfenster kennt: »›Name‹ ist ein mnemotechnisches Hilfsmittel zur Benennung numerischer Adressen, welche mit mehr oder weniger hohem Aufwand in physische Signale umgesetzt werden können – die ihrerseits technische Hilfsmittel zur Referenzierung von Konstruktionen wie ›Endsystem‹, ›Anwendungsprozesse‹ oder ›Benutzer‹ darstellen. Dass diese Einheiten namhaft gemacht werden können, setzt […] komplexe Transformations- und Übersetzungsprozesse voraus.« (Christoph Neubert, »Elektronische Adressenordnung«, in: Stefan Andriopoulos/Gabriele Schabacher/Eckhard Schuhmacher (Hg.), *Die Adresse des Mediums*, Köln: DuMont 2001 (Mediologie 2), S. 34–63, hier: S. 56)

[341] Vgl. Rudolf Stichweh, »Adresse und Lokalisierung in einem globalen Kommunikationssystem«, in: Andriopoulos/Schabacher/Schuhmacher (Hg.), *Die Adresse des Mediums*, a.a.O., S. 25–63.

im Netz, etwa auf einem Server oder auf einer Festplatte eines Rechners, materiell realisiert. Auf einer Homepage, die sich für den Nutzer in der Adresszeile im Browserfenster mit *einem* URL ausweist, können zudem eine Vielzahl an von anderen URLs aufgerufenen Dateien mit entsprechend unterschiedlichen Speicherorten untergebracht werden.

Betrachtet man das Internet jedoch so, wie es sich dem einzelnen Nutzer darstellt, dann bleiben die genannten Operationen verborgen. Denn dieser hat in der Regel keinen direkten Einblick in die Mechanismen, denen die ihm symbolisch über-setzten Daten unterliegen, so dass ihm die Adressen als eindeutige Lokalisierungen, die Daten ›originalisiert‹ erscheinen. Topologische Metaphern, wie ›Homepage‹, ›Website‹, ›Domain‹ oder ›Host‹, implizieren ihm ferner eine Ortsgebundenheit der Dateien. Dem naheliegenden technischen Einwand, dass die Funktion des Internets indes darin bestehe, benötigte Informationen dem Nutzer nach Hause zu liefern, kommt Groys entsprechend selbst zuvor, indem er den Wahrnehmungsaspekt privilegiert und betont, »daß der Internet-Sufer – oder, soll man sagen, der Internet-Flaneur – die einzelnen Orte des Internets, die Websites, weniger abruft als vielmehr ›besucht‹. Der Internet-Benutzer ist ein Reisender im virtuellen Raum.«[342]

Obwohl in der Anfangszeit des Internets im Namen der Anarchie oder zumindest der Autonomie nicht selten eine totale Enthierarchisierung und Demokratisierung des Informationsaustauschs und seiner Strukturen gepriesen wurde,[343] die sehr stark an die mit dem Rundfunk als Kommunikationsapparat verbundenen Verheißungen

342 Groys, »Die Topologie der Aura«, a.a.O., S. 45.

343 Diese Idee des digitalen Utopia, »founded on the primacy of individual liberty and a commitment to pluralism, diversity, and community«, ging Mitte der 90er Jahre von einem an der US-amerikanischen Westküste sich herausbildenden Zusammenschluss von Schriftstellern, Hackern, Unternehmern und Künstlern aus (Mitchell Kapor, »Where Is the Digital Highway Really Heading?«, in: *Wired* 1.3 (1993), S. 53–59, www.wired.com/wired/archive/1.03/kapor.on.nii_pr.html, zuletzt aufgerufen am 26.3.2007). Sie wird häufig als ›Kalifornische Ideologie‹ bezeichnet, weil mit ihr widersprüchlich ein wirtschaftsliberal geprägter technologischer Determinismus mit einem freiheitlichen Individualismus amalgamiert wurde, wie Richard Barbrook und Andy Cameron schreiben: »The Californian Ideology, therefore, simultaneously reflects the disciplines of market economics and the freedoms of hippie artisanship. [...] Information technologies, so the argument goes, empower the individual, enhance personal freedom, and radically reduce the power of the nation-state. Existing social, political and legal power structures will wither away to be replaced by unfettered interactions between autonomous individuals and their software« (Richard Barbrook/Andy Cameron, »Californian Ideology«, in: Peter Ludlow (Hg.), *Crypto Anarchy, Cyberstates, and Pirate Utopias*, Cambridge/London: MIT Press 2001, S. 363–387, hier: S. 367 u. 369).

erinnern,[344] lasten auf den genannten Internet-Adressierungen – heute mehr als früher –, gerade weil ihnen in bestimmter Hinsicht eine Originalisierungs-Funktion zukommt, zahlreiche Ausschlussmechanismen und Rangfolgen. Denn die Quasi-Lokalisierungen spezifischer Identitäten bestimmen über die Existenz im Netz. Auch wenn das gemeinnützige Unternehmen ICANN (*Internet Corporation for Assigned Names and Numbers*)[345] als reine Namensverwaltung auftritt, fällt ihr durch die Ausgestaltung der Vergabepraxis bestimmter Domainnamen eine große Macht zu. Um beispielsweise Auseinandersetzungen um Domain-Namen-Piraterie (sogenanntes ›Domain-Grabbing‹ oder ›Cybersquatting‹) zu regeln, wurde 1999 von ICANN ein Streitschlichtungsverfahren, die »Uniform Domain-Name Dispute-Resolution Policy« (UDRP),[346] beschlossen, das jeder, der eine Top Level-Domain (wie u.a. .biz, .com, .info, .name, .net and .org) registriert, rechtlich akzeptieren muss. Bei Streitigkeiten um Markenrechte kann vor dem Hintergrund dieser ›*policy*‹ ein Schiedsgericht einberufen und gegebenenfalls ein für schützenswert erachteter Domain-Name dem ›Trademark‹-Inhaber rückübertragen werden.[347] Wer gegen bestimmte Regeln verstößt, beispielsweise dem jeweiligen Landesrecht zuwiderhandelt, kann zudem aus den Namens-Datenbanken des DNS (›Domain Name System‹) gelöscht werden und ist danach im Netz nicht mehr auffindbar, weil der Name – wie es im Fachjargon heißt – nicht mehr aufgelöst wird.[348]

344 Vgl. Bertolt Brecht, »Der Rundfunk als Kommunikationsapparat«, in: *Gesammelte Werke*, hg. v. Elisabeth Hauptmann, XVIII, Frankfurt/M.: Suhrkamp 1967, S. 117–134.

345 ICANN wurde 1998 vom US-Handelsministerium ins Leben gerufen. Das Gremium regelt neben der Namensvergabe auch Internet-Protokollstandards und hat das zuvor als Monopol von der US-Firma ›Network Solutions‹ ausgeübte Domainnamengeschäft ersetzt (vgl. www.icann.org).

346 Vgl. ICANN, »Uniform Domain-Name Dispute-Resolution Policy« (26.8.1999), www.icann.org/udrp/udrp.htm, zuletzt aufgerufen am 30.3.2007.

347 Im Jahr 2000 bemühte z.B. der Popstar Madonna im Streit gegen den US-Internet-Pornoanbieter Dan Parisi um den Domain-Namen »madonna.com« ein solches Schiedsgericht und bekam Recht. Das UDRP-Verfahren ist umstritten, weil es den Markeninhabern Rechte verleiht, die ihnen nicht einmal durch die jeweilige Landesgesetzgebung zugesichert sind. So entschieden beispielsweise etliche Panels der Domain-Namen-Schiedsgerichte bei Streitigkeiten, ob eine Protestseite gegen ein Unternehmen dessen Namen führen darf, entgegen den Richtersprüchen bei den Landesgerichten zugunsten der Markeninhaber (vgl. David Rosenthal, »Streit um Domain-Namen«, in: *Süddeutsche Zeitung* (3.11.2000), S. 16). Auch die Vergabe der neuen .eu-Domains Anfang 2006 folgte einer bestimmten Rangordnung: In der sogenannten ersten ›Sunshine Period‹ durften zunächst nur Firmen und öffentliche Einrichtungen ihre Namen und Handelsmarken als Domains registrieren.

348 Vgl. Christian Ahlert, »Das Ende der Anarchie«, in: *Die Woche*, H. 32 (2000), S. 30–31. Im November 2000 wurde als ›Nachfolger‹ der in Amerika gemeldeten und mit Kritik am US-Wahlsystem verbundenen Domain *voteauction.com* die Seite *vote-auction.*

Die Adressordnung des Internets betrifft somit nicht nur die Speicherorte, sondern auch die Übertragungswege.[349] Insofern sind nicht nur die Lokalisierungen, sondern auch die ›Infrastrukturen‹ sowie die dafür eingesetzten Protokolle, so unbemerkt sie im Hintergrund ablaufen, von Relevanz. Selbst wenn am physischen Speicherort, auf die ein URL indirekt verweist, eine bestimmte stabile Konfiguration von Dateien gelagert ist, passieren die vom Internet-Surfer während des ›Besuchs‹ einer Seite aufgerufenen Daten zahlreiche informationstechnische und elektronische Schnittstellen, durch die sie maßgeblich beeinflusst werden. Wiederum eine Fake-Aktion lässt diese Manipulationsmöglichkeiten, bei der die technischen Bedingungen gegen die Wahrnehmungsebene ausgespielt werden, einsichtig werden:

Im Jahr 2000 realisierten Dragan Espenschied und Alvar Freude an der Merz-Akademie Stuttgart ein Projekt mit dem Namen ›insert_coin‹,[350] das sich zur Aufgabe machte, in einem Experiment auszutesten, ob den einzelnen Internetnutzern der Hochschule bestimmte Datenmanipulationen auffallen würden. Dafür richteten die beiden einen Proxy-Server[351] ein und modifizierten die Browser-Einstellungen der Computer vor Ort dahingehend, dass alle im Internet besuchten

com, obwohl sie bei der Schweizer Registrierungsorganisation CORE angemeldet war, rechtswidrig aufgrund eines Urteils in Cook County (Illinois) in den USA abgeschaltet (vgl. Mike Robinson, »›Vote-buying‹ Internet Site Closes« [Agenturmeldung von Associated Press Online] (1.11.2000); Armin Medosch, »Email aus den USA«, in: *Telepolis* (6.11.2000), www.heise.de/tp/r4/artikel/4/4200/1.html, zuletzt aufgerufen am 26.3.2007 u. Florian Rötzer, »Die Webseite für die Auktion von Wahlstimmen wurde vom DNS-Server abgehängt«, in: *Telepolis* (3.11.2000), www.heise.de/tp/r4/artikel/4/4176/1.html, zuletzt aufgerufen am 16.4.2007). Siehe zu ›vote-auction‹ Fn. 379 weiter unten, auf S. 394 sowie S. 404.

349 Auch wenn das Internet in der Regel als physisch ausdehnungsloser Cyberspace oder Virtual Reality wahrgenommen wird, ist es kein dimensions- und raumloses, jenseits physikalischer Gesetze situiertes Konstrukt, denn auch Lichtgeschwindigkeit und nano-millimeter-große Operatoren gehören zum physikalischen Universum, wenngleich manche physikalischen Phänomene schlicht unsere Vorstellungskraft übersteigen (vgl. Hans-Ulrich Reck, *Mythos Medienkunst*, Köln: Verlag der Buchhandlung Walther König 2002, S. 45f.).

350 Vgl. Dragan Espenschied/Alvar Freude, »insert_coin« (16.10.2001), www.odem. org/insert_coin/, zuletzt aufgerufen am 29.3.2006.

351 Ein Proxy ist eine Art Transferdienst im Internet, der in den Datenverkehr geschaltet wird, um bestimmte Filterungen, Zwischenspeicherungen oder Formatstandardisierungen vorzunehmen. Der englische Begriff ›*proxy*‹ steht im Allgemeinen für einen Bevollmächtigten, einen Stimmrechtsermächtigten oder Stellvertreter (vgl. »proxy, *n.*«, in: *The Oxford English Dictionary*, XII, a.a.O., S. 727f.). Zu den Details der technischen Umsetzung von ›insert_coin‹ vgl. Dragan Espenschied/Alvar Freude, »Die Filter-Software« (25.3.2001), http://odem.org/insert_coin/experiment/software.html, zuletzt aufgerufen am 29.3.2006.

Websites unbemerkt gefiltert oder sinnverändert wiedergegeben werden konnten: So wurden beispielsweise in Textdateien die Genera der Artikel vertauscht oder »aber« wurde als »und« dargestellt; ferner ersetzte man den Namen Helmut Kohls generell mit dem Gerhard Schröders, mischte Monatsnamen (aus »Januar« wurde »Juni«) oder Parteien (aus »SPD« wurde »PDS«, aus »FDP« »RAF«);[352] ein weiteres Script sorgte dafür, dass auf den Webseiten der bekanntesten Freemail-Dienste wie GMX oder Hotmail ein angeblich auf das individuelle »Surfverhalten« abgestimmter Brieffreund-Kontakt angeboten wurde; und schließlich wurden zwei Prozent aller Webzugriffe auf eigens eingerichtete Werbeseiten (z.B. der ›National Rifle Association‹ oder der ›US-Marines‹) umgeleitet. Reaktionen vonseiten der betroffenen Studierenden blieben fast vollständig aus. Nach einem technischen Ausfall des Proxy-Servers wurde die Aktion jedoch von Technikern der Hochschule vorzeitig aufgedeckt und publik gemacht. Trotz der Hinweise, wie die Umleitung über den Proxy abzuschalten ist, wurden die Konfigurationen der Rechner danach jedoch nur von wenigen Nutzern geändert, so dass die den wiederhergestellten Proxy-Server passierenden Datenmengen auch nach der Entlarvung nahezu konstant blieben. Ohne auf dieses Fake-Projekt genauer eingehen zu wollen, beweist dieses Experiment, obwohl nur etwa 240 Studierende daran beteiligt wurden, dass die Manipulation und Selektierung von Web-Inhalten weitgehend vom Endnutzer unbemerkt umgesetzt werden kann. Zugleich wurde damit offengelegt, wie sehr der unverfälschte Zugriff auf die durch einen bestimmten Speicherort scheinbar originalisierten, d.h. gleichsam verursprünglichten Dateien als Selbstverständlichkeit wahrgenommen wurde. Als Nebenschauplatz ist damit der immer wieder politisch diskutierte thematische Komplex berührt, ob Überwachungs- und Kontrollmechanismen in die Internetprotokolle implementiert werden sollen, um illegale Online-Aktivitäten zu verhindern, womit zugleich aber eine massive Einschränkung der Freizügigkeit im World Wide Web einherginge.

Die Adressierungs-, Weiterleitungs-, Zwischenspeicherungs- und Übersetzungsoptionen des Internets sind derzeit ein in steigendem Maße umkämpftes und geregeltes Gebiet der Selbstrepräsentation und der ungehinderten Wahrnehmung der Repräsentation anderer. Jedoch nicht nur über den URL, sondern auch über den mit bestimmten Charaktereigenschaften versehenen Namen zirkulieren Identitäten auf Homepages

[352] Vgl. Dragan Espenschied/Alvar Freude, »wordlist.txt«, http://odem.org/static/insert_coin/wordlist.txt, zuletzt aufgerufen am 29.3.2006.

im Netz. Hinsichtlich der 1995 noch vornehmlich textbasierten MUDs[353] schreibt Sherry Turkle der computervermittelten Kommunikation zu, Ort der Konstruktion und Rekonstruktion von Identität[354] sein zu können; die Akteure seien dort nicht nur Autoren von Text, sondern entfalteten auch multiple Identitäten: »MUDs provide worlds for anonymous social interaction in which one can play a role as close to or as far away from one's ›real self‹ as one chooses. [...] MUDs make possible the creation of an identity so fluid and multiple that it strains the limits of the notion. Identity, after all, refers to the sameness between two qualities, in this case between a person and his or her persona. But in MUDs, one can be many.«[355] Die technischen Veränderungen indes, die es mittlerweile ermöglichen, sich nicht nur textlich, sondern auch audiovisuell im Internet darzustellen, erfordern, diese Schlussfolgerungen einzuschränken. Die visuelle Erscheinung im Internet – im Gegensatz zur textlichen – gestattet nämlich eine Identifizierung und Gegenüberstellung der hinter der Online-Identität stehenden Person im sozialen Alltag, im sogenannten ›Real Life (RL)‹,[356] wie Turkle den Jargon der MUD-User wiedergibt. Zugunsten dieses visuellen Ausweises schwindet auch die mögliche Anonymität – oder besser: Pseudonymität[357] –, die Turkle noch bei den textbasierten MUDs zum Ausgangspunkt nahm, eine Freiheit zu postulieren, »[that] gives people the chance to express

[353] MUD steht für Multi-User Dungeon. Dabei handelt es sich um virtuelle Spielumgebungen, in die sich viele Teilnehmer zur gleichen Zeit ›einloggen‹ können, um gegeneinander oder gegen programmierte Robots anzutreten. Die Aufgabe in der Spiellandschaft besteht darin, Problemstellungen zu lösen und dabei sogenannte ›Erfahrungspunkte‹ zu sammeln. MUDs erhielten ihren Namen aufgrund der Abstammung von dem phantastischen Rollenspiel *Dungeons and Dragons* (vgl. Sherry Turkle, *Life on the Screen. Identity in the Age of the Internet*, New York u. a.: Simon & Schuster 1995, besonders S. 180–186).

[354] Vgl. ebd., S. 17.

[355] Ebd., S. 11f.

[356] Die Verwendung des Terminus ›Real Life (RL)‹ ist natürlich nicht unproblematisch. Er sollte hier als Differenzbegriff zur virtuellen Identität im Internet verstanden werden. Mike Sandbothe weist daher zu Recht darauf hin, dass die »Real Life-Identität« nicht als medienneutral vorausgesetzt werden sollte, weil sie »selbst bereits durch die Nutzung anderer Medien mitgeprägt« sei, d. h. nicht unabhängig von bisherigen Medienerfahrungen und der medialen Sozialisation der Nutzer betrachtet werden könne (Mike Sandbothe, »Transversale Medienwelten. Philosophische Überlegungen zum Internet«, in: Gianni Vattimo/Wolfgang Welsch (Hg.), *Medien-Welten Wirklichkeiten*, München: Fink 1998, S. 59–83, hier: S. 64).

[357] Der Begriff der Anonymität ist insofern irreführend, als damit eine Namenlosigkeit der Spiel- oder Chat-Teilnehmer impliziert wird. Die Annahme eines Benutzernamens ist aber vielmehr die Voraussetzung für die Beteiligung am Spiel oder Chat. Er ließe sich zwar beliebig ändern, wird aber in der Regel konstant wiederverwendet (vgl. zur Pseudonymität: ebd., S. 66; siehe a. Fn. 367 auf S. 389).

multiple and often unexplored aspects of the self, to play with their identity and to try out new ones«.[358] Die technologischen Entwicklungen und die zunehmende Verfügbarkeit von schnellen Internetzugängen sorgen somit dafür, dass sich der angesprochene Freiheitsraum für die Konstituierung multipler Identitäten zwangsläufig einschränkt, weil ein Abgleich mit dem Aussehen, dem Geschlecht, der körperlichen und sozialen Identität der Internetnutzer möglich wird. Anders gesagt: Die Eigenlogik der virtuellen Umgebungen gleicht sich durch die Multimedialisierung zunehmend der alltäglichen Face-to-face-Kommunikation an, weil sie zunehmend personalisierbar und nicht-anonym wird.

Turkle hat in ihrer Untersuchung aus psychologischer Perspektive vor allem im Blick, wie sich die Selbstwahrnehmung der einzelnen Nutzer durch die Möglichkeit, sich textuell vielfältige virtuelle Identitäten zuzulegen, verändert. Rückt man jedoch auch in den Fokus, wie diese (Re-)Konstruktionen von Identitäten vonseiten anderer Internet-Nutzer wahrgenommen werden, scheinen sich als Elemente der sogenannten Netiquette auch Wahrhaftigkeitscodes herauszubilden, die die Spanne, in der die anderen Selbste flottieren dürfen, um noch akzeptabel zu bleiben, implizit steuern. Bereits Turkle relativiert unter dem Stichwort der Verstellung indirekt ihre zuvor zum MUD getroffene Schlussfolgerung, dass der Authentizitätsbegriff *per se* von virtuellen Erfahrungen außer Kraft gesetzt werde.[359] Sie stellt nämlich fest, dass bezüglich der Relevanz der ›Echtheit‹ des virtuellen Körpers der Spielraum in den verschiedenen virtuellen Kontexten variiert. Denn im Gegensatz zum MUD-Rollenspiel erlebten in einem themenzentrierten Chatforum die meisten Benutzer ihre elektronische Persona als getreue Widerspiegelung ihrer Selbstwahrnehmung.[360] Es ist davon auszugehen, dass diese Annahme der Selbstwiderspiegelung auch die Wahrnehmung der Personae von anderen Chat-Teilnehmern bestimmt. Um noch einmal auf die mittlerweile verfügbaren multimedialen Internet-Techniken zu sprechen zu kommen, ließe sich schlussfolgern, dass sich diese forenabhängigen Regeln auch für die heute audiovisuell erscheinenden Personae fortschreiben, wie die hitzige Diskussion um das vermeintlich ›authentische‹ Videotagebuch von ›lonelygirl15‹ zeigt.

[358] Turkle, *Life on the Screen*, a.a.O., S. 12.
[359] Vgl. ebd., S. 185.
[360] Vgl. ebd., S. 205, 231, 311f. u. 314.

›lonelygirl 15‹ (2006)

Ab Mitte Juni 2006 sorgte vier Monate lang ein sogenanntes Vlog, das als Kürzel für Video-Blog steht, von ›lonelygirl15‹ auf der Internetplattform *YouTube* für Aufsehen: In 30 Clips hatte die 16-jährige ›Bree‹ einer stetig wachsenden Fangemeinde private Geständnisse geliefert und freimütig von den Problemen mit ihren streng religiösen Eltern oder von ihrer Beziehung mit ihrem Freund Daniel berichtet und dabei vielfältige

Abb. 38: ›lonelygirl15‹: »First Blog: Dorkiness Prevails« (16.6.2006), aus: YouTube

Diskussionen in etlichen Foren entfacht. Nach langanhaltenden Mutmaßungen über die Existenz der Person ›Bree‹ – die von einem Engagement von MTV bis zu einer Viral Marketing-Kampagne im Stil von *The Blair Witch Project* reichten[361] – wurde am 7. September, nachdem einige Fans die Kommunikation von ›lonelygirl15‹ hatten zurückverfolgen können, von ihren ›Urhebern‹, drei Filmemachern aus Los Angeles, offiziell aufgedeckt, dass sie eine Idee von ihnen gewesen sei.[362] Weitere Recherchen von Zeitungen ergaben, dass ›Bree‹ von der 19 Jahre alten neuseeländischen Schauspielerin Jessica Rose verkörpert wurde. Die Reaktionen der Fangemeinde auf diese Entlarvung lassen sich in drei Gruppen fassen: in diejenige, die den Vlog als Unterhaltung trotz der Nonexistenz von

[361] Vgl. Adam Sternbergh, »Hey there, lonelygirl«, in: *New York Magazine* (28.8.2006), S. 37. Bei dem ›Viral Marketing‹ handelt es sich allgemein um eine Werbeform, bei der bestehende soziale Netzwerke genutzt werden, um ein Produkt über das ›Hörensagen‹ zu vermarkten.

[362] »A Message from the Creators« (7.9.2006), www.lonelygirl15.com/forum/viewtopic.php?t=36, zuletzt aufgerufen am 29.3.2006.

›Bree‹ schätzte;[363] in diejenige, die daran ihr Interesse verlor, nachdem das Geheimnis um die Person gelüftet war, und schließlich in diejenige, die sich betrogen fühlte. Für die vorliegenden Betrachtungen ist vor allem die letztgenannte Gruppe interessant. Denn deren Aussagen zeugen davon, dass sich – ungeachtet der in den letzten Jahren häufig unter Berufung auf Turkle getroffenen Schlussfolgerungen, dass das Internet die allgemeine Instabilität von Bedeutungen und Identitäten bestätige[364] – der Rest einer Sehnsucht nach Authentizität bewahrt. Darüber gibt nicht nur der in den Kommentaren auf der *YouTube*- und der *Lonelygirl15*-Seite, sondern auch der in der Presseberichterstattung um die Aufdeckung nicht selten verwendete Begriff des Fake Auskunft. Die *Los Angeles Times* gibt beispielsweise Chris Patterson, einen der Entdecker, die die Quelle der Kommentare von ›lonelygirl15‹ zurückverfolgt hatten, mit folgenden Worten wieder: »You mess with the emotions of real people and then tell them it was fake and they feel betrayed.«[365] Die erste Reaktion auf der von den ›Regisseuren‹ eingerichteten Fan Website *www.lonelygirl15* lautet entsprechend: »Well that's no fun anymore. :-(«[366]

Für die Gruppe der ›Betrogenen‹ scheint die Bandbreite, in der Online-Identitäten flottieren dürfen, d. h. in der identitätsstiftende Merkmale bei der elektronischen Kommunikation von derjenigen bei persönlicher sozialer Interaktion abweichen dürfen, bestimmten unausgesprochenen Grenzziehungen unterworfen zu sein. Im Gegensatz zu geringfügigen Modulationen, die als ›Flunkern‹ akzeptiert sind, wird eine völlige Neuerfindung, eine Kreation *ex nihilo* als Lüge abgelehnt, also in bestimmtem Maße eine Integrität, eine Sprecherwahrhaftigkeit der Person eingefordert. Damit soll hier im Sinne Foucaults nicht von einem Identitätskonzept ausgegangen werden, welches das Subjekt als

[363] Diese Haltung, fiktive Referenzen ungeachtet ihres Informationsgehalts zu genießen, wiederholt somit diejenige, die bereits im Zusammenhang mit der Akzeptanz von Poes Hoaxes in den noch nicht dem faktischen Nachrichtenjournalismus verpflichteten Zeitungen des 19. Jahrhunderts besprochen wurde (siehe dazu weiter oben, S. 258).

[364] Vgl. Turkle, *Life on the Screen*, a. a. O., S. 18.

[365] Chris Patterson, zit. n. Richard Rushfield, »Lonelygirl15's Revelation: It's All Just Part of the Show«, in: *Los Angeles Times* (9.9.2006), S. E1. Das *New York Magazine* schreibt: »Lonelygirl15 is a fake« und der *Guardian* titelt: »Cult blog a fake« (Sternbergh, »Hey There, Lonelygirl«, a. a. O., S. 37 u. Dan Glaister, »Cult Blog a Fake, Admit ›Lonelygirl‹ Creators«, in: *The Guardian* (9.9.2006), S. 26).

[366] Kommentar von Alissa Brooke, in: »Lonelygirl15 Forum« (7.9.2006), www.lonelygirl15.com/forum/viewtopic.php?t=36; vgl. a. die Kommentare und Reaktionen auf *YouTube*: »Text Comments«, www.youtube.com/watch?v=-goXKtd6cPo, beide zuletzt aufgerufen am 28.3.2007.

in sich selbst ruhende integrale Entität fasst, sondern es soll als von regelmäßigen diskursiven und sozialen Praktiken durchkreuzt verstanden werden, die auch im Internet ihre Wirkung entfalten. Greift man die provisorische Unterscheidung Turkles zwischen ›Virtual‹ und ›Real Life‹ auf, könnte man somit konstatieren, dass die Identitätskonstruktionen beider Gebiete gewisse Übereinstimmungen aufweisen müssen, um von einem Teil der ›Community‹ akzeptiert zu werden. Das Verständnis von ›Authentizität‹ – oder besser: was als solche gesucht wird – müsste in diesem Zusammenhang als Kongruenz zwischen Online- und Offline-Identitätskonstrukten gefasst werden.[367] Das über *YouTube* stehende Motto »Broadcast yourself« erhält so ein schillerndes Bedeutungsspektrum. Auch die ›Regisseure‹ der ›lonelygirl15‹-Videotagebücher geben dieses Verständnis – wenn auch ergänzt um die Foucault fernstehende Komponente souverän handelnder, selbstbewusster Akteure – sehr deutlich wieder: »Lonelygirl15 [...] is no more real or fictitious than the portions of our personalities that we choose to show (or hide) when we interact with the people around us.«[368]

Die Erörterung der Adressenordnung im Internet und die Diskussion um ›lonelygirl15‹ zeigen, dass trotz häufiger Bekundungen einer Anarchie oder Autonomie im Internet dort nicht nur im technischen Sinne eine Reihe von Hierarchien, Verhaltenskodizes und Regelmäßigkeiten wirksam sind, die die Identitäten der virtuellen Personae steuern. Vielmehr

[367] Christiane Funken kommt bei ihrer allgemeinen Untersuchung von MUDs und Chatforen zu dem Schluss, dass darin meist widerspruchsfreie Online-Charaktere kontinuierlich über einen längeren Zeitraum hinweg zum Einsatz kommen und dass das Befolgen gewisser Maßstäbe der Kohärenz und »inneren Integrität« von Personen als ›Authentizitätsbeweis‹ gilt: »Die viel gepriesenen Dekonstruktionen des Körpers lassen sich empirisch nicht verifizieren. An der Tagesordnung ist der Gebrauch konventioneller Artikulationsformen und hinlänglich bekannter Stereotypisierungen« (Christiane Funken, »Zur Topographie der Anonymität«, in: Andriopoulos/Schabacher/Schuhmacher (Hg.), *Die Adresse des Mediums*, a.a.O., S. 64–81, hier: S. 72). Auch die Identität von ›lonelygirl15‹ folgt diesen althergebrachten Prinzipen, weil die Figur über alle Tagebucheinträge hinweg streng konsistent aufgebaut wurde. Selbst wenn die Regisseure hinsichtlich der benutzten Mittel der Vernetzung, durch das die Benutzer in den Verlauf des Tagebuchs integriert wurden, und der kreativen Aneignung von *YouTube* für ihre Netznarration von einer Art kollektivem Schreiben und von »the birth of a new art form« sprechen, bleibt die Figurenkonstitution – angesichts der vielfältigen Möglichkeiten, die das Internet für eine fragmentierte und variable Charakterzeichnung geboten hätte – eher an Soap-Operas orientiert, d.h. erstaunlich einheitlich, traditionell und konventionell (vgl. zu den Aussagen der Filmemacher: »A Message from the Creators«, a.a.O. u. Dan Glaister, »Cult Blog a Fake, Admit ›Lonelygirl‹ Creators«, a.a.O., S. 26).

[368] »A Message from the Creators«, a.a.O.; vgl. a. Dan Glaister, »Cult Blog a Fake, Admit ›Lonelygirl‹ Creators«, a.a.O., S. 26.

sind weiter reichende Eingriffsmöglichkeiten und Authentifizierungsmechanismen unter fortwährender Entwicklung. So existieren bereits heute Zertifikatsprotokolle, die nicht nur Webseiten einen besonderen Status verleihen, sondern mit denen auch E-Mails signiert werden können; auf vielen Flirt- und Kontaktseiten sind mittlerweile Disziplinarfunktionen implementiert, mit denen Fakes gemeldet werden können; auch ist bei strafrechtlichen Verfahren die Rückverfolgung des individuellen Surfverhaltens über die zwischengespeicherten temporären IP-Adressen möglich, *Whois*-Datenbanken erlauben überdies die physikalische Lokalisierung vieler Webseiten-Anmeldenden bis hin zu ihrer Telefonnummer und Postadresse.[369]

Dabei geht es darum, die mit bestimmten ›Identitäten‹ im gesellschaftlichen Leben verbundenen Aussagemodalitäten und Status auch im Internet zu sichern. Diese und die oben in Anlehnung an Groys erörterte Originalisierung – oder besser: Originalitäts-Funktion – von Dateien tritt bei der Zirkulations- und Funktionsweise ökonomischer und politischer Diskurse im Internet (z. B. bei Firmen, Organisationen, Parteien) deutlicher hervor als bei privaten Homepages, die weniger in die damit verbundenen Macht- und Kräfteverhältnisse eingebunden sind. Daher wachen in besonderer Weise juristische Personen über ihre konsistenten Identitäten, ihre ›Corporate Identities‹ im Internet.[370] Was

[369] Um diese Form der Nachverfolgung zu sichern, trat 2005 der ›Fraudulent Online Identity Sanctions Act‹ in den USA in Kraft, der unter Androhung einer Gefängnisstrafe von sieben Jahren verbietet, eine Webseite unter einem Tarnnamen zu registrieren, d. h. falsche Angaben für die Whois-Datenbank zu machen (vgl. »Fraudulent Online Identity Sanctions Act«, http://thomas.loc.gov/cgi-bin/query/z?c108:H.R.3754:, zuletzt aufgerufen am 3.4.2007).

[370] Aufgrund der Verteilungskämpfe über Domain-Namen werden regelmäßig weitere Top Level-Domains (wie .biz, .info u. a.) eingeführt. Dabei konnte jedoch die Vorherrschaft von korporativer Seite nicht maßgeblich verändert werden, weil die international tätigen Unternehmen schlicht ihre Marken und auch mögliche Namensvarianten mit Tippfehlern oder Vor- und Nachsilben, durch die sie in ein schlechtes Licht gerückt werden könnten, unter den verfügbaren neuen Top Level-Domains registrierten. Bereits 2000 rechnete das IT-Consulting-Unternehmen ›Gartner Research‹ den einzelnen Firmen vor, dass sie für eine sinnvolle flächendeckende Domain-Namensstrategie zum Schutz ihrer ›Corporate Identity‹ mindestens 70 000 Dollar kalkulieren sollten (vgl. Armin Medosch, »Domain-Namen: Des einen Leid, des andern Freud«, in: *Telepolis* (21.11.2000), www.heise.de/tp/r4/artikel/4/4301/1.html, zuletzt aufgerufen am 26.3.2007). Mit der Konjunktur der seit 2003 online verfügbaren Web-3D-Simulation *Second Life*, in deren virtueller Umgebung sich die ›Bewohner‹ mit Linden-Dollars, die in US-Dollar und Euro getauscht werden können, einkaufen können, beginnen die Firmen, sich auch dort jeweils ihren Claim zu sichern. Eine sogenannte *›region‹*, die 65,536 m^2 umfasst, kostete im März 2007 einmalig 1650 Dollar und zusätzlich monatlich 195 Dollar (vgl. Linden Research Inc., »Land Pricing & Use Fees«, http://secondlife.com/whatis/landpricing.php, zuletzt aufgerufen am 30.3.2007).

aber solchermaßen explizit als Original und spezifische Identität in Zirkulation gebracht wird, lässt sich in besonderer Weise auch fälschen. Oder anders gesagt: Sobald bestimmten Identitäten im Netz eine stabile Kontextverankerung zugesprochen wird und dies dafür sorgt, dass sie entsprechend gelesen und scheinbar eindeutige Referenzierungen erzeugt werden, können diese auch als Grundlage für Fälschungen und Fakes fruchtbar gemacht werden.[371] Wie im Besonderen die falsche Identifikation von offiziellen Webadressen und -seiten für politische Interventionen genutzt werden kann, zeigen die ›Yes Men‹ in ihren Fake-Auftritten als Repräsentanten der World Trade Organization (WTO) oder im Namen multinationaler Konzerne.

»Authorized voices within the public relations sector« – ›The Yes Men‹ (1999–heute)

›The Yes Men‹ ist ein Zusammenschluss von Igor Vamos alias ›Mike Bonanno‹ und Jacques Servin alias ›Andy Bichlbaum‹, die beide zuvor bereits unter dem Label ›RTMark‹[372] zusammenarbeiteten. Ersterer wurde bekannt durch die ›Barbie Liberation Foundation‹ (BLO), die Sprachchips von Barbie- und GI Joe-Puppen vertauschte, Letzterer durch die Manipulation des Programmcodes des Computerspiels ›Simcopter‹. Ihrem eigenen Selbstverständnis nach zielt die Arbeit der ›Yes Men‹ auf ›Identitätskorrekturen‹, wie ›Mike Bonanno‹ erklärt: »We're calling that sort of basic idea *identity correction* like saying: ›Ok these things that are not really presenting themselves honestly or that hide something about their nature that's really scary; we want to bring that out, we want to show that, we want to demonstrate that.‹ [...] We think that the WTO is doing all these terrible things that are hurting people and they are saying the exact opposite. And so, we are interested in correcting their

[371] Eine ähnliche Referenz erzeugt die mitübermittelte Rufnummer bei Telefonaten, die dem Angerufenen scheinbar den Ursprung des Anrufs anzeigt oder ihm, anders gesagt, suggeriert, von der numerischen Identität auf die Identität des Anrufers schließen zu können. Bei der Internet-Telefonie (VoIP) ist es im Gegensatz zu den vorangegangenen Telekommunikationstechniken allerdings möglich, sich mit einer selbst gewählten ›Caller-ID‹ (Anrufer-Nummer) auszustatten, so dass man sich beim Gesprächspartner – für den es irrelevant ist, ob er auf der herkömmlichen Leitung oder mittels VoIP-Techniken telefoniert – über eine bestimmte Telefon-Nummer beispielsweise als Hausbank ausweisen kann. Im technischen Jargon heißt dieses Vortäuschen einer fremden Identität ›Spoofing‹.

[372] Zu einer Auflistung ihrer Projekte vgl. RTMark, »Vierteljahresbericht: ›Timing‹. Zweites Quartal 1999«, in: *Kunstforum International*, H. 151 (2000), S. 185–189 u. Michaela Simon, »Als Barbie töten wollte«, in: *Die Zeit*, H. 38 (1999), S. 11.

identity in the same way an identity thief steals somebody's identity in order to basically just engage in criminal practices. We target people we see as criminals and we steal their identity to try to make them honest, to try to present a more honest face.«[373]

Gleichsam der Türoffner für ihre Praktiken sind Websites, die dem jeweiligen ›Original‹ täuschend ähnlich nachempfunden sind: 1999, kurz vor dem Ministertreffen der WTO in Seattle wurde von ›RTMark‹ eine Seite ins Netz gestellt, die sowohl von dem URL (*www.gatt.org*) als auch von der Aufmachung her der ›originalen‹ WTO-Seite (*www.wto.org*) zum Verwechseln ähnlich war, obwohl dort Kritik an der Organisation geübt wurde. Die WTO platzierte zwar kurz vor dem nächsten Ministertreffen 2001 auf ihrer Webseite einen Hinweis über die gefälschte *gatt.org*-Seite, die ›RTMark‹-Gruppe aber reagierte darauf, indem sie im gleichen Stil ihrerseits vor der angeblich gefälschten *wto.org*-Seite warnte.[374] Ein anderes Web-Double funktioniert nach wie vor nach demselben Prinzip: Die Seite *www.dowethics.com* trägt dasselbe Erscheinungsbild wie die offizielle Online-Firmen-Repräsentanz von ›Dow Chemical‹ (*www.dow.com*); auf ihr werden wiederum konzernkritische Themen behandelt. Flüchtig lesenden Internetsurfern – oder besser: Nicht-Lesern –, die überdies vielleicht nach einer Google-Recherche die Seite der ›Yes Men‹ besuchen, mag dies nicht auffallen, so dass in der Vergangenheit nicht selten an die dort veröffentlichten E-Mail-Adressen sowohl inhaltliche Anfragen gerichtet als auch Einladungen zu Fernsehinterviews und zu internationalen Konferenzen ausgesprochen

[373] Transkript eines Statements von ›Mike Bonanno‹, in: *The Yes Men* (DVD, USA 2005). Das Gedankengebäude von ›The Yes Men‹, wie es ihren Selbstdarstellungen zu entnehmen ist, ruht auf dem Fundament der Ideologiekritik, verbunden mit dem zentralen Problem, dass sie ihre eigenen (ideologischen) Voraussetzungen nicht mitreflektieren. ›Mike Bonanno‹ bekundet beispielsweise in einem Interview: »The people in power are the ones who are operating under this theoretical veil. [...] So it's about getting at a truth, but using the same sort of weapons of fiction that the people IN power use all the time« (Mike Bonanno, zit. n. Thomas Willmann, »The Truth Is a Threat« [Interview mit ›The Yes Men‹], in: *Telepolis* (9.3.2004), www.heise.de/tp/r4/artikel/16/16864/1.html, zuletzt aufgerufen am 3.4.2007). Die von ihnen bereitgestellten ›*identity corrections*‹ als eine Art Gegenpropaganda dürfen daher im Sinne des hier mit Foucault eingeschlagenen Wegs nicht als absolute Wahrheiten verstanden werden, die als Ergebnis eines die Totalität der Ideologie durchschauenden Erkenntnisprozesses stehen, denn dieser ist seinerseits von zahlreichen Präsuppositionen durchdrungen.

[374] Hier zeigt sich sehr deutlich das von Eco markierte Problem der Ununterscheidbarkeit von Original und Fälschung. Auf beiden Webseiten wurde behauptet, der Ort mit Originalitäts-Funktion zu sein – ein Identitätskriterium zur Unterscheidung, welche davon das Original war, gab es auf den ersten Blick nicht (siehe dazu weiter oben, S. 35).

wurden.[375] Durch die namentliche Fehl-Adressierung der Quelle im Netz und die große visuelle Ähnlichkeit der Seiten mit dem offiziellen ›Corporate Design‹ der betreffenden Konzerne oder Organisationen konnten die ›Yes Men‹ so bislang mehrfach deren Sprecherpositionen appropriieren.

Die Taktik von ›The Yes Men‹ ging jedoch in einem zweiten Schritt weit über solche Web-Camouflagen hinaus, wenn es ihnen gelang, über die Gesprächseinladungen das Internet zugunsten anderer Kommunikationsforen hinter sich zu lassen. Die einmal entwendete Autorität schrieb sich dann bei den einzelnen Veranstaltungen fort, verstärkt durch die sukzessiv erprobten Annäherungen an bestimmte ritualisierte Präsentationsformen.[376] Unter einem anderen Namen zu sprechen, hieß dabei nicht nur, aus der Position des anderen zu operieren, sondern auch die Sprache des anderen anzunehmen: Die Vorträge waren in Sprachduktus und -stil bekannten Redetechniken angelehnt, und man bediente sich des offiziellen ökonomischen Experten-Vokabulars und -Argumentierens; außerdem wurden sie meist mit einer sehr aufwendigen Power Point-Präsentation und mit 3D-Animationen illustriert. Unterstützt wurde dieses Auftreten durch ein ganzes Arsenal an täuschenden Accessoires: Visitenkarten, Fax- und Briefformulare im Design und mit dem Logo offizieller Institutionen. Auf diese Weise infiltrierten ›The Yes Men‹ die explizit oder stillschweigend geregelte Außenkommunikation der Institution WTO oder der Firma Dow Chemical.

[375] Angesichts des immer wieder ausgesprochenen Plädoyers für einen dokumentkritischen Umgang muss mitbedacht werden, dass es sich dabei immer auch gewissermaßen um Fake-Fake-Projekte handeln könnte. Um ihre Arbeiten zu belegen, versuchen ›The Yes Men‹ daher, bei ihren Aktionen eine Vielzahl an Dokumenten zu erzeugen, denen in den folgenden Überlegungen unterstellt werden soll, dass sie als Tatsachenbehauptungen diskursiv wahr sind, insofern sie als wahr akzeptiert zirkulieren. Der Korpus umfasst E-Mails, Presse-Echos und Videoaufnahmen, die einerseits in ihrem Buch *The Yes Men. The True Story of the End of the World Trade Organization* abgedruckt oder im Film *The Yes Men* (DVD, USA 2005) zusammengestellt sind. Die zitierten Presseartikel wurden selbst recherchiert.

[376] Foucault thematisiert diese Praxis, wie bereits weiter oben ausführlicher dargestellt, im Zusammenhang mit der innerhalb einzelner Diskurse wirksamen »Verknappung der sprechenden Subjekte«. Das ›Ritual‹, das ihm zufolge u.a. die Qualifikation, die die Sprecher besitzen müssen, definiert (wobei diese im Vortrag bestimmte Positionen einnehmen sowie bestimmte von spezifischen Gesten und Verhaltensweisen begleitete Aussagen artikulieren müssen), schreibt den sprechenden Subjekten in den verschiedenen Diskursen in unterschiedlicher Weise sowohl singuläre Eigenschaften als auch konventionelle Rollen zu und reguliert damit auch die Wirksamkeit ihrer Aussagen auf die Adressaten (vgl. Foucault, *Die Ordnung des Diskurses*, a.a.O., S. 27 (frz. S. 41)).

Im Namen der WTO und von Dow Chemical – Projekte der ›Yes Men‹

Im Mai 2000 ließ sich das österreichische »Center for International Legal Studies« (CILS) täuschen, das per E-Mail – über den Link auf der ›falschen‹ Homepage – den damaligen WTO-Generaldirektor Mike Moore als Vortragenden für das Tagungs-Panel über »International Trade« im Rahmen der »Conference on International Services« gewinnen wollte.[377] ›The Yes Men‹ sagten im Namen ›Moores‹ ab und schickten im Oktober ihren Stellvertreter, ›Dr. Andreas Bichlbaur‹, nach Salzburg. Kraft seines Amtes – er wurde anmoderiert als »one of the authorized voices within the public relations sector of the WTO«[378] – konnte er schließlich während seines Vortrags vor Ort (»Trade Regulation Relaxation and Concepts of Incremental Improvement: Governing Perspectives from 1790 to Present«) unter Verwendung des gängigen Fachvokabulars ungehindert Italien als faulen Welthandelsblockierer beschimpfen, ferner über die durch die Existenz demokratischer Institutionen verursachten wirtschaftlichen Schäden sprechen und die Auktion amerikanischer Wählerstimmen zur Effizienzsteigerung des Wahlsystems anregen: »Fortunately, we can look to the private sector to see emerging solutions to the vast inefficiencies of so-called democratic institutions. [...] VoteAuction.com is a system that permits voters to voluntarily auction their votes to the highest bidder. [...] It works to streamline the entire process, and as in all market systems, everything works out to the benefit of the consumers«.[379]

Wieder als WTO-Repräsentant ›Granwyth Hulatberi‹ konnte ›Bichlbaum‹ am 19. Juli 2001 in CNBC *European Marketwrap* live mit einem

[377] Vgl. Abdruck der E-Mail vom 17.5.2000 in: Andy Bichlbaum/Mike Bonanno/Bob Spunkmeyer, *The Yes Men. The True Story of the End of the World Trade Organization*, New York: disinformation 2004, S. 23.

[378] Bob Hock, zit. n. Bichlbaum/Bonanno/Spunkmeyer, *The Yes Men*, a.a.O., S. 28.

[379] Vgl. ›Andreas Bichlbaur‹ [Andy Bichlbaum], »Trade Regulation Relaxation and Concepts of Incremental Improvement: Governing Perspectives from 1790 to Present« (27.10.2000), in: Bichlbaum/Bonanno/Spunkmeyer, *The Yes Men*, a.a.O., S. 32–40, hier: S. 38ff. Das dabei skizzierte Projekt ›vote-auction.com‹ wurde zuvor bereits ebenfalls als Internet-Fake-Projekt vonseiten des Studenten James Baumgartner realisiert und aus rechtlichen Gründen später von Hans Bernhard (ubermorgen.com) weitergeführt. Im Gegensatz zu den ausbleibenden Reaktionen bei der Konferenz in Salzburg hatte die Intervention zahlreiche FBI-Untersuchungen und in mehreren amerikanischen Bundesstaaten strafrechtliche Prozessanstrengungen zur Folge, die schließlich, nachdem bereits Kalifornien und New York per Gerichtsbeschluss von der Wahlstimmen-Auktion ausgenommen werden mussten, zur Abschaltung der ganzen Seite führten. Siehe zu weiteren Hinweisen und Überlegungen zu ›vote-auction‹ Fn. 348 weiter oben, auf S. 382 sowie weiter unten, S. 404.

Befürworter (Vernon Ellis, International Chairman von ›Accenture‹) und einem Kritiker (Barry Coates, Leiter des ›World Development Movement‹) einer in erster Linie auf Profit konzentrierten Globalisierungspolitik diskutieren und die Haltung der WTO zuspitzen. Er schlug dabei den sogenannten *›justice voucher‹* vor, ein dem Emissionshandel ähnliches System, das einzelnen Konzernen ermöglichen könnte, Verstöße gegen die Menschenrechte finanziell zu kompensieren. Für die Nachkommen der heute noch gegen einen solchen liberalen Welthandel Protestierenden empfahl er in diesem Zusammenhang eine Art Umerziehungskampagne: »And I think I would have to say that this is a long-term problem that comes down to a problem of education. We have to find a way to convince perhaps not protesters, but the protesters' children, to follow thinkers like Milton Friedman and Darwin and so on rather than what the protesters have been reared on – Trotzky, and Robespierre and Abbie Hoffman. And I think that the direction of education being put into private hands – a concentration of resources in the private sector – will naturally lead to this result, and we'll see the protesters' children being reared with an entirely different set of concerns.«[380]

Abb. 39: ›Granwyth Hulatberi‹ bei *European Market Wrap*. CNBC, 19.7.2001

[380] ›Granwyth Hulatberi‹ [Andy Bichlbaum], zit. n. *European Marketwrap*, CNBC, 19.7.2000, Transkript der Sendung abgedruckt in: Bichlbaum/Bonanno/Spunkmeyer: *The Yes Men*, a.a.O., S. 52–62, hier: S. 59.

Nach ersten Erfahrungen bei der Konferenz in Salzburg 2000, bei der ›Andy Bichlbaum‹ seine noch so großen Absurditäten unkritisiert vertreten konnte, wurde das Profil eines Auftritts in Finnland ein Jahr später deutlich geschärft. Dabei folgten ›The Yes Men‹ einer Einladung zu einem Treffen der führenden Kräfte der finnischen Textilindustrie, die über »Fibres and Textiles for the Future« in Tampere konferierte. Das Auditorium ließ sich allerdings wieder ohne Widerspruch von dem vermeintlichen WTO-Sprecher ›Hank Hardy Unruh‹ unter anderem erklären, dass Lincoln, indem er gegen die Sklaverei vorgegangen sei, illegal in den freien Handel des Südens eingegriffen habe; denn die Sklaverei, selbst wenn sie nicht abgeschafft worden wäre, wäre später ohnehin, den Marktgesetzen folgend, durch das erheblich billigere Sweatshop-System ersetzt worden. In der Rede, in der der amerikanische Bürgerkrieg in der Logik des sich selbst regelnden freien Marktes schließlich zur reinen Geldverschwendung erklärt wurde, hieß es: »If the North and South had simply let the market sort it, they would have quickly given up slavery for something more efficient anyway. By forcing the issue, the North not only committed a terrible injustice against the freedom of the South, but also deprived slavery of its natural development into remote labor.«[381] Am Ende seines Vortrags präsentierte ›Unruh‹ den Prototyp des ›Management Leisure Suit‹ mit einem phallusartigen ›Employee Visualization Appendage‹, der dem Manager der Zukunft erlauben könnte, seine Arbeiter zu jeder Zeit von jedem noch so entlegenen Ort zu kontrollieren und zu disziplinieren.

Abb. 40: ›Hank Hardy Unruh‹ bei der Konferenz »Fibres and Textiles for the Future«, 16.8.2001

[381] ›Hank Hardy Unruh‹ [Andy Bichlbaum], »Toward the Globalization of Textile Trade«, in: Bichlbaum/Bonanno/Spunkmeyer, *The Yes Men*, a.a.O., S. 81–95, hier: S 87.

Nach diesen satirischen Interventionen, bei denen vornehmlich auf zunächst unerkannte und immer weiter *ad absurdum* geführte parodistische Wiederholungen gesetzt wurde, änderten die ›Yes Men‹ 2002 ihre Strategie und verkündeten bei einem ebenfalls unter dem Namen der Welthandelsorganisation erschlichenen Vortrag vor der CPA Australia – einer Interessenvertretung stattlich zugelassener Wirtschaftsprüfer (*Certified Practising Accountants*) – die Auflösung der WTO. ›Andy Bichlbaum‹ verlautbarte vor Ort als ›Kinnithrung Sprat‹: »As of September 2002, having seen the effects of policies whose only intent was to bring greater prosperity and peace, the World Trade Organization in its present form will cease to exist. Over the next two years, we of the WTO will endeavor to launch our organization anew along different lines, based on a new understanding of the purposes of world trade. The new organization will have as its foundation and basis the United Nations Charter of Human Rights, which we feel will be a good basis for insuring that we will have human rather than business interests as our bottom line.«[382]

Abb. 41: ›Kinnithrung Sprat‹ bei der CPA Australia, 21.5.2002

Gleichzeitig wurde diese Bekanntgabe der zudem mit der Verlegung des Hauptsitzes in ein Land der Dritten Welt verbundenen Reorganisation der WTO an 25 000 Journalisten, Politiker wie auch Nachrichtenagenturen geschickt und dadurch im kanadischen Parlament sogar Gegenstand einer Debatte, bei der der Abgeordnete John Duncan sie folgendermaßen aufgriff: »After […] detailed review of current trade policy the World

[382] ›Kinnithrung Sprat‹ [Andy Bichlbaum], »Broad Changes in Approaches to World Trade« (21.5.2002), in: Bichlbaum/Bonanno/Spunkmeyer, *The Yes Men*, a.a.O., S. 157–168, hier: S. 161.

Trade Organization has decided to effect a cessation of all operations to be accomplished over the next four month, culminating by the end of September.«[383]

Abb. 42: ›Jude Finisterra‹ bei *World Service*. BBC World, 3.12.2004

Das bis dato bekannteste Fake sorgte indes am 3. Dezember 2004 für Aufsehen. BBC-Redakteure stießen bei ihrer Recherche nach einem geeigneten Gesprächspartner von Dow Chemical über den 20. Jahrestag der Chemie-Katastrophe in Bhopal auf die ›falsche‹ Webseite *www.dow-ethics.com*[384] der ›Yes Men‹. Auf die Interview-Anfrage hin schickten diese ihren Dow-Repräsentanten ›Jude Finisterra‹ ins Nachrichtenstudio, der in der Sendung *World Service* in ›BBC World‹, die weltweit ausgestrahlt wird, im Namen des Konzerns die großzügige Entschädigung der Opfer vor Ort ankündigte: »It's 20 years since the disaster and

[383] John Duncan, zit. n. James Baxter, »Internet Hoax Convincing Enough to Fool Alliance MP: WTO Imposter«, in: *National Post* (25.5.2002), S. A4, wiederabgedruckt in: Bichlbaum/Bonanno/Spunkmeyer, *The Yes Men*, a.a.O., S. 176.

[384] ›The Yes Men‹ hatten zuvor bereits eine namentlich noch ähnlichere Seite *www.dow-chemical.com* angemeldet, aber 2002 verloren, nachdem sie dort in einer Presseerklärung im Namen Dow Chemicals verlautbart hatten, warum das Unternehmen die Sanierung des Unfallortes in Bhopal für immer ablehne. Die Streitigkeiten um die Domain führten dazu, dass der Breitbandanbieter Verio nach einer juristischen Beschwerde vonseiten des Konzerns wegen des Verstoßes gegen das Markenrecht nicht nur die betreffende Seite, sondern den Zugang zu allen Seiten des Internet Providers Thing kurzzeitig abschaltete. Tatsächlich mussten ›The Yes Men‹ die Domain aber abgeben, weil sie sie spaßeshalber unter dem Namen des Sohnes des damaligen Dow CEO, James Parker, registriert hatten, der somit völlig legal die Zugriffsrechte zurückfordern konnte (vgl. Claudia H. Deutsch, »Bhopal Critics in Webhoax against Dow Chemical«, in: *The New York Times* (9.12.2002), S. C6 u. Mathew Mirapaul, »Cyberspace Artists Paint Themselves into a Corner«, in: *The New York Times* (23.12.2002), S. E2).

today I am very very happy to announce that for the first time Dow is accepting full responsibility for the Bhopal catastrophe. We have a 12-billion-dollar-plan to finally and at long last fully compensate the victims including the 120 000 who may need medical care for their entire lives and to fully and swiftly remediate the Bhopal plant site.«[385]

Es dauerte zwei Stunden, bis Dow reagierte, so dass das Interview insgesamt zwei Mal gesendet wurde. An der Frankfurter Börse wurden daraufhin kurzfristige Verluste der Dow-Aktie von insgesamt zwei Milliarden Dollar notiert. Nach ihrem Fernsehauftritt schickten ›The Yes Men‹ umgehend eine wiederum gefälschte Gegendarstellung vonseiten Dow Chemicals mit unter anderem folgendem Wortlaut an die Presse: »Dow will NOT commit ANY funds to compensate and treat 120 thousand Bhopal residents who require lifelong care. The Bhopal victims have ALREADY been compensated; many received about 500 US-Dollars several years ago, which in India can cover a full year of medical care. [...] [W]e must reiterate that Dow's sole and unique responsibility is to its shareholders«.[386]

›The Yes Men‹ als institutionelle Autoritäten – Konsequenzen der Fälschung

Im Gegensatz zu der anhand der anderen Fälschungsfälle möglichen Herausarbeitung von mit dem Sprechen in bestimmten Diskursen und Wissensgebieten verbundenen impliziten Regeln verspricht eine ähnliche Herangehensweise bei den ›Yes Men‹ nicht, viel Neues zutage zu befördern. Denn die formale Funktionsweise ihrer Fakes ist äußerst simpel; ihr maßgebliches Potential liegt nicht, wie etwa bei Schütz' oder Sokals ›Grubenhunden‹, im Freiwerden eines analytischen Blicks auf die Kommunikationsbeziehungen oder in der Destruktion ihres autoritativen Funktionierens, sondern vielmehr in der Sichtbarmachung ihrer möglichen parasitären Nutzung für weiterführende Effekte. Die Plattformen, von denen ›The Yes Men‹ Gebrauch machen, zeichnen sich gleichsam durch ein außerordentlich unzulängliches Immunsystem aus, welches sich besonders anfällig für virale Infizierungen zeigt.

[385] ›Jude Finisterra‹ [Andy Bichlbaum], zit. n. *World Service*, BBC World, 3.12.2004, 9 Uhr, Transkript der Sendung online unter: http://theyesmen.org/hijinks/dow/video.html, zuletzt aufgerufen am 20.12.2005.

[386] Vgl. The Yes Men, »Dow ›Help‹ Announcement Is Elaborate Hoax«, www.dowethics.com/r/about/corp/bbc.htm, zuletzt aufgerufen am 20.12.2005.

Indem sich die ›Yes Men‹ dies im Einzelnen zunutze machten, attackierten sie im Spannungsfeld politischer Machtbeziehungen zunächst nicht die operative Ebene von Dow Chemical oder der WTO (wie Vertragsverhandlungen und Gesetzestätigkeiten), sondern deren Öffentlichkeitsarbeit. Dabei ist mit Foucault zu betonen, dass Kommunikationsbeziehungen nicht mit Machtbeziehungen in eins zu setzen oder nur als deren Aspekt zu betrachten sind. Diese Abgrenzung ermöglicht, in den Blick zu rücken, inwieweit Machtbeziehungen *in* Kommunikationsbeziehungen selbst am Werk sind oder wie sie mit diesen verknüpft sind.[387] Die ›Yes Men‹-Fakes parasitierten somit vor allem Mechanismen und Aussageordnungen, die der Selbsterhaltung der Institutionen dienen und intrainstitutionell am Werk sind. Über die Art und Weise, wie beispielsweise die WTO administrativ ökonomisches Handeln global determiniert, lässt sich, ausgehend von den Fakes, betrachtet man sie hinsichtlich ihrer formalen Aspekte, nichts ableiten; über die Beziehungen der WTO zu ihren Befürwortern, den einladenden Organisationen und Institutionen – z. B. wie der Status von Autoritäten den Diskurs bestimmt und welche Optionen, sich ihnen gegenüber zu verhalten, möglich sind – allerdings schon.

Die Infiltration ging dabei folgendermaßen vonstatten: Der Sprecherstatus, der mit den offiziellen Institutionen oder Firmen verbunden ist, übertrug sich auf die gleichnamige ›falsche‹ Identität im Netz. ›The Yes Men‹ nutzten diesen Transfermechanismus, um die entsprechende Autorität wiederum auf sich als Performer rückzuübertragen und in den einzelnen Foren – verbunden mit den bereits erwähnten Corporate Identity-Accessoires, die sie als entsprechende Sprecherinstanzen auswiesen – an ihre Grenze zu treiben. Je mehr die Aussagemodalitäten im Wissensgebiet der Ökonomie von durch einen bestimmten Status definierten Persönlichkeiten durchkreuzt sind, umso eher kann es falschen Repräsentanten gelingen, sich darin zu artikulieren. D. h., auch der Scharlatan[388] wird im Diskurs des Welthandels berücksichtigt, insofern er dessen impliziten und expliziten Aussage-Regeln des seriösen Sprechens folgt, z. B. bestimmte ökonomische Begriffe oder Diskursobjekte berücksichtigt. War es somit gelungen, eine gewisse Seriosität des Sprechens *ex ante* zugeschrieben zu bekommen, erschlossen sich dadurch bestimmte Handlungsspielräume, und es wurde – wie die Beispiele zeigen – sogar möglich, im entsprechenden Jargon die Konsequenzen der Liberalisie-

[387] Vgl. Foucault, »The Subject and Power« (1982), a. a. O., besonders S. 219 u. 222.
[388] Siehe dazu weiter oben, S. 50.

rung der Ökonomie, die sonst im Diskurs unausgesprochen bleiben müssen, offen zu akzentuieren. Sowohl die Video-Dokumente und Fernsehaufzeichnungen als auch die Projektbeschreibungen seitens der ›Yes Men‹ zeugen davon, dass die von den falschen Repräsentanten der WTO eingenommenen Extrempositionen von den jeweiligen Auditorien oder Diskussionspartnern weitgehende Akzeptanz erfuhren. Kraft ihres Status als Experten, als »authorized voices within the public relation sector of the WTO«, fand eine inhaltliche Prüfung oder eine kritische Auseinandersetzung vonseiten der Zuhörer nicht statt.[389]

Es ging ›The Yes Men‹ jedoch nicht um die Täuschung einer meist kleinen Gruppe an Konferenzteilnehmern, sondern um die mögliche Öffentlichkeitswirksamkeit danach. Kraft des institutionellen Statuts riefen die Vorträge ein entsprechendes Presseecho hervor, durch das in einigen Fällen (CNBC, Salzburg, Finnland) das Image der attackierten Institution WTO korrigiert wurde: Wie vor allem der von dem ›WTO-Sprecher‹ in Finnland vorgeführte ›Management Leisure Suit‹ zeigt, wurde durch die Presse, insofern sie solche Travestierungen zumindest als humorvolle Vortrags- und Präsentationstechnik ernst genommen hatte, für die Öffentlichkeit ein grotesk verzerrtes und lächerliches Bild der Organisation gezeichnet. Dabei handelte es sich nicht um eine inhaltlich-thematische Auseinandersetzung aus einer Metaposition, sondern um eine praktische Zersetzung von innen heraus, durch die sich die WTO scheinbar selbst diskreditierte.[390]

[389] Dieses Verhalten erinnert an die eingangs anhand des Begriffs der Autorität erörterte langanhaltende Debatte über die Prädominanz von ›*auctoritas*‹ oder ›*ratio*‹, in der bereits Seneca für ein eigenständiges Denken plädiert hatte. Im Zusammenhang mit Diskussionen um den adäquaten Welthandel scheint nach wie vor der Schwerpunkt für die Akzeptanz von Argumenten auf dem Pol der ›*auctoritas*‹ und nicht auf dem der Vernunft zu liegen (siehe dazu weiter oben, S. 30).

[390] Diese Vorgehensweise ist jedoch nicht nur Aktivisten von Nichtregierungsorganisationen vorbehalten, sondern war auch zwischen 1956 und 1971 ein Element des sogenannten ›Counter Intelligence Program‹ (COINTELPRO) des FBI gegen rechte und linke politische Strömungen in den USA, wie beispielsweise den Ku-Klux-Klan oder die Kommunistische Partei. Dabei wurden über und im Namen der attackierten Organisationen falsche Presseartikel veröffentlicht, Flugblätter und andere Publikationen verteilt, aber auch die interne Kommunikation durch gefälschte Briefe oder anonyme Telefonanrufe gestört und damit Fehlinformationen über Treffen und Veranstaltungen gestreut. Es wurden sogar Pseudo-Untergruppen bestimmter Bewegungen von einzelnen Agenten unterhalten. Dies geschah mit dem Ziel, die einzelnen ›Parteien‹ öffentlich zu verleumden und gegeneinander auszuspielen (vgl. Brian Glick, *War at Home: Covert Action against U.S. Activists and What We Can Do about It*, Boston: South End Press 1989, S. 10 u. S. 45–53; vgl. a. Ward Churchill/Jim VanderWall, *The COINTELPRO Papers: DOCUMENTS from the FBI'S Secret Wars against Domestic Dissent*, Boston: South End Press 1990).

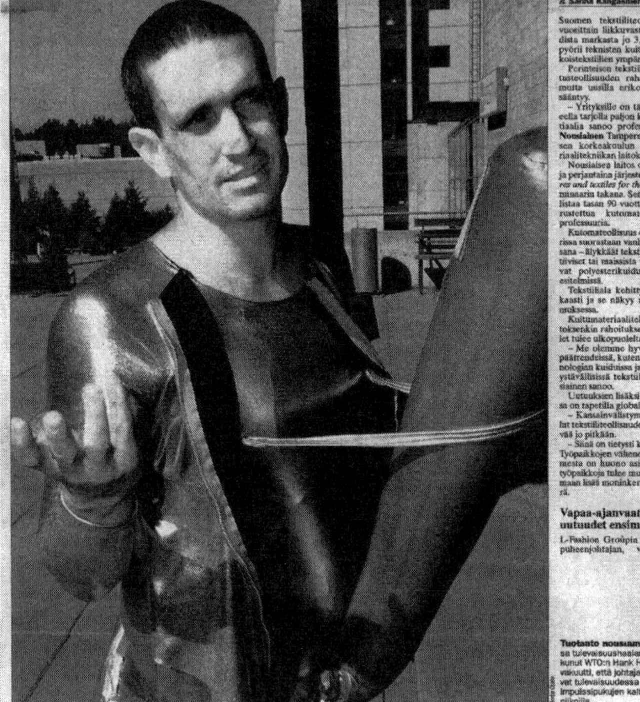

Mullistavat kuidut ja uudet tekniikat jyräävät perinteisen kutomateollisuuden

Tekstiiliteollisuus: Esimerkiksi älyvaatteet ja innovatiiviset kuidut ovat tulevaisuuden arkipäivää

Tuotanto nousuun. Kultaisessa tulevaisuushaalarissaan liikkunut WTO:n Hank Hardy Unruh vakuutti, että johtajat tarkkailevat tulevaisuudessa alaisiaan impulssipukujen kaltaisilla tekniikoilla.

Sanna Kangasniemi

Suomen tekstiiliteollisuudessa vuosittain liikkuvasta 8 miljardista markasta jo 3,5 miljardia pyörii teknisten kuitujen ja erikoistekstiilien ympärillä.

Perinteisen tekstiili- ja vaatetusteollisuuden raha vähenee, mutta uusilla erikoisaloilla lisääntyy.

– Yrityksille on tällä osa-alueella tarjolla paljon kasvupotentiaalia sanoo professori **Pertti Nousiainen** Tampereen teknillisen korkeakoulun kuitumateriaalitekniikan laitokselta.

Nousiaisen laitos on torstaina ja perjantaina järjestettävän *Fibres and textiles for the future* -seminaarin takana. Seminaari juhlistaa tasan 90 vuotta sitten perustettua kutomateollisuuden professuuria.

Kutomateollisuus on seminaarissa suorastaan vanhanaikainen sana – älykkäät tekstiilit, innovatiiviset tai maissista valmistettavat polyesterikuidut kaikuvat esitelmissä.

Tekstiiliala kehittyy voimakkaasti ja se näkyy myös tutkimuksessa.

Kuitumateriaalitekniikan laitoksenkin rahoituksesta yli puolet tulee ulkopuolelta.

– Me olemme hyvin mukana päätrendeissä, kuten uuden teknologian kuiduissa ja ympäristöystävällisissä tekstiileissä, Nousiainen sanoo.

Uutuuksien lisäksi seminaarissa on tapetilla globalisaatio.

– Kansainvälistyminen on ollut tekstiiliteollisuudessa arkipäivää jo pitkään.

– Siinä on tietysti kaksi puolta. Työpaikkojen väheneminen Suomesta on huono asia. Toisaalta työpaikkoja tulee muualle maailmaan lisää moninkertainen määrä.

Vapaa-ajanvaatteisiin uutuudet ensimmäisinä

L-Fashion Groupin hallituksen puheenjohtajan, vuorineuvos **Pekka Luhtasen** mukaan kansainvälistyminen on suurin muutos hänen 40 vuotta kestäneellä urallaan.

Avautuneet mahdollisuudet kaupantekoon ovat saaneet vaateyritykset laajenemaan koko maailman mittakaavalla.

– L-Fashion Groupilla on omaa tuotantoa neljässä maassa. Verkostojemme kautta teetämme vaatteita 20 maassa. Kaukoitä on tärkein alue.

Tekstiiliseminaarissa Luhtanen puhuu vapaa-ajan vaatetuksen tulevaisuudesta.

– Saa nähdä, miten professorit suhtautuvat liikemieheen, hän hymyilee.

Vapaa-ajan tarvikkeet ja urheiluvaatteet ovat osa-alueita, joihin uudet kuidut ja ideat tulevat ensimmäisinä.

– Näissä vaatteissa käyttömukavuus on tärkein, ei hinta. Esimerkiksi miesten muodollinen pukeutuminen muuttuu äärimmäisen hitaasti.

Seminaarilta Luhtanen odottaa alan yleistrendien hahmottamista.

– Tiede ja liike-elämä ovat tietysti kovin erilaisia perusluonteeltaan. Mutta hyvä näissä kehitystrendeissä on olla mukana, hän lisää.

Työvoiman kontrolli haalarin kautta

Sovinnaisesta tai tylsästä pukeutumisesta ei voi haukkua maailmankauppajärjestö WTO:n edustajaa **Hank Hardy Unruhia**. Mies kulki seminaarissa kultaisessa ihonmyötäisessä haalarissa.

Hän selittää vuolassanaisesti näyttävää asuaan.

– Puku on esimerkki tehokkaimmasta mahdollisesta työvoiman kontrollista. Johtaja saa puvun kautta jatkuvasti impulsseja sen mukaan miten bisnekset sujuvat.

– Jos tuotanto sujuu hyvin, välittää puku miellyttäviä tuntemuksia ja päinvastoin, Unruh kertoo.

– Johtaja voi myös olla puvun avulla yhteydessä alaisiinsa, joilla on pienet vastaanottimet. Tämä on vahvista mahdollista johtamista.

Mullistavalta kuulostavaan ideaan tarvittava tekniikka on jo olemassa.

Puvun provokatiivisuus saa asian jäämään yleisön mieleen, mutta Unruhin mukaan mikään toteutumaton fantasia ajatus ei ole.

– Kaikki mikä puvussa on, tulee toteutumaan jossakin vaiheessa.

Abb. 43: »WTO-Repräsentant diskutiert die Möglichkeit, Arbeiter mittels eines Systems von elektrischen Impulsen zu kontrollieren«, aus: *Aamulehti* (17.08.2001)

Durch die Berichterstattung, auch basierend auf den gefälschten Presseerklärungen, wurde ferner die Selbstdarstellung der WTO auf einige extreme neoliberalistische Ideologeme reduziert und damit deren Integrität in der Öffentlichkeit fragwürdig. Denn bevor die Fälschung aufgedeckt worden war, wurde kraft der exzessiven Identifikation der ›Yes Men‹ mit dem Wirtschaftsliberalismus ein gefährlicher Überschuss erzeugt, der die Standpunkte der WTO fanatisch erscheinen ließ: Die – dem Selbstverständnis[391] der Organisation nach – dem Wohl der Weltbevölkerung

[391] Eine Info-Broschüre der WTO fasst deren Agenda in folgendem Satz zusammen: »The goal is to improve the welfare of the peoples of the member countries« (WTO, *The World Trade Organization in Brief* (April 2005), S. 2, www.wto.org/english/res_e/

verpflichteten demokratischen Freiheitsanliegen, die den globalen Handel bestimmen sollen, wurden dabei offiziell redigiert. Dies ist von einer klar erkennbaren parodistischen Wiederholung deutlich zu unterscheiden, da nicht artifiziell *über* den Diskurs gesprochen wurde, sondern sich die Expertenaussagen unbemerkt *in* ihm realisierten und damit entsprechende Performanzen oder Diskurs-Echos hervorgerufen wurden: Denn in den als offizielle Stellungnahmen und als seriös anerkannten Aussagen wurden übliche Argumente über die Logik des freien Marktes so radikalisiert, dass sie für die WTO kontraproduktiv wurden. Anders gesagt: Anstatt eine bestimmte Offenheit, Toleranz oder Diskussionsbereitschaft gegenüber Gegenpositionen oder Alternativen zu bewahren – eine Grundbedingung des ›demokratischen‹ Funktionierens der Welthandelsorganisation – trieben ›The Yes Men‹ deren Handels- und Handlungsmaximen auf die Spitze. Man könnte in Anlehnung an Slavoj Žižek konstatieren, dass sich die ›Yes Men‹ als WTO-Repräsentanten, anstatt angemessenen Respekt vor den demokratischen Institution zu zeigen, mit der Idee der Liberalisierung der Märkte in einer Weise überidentifizierten, dass sie als hyper-konforme, amoralische und menschenfeindliche Fanatiker erschienen. So wurden sie im System der Kommunikationsbeziehungen der WTO zu den Widersachern der WTO und ließen schließlich deren zentrales Theoriegebäude bröckeln.[392] Die ›Yes Men‹ als ungezügelte Jasager trieben somit die Affirmation der Logik des freien Warenverkehrs so weit, dass sie in ihr Gegenteil kippte. In einer Notiz zu *L'éternité par les astres* hat Walter Benjamin die von Auguste Blanqui ins Werk gesetzten Formen der zerstörerischen Fermentation der bürgerlichen Gesellschaft in ein Bild gefasst, das auf den hier erörterten Zusammenhang sehr treffend übertragen werden kann: »Blanqui unterwirft sich der bürgerlichen Gesellschaft. Aber es ist ein Kniefall von solcher Gewalt, dass ihr Thron darüber ins Wanken kommt.«[393]

doload_e/inbr_e.pdf, zuletzt aufgerufen am 3.4.2007). Eine andere PR-Publikation listet die 10 Vorteile des WTO-Handelssystems auf und zeichnet dabei eine Art internationales Arkadien: »1. The system helps promote peace | 2. Disputes are handled constructively | 3. Rules make life easier for all | 4. Freer trade cuts the costs of living | 5. It provides more choice of products and qualities | 6. Trade raises incomes | 7. Trade stimulates economic growth | 8. The basic principles make life more efficient | 9. Governments are shielded from lobbying /10. The system encourages good government« (WTO, *10 Benefits of the WTO Trading System* (April 2003), S. 1, www.wto.org/english/res_e/doload_e/10b_e.pdf, zuletzt aufgerufen am 3.4.2007).

392 Vgl. Slavoj Žižek, »Das Unbehagen in der Liberal-Demokratie«, in: *Heaven Sent*, H. 5 (1992), S. 44–50, hier: S. 49.

393 Walter Benjamin, *Gesammelte Schriften*, hg. v. Rolf Tiedemann u. Hermann Schweppenhäuser, V.1, Frankfurt/M.: Suhrkamp 1991, S. 168.

Das weiter oben bereits zweimal angeführte Projekt ›vote-auction.com‹, diesmal nicht von den ›Yes Men‹ selbst realisiert, sondern von ›ubermorgen.com‹, lässt sich ebenfalls mit dieser Kippdynamik der Überaffirmation fassen: Bei ›vote-auction.com‹ handelte es sich jedoch nicht um eine fingierte Repräsentanz einer existierenden Firma oder Organisation, die zu einer falschen Identifikation führte, sondern es wurde ausschließlich über die Internet-›Präsenz‹ die grundsätzliche Existenz eines ›Auktionshauses‹ für Wählerstimmen vorgetäuscht. Die Logik der freien Marktwirtschaft wurde dabei unter dem Slogan »Bringing capitalism und democrazy [sic] closer together« insofern bejaht und verneint, als vorgeschlagen wurde, auch die Stimmabgabe im amerikanischen Präsidentschaftswahlkampf zum Wohle des einzelnen Bürgers den Gesetzen der Ökonomie zu unterwerfen. Auf der Web-Seite wurde entsprechend für den liberalen Handel mit Wählerstimmen geworben, »[to provide] a forum for campaign contributors and voters to come together in a free market exchange«.[394] Aus rein marktökonomischem Kalkül spricht nämlich nichts gegen eine solche Rationalisierung des Wahlkampfaufwands, durch die der Umfang der Geldzirkulation von der großangelegten Finanzierung von Werbefeldzügen, die letztendlich Wählerstimmen sichern sollen, auf einen direkten Kauf einzelner Wahlentscheidungen reduziert werden kann. Bestimmte Prinzipien der Demokratie sind zwar dem Gesetz nach von der Logik des Marktliberalismus ausdrücklich ausgeschlossen. De facto geben aber große Wirtschaftsunternehmen Millionen Dollar für Spenden aus, um die für den Wahlausgang nicht unerheblichen Kampagnen ihrer bevorzugten Politiker zu finanzieren. Diese von keiner juristischen Regel verhinderte indirekte Ökonomisierung fundamentaler demokratischer Prozesse muss jedoch unausgesprochen bleiben, um das reibungslose Funktionieren der Ökonomie im Namen der Demokratie zu sichern oder, vice versa, um den Fortbestand der Demokratie im Rahmen der Ökonomie aufrechtzuerhalten. Wieder geht es bei dieser Strategie der Überaffirmation darum, für ein kritisches Thema auf einem indirekten Weg – ubermorgen.com nennt dies ›Media Hack‹ – Öffentlichkeit zu erzielen, die mittels einer klassisch formulierten Kritik nicht zu erreichen gewesen wäre. Das ›voteauction.com‹-Fake wurde Gegenstand von über 400 Zeitungsartikeln, und der Fortgang der juristischen Auseinandersetzungen im Oktober 2000 wurde jeweils von den großen Agenturen – teilweise unter Er-

[394] *voteauction.com*, zit. n. Don Babwin, »Chicago Tries to Shut Vote Web Site« [Agenturmeldung von Associated Press Online] (4.10.2000).

wähnung kritischer Äußerungen vonseiten Hans Bernhards und des ›Vorbesitzers‹ der Seite, James Baumgartner – weitergemeldet. Die *Los Angeles Times* listet im Zusammenhang mit *vote-auction.com* auf, dass im Jahr 2000 in den USA drei Milliarden Dollar für Wahlen ausgegeben wurden, davon allein 400 Millionen Dollar von Interessengruppen für TV-Werbung.[395]

Die Aneignung korporativer Sprecherinstanzen wurde von ›The Yes Men‹ indes nicht nur für destruktive, sondern auch für konstruktive Initiativen genutzt, beispielsweise bei der Auflösungsdeklaration der WTO, die nicht pseudoaffirmativ verfremdend angelegt war. In diesem Fall konnte durch die Aneignung der ›blind‹ akzeptierten Autorität selbst innerhalb des Diskurses Zustimmung und Aufmerksamkeit für WTO-kritische und -verändernde Anregungen generiert werden: Die Wirtschaftsprüfer in Australien begrüßten nämlich weitgehend die Reform der WTO und diskutierten Verbesserungsvorschläge wie u. a. die Verlegung des Hauptsitzes der neuen ›Trade Regulation Organization‹ in ein Dritte-Welt-Land. Eine Zuhörerin bekundete: »I think it's a very brave decision for an organization to admit that they've been going down the wrong track and to dissolve themselves and to start to look for something different«; ein anderer gab zu Wort: »[W]hat Mr. Sprat said today really gives a terrific sign of hope for what I think we all aspire

395 Massie Ritsch, »Decision 2000. Trail Mix/Occasional Morsels from Campaign 2000«, in: *Los Angeles Times* (8.11.2000), S. 26; vgl. zu *vote-auction.com* im Allgemeinen: Anick Jesdanun, »Web Sites Offer Votes for Sale« [Agenturmeldung von Associated Press Online] (18.8.2000); Mirk Allen, »Bush, Gore Camps Debate Who Is Working Harder«, in: *The Washington Post* (20.8.2000), S. 7; Janet Kornblum, »Votes up for Auction Draw Official Inquiries«, in: *USA Today* (23.8.2000), S. D3; Janet Kornblum, »Chicago Acts to End Online Sales of Votes«, in: *USA Today* (11.10.2000), S. D3; Audrey Cooper, »Web Site Probed on Vote Sales Offer« [Agenturmeldung von Associated Press Online] (16.10.2000); Gregory Tejeda, »Chicago Sues Voter Auction Web Site« [Agenturmeldung von United Press International] (16.10.2000); Anonym, »Judge Orders Voter Auction Site Shut« [Agenturmeldung von United Press International] (18.10.2000); Anonym, »Judge Orders Shut Down of Vote Sale« [Agenturmeldung von Associated Press Online] (18.10.2000); B. Drummond Ayres, »The 2000 Campaign. Campaign Briefing«, in: *The New York Times* (19.10.2000), S. 31; B. Drummond Ayres, »Campaign Briefing«, in: *The New York Times* (20.10.2000), S. 28; Anonym, »Vote-selling Web Site Closes« [Agenturmeldung von Associated Press Online] (21.10.2000); Gregory Tejeda, »Officials Prepare to Sue Website for Contempt« [Agenturmeldung von United Press International] (25.10.2000); Janet Kornblum, »Being a Hoax Won't Save Vote-selling Site«, in: *USA Today* (26.10.2000), S. D3; B. Drummond Ayres, »The 2000 Campaign. Campaign Briefing«, in: *The New York Times* (29.10.2000), S. 22; Mike Robinson, »›Vote-buying‹ Internet Site Closes« [Agenturmeldung von Associated Press Online] (1.11.2000); Anick Jesdanun, »Vote-sell Site Says It Was a Joke« [Agenturmeldung von Associated Press Online] (7.11.2000).

to – and that's a global economy that benefits poor people.«[396] Diese vorwiegend kritischen Äußerungen lassen deutlich werden, dass die mit der WTO in Beziehung stehenden Interessengruppen – zur Verwunderung der ›Yes Men‹[397] – ihr Denken nicht zwingend dem ›ideologischen Schleier‹[398] des Neoliberalismus unterwerfen, so dass sie temporär zu strategischen Verbündeten gemacht werden konnten.

Im Fall des Bhopal-Fake konnte durch das vorgetäuschte Zugeständnis vonseiten Dow Chemicals, sich zu weitreichenden Entschädigungszahlungen zu verpflichten, für den 20. Jahrestag des Chemieunfalls neben und mit dem kurzfristigen Kursverfall der Dow-Aktie ein Medienecho erreicht werden, das sich zuvor nicht abgezeichnet hatte. Zudem wurde in diesem Zusammenhang bewirkt, dass die der aktuellen Praxis nach richtige Meldung, Dow lehne weitere Entschädigungen grundsätzlich ab, im Gegensatz zu den vorangegangenen Jahren überhaupt Nachrichtenthema und Diskussionsgegenstand in den USA wurde. Die Wirkung des Fake verpuffte somit nicht durch die Aufdeckung, weil Dow Chemical in Zugzwang geriet, die Falschbehauptung zu korrigieren und das dem eigenen Firmenimage abträgliche und daher unausgesprochen gebliebene Eingeständnis zu veröffentlichen, über die bereits bezahlten Kleinbeträge hinaus keine weiteren finanziellen Mittel bereitzustellen. Die Entschädigungsankündigung der ›Yes Men‹ war am 3. Dezember 2004 auf *www.news.google.com* für zwei Stunden als wichtigste Nachricht gekennzeichnet; ihre Zurücknahme von Dow Chemical führte die gleiche ›Top News‹-Liste einen Tag lang an. Selbst die wiederum von ›The Yes Men‹ lancierte gefälschte Gegendarstellung, in der sie sich im Namen des Konzerns auf rücksichtslose Profitmaximierung beriefen, wurde eine Zeit lang dort aufgelistet. Die falsche Tatsachenbehauptung und die damit verbundenen Verwirrungen hatten somit dafür gesorgt, dass die Tagespresse deutlich mehr zum Thema Bhopal veröffentlichte, als zuvor geplant war.[399]

[396] Anonymisierte Kommentare, zit. n. Bichlbaum/Bonanno/Spunkmeyer, *The Yes Men*, a.a.O., S. 172f.

[397] Vgl. Bichlbaum/Bonanno/Spunkmeyer, *The Yes Men*, a.a.O., S. 169–171.

[398] Siehe Fn. 373 auf S. 392.

[399] Vgl. The Yes Men, »Dow Chemical Just Says ›Yes‹ to Bhopal«, in: Tom Corby (Hg.), *Network Art. Practices and Positions*, New York: Routledge 2006, S. 173–183. Auf der Seite *www.theyesmen.org* ist eine Variante dieses Textes veröffentlicht, in der die zahlreichen Abmilderungen und Kürzungen vonseiten der Anwälte von Routledge gekennzeichnet sind (vgl. The Yes Men, »Routledge Just Says ›Yes‹ to Dow: The Collaboration of a Progressive Academic Press and a Large Chemical Corporation«, http://theyesmen.org/dowtext/, zuletzt aufgerufen am 3.4.2007).

Da Fakes, wenn man sie als experimentelle Praxis versteht, *per definitionem* nicht nur kalkulierbare Effekte hervorbringen, können sie auch eine Schattenseite haben: So wurden zum einen den Opfern vor Ort, die ebenfalls der Täuschung unterlagen, falsche Hoffnungen gemacht; zum anderen geriet der Sender BBC in die Kritik, obwohl er einer der wenigen englischsprachigen Nachrichtenkanäle war, dem der Jahrestag der Katastrophe zunächst überhaupt nachrichtenwürdig erschien. Denn die Dow Chemical-Intervention, wie im Zusammenhang mit dem analytisch-zersetzenden Aspekt von Fakes hervorzuheben ist, ließ – ähnlich den ›Grubenhunden‹ von Schütz – bestimmte, vor allem bezüglich der Recherchesorgfalt ungenügende Regeln journalistischer Praxis deutlich hervortreten.

Obwohl die hier beschriebenen Aktionen sehr effektiv klingen, darf ihr Wirkungsradius als Fälschung nicht überschätzt werden. Nimmt man das verfügbare Presseecho über die Projekte als Maßstab ihrer kritischen Auswirkungen, so zeigt sich ein etwas ernüchternderes Bild: Über den Vortrag von ›Dr. Andreas Bichlbauer‹ als WTO-Repräsentant in Salzburg gab es keine Berichterstattung; auch der Auftritt als ›Granwyth Hulatberi‹ bei CNBC blieb journalistisch folgenlos (der Sender verzichtete danach sogar auf eine Richtigstellung); über den Vortrag in Finnland veröffentlichte nur das Lokalblatt von Tampere *Aamulehti* einen Artikel, der sich allerdings auf die Beschreibung des grotesken ›Leisure Suit‹ beschränkte; und die Deklaration der WTO-Restrukturierung führte zu einer sehr schnellen Aufdeckung, die einzig vom Abgeordneten Duncan verpasst wurde, weil er während der Aussprache im Parlament die deplausibilisierenden Passagen im Pressetext nicht zu Ende gelesen hatte, bevor ihm das Wort erteilt wurde.[400]

Die Funktionsweise der Fakes lässt sich insgesamt als zweischneidig bezeichnen. Denn die besten Ergebnisse hätten die ›Yes Men‹ im Sinne der weiter oben beschriebenen Dynamiken erzielt, wenn es ihnen gelungen wäre, die Aufdeckungen so lange wie möglich zu vermeiden und mit ihren ›authentischen‹ Fälschungen langfristig ein die WTO diskreditierendes Presse-Echo weiterzutragen. Sie führten aber ihre Aussagen so weit *ad absurdum*, dass es unvermeidlich zu ihrer Enttarnung kam. Diese

[400] Vgl. Sanna Kangasniemmi, »Mullistavat kuidut ja uudet tekniikat jyräävät perineisen kutomateollisuuden« [Revolutionäre Fasern und neue Techniken ersetzen die traditionelle Nähindustrie], in: *Aamulehti* (17.08.2001), S. 32; The Yes Men, »Dow Chemical Just Says ›Yes‹ to Bhopal«, a.a.O., S. 175 u. Baxter, »Internet Hoax Convincing Enough to Fool Alliance MP: WTO Imposter«, a.a.O., S. A4. Danke an Miia Rinne für die Hilfe bei der Übersetzung des finnischen Zeitungstexts.

kann somit eher als unabwendbarer ›Kollateralschaden‹ verstanden werden, da, damit der wirtschaftsliberale Fanatismus ein kritisches Potential entfalten konnte, die Überaffirmation so weit getrieben werden musste, dass sie zwangsläufig zur Deplausibilisierung der Sprecherposition führte. Insofern ist als Haupteffekt der Aktionen festzuhalten, dass nicht ihr authentischer Status, sondern der der Aufdeckung innewohnende Kuriositätswert schließlich dafür sorgte, die kritischen Einwände der ›Yes Men‹ indirekt an die Öffentlichkeit zu tragen. D. h., es fand weniger qua Fälschung eine ›*identity correction*‹ statt, sondern vornehmlich mittels einer am Skandal der Enthüllung orientierten Berichterstattung über ›The Yes Men‹ als ›The Yes Men‹. Nimmt man diese Entwicklung in den Blick, wurde dadurch erst eine Thematisierung WTO-feindlicher Überlegungen publicityträchtig lanciert.

›The Yes Men‹ als ›The Yes Men‹ – Konsequenzen der Aufdeckung

Die Massenmedien sind vor dem Hintergrund der Öffentlichkeitswirksamkeit der Fakes nicht als erratische Blöcke, von denen Macht nur ausgeht, sondern selbst als gewissen Einschränkungen unterworfene Institutionen zu verstehen – Einschränkungen, die auch produktiv genutzt werden können. In diesem Sinne gelang es den ›Yes Men‹ durch ihre Aktionen, in einem hohen Maße Macht auf die Massenmedien auszuüben, also deren Handlungsmöglichkeiten zu bestimmen: Jene mussten zunächst bei der noch ›originalen‹ Fälschung, bezeichnenderweise aber vor allem nach der Aufdeckung ihrer eigenen Logik der Nachrichtengenerierung folgen, über das skandalöse Geschehen berichten und sich so in einem gewissen Maße im Rahmen der Strategien von ›The Yes Men‹ bewegen. Das vielzitierte Motto »Nicht mit, sondern durch die Medien sprechen« kam somit exemplarisch zur Anwendung. Betrachtet man die Liste der Veröffentlichungen aller ›Yes Men‹-Fakes, finden sich – vor allem als Reaktion auf den 2004 fertiggestellten Film *The Yes Men*, in dem die einzelnen Aktionen dokumentiert sind – weltweit in zahlreichen Zeitungen Beiträge mit der Ablehnung der Globalisierung in der gegenwärtigen Form: *The New York Times* greift retrospektiv beispielsweise die Vorkommnisse in Salzburg auf und gibt den diesbezüglichen E-Mail-Verkehr mit der Infragestellung des Einflusses von Großunternehmen auf die WTO wieder; im Zusammenhang mit dem Bhopal-Fake wird die Geschichte abgelehnter Verantwortung vonseiten Dow Chemicals nachgezeichnet und sogar die Angriffspunkte der ›Yes

Men‹ von deren Homepage zitiert: »Targets are leaders and big corporations who put profits ahead of everything else«;[401] in einer Agenturmeldung von *AAP* wird die Vorgehensweise in Australien beschrieben und die Zielsetzung von ›The Yes Men‹ angeführt: »The most powerful statement against terrorism would be for governments of the rich nations to redress the deep inequities in the trade system and reverse the marginalisation of poorer countries [...]. The WTO's current configuration makes this impossible«;[402] die *Variety* schreibt: »There's some hilarity in seeing these schemes pulled off to an extend that makes WTO allies look very foolish, or worse«;[403] und in *The Times Union* ist sogar eine Art Analyse der Akzeptanz des Hyper-Neoliberalismus zu lesen: »Hank Hardy Unruh [...] summarizes the Anti-WTO argument in terms the audience, incredibly, absorbs and passively accepts. Apparently (A) no one is really listening, (B) no one is thinking, or (C) the immorality of the WTO's exploitation of cheap foreign labor becomes invisible when it is described in purely economic terms.«[404] Die Publicity durch den ›Yes Men‹-Film führte auch zu weiteren Artikeln über jüngere Projekte, wie den ›Acceptable Risk Calculator‹ und den ›Halliburton SurvivaBall‹, etwa von der *Financial Times* London und *The Washington Times*: Der ›Acceptable Risk Calculator (ARC)‹ erlaubt eine Art Kosten-Nutzenrechnung, mit der mögliche Konzernumsätze in einzelnen Regionen der Welt den sich aus den jeweiligen Landesgesetzen ergebenden Ausgaben für Arbeits- und Gesundheitsschutz gegenübergestellt werden können, um den effizientesten Produktionsstandort zu ermitteln. Als Ergebnis erhält man selbstverständlich Entwicklungs- oder sogenannte Schwellenländer.[405] Der ›SurvivaBall‹, angeblich von der Firma Halliburton, erlaubt Konzernmanagern, ihre Geschäfte selbst bei Katastrophen, die durch die Klimaerwärmung hervorgerufen werden könnten, effizient weiterzuführen, wenn nicht sogar von der Krise zu profitieren, wie mit Verweis auf historische Erfolgsgeschichten betont wird: »Just as the Black Plague led to the Renaissance and the Great Deluge gave Noah

[401] Vgl. Barnaby J. Feder, »The Long and Winding Cyberhoax: Political Theater on the Web«, in: *The New York Times* (7.1.2001), S. 7 u. Alan Cowell, »BBC Falls Prey to Hoax on Anniversary of Bhopal Disaster«, in: *The New York Times* (4.12.2004), S. A6.

[402] Shane Wright, »WTO Hoax Snares Aust's CPA« [Agenturmeldung AAP] (27.5.2002).

[403] Dennis Harvey, »The Yes Men«, in: *Variety* (10.11.2003), S. 36.

[404] Roger Ebert, »›Yes Men‹ Platform Is Built on Pranks«, in: *The Times Union* (5.11.2004), S. D3.

[405] Vgl. The Yes Men, »Acceptable Risk™«, www.dowethics.com/risk/, zuletzt aufgerufen am 5.4.2007 u. Clay Harris, »Dow Shall Not Be Taken in, Again«, in: *Financial Times* (London) (5.5.2005), S. 21.

a monopoly of the animals, so tomorrow's catastrophes could well lead to good – and industry must be ready to seize that good«.[406] Die beiden Arbeiten beweisen auch, dass sich die Befürchtungen, ›Bonanno‹ und ›Bichlbaum‹ hätten sich angesichts der mit dem großen Presse-Echo und mit dem Erscheinen ihres Films verbundenen allgemeinen Bekanntheit grundsätzlich die Möglichkeit weiterer Interventionen genommen, nicht bewahrheitet haben.[407] Diese sind in einem zweiten Film, *The Yes Men Fix the World*, dokumentiert, der 2009 in die Kinos kam. Allgemeine Darstellungen der ›Yes Men‹-Arbeiten finden sich darüber hinaus in *Fortune*, *Harper's Magazine*, *The Guardian*, *El País*, *Le Monde*, *Libération*, *Le Nouvel Observateur*, der *Frankfurter Allgemeinen Zeitung* und der *Süddeutschen Zeitung*.[408] Führt man sich das eingangs skizzierte Gedankenexperiment noch einmal vor Augen, lässt sich sehr leicht einschätzen, ob ein ähnliches Presse-Echo auch hätte erreicht werden können, wenn ›The Yes Men‹ als Bittsteller aufgetreten wären, die bei der Presse um die Veröffentlichung ihrer kritischen Überlegungen er-

[406] ›Fred Wolf‹ [Andy Bichlbaum], zit. n. Clay Harris, »What's Round and Easy to Swallow?«, in: *Financial Times* (London) (12.5.2006), S. 19; Jen Haberkorn, »Yes Men Pull Halliburton Hoax«, in: *The Washington Times* (12.5.2006), S. A1; vgl. a. The Yes Men, »The Halliburton SurvivaBall™«, http://theyesmen.org/agribusiness/halliburton/, zuletzt aufgerufen am 5.4.2007).

[407] Dennoch wird es durch ihre Popularität für die ›Yes Men‹ zunehmend schwieriger, *in persona* aufzutreten. Im Oktober 2009 wurde eine Intervention gegen die Klimapolitik des »US Chamber of Commerce« bereits während der fingierten Pressekonferenz aufgedeckt. 2010 gründeten sie daher das ›Yes Lab‹, ein ›Beratungsinstitut‹, das weltweit Aktivistengruppen mit dem nötigen Know-how für eigene Aktionen versorgen soll (vgl. Andy Bichlbaum, »U.S. Chamber of Commerce«, http://theyesmen.org/chamber u. The Yes Men, »The Yes Lab for Creative Activism«, http://theyesmen.org/lab, beide zuletzt aufgerufen am 13.08.2010).

[408] Jerry Useem, »Will the Real WTO Please Stand up?«, in: *Fortune* 145.2 (2002), S. 34; Anonym, »Beyond the Golden Parachute«, in: *Harper's Magazine* (November 2001), S. 15–20; Vincent Graff, »Meet the Yes Men Who Hoax the World«, in: *The Guardian* (13.12.2004), S. 6; R. Bosco/S. Caldana, »NTT Verio cierra el servidor que alberga las propuestas más agresivas del ›net.art‹ por presiones empresariales«, in: *El País* [Beilage Ciberp@ís] (2.1.2003), S. 3; Yves Eudes, »www.theyesmen.org«, in: *Le Monde* (24.11.2001), S. 32; Isabelle Regnier, »La guérilla altermondialiste armée de canulars«, in: *Le Monde* (30.3.2005), S. 30; Anonym, »L'OMC enterrée par des potaches. Une histoire«, in: *Libération* (29.5.2002), S. 26; Christian Losson, »Un canular pour le 20e anniversaire de Bhopal«, in: *Libération* (4.12.2004), S. 12; André Gattolin/Emmanuel Poncet. »Canular et utopie politique. Arme de dérision massive, le ›hoax‹ est un moyen de réactiver la critique sociale«, in: *Libération* (26.12.2006), S. 25; Isabelle Monnin, »Les altercomiques«, in: *Le Nouvel Observateur* (24.–30.3.2005), S. 50; Peter Schumacher, »Das Leben und Sterben des Dr. Bichlbauer«, in: *Frankfurter Allgemeine Zeitung [FAZ.NET]* (20.04.2001); Alexander Menden, »Sensationsgier auf Sendung. Eine neue Falschmeldung erschüttert das Vertrauen in die BBC«, in: *Süddeutsche Zeitung* (4.12.2004), S. 1.

sucht hätten. In ähnlicher Weise scheiterte die Gruppierung nämlich, als ihre Bewerbung um die offizielle Teilnahme bei der im September 2003 abgehaltenen WTO-Minister-Konferenz im mexikanischen Cancún von der WTO abgelehnt wurde.

Die Erzeugung von Sichtbarkeit qua Fake im Gegensatz zum ›Unsichtbaren Theater‹

Betrachtet man die einzelnen Aktionen, scheint es nahezuliegen, an das Bild von David gegen Goliath zu denken. Dies evoziert die Vorstellung klar lokalisierbarer Machtblöcke und geschlossener oder repressiver Machtapparate (WTO, DOW), die die machtlosen ›Yes Men‹ in der Tracht des ›Feindes‹ unterwandern. Inwiefern die Praktiken der ›Yes Men‹ *freiwillig* ausgeführt werden können, bliebe in dieser Konzeption indes verdeckt. Im Folgenden soll deshalb diese verkürzte Sichtweise durch einen Vergleich mit dem ›Unsichtbaren Theater‹ Augusto Boals differenziert werden, einer Theaterform, mit der die Aktionen der ›Yes Men‹ nicht vorschnell analogisiert werden dürfen – auch wenn sie dies ihrem Selbstverständnis nach betonen.[409]

Augusto Boals ›Unsichtbares Theater‹ ist als politische Aktionsform für sich betrachtet schon dadurch höchst problematisch, dass es sich, obwohl didaktische Theaterformen explizit als autoritär verworfen werden, selbst auf die Dominanz des Künstlers über den Zuschauer stützt. Obwohl dieser in die theatralen Handlungen einbezogen werden soll, steht dabei dessen Belehrung im Vordergrund. Von einem »gleichberechtigten Agieren« kann folglich nicht die Rede sein. Dafür seien nur einige signifikante Bemerkungen Boals über sein Theater zitiert: »[E]s will etwas anschaulich machen«; »[e]s verfolgt [...] die Freisetzung von Energie [...], um sie auf bestimmte Ziele zu lenken«; »[d]ann würden die Zuschauer aus ihrer Passivität aufwachen und lernen, sich in ähnlichen Fällen richtig zu verhalten«.[410] Eine solch pädagogisch lenkende Verhaltensschule muss skeptisch stimmen.

Dennoch ist gegenwärtig zu halten, dass Boal, nachdem er als Leiter des ›Teatro de Arena de São Paulo‹ 1971 verhaftet, drei Monate festgehalten und gefoltert wurde, schließlich Brasilien verließ, weil er

[409] Vgl. The Yes Men, »faq«, http://theyesmen.org/faq/, zuletzt aufgerufen am 20.12. 2005.

[410] Augusto Boal, *Theater der Unterdrückten. Übungen und Spiele für Schauspieler und Nicht-Schauspieler*, hg. u. übers. v. Marina Spinu u. Henry Thorau, Frankfurt/M.: Suhrkamp 1989, S. 36 u. 76.

massiven Repressionen und Sanktionen ausgesetzt war. Die ersten Experimente mit dem ›Unsichtbaren Theater‹ als Teil seines ›Theater der Unterdrückten‹ unternahm er im selben Jahr im Exil in Argentinien. Zu diesem Zeitpunkt herrschte dort eine Junta unter antiperonistischer Armeeführung (Alejandro Lanusse), die die Rückkehr zu einer zivilen demokratischen Regierung vorbereitete; dennoch zeichnete sich die politische Situation vorwiegend durch Gewalt und terroristische Aktivitäten aus. Boals Diktum »Die Zuschauer dürfen niemals erfahren, dass es sich um Theater handelt«[411] ist in diesem Zusammenhang auch als Überlebensstrategie anzusehen.

Obwohl die ›Yes Men‹ in der Maske der WTO zunächst unerkannt agierten, verbietet sich die Einbettung ihrer Aktionen in den Zusammenhang des ›Unsichtbaren Theaters‹ im Rahmen des ›Theaters der Unterdrückten‹ vor allem aus zwei Gründen: Zum einen arbeiteten sie nicht im Umfeld mörderischer Repression, zumindest nicht die eigene Person betreffend, und können daher nicht beanspruchen, ein »Theater *der* Unterdrückten« aufgeführt zu haben; zum anderen war die Aufdeckung bislang zentraler Bestandteil der Aktionen, auch um den Preis, dass die Getäuschten – in den Worten Boals: Zuschauer-Akteure – ebenfalls in Kenntnis gesetzt wurden. Oder differenzierter ausgedrückt: Die ahnungslosen Mitakteure der Fakes werden in den Videoaufzeichnungen der ›Yes Men‹ unversehens selbst vom Neben- zum Hauptdarsteller und müssen sich im buchstäblichen Sinne vorführen lassen. Sie werden nämlich *ex post* als Auditorium bloßgestellt, das aufgrund des Autoritäts-Status der Vortragenden verwegenste neoliberale Zukunftsvisionen kritiklos akzeptiert hat oder, metaphorisch formuliert, das seine Handlungsmaximen sogar im Zerrspiegel bestätigt gefunden hat – ein Zerrbild, das durch die Aufdeckung der Fakes publik und fragwürdig wird. Dadurch dass sich die Kritikfähigkeit der einzelnen Beteiligten offensichtlich als sehr gering erwiesen hat, wird die von ihnen anderswo der WTO gegenüber geäußerte allgemeine Akzeptanz generell zweifelhaft. Zudem wird zwangsläufig die Frage aufgeworfen, ob die mit der WTO verbundenen lokalen ökonomischen Entscheidungsprozesse bei solch irrational (re)agierenden Personen in den richtigen Händen liegen. Als eigentlicher ›Zuschauer‹ im Koordinatensystem der ›Yes Men‹-Inszenierungen wäre somit die Medienöffentlichkeit anzusehen, die retrospektiv Dokumente des Theaters *als* Theater vor Augen geführt bekommt. Die Stärke der ›Yes Men‹-Fakes liegt somit darin, keine unsichtbare individuelle Verhaltens-

[411] Ebd., S. 81.

schule[412] einzurichten, sondern im Gegenteil weltweit Sichtbarkeiten zu erzeugen und damit hervortreten zu lassen, wie sich Machtbeziehungen in Kommunikationsbeziehungen realisieren, d.h. zu zeigen, dass die WTO ihre Maximen nicht nur über internationale Verträge durchsetzt, sondern auch dadurch, dass sie sich auf bestimmte Weise im ökonomischen Diskurs akzeptabel macht.

Mehr noch: Betrachtet man im Nachhinein die dokumentierten Vorträge, bleibt das kritische Potential der von den ›Yes Men‹ in Stellung gebrachten Überaffirmation auch nach der Enttarnung erhalten. Denn dadurch, dass sich die vorgebrachten Argumente zwar an den Grenzen, aber jeweils innerhalb der Logik des sich selbst regelnden freien Marktes bewegen, werden innerhalb seiner Gesetzmäßigkeiten mögliche Konsequenzen sichtbar, die im ökonomischen Diskurs unartikuliert bleiben müssen, um seine Akzeptabilität zu gewährleisten. Anders gesagt: Durch die extremen Zuspitzungen werden Problemstellen, die aus dem marktliberalen Denken selbst resultieren und innerhalb seiner Eigenlogik zunächst widerspruchsfrei erscheinen, profiliert und das scheinbar schlüssige Ideologem, dem gemäß das Verfolgen jeweils eigener ökonomischer Interessen zwangsläufig dem globalen Allgemeinwohl dient, inkonsistent. Ein ähnliches Muster zeichnet auch die besondere Raffinesse der Konferenzauftritte der ›Yes Men‹ aus, weil sie die Teilnehmer in eine Situation brachten, in der sie argumentativ nur verlieren konnten: Wenn sie den ›Yes Men‹ hätten widersprechen wollen, hätten sie entgegen ihrer ökonomischen Grundsätze mit ethischen argumentieren müssen; da sie dies aber unterließen, bestätigten sie zwangsläufig die möglichen menschenverachtenden Konsequenzen ihrer zentralen marktliberalen Theoreme. Im Gegensatz zu Boals Theaterkonzept entfalteten sich die Diskurseffekte der ›Yes Man‹-Fakes indes vornehmlich in der Zeitspanne der Aufdeckung, in der der (autoritativ gestützte) stillschweigende Konsens über die von den ›WTO-Repräsentanten‹ fanatisch verfochtene Marktliberalisierung öffentlich fragwürdig wurde und sich die betroffenen Personen zu den aufgezeigten diskursimmanenten Komplikationen verhalten mussten.

[412] Bezeichnenderweise scheiterte die 2004 im US-amerikanischen Wahlkampf lancierte überaffirmative Pro-Bush-Kampagne »Yes, Bush Can!«, die sich als einzige Aktion der ›Yes Men‹ tatsächlich als ›Unsichtbares Theater‹ beschreiben ließe: Bei den einzelnen Begegnungen mit Passanten stellte sich heraus, dass sich Bush-Befürworter selbst mit den fanatischsten Zielen, wie dem Abholzen des Yellow Stone-Nationalparks, zu identifizieren bereit waren und ihre Wahlentscheidungen somit nicht beeinflusst werden konnten (vgl. http://yesbushcan.com, zuletzt aufgerufen am 21.07.06; Doug Harvey, »The Yes Men Are Coming! The Yes Men Are Coming«, in: *LA Weekly* (24.9.2004), S. 23 u. Eric Dash, »A Prankster Invasion in the Elephant House«, in: *The New York Times* (4.9.2004), S. B9).

Bezüglich des bereits angesprochenen Problems, die Fakes der ›Yes Men‹ als ›Theater *der* Unterdrückten‹ zu bezeichnen, ist abschließend noch einmal Foucaults Konzeptualisierung von Machtbeziehungen zu bedenken;[413] denn solche Projekte sind im Gegensatz zu denen Boals in der damaligen politischen Situation Argentiniens, die sich vornehmlich durch Gewaltbeziehungen charakterisierte, nur möglich, weil es, garantiert unter anderem durch das First Amendment der amerikanischen Verfassung,[414] bereits einen gewissen Grad an Handlungsfreiheit gibt, sei es das Unterhalten einer gefälschten WTO-Seite oder sei es das persönliche Auftreten im Namen der WTO.[415] In einer Diktatur könnte dies unweigerlich dazu führen, für immer zu verschwinden. Webseiten, wie sie die ›Yes Men‹ ins Netz stellen, wären beispielsweise in China oder im Iran undenkbar. Während die Akteure des ›Theaters der Unterdrückten‹ ihre Identität verstecken mussten, konnten die ›Yes Men‹ sie spätestens bei der Aufdeckung ihrer Fakes offen zutage treten lassen. Dies gilt es sich vor Augen zu führen, wenn im Namen des mächtigen Begriffs der ›Subversion‹ das Bild des Unterlaufens einer geschlossenen repressiven Gesellschaft oder der totalen Unterdrückung heraufbeschworen wird. Diese Einschätzung soll jedoch nicht dazu führen zu unterschätzen, dass

[413] Foucault betont in seiner Machtanalytik, dass Machtbeziehungen und der Einsatz von Gewalt sich zwar nicht ausschließen, aber analytisch unterschieden werden müssen. Letzteres ist hinsichtlich der Ausübung von Macht als ein Mittel oder eine Wirkung unter anderen zu betrachten, nicht aber als deren Prinzip. Machtbeziehungen affizieren Foucault zufolge in erster Linie die Art und Weise, wie man sich in einem mehr oder weniger offenen Handlungsfeld verhält, so dass sie irreduzibel bestimmte Freiheitsräume voraussetzen. Machtbeziehungen setzen sich somit unter der Bedingung ins Werk, dass der kollektive oder individuelle andere, über den Macht ausgeübt wird, als handelnder Partner anerkannt und aufrechterhalten bleibt. Dadurch sind aber in einem bestimmten Maße immer auch Momente des Widerstands und des Ungehorsams möglich, die insgesamt Mittel sind, wiederum der Machtausübung zu entkommen (vgl. Foucault, »The Subject and Power«, a.a.O., S. 217–224 u. Foucault, »Die Ethik der Sorge um sich als Praxis der Freiheit« (1984), a.a.O., S. 875–902 (frz. II, S. 1527–1548)).

[414] Ein explizites Gesetz zur künstlerischen Freiheit gibt es in den USA nicht, weil sie als staatlich garantierte Redefreiheit unter das *First Amendment* der amerikanischen Verfassung fällt: »Congress shall make no law respecting an establishment of religion, or prohibiting the free exercise thereof; or abridging the freedom of speech, or of the press; or the right of the people peaceably to assemble, and to petition the government for a redress of grievances.«

[415] Eine UPI-Agenturmeldung titelte 2001 bezeichnenderweise: »WTO Powerless to Stop Parody Site«. Weiter hieß es, dass der WTO für die Abschaltung der gatt.org-Seite die Hände gebunden seien, bis die World Intellectual Property Organization (WIPO) ein neues Schiedswesen für Domainnamen eingeführt habe. Der WTO war ein darüber hinausgehender Urheberrechtsstreit über die Verwendung ihres Logos überdies zu kostenintensiv und langwierig (vgl. Anonym, »On the Net« [Agenturmeldung von UPI] (1.11.2001)).

bestimmte Formen von Machtbeziehungen sich an manchen Punkten konzentrieren. Dennoch sind für diese, gleichsam auf der anderen Seite, Freiheitsräume konstitutiv. Diese, verstanden als Handlungsspielräume auch zur Transformation gegenwärtiger Praktiken, sind jedoch nicht explizit vorgegeben; sie werden unter anderem durch Interventionen überhaupt erst erschlossen, eröffnen sich *in actu*, wenn sie tatsächlich beschritten werden. Die Gewissheit, dass es nicht zu juristischen Schritten oder vielmehr zu Verurteilungen kommen würde, war für die ›Yes Men‹ nämlich nicht von vornherein garantiert, sondern wurde erst durch die Tat – also experimentell – erlangt.

Als Effekte der ›Yes Men‹-Fakes lassen sich neben dieser Erschließung von Freiheitsräumen und der Sichtbarmachung bestimmter Strukturen zwar nur minimale Umgestaltungen, Image-Korrekturen und Verschiebungen im öffentlichen Verständnis des organisierten Welthandels festhalten; die Aktionen können aber vor allem in ihrer einfach zu realisierenden und damit in ähnlicher Form wiederholbaren Art dennoch den Boden für weitere öffentliche Infragestellungen der Selbstverständlichkeit der WTO-Agenda und für daran anschließende Transformationen bereiten. Denn Institutionen wie die WTO fußen auf einem demokratischen Fundament und sind damit zu einem gewissen Grad von der öffentlichen Akzeptanz abhängig, werden aber auch aufgrund dieser basalen Wechselbeziehung attackierbar. Das experimentell erlangte Wissen um diese Macht- und Kommunikationsbeziehungen erschließt somit Ansatzpunkte möglichen Widerstands und setzt im Foucault'schen Sinne einen ›Agonismus‹[416] in Kraft, indem ein Horizont möglichen Handelns und Handels aufgespannt wird.

[416] Den neologistischen Begriff des ›Agonismus‹ setzt Foucault in seiner Machtanalytik gegen den des ›Antagonismus‹. Damit betont er, Macht nicht als substantiell, nicht als fundamental gegeben – nicht als Besitz, der am einen Pol in Fülle vorhanden wäre und am anderen nicht –, sondern als relationales Gefüge zu begreifen. Unter der Voraussetzung, dass nicht *ein* Pol souverän als Fixpunkt gesetzt wird, dem ein komplementärer anderer widerstreben würde, kann deren korrelatives Verhältnis in den Blick genommen werden. Es handelt sich somit nicht um ein jeweiliges Blockieren, nicht um eine Art Nullsummenspiel (*zero-sum-game*), das darauf hinausliefe, dass lediglich die Machtdefizite des einen zur Stärke des anderen gereichten, sondern vielmehr um ein gegenseitiges produktives Antreiben (vgl. Foucault, »The Subject and Power« (1982), a. a. O., S. 222). Schon 1999 sorgte eine von RTMark unter dem URL *www.gwbush.org* ins Netz gestellte gefälschte Internet-Seite mit kritischem Inhalt über George W. Bush erst dann für Aufsehen und entsprechende Zugriffszahlen, als der damalige Gouverneur von Texas – in einer Pressekonferenz zu diesem Fake befragt – äußerte: »There ought to be limits to freedom«.

Ruft man sich vor dem Hintergrund dieses ›Agonismus‹ nochmals in Erinnerung, dass sich im Koordinatensystem von Foucaults Machtanalytik Machtbeziehungen durch ein interdependentes Verhältnis zwischen Machtausübung und einem Handeln, das sich dieser entgegenstellt, bzw. zwischen einer Intransitivität der Freiheit und einer Machtausübung, die sich wiederum dieser entgegenstellt, auszeichnen und daher Formen des Widerstands als Ausgangspunkt zur Analyse von Machtbeziehungen gewählt werden können,[417] lässt sich an den gegen die Fake-Praktiken gerichteten mit einer Schließung von Freiheitsräumen verbundenen Gesetzestätigkeiten (oder deren Erwägung) ausloten, als wie gefährlich die Interventionen von den betroffenen Organen erachtet wurden. D. h., die Wirksamkeit der Fakes lässt sich vielleicht daran bemessen, wie versucht wurde, sie mit gesetzlichen Regularien wie etwa dem ›Fraudulent Online Identity Sanctions Act‹,[418] der das pseudonymisierte Registrieren einer Webseite verbietet, einzudämmen.

[417] Vgl. Foucault, »The Subject and Power« (1982), a. a. O., S. 208–226.

[418] Siehe dazu Fn. 369 auf S. 390. Eine weitere Gesetzeshürde für aktivistische Fake-Webseiten ist das schon 1998 verabschiedete sogenannte ›Digital Millennium Copyright Act (DMCA)‹, das sehr weit ausgelegt werden kann und in dem u. a. die Strafen für Copyright-Verletzungen im Internet deutlich verschärft wurden (vgl. »Digital Millennium Copyright Act (DMCA)«, www.copyright.gov/legislation/dmca.pdf, S. 8–13, zuletzt aufgerufen am 13.08.2010).

Schlusswort

Fälschungen und Fakes sind Erfahrungs- und Erkenntnisobjekte in mehrfacher Hinsicht: Zum einen, insofern sie selbst in bestimmten Wissensgebieten als echt, autorisiert oder original zirkulierten und zu entsprechenden Diskursivierungen führten; zum anderen, insofern sie hier Gegenstand analytischer Betrachtungen werden konnten, welchen Ordnungen dieses Zirkulieren, diese Diskursivierungen und auch ihre späteren Markierungen als Fälschungen gehorchten. Fälschungen lassen sich im Sinne Foucaults als ›seltsame Ereignisse‹ *par excellence* betrachten, weil sie zwar zunächst auf einem Sockel regelmäßiger Praktiken ruhen, bei ihrer Offenlegung aber singulär einen Riss erzeugen, der zur Erosion bestimmter Annahmen und Voraussetzungen führt. So lassen sich sowohl die zeitspezifischen Bedingungen der Akzeptabilität der Objekte, Vorgänge und um Fälschungen konzentrierten Konzepte sichtbar machen als auch das an ihre Aufdeckung gekoppelte Potential, auf den Diskurs zurückzuwirken und kritische, transformatorische Effekte nach sich zu ziehen. Im Gegensatz zu einer externen Kritik, die sich über einen Diskurs stellt, setzt sich die mit den Fälschungsentlarvungen verbundene Kritik allerdings *in actu* im Diskurs selbst ins Werk.

Grundsätzlich wird bei Fälschungen und Fakes aufgrund der Zeichen- oder Interpretationsprozesse, die dabei im Spiel sind, die Vorstellung einer möglichen deutungsfreien, ›objektiven‹ Beobachtung von Erfahrungsgegenständen problematisch. Fälschungen werden nämlich nicht als eine irreduzible Ganzheit, sondern als Ergebnis komplexer Dynamiken in Umlauf gebracht. Bereits die eingangs von Eco übernommene Bestimmung der Fälschung als pragmatisches Problem gibt darüber sehr deutlich Auskunft: Wie die Fälle gezeigt haben, musste die Echtheit eines Artefakts nicht unbedingt vom Fälscher erklärt werden, sondern wurde nicht selten von demjenigen, dem das betreffende Objekt in die Hände geriet, bekundet. Häufig war damit ein bestimmter Statuswechsel verbunden, der etwas von einem rein Gegebenen (Datum) zu einem mit bestimmter Aussage- oder Beweiskraft verbundenen Objekt (Faktum bzw. Dokument), zu einem mit einer bestimmten Herstellungsgeschichte identifizierten Artefakt (Original) oder jemanden zu einem mit einem bestimmten Status ausgestatten Subjekt (Autorität) werden ließ. Dennoch konnte dies nicht *ex nihilo* geschehen, sondern nur unter Einbeziehung der durch die einzelnen Zeichenträger implizierten oder ihnen mitgegebenen scheinbar stabilen Interpretationskontexte, die über ihre Bedeutung nicht nur im semantischen Sinne, sondern auch hinsichtlich ihrer Geltung entschieden.

Fälschungen sind daher nicht nur mit als seriös geltenden Sprechakten verbunden, sondern auch als Geflechte von Zeichen zu verstehen, die in einem als beständig erachteten Kontext platziert sind. Die Akzeptanz von Fälschungen und Fakes basiert auf der Annahme der Existenz einer wesentlichen Bindung eines Gegenstands an bestimmte Referenzpunkte (seinen ›Ursprung‹, seine Entstehung, seine Herstellungsgeschichte, seinen Urheber, die historische Wahrheit oder die ›außermediale Realität‹) – scheinbar stabile Verknüpfungen, die nach der Entlarvung reißen, sei es die Situierung von paläontologischen Funden in einer bestimmten geologischen Schicht im Umfeld vorzeitlicher Werkzeuge, das angenommene Alter und der historische Hintergrund eines Versepos oder der mit journalistischen Publikationen verbundene Anspruch, ›Wahres‹ zu berichten. Dadurch gerät die Präsupponierbarkeit solcher existentieller Beziehungen generell in Zweifel, da die Kriterien zu ihrer eindeutigen Festlegung weitgehend die gleichen sind wie diejenigen, die zur Akzeptanz von Fälschungen führen. Häufig ging ihre Aufdeckung daher mit Verschiebungen des sie authentifizierenden Kriterienkatalogs einher, wenn diese Transformationen nicht sogar selbst von Fälschungen herbeigeführt wurden. Anders gesagt: Fälschungen bedürfen zu ihrem Funktionieren bestimmter regelmäßiger Praktiken im Umgang mit ihnen. Diese Regelmäßigkeiten geraten jedoch bei der Enthüllung eines Falsifikats in Bewegung. Damit verbundene kontextuelle Verlagerungen der Fälschungen oder auch nur einzelner ihrer Teile haben eine mitunter völlig differierende Interpretation und Wertung des Ganzen zur Folge. Als Beweis sei der in der Untersuchung mehrfach an den Reaktionen der beteiligten Personen festgemachte Effekt angeführt, dass bestimmte entlarvende Eigenschaften einer (plumpen) Fälschung erst dann sichtbar wurden, als man das Artefakt ausdrücklich als solche betrachtete.

Fälschungen beweisen somit, dass den Dingen bestimmte Eigenschaften, die in ihnen scheinbar evident präsent sind, nicht selten supplementiert werden. Nur aufgrund dieser ihnen in gewisser Hinsicht eigentümlichen Leerstellen können sie als eine Art Projektionsfläche sichtbar machen, wie viele implizite Voraussetzungen bei der Betrachtung epistemischer Objekte, literarischer Artefakte, massenmedialer Berichterstattung und autoritativ abgesicherter Feststellungen am Werk sind. Die Charakteristika, die dazu führen, dass eine Fälschung anerkannt wird, lassen sich somit nicht als essentielle Attribute fassen, da das ›Ding an sich‹ sich nie wesentlich, sondern nur in Relation zu den an ihm ausgeführten Wissenspraktiken zeichenhaft zu (v)erkennen gibt. Häufig geschieht dann das, was bereits anfangs mit Derrida formuliert wurde: Dass nämlich bei Fälschungen das Zeichen für die Sache selbst und die Repräsentation in ihr für die Präsenz gehalten wird. Oftmals erfolgt bei der Betrachtung von Fälschungen auch eine Verabsolutierung einzelner Merkmale, d. h. eine *Pars pro Toto*-Zuschreibung einer das ganze Objekt betreffenden Qualität, ausgehend von nur einigen wenigen Eigenschaften, entweder aufgrund von substantiell erscheinenden Besonderheiten oder motiviert durch die angenommene Identität des empirischen Autors oder bedingt durch die Anerkennung bestimmter Autoritätszeichen. Eine Fälschung lässt sich somit als eine Art Attrappenversuch verstehen, der zum Vorschein bringt, welche zentralen Eigenschaften und Kontexte eines Artefakts oder vielmehr welche durch schematische Betrachtungsweisen dominant werdenden Attribute zu seiner Akzeptanz *in toto* führen. Da der implizite Rekurs von Fälschungen auf zeitgenössische Theorien, Konzepte, Poetologien und Wahrnehmungsgewohnheiten alle besprochenen Fälle auszeichnet, kann auf abstrakter Ebene als maßgebliches Kriterium, das die einzelnen Fälschungen in der Regel annehmbar werden ließ, die Kongruenz mit zeitspezifischen geregelten Praktiken des betroffenen Wissensfeldes oder Kommunikationsbereichs festgehalten werden. Die in dieser Untersuchung vorgenommene Gegenüberstellung der sich innerhalb eines Diskurses in unterschiedlichen Zeitspannen ›ereignenden‹ Fälschungsfälle gibt somit auch Auskunft über die sich verschiebenden Existenzbedingungen sowohl der einzelnen Diskursobjekte als auch der an sie geknüpften Einschätzungen.

Von den diskursübergreifenden Gültigkeitsbedingungen der Fälschungen lässt sich eine spezifische Wahrheitsordnung besonders hervorheben, nämlich eine in nahezu allen Gebieten als Akzeptanzkriterium relevante Wahrscheinlichkeit, nicht im Sinne einer Wahrheitsähnlichkeit (*verisimilitudo*), sondern in der Bedeutung einer Art häufigkeitstheoretischer Probabilität. Denn oft war bei den Prozessen, die darin kulminierten, dass den Artefakten eine bestimmte Valenz zugesprochen wurde, nicht nur deren qualitative Beurteilung, sondern auch deren quantitative Bewertung ausschlaggebend. Dadurch verschob sich wiederholt die Beobachtung weg von den Einzelphänomenen hin zu einer statistischen Betrachtung von Objekt-Gesamtheiten; d. h., die Fälschungen erhielten eine mengenmäßige Zusatzbestimmung, indem sie je nach der Zahl ihres Vorkommens zusätzlich einen Häufigkeitswert zuerkannt bekamen. War ein Artefakt einmal vorläufig akzeptiert, erzeugten weitere ›Nebenfälschungen‹, die ähnliche Qualitäten aufwiesen, *eo ipso* einen Verifizierungskontext, der dafür sorgte, dass die einzelnen Falsifikate sich zunehmend wechselseitig plausibilisierten und zunächst geäußerte Zweifel immer unhaltbarer wurden: Beringer argumentierte im Zusammenhang mit dem ihm bekannten Fälschungsverdacht beispielsweise *ex negativo* damit, dass die hohe Zahl der Steine ihre zeitgenössische Herstellung so gut wie unmöglich habe erscheinen lassen. Die nach dem ersten Fund bei Piltdown ausgegrabenen weiteren Knochen stützten auf ähnliche Weise die anfangs noch als vage betrachteten Erkenntnisse und besänftigten die Skeptiker. Auch Macpherson entkräftete mit den auf seiner Forschungsreise ›sichergestellten‹ umfangreichen Epen *Fingal* und *Temora* die Zweifel über die Existenz des Barden Ossian. In den Massenmedien kommt es im Zusammenhang mit den Nachrichtenagenturen zu einer Art Auto-Probabilisierung: Ist eine falsche Nachricht erst einmal in die Kaskade des Agenturmeldungs-Pools eingeschleust, findet sie sich in Form unterschiedlicher Phänotypen in den verschiedensten Publikationsmedien wieder und erscheint damit auch dem vergleichenden Mediennutzer qua empirischer Häufigkeit wahrscheinlich.

Besonders ist auch das interdiskursive Moment des autoritativen Funktionierens vieler Fälschungen und Fakes hervorzuheben, deren Wirkungsradius maßgeblich von der Involvierung mit einem bestimmten Status ausgestatteter Personen beeinflusst war. In vielen Fällen spielten die spezifischen Aussagemodalitäten bei der Zirkulation der um die Fälschungen kreisenden und sie zertifizierenden Diskursivierungen eine entscheidende Rolle. So lässt sich nachweisen, dass die einzelnen Falsifikate nur deswegen ihre – mitunter machtvollen – Diskurseffekte entfalten konnten, weil sie bestimmten Koryphäen in die Hände gerieten; denn waren sie einmal durch autoritativ abgesicherte ›Beglaubigungen‹ in Umlauf gebracht, wurden sie in immer geringer werdendem Ausmaß einer kritischen Prüfung vonseiten anderer unterzogen. In diesem Sinne belegen Fälschungen und Fakes, dass die Annahme, wissenschaftliche Schlussfolgerungen müssten sich vor dem Hintergrund immer wieder neu zu beweisender Wahrheiten bewähren bzw. müssten sich zumindest bei erneuter Beobachtung der Gegenstände stichhaltig wiederholen lassen, manchmal eine reine Abstraktion bleibt. Entsprechende Diskursivierungen wurden nämlich häufig nicht aus Vernunftgründen akzeptiert, sondern weil eine Autorität sie äußerte oder als wahr bestätigte: Nicht unmaßgeblich für die langanhaltende Akzeptanz der Piltdown-Funde war die Tatsache, dass damals die renommiertesten Experten früher oder später für die Zusammengehörigkeit der beiden Artefakte votierten und somit dafür sorgten, dass dies von anderen Fachwissenschaftlern als zertifizierte Gewissheit angenommen wurde. Wie die Untersuchung der einzelnen Reaktionen gezeigt hat, wurde Skepsis an den Ausgrabungen indes vor allem von Amateur-Paläontologen geäußert, die im herrschenden Diskurs keine Stimme hatten.

Für die Zirkulation von Macphersons Ossianischen Gesängen kam Hugh Blair als damals anerkanntem Literaturkenner große Bedeutung zu. Auch bei den journalistischen Fälschungen hatte die – in den Worten von Schütz – »Autorität der Druckerschwärze« keinen geringen Anteil an der Geltung der – manchmal sogar widersinnigen – Tatsachenbehauptungen. Diese Form der autoritativen Verifizierung lässt sich ebenso im Zusammenhang mit Joey Skaggs im System der Nachrichtenagenturen ausfindig machen, welche wiederum für ihre einzelnen Kunden, die Nachrichtenorgane, als Instanzen fungieren, die ›Wahres‹ weitergeben, welches dann als bereits authentifiziert ungeprüft veröffentlicht wird. Insbesondere bei der massenmedialen Berichterstattung begegnet man einem System, bei dem die Wahrheitsprüfung in einem Maße an die journalistische Autorität delegiert ist, dass es sich, unabhängig von der Unmöglichkeit einer abschließenden Verifizierung, nicht einmal durchgesetzt hat, im Rahmen des Möglichen die Rechercheverfahren, Informations- und Materialquellen anzugeben. Noch die ›Yes Men‹ stützten sich in ihren Auftritten wesentlich auf ihren Status als »*authorized* voices«, der ihnen ermöglichte, einen zynischen Hyperkapitalismus zu vertreten, welcher seitens des Auditoriums unwidersprochen blieb.

Die soeben erwähnten Faktoren, die mit für die Anerkennung der Fälschungen als echt, original, authentisch oder autorisiert sorgten, stehen in direktem Zusammenhang mit den bei den jeweiligen Aufdeckungen freigesetzten diskurskritischen Effekten. Infolge der einzelnen Entlarvungen der Fälschungen kamen aber nicht nur die Kriterien auf den Prüfstand, die zuvor ihre Akzeptanz bestimmt hatten, sondern mitunter auch diejenigen, die zwischenzeitlich zur Ächtung des betreffenden Artefakts als *Corpus Delicti* geführt hatten. Die Fälschungsresonanzen lassen sich, obwohl sie untrennbar mit den zeitspezifischen diskursiven Praktiken verknüpft sind, in zwei Wirkungskreise einordnen, und zwar erstens in die Diskreditierung einer Person oder Personengruppe und zweitens in das Fragwürdigwerden geltender Praktiken eines ganzen Diskursfeldes:

1. Wie im Zusammenhang mit Beringers ›Lügensteinen‹ verdeutlicht wurde, gehörte das Unterschieben fingierter Wissensobjekte schon zu den Waffen im Arsenal der Gelehrtenkritik des 18. Jahrhunderts. Als Voraussetzung für die kritische Wirkung einer solchen Praxis lässt sich der aufklärerische Gedanke geltend machen, menschliche Irrtümer generell nur dann für möglich zu halten, wenn ein Erkenntnissubjekt – trotz der Beschränktheit des eigenen Verstandesvermögens – Urteile über Dinge fällt, die es nicht versteht. Um hier noch einmal Descartes zu zitieren: »[D]enn wenn ich nur den Willen beim Urteilen immer so in Schranken halte, daß er sich auf das allein erstreckt, was ihm der Verstand klar und deutlich vorzeigt, so kann es keinesfalls geschehen, daß ich irre.«[419] Im Verlaufe der Untersuchung konnte eine dahingehende, mit Fälschungen verknüpfte und gegen einzelne Personen oder Personengruppen gerichtete Gelehrten- oder Autoritätskritik immer wieder in verschiedenen zeithistorischen Ausprägungen zutage befördert werden, sei es als Brandmarkung der ›Charlatanerie‹ oder ›Hoffärtigkeit‹ Beringers; als Verurteilung der ›Angry Penguins‹-Bewegung, es an »*sufficient discrimination*« mangeln zu lassen; als Vorhaltung an einzelne Zeitungsjournalisten, ›Universalwissen‹ vorzutäuschen; als Vorwurf an die Redakteure des *SZ-Magazins* bzw. von *stern tv*, Fakten von Fiktionen nicht unterscheiden zu können; oder als Anprangern des Fehlens von »*intellectual standards*« bei der Herausgebergruppe von *Social Text*.
2. Nicht selten infizierte die nachträglich fragwürdig gewordene Akzeptanz bestimmter Fälschungen und Fakes das ganze sie umgebende System: Im Bereich der Naturwissenschaften befördern die Effekte von Fälschungen im Stadium vor ihrer Entdeckung im Allgemeinen zutage, dass im Sinne Foucaults das Bild eines kontinuierlichen Reifungsprozesses der menschlichen Erkenntnis historisch unzulässig ist. Wie der ›Piltdown Man‹ und auch die *Lithographiae Wirceburgensis* zeigen, ist der Verlauf der Wissensgeschichte ebenso von Fälschungen wie von dem, was heute als gesicherte Wahrheit erscheint, affiziert. D. h., die Fälle reduzieren sich nicht darauf, einmalige und vorübergehende Abweichungen von einer Fortschrittsgeschichte des Wissens zu sein. Die um den ›Piltdown Man‹ errichteten Konzepte der menschlichen Evolution lassen nämlich augenfällig werden, dass sich die Geschichte eines Diskurses nicht durch die kumula-

[419] Descartes, *Meditationen über die Grundlagen der Philosophie,* a. a. O., S. 113 [»Meditationes de prima philosophia« IV].

tive Entdeckung einer den Dingen immer schon eingeschriebenen Wahrheit charakterisiert. Denn mit dieser Annahme – zu welchem Zeitpunkt sie auch immer getroffen wird – geht die Voraussetzung einher, dass das jeweils gegenwärtige Wissen die Wahrheit auf die bislang vollständigste und definitivste Weise erfassen würde – eine Teleologie der Wissenschaft, die durch die Quasi-Evidenz, die die Piltdown-Artefakte ebenfalls an einem solchen idealen Punkt in der vergangenen Gegenwart bezeugten, ausdrücklich dementiert wird. Und dabei – vielleicht ist das der beunruhigendste Aspekt von Fälschungen – ist gegenwärtig zu halten, dass die beste Fälschung diejenige ist, die bislang unentdeckt geblieben ist und mithin bis heute als wahr zirkuliert.

Die literarischen Fälschungen sowohl von Macpherson als auch von McAuley und Stewart ließen jeweils bestimmte zeitgenössisch gültige Literaturkonzepte ins Wanken geraten. Angesichts der an ihnen gerühmten poetischen Kraft führte der verlorene ›Ursprung‹ der ›Poems of Ossian‹ nicht zu ihrer Entwertung, sondern dazu, dass die in ihnen eindrucksvoll veranschaulichte ›Ursprünglichkeit‹ und ›Authentizität‹ als eigene literarische Qualität anerkannt und zum Modell eines ›inartifiziellen‹ Dichtens wurde. Ähnliches ereignete sich infolge des Bekanntwerdens der Fingiertheit der Ern Malley-Gedichte. Der Skandal sorgte zwar vorübergehend zu einer Restauration der Vorherrschaft traditioneller Versformen, später aber – im Gegensatz zu der dezidierten Zielsetzung McAuleys und Stewarts – zu einer Verabschiedung dogmatischer poetologischer Modelle, denen zufolge im Text u.a. der Ausdruck eines empirischen Autorsubjekts gesucht wird.

Trotz ihrer mitunter völlig unterschiedlichen Funktionsweisen lassen sich die kritischen Effekte der journalistischen Fälschungen in den Massenmedien auf den gemeinsamen Nenner bringen, die Autorität der Publikationsorgane als unumstößliche ›Wahrheits‹-Instanzen untergraben zu haben. Die Fälschungen von Tom Kummer und Michael Born führen vor allem vor Augen, dass die im Journalismus klar behauptete Binäropposition Fakt und Fiktion für den Rezipienten (und sogar für die betroffenen Chefredakteure) anhand der konkreten Erscheinungsformen ununterscheidbar bleibt. Fälschungen befördern zudem auf der Seite der Mediennutzer eine produktive Skepsis, die dazu anhält, buchstäblich analytisch vorzugehen und Nachrichten, seien sie textlich oder audiovisuell verfasst, nicht als unhintergehbare Ganzheiten zu betrachten, sondern als Ergebnisse bestimmter Synthesen und Kontextualisierungen.

Die Entlarvungen leiten daher dazu an, genauer zu differenzieren, aus welchen einzelnen Informationselementen eine (audiovisuelle) Meldung aufgebaut ist und wie diese in Korrelation gesetzt sind. Am wirkmächtigsten haben sich jedoch solche Formen des Fake erwiesen, die sich nicht im Aufstellen falscher Tatsachenbehauptungen erschöpften, sondern zusätzliche Diskrepanzen aufscheinen ließen: Schütz' ›Grubenhunde‹ wurden beispielsweise deshalb zu einer beißenden Kritik, weil die einzelnen Journalisten sich öffentlich selbst verspotteten, indem sie völlig widersinnige Ausführungen (wie z.B. über feuerfeste Kohle) unter der fragwürdigen Voraussetzung ungeprüft abdruckten, dass die Aussagepositionen und die vertretenen Haltungen der fiktiven Absender zu den Doxa der Publikationsorgane passten.

Die maßgeblichen kritischen Wirkungen der Aufdeckung der ›Yes Men‹-Fakes traten dann zum Vorschein, als die bei den einzelnen Veranstaltungen getäuschten Akteure öffentlich dafür bloßgestellt wurden, dass sie die vorgeschlagenen verwegensten neoliberalen Exzesse kritiklos akzeptiert hatten. Wieder erhöhten sich die diskreditierenden Effekte in dem Maße, wie die Beteiligten in der Lage gewesen wären, sich zu den fanatischen Vorstellungen der WTO-Vertreter klug zu verhalten, dies aber unterlassen hatten. Eine besondere Rolle spielt dabei, dass es aus rein ökonomischer Perspektive gegen die von den ›Yes Men‹ ins Werk gesetzte zynische Überaffirmation neoliberaler Ideologeme nichts einzuwenden gibt, wodurch der Zynismus dieser Logik offen ausgestellt wird. Zweifel an den Zukunftsvisionen der falschen WTO-Repräsentanten hätten nämlich nur aus einer moralischen Perspektive geäußert werden können – eine Haltung, die aber wiederum dem Handeln nach strengen ökonomischen Maßstäben widersprochen hätte.

Betrachtet man die Reaktionen in den von Fälschungen und Fakes affizierten Diskursfeldern, institutionellen Bereichen und Kommunikationsordnungen, zeigt sich, dass es aufgrund der durch die jeweiligen Offenlegungen ausgelösten Störungen zu Rekonfigurationen der als akzeptabel geltenden Praktiken kommt. Dies hat manchmal weitreichende, manchmal weniger weitreichende Umgestaltungen zur Folge, die in zwei zentrale Muster gefasst werden können: Erstens in eine produktive Integration der bei der Aufdeckung aufgeworfenen Diskrepanzen und zweitens in eine generalisierende Exklusion der dadurch fragwürdig gewordenen Konzepte, Stile und Theorien.

Als produktive Integration können vor allem die im literarischen Diskurs angestoßenen Transformationen verstanden werden, insofern Kriterien, die vorher zum Ausschluss oder zur Entwertung bestimmter

Aussagen, Artefakte oder Konzepte geführt hatten, durch Verschiebungen spezifischer Wahrheitsordnungen Teil des Diskurses wurden, sei es, dass der bei den Ossianischen Epen als Fälschung verurteilte Anschein historischer Wahrheit zum figurativen poetologischen Element wurde, oder sei es, dass die Ausstreichung der Macht des Autors über seinen Text, die McAuley und Stewart sich zur Regel für die Abfassung der Malley-Gedichte gemacht hatten, um in ihren Augen ›Unsinn‹ zu produzieren, zum Lektüreprinzip wurde. Ausdruck eines ähnlichen Absorptionsvorgangs sind auch die im Zusammenhang mit Fälschungen in den Massenmedien gestreiften Formate, wie die Sendung *20/20* über Joey Skaggs oder insbesondere *Danny Wallace's Hoax Files*, bei der als solche aufgedeckte Fakes als Medienereignisse vom Sender selbst inszeniert werden: Galten vorher Protagonisten wie Skaggs als Vertreter des aufklärerischen Projekts, dem Zuschauer zu vermitteln: »Nichts ist, wie es scheint«, erklären sich nun die Massenmedien mit ihrem mittlerweile in poststrukturalistischen und konstruktivistischen Theorien geschulten Personal selbst zum Statthalter dieser Aufklärungsarbeit. Bemerkenswert ist in diesem Zusammenhang auch, dass Journalisten wie Kummer einen zum intellektuellen Gemeinplatz gewordenen Baudrillardismus, bei dem allerdings die Tragweite von Baudrillards Theorien auf einen Medienskeptizismus reduziert wird, zur Rechtfertigung ihres Vorgehens nutzen können: Die dabei geäußerten Verdachtsbekundungen geraten dann wiederum zum Zeichen für eine mediale Aufrichtigkeit, die als aktualisierter Authentifizierungs-Effekt verstanden werden kann. Denn derjenige, der Zweifel bezüglich der Massenmedien äußert, sichert sich erneut die Position einer unhintergehbaren Wahrheitsinstanz oder einer ›authentischen‹ Perspektive.

Die zweite Dynamik, die mit den Stichworten ›generalisierende Exklusion‹ bezeichnet wurde, äußert sich darin, dass aufgedeckte Fälschungen oder Fakes in einem bestimmten Gebiet eine Reihe weiterer, ähnlich gelagerter Phänomene sowie deren maßgebliche Akzeptanzkriterien mit sich in den Abgrund reißen. Um es mit Foucault zu formulieren: Die Fälschungen und die mit ihnen verbundenen diskursiven Wahrheiten oder Praktiken werden als Monstrosität in ein ›wildes Außen‹ verbannt. Die Tatsache, dass Beringers epistemische Objekte Fälschungen gewesen waren, diskreditierte aus der Sicht späterer Paläontologen den gesamten Theorie-Kanon, den er bei seiner Untersuchung geltend gemacht hatte; die nachträglich offengelegten Produktionsbedingungen der Gedichte Ern Malleys sorgten zumindest kurzfristig dafür, dass bis in die 1950er Jahre hinein experimentelle Lyrik generell zugunsten klassisch-traditioneller Formen im literarischen Diskurs Australiens zum Verschwinden gebracht wurde; der Fall Tom Kummer zog in Verbindung mit ökonomischen Zwängen im Zeitungsmarkt nach sich, dass popjournalistische Formen des Schreibens aus den Magazinen verdrängt wurden und wieder vermehrt ein sich ›objektiv‹ gebender Stil, bei dem die Vermitteltheit der Information zu verdecken versucht wird, propagiert wurde; noch die im Zusammenhang mit Foren im Internet wachsende Kontrolle der Webkommunikation und die juristische Verhinderung pseudonymisierter Domain-Registrierungen lässt sich als Reaktion auf die interventionistischen Praktiken im World Wide Web interpretieren.

Dass Fälschungen bei ihrer Entlarvung *ex post* ihre eigenen Existenzbedingungen sowohl sichtbar machen als auch teilweise zerstören, wurde in den vorangegangenen Überlegungen jedoch nicht nur historisch nachgewiesen, sondern auch gelegentlich zum Anlass genommen, weitergehende theoretische Konsequenzen zu ziehen. D.h., es wurde vor allem im Zusammenhang mit Fälschungen und Fakes in der Literatur und im Journalismus versucht, nicht bei der Zerstörung der Gewissheit unhintergehbarer Wahrheiten oder bei dem Hinweis auf die für jede diskursive Wahrheit wesentliche Kontextualität stehenzubleiben, sondern den Blick auf ein Drittes zu richten, das – wenn auch niemals vollständig und einwandfrei – eine heutige differenzierte Betrachtung der Phänomene grundieren könnte. Für die Literatur konnte herausgearbeitet werden, dass Fälschungen durch die Verunsicherung ihrer epistemologischen Verlässlichkeit nicht den Status als Literatur verlieren, sondern die figurative Macht von Literatur vor Augen treten lassen, da sich, wie in Anlehnung an de Man formuliert wurde, ihre Literarizität u.a. erst durch ihr Potential, »vertiginous possibilities of referential aberration«[420] zu eröffnen, also wahr und falsch durcheinander zu spielen, in Kraft setzt. Hinsichtlich der massenmedialen Berichterstattung konnte, ausgehend von der Einsicht, dass sich an ihren einzelnen Erscheinungsformen kein Unterschied zwischen Fakt und Fiktion festmachen lässt, schließlich deutlich gemacht werden, dass die Fundierung der Verlässlichkeit massenmedialer Informationsvergaben nicht in ihrer abgesicherten, überprüf- und beweisbaren ›Objektivität‹ zu suchen ist, sondern in einer mit dem Komplex der Zeugenschaft verbundenen moralischen Eigenverpflichtung, welche durch ökonomische Zwänge jedoch ihre Qualität als selbstgegebenes Sittengesetz oder selbstkontrollierte Leitidee *in sensu strictu* einbüßt.

[420] De Man, »Semiology and Rhetoric«, a.a.O., S. 10.

Um abschließend zu versuchen, die aus den Fälschungen und Fakes gewonnenen Erkenntnisse für eine diskurskritische und emanzipative (mikro-)politische Praxis fruchtbar zu machen, die – in den Worten Foucaults – »die politische, ökonomische und institutionelle Produktionsordnung der Wahrheit«[421] zu verändern bzw. von Hegemonien zu befreien hilft, sollen im Folgenden einige wirkungsmächtige Eigenschaften isoliert werden. Dabei ist jedoch noch einmal der Status von Fälschungen und Fakes als ›seltsame Ereignisse‹ zu bedenken: Aus den angesichts ihrer symptomatischen Prozesse gestellten *Dia*gnosen lassen sich nicht eins zu eins *Pro*gnosen ableiten, weil die jeweiligen Aufdeckungen zur Folge hatten, dass ihre ganz spezifischen Existenzbedingungen zerstört wurden. Einsichtig wird dieses Fazit, wenn man sich vor Augen führt, dass eine Täuschung nicht wiederholbar ist, wenn das Falsifikat erst einmal als solches markiert ist. Strenggenommen ist aufgrund ihrer zeit- und diskursspezifischen Effekte aus den gelungenen Praktiken also keine Poesis ableitbar. Viele der besprochenen Fälle verdankten zudem ihre Wirkungsweise einer bestimmten geschichtlichen Konfiguration. Ihr Gewicht hing von einem idealen historischen Zeitpunkt ab, der zwar unter Voraussetzung einer gewissen Versiertheit der Fälscher, aber nicht selten auch aufgrund einer Reihe zusätzlicher kontingenter Bedingungen dazu führte, dass mit entsprechenden Wahrheitsordnungen versehene Diskurse, Disziplinen oder Kommunikationsbereiche in außerordentlicher Weise affiziert wurden.

Dennoch können als Quintessenz einige, meistenteils negative Regeln aufgestellt werden:

Allem voran ist hervorzuheben, dass Fälschungen und Fakes dann als Kritik wirkungsvoll sind, wenn sie nicht auf einen reinen Vertrauensmissbrauch zurückgeführt werden können, bei denen also nicht nur ein Kontrollverlust oder freiwilliger Kontrollverzicht des Getäuschten ausgenutzt worden ist, sondern wenn deutlich wird, dass die offensichtlichen Möglichkeiten, die zur Verfügung gestanden haben, sich dazu ablehnend zu verhalten, ungenutzt geblieben sind. In ähnlicher Weise wächst auch der Wirkungsradius, wenn in die Vorgänge nicht nur eine einzelne Person oder eine eingeschränkte Personengruppe, sondern ein größerer Rezipientenkreis involviert ist, z. B. die wichtigsten Experten eines Wissensgebiets. Dann können nämlich Fakes nicht moralisch als Betrug abgetan und als von außen kommende Störung externalisiert werden, sondern bringen das System, das sie akzeptierte, in Rechtfertigungszwang. Das

[421] Foucault, »Gespräch mit Michel Foucault« (1976), a.a.O., S. 213 (frz. II, S. 160).

kritische Potential von Fälschungen und Fakes wächst somit in gleichem Maße, wie Möglichkeiten zur Verfügung stehen, sie zu entlarven oder zurückzuweisen. D. h. paradoxerweise: Je offensichtlicher eine Täuschung ist, desto zersetzender sind ihre Effekte, insofern sie *ex post* vor Augen führt, wie fragwürdig die an sie angelegten Erkenntnispraktiken und Präsuppositionen gewesen sind. Denn dadurch werden die Mechanismen, Logiken und (unterlassenen) Praktiken, die sie akzeptabel gemacht haben, besonders zweifelhaft. Als Beleg für die Relevanz der genannten Faktoren wäre die mögliche Falsifikation des ›Piltdown Man‹ (etwa die von sämtlichen Koryphäen übersehenen Feilspuren) zu erwähnen oder, dass das vorhandene Material nicht ausreichte, um die gezogenen Schlüsse selbst nach dem damaligen Stand der Wissenschaft zu rechtfertigen; auch die ›Grubenhunde‹ von Schütz stellten ihre aussagenlogische Absurdität offen aus; ähnliches gilt für etliche pseudowissenschaftliche Argumente Sokals und schließlich hätte jedem Zuhörer der ›Yes Men‹ offen gestanden, deren fragwürdigem Hyperkapitalismus offen zu widersprechen.

Im Bereich der Fakes in den Massenmedien kann frei nach Karl Kraus davor gewarnt werden: »Man sei mit den Massenmedien vorsichtig. Wer sie irreführen will, vermeide Tatsachen. Denn im Tatsächlichen irren, macht den Offenbarungsglauben, den die Presse anstrebt, nicht zunichte.« Wie die Fälle gezeigt haben, können durch Fälschungen oder Fakes gestützte falsche Tatsachenbehauptungen sogar die Glaubwürdigkeit eines publizistischen Mediums stärken, insofern der Unfall der Fälschung dazu dient, den ›authentischen‹ Normalfall sowohl zu definieren als auch zu festigen. Insofern sind solche Praktiken effektiv, die die Massenmedien zwingen, einesteils ihrer Funktionslogik gemäß über Phänomene zu berichten, die sonst nicht nachrichtenwürdig gewesen wären, oder andernteils offen auszustellen, dass sie die Codizes, die am Zustandekommen ihrer Autorität maßgeblich beteiligt sind, gravierend missachten. Mit anderen Worten: Journalistische Fakes entwickeln dann Sprengkraft, wenn ihre experimentellen Ergebnisse über die Binsenweisheit der Aufdeckung einer medial produzierten Realität hinausreichen und die konkreten publizistischen Verfahren infrage gestellt werden.

Eine besondere politische Brisanz kommt denjenigen Fakes zu, die sichtbar werden lassen, in welchem Maße die Macht des Autoritativen, allem jeweiligen Selbstverständnis zum Trotz, nach wie vor das Zirkulieren einzelner Aussagen und Handlungsanweisungen bestimmt, oder anders gesagt, die vor Augen führen, dass Diderots vernünftiger Autoritätsbegriff, der eine rationale Begründbarkeit der Autorität miteinschließt, in manchen Bereichen bis heute nicht eingelöst ist. Denn nicht selten klafft zwischen den expliziten Maximen und der diskursspezifischen Praxis eine breite Kluft.

Ausgehend von solchen experimentell gewonnenen partiellen Einsichten über die Formationsregeln eines Diskurses oder über bestimmte Kommunikationsbeziehungen können die damit verwobenen Machtbeziehungen *in actu* problematisiert, kritisiert und modifiziert werden, indem man ihr reibungsloses Funktionieren stört und die Akteure zwingt, Aspekte, die bislang unausgesprochen geblieben sind, zu artikulieren. Schon Foucault hat mit aller Entschiedenheit darauf verwiesen, dass Macht nicht nur durch bekannte Instanzen offensichtlich ausgeübt wird, sondern dass bestimmte Kräfteverhältnisse auch durch ein Geflecht von vermeintlich unbefangenen und autarken Institutionen verlaufen. Politische Macht reicht somit viel tiefer, als auf den ersten Blick vermutet; sie birgt »unsichtbare und wenig bekannte Zentren und Stützpunkte. Ihre wirkliche Widerstandskraft, ihre wahre Stärke findet man vielleicht dort, wo man sie nicht erwartet«[422] Als eine politische Aufgabe sieht er daher, »das Spiel der scheinbar neutralen und unabhängigen Institutionen zu kritisieren [...] und in einer solchen Weise anzugreifen, dass die politische Gewalt, die in ihnen im Verborgenen ausgeübt wird, aufgedeckt wird, so dass man gegen sie kämpfen kann«.[423] Durch Fakes, die gleichsam vom kritischen Potential von Fälschungen in der Zeitspanne ihrer Aufdeckung gelernt haben, kann diesen Formen und Orten des Regierens im großen wie auch im kleinen Maßstab unter Umständen ihre täuschende Vertrautheit genommen werden, da sie als gemachte und nicht als unumstößliche zur Erscheinung gebracht werden – »und weil diese Dinge geschaffen worden sind, können sie unter der Bedingung, dass man weiß, wie sie geschaffen wurden [*ont été faites*], auch aufgelöst [*défaites*] werden«.[424]

Angesichts dieses ›Defaitismus‹ von Foucault ist jedoch seine Konzeptualisierung der irreduziblen Interrelation von Wissen und Macht in Erinnerung zu rufen;[425] die Utopie eines machtfreien Wissens ist damit zu verwerfen. Es kann sich nicht um die Abschaffung, sondern nur um taktische Veränderungen des Wissens- und Machtgefüges handeln, um die Schaffung eines Freiheitsraums [*espace de liberté*], »verstanden als Raum

422 Foucault, »Über die Natur des Menschen: Gerechtigkeit versus Macht« (1971), a. a. O., S. 617 (frz. I, S. 1364); Übersetzung modifiziert.

423 Ebd.

424 Foucault, »Strukturalismus und Poststrukturalismus« (1983), a.a.O., S. 545 (frz.II, S. 1268).

425 Siehe dazu weiter oben, S. 57f.

einer konkreten Freiheit, das heißt einer möglichen Umgestaltung«.[426] Entsprechend gibt Foucault in einem Vorwort zu Deleuzes und Guattaris *Anti-Œdipus* dem politischen Aktivismus mit auf den Weg, nicht auf endgültige Wahrheiten, seien es auch Anti-Wahrheiten im Verhältnis zum herrschenden Diskurs, zu rekurrieren, um sich nicht umgehend in Widersprüche zu verwickeln: »Verwendet nicht das Denken dazu, einer politischen Praxis einen Wahrheitswert zu verleihen, und auch nicht die politische Aktion dazu, ein Denken zu diskreditieren, als ob es bloß reine Spekulation wäre. Verwendet die politische Praxis als einen Intensifikator des Denkens und die Analyse als einen Multiplikator der Interventionsformen und -bereiche der politischen Aktion.«[427] Praktiken des Fake können als eine mögliche, nicht selbst durch Wahrheiten grundierte, sondern diese verunsichernde und attackierende Form der Intervention angesehen werden. Da sie mitunter wie ein Kontrastmittel bestimmte Macht- und Kommunikationsbeziehungen sichtbar machen und damit Ansatzpunkte zu ihrer Veränderung erschließen, tragen sie dazu bei, eine andere Politik der Wahrheit zu begründen.

[426] Foucault, »Strukturalismus und Poststrukturalismus« (1983), a.a.O., S. 544 (frz. II, S. 1268).

[427] Michel Foucault, »Vorwort« (1977), in: *Schriften*, III, a.a.O., S. 176–180, hier: S. 179f. Frz. »Préface«, in: *Dits et écrits*, II, a.a.O., S. 133–136, hier: S. 135.

Nachwort zur dritten Auflage

Dass ein Buch zehn Jahre nach seinem ersten Erscheinen eine dritte Auflage bekommt, ist Anlass zur Freude und eine Herausforderung zugleich. Nicht zuletzt, weil es auf eine Dissertation zurückgeht, eine Textsorte, der dieses Maß an Aufmerksamkeit als »Qualifikationsarbeit« für gewöhnlich nicht entgegengebracht wird. Anlass zur Freude ist, dass der Verlag, insbesondere Wolfram Burckhardt, dem ich an dieser Stelle ausdrücklich danken möchte, das Projekt von Anfang an, auch mutig, unterstützt hat und nun zum 25-jährigen Bestehen des Kulturverlag Kadmos eine Neuauflage herausbringt. Sehr gerne erinnere ich mich z. B. an eine nachmittägliche Februarsitzung in den Verlagsräumen, während der wir (auf dem Tisch lag als Vorbild Michel Serres *Elemente einer Geschichte der Wissenschaften*) konspirativ am Computer das Cover auf Willy-Fleckhaus- und Rolf-Staudt-Ästhetik getrimmt haben.

Wenn ich hingegen von Herausforderung spreche, so meine ich damit, dass ein Buch nach zehn Jahren, v. a. angesichts seines vor dem Hintergrund der amerikanischen Präsidentschaft von Donald Trump hochaktuell gewordenen und politisch nach wie vor brisanten Themas, etwas Staub angesetzt hat, den man nicht mit einem Handstreich wegwischt. Es kann hier nämlich unmöglich gelingen, sämtliche Fälschungsmomente, die sich seither ergeben haben, noch nachzutragen. Das ergäbe nicht eine weitere Auflage, sondern ein zweites Buch, einen Ergänzungsband. Die Entwicklungen im Bereich der Social Media sind inzwischen so rasch vorangeschritten, dass die Überlegungen im entsprechenden Kapitel (vgl. S. 377ff.) aus heutiger Sicht lediglich erste Grundzüge der damit verbundenen Problematiken skizzieren konnten. Dabei handelt es sich letztlich um eine Dynamik, die auf den sehr gegenwartsorientierten Medienwissenschaften von jeher lastet, werden sie doch immer in einem gewissen Sinne von aktuellen technischen Entwicklungen vor sich hergetrieben. Ein Buchbeitrag von mir im Themenfeld der Authentizitätsversprechen der Social Media endete im Jahr 2015 noch mit dem Satz »Höchste Zeit also für einen großen Fälschungsskandal bei Facebook oder Twitter. Sonst wiederholt sich die in der Geschichte ›neuer‹ Medien immer wieder zum Tragen kommende Medienvergessenheit in Form missverstandener

Unmittelbarkeit ein weiteres Mal.«[1] Hier wären inzwischen unzählige Beispiele zu ergänzen und auch in ihrer Spezifik zu analysieren. Einige Aspekte werde ich gleich noch aufgreifen.

Zunächst möchte ich jedoch kurz auf den neuen Untertitel dieser Ausgabe eingehen. Nach reiflicher Überlegung habe ich mich dazu entschlossen, den Begriff des »Diskurses« zu streichen, obwohl ich nach wie vor an dessen Operationalisierbarkeit festhalte, ohne ihn wiederum verabsolutieren zu wollen. Die Entscheidung habe ich getroffen, weil die Frage des »Diskurskritischen« zu allzu vielen Missverständnissen und mitunter unfruchtbaren Diskussionen geführt hat, v. a. dann, wenn die diskursanalytische Vorgehensweise von Michel Foucault immer noch zu gerne auf eine sprachliche Dimension verengt wird. Dabei geht es Foucault, wie er nie müde wurde zu betonen, dezidiert um Praktiken – eine Einsicht, die sich insbesondere dann erschließt, wenn man die *Archéologie du savoir* nicht in der den Text zum Teil bis ins Groteske entstellenden deutschen Übersetzung liest. Selbst die häufig in diesem Zusammenhang vorgenommene rigorose Unterscheidung zwischen einem neueren, Techniken umfassenden Dispositivbegriff und einem älteren, auf die sprachliche Dimension begrenzten Diskursbegriff, ist bei genauerer Lektüre, wie bereits im Buch dargestellt (vgl. S. 64f.), unhaltbar. Foucault hat dieser Abgrenzung, wie an besagter Stelle weiter vorne im Buch schon in Teilen zitiert, buchstäblich eine Absage erteilt: »[F]ür meine Sache mit dem Dispositiv ist es nicht so sehr wichtig, ob es heißt: Dies da ist diskursiv, dies da ist es nicht. [...] Doch glaube ich nicht, dass es von großer Wichtigkeit ist, genau diese Trennung vorzunehmen, da mein Problem ja kein sprachliches ist.«[2] Genauso wenig existiert zwischen seiner Archäologie und seiner Genealogie ein so radikaler Bruch, wie von manchen Interpret_innen angenommen. Vielmehr handelt es sich, wie vieles bei Foucault, um eine permanente Weiterentwicklung. Die Kürzung des Untertitels dieser Neupublikation lehnt sich an eine Strategie Bruno Latours und Steve Woolgars an, die ihr 1979 veröffentlichtes Buchs *Laboratory Life. The Social Construction of Scientific Facts* wegen zu großer Vorverurteilungen und Missverständnisse – man hatte sie schlicht immer wieder zu idealistischen Sozialkonstruktivisten erklärt – in der Neuauflage von 1986 kurz zu »The Construction of Scientific Facts« umbenannten. Daher hier der

1 Martin Doll: »Wahrhaftigkeit im Journalismus. Über die Wiederholbarkeit von Augenzeugenschaft«, in: Rolf Parr u.a. (Hg.), *Wiederholen /Wiederholung*, Heidelberg: Synchron 2015, S. 285–301, hier: S. 301.

2 Michel Foucault: »Das Spiel des Michel Foucault«, a.a.O., S. 396 (frz. II, S. 301).

ähnlich gelagerte Entschluss, nun nur noch von der »kritischen Dimension des Täuschens« zu sprechen.

Um die Bedeutung von Praktiken methodisch stärker herauszustellen, würde ich in den theoretischen Ausführungen inzwischen zusätzlich die Actor-Network-Theory genauer aufgreifen. Obwohl ich mit dem Vokabular von Foucault argumentiere, könnte man die notwendige Einbettung von Fälschungen und Fakes in bestimmte akzeptable Praktiken auch mit dem Vokabular der Akteur-Medien-Theorie[3] fassen: Die diskursiven Formationen bei Foucault wären dann als beglaubigende Gefüge, *agencements*, durchzubuchstabieren. Latour gibt dafür ein eindrückliches Beispiel (ganz in der Linie meiner im Buch verfolgten Argumentation, Fälschungen und Fakes einen maßgeblichen temporalen Aspekt zuzusprechen und sie als historische Kippfiguren zu behandeln): Als im Jahr 1956 der Pharao Ramses II in Paris untersucht wurde, diagnostizierte man, 3000 Jahre nach seinem Tod, als Todesursache Tuberkulose. Latour fragt: »Wie hätte er an einem Bazillus sterben können, der 1882 entdeckt wurde, und an einer Krankheit, deren Ätiologie in ihrer modernen Form auf Laënnecs Abteilung aus dem Jahr 1819 zurückgeht?«[4] Latour bleibt bei Andeutungen, spielt aber einerseits auf die Forschungen zum Tuberkulose-Bakterium von Robert Koch an und, für Medienwissenschaftler_innen interessanter noch, auf das von Laënnec erfundene Stethoskop zur Beobachtung von Herz- und Lungenerkrankungen. Damit insistiert Latour auf den »lokalen, materiellen und praktischen Netzwerken«, die bestimmte Artefakte (und auch Krankheiten) als Wissensobjekte umgeben müssen. Im beschriebenen Fall sind dies die Symptome der Mumie im Krankenhaus, die nachträglich sichtbar geworden sind, weil sie von medizinischen Spezialist_innen unter Scheinwerferlicht untersucht werden konnten, unter Zuhilfenahme von Röntgentechnik und zur Sterilisation der Knochen verwendeter Kobalt-60-Strahlung.[5]

Wie einer ähnlich gelagerten Temporalität des Untersuchungsgegenstands im eigenen, inzwischen eben zehn Jahre alten Buch begegnen?

3 Verwiesen sei hier auf einen Standardtext, in dem der Ethnomethodologie Harold Garfinkels eine größere Bedeutung zukommt: Erhard Schüttpelz: »Elemente einer Akteur-Medien-Theorie«, in: Tristan Thielmann, Erhard Schüttpelz u. Peter Gendolla (Hg.), *Akteur-Medien-Theorie*, Bielefeld: transcript 2011, S. 9–67.

4 Bruno Latour: »On the Partial Existence of Existing and Non-existing Objects«, in: Lorraine Daston (Hg.), *Biographies of Scientific Objects*, Chicago, IL: Univ. of Chicago Press 2000, S. 247–269, hier: S. 248. Übers. hier und aller anderen fremdsprachigen Quellen, wenn nicht anders angegeben, M.D.

5 Ebd., S. 249f.

Ich habe mich für ein paar epilogische Ergänzungen entscheiden, die aber ganz bewusst in schnellen Strichen erfolgen, um die wichtigsten, problematischen – oder in der Zwischenzeit ganz im Sinne Foucaults problematisch gewordenen[6] – Felder aufzuspannen.

Wie schon angedeutet, hat dieses Buch spätestens ab 2017 noch einmal erneute Aufmerksamkeit erlangt, und zwar durch das ubiquitäre Sprechen von »Fake News«. Dies geschah nicht nur vonseiten Donald Trumps, sondern auch vonseiten seiner Kritiker_innen. Zu erinnern wäre in diesem Zusammenhang ebenso an die berühmt gewordene Wendung »alternative facts«, die die Beraterin des Präsidenten Kellyanne Conway im Zusammenhang mit den Diskussionen um die mehr oder weniger große Zuschauermenge bei der Inauguration des Präsidenten geprägt hat.[7] Gerade weil dieses Buch es unternimmt, einen eigenen Begriff des Fake zu entwickeln, möchte ich an dieser Stelle Yochai Benkler und seinem Forschungsteam von der Harvard University voll zustimmen. Sie haben im Zuge ihrer Untersuchungen zu Publikationsstrategien im Rahmen des Wahlkampfs zwischen 2015 und dem Wahltag 2016 zu Recht hervorgehoben, dass für die vielfältigen Verfahrensweisen der Desinformation, auch vonseiten des Trump-Teams, der Begriff »Fake News« schlichtweg zu simpel ist.[8] Ferner taugt er für das Abtun missliebiger Informationen, wie ihn Donald Trump wiederum benutzte, genauso wenig wie der historisch vorbelastete Begriff der ›Lügenpresse‹.

Im Zusammenhang mit aktuelleren Formen von Fälschungen in den Social Media und im Journalismus erachte ich die von mir erarbeiteten Begriffe und Methodiken nach wie vor für aktuell, nämlich einerseits die Prozessualität des Täuschens in den Vordergrund zu rücken und andererseits die praktischen Netzwerke der Beglaubigung zu analysieren. Um das Feld der Desinformation zu untersuchen, hilft es m. E. nicht, nach der Substanz einer richtigen Nachricht zu fragen, die sich von der falschen abheben würde. Vielmehr ist hier ebenfalls geboten, die vielfältigen medialen Techniken und Praktiken genauer zu untersuchen, die derzeit Nachrichten *als* faktual, *als* objektiv zertifizieren. Daran anknüpfend lässt sich dann fragen, welche impliziten wie auch expliziten Arbeitsweisen

6 Michel Foucault: »Polemik, Politik und Problematisierungen«, a.a.O., S. 727–729 (frz. II, S. 1410–1417).

7 *Meet The Press*, NBC News, 22.01.2017, 9 Uhr, Transkript der Sendung online unter: https://www.nbcnews.com/meet-the-press/meet-press-01-22-17-n710491, zuletzt aufgerufen am 12.01.2022

8 Yochai Benkler u. a.: »Study: Breitbart-Led Right-Wing Media Ecosystem Altered Broader Media Agenda«, in: *Columbia Journalism Review* (03.03.2017), www.cjr.org/analysis/breitbart-media-trump-harvard-study.php, zuletzt aufgerufen am 08.03.2021.

und Ordnungen sich verstetigt haben. Es sind nämlich die gleichen, die nun, manchmal nur indirekt, dafür sorgen, dass Desinformation geglaubt wird. Eine These dazu wäre: Dadurch, dass, wie im Buch dargestellt, im klassischen Journalismus für die eigenen Ausführungen in der Regel keine ausführliche Beweisführung geliefert wird, d.h. die Recherchemethoden der Dramaturgie und der Kürze wegen nicht mitvermeldet werden, hat dies für die Rezipient_innen schleichend zur Folge, eine Nachricht wohl oder übel vertrauensvoll glauben zu müssen. Zur Zertifizierung ruht das Berichtsgeschehen auf einem autoritativen Gerüst, insofern man gelernt hat, bestimmten als seriös geltenden Nachrichtenquellen eher zu vertrauen als anderen. Diese autoritative Absicherung fällt nun im Internet und den Social Media zum Teil aus, das Vertrauensmoment bleibt: Auch hier werden gewohnheitsmäßig keine Beweisführungen mehr erwartet. Außerdem gilt es, sich – wie bei den durch die Telegrafie bedingten Veränderungen im Agenturjournalismus (vgl. S. 264f.) – zu fragen, welche genuin technischen Transformationen (und damit verbundene Kommunikationsformen) im Bereich der Social Media mit Desinformation in Verbindung stehen. Der Tech-Blogger Ben Thompson hat treffend festgestellt: »Die Macht hat sich von der Angebots- auf die Nachfrageseite verlagert.«[9] Nicht mehr der oder die autoritativ abgesicherten Urheber_innen bzw. ihr entsprechendes Publikationsumfeld, sondern die Zahl der Likes und Retweets entscheidet häufig rein quantitativ über den Nachrichtenwert. Möglicherweise bildet sich hier ein Authentifizierungsmechanismus in Form eines statistischen Effekts heraus: Je mehr eine Falschnachricht retweetet oder gelikt wird, desto plausibler erscheint sie. Die Forschung nennt dies »illusory truth effect«.[10] Obwohl ich als Medienkulturwissenschaftler Vorbehalte gegenüber Statistiken habe, erscheint es mir legitim, diese stochastischen Wahrheitseffekte wiederum mit statistischen Studien zu belegen. So weist eine Untersuchung aus dem Jahr 2018 minutiös nach, dass häufige Wiederholungen von selbst abstrusen Falschnachrichten – »völlig erfundene, offen gesagt, haarsträubende Fake-News-Geschichten«[11] – dazu führen, dass diese als akkurater wahrgenommen werden.

Hinzu kommt, dass die technischen Mechanismen etwa von Facebook oder Twitter sich dadurch auszeichnen (sie sind schlicht so

9 Ben Thompson: »The Voters Decide«, in: *Stratechery* (02.03.2016), https://stratechery.com/2016/the-voters-decide/, zuletzt aufgerufen am 08.03.2021.

10 Gordon Pennycook, Tyrone C. Cannon u. David G. Rand: »Prior Exposure Increases Perceived Accuracy of Fake News«, in: *Journal of Experimental Psychology. General* 147.12 (2018), doi: 10.1037/xge0000465, S. 1865–1880.

11 Ebd., S. 4 u. 32.

programmiert), diejenigen Posts zu bevorzugen, welche die meisten Reaktionen provozieren. Diese in Sekundenschnelle vonstattengehenden Interaktionen können auch von sogenannten Social Bots stammen – obwohl hier ebenso neuere Studien, z. B. aus dem Jahr 2018 vonseiten des MIT, betonen, dass menschliche Akteur_innen nach wie vor den höheren Anteil an der Verbreitung, am Retweeten, Liken etc. von Nachrichten im Netz haben.[12] Zudem spielt Ähnlichkeit eine große Rolle: Interessiert man sich für einen bestimmten Bereich, bekommt man, von entsprechenden Algorithmen gesteuert, mehr davon angeboten.[13] Das Ergebnis ist, dass man es bei Falschnachrichten mit einem fast automatisch ablaufenden gleichermaßen von Social Bots wie menschlichen Akteur_innen forcierten Authentifizierungsprozess zu tun hat.[14]

Eine interessante Hypothese von danah boyd dazu lautet unter dem Stichwort »Hacking the attention economy«, dass es bei den Desinformationsstrategien nicht zwingend um einzelne Täuschungen geht, sondern darum, die klassischen Medien u. a. dahingehend zu manipulieren, ein bestimmtes Thema (und sei es auch in Form einer gut gemeinten Richtigstellung) überhaupt aufzugreifen. Ein weiteres allgemeines Ziel dabei sei, mittels des sogenannten *gaslighting* den Unterschied zwischen legitimen Nachrichten, Falschmeldungen und Propaganda völlig zu verunklaren. Plattformen wie ›breitbart‹ werden damit zum perfekten Werkzeug, um das Vertrauen in klassische Institutionen und Informationsvermittler (z. B. vormals anerkannte Zeitungen) zu mindern.[15] So warnt Jeff Jarvis seine Kolleg_innen im Journalismus entsprechend eindringlich, nicht über die Inhalte, sondern über die Vorgehensweisen von problematischen Rechtsaußen-Plattformen zu berichten. Im ersten Fall seien sie nämlich den Manipulator_innen schon ins Netz gegangen,

[12] Soroush Vosoughi, Deb Roy u. Sinan Aral: »The Spread of True and False News Online«, in: *Science* 359.6380 (2018), doi: 10.1126/science.aap9559, S. 1146–1151, hier: S. 5.

[13] Erhellend sind dazu weniger die Überlegungen in Eli Pariser: *The Filter Bubble. What the Internet is Hiding From You*, New York, NY u. a.: Penguin 2011, sondern die Ausführungen in Wendy Hui Kyong Chun: »Queerying Homophily«, in: Clemens Apprich u. a., *Pattern Discrimination*, Lüneburg: meson press 2018, S. 59–97.

[14] Vgl. zum Datenrecherche-Projekt der *Süddeutschen Zeitung* ›Der Facebook-Faktor‹: Jannis Brühl: »Eine Erschütterung der Demokratie, wie wir sie kennen«, in: *Süddeutsche Zeitung* (03.05.2017), www.sueddeutsche.de/digital/der-facebook-faktor-eine-erschuetterung-der-demokratie-wie-wir-sie-kennen-1.3487099, zuletzt aufgerufen am 08.03.2021.

[15] danah boyd: »Hacking the Attention Economy«, in: *Points: Data & Society* (05.01.2017), https://points.datasociety.net/hacking-the-attention-economy-9fa1daca7a37, zuletzt aufgerufen am 08.03.2021.

weil sie letztlich unwillkürlich deren Agenda-Setting gefolgt seien.[16] Hier zeigen ebenso einige Studien, dass sich derzeit zwei – allerdings noch umstrittene und ausdrücklich als weiter zu erforschende Phänomene deklarierte – Effekte abzeichnen:

1.) der »Backfire«-Effekt, demzufolge selbst eine Desinformations-Warnung den Glauben an eine Nachricht verstärkt, v. a. wenn zu präzise auf deren manchmal nur marginale korrekte Aspekte eingegangen wird.[17] Andere Studien wiederum sehen diesen Effekt nicht.[18]

2.) der »Implied Truth«-Effekt, der darauf zurückzuführen ist, dass die Markierung von Nachrichten z. B. auf Facebook als falsch oder fragwürdig dazu führt, dass die nicht-markierten (und das heißt manchmal einfach nur: nicht geprüften) Falschnachrichten als akkurater wahrgenommen werden.[19] Kurz: Alles, was nicht dementiert ist, erscheint wahr.

Aber selbst in diesem Fall kristallisieren sich auf der anderen Seite des Fälschungsgeschehens seit 2017 bestimmte Veränderungen der journalistischen Vorgehensweisen heraus. Sie lassen sich als Gegenprogramme zu den beschriebenen Entwicklungen verstehen. 2018 schon fand sich in der *Süddeutschen Zeitung* ein Anzeige mit »Tipps zum Erkennen von Falschmeldungen«; es existiert mittlerweile sogar eine kostenlose App »Fake News Check«, die (noch mehr oder weniger gelungen) für seriöse bzw. unseriöse Berichterstattung sensibilisieren soll. Die in der Anzeige wie in der App aufgeworfenen Fragen übersetzen letztlich das kleine Einmaleins journalistischer Arbeit: u. a. das Zwei-Quellen-Prinzip, die Überprüfung der Verlässlichkeit der Informant_innen, die Aufzeichnung von aussagekräftigen und belastbaren Belegen, das namentliche Bürgen (als Verfasser oder als Publikationsorgan). Wenn ich weiter oben als eine Grundlage für Nachrichten-Fälschungen und Fakes die bislang gängige Praxis erwähnt habe, dass die Rechercheprozeduren und journalistischen Praktiken der Nachrichtenauswahl gewöhnlich nicht mitvermeldet wer-

[16] Jeff Jarvis: »Our Problem Isn't ›Fake News‹. Our Problems Are Trust and Manipulation«, in: *Buzzmachine* (12.06.2017), http://buzzmachine.com/2017/06/12/problem-isnt-fake-news-problems-trust-manipulation/, zuletzt aufgerufen am 08.03.2021.

[17] Gordon Pennycook u. a.: »The Implied Truth Effect: Attaching Warnings to a Subset of Fake News Headlines Increases Perceived Accuracy of Headlines Without Warnings«, in: *Management Science* 66.11 (2020), doi: 10.1287/mnsc.2019.3478, S. 4944–4957, hier: S. 4945 u. Man-pui Sally Chan u. a.: »Debunking: A Meta-Analysis of the Psychological Efficacy of Messages Countering Misinformation«, in: *Psychological Science* 28.11 (2017), doi: 10.1177/0956797617714579, S. 1531–1546, hier: S. 1544.

[18] Philipp Schmid u. Cornelia Betsch: »Effective Strategies for Rebutting Science Denialism in Public Discussions«, in: *Nature Human Behaviour* 3.9 (2019), doi: 10.1038/s41562-019-0632-4, S. 931–939.

[19] Pennycook u. a.: »The Implied Truth Effect«, a.a.O.

den, sind ebenfalls seit 2017 merklich die journalistischen Methoden geändert worden: Dass *Zeit* und *Zeit Online* sich 2018, »[z]um ersten Mal in der Geschichte unseres Hauses«,[20] öffentlichkeitswirksam gemeinsame redaktionelle Leitlinien gegeben haben, lässt sich als Reaktion auf die »Fake News«-Debatte betrachten. Minutiös werden nun die Kriterien des Qualitätsjournalismus gegen Praktiken des schlichten Behauptens in Stellung gebracht – Qualitäten, die, wie ja im entsprechenden Kapitel gezeigt wurde, nicht an der Sprache abzulesen sind (vgl. S. 317ff.). In der *Tagesschau* und in den *Tagesthemen* häufen sich seit 2017 ebenfalls immer wieder Richtigstellungen und zusätzliche Kennzeichnungen von »Archivmaterial« etc. Hier führt dann der »implied truth effect« wiederum dazu, die restliche Berichterstattung zusätzlich zu zertifizieren – ein auto-authentifizierender Effekt, der übrigens, wie wiederum von mir in der Geschichte der Fälschungen mehrfach nachgewiesen, bei jeder Form von Gegendarstellung zum Tragen kommt: Man liefert Fakten über falsche Fakten (z.B. S. 363).

Dies spielte im jüngsten größeren Fälschungsskandal im Journalismus seit den Hitlertagebüchern 1983 im *stern* ebenfalls eine entscheidende Rolle: 2018 in den preisgekrönten, aber größtenteils frei erfundenen »Langzeitrecherchen«, sogenannten *long reads* von Claas Relotius für den *Spiegel*. Der von dessen Gründer Rudolf Augstein geprägte Leitspruch »Sagen, was ist.« wurde durch die Affäre nicht nur vehement infrage gestellt, sondern diente auch als *Spiegel*-Aufmacher zur Aufarbeitung »in eigener Sache«.[21] Vor diesem Hintergrund sei besonders darauf verwiesen, wie sehr der archivarische Umgang mit solchen Fällen, ganz ähnlich wie bei den Magazinbeiträgen von Michael Born (vgl. S. 352), eine medienhistoriografische Herausforderung darstellt. Die betroffenen Publikationsorgane verunmöglichen oder erschweren nämlich in erheblichem Maße den Zugang zu den sie belastenden Veröffentlichungen. Der *Spiegel* z.B. löschte einfach die Relotius-Artikel aus den Spiegel-Online-Inhaltsverzeichnissen und ersetzte sie durch einen kryptischen Hinweis auf »In eigener Sache verändert«, hinter dem sich wiederum erst bei einem weiteren Klick der Hinweis auf den fehlenden Artikel verbirgt. Selbst in den Pressedatenbanken bleibt eine *Spiegel*-Suche nach dem Autor »Relotius« ergebnislos. Diese Form

[20] Giovanni di Lorenzo u. Jochen Wegner: »Leitlinien der Redaktionen von ZEIT und ZEIT ONLINE«, in: *Blog. Fragen der Zeit* (22.09.2018), https://blog.zeit.de/fragen/2018/09/22/leitlinien-der-redaktionen-von-zeit-und-zeit-online/, zuletzt aufgerufen am 08.03.2021.

[21] Vgl. *Der Spiegel*, Nr. 52 (2018).

archivarischer Wahrheitspraxis im Zeitalter des Digitalen, das ja meist mit Schlagworten wie Verfügbarkeit und Transparenz belegt wird, wäre eine eigene Untersuchung wert. Einsehen kann man die Texte derzeit nur in den archivierten Printausgaben.

Wie in den im Buch analysierten Fällen, kann man im Skandal um Relotius ebenso beobachten, wie es zu Rekonfigurationen der als akzeptabel geltenden journalistischen Praktiken kam. So wurde die im Gesellschaftsressort des *Spiegel* gängige Arbeitsweise, in der Regel die journalistische Textsorte des Features zu veröffentlichen, massiv infrage gestellt, beispielsweise das sogenannte »Kino im Kopf« oder die Bevorzugung einer dramaturgischen Aufbereitung des Themas. In diesem Zusammenhang wurde sogar ein stilbildender Klassiker journalistischer Handbücher, *Die Reportage* von Michael Heller, kritisch durchleuchtet, etwa seine Empfehlungen zur sogenannten gestalterischen Ausschöpfung der bei der Recherche angetroffenen Verhältnisse. Da die Hauptfunktion des Features das »›anschaulich Machen‹ abstrakter Sachverhalte« sei, seien dem Buch zufolge ausdrücklich Manipulationen statthaft, z. B. sei »erlaubt, was bei einer Reportage unzulässig ist, nämlich fiktive Szenen zu verwenden und Szenarien zu entwerfen« (vorausgesetzt man wisse »von mehreren Fällen«, auch wenn man diese selbst nicht erlebt habe). Oft sei es »notwendig, einen typischen Fall aus vier, fünf individuellen Geschichten zu zimmern, um das Exemplarische zu zeigen.«[22] Ähnliche Kritik wurde an Journalismus-Workshops des *Spiegel*-Redakteurs Ullrich Fichtner laut. Er war vor der Relotius-Affäre sogar als Chefredakteur vorgesehen (bekam den Posten jedoch wegen des Skandals schließlich nicht).[23] Erneut sollte sich an einer Fälschung im Einzelnen erweisen, inwieweit sie letztlich ihre eigene Ökologie benötigt: Authentifizierungskontexte, ausdrücklich oder unausgesprochen gängige Praktiken, die angeeignet und benutzt werden, um als glaubwürdig zu zirkulieren. Im Zusammenhang mit Relotius wurde deutlich, welche journalistischen

[22] Michael Haller: *Die Reportage*, 6. Aufl., Köln: Halem, S. 90; vgl. a. S. 170; vgl. zur Aufarbeitung: Stefan Niggemeier: »Die Reportage: Manipulationen nach Lehrbuch«, in: *Übermedien*, https://uebermedien.de/34843/die-reportage-manipulationen-nach-lehrbuch/, zuletzt aufgerufen am 08.03.2021.

[23] Kai-Hinrich Renner: »Wenn in einer Story mehrere Figuren zu einer verschmelzen«, in: *Berliner Morgenpost* (14.03.2019), www.morgenpost.de/wirtschaft/article216665909/Wenn-in-einer-Story-mehrere-Figuren-zu-einer-verschmelzen.html, zuletzt aufgerufen am 15.03.2019. Sehr aufschlussreich ist die minutiöse Aufarbeitung dieses Falls von Juan Moreno, der sich – gegen alle institutionellen Widerstände und Machstrukturen – nicht hat beirren lassen, den fragwürdigen Praktiken im eigenen Haus nachzugehen (Juan Moreno: *Tausend Zeilen Lüge. Das System Relotius und der deutsche Journalismus*, Berlin: rowohlt 2019).

Schreibtechniken und Kontrollmechanismen im Zusammenhang mit der Textsorte Feature im entsprechenden Ressort existierten (bzw. nicht, bedenkt man den Stellenwert, den die hauseigene Abteilung ›Dokumentation‹ als »Herz der Qualitätskontrolle« beim *Spiegel* hat).[24] Darüber hinaus wurde evident, wie durchlässig die Grenze zwischen Fiktion und Feature ist, selbst in einem einschlägigen journalistischen Handbuch. Wieder einmal wurde deutlich, dass man es im Journalismus letztlich mit einem moralischen Begriff der Wahrheit zu tun hat (basierend auf dem Vertrauen der Redaktion gegenüber den Autor_innen bzw. der Leser_innen gegenüber den Heft-Herausgeber_innen), obwohl man sich im Skandal immer wieder auf journalistisches Handwerk oder das Genre des Feature bezog. Wie schon bei Tom Kummer geriet plötzlich ein bestimmter Schreibstil in Verruf, obwohl, wie im entsprechenden Kapitel ausgeführt (vgl. S. 327f.), selbst mit einer trockenen, sich objektiv gebenden Darstellungsform keinerlei Faktengarantie verbunden ist: Man kann, wie in jeder anderen Textsorte auch, in jeder Reportage, in jedem Bericht völlig frei erfinden. Durch die Diskussionen um Relotius und »Fake News« ist es letztlich wieder zu zahlreichen Gegenbewegungen und Veränderungen der journalistischen Praxis gekommen. Um es mit Foucault zu formulieren: Es änderte sich erneut die »Produktionsordnung der Wahrheit«.[25]

Vor diesem Hintergrund erachte ich den Kampf, nicht einem heillosen Relativismus zu verfallen, den ich u.a. beim Verfertigen dieses Buchs mit mir selbst ausgetragen habe (vgl. z.B. S. 70, 143f., 251), nach wir vor für aktuell. Es ging mir darum, ohne einem Positivismus bzw. Realismus das Wort zu reden, nicht einer völligen Verflüssigung von Wahrheit und damit auch den oben genannten problematischen Praktiken Tür und Tor zu öffnen. Fakes auf den simplen, letztlich ideologiekritischen Effekt zu reduzieren, die Getäuschten mit der Frage zu konfrontieren: »Das habt ihr geglaubt? Was um Himmels Willen haltet ihr für Objektivität?«[26] bagatellisiert die viel signifikanteren Effekte von Fälschungen und Fakes. Wenn Fakes auf die Wirkungsmacht aufgedeckter Fälschungen aus sind, sind mit ihnen viel tiefergehende Fragen nach den konkreten Authentifizierungseffekten akzeptierter politisch-sozialer und epistemischer Praktiken verbunden. Jede Form einer so gelagerten

[24] Anonym: »Wie das SPIEGEL-Sicherungssystem an Grenzen stieß«, in *Spiegel.de* (19.12.2018), www.spiegel.de/kultur/gesellschaft/der-fall-claas-relotius-wie-das-spiegel-sicherungssystem-an-grenzen-stiess-a-1244593.html, zuletzt aufgerufen am 08.03.2021.
[25] Michel Foucault: »Gespräch mit Michel Foucault«, a.a.O., S. 213 (frz. II, S. 160).
[26] Judith Mair u. Silke Becker: *Fake for real*, a.a.O., S. 240.

Foucault'schen ›Geschichte der Wahrheit‹[27] hingegen als haltlosen Relativismus abzutun, verkennt die analytisch-kritische Dimension von Fälschungen und Fakes, wenn man ihre konkreten Funktionsweisen und Beglaubigungsstrategien im Einzelnen untersucht. Vielmehr wird dadurch die detaillierte Konstruktionsarbeit sichtbar, die nötig ist, um so etwas wie Objektivität zu stützen.

Vor diesem Hintergrund stört mich nach wie vor, dass die Beschreibung solcher immer wieder neu hervorgebrachter und diskutierter Wahrheitsordnungen mit einer »anything goes«-Attitüde oder einer »postmodernen Beliebigkeit« in Verbindung gebracht wird, die nonchalant selbst »alternative facts« legitimieren würde und sogar dem inzwischen alten »Chef im Weissen Haus den Boden bereitet« habe.[28] U. a. im Zusammenhang mit Trumps Twitter-Strategien, Leugner_innen des menschengemachten Klimawandels und nun der Gefährlichkeit des Coronavirus SARS-CoV-2 begegnete man, wie schon im Zusammenhang mit dem Sokal-Hoax (oder Neuauflagen wie der sogenannten »Sokal Squared«- bzw. der »Grievance Studies«-Affäre, einem Angriff auf die Gender Studies) immer wieder ähnlich gelagerten Argumentationsformen: Man versucht pauschal eine entgleiste sogenannte »Postmoderne« oder »*den* Poststrukturalismus« für das »postfaktische Zeitalter« oder notorisch lügende US-Präsidenten verantwortlich zu machen, um dann im selben Atemzug, ohne genauere Differenzierungen zahlreiche für die Medienwissenschaften gewichtige Denker_innen wie Judith Butler, Gilles Deleuze, Jacques Derrida, Michel Foucault und Gayatri Spivak, auch wenn diese manchmal durchaus auf kritikwürdig reduktionistische Weise aufgegriffen werden, restlos zu entwerten. Auf der anderen Seite hat, wie Albrecht Koschorke luzide beschrieben hat, die »poststrukturalistisch grundierte Demokratie- und Institutionenkritik [...] unwillkommene Verbündete bekommen«, und zwar u. a. von Rechtsaußen.[29] Vor diesem Hintergrund ist völlig zu Recht zu fragen: »Wie lässt sich die Einsicht in die historisch-kulturelle Gebundenheit von Realität gegen ihren Missbrauch durch politische Hardliner

[27] Michel Foucault: »Die Wahrheit und die juristischen Formen«, a.a.O. (frz. I, S. 1406–1514).

[28] Karl-Heinz Ott: »Die schöne postmoderne Beliebigkeit hat den Härtetest nicht bestanden«, in: *Neue Zürcher Zeitung* (19.04.2017), www.nzz.ch/feuilleton/wahrheit-und-luege-die-schoene-postmoderne-beliebigkeit-hat-den-haertetest-nicht-bestanden-ld.1085978?reduced=true, zuletzt aufgerufen am 20.04.2017.

[29] Albrecht Koschorke: »Linksruck der Fakten«, in: *Zeitschrift für Medien- und Kulturforschung* 9.2 (2018), doi: 10.28937/1000108091, S. 108–118, hier: S. 114.

absichern?«[30] Für Denker wie Derrida stand jedenfalls außer Frage, dass Gerechtigkeit nicht dekonstruierbar ist,[31] bzw. für Foucault, dass die Gegenstände seiner Analysen »im Sinne akademischer Wahrheit wahr sein, das heißt historisch verifizierbar« sein müssen.[32] Diese und andere Formen diskursiv oder durch lokale, materielle und praktische Netzwerke abgesicherter Wahrheiten gilt es, in aller Differenziertheit, immer wieder neu auf den Prüfstand zu stellen und zu verteidigen,[33] ohne dabei »das emanzipatorische Potenzial und die Erkenntnisleistungen der poststrukturalistischen Theorien mitsamt ihren globalen Fortentwicklungen preiszugeben«.[34] Andernfalls geht tatsächlich jeder Form von kritischer Agenda, wenn sie nur noch als jederzeit relativierbare Einlassung erscheint, die Luft aus.[35]

So erachte ich auch für die dritte Auflage als weiterhin gültig, was ich bereits zum Schluss der ersten implizit betont habe, nämlich dass es in der wissenschaftlichen Praxis nicht darum gehen kann, auf jeden Wahrheitsbegriff zu verzichten – nur auf einen absoluten, im Sinne eines abgeschlossenen und vollendeten. Vielmehr sollte es darum gehen, kritisch dazu beizutragen, Wahrheit immer wieder neu zu begründen und im Vergleich zur Gegenwart eine andere, weniger von ökonomischen Interessen und entsprechenden Quantifizierungen bestimmte Politik der Wahrheit zu ermöglichen. Wie, das muss eine permanent offen gehaltene, somit immer wieder neu erprobte und ausgehandelte Frage bleiben.

30 Albrecht Koschorke: »Die akademische Linke hat sich selbst dekonstruiert. Es ist Zeit, die Begriffe neu zu justieren«, in: *Neue Zürcher Zeitung* (17.04.2018), www.nzz.ch/feuilleton/die-akademische-linke-hat-sich-selbst-dekonstruiert-es-ist-zeit-die-begriffe-neu-zu-justierenld.1376724, zuletzt aufgerufen am 19.04.2018.

31 Vgl. Jacques Derrida: *Gesetzeskraft. Der ›mystische Grund der Autorität‹*, Frankfurt a.M.: Suhrkamp 1996.

32 Michel Foucault: »Gespräch mit Ducio Trombadori«, a.a.O., S. 56f. (frz. II, S. 864).

33 Vgl. William E. Connolly: »Fake News and the Complexity of Things«, in: *Zeitschrift für Medien- und Kulturforschung* 9.1 (2018), doi: 10.28937/1000108091, S. 49–53.

34 Koschorke: »Linksruck der Fakten«, a.a.O., S. 118; vgl. a. Andrea Heinz: »Politische Theorie: Ist die Postmoderne schuld am Postfaktischen?«, in: *Der Standard* (19.10.2018), www.derstandard.at/story/2000089637152/politische-theorie-ist-die-postmoderne-schuld-am-postfaktischen, zuletzt aufgerufen am 09.03.2021.

35 Auch wenn ich Latour in seiner impliziten Kritik an Foucault nicht zustimme, trifft er den Kern mancher ihn völlig verwässernder Ansätze: Bruno Latour: »Why Has Critique Run out of Steam? From Matters of Fact to Matters of Concern«, in: *Critical Inquiry* 30.2 (2004), doi: 10.1086/421123, S. 225–248.

Literatur- und Quellenverzeichnis

I Allgemein

Adelung, Johann Christoph: *Grammatisch-kritisches Wörterbuch der Hochdeutschen Mundart*, Leipzig: Breitkopf 1793–1801

Adorno, Theodor W.: *Ästhetische Theorie*, Frankfurt/M.: Suhrkamp 1995

— »Die Logik der Sozialwissenschaften« [Koreferat], in: *Kölner Zeitschrift für Soziologie und Sozial-Psychologie* 14.2 (1962), S. 249–263

Ahlert, Christian: »Das Ende der Anarchie«, in: *Die Woche*, H. 32 (2000), S. 30–31

Allgemeine deutsche Real-Encyklopädie für die gebildeten Stände. Conversations-Lexikon, Leipzig: Brockhaus 1833

Althusser, Louis: »Geschichte beendet, endlose Geschichte«, in: Dominique Lecourt, *Proletarische Wissenschaft? Der »Fall Lyssenko« und der Lyssenkismus,* übers. v. Rolf Löper u. Peter Schöttler, Hamburg/Berlin: VSA 1976 (Positionen 1), S. 7–18

— »Ideologie und ideologische Staatsapparate«, in: ders., *Ideologie und ideologische Staatsapparate. Aufsätze zur marxistischen Theorie*, übers. v. Rolf Löper, Klaus Riepe u. Peter Schöttler, Hamburg/Berlin: VSA 1977 (Positionen 3), S. 108–153. Frz. »Idéologie et appareils idéologiques d'Etat«, in: ders., *Positions*, Paris: Éd. Sociales 1976, S. 67–125

— *Philosophie und spontane Philosophie der Wissenschaftler*, übers. v. Frieder Otto Wolf, in: *Schriften*, hg. v. Peter Schöttler u. Frieder Otto Wolf, IV, Hamburg: Argument-Verlag 1985

Anonym: »Blogger-Hype in den USA«, in: *Netzeitung.de* (29.09.2004), www.netzeitung.de/internet/306872.html, zuletzt aufgerufen am 31.01.06

Anonym: »Golden Spike National Historic Site«, in: *Utah History Encyclopedia*, www.uen.org/cgi-bin/websql/ucme/media_display.hts?file_na me=ta000491.txt &media_type=text&media_item_id=190, zuletzt aufgerufen am 26.9.2006

Anonym: »La terminologie de la documentation«, in: *Coopération intellectuelle*, H. 77 (1937), S. 228–240

Aristoteles: *Topik*, in: *Philosophische Schriften*, übers. v. Eugen Rolfes, II, Hamburg: Meiner 1995

Assmann, Aleida/Assmann, Jan: »Air from Other Planets Blowing. The Logic of Authenticity and the Prophet of the Aura«, in: Hans Ulrich Gumbrecht/Michael Marrinan (Hg.), *Mapping Benjamin. The Work of Art in the Digital Age*, Stanford: Stanford Univ. Press 2003, S. 147–157

autonome a.f.r.i.k.a. gruppe/Brünzels, Sonja/Blissett, Luther: *Handbuch der Kommunikationsguerilla*, Berlin u. a.: Assoziation A. 2001[4]

Babbage, Charles: »Reflections on the Decline of Science in England, and on Some of its Causes« (1830), in: *Works of Babbage,* hg. v. Martin Campbell-Kelly, VII, London: William Pickering 1989, S. 85–93

Balzac, Honoré de: *Illusions perdues*, Paris: Gallimard 2003

Barbrook, Richard/Cameron, Andy: »Californian Ideology«, in: Peter Ludlow (Hg.), *Crypto Anarchy, Cyberstates, and Pirate Utopias*, Cambridge/London: MIT Press 2001, S. 363–387

Barthes, Roland: *Die helle Kammer. Bemerkungen zur Photographie*, übers. v. Dietrich Leube, Frankfurt/M.: Suhrkamp 1989. Frz. *La chambre claire. Note sur la photographie*, Paris: Gallimard 1980

— »Der Tod des Autors«, in: Fotis Jannidis u. a. (Hg.), *Texte zur Theorie der Autorschaft*, Stuttgart: Reclam 2000, S. 185–193. Frz. »La mort de l'auteur« (1968), in: *Œuvres complètes*, hg. v. Éric Marty, II, Paris: Éd. du Seuil 1994, S. 491–495

Baudrillard, Jean: »Das Jahr 2000 findet nicht statt«, in: ders., *Das Jahr 2000 findet nicht statt*, übers. v. Marianne Karbe, Berlin: Merve 1990, S. 7–27. Frz. »L'an 2000 ne passera pas«, in: *Traverses*, H. 33/34 (1985), S. 8–16

— »Die Präzession der Simulakra«, in: ders., *Die Agonie des Realen*, übers. v. Lothar Kurzawa u. Volker Schaefer, Berlin: Merve 1978, S. 7–69. Frz. »La précession des simulacres«, in: ders., *Simulacres et simulation*, Paris: Éd. Galilée 1981, S. 9–68

Baumert, Dieter Paul: *Die Entstehung des deutschen Journalismus*, München/Leipzig: Duncker & Humblot 1928

Benjamin, Walter: *Gesammelte Schriften*, hg. v. Rolf Tiedemann u. Hermann Schweppenhäuser, V.1, Frankfurt/M.: Suhrkamp 1991

— »Das Kunstwerk im Zeitalter seiner technischen Reproduzierbarkeit« [Dritte Fassung], in: *Gesammelte Schriften*, hg. v. Rolf Tiedemann u. Hermann Schweppenhäuser, I.2, Frankfurt/M.: Suhrkamp 1991, S. 471–508

Bien, Günther: »Lüge«, in: *Historisches Wörterbuch der Philosophie*, hg. v. Joachim Ritter u. Karlfried Gründer, V, Basel: Schwabe 1980, Sp. 533–544

Blöbaum, Bernd: »Literatur und Journalismus«, in: Bernd Blöbaum/Stefan Neuhaus (Hg.), *Literatur und Journalismus. Theorie, Kontexte, Fallstudien*, Wiesbaden: Westdeutscher Verlag 2003, S. 23–51

Boal, Augusto: *Theater der Unterdrückten. Übungen und Spiele für Schauspieler und Nicht-Schauspieler*, hg. u. übers. v. Marina Spinu u. Henry Thorau, Frankfurt/M.: Suhrkamp 1989

Borges, Jorge Luis: »Die analytische Sprache John Wilkins'«, in: *Gesammelte Werke*, V.2, übers. von Karl August Horst, München/Wien: Carl Hanser 1981, S. 109–113

Brecht, Bertolt: »Der Rundfunk als Kommunikationsapparat«, in: *Gesammelte Werke*, hg. v. Elisabeth Hauptmann, XVIII, Frankfurt/M.: Suhrkamp 1967, S. 117–134

Briet, Suzanne: *Qu'est-ce que la documentation?*, Paris: ÉDIT 1951

Brockhaus-Enzyklopädie digital, Ravensburg: Munzinger Archiv GmbH u. Leipzig/Mannheim: Bibliographisches Institut u. F. A. Brockhaus AG 2000–2010, www.munzinger.de/search/query?f=query&qid=query-12, zuletzt aufgerufen am 14.09.2010

Buckland, Michael K.: »What Is a ›Document‹?«, in: *JASIS* 48.9 (1997), S. 804–809

Celan, Paul: »Aschenglorie«, in: *Gesammelte Werke*, hg. v. Beda Allemann, II, Frankfurt/M.: Suhrkamp 1983, S. 72

Chomsky, Noam: *Aspects of the Theory of Syntax*, Cambridge: MIT Press 1965

Churchill, Ward/VanderWall, Jim: *The COINTELPRO Papers: DOCUMENTS from the FBI'S Secret Wars against Domestic Dissent*, Boston: South End Press 1990

Cicero, Marcus Tullius: *Topik*, hg. u. übers. v. Hans Günter Zekl, Hamburg: Meiner 1983

Daniel, Ute: »Suggestive Experten: Zur Etablierung der US-amerikanischen Medienforschung in den 1930–1950er Jahren«, in: *Berichte zur Wissenschaftsgeschichte* 30 (2007), S. 183–198

Daston, Lorraine: »Fear & Loathing of the Imagination in Science« (1998), in: *Daedalus* 134.4 (2005), S. 16–30

Davidson, Arnold I.: »Über Epistemologie und Archäologie. Von Canguilhem zu Foucault«, in: Axel Honneth/Martin Saar (Hg.): *Michel Foucault. Zwischenbilanz einer Rezeption. Frankfurter Foucault Konferenz,* Frankfurt/M.: Suhrkamp 2003, S. 192–211

Davis, Lennard J.: *Factual Fictions. The Origins of the English Novel*, New York: Columbia Univ. Press 1983

de Man, Paul: »Aesthetic Formalization in Kleist's *Über das Marionettentheater*«, in: ders., *The Rhetoric of Romanticism,* New York/Chichester: Columbia Univ. Press, S. 263–290

— »The Resistance to Theory«, in: *Yale French Studies*, H. 63 (1982), S. 3–20

— »Semiology and Rhetoric«, in: ders., *Allegories of Reading. Figural Language in Rousseau, Nietzsche, Rilke, and Proust*, New Haven/London: Yale Univ. Press 1979, S. 3–19. Dt. »Semiologie und Rhetorik«, in: ders., *Allegorien des Lesens*, übers. v. Werner Hamacher u. Peter Krumme, Frankfurt/M.: Suhrkamp 1988, S. 31–51

Deleuze, Gilles: *Foucault,* Paris: Éd. de Minuit 1986. Dt. *Foucault*, übers. von Hermann Kocyba, Frankfurt/M.: Suhrkamp 1987

— »Platon und das Trugbild«, in: ders., *Logik des Sinns*, übers. v. Bernhard Dieckmann, Frankfurt/M.: Suhrkamp 1993, S. 311–324. Frz. »Platon et le simulacre«, in: ders., *Logique du sens*, Paris: Éd. de Minuit 1969, S. 292–307

Derrida, Jacques: *Bleibe. Maurice Blanchot*, hg. v. Peter Engelmann, übers. v. Hans-Dieter Gondek, Wien: Passagen 2003. Frz. *Demeure. Maurice Blanchot*, Paris: Éd. Galilée 1998

— *Falschgeld. Zeit geben I*, übers. v. Andreas Knop u. Michael Wetzel, München: Fink 1993. Frz. *Donner le temps. 1. La fausse monnaie*, Paris: Éd. Galilée 1991

— *Grammatologie*, übers. v. Hans-Jörg Rheinberger u. Hanns Zischler, Frankfurt/M.: Suhrkamp 1983. Frz. *De la grammatologie,* Paris: Éd. de Minuit 1967

— *Limited Inc.*, übers. v. Werner Rappl, Wien: Passagen 2001. Frz. *Limited Inc.*, Paris: Éd. Galilée 1990

— »Signatur Ereignis Kontext«, in: ders., *Randgänge der Philosophie*, hg. v. Peter Engelmann, übers. v. Gerhard Ahrens u. a., 2., überarb. Aufl., Wien: Passagen 1999, S. 325–351. Frz. »Signature événement contexte«, in: ders., *Marges de la philosophie*, Paris: Éd. de Minuit 1972, S. 365–393

Descartes, René: *Meditationen über die Grundlagen der Philosophie,* aufgr. d. Ausg. v. Artur Buchenau neu hg. v. Lüder Gäbe, Hamburg: Meiner 1992[3]

Deutsches Wörterbuch von Jacob Grimm und Wilhelm Grimm, Leipzig: Hirzel 1854–1971

Dictionnaire historique de la lange française, Paris: Dictionnaires LE ROBERT 1998

Diderot, Denis/d'Alembert, Jean le Rond: *Encyclopédie ou Dictionnaire raisonné des sciences, des arts et des métiers*, Paris: Briasson u.a. 1751

»Digital Millennium Copyright Act (DMCA)«, www.copyright.gov/legislation/dmca.pdf, zuletzt aufgerufen am 13.08.2010

Dotzler, Bernhard J./Weigel, Sigrid: »Literaturforschung & Wissenschaftsgeschichte. Vorwort«, in: dies. (Hg.), *›fülle der combination‹. Literaturforschung und Wissenschaftsgeschichte*, München: Wilhelm Fink 2005, S. 9–13

Dreyfus, Hubert L./Rabinow, Paul: *Michel Foucault. Beyond Structuralism and Hermeneutics,* Chicago: Univ. of Chicago Press 1982

Duden. Das große Fremdwörterbuch, hg. u. bearb. v. Wissenschaftlichen Rat der Dudenredaktion, 4., aktual. Aufl., Mannheim u.a.: Dudenverlag 2007

Duden. Das große Wörterbuch der deutschen Sprache, hg. v. Wissenschaftlichen Rat der Dudenredaktion, Mannheim u.a.: Dudenverlag 1999

Eco, Umberto: *Die Grenzen der Interpretation*, übers. v. Günter Memmert, München: dtv 1999

Fink-Eitel, Hinrich: *Foucault zur Einführung,* Hamburg: Junius 1989

Foucault, Michel: »Antwort auf eine Frage« (1968), in: *Schriften*, übers. v. Michael Bischoff u.a., I, Frankfurt/M.: Suhrkamp 2001, S. 859–886. Frz. »Réponse à une question«, in: *Dits et écrits*, hg. v. Daniel Defert u. François Ewald, Coll. Quarto, I, Paris: Gallimard 2001, S. 701–723

— *Archäologie des Wissens*, übers. v. Ulrich Köppen, Frankfurt/M.: Suhrkamp 1981. Frz. *L'archéologie du savoir*, Paris: Gallimard 1969

— »Ariadne hat sich erhängt« (1969), in: *Schriften*, I, a.a.O., S. 975–979. Frz. »Ariane s'est pendue«, in: *Dits et écrits*, I, a.a.O., S. 795–799

— »Die Bühne der Philosophie« (1978), in: *Schriften*, übers. v. Michael Bischoff u.a., III, Frankfurt/M.: Suhrkamp 2003, S. 718–747. Frz. »La scène de la philosophie«, in: *Dits et écrits*, hg. v. Daniel Defert u. François Ewald, Coll. Quarto, II, Paris: Gallimard 2001, S. 571–595

— »Diskussionsbeitrag zu François Dagognet« (1970), in: *Schriften*, übers. v. Michael Bischoff u.a., II, Frankfurt/M.: Suhrkamp 2002, S. 34–37. Frz. »Discussion«, in: *Dits et écrits*, I, a.a.O., S. 895–897

— »Einsperrung, Psychiatrie, Gefängnis« (1977), in: *Schriften*, III, a.a.O., S. 434–468. Frz. »Enfermement, psychiatrie, prison«, in: *Dits et écrits*, II, a.a.O., S. 332–360

— »Die Ethik der Sorge um sich als Praxis der Freiheit« (1984), in: *Schriften*, IV, übers. von Michaela Bischoff u.a., Frankfurt/M.: Suhrkamp 2005, S. 875–902. Frz. »L'éthique du souci de soi comme pratique de la liberté«, in: *Dits et écrits*, II, a.a.O., S. 1527–1548

— »Foucault« (1984), in: *Schriften*, IV, a.a.O., S. 776–782. Frz. »Foucault«, in: *Dits et écrits*, II, a.a.O., S. 1450–1455

— »Gespräch mit Ducio Trombadori« (1980), in: *Schriften*, IV, a.a.O., S. 51–119. Frz. »Entretien avec Michel Foucault«, in: *Dits et écrits*, II, a.a.O., S. 860–914

— »Gespräch mit Madeleine Chapsal« (1966), in: *Schriften*, I, a.a.O., S. 664–670. Frz. »Entretien avec Madeleine Chapsal«, in: *Dits et écrits*, I, a.a.O., S. 541–546

— »Gespräch mit Michel Foucault« (1971), in: *Schriften*, II, a.a.O., S. 191–211. Frz. »Entretien avec Michel Foucault«, in: *Dits et écrits*, I, a.a.O., S. 1025–1042

— »Gespräch mit Michel Foucault« (1976), in: *Schriften*, III, a.a.O., S. 186–213. Frz. »Entretien avec Michel Foucault«, in: *Dits et écrits*, II, S. 140–160
— »Ist es also wichtig, zu denken?« (1981), in: *Schriften*, IV, a.a.O., S. 219–223. Frz. »Est-il donc important de penser?«, in: *Dits et écrits*, II, a.a.O., S. 997–1001
— »Macht und Wissen« (1977), in: *Schriften*, III, a.a.O., S. 515–534. Frz. »Pouvoir et savoir«, in: *Dits et écrits*, II, a.a.O., S. 399–414
— »Die Machtverhältnisse gehen in das Innere der Körper über« (1977), in: *Schriften*, III, S. 298–309. Frz. »Les rapports de pouvoir passent à l'intérieur des corps«, in: *Dits et écrits*, II, a.a.O., S. 228–236
— »Michel Foucault erklärt sein jüngstes Buch« (1969), in: *Schriften*, I, a.a.O., S. 980–991. Frz. »Michel Foucault explique son dernier livre«, in: *Dits et écrits*, I, a.a.O., S. 799–807
— »Nachwort« (1980), in: *Schriften*, IV, a.a.O., S. 44–47. Frz. »Postface«, in: *Dits et écrits*, II, a.a.O., S. 854–856
— »Nein zum König Sex« (1977), in: *Schriften*, III, a.a.O., S. 336–353. Frz. »Non au sexe roi«, in: *Dits et écrits*, II, a.a.O., S. 256–271
— »Nietzsche, die Genealogie, die Historie« (1971), in: *Schriften*, II, a.a.O., S. 166–191. Frz. »Nietzsche, la généalogie, l'histoire«, in: *Dits et écrits*, I, a.a.O., S. 1004–1024
— *Die Ordnung der Dinge*, übers. v. Ulrich Köppen, Frankfurt/M.: Suhrkamp 1997 Frz. *Les mots et les choses*, Paris: Gallimard 1966
— *Die Ordnung des Diskurses*, übers. v. Walter Seitter, Frankfurt/M: Fischer 1991. Frz. *L'ordre du discours,* Paris: Gallimard 1971
— »Polemik, Politik und Problematisierungen« (1984), in: *Schriften*, IV, a.a.O., S. 724–734. Frz. »Polémique, politique et problématisations«, in: *Dits et écrits*, II, a.a.O., S. 1410–1417
— *Schriften*, übers. v. Michael Bischoff u.a., 4 Bde., Frankfurt/M.: Suhrkamp 2001–2005. Frz. *Dits et écrits*, hg. v. Daniel Defert u. François Ewald, Coll. Quarto, 2. Bde., Paris: Gallimard 2001
— »Die Situation Cuviers in der Geschichte der Biologie« (1969), in: *Schriften*, II, a.a.O., S. 37–82. Frz. »La situation de Cuvier dans l'histoire de la biologie«, in: *Dits et écrits*, I, a.a.O., S. 898–934.
— »Das Spiel des Michel Foucault« (1977), in *Schriften*, III, a.a.O., S. 391–429. Frz. »Le jeu de Michel Foucault«, in: *Dits et écrits*, II, a.a.O., S. 298–329
— »Strukturalismus und Poststrukturalismus« (1983), in: *Schriften*, IV, a.a.O., S. 521–555. Frz. »Structuralisme et poststructuralisme«, in: *Dits et écrits*, II, a.a.O., S. 1250–1276
— »The Subject and Power« (1982), in: Hubert L. Dreyfus/Paul Rabinow: *Michel Foucault,* Chicago: Univ. of Chicago Press 1982, S. 208–226
— »Über die Archäologie der Wissenschaften. Antwort auf den *Cercle d'épistémologie*« (1968), in: *Schriften*, I, a.a.O., S. 887–931. Frz. »Sur l'archéologie des sciences. Réponse au Cercle d'épistémologie«, in: *Dits et écrits*, I, a.a.O., S. 724–759
— »Über die Natur des Menschen: Gerechtigkeit versus Macht« (1971), in: *Schriften*, II, a.a.O., S. 586–637. Frz. »De la nature humaine: justice contre pouvoir«, in: *Dits et écrits*, I, a.a.O., S. 1339–1380
— *Überwachen und Strafen*, Frankfurt/M.: Suhrkamp 1994. Frz. *Surveiller et punir. Naissance de la prison*, Paris: Gallimard 1975

— »Von der Archäologie zur Dynastik« (1972), in: *Schriften*, II, a.a.O., S. 504–518. Frz. »De l'archéologie à la dynastique«, in: *Dits et écrits*, I, a.a.O., S. 1273–1284
— »Vorlesung vom 7. Januar 1976«, in: *Schriften*, III, S. 213–231. Frz. »Cours du 7 janvier 1976«, in: *Dits et écrits*, II, a.a.O., S. 160–174
— »Vorlesung vom 14. Januar 1976«, in: *Schriften*, III, a.a.O., S. 231–250. Frz. »Cours du 14 janvier 1976«, in: *Dits et écrits*, II, a.a.O., S. 175–189
— »Vorwort« (1977), in: *Schriften*, III, a.a.O., S. 176–180. Frz. »Préface«, in: *Dits et écrits*, II, a.a.O., S. 133–136
— »Vorwort von Michel Foucault« (1978), in: *Schriften*, III, a.a.O., S. 551–567. Frz. »Introduction par Michel Foucault«, in: *Dits et écrits*, II, a.a.O., S. 429–442
— »Vorwort zur englischen Ausgabe« (1970), in: *Schriften*, II, a.a.O., S. 9–16. Frz. »Préface à l'édition anglaise«, in: *Dits et écrits*, I, a.a.O., S. 875–881
— »Die Wahrheit und die juristischen Formen« (1974), in: *Schriften*, II, a.a.O., S. 669–792. Frz. »La vérité et les formes juridiques«, in: *Dits et écrits*, I, a.a.O., S. 1406–1514
— »Was ist ein Autor« (1969), in: *Schriften*, I, a.a.O., S. 1003–1041. Frz. »Qu'est-ce qu'un auteur«, in: *Dits et écrits*, I, a.a.O., S. 817–849
— *Was ist Kritik?*, Berlin: Merve 1992. Frz. »Qu'est-ce que la critique?«, in: *Bulletin de la Société française de Philosophie* 84.2 (1990), S. 35–63
— »Der Wille zum Wissen« (1971), in: *Schriften*, II, a.a.O., S. 294–299. Frz. »La volonté de savoir«, in: *Dits et écrits*, I, a.a.O., S. 1108–1112
»Fraudulent Online Identity Sanctions Act«, http://thomas.loc.gov/cgi-bin/query/z?c108:H.R.3754:, zuletzt aufgerufen am 3.4.2007
Freud, Sigmund: *Die Traumdeutung* (1900), in: *Studienausgabe*, hg. v. Alexander Mitscherlich, Angela Richards u. James Strachey, II, Frankfurt/M.: Fischer 2000
— *Der Witz und seine Beziehung zum Unbewußten* (1905), in: *Studienausgabe*, hg. v. Alexander Mitscherlich, Angela Richards u. James Strachey, IV, Frankfurt/M.: Fischer 2000
Funken, Christiane: »Zur Topographie der Anonymität«, in: Stefan Andriopoulos/Gabriele Schabacher/Eckhard Schuhmacher (Hg.), *Die Adresse des Mediums*, Köln: DuMont 2001 (Mediologie 2), S. 64–81
Gärtner, Kurt: »Stemma«, in: *Reallexikon der deutschen Literaturwissenschaft*, hg. von Klaus Weimar, Harald Fricke u. Jan-Dirk Müller, III, 3., neu erarb. Aufl. (Neubearbeitung des Reallexikons der deutschen Literaturgeschichte), Berlin/New York: de Gruyter 2003, S. 506–507
Genette, Gérard: *Palimpseste. Die Literatur auf zweiter Stufe*, übers. v. Wolfram Bayer u. Dieter Hornig, Frankfurt/M.: Suhrkamp 1993. Frz. *Palimpsestes. La littérature au second degré*, Paris.: Éd du Seuil 1982
— *Paratexte. Das Buch vom Beiwerk des Buches*, übers. v. Dieter Hornig, Frankfurt/New York: Campus 1992. Frz. *Seuils*, Paris: Éd. du Seuil 1987
Glick, Brian: *War at Home: Covert Action against U.S. Activists and What We Can Do about It*, Boston: South End Press 1989
Gloyna, Tanja: »Vertrauen«, in: *Historisches Wörterbuch der Philosophie*, hg. v. Joachim Ritter u. Karlfried Gründer, XI, Basel: Schwabe 2001, Sp. 986–990
Groys, Boris: »Programmierte Magie. Aus Kopien mach Originale. Kleine Kunstgeschichte der Dateien«, in: *Du*, H. 711 (2000), S. 36–39

— »Die Topologie der Aura«, in: ders.: *Topologie der Kunst*, München: Hanser 2003, S. 33–46
— *Unter Verdacht. Eine Phänomenologie der Medien*, München/Wien: Carl Hanser 2000
Gutting, Gary: »Introduction. Michel Foucault: A User's Manual«, in: ders. (Hg.), *The Cambridge Companion to Foucault*, Cambridge: Cambridge Univ. Press 1994, S. 1–27
Haas, Hannes: »Fiktion, Fakt & Fake? Geschichte, Merkmale und Protagonisten des New Journalism in den USA«, in: Joan Kristin Bleicher/Bernhard Pörksen (Hg.), *Grenzgänger. Formen des New Journalism*, Wiesbaden: VS Verlag für Sozialwissenschaften 2004, S. 43–73
Haas, Hannes/Wallisch, Gian-Luca: »Literarischer Journalismus oder journalistische Literatur? Ein Beitrag zu Konzept, Vertretern und Philosophie des ›New Journalism‹«, in: *Publizistik* 36.3 (1991), S. 298–314
Hagemeyer, Friedrich-Wilhelm: *Die Entstehung von Informationskonzepten in der Nachrichtentechnik. Eine Fallstudie zur Theoriebildung in der Technik in Industrie- und Kriegsforschung*, Phil.Diss. [Masch.], Berlin 1979
Hagen, Wolfgang: »Die Entropie der Fotografie. Skizzen zu einer Genealogie der digital-elektronischen Bildaufzeichnung«, in: Herta Wolf (Hg.), *Paradigma Fotografie*, Nachdr. der 1. Aufl., Frankfurt/M.: Suhrkamp 2002 (Fotokritik am Ende des fotografischen Zeitalters 1), S. 195–235
Halbfass, Wilhelm: »Evidenz«, in: *Historisches Wörterbuch der Philosophie*, hg. v. Joachim Ritter u. Karlfried Gründer, II, Basel: Schwabe 1972, Sp. 829–832
Hiebel, Hans H. u.a.: *Große Medienchronik*, München: Fink 1999
Hugo, Victor: *Les contemplations*, I, in: *Œuvres complètes*, V, Paris: J. Hetzel u. A. Quantin 1882
Hume, David: »Of the Study of History« (1741), in: *Philosophical Works*, hg v. Thomas Hill Green, IV, Nachdr. der Ausg. London 1886, Aalen: Scientia 1964, S. 388–391
— *Treatise of Human Nature*, in: *Philosophical Works*, hg v. Thomas Hill Green, I, Nachdr. der Ausg. London 1886, Aalen: Scientia 1964
ICANN: »Uniform Domain-Name Dispute-Resolution Policy« (26.8.1999), www.icann.org/udrp/udrp.htm, zuletzt aufgerufen am 30.3.2007
Kammler, Clemens: *Michel Foucault. Eine kritische Analyse seines Werks*, Bonn: Bouvier 1986
Kapor, Mitchell: »Where Is the Digital Highway Really Heading?«, in: *Wired* 1.3 (1993), S. 53–59, www.wired.com/wired/archive/1.03/kapor.on.nii_pr.html, zuletzt aufgerufen am 26.3.2007
Kästner, Erich: *Fabian*, in: *Werke*, hg. v. Franz Josef Görtz, III, München: Hanser 1998
Kaul, Arthur J.: »Rex Reed«, in: ders. (Hg.), *American Literary Journalists, 1945–1995*, Detroit u.a.: Gale 1997, S. 233–240
Kisch, Egon Erwin: *Marktplatz der Sensationen. Entdeckungen in Mexiko*, in: *Gesammelte Werke*, hg. von Bodo Uhse und Gisela Kisch, VII, Berlin/Weimar: Aufbau 1974
Klaus, Elisabeth: »Jenseits der Grenzen. Die problematische Unterscheidung zwischen Fakt und Fiktion«, in: Joan Kristin Bleicher/Bernhard Pörksen (Hg.), *Grenzgänger. Formen des New Journalism*, Wiesbaden: VS Verlag für Sozialwissenschaften 2004, S. 100–125

Kluge, Friedrich: *Etymologisches Wörterbuch der deutschen Sprache*, Berlin/New York: de Gruyter 2002[24]
Kögler, Hans-Herbert: *Michel Foucault*, Stuttgart/Weimar: Metzler 1994
Konersmann, Ralf: »Der Philosoph mit der Maske. Michel Foucaults ›L'ordre du discours‹«, in: Michel Foucault, *Die Ordnung des Diskurses*, Frankfurt/M: Fischer 1991, S. 51–94
Krauss, Rolf H.: *Jenseits von Licht und Schatten. Die Rolle der Photographie bei bestimmten paranormalen Phänomenen – ein historischer Abriß*, Marburg: Jonas 1992
Kristeva, Julia: »Bachtin, das Wort, der Dialog und der Roman«, in: Jens Ihwe (Hg.), *Literaturwissenschaft und Linguistik. Ergebnisse und Perspektiven*, III, Frankfurt/M.: Athenäum 1972, S. 345–375. Frz. »Bakhtine, le mot, le dialogue et le roman«, in: *Critique* 23 (1967), S. 438–465
Krückeberg, Edzard: »Authentizität«, in: *Historisches Wörterbuch der Philosophie*, hg. v. Joachim Ritter u. Karlfried Gründer, I, Basel: Schwabe 1971, Sp. 692–693
Lancelin, Aude: »Baudrillard décode ›Matrix‹« [Interview mit Jean Baudrillard], in: *Le Nouvel Observateur* (19.6.2003), S. 56–58
Lenin, Vladimir I.: *Materialismus und Empiriokritizismus*, Berlin: Dietz 1977
Linden Research Inc.: »Land Pricing & Use Fees«, http://secondlife.com/whatis/landpricing.php, zuletzt aufgerufen am 30.3.2007
Locke, John: *Essay on Human Understanding*, in: *The Works of John Locke*, Nachdr. der Ausg. London 1823, III, Aalen: Scientia 1963
Löffler, Martin/Ricker, Reinhart: *Handbuch des Presserechts*, 4., neubearb. Aufl., München: C.H. Beck 2000
Lüdeking, Karlheinz: *Analytische Philosophie der Kunst. Eine Einführung*, München: Fink 1998
Luhmann, Niklas: *Die Gesellschaft der Gesellschaft*, Frankfurt/M.: Suhrkamp 1997
— *Die Realität der Massenmedien*, Opladen: Westdeutscher Verlag 1996[2]
— »Die Realität der Massenmedien. Niklas Luhmann im Radiogespräch mit Wolfgang Hagen«, in: Wolfgang Hagen (Hg.), *Warum haben Sie keinen Fernseher, Herr Luhmann? Letzte Gespräche mit Niklas Luhmann*, Berlin: Kulturverlag Kadmos 2004, S. 79–107
Lukács, Georg: *Geschichte und Klassenbewußtsein. Studien über marxistische Dialektik*, Darmstadt: Luchterhand 1988
McManus, John H.: »What Kind of Commodity Is News?«, in: *Communication Research* 19.6 (1992), S. 787–805
Medosch, Armin: »Domain-Namen: Des einen Leid, des andern Freud«, in: *Telepolis* (21.11.2000), www.heise.de/tp/r4/artikel/4/4301/1.html, zuletzt aufgerufen am 26.3.2007
Meier, Oliver: »Literatur und Journalismus«, in: *Medienheft* (9.7.2004), S. 1–10
Melville, Gert: »Kompilation, Fiktion und Diskurs. Aspekte zur heuristischen Methode der mittelalterlichen Geschichtsschreiber«, in: Christian Meier/Jörn Rüsen (Hg.), *Historische Methode. Theorien der Geschichte*, München: dtv 1988 (Beiträge zur Historik 5), S. 133–153
Metschies, Michael: *Zitat und Zitierkunst in Montaignes Essais*, Genf: Droz u. Paris: Minard 1966 (Kölner Romanistische Arbeiten, Neue Folge 37)

Müller-Sievers, Helmut: »Ablesen. Zur Entwicklung des wissenschaftlichen Blicks«, in: Bernhard J. Dotzler/Sigrid Weigel (Hg.), *›fülle der combination‹. Literaturforschung und Wissenschaftsgeschichte*, München: Wilhelm Fink 2005, S. 305–318

Münker, Stefan/Roesler, Alexander: *Poststrukturalismus,* Stuttgart/Weimar: Metzler 2000

Nau, Heino Heinrich (Hg.): *Der Werturteilsstreit. Die Äußerungen zur Werturteildiskussion im Ausschuß des Vereins für Sozialpolitik (1913)*, Marburg: Metropolis-Verlag 1996

Neubert, Christoph: »Elektronische Adressenordnung«, in: Stefan Andriopoulos/Gabriele Schabacher/Eckhard Schuhmacher (Hg.), *Die Adresse des Mediums*, Köln: DuMont 2001 (Mediologie 2), S. 34–63

Neuhaus, Stefan: »Von Texten, Menschen und Medien. Die Literaturwissenschaft und ihr Gegenstand«, in: Bernd Blöbaum/Stefan Neuhaus (Hg.), *Literatur und Journalismus. Theorie, Kontexte, Fallstudien*, Wiesbaden: Westdeutscher Verlag 2003, S. 11–21

The New Oxford American Dictionary, New York u.a.: Oxford Univ. Press 2001

Nietzsche, Friedrich: *Menschliches, Allzumenschliches I* (1878), in: *Kritische Studienausgabe*, hg. v. Giorgio Colli u. Mazzino Montinari, II, München: dtv 1980, S. 9–366

— *Unzeitgemäße Betrachtungen II: Vom Nutzen und Nachtheil der Historie für das Leben* (1874), in: *Kritische Studienausgabe*, hg. v. Giorgio Colli u. Mazzino Montinari, I, München: dtv 1980, S. 243–334

— *Zur Genealogie der Moral* (1887), in: *Kritische Studienausgabe*, hg. v. Giorgio Colli u. Mazzino Montinari, V, München: dtv 1980, S. 245–412

The Oxford English Dictionary, Oxford u.a.: Oxford Univ. Press 1989[2]

Pape, Helmut: »Searching for Traces. How to Connect the Sciences and the Humanities by a Peircean Theory of Indexicality«, in: *Transactions of the C.S. Peirce Society* 44.1 (2008), S. 1–25

Peirce, Charles S.: *Collected Papers of Charles Sanders Peirce*, I-VI, hg. v. Charles Hartshorne/Paul Weiss, Cambridge: Harvard Univ. Press 1931–35

— *The Essential Peirce. Selected Philosophical Writings*, hg. v. Nathan Houser, Bloomington/Indianapolis: Indiana Univ. Press 1995–1998

— *MS 478A* [*Syllabus of Certain Topics of Logic*], noch unveröffentlichte Rohtranskription, erstellt von C. Strub im Rahmen des Peirce Edition Project

— »New Elements«, in: *The Essential Peirce. Selected Philosophical Writings*, hg. v. Nathan Houser, II, Bloomington/Indianapolis: Indiana Univ. Press 1998, S. 301–330

Phiddian, Robert »Are Parody and Deconstruction Secretly the Same Thing?«, in: *New Literary History* 28.4 (1997), S. 673–696

Plachta, Bodo: *Editionswissenschaft. Eine Einführung in Methode und Praxis der Edition neuerer Texte*, Stuttgart: Reclam 1997

Popper, Karl R.: *Logik der Forschung*, Tübingen: J.C.B. Mohr (Paul Siebeck) 1971[4]

— »Die Logik der Sozialwissenschaften« [Referat], in: *Kölner Zeitschrift für Soziologie und Sozial-Psychologie* 14.2 (1962), S. 233–248

Pörksen, Bernhard: »Das Problem der Grenze«, in: Joan Kristin Bleicher/Bernhard Pörksen (Hg.), *Grenzgänger. Formen des New Journalism*, Wiesbaden: VS Verlag für Sozialwissenschaften 2004, S. 15–28

Pöttger, Horst: »Berufsethik für Journalisten? Professionelle Trennungsgrundsätze auf dem Prüfstand«, in: Adrian Holderegger (Hg.), *Kommunikations- und Medienethik. Interdisziplinäre Perspektiven*, Freiburg (Ch): Universitätsverlag Freiburg u. Freiburg (Breisgau): Herder 1999, S. 299–327

— »Ende des Milleniums, Ende des Journalismus? Wider die Dogmatisierung der professionellen Trennungsgrundsätze«, in: Markus Behmer u. a. (Hg.), *Journalismus im Wandel. Analysedimensionen, Konzepte, Fallstudien*, Wiesbaden: VS Verlag für Sozialwissenschaften 2005, S. 123–141

Privitera, Walter: *Stilprobleme. Zur Epistemologie Michel Foucaults*, Frankfurt/M.: Anton Hain 1990

Quintilianus, Marcus Fabius: *Ausbildung des Redners*, hg. u. übers. von Helmut Rahn, I, 2., durchges. Aufl., Darmstadt: Wissenschaftliche Buchgesellschaft 1988

Rabe, Hannah/Röttgers, Kurt/Veit, Walther: »Autorität«, in: *Historisches Wörterbuch der Philosophie*, hg. v. Joachim Ritter u. Karlfried Gründer, I, Basel: Schwabe 1971, Sp. 724–733

Ramonet, Ignacio: *Die Kommunikationsfalle. Macht und Mythen der Medien*, Zürich: Rotpunkt 1999

Reck, Hans-Ulrich: *Mythos Medienkunst*, Köln: Verlag der Buchhandlung Walther König 2002

Rehfeld, Nina: »Die Blogger sind los«, in: *Frankfurter Allgemeine Zeitung* (22.02.2005), S. 40

Requate, Jörg: *Journalismus als Beruf. Entstehung und Entwicklung des Journalistenberufs im 19. Jahrhundert*, Göttingen: Vandenhoeck & Ruprecht 1995

Rheinberger, Hans-Jörg: *Experimentalsysteme und epistemische Dinge. Eine Geschichte der Proteinsynthese im Reagenzglas*, Göttingen: Wallstein 2001

— *Experiment, Differenz, Schrift. Zur Geschichte epistemischer Dinge*, Marburg: Basilisken-Presse 1992

Rosenthal, David: »Streit um Domain-Namen«, in: *Süddeutsche Zeitung* (3.11. 2000), S. 16

Roß, Dieter: »Fakten und/oder Fiktionen. Zur Geschichte der Beziehungen zwischen Journalismus und Literatur in Deutschland«, in: Joan Kristin Bleicher/ Bernhard Pörksen (Hg.), *Grenzgänger. Formen des New Journalism*, Wiesbaden: VS Verlag für Sozialwissenschaften 2004, S. 74–99

Röttgers, Kurt/Fabian, Reinhard: »Authentisch«, in: *Historisches Wörterbuch der Philosophie*, hg. v. Joachim Ritter u. Karlfried Gründer, I, Basel: Schwabe 1971, Sp. 691–692

Sandbothe, Mike: »Transversale Medienwelten. Philosophische Überlegungen zum Internet«, in: Gianni Vattimo/Wolfgang Welsch (Hg.), *Medien-Welten Wirklichkeiten*, München: Fink 1998, S. 59–83

Saur, Ingeborg: »Original, Originalität«, in: *Historisches Wörterbuch der Philosophie*, hg. v. Joachim Ritter u. Karlfried Gründer, VI, Basel: Schwabe 1984, Sp. 1373–1378

Schiller, Friedrich: »Über naive und sentimentalische Dichtung«, in: *Sämtliche Werke*, hg. v. Peter-André Alt u. Gerhard Fricke, V, 9., durchges. Aufl., München 1993, S. 694–780

Schleiermacher, Friedrich: *Aus Schleiermachers Leben. In Briefen*, I, Berlin: Georg Reimer 1860[2]

Schneider, Ulrich Johannes: »Foucault und Heidegger«, in: Marcus S. Kleiner (Hg.), *Michel Foucault. Eine Einführung in sein Denken*, Frankfurt/M.: Campus 2001, S. 224–238

— *Michel Foucault*, Darmstadt: Wissenschaftliche Buchgesellschaft 2004

— »Wissensgeschichte, nicht Wissenschaftsgeschichte«, in: Axel Honneth/Martin Saar (Hg.): *Michel Foucault. Zwischenbilanz einer Rezeption. Frankfurter Foucault Konferenz,* Frankfurt/M.: Suhrkamp 2003, S. 220–229

Schröter, Jens: »Analog/Digital – Opposition oder Kontinuum?«, in: Jens Schröter/Alexander Böhnke (Hg.), *Analog/Digital – Opposition oder Kontinuum? Zur Theorie und Geschichte einer Unterscheidung*, Bielefeld: transcript 2004 (Medienumbrüche 2), S. 7–30

— »Das Ende der Welt. Analoge vs. digitale Bilder – mehr und weniger ›Realität‹«, in: Jens Schröter/Alexander Böhnke (Hg.), *Analog/Digital – Opposition oder Kontinuum? Zur Theorie und Geschichte einer Unterscheidung*, Bielefeld: transcript 2004 (Medienumbrüche 2), S. 335–354

Schulz, Winfried: *Die Konstruktion von Realität in den Nachrichtenmedien*, Freiburg/München: Alber 1976

Schwarz, Arturo (Hg.): *The Complete Works of Marcel Duchamp*, durchges. u. erg. Taschenbuchausg., New York: Delano Greenidge Editions 2000

Searle, John R.: *Expression and Meaning. Studies in the Theory of Speech Acts*, Cambridge u. a.: Cambridge Univ. Press 1979

Shannon, Claude Elwood: »The Mathematical Theory of Communication« (1948), in: Claude Elwood Shannon/Warren Weaver, *The Mathematical Theory of Communication*, Urbana/Chicago: Univ. of Illinois Press 1963, S. 29–115

Sidney, Philip: »The Defence of Poesie«, in: ders., *The Prose Works of Sir Philip Sidney*, hg. v. Albert Feuillerat, III, Cambridge: Cambridge Univ. Press 1962, S. 3–46

Siegert, Bernhard: *Relais. Geschicke der Literatur als Epoche der Post 1751–1913*, Berlin: Brinkmann & Bose 1993

Stichweh, Rudolf: »Adresse und Lokalisierung in einem globalen Kommunikationssystem«, in: Stefan Andriopoulos/Gabriele Schabacher/Eckhard Schuhmacher (Hg.), *Die Adresse des Mediums*, Köln: DuMont 2001 (Mediologie 2), S. 25–63

Stiegler, Bernhard: »Das diskrete Bild«, in: Jacques Derrida/Bernhard Stiegler, *Echographien. Fernsehgespräche*, Wien: Passagen 2006. Frz. »L'image discrète«, in: Jacques Derrida/Bernhard Stiegler, *Echographies de la télévision. Entretiens filmés*, Paris: Gallimard 1996, S. 161–183

Szaif, Jan/Thurnherr, Urs: »Wahrhaftigkeit«, in: *Historisches Wörterbuch der Philosophie*, hg. v. Joachim Ritter u. Karlfried Gründer, XII, Basel: Schwabe 2004, Sp. 42–48

Theweleit, Klaus: *Der Knall: 11. September, das Verschwinden der Realität und ein Kriegsmodell*, Frankfurt/M.: Stroemfeld/Roter Stern 2002

Turkle, Sherry: *Life on the Screen. Identity in the Age of the Internet*, New York u. a.: Simon & Schuster 1995

Veyne, Paul: »Michel Foucaults Denken«, in: Axel Honneth/Martin Saar (Hg.), *Michel Foucault. Zwischenbilanz einer Rezeption. Frankfurter Foucault Konferenz,* Frankfurt/M.: Suhrkamp 2003, S. 27–51

Wallace, David F.: »›Unibus Pluram‹: Television and U.S. Fiction«, in: ders., *A Supposedly Fun Thing I'll Never Do Again. Essays and Arguments,* London: Abacus 1998, S. 21–82

Weber, Samuel: »Zur Sprache des Fernsehens: Versuch, einem Medium näher zu kommen«, in: Jean-Pierre Dubost (Hg.), *Bildstörung. Gedanken zu einer Ethik der Wahrnehmung*, Leipzig: Reclam 1994, S. 72–88

Wehler, Hans-Ulrich: *Deutsche Gesellschaftsgeschichte*, München: Beck 1987

Werber, Niels: »Factual Fiction. Zur Differenzierungsgeschichte von Literatur und Journalismus aus systemtheoretischer Perspektive«, in: Joan Kristin Bleicher/ Bernhard Pörksen (Hg.), *Grenzgänger. Formen des New Journalism*, Wiesbaden: VS Verlag für Sozialwissenschaften 2004, S. 160–189

Wilhelm, Friedrich: »Antike und Mittelalter. Studien zur Literaturgeschichte. I. Über fabulistische Quellenangaben«, in: *Beiträge zur Geschichte der deutschen Sprache und Literatur* 33 (1908), S. 286–339

Wolfe, Tom: »Meine Absicht war es immer, ins zentrale Nervensystem eines Menschen zu schlüpfen« [Interview], in: *Die Weltwoche*, H. 4 (1988), S. 46–47

— *The New Journalism*, London: Pan Books 1975

Zachhuber, Johannes: »Wahrheit, praktische bzw. moralische«, in: *Historisches Wörterbuch der Philosophie*, hg. v. Joachim Ritter u. Karlfried Gründer, XII, Basel: Schwabe 2004, Sp. 164–167

Zedler, Johann Heinrich: *Grosses vollständiges Universal-Lexicon aller Wissenschaften und Künste, welche bishero durch menschlichen Verstand und Witz erfunden worden*, Halle: Zedler 1732

Zipfel, Frank: *Fiktion, Fiktivität, Fiktionalität. Analysen zur Fiktion der Literatur und zum Fiktionsbegriff in der Literaturwissenschaft*, Berlin: Erich Schmidt 2001

Žižek, Slavoj: »Das Unbehagen in der Liberal-Demokratie«, in: *Heaven Sent*, H. 5 (1992), S. 44–50

II Fälschung und Fake allgemein

Barbieri, Daniele: »Is Reality a Fake?«, in: *Versus*, H. 46 (1987), S. 43–57

Becker, Silke/Mair, Judith: *Fake for Real*, Frankfurt/M. u.a.: Campus 2005

Boese, Alex: *The Museum of Hoaxes. A History of Outrageous Pranks and Deceptions*, London: Plume 2002

Broad, William/Wade, Nicholas: *Betrayers of the Truth. Fraud and Deceit in the Halls of Science*, New York: Simon & Schuster 1983[2]

Corino, Karl (Hg.): *Gefälscht! Betrug in Politik, Literatur, Wissenschaft, Kunst und Musik*, Reinbek bei Hamburg: Rowohlt 1992

Di Trocchio, Federico: *Der große Schwindel. Betrug und Fälschung in der Wissenschaft*, übers. v. Andreas Simon, Reinbek bei Hamburg: Rowohlt 1999

Etzlstorfer, Hannes/Katzinger, Willibald/Winkler, Wolfgang (Hg.): *echt_falsch. Will die Welt betrogen sein?*, Wien u.a.: Kremayr & Scheriau/Orac 2003

Fuld, Werner: *Lexikon der Fälschungen. Lügen und Intrigen in Kunst, Geschichte und Literatur*, München: Piper 2000

Gerhards, Claudia: »Die Realität des Fernsehfakes«, in: Claudia Gerhards/ Stephan Borg/Bettina Lambert (Hg.), *TV-Skandale*, Konstanz: UVK 2005 (kommunikation audiovisuell 35), S. 281–297

Grafton, Anthony: *Fälscher und Kritiker. Der Betrug in der Wissenschaft*, Berlin: Klaus Wagenbach 1995

Groom, Nick: *The Forger's Shadow. How Forgery Changed the Course of Literature*, London: Picador 2002

Haywood, Ian: *Faking It. Art and the Politics of Forgery*, Brighton: The Harvester Press 1987

— *The Making of History*, Cranbury: Associated Univ. Presses 1986

Heidegger, Gerald: »Fabrizierte Wirklichkeit: Medien und Fälschung«, in: Hannes Etzlstorfer/Willibald Katzinger/Wolfgang Winkler (Hg.), *echt_falsch. Will die Welt betrogen sein?*, Wien: Kremayr & Scheriau/Orac 2003, S. 40–55

Höfele, Andreas: »Der Autor und sein Double. Anmerkungen zur literarischen Fälschung«, in: *Germanisch-Romanische Monatsschrift* 49.1 (1999), S. 79–101

Juhasz, Alexandra/Lerner, Jesse: »Introduction. Phony Definitions and Troubling Taxonomies of the Fake Documentary«, in: dies. (Hg.), *F Is for Phony. Fake Documentaries and Truth's Undoing*, Minneapolis/London: Univ. of Minnesota Press 2006, S. 1–35

Kenner, Hugh: *The Counterfeiters. An Historical Comedy*, Bloomington/London: Indiana Univ. Press 1968

Knight, Peter/Long, Jonathan (Hg.): *Fakes and Forgeries*, Amersham: Cambridge Scholars Press 2004

Kohn, Alexander: *False Prophets. Fraud and Error in Science and Medicine*, Oxford u.a.: Blackwell 1986

Lebow, Alisa: »Faking What? Making a Mockery of Documentary«, in: Alexandra Juhasz/Jesse Lerner (Hg.), *F Is for Phony. Fake Documentaries and Truth's Undoing*, Minneapolis/London: Univ. of Minnesota Press 2006, S. 223–237

MacDougall, Curtis C.: *Hoaxes*, erw. u. überarb. Aufl. d. Ausg. New York 1940, New York: Dover 1958

Reulecke, Anne Kathrin (Hg.): *Fälschungen. Zu Autorschaft und Beweis in Wissenschaften und Künsten*, Frankfurt/M.: Suhrkamp 2006

Römer, Stefan: *Künstlerische Strategien des Fake. Kritik von Original und Fälschung*, Köln: DuMont 2001

Roscoe, Jane/Hight, Craig: *Faking It. Mock-documentary and the Subversion of Factuality*, Manchester/New York: Manchester Univ. Press 2001

Ruthven, Kenneth K.: *Faking Literature*, Cambridge u.a.: Cambridge Univ. Press 2001

Schwartz, Hillel: *The Culture of the Copy. Striking Likeness, Unreasonable Facsimiles*, New York: Zone Books 1996

Thomsen, Holger: »Fälschung und Qualitätssicherung im Journalismus«, in: Claudia Gerhards/Stephan Borg/Bettina Lambert (Hg.), *TV-Skandale*, Konstanz: UVK 2005 (kommunikation audiovisuell 35), S. 355–372

Weigel, Sigrid: »Editorial«, in: *Trajekte. Zeitschrift des Zentrums für Literaturforschung* 4.7 (2003), S. 2–3

III Materialien zu einzelnen Fälschungsfällen

1. *Lithographiae Wirceburgensis*

Abel, Othenio: »Paläontologie und Paläozoologie«, in: Hertwig, Richard von/Wettstein, Richard (Hg.): *Abstammungslehre: Systematik, Paläontologie, Biogeographie*, Leipzig/Berlin: Teubner 1914 (Die Kultur der Gegenwart, Teil 3, Abt. 4, Bd. 4), S. 303–395

Anonym: »Eintrag im Domcapitel-Protokoll pro 1726«, S. 107–108 (=Urkunde Nr. 133), in: Franz Xaver von Wegele, *Geschichte der Universität Würzburg*, II, Neudr. d. Ausg. Würzburg 1882, Aalen: Scientia 1969, S. 321

Anonym: »Verhör-Protokolle vom 15. April und 11. Juni 1726«, in: *Abhandlungen des Naturwissenschaftlichen Vereins Würzburg* 4.1 (1963), S. 121–129

Beringer, Johann Bartholomäus Adam: *Lithographiae Wirceburgensis, ducentis lapidum figuratorum, a potiori insectiformium, prodigiosis imaginibus exornatae specimen primum* (1726), übers. nach der von Melvin E. Jahn u. Daniel J. Woolf veröff. Übertr. ins Englische von Herbert und Heide Vossmerbäumer [Masch.], Würzburg: H. Vossmerbäumer 1988

— *The Lying Stones of Dr. Johann Bartholomew Adam Beringer Being his Lithographiae Wirceburgensis*, übers. u. mit Anmerkungen v. Melvin E. Jahn u. Daniel J. Woolf, Berkeley/Los Angeles: Univ. of California Press 1963

Brandstetter, Thomas: »Elefanten im Mond. Der prekäre Status des wissenschaftlichen Instruments«, in: *Berichte zur Wissenschaftsgeschichte* 27 (2004), S. 109–118

Cuvier, Georges: *Recherches sur les ossements fossiles de quadrupèdes, où l'on rétablit les caractères de plusieurs espèces d'animaux que les révolutions du globe paroissent avoir détruites*, Paris: Deterville 1812

Daston, Lorraine/Park, Katharine: *Wonders and the Order of Nature: 1150–1750*, New York: Zone Books 1998

Deckers, Manfred: »Die Würzburger Lügensteine und andere Fälschungen von Fossilien«, in: *Diagonal*, H. 2 (1994), S. 65–70

Eckhart, Georg von: »Schreiben an Herrn Aug. Joh. Hugo, Kön. Großbritannischen Hofrath und Leibmedicus« (1727), in: *Historisch-diplomatisches Magazin für das Vaterland und angrenzende Gegenden* 1.2 (1780), S. 159–168

Forster, Leonard: »›Charlataneria eruditorum‹ zwischen Barock und Aufklärung in Deutschland«, in: Sebastian Neumeister/Conrad Wiedemann (Hg.), *Res Publica Litteraria. Die Institutionen der Gelehrsamkeit in der frühen Neuzeit*, I, Wiesbaden: Harrassowitz 1987, S. 203–220

Franke, Hans: *Die Würzburger Lügensteine. Tatsachen, Meinungen und Lügengespinste über eine der berühmtesten geologischen Spottfälschungen des 18. Jahrhunderts*, Würzburg: Ferdinand Schöningh 1991

Füssel, Marian: »›Charlataneria Eruditorum‹. Zur sozialen Semantik des gelehrten Betrugs im 17. und 18. Jahrhundert«, in: *Berichte zur Wissenschaftsgeschichte* 27 (2004), S. 119–135

Gierl, Martin: *Pietismus und Aufklärung. Theologische Polemik und die Kommunikationsreform der Wissenschaft am Ende des 17. Jahrhunderts*, Göttingen: Vandenhoeck und Ruprecht 1997 (Veröffentlichungen des Max-Planck-Instituts für Geschichte 129)

Gould, Stephen Jay: *The Lying Stones of Marrakech. Penultimate Reflections in Natural History*, London: Vintage 2001

— »The Lying Stones of Würzburg and Marrakech«, in: *Natural History* 107.4 (1998), S. 16–21 u. S. 82–90

Hölder, Helmut: *Kurze Geschichte der Geologie und Paläontologie*, Berlin u. a.: Springer 1989

Kirchner, Heinrich: »Die Würzburger Lügensteine im Lichte neuer archivalischer Forschung«, in: *Zeitschrift der Deutschen Geologischen Gesellschaft* 87 (1935), S. 607–615

Lukrez: *De rerum natura*, hg. u. übers. v. Karl Büchner, Stuttgart: Reclam 1973

Mallatt, Jon M.: »Dr Beringer's Fossils: A Study in the Evolution of Scientific World View«, in: *Annals of Science* 39 (1982), S. 371–380

Martius, Ernst Wilhelm: *Wanderungen durch einen Theil von Franken und Thüringen. In Briefen an einen Freund*, Erlangen: Walthersche Buchhandlung 1795

Mencke, Johann Burkhardt: *Zwey Reden von der Charlatanerie oder Marktschreyerey der Gelehrten, nebst verschiedener Autoren Anmerckungen. Mit Genehmhaltung des Hrn. Verfassers nach der letzten vollständigsten Auflage übersetzt, und mit des Französischen Übersetzers, auch einigen andern Anmerckungen aufs neue vermehrt*, Nachdr. d. Ausg. Leipzig 1728, München: Kraus 1981 (Quellen zur Geschichte des Buchwesens 2.1)

Niebuhr, Birgit/Geyer, Gerd: *Beringers Lügensteine: 493 Corpora Delicti zwischen Dichtung und Wahrheit*, 2 Bde., Würzburg: Freunde der Würzburger Geowissenschaften e.V. 2005 (Beringeria Sonderheft 5)

Ovid: *Metamorphosen*, in dt. Hexameter übertr. u. hg. v. Erich Rösch, Zürich/Düsseldorf: Artemis & Winkler 1996

Padtberg, August: »Die Geschichte einer vielberufenen paläontologischen Fälschung. Beringers Lithographiae Wirceburgensis«, in: *Stimmen der Zeit. Monatsschrift für das Geistesleben der Gegenwart* 53.104 (1923), S. 32–48

Parkinson, James: *Organic Remains of a Former World. An Examination of the Mineralized Remains of the Vegetables and Animals of the Antediluvian World; Generally Termed Extraneous Fossils*, I, London: Sherwood, Neely and Jones 1820

Reulecke, Anne-Kathrin: »Fälschung am Ursprung. Johann Beringers ›Lithographiae Wirceburgensis‹ (1726) und die Erforschung der natürlichen Welt«, in: *Trajekte. Zeitschrift des Zentrums für Literaturforschung* 4.7 (2003), S. 39–44

Rudwick, Martin J. S.: *The Meaning of Fossils. Episodes in the History of Palaeontology*, London: Macdonald 1972

Scheuchzer, Johann Jacob: *Homo diluvii testis et theoskopos*, Tigurum: Byrgklinus 1726

Stadel, Sebastian: »Send-Schreiben an Johann Musen-Freund. Von der Marktschreyerischen Eitelkeit der Gelehrten«, in: Johann Burkhardt Mencke, *Zwey Reden von der Charlatanerie oder Marktschreyerey der Gelehrten*, Nachdr. d. Ausg. Leipzig 1728, München: Kraus 1981 (Quellen zur Geschichte des Buchwesens 2.1), S. 289–327

Walch, Johann Georg: *Philosophisches Lexicon*, Reprograf. Nachdr. d. Ausg. Leipzig 1775^{4}, I, Hildesheim: Georg Olms 1968

Wegele, Franz Xaver von: *Geschichte der Universität Würzburg*, Neudr. d. Ausg. Würzburg 1882, Aalen: Scientia 1969

Weiss, Josef: »Die Würzburger Lügensteine«, in: *Abhandlungen des Naturwissenschaftlichen Vereins Würzburg* 4.1 (1963), S. 107–136

2. Piltdown Man

Anderson, Robert B.: »The Case of the Missing Link«, in: *Pacific Discovery* 49.2 (1996), S. 15–20 u. S. 32–33

Anonym [Keith, Arthur]: »Discovery of a New Type of Fossil Man«, in: *British Medical Journal*, H. 2712 (1912), S. 1719–1720

Anonym: »›An Elaborate and Carefully Prepared Hoax‹. Piltdown Man«, in: *The Illustrated London News* (28.12.1912), S. 887

Anonym: »Business of the House (26.11.1953)«, in: *Parliamentary Debates/House of Commons. Official Report* 521.18 (1953), Sp. 530–531
Anonym: »Palaeolithic Man«, in: *Nature* 90 (1912), S. 438
Anonym: »Piltdown Man Forgery. Jaw and Tooth of Modern Ape. ›Elaborate Hoax‹«, in: *The Times* (21.11.1953), S. 6
Anonym: »The Piltdown Man Discovery. Unveiling of a Monolith Memorial«, in: *Nature* 142 (1938), S. 196–197
Bergmann, Jerry: »A History of the Piltdown Hoax«, in: *Rivista di Biologia/Biology Forum* 96 (2003), S. 457–484
— »The Piltdown Hoax's Influence on Evolution's Acceptance«, in: *Creation Research Society Quarterly* 36.3 (1999), S. 145–154
Blinderman, Charles/Joyce, David: *The Piltdown Plot*, Worcester (Mass.): Clark Univ., www.clarku.edu/~piltdown/pp_map.html, zuletzt aufgerufen am 6.04.2006
Blinderman, Charles: *The Piltdown Inquest,* Buffalo (N.Y.): Prometheus Books 1986
Bowden, Malcolm: *Ape-man, Fact or Fallacy?*, Bromley (Kent, U.K.): Souvereign Publications 1977
— *Science vs. Evolution*, Bromley (Kent, U.K.): Souvereign Publications 1991
Breyer, Ralf/Kausch, Barbara: »Wissenschaftliches Fehlverhalten wird geprüft«, in: *UniReport* (Johann Wolfgang Goethe-Universität Frankfurt) 37.5 (2004), S. 4
Burkitt, Miles C.: »Obituaries of the Piltdown Remains«, in: *Nature* 175 (1955), S. 569
— »The Older Stone Ages«, in: *Nature* 165 (1950), S. 914–915
Cohen, Claudine: »Faux et authenticité en préhistoire«, in: *Terrain*, H. 33 (1999), S. 31–40
Darwin, Charles: *The Descent of Man and Selection in Relation to Sex*, London: John Murray 1882
Dawson, Charles: »Supplementary Note on the Discovery of a Palaeolithic Human Skull and Mandible at Piltdown (Sussex), in: *The Quarterly Journal of the Geological Society of London* 70 (1914), S. 82–99
Dawson, Charles/Woodward, Arthur Smith: »On a Bone Implement from Piltdown (Sussex)«, in: *The Quarterly Journal of the Geological Society of London* 71 (1915), S. 144–149
— »On the Discovery of a Palaeolithic Human Skull and Mandible in a Flint-Bearing Gravel Overlying the Wealden (Hastings Beds) at Piltdown, Fletching (Sussex)«, in: *The Quarterly Journal of the Geological Society of London* 69 (1913), S. 117–144
Gee, Henry: »Box of Bones ›Clinches‹ Identity of Piltdown Palaeontology Hoaxer«, in: *Nature* 381 (1996), S. 261–262
Gish, Duane T.: *Evolution, the Fossils Say No!*, San Diego: Creation-Life Publishers 1973
Gould, Stephen Jay: *Hen's Teeth and Horse's Toes. Further Reflections in Natural History*, New York u.a.: Norton 1983
— »The Piltdown Conspiracy«, in: *Natural History* 89.8 (1980), S. 8–28
— »Piltdown in Letters«, in: *Natural History* 90.6 (1981), S. 12–30
— »Piltdown Revisited«, in: *Natural History* 88.3 (1979), S. 86–97
Gregory, William K.: »The Dawn Man of Piltdown, England«, in: *The American Museum Journal* 14.5 (1914), S. 189–200

— »Franz Weidenreich, 1873–1948«, in: *American Anthropologist*, Neue Folge 51 (1949), S. 85–90

Häckel, Ernst: *Systematische Phylogenie. Entwurf eines natürlichen Systems der Organismen auf Grund ihrer Stammesgeschichte*, III, Berlin: G. Reimer 1895

Haddon, A.C.: »Eoanthropus Dawsoni«, in: *Science*, Neue Folge 37 (1913), S. 91–92

Hammond, Michael: »A Framework of Plausibility for an Anthropological Forgery: The Piltdown Case«, in: *Anthropology* 3.1–2 (1979), S. 47–58

Hinton, Martin A.C.: »Piltdown Man Forgery. Investigators' Access to Fragments«, in: *The Times* (4.12.1953), S. 2

Keith, Arthur: *Ancient Types of Man*, London: Harper & Brothers 1911

— *The Antiquity of Man*, II, London: Williams & Norgate 1925[2]

— *A New Theory of Human Evolution*, New York: Philosophical Library 1949

Le Gros Clark, Wilfrid: »The Exposure of the Piltdown Forgery«, in: *Nature* 175 (1955), S. 973–974

Leakey, Louis: *By the Evidence. Memoirs 1932–1951*, New York/London: Harcourt Brace Jovanovich 1974

Lubbock, John: *Prehistoric Times, as Illustrated by Ancient Remains and the Manners and Customs of Modern Savages*, London: Williams and Norgate 1865

Lubenow, Marvin L.: *Bones of Contention. A Creationist Assessment of Human Fossils*, Grand Rapids (Mich.): Baker Book House 1992

Lyne, W. Courtney: »The Significance of the Radiographs of the Piltdown Teeth«, in: *Proceedings of the Royal Society of Medicine. General Reports* 9 (1916), S. 33–62

Matthews, L. Harrison: »Piltdown Man: The Missing Links«, in: *New Scientist* 90 (1981), S. 280–282

McCurdy, George Grant: »Ancestor Hunting: The Significance of the Piltdown Skull«, in: *American Anthropologist*, Neue Folge 15 (1913), S. 248–256

Millar, Gerrit S.: »The Jaw of the Piltdown Man«, in: *Smithsonian Miscellaneous Collections* 65.12 (1915), S. 1–31

Morris, Henry/Parker, Gary E.: *What Is Creation Science?*, El Cajon: Master Books 1987

Oakley, Kenneth P./Groves, Colin P.: »Piltdown Man: The Realization of Fraudulence«, in: *Science*, Neue Folge 169 (1970), S. 789

Oakley, Kenneth P./Hoskins, C. Randall: »New Evidence on the Antiquity of Piltdown Man«, in: *Nature* 165 (1950), S. 379–382

Osborn, Henry Fairfield: »The Dawn Man of Piltdown, Sussex«, in: *The American Museum Journal* 21.6 (1921), S. 577–590

Pycraft, W.P.: »The Most Ancient Inhabitant of England: The Newly-Found Sussex Man«, in: *The Illustrated London News* (28.12.1912), S. 958

Schulz, Matthias: »›Die Regeln mache ich‹«, in: *Der Spiegel*, H. 34 (2004), S. 128–131

Smith, Grafton Elliot: *The Evolution of Man. Essays* (1924), London: Oxford Univ. Press 1927[2]

— »Preliminary Report on the Cranial Cast«, in: *The Quarterly Journal of the Geological Society of London* 69 (1913), S. 145–147

Sollas, William: *Ancient Hunters and Their Modern Representatives*, London: Macmillan 1925[3]
Spencer, Frank (Hg.): *The Piltdown Papers. The Correspondence and Other Documents Relating to the Piltdown Forgery 1908–1955*, London u.a.: Oxford Univ. Press 1990
— *Piltdown. A Scientific Forgery. Based on Research by Ian Langham (1942–1984)*, London u.a.: Oxford Univ. Press 1990
Trinkaus, Eric/Shipman, Pat: *Die Neandertaler. Spiegel der Menschheit*, übers. v. Julia Beise, München: Bertelsmann 1993
Turritin, T.H.: »An Annotated Bibliography of the Piltdown Man Forgery, 1953–2005«, www.palarch.nl/NorthWestEurope/nweur_2006_1_1.pdf, zuletzt aufgerufen am 14.3.2006
Vere, Francis: *Lessons of Piltdown. A Study in Scientific Enthusiasm at Piltdown, Java and Peking*, Stoke: Evolution Protest Movement 1959
Washburn, Sherwood L.: »The Piltdown Hoax«, in: *American Anthropologist*, Neue Folge 55 (1953), S. 759–762
— »The Piltdown Hoax: Piltdown 2«, in: *Science*, Neue Folge 203 (1979), S. 955–956 u. 958
Weidenreich, Franz: *Apes, Giants and Man*, Chicago: Univ. of Chicago Press 1945
— *The Skull of Sinanthropus Pekinensis. A Comparative Study on a Primitive Hominid Skull*, Lancaster: Lancaster Press 1943 (Palaeontologia Sinica 127)
Weiner, Joe S.: *The Piltdown Forgery*, Nachdr. d. Ausg. London/New York 1955, New York: Oxford Univ. Press 2003
Weiner, Joe S./Oakley, Kenneth P./Le Gros Clark, Wilfrid E.: »The Solution of the Piltdown Problem«, in: *Bulletin of the British Museum (Natural History) Geology* 2.3 (1953), S. 141–146
Winslow, John Hathaway/Meyer, Alfred.: »The Perpetrator at Piltdown«, in: *Science 83* 4.7 (1983), S. 32–43, zit. nach dem Transkript auf www.tiac.net/~cri_a/piltdown/winslow.html, zuletzt aufgerufen am 20.3.2006
Woodward, Arthur Smith: *The Earliest Englishman*, London: Watts 1948
— »Fourth Note on the Piltdown Gravel with Evidence of a Second Skull of *Eoanthropus Dawsoni*«, in: *The Quarterly Journal of the Geological Society of London* 73 (1917), S. 1–10

3. James Macphersons Ossian

Die mit * gekennzeichneten bibliographischen Angaben beziehen sich auf digitale Faksimiles aus der *Eighteenth Century Collections Online (ECCO)*, Farmington Hills: Thomson Gale 2002, http://galenet.galegroup.com/servlet/ECCO

Addison, Joseph: »The Spectator N° 420«, in: *The Works of the Right Honourable Joseph Addison*, III, London: 1721, S. 514–516*
Anonym [Campbell, John]: *The Polite Correspondence*, London: John Atkinson u.a. 1750*
Anonym [Philips, Ambrose]: *A Collection of Old Ballads*, London 1723*
Anonym [Warton, Joseph]: *An Essay on the Genius and Writings of Pope*, I, London: J. Dodsley 1782[4]*
Anonym: *An Universal History. From the Earliest Account of Time to the Present*, I, Dublin: Edward Bate 1744–47*

Black, George F.: *Macpherson's Ossian and the Ossianic Controversy*, New York 1926

Blair, Hugh: *A Critical Dissertation on the Poems of Ossian, the Son of Fingal*, London: T. Becket u. P.A. De Hondt: 1763*

— *A Critical Dissertation on the Poems of Ossian, the Son of Fingal*, London: T. Becket u. P.A. De Hondt: 1765²*

— »Lecture XXXVII: Philosophical Writing – Dialogue – Epistolary Writing – Fictitious History«, in: *Lectures on Rhetoric and Belles Lettres*, III, London: W. Strahan/T. Cadell/W. Creech 1785², S. 57–83*

— »Letter to Mr. Mackenzie« (20.12.1797), in: *Report of the Committee of the Highland Society of Scotland, Appointed to Inquire into the Nature and Authenticity of the Poems of Ossian*, hg. v. Henry Mackenzie, Edinburgh: University Press 1805, S. 56–62

Bolingbroke, Henry St. John: *Letters on the Study and Use of History*, I, London: A. Millar 1752*

Bolz, Norbert: »Der Kult des Authentischen im Zeitalter der Fälschungen«, in: Anne-Kathrin Reulecke (Hg.), *Fälschungen. Zu Autorschaft und Beweis in Wissenschaften und Künsten*, Frankfurt/M.: Suhrkamp 2006, S. 406–417

Boswell, James: *The Journal of a Tour to the Hebrides with Samuel Johnson* (1785), Dublin: White, Byrne u. Cash 1785*

Broggi-Wütherich, Francesca: »From Smith's *Antiquities* to Leoni's *Nuovi Canti*: The Making of the Italian Ossianic Tradition Revisited«, in: Howard Gaskill (Hg.), *Ossian Revisited*, Edinburgh: Edinburgh Univ. Press 1991, S. 303–334

Carte, Thomas: *A General History of England*, I, Westminster: gedr. f. d. Autor 1747*

Chatterton, Thomas: *Poems, Supposed to Have Been Written at Bristol, in the Fifteenth Century; the Greatest Part Now First Published from the Most Authentic Copies, with an Engraved Specimen of One of the MSS*, hg. v. Thomas Tyrwhitt, London: T. Payne and Son 1777*

— *Poems, Supposed to Have Been Written at Bristol, in the Fifteenth Century, by Thomas Rowley, Priest, etc.*, London: T. Payne and Son 1782*

Coleridge, Samuel Taylor: *Biographia Literaria*, hg. v. J. Shawcross, II, Nachdr. der Ausg. London 1907, London u.a.: Oxford Univ. Press 1969

Coleridge, Samuel Taylor/Wordsworth, William: *Lyrical Ballads with a Few Other Poems*, Bristol 1798*

Crawford, Robert: *The Modern Poet. Poetry, Academia, and Knowledge since the 1750s*, New York: Oxford Univ. Press 2001

De Gategno, Paul J.: *James Macpherson*, Boston: Twayne 1989 (Twayne's English Authors Series 467)

Dionisotti, A.C.: »On Fragments in Classical Scholarship«, in: Glenn W. Most (Hg.), *Collecting Fragments*, Göttingen: Vandenhoeck & Ruprecht 1997 (Aporemata 1), S. 1–33

Dunn, John J.: »Coleridge's Debt to Macpherson's Ossian«, in: *Studies in Scottish Literature* 7 (1969/70), S. 76–89

— »Macpherson's ›Ossian‹ and the Ossianic Controversy: A Supplementary Bibliography«, in: *Bulletin of the New York Public Library* 75 (1971), S. 465–473

Fruman, Norman: »Originality, Plagiarism, Forgery and Romanticism«, in: *Centrum* 4.1. (1976), S. 44–49

Gaskill, Howard: »Introduction«, in: ders. (Hg.), *Ossian Revisited*, Edinburgh: Edinburgh Univ. Press 1991, S. 1–18

Gibbon, Edward: *Miscellaneous Works of Edward Gibbon. With Memoirs of his Life and Writings*, hg. v. John Sheffield, I, Dublin: P. Wogan u.a. 1796*

Goethe, Johann Wolfgang: »Gespräch mit Henry Crabb Robinson« (2. August 1829), in: *Goethes Gespräche*, hg. v. Woldemar Freiherr von Biedermann, VII, Leipzig: Biedermann 1890, S. 103–106

Graham, Henry Gray: *Scottish Men of Letters in the Eighteenth Century*, London: Adam u. Charles Black 1908

Haugen, Kristine Louise: »Ossian and the Invention of Textual History«, in: *Journal of the History of Ideas* 52.2 (1998), S. 309–327

Hobsbawm, Eric: »Introduction: Inventing Traditions«, in: Eric Hobsbawm/Terence Ranger (Hg.), *The Invention of Tradition*, Cambridge u.a.: Cambridge Univ. Press 1983, S. 1–14

Innes, Thomas: *A Critical Essay on the Ancient Inhabitants of the Northern Parts of Britain, or Scotland*, I, London: William Innys 1729*

Ireland, William Henry: *Miscellaneous Papers and Legal Instruments under the Hand and Seal of William Shakespeare: Including the Tragedy of King Lear and a Small Fragment of Hamlet, from the Original MSS in the Possession of Samuel Ireland of Norfolk Street*, London: Cooper and Graham 1796*

Jiriczek, Otto L.: »Zur Bibliographie und Textgeschichte von Hugh Blairs *Critical Dissertation on the Poems of Ossian*«, in: *Englische Studien* 70 (1935/36), S. 181–189

— »Vorwort«, in: *James Macpherson's Ossian*, hg. v. Otto L. Jiriczek, I, Faksimile-Neudr. d. Erstausg. v. 1762, Heidelberg: Carl Winters 1940, ohne Paginierung

Johnson, Samuel: *A Dictionary of the English Language*, I, London: 1756, o.S.*

— *A Journey to the Western Islands of Scotland* (1791), in: *The Yale Edition of the Works of Samuel Johnson*, hg. v. Edward Lippingcott MacAdam, IX, New Haven/London: Yale Univ. Press 1971

— »The Rambler No. 79, Tuesday, 18 December 1750«, in: *The Yale Edition of the Works of Samuel Johnson*, hg. v. Edward Lippingcott MacAdam, IV, New Haven: Yale Univ. Press u.a. 1969, S. 50–55

— »The Rambler No. 121, Tuesday, 14 May 1751«, in: *The Yale Edition of the Works of Samuel Johnson*, hg. v. Edward Lippingcott MacAdam, IV, New Haven: Yale Univ. Press u.a. 1969, S. 280–286

Levinson, Marjorie: *The Romantic Fragment Poem. A Critique of a Form*, Chapel Hill u.a.: Univ. of North Carolina Press 1986

Lynch, Jack: »Samuel Johnson's ›Love of Truth‹ and Literary Fraud«, in: *Studies in English Literature 1500–1900* 42.3 (2002), S. 601–618

Mackillop, Andrew: »Jacobitism«, in: Michael Lynch (Hg.), *The Oxford Companion to Scottish History*, New York: Oxford Univ. Press 2001, S. 349–352

Macpherson, James: *Fingal* (1762), in: *James Macpherson's Ossian*, hg. v. Otto L. Jiriczek, I, Faksimile-Neudr. d. Erstausg. v. 1762, Heidelberg: Carl Winters 1940

— *James Macpherson's Fragments of Ancient Poetry* (1760), hg. v. Otto L. Jiriczek, i. dipl. Neudr. m.d. Lesarten der Umarbeitung, Heidelberg: Carl Winters 1915 (Anglistische Forschungen 47)

— *The Poems of Ossian, in the Original Gaelic*, London: 1807

— *Temora* (1763), in: *James Macpherson's Ossian,* hg. v. Otto L. Jiriczek, II, Faksimile-Neudr. d. Erstausg. v. 1763, Heidelberg: Carl Winters 1940

Madox, Thomas: *The History and Antiquities of the Exchequer of the Kings of England,* London: John Mathews 1711*

Moore, Dafydd: »The Reception of *The Poems of Ossian* in England and Scotland«, in: Howard Gaskill (Hg.), *The Reception of Ossian in Europe,* London: Thoemmes Continuum 2004, S. 21–39

Percy, Thomas: »On the Ancient Metrical Romances«, in: ders., *Reliques of Ancient English Poetry,* III, Dublin: P. Wilson u. E. Watts 1767², S. ii–xxxii*

— »An Essay on the Ancient English Minstrels«, in: ders., *Reliques of Ancient English Poetry,* I, Dublin: P. Wilson/E. Watts 1767², S. xix–lxxvi*

Porter, James: »›Bring Me the Head of James Macpherson‹. The Execution of Ossian and the Wellsprings of Folkloristic Discourse«, in: *Journal of American Folklore* 114 (2001), S. 396–435

Pound, Ezra: »The Renaissance«, in: ders., *Literary Essays,* hg. v. T.S. Eliot, London: Faber and Faber 1954

Price, John Valdimir: »Ossian and the Canon in the Scottish Enlightenment«, in: Howard Gaskill (Hg.), *Ossian Revisited,* Edinburgh: Edinburgh Univ. Press 1991, S. 109–128

Report of the Committee of the Highland Society of Scotland, Appointed to Inquire into the Nature and Authenticity of the Poems of Ossian, hg. v. Henry Mackenzie, Edinburgh: University Press 1805

Rizza, Steve: »A Bulky and Foolish Treatise? Hugh Blair's ›Critical Dissertation‹ Reconsidered«, in: Howard Gaskill (Hg.), *Ossian Revisited,* Edinburgh: Edinburgh Univ. Press 1991, S. 129–146

Schmidt, Wolf Gerhard: *»Homer des Nordens« und »Mutter der Romantik«. James Macphersons Ossian und seine Rezeption in der deutschsprachigen Literatur,* Berlin u.a.: de Gruyter 2003

Schmitz, Robert Morell: *Hugh Blair,* New York: King's Crown Press 1948

Scott, Walter: »Essay on Imitations of the Ancient Ballad«, in: *The Poetical Works of Sir Walter Scott,* IV, Edinburgh: Robert Cadell & Whittaker ca. 1833, S. 3–78

— *Waverley; or, ›Tis Sixty Years Since,* in: ders., *The Waverley Novels,* I, Edinburgh: Adam u. Charles Black 1877

Smith, Adam: *Lectures on Rhetoric and Belles Lettres* (1762/63), in: *The Glasgow Edition of the Works and Correspondence of Adam Smith,* IV, hg. v. J.C. Bryce, Oxford: Clarendon Press u. New York: Oxford Univ. Press 1983

Smith, Margaret M.: *Index of English Literature Manuscripts,* III.2, London: Mansell u. New York: R.R. Bowker 1989

Stafford, Fiona J.: *The Sublime Savage. A Study of James Macpherson and the Poems of Ossian,* Edinburgh: Edinburgh Univ. Press 1988

Stewart, Keith: »Ancient Poetry as History in the 18th Century«, in: *Journal of the History of Ideas* 19.3 (1958), S. 335–347

— »History, Poetry, and the Terms of Fiction in the Eighteenth Century«, in: *Modern Philology* 66.2 (1968), S. 110–120

Thomson, Derrick S.: *The Gaelic Sources of Macpherson's ›Ossian‹,* Edinburgh/London: Aberdeen Univ. Press 1952 (Aberdeen Univ. Studies 130)

Trevor-Roper, Hugh: »The Invention of Tradition: The Highland Tradition of Scotland«, in: Eric Hobsbawm/Terence Ranger (Hg.), *The Invention of Tradition,* Cambridge u.a.: Cambridge Univ. Press 1983, S. 15–41

Walpole, Horace: *The Yale Edition of Horace Walpole's Correspondence*, hg. v. W.S. Lewis, New Haven: Yale Univ. Press 1951–1983

Warburton, William: *A Critical and Philosophical Enquiry into the Causes of Prodigies and Miracles*, London: Thomas Corbett 1727*

Wiley, Michael: »Coleridge's ›The Raven‹ and the Forging of Radicalism«, in: *Studies in English Literature 1500–1900* 43.4 (2003), S. 799–813

4. Ern Malley

Ackland, Michael: *Damaged Men. The Precarious Lives of James McAuley and Harold Stewart*, Crows Nest: Allen & Unwin 2001

— »Poetry from the 1890s to 1970«, in: Elizabeth Webby (Hg.), *The Cambridge Companion to Australian Literature*, Cambridge u.a.: Cambridge Univ. Press 2000, S. 74–104

Anderson, Don: »The Intellectual Environment: Conservation v Conservatism«, in: *Island Magazine* 34/35 (1988), S. 89–96

Anderson, Peter: »Ern Malley. ›The Greatest Australian Poet That (N)ever Lived‹«, in: *Southern Review* 24.3 (1991), S. 121–131

Anonym: »Court Transcript of the Trial of Max Harris in the Adelaide Police Court, 1944« [Verhandlungsprotokoll], John and Sunday Reed Papers, La Trobe Australian Manuscripts Collection, State Library of Victoria, MS 13186, Box 10, File 4, S. 24–25 u. S. 36–37, von John Tranter transkribiert, bearbeitet und online veröffentlicht unter: www.austlit.com/a/malley/trial-harris.html, zuletzt aufgerufen am 14.6.2007

Anonym: »Ern Malley, Poet of Debunk: Full Story from the Two Authors«, in: *FACT* (25.6.1944), wiederabgedruckt in: Ern Malley, *Collected Poems*, Pymble: Angus & Robertson u. London: HarperCollins 1993, S. 4–7

Anonym: »Ern Malley, the Great Poet, or the Greatest Hoax?«, in: *FACT* (18.6.1944), wiedergegeben in: *Jacket* 17 (2002), http://jacketmagazine.com/17/fact1.html, zuletzt aufgerufen am 12.6.2007

Ashcroft, Bill: »Reading Carey Reading Malley«, in: *Australian Literary Studies* 21.4 (2004), S. 28–39

Breton, André: »Erstes Manifest des Surrealismus«, in: *Die Manifeste des Surrealismus*, übers. v. Ruth Henry, Reinbek bei Hamburg: Rowohlt 1986, S. 10–43. Frz. *Manifeste du Surréalisme. Poisson soluble*, Paris: Éd. du Sagittaire 1923

— »Zweites Manifest des Surrealismus«, in: ders., *Die Manifeste des Surrealismus*, übers. v. Ruth Henry, Reinbek bei Hamburg: Rowohlt 1986, S. 50–99. Frz. »Second manifeste du Surréalisme« (1930), in: ders., *Manifestes du Surréalisme*, Paris: Pauvert 1962, S. 147–221

Clarke, L.E.: »Angry Penguins Prosecution«, in: *Angry Penguins* (Dec 1944), S. 103

— [»Urteilsverkündung«] (5.9.1944), in Teilen wiederabgedruckt in: Ern Malley: *Ern Malley's Poems. With an Introduction by Max Harris*, Melbourne: Landsdowne Press 1961, S. 45–56

Coleman, Peter: *The Heart of James McAuley*, Sidney: Wildcat Press 1980

Elliott, Brian: »Introduction«, in: ders. (Hg.), *The Jindyworobaks*, St. Lucia: Univ. of Queensland Press 1979, S. xvii–lxvi

— »The Merit or the Lack of It«, in: *Angry Penguins* (Dez. 1944), S. 10

Hannan, A.J.: [»Brief an den Rechtsanwalt von Harris«] (4.9.1944), www.austlit.com/a/malley/1944-hannan.html, zuletzt aufgerufen am 14.06.2007

Harris, Max: »Angry Penguins and After. A Contribution to Our Literary History«, in: *Quadrant* 7.1 (1963), S. 5–10
— »Appendix«, in: Ern Malley, *Ern Malley's Poems. With an Introduction by Max Harris*, Melbourne: Landsdowne Press 1961, S. 42–45
— »Conflicts in Australian Intellectual Life 1940–1964«, in: Clement Semmler / Derek Whitelock (Hg.), *Literary Australia*, Melbourne u. a.: F. W. Cheshire 1966, S. 16–33
— »Dance Little Wombat«, in: *Meanjin Papers* 2.2 (1943), wiederabgedruckt in: Brian Elliott (Hg.), *The Jindyworobaks*, St. Lucia: Univ. of Queensland Press 1979, S. 259–263
— »The Hoax«, in: Ern Malley, *Collected Poems*, Pymble u. a.: Angus & Robertson 1993, S. 1–20
— »The Pelvic Rose«, in: *The Angry Penguins. Selected Poems of Max Harris*, hg. v. Alan Brissenden, Canberra: National Library of Australia 1996
— »Statement Max Harris«, in: Brian Elliott (Hg.), *The Jindyworobaks*, St. Lucia: Univ. of Queensland Press 1979, S. 268–269
Harris, Max / Reed, John: »Editorial«, in: *Angry Penguins* (Herbst 1944), wiederabgedruckt in: Ern Malley, *Collected Poems*, Pymble: Angus & Robertson u. London: HarperCollins 1993, S. 60–68
— »Editorial«, in: *Angry Penguins* (Dez. 1944), S. 2–3
Hetherington, John: *Forty-Two Faces*, Melbourne / Canberry / Sidney: F. W. Cheshire 1962
Heyward, Michael: *The Ern Malley Affair*, London: Faber and Faber 1993
Hope, Alec Derwent: »Confessions of a Zombie«, in: *Meanjin Papers* 3.3 (1944), S. 48
Ingamells, Rex: »Extract from a Letter to Miles Franklin« (16.3.1948), in: Brian Elliott (Hg.), *The Jindyworobaks*, St. Lucia: Univ. of Queensland Press 1979, S. 221–222
— »Moorawathimeering«, in: Brian Elliott (Hg.), *The Jindyworobaks*, St. Lucia: Univ. of Queensland Press 1979, S. 11
— »Three Extracts from Conditional Culture«, in: Brian Elliott (Hg.), *The Jindyworobaks*, St. Lucia: Univ. of Queensland Press 1979, S. 227–231
Kane, Paul: *Australian Poetry. Romanticism and Negativity*, Cambridge / Melbourne: Cambridge Univ. Press 1996
Lehman, David: »The Ern Malley Hoax: Australia's ›National Poet‹«, in: *Shenandoah* 34.4 (1983), S. 47–73
Lloyd, Brian: »Was Australian Modernism Oppositional«, in: *Span* 36.1 (1993), S. 95–99
Malley, Ern: *Collected Poems*, Pymble u. a.: Angus & Robertson 1993
— *Ern Malley's Poems. With an Introduction by Max Harris*, Melbourne: Landsdowne Press 1961
McAuley, James: »Literature and the Arts«, in: Peter Coleman (Hg.), *Australian Civilization,* Melbourne / Canberra / Sidney: F. W. Cheshire 1962
— *A Map of Australian Verse*, Melbourne: Oxford Univ. Press 1975
McLaren, John: *Writing in Hope and Fear. Literature as Politics in Postwar Australia*, Cambridge / New York / Melbourne: Cambridge Univ. Press 1996
Mead, Philip: »Cultural Pathology: What Ern Malley Means«, in: *Australian Literary Studies* 17 (1995), S. 83–88
Meyer, Therese-Marie: *Where Fiction Ends. Four Scandals of Literary Identity Construction*, Würzburg: Königshausen & Neumann 2006

Miles, John: »Lost Angry Penguins: D.B. Kerr, P.G. Pfeiffer and the Real Foundings of the Angry Penguins«, in: *Jacket* 12 (2000), http://jacketmagazine.com/12/penguins-miles.html, zuletzt aufgerufen am 13.6.2007

Murray, Les: »James McAuley – A Personal Appreciation«, in: ders., *The Peasant Mandarin. Prose Pieces*, St. Lucia: Univ. of Queensland Press 1978, S. 185–190

Prichard, Katharine Susannah: »Hoax Renders Service to Literature«, in: *Communist Review* (März 1945), S. 456–457

Prießnitz, Horst: »Ossian in Australien. Ein Nachtrag zum ›Ern Malley Hoax‹«, in: *Poetica* 10.1 (1978), S. 66–87

Read, Herbert: »A Cable and Letter«, in: *Angry Penguins* (Dez. 1944), S. 5

— »Essential Communism« (1938), in: ders., *Anarchy and Order. Essays in Politics*, Boston: Beacon Press 1971, S. 73–89

Semmler, Clement: *For the Uncanny Man. Essays, Mainly Literary*, London u.a.: Angus & Robertson 1963

— »James Joyce in Australia«, in: ders., *For the Uncanny Man. Essays, Mainly Literary*, London u.a.: Angus & Robertson 1963, S. 12–92

Taylor, Andrew: *Reading Australian Poetry*, St. Lucia: Univ. of Queensland Press 1987

Thompson, John: »The Ern Malley Story. An Australian Broadcasting Commission Feature«, in: Clement Semmler, *For the Uncanny Man. Essays, Mainly Literary*, London u.a.: Angus & Robertson 1963, S. 160–183

Tranter, John/Mead, Philip (Hg.): *The Penguin Book of Modern Australian Poetry*, Ringwood u.a.: Penguin Books 1991

Tregenza, John: *Australian Little Magazines 1923–1954. Their Role in Forming and Reflecting Literary Trends*, Adelaide: Libraries Board of South Australia 1964

Tucker, Albert: »Introduction«, in: Ern Malley, *Collected Poems*, Pymble u.a.: Angus & Robertson 1993, S. vi–x

Tzara, Tristan u.a.: »Dadaistisches Manifest« (1918), in: Karl Riha/Jörgen Schäfer (Hg.), *DADA total. Manifeste, Aktionen, Texte, Bilder*, Stuttgart: Reclam 1994, S 91–94

— »Um ein dadaistisches Gedicht zu machen«, in: Karl Riha/Jörgen Schäfer (Hg.), *DADA total. Manifeste, Aktionen, Texte, Bilder*, Stuttgart: Reclam 1994, S. 266–267. Frz. »Dada manifeste sur l'amour faible et l'amour amer« (1920), in: *Œuvres complètes*, hg. v. Henri Béhar, I, Paris: Flammarion 1975, S. 377–390

Wilde, William H./Hooton, Joy/Andrews, Barry: *The Oxford Companion to Australian Literature*, Melbourne u.a.: Oxford Univ. Press 1991

Williams, John: *Quarantined Culture. Australian Reactions to Modernism 1913–1939*, Cambridge/New York/Melbourne: Cambridge Univ. Press 1995

Wilson, Colin: »Ern Malley«, in: Ern Malley, *Collected Poems*, Pymble u.a.: Angus & Robertson 1993, S. 47–57

Wright, Judith: *Preoccupations in Australian Poetry*, London u.a.: Oxford Univ. Press 1966

Zaslove, Jerald: »Herbert Read and Essential Modernism: Or the Loss of an Image of the World«, in: David Goodway (Hg.), *Herbert Read Reassessed*, Liverpool: Liverpool Univ. Press 1998, S. 287–308

5. Jonathan Swift, Edgar Allan Poe, Mark Twain

Branch, Edgar Marquess: »Introduction«, in: Mark Twain, *The Works of Mark Twain*, hg. von Robert H. Hirst, XV.1, Berkeley u. a.: Univ. of California Press 1979 S. 1–57

Falk, Doris V.: »Thomas Low Nichols, Poe, and the ›Balloon Hoax‹«, in: *Poe Studies* 5.2 (1972), S. 48–49

Fedler, Fred: *Media Hoaxes*, Ames: Iowa State Univ. Press 1989

Locke, Richard: »Great Astronomical Discoveries Lately Made by Sir John Herschel, L. L. D, F. R. S, &c. At The Cape of Good Hope«, in: *New York Sun* (25.8.1835), wiederabgedruckt in: Augustus Maverick, *Henry J. Raymond and the New York Press for Thirty Years* (1870), Nachdr. der Ausg. Hartford (Conn.) 1870, New York: Arno Press/The New York Times 1970, S. 274–317

Mabbott, Thomas Ollive: »The Balloon Hoax« [edit. Anmerkungen], in: Edgar Allan Poe, *Tales and Sketches*, hg. von Thomas Ollive Mabbott, II, Urbana/Chicago: Univ. of Illinois Press 2000, S. 1063–1068

— »Von Kempelen and his Discovery« [edit. Anmerkungen], in: Edgar Allan Poe, *Tales and Sketches*, hg. von Thomas Ollive Mabbott, II, Urbana/Chicago: Univ. of Illinois Press 2000, S. 1355–1357

Mason, Monck: *Account of the Late Aeronautical Expedition from London to Weilburg, Accomplished by Robert Hollond, Esq., Monck Mason, Esq., and Charles Green, Aeronaut*, London 1836 u. New York 1837

Mayhew, George P.: »Swift's Bickerstaff Hoax as an April Fools' Joke«, in: *Modern Philology* 61.4 (1964), S. 270–280

Poe, Edgar Allan: [»The Balloon Hoax«], in: *The Extra Sun* (13.8.1844), wiederabgedruckt in: ders., *Tales and Sketches*, hg. von Thomas Ollive Mabbott, II, Urbana/Chicago: Univ. of Illinois Press 2000, S. 1068–1088

— »Letter II« (New York, 21.5.1844), in: ders., *Doings of Gotham,* Pottsville: Jacob E. Spannuth 1929, S. 31–37

— »The Unparalleled Adventure of One Hans Pfaall«, in: *Southern Literary Messenger* (Juni 1835), wiederabgedruckt in: *The Complete Works of Edgar Allan Poe*, hg. von James A. Harrison, II, New York: AMS Press 1965, S. 42–108

Twain, Mark: »Memorandum«, in: *The Galaxy* 9.5 (1870), S. 858–866, digitale Faksimiles unter: http://cdl.library.cornell.edu/cgi-bin/moa/moa-cgi?notisid=ACB8727-0009-109, zuletzt aufgerufen am 5.12.2006

— »The Petrified Man«, in: *The Territorial Enterprise* (4.10.1862), wiederabgedruckt in: *The Works of Mark Twain*, hg. von Robert H. Hirst, XV.1, Berkeley u. a.: Univ. of California Press 1979, S. 156–159

6. Arthur Schütz, Karl Kraus, Dada

Anonym: »Weitere Mitteilungen über Erdbebenbeobachtungen«, in: *Neue Freie Presse* [Morgenblatt] (22.02.1908), S. 11

Baader, Johannes: »Der Dadaistenputsch im Rheingold«, in: ders., *Oberdada. Schriften, Manifeste, Flugblätter, Billets, Werke und Taten*, hg. v. Hanne Bergius, Norbert Miller u. Karl Riha, Lahn-Gießen: Anabas 1977, S. 51

Bergius, Hanne: »Zur phantastischen Politik der Anti-Politik Johannes Baaders oder Die unbefleckte Empfängnis der Welt«, in: Johannes Baader, *Oberdada.*

Schriften, Manifeste, Flugblätter, Billets, Werke und Taten, hg. v. Hanne Bergius, Norbert Miller u. Karl Riha, Lahn-Gießen: Anabas 1977, S. 181–191

H.K. [Serner, Walter]: »Ein Aufsehen erregendes Duell«, in: *St. Galler Tagblatt* (5.7.1919), wiederabgedruckt in: Karl Riha/Waltraud Wende-Hohenberger (Hg.), *Dada Zürich. Texte, Manifeste, Dokumente*, Stuttgart: Reclam 1995, S. 124

Heer, J.C. [Serner, Walter]: »Dementi«, in: *St. Galler Tagblatt* (9.7.1919), wiederabgedruckt in: Karl Riha/Waltraud Wende-Hohenberger (Hg.), *Dada Zürich. Texte, Manifeste, Dokumente*, Stuttgart: Reclam 1995, S. 123

— »Erklärung«, in: *Neue Zürcher Zeitung* (20.7.1919), wiederabgedruckt in: Karl Riha/Waltraud Wende-Hohenberger (Hg.), *Dada Zürich. Texte, Manifeste, Dokumente*, Stuttgart: Reclam 1995, S. 124

Kraus, Karl: »Das Erdbeben«, in: *Die Fackel*, H. 245 (1908), S. 16–24

— »Der Grubenhund«, in: *Die Fackel*, H. 336–337 (1911), S. 5–9

— »Die Laufkatze«, in: *Die Fackel*, H. 431–436 (1916), S. 116–131

— »Nach dem Erdbeben«, in: *Die Fackel*, H. 338 (1911), S. 18–24

— *Schriften*, hg. v. Christian Wagenknecht, Frankfurt/M.: Suhrkamp 1989–1994

— »Verbrecherische Irreführung der Neuen Freien Presse«, in: *Die Fackel*, H. 368/369 (1913), S. 34–56, wiederabgedruckt in leicht verändertem Wortlaut in: Karl Kraus, *Schriften*, hg. v. Christian Wagenknecht, IV, Frankfurt/M.: Suhrkamp 1989, S. 278–299

Riha, Karl: »Der Oberdada im Urteil der Dadaisten«, in: Johannes Baader, *Oberdada. Schriften, Manifeste, Flugblätter, Billets, Werke und Taten*, hg. v. Hanne Bergius, Norbert Miller u. Karl Riha, Lahn-Gießen: Anabas 1977, S. 193–201

Schütz, Arthur: *Der Grubenhund. Eine Kultursatire*, Wien/Leipzig: Jahoda & Siegel 1931

Tzara, Tristan [Serner, Walter]: »Ein Aufsehen erregendes Duell«, in: *Baseler Nachrichten* (10.7.1919), wiederabgedruckt in: Karl Riha/Waltraud Wende-Hohenberger (Hg.), *Dada Zürich. Texte, Manifeste, Dokumente*, Stuttgart: Reclam 1995, S. 124

Yo, Il: *Bezugnahme statt Nonsens: Eine semantische Untersuchung zu Goodmans Symboltheorie und zu literarischen Dada-Artefakten*, Dissertation, Humboldt-Universität zu Berlin, Philosophische Fakultät II, publiziert am 10.08.2005, urn:nbn:de:kobv:11-10044875

7. Sokal-Hoax

Anonym: »Science Wars and the Need for Respect and Rigour«, in: *Nature* 385 (1997), S. 373

Aronowitz, Stanley: »Alan Sokal's ›Transgression‹«, in: *Dissent* 44.1 (1997), S. 107–110

Baudouin, Jurdant (Hg.): *Impostures scientifiques. Les malentendus de l'affaire Sokal*, Paris/Nizza: Éd. La Découverte/Alliage 1998

Begley, Sharon: »The Science Wars«, in: *Newsweek*, H. 16 (1997), S. 54

Begley Sharon/Rogers, Adam: »›Morphogenic Field‹ Day«, in: *Newsweek*, H. 23 (1996), S. 37

Bell, David F.: »Text, Context: Transatlantic Sokal«, in: *Yale French Studies*, H. 100 (2001), S. 25–40
Boghossian, Paul: »Der Wissenschaftsschwindel des Physikers Alan Sokal und seine Lehren«, in: *Die Zeit*, H. 5 (1997), S. 49
Bunge, Mario: »In Praise of Intolerance to Charlatanism in Academia«, in: Paul R. Gross (Hg.), *The Flight from Science and Reason*, New York: New York Academy of Sciences 1996, S. 96–115
Daston, Lorraine: »Wahrheit über Wahrheit«, in: *Heureka! Das Wissenschaftsmagazin im Falter*, H. 5 (1998), www.falter.at/web/heureka/archiv/98_5/05.php, zuletzt aufgerufen am 16.3.2007
Derrida, Jacques: »Sokal et Bricmont ne sont pas sérieux«, in: *Le Monde* (20.11.97), S. 17
Dickson, David: »Champions or Challengers of the Cause of Science?«, in: *Nature* 387 (1997), S. 333–334
— »European Sparks Fail to Ignite«, in: *Nature* 387 (1997), S. 334
Duclos, Denis: »Sokal n'est pas Socrate«, in: *Le Monde* (3.1.97), S. 10
Editors of Lingua Franca (Hg.), *The Sokal Hoax. The Sham That Shook the Academy*, Lincoln: Univ. of Nebraska Press 2000
Fish, Stanley: »Professor Sokal's Bad Joke«, in: *The New York Times* (21.5.1996), S. 23
Franklin, Sarah: »Making Transparencies: Seeing through the Science Wars«, in: *Social Text* 14.1/2 (1996), S. 141–155
Gottfried, Kurt/Wilson, Kenneth G.: »Science as a Cultural Construct«, in: *Nature* 386 (1997), S. 545–547
Groß, Paul R./Levitt, Norman: *Higher Superstition. The Academic Left and its Quarrels with Science*, Baltimore/London: Johns Hopkins Univ. Press 1994
Guillory, John: »The Sokal Affair and the History of Criticism«, in: *Critical Inquiry* 28.2 (2002), S. 470–508
Gumbrecht, Hans Ulrich: »Blinde Überzeugungen, leere Welten«, in: *Die Zeit*, H. 10 (1997), S. 50–51
Haraway, Donna: »enlightenment@science_wars.com: A Personal Reflection on Love and War«, in: *Social Text* 15.1 (1997), S. 123–129
Hilgartner, Stephen: »The Sokal Affair in Context«, in: *Science, Technology & Human Values* 22.4 (1997), S. 506–522
Hirschkop, Ken: »Cultural Studies and its Discontents. A Comment on the Sokal Affair«, in: *Social Text* 15.1 (1997), S. 131–133
Horgan, John: »Science Set Free from Truth«, in: *The New York Times* (16.7.1996), S. 17
Jones, Peter: »Academic Jargon«, in: *The Times* (25.5.1996), S. 18
Kimball, Roger: »A Painful Sting within the Academic Hive«, in: *The Wall Street Journal* (29.5.1996), S. 18
Landsberg, Mitchell: »Physicist's Spoof on Science Puts One over on Science Critics«, in: *International Herald Tribune* (18.5.1996), S. 1
Latour, Bruno: »Y-a-t-il-une science après la Guerre Froide«, in: *Le Monde* (18.1.97), S. 17
Levisalles, Natalie: »Le canular du professeur Sokal«, in: *Libération* (3.12.96), S. 28
— »Montrer que le roi est nu« [Sammlung von Kommentaren von Alan Sokal], in: *Libération* (3.12.96), S. 28

Macilwain, Colin: »Campuses Ring to a Stormy Clash over Truth and Reason«, in: *Nature* 387 (1997), S. 331–332
McMillen, Liz: »The Science Wars Flare at the Institute for Advanced Study«, in: *The Chronicle of Higher Education* (16.5.97), S. 13
Nelkin, Dorothy: »The Science Wars. Responses to a Marriage Failed«, in: *Social Text* 14.1/2 (1996), S. 94–101
Palm, Kerstin: »Disziplinen-Trouble«, in: Thomas Ernst u.a. (Hg.), *Wissenschaft und Macht*, Münster: Westfälisches Dampfboot 2004, S. 42–57
Robbins, Bruce: »Just Doing Your Job: Some Lessons of the Sokal Affair«, in: *The Yale Journal of Criticism* 10.2 (1997), S. 467–474
Robbins, Bruce/Ross, Andrew: »Mystery Science Theater« [Antwort der *Social Text*-Herausgeber], in: *Lingua Franca* 6.5 (1996), S. 54–57
Rosen, Ruth: »A Physics Prof Drops a Bomb on the Faux Left«, in: *The Los Angeles Times* (23.5.1996), S. 9
Ross, Andrew: »Burden of Spoof«, in: *The Times Higher Education Supplement* (21.6.1996), S. 16
— »Reflections on the Sokal Affair«, in: *Social Text* 15.1 (1997), S. 149–152
Rothstein, Edward: »When Wry Hits Your Pi from a Real Sneaky Guy«, in: *The New York Sunday Times* (26.5.1996), S. 6
Scott, Janny: »Postmodern Gravity Deconstructed, Slyly«, in: *The New York Times* (18.5.1996), S. 1 u. 22
Sokal, Alan: *Beyond the Hoax. Science, Philosophy and Culture*, Oxford u.a.: Oxford Univ. Press 2008
— »A Physicist Experiments with Cultural Studies«, in: *Lingua Franca* 6.4 (1996), S. 62–64
— »Pourquoi j'ai écrit ma parodie«, in: *Le Monde* (31.1.97), S. 15
— »Transgressing the Boundaries: An Afterword«, in: *Dissent* 43.4 (1996), S. 93–99
— »Transgressing the Boundaries: Toward a Transformative Hermeneutics of Quantum Gravity«, in: *Social Text* 14.1/2 (1996), S. 217–252
— »What the Social Text Affair Does and Does Not Prove«, in: *Critical Quarterly* 40.2 (1998), S. 3–18
Sokal, Alan/Bricmont, Jean: *Eleganter Unsinn. Wie die Denker der Postmoderne die Wissenschaften mißbrauchen*, München: C.H. Beck 1999
Taschwer, Klaus: »Krieg der Wissenschaften«, in: *Heureka! Das Wissenschaftsmagazin im Falter*, H. 5 (1998), www.falter.at/web/heureka/archiv/98_5/01.php, zuletzt aufgerufen am 16.3.2007
Wark, McKenzie: »Postmodernist Jokers«, in: *The Australian* (5.6.1996), S. 28
Weill, Nicolas: »La mystification pédagogique du professeur Sokal«, in: *Le Monde* (20.12.1996), S. 1 u. 16
Weinberg, Steven: »Sokal's Hoax«, in: *The New York Review of Books*, H. 13 (1996), S. 11–15
Will, George: »Smitten with Gibberish«, in: *The Washington Post* (30.5.1996), S. 31

8. Joey Skaggs

Anonym: »Gefährdete Liebesmuschel«, in: *Der Spiegel*, H. 20 (1987), S. 282
Anonym: »Quotes of the Week«, in: *U.S. News & World Report* (22.6.1987), S. 11

Anonym: »Saving the Geoduck from the Sexually Hungry« [Agenturmeldung von United Press International (UPI)] (9.6.1981)[1]

Anonym: »We Were Hoodwinked …« [Agenturmeldung von UPI] (3.8.1981)

Blum, David J.: »A Kafkaesque Tale of Health Faddists Eating Cockroaches. And Journalists Eating Crow, As the Story Turns out to Be a Teacher's Hoax«, in: *Wall Street Journal* (28.9.1981), S. 1 u. 23

Dery, Mark: »The Merry Prankster and the Art of the Hoax«, in: *The New York Times* (23.12.1990), Sect. 2, S. 1

Lion, Ted: »And by the Way … Cockroach Pill Answer to Man's Survival?« [Agenturmeldung von UPI] (28. Mai 1981)

Skaggs, Joey: »Artist's Manifesto (Dogma)«, www.joeyskaggs.com/html/manif/index.html, zuletzt aufgerufen am 14.12.2006

— [Interview], in: V. Vale/Andrea Juno (Hg.), *Pranks!*, San Franisco: RE/Search 1987, S. 36–50

— »It Ain't Me Babe …Joey Skaggs, That Is« [Pressemitteilung vom 16.12.2005], www.joeyskaggs.com/html/dannydoc/dannypr.pdf, zuletzt aufgerufen am 28.01.2007

— »Retrospective«, www.joeyskaggs.com/html/retsub.html, zuletzt aufgerufen am 30.11.2006

Stossel, John/Hartmann, David: »Joey Skaggs Intentionally Creates Hoax Stories for Media«, in: Sendung *20/20*, ABC, 12. Juli 2002

9. Tom Kummer

Andrews, Edmund L.: »Hollywood Tales Just Fiction, German Paper Says«, in: *The New York Times* (2.6.2000), www.nytimes.com/2000/06/02/world/hollywood-tales-just-fiction-german-paper-says.html, zuletzt aufgerufen am 17.07.2010

Anonym: »Betr. Bordeaux«, in: *Die Zeit*, H. 31 (1998), S. 2

Anonym: »Fremde Federn«, in: *Süddeutsche Zeitung* (27.5.2000), S. 21

Anonym [S. K.]: »Kaltgeschrieben«, in: *Frankfurter Allgemeine Zeitung* (13.6.2000), S. 49

Anonym [Chefredaktion]: [ohne Titel], in: *Süddeutsche Zeitung* (27.5.2000), S. 21

Anonym: »SZ trennt sich von Magazin-Chefredaktion«, in: *Süddeutsche Zeitung* (30.5.2000), S. 2

Aßheuer, Thomas: »Todeshunger«, in: *Die Zeit*, H. 27 (2000), S. 37

Bommarius, Christian: »Die Wirklichkeit macht sich bemerkbar. Tom Kummer hat Interviews mit Hollywood-Stars gefälscht. Er sagt, das sei Kunst – andere nennen es Betrug«, in: *Berliner Zeitung* (29.05.2000), S. 3

Buchsteiner, Jochen: »Spätnachts, im Park des Kanzleramts«, in: *Die Zeit*, H. 50 (1998), S. 1

Buchsteiner, Jochen/Schröder, Gerhard: »Anstelle einer Regierungsklärung« in: *Die Zeit*, H. 30 (1998), S. 1

Büscher, Wolfgang: »Der Kummer mit Tom. Eine Ära Pop-Journalismus ist am Ende, die nächste spielt schon woanders«, in: *Die Welt* (31.5.2000), S. 37

[1] Die hier und im Folgenden angegebenen Agenturmeldungen sind als Volltexte recherchierbar in den Online-Datenbanken von LexisNexis unter: http://global.lexisnexis.com/de-de-signon.

Diederichsen, Diedrich: »... oder lügen wie gedruckt«, in: *Jungle World*, H. 22 (2003), http://jungle-world.com/artikel/2003/21/10679.html, zuletzt aufgerufen am 11.06.2010

Ernst, Heiko: »Borderline-Journalismus. Die Ausweitung der Spielzone«, in: *Message*, H. 3 (2000), S. 64–67

Frank, Arno: »Lust auf die Lücke«, in: *die tageszeitung* (25.10.2003), S. 22

Franzetti, Dante Andrea: »Die Zukunft der Fakten«, in: *Die Zeit*, H. 25 (2000), S. 49

Hammelehle, Sebastian: »Kein Zuhause mehr« [ORF-Onlinemeldung] (27.02. 2002), http://bachmannpreis.orf.at/bp2002/presse/deutschland/online-meldungen/zuhause.htm, zuletzt aufgerufen am 20.12.2006

Hoetzel, Holger: »›Frei erfunden‹, ›nie geführt‹«, in: *Focus*, H. 20 (2000), S. 221–222

Hohlfeld, Ralf: »Der schnelle Marsch durch die Institutionen«, in: Joan Kristin Bleicher/Bernhard Pörksen (Hg.), *Grenzgänger. Formen des New Journalism*, Wiesbaden: VS Verlag für Sozialwissenschaften 2004, S. 337–360

Hornig, Frank/Schulz, Thomas: »Generation Flop«, in: *Der Spiegel*, H. 34 (2002), S. 98–100

Kummer, Tom: *Blow up. Eine wahre Geschichte im Zeitalter des Fakes*, München: Blumenbar 2007

— »Courtney Love«, in: Tom Kummer, *Gibt es etwas Stärkeres als Verführung, Miss Stone? Star-Interviews von Tom Kummer*, München: dtv 1997, S. 96–104

— »Es gibt eine unterirdische Ökonomie der Psyche« [Interview mit Ivana Trump], in: *SZ-Magazin*, H. 14 (1999), S. 26–31

— *Gibt es etwas Stärkeres als Verführung, Miss Stone? Star-Interviews von Tom Kummer*, München: dtv 1997

— »›Hollywood ist eine wunderbare Therapie‹« [Interview mit Courtney Love], in: *SZ-Magazin*, H. 7 (1997), S. 21–26

»›Ich bin Quack, die Hure‹. Amerikas neues Hass-Objekt: Pop-Schlampe Courtney Love und ihre Affären«, in: *Die Weltwoche*, H. 41 (1995), S. 69

Mattick, Paul: »The Andy Warhol of Philosophy and the Philosophy of Andy Warhol«, in: *Critical Inquiry* 24.4 (1998), S. 965–987

Minkmar, Nils: »Das gedopte Magazin«, in: *Die Zeit*, H. 22 (2000), S. 38

— »Die Kummer-Fälschungen: Einzelfall oder Symptom?« [Gruppeninterview], in: *Die Zeit*, H. 26 (2000), S. 36

Osang, Alexander: »Der Hollywood-Reporter«, in: *Der Spiegel*, H. 40 (2004), S. 206–210

— »Reporter des Satans«, in: *Berliner Zeitung* (20.5.2000), www.berlinonline.de/berlinerzeitung/archiv/.bin/dump.fcgi/2000/0520/magazin/0041/index.html, zuletzt aufgerufen am 11.06.2010

Ott, Klaus/Ramelsberger, Annette: »Ein Mann und sein besonderer Draht«, in: *Süddeutsche Zeitung* (27.5.2000), S. 21

Pörksen, Bernhard: »Die Tempojahre. Merkmale des deutschsprachigen New Journalism am Beispiel der Zeitschrift *Tempo*«, in: Joan Kristin Bleicher/Bernhard Pörksen (Hg.), *Grenzgänger. Formen des New Journalism*, Wiesbaden: VS Verlag für Sozialwissenschaften 2004, S. 307–336

Reus, Gunter: »Mit doppelter Zunge«, in: Joan Kristin Bleicher/Bernhard Pörksen (Hg.), *Grenzgänger. Formen des New Journalism*, Wiesbaden: VS Verlag für Sozialwissenschaften 2004, S. 249–276

Russ-Mohl, Stephan: »Gefangen im Aufmerksamkeitszyklus«, in: *Die Zeit*, H. 23 (2000), S. 42

Schulze, Holger: »Wirklichkeit messen. Tom Kummer vs. Reality«, in: *Nach dem Film*, H. 2 (2000), www.nachdemfilm.de/no2/sul01dts.html, zuletzt aufgerufen am 27.12.2006

Warhol, Andy: *The Philosophy of Andy Warhol (From A to B and Back Again)*, London: Cassell 1975

Wellershoff, Marianne: »Implosion des Realen«, in: *Der Spiegel*, H. 21 (2000), S. 108–110

10. Michael Born

Anonym: »... eben schärfer aufpassen« [Interview], in: *Focus*, H. 42 (1996), S. 14

Anonym: »Fragen an ›stern‹-Chefredakteur Dr. Werner Funk«, in: *Medien aktuell*, H. 7 (1996), S. 5

Anonym: »Ist auch Jauch ein Born?«, in: *die tageszeitung* (25.10.1996), S. 16

Anonym: »Mehr Dichtung als Wahrheit. TV-Filmer Born wegen Faktenfälschung verurteilt«, in: *Süddeutsche Zeitung* (24.12.1996)

Anonym: »Mutwilliges Lecken. Amerikanische und australische Drogenfreunde haben neue Stofflieferanten: Kröten«, in: *Der Spiegel*, H. 32 (1994), S. 92–93

Anonym: »Treue blaue Augen«, in: *Der Spiegel*, H. 4 (1996), S. 169

Anonym: »Wahrheit und Fälschung – Bilderflut vom Krieg«, Magazinbeitrag zur Sendung *Zapp*, NDR Fernsehen, 09.08.2006, 23:15–23:45 Uhr

Bitala, Michael: »Als die Bilder lügen lernten. Mit welchen Praktiken der bekennende Fälscher Michael Born jahrelang Magazine bedienen konnte, obwohl er als unseriös galt«, in: *Süddeutsche Zeitung* (10.2.1996), S. 3

— »Eine Bombe, die lautlos explodiert«, in: *Süddeutsche Zeitung* (22.10.1996), S. 3

Born, Michael: Beitrag über ›Bombenbauer‹ der PKK, in: *stern TV*. RTL, 7.6.94

— Beitrag über die deutsche Abordnung des Ku-Klux-Klans, in: *stern TV*. RTL, 7.9.94

— Beitrag über Jäger, die Katzen als Schädlinge erschießen, in: *stern TV*. RTL, 26.4.95

— Beitrag über Kokainschmuggel aus der Schweiz, in: *stern TV*, RTL, 4.11.92

— *Wer einmal fälscht ... Die Geschichte eines Fernsehjournalisten*, Köln: Kiepenheuer & Witsch 1997

Handwerk, Michael: »Mord für die Quote«, in: *Focus*, H. 52 (1997), S. 168–170

Haus der Bundesrepublik Deutschland (Hg.), *Bilder, die lügen*, Bonn: Bouvier 2000

Jakobs, Hans-Jürgen: »Rotlicht, Blaulicht; Waffen im Requisitenschrank des Chefs vom Dienst: Wie die Mainzer ›Landesschau‹ des SWR auf Quoten-Jagd geht«, in: *Süddeutsche Zeitung* (8.9.2006), S. 17

Klingelschmitt, Klaus-Peter: »Echt: TV-Fälscher soll vier Jahre büßen«, in: *die tageszeitung* (24.12.1996), S. 1

Leif, Thomas: »Der Skandal um die gefälschten Fernsehbeiträge trifft den Journalismus härter als seinerzeit die ›Hitler-Tagebücher‹«, in: *die tageszeitung* (2.2.1996), S. 10

Pritzl, Thomas: *Der Fake-Faktor. Spurensuche im größten Betrugsfall des deutschen Fernsehens*, München: kopaed 2006

Quasthoff, Michael: »Jetzt sitzt er im Gefängnis. Wie ein TV-Journalist es offenbar schaffte, mit gefälschten Filmen ins Fernsehen zu kommen«, in: *Süddeutsche Zeitung* (20./21.1.1996), S. 18

Schärtl, Marika/Bähr, Günther/Martin, Uli: »TV-Fälscher 1. ›Absurdes Theater‹«, in: *Focus*, H. 6 (1996), S. 30–32

Schulze, Nanah: »Börse, Born und Bürsti«, in: *Horizont*, H. 42 (1996), S. 16

Seeßlen, Georg: »Heute wird der TV-Fälscher Michael Born verurteilt. Er ist der Sündenbock – für die Macher und uns, die Zuschauer«, in: *die tageszeitung* (23.12.1996), S. 10

11. insert_coin, *lonelygirl15*

»A Message from the Creators« (7.9.2006), www.lonelygirl15.com/forum/viewtopic.php?t=36, zuletzt aufgerufen am 29.3.2006

Espenschied, Dragan/Freude, Alvar: »Die Filter-Software« (25.3.2001), http://odem.org/insert_coin/experiment/software.html, zuletzt aufgerufen am 29.3.2006

— »insert_coin« (16.10.2001), www.odem.org/insert_coin/, zuletzt aufgerufen am 29.3.2006

— »wordlist.txt«, http://odem.org/static/insert_coin/wordlist.txt, zuletzt aufgerufen am 29.3.2006

Glaister, Dan: »Cult Blog a Fake, Admit ›Lonelygirl‹ Creators«, in: *The Guardian* (9.9.06), S. 26

»Lonelygirl15 Forum« (7.9.2006), www.lonelygirl15.com/forum/viewtopic.php?t=36, zuletzt aufgerufen am 28.3.2007

Rushfield, Richard: »Lonelygirl15's Revelation: It's All Just Part of the Show«, in: *Los Angeles Times* (9.9.2006), S. E1

Sternbergh, Adam: »Hey There, Lonelygirl«, in: *New York Magazine* (28.8.2006), S. 37

»Text Comments«, www.youtube.com/watch?v=-goXKtd6cPo, zuletzt aufgerufen am 28.3.2007

12. The Yes Men

Anonym: »Beyond the Golden Parachute«, in: *Harper's Magazine* (November 2001), S. 15–20

Anonym: »L'OMC enterrée par des potaches. Une histoire«, in: *Libération* (29.5.2002), S. 26

Anonym: »On the Net« [Agenturmeldung von UPI] (1.11.2001)

Baxter, James: »Internet Hoax Convincing Enough to Fool Alliance MP: WTO Imposter«, in: *National Post* (25.5.2002), S. A4, wiederabgedruckt in: Andy Bichlbaum/Mike Bonanno/Bob Spunkmeyer: *The Yes Men. The True Story of the End of the World Trade Organization*, New York: disinformation 2004, S. 176

Bichlbaum, Andy: »U. S. Chamber of Commerce«, http://theyesmen.org/chamber, zuletzt aufgerufen am 13.08.2010

Bichlbaum, Andy/Bonanno, Mike/Spunkmeyer, Bob: *The Yes Men. The True Story of the End of the World Trade Organization*, New York: disinformation 2004

Bichlbaur, Andreas [Bichlbaum, Andy]: »Trade Regulation Relaxation and Concepts of Incremental Improvement: Governing Perspectives from 1790 to Present« (27.10.2000), in: Andy Bichlbaum/Mike Bonanno/Bob Spunkmeyer: *The Yes Men. The True Story of the End of the World Trade Organization*, New York: disinformation 2004, S. 32–40

Bosco, R./Caldana, S.: »NTT Verio cierra el servidor que alberga las propuestas más agresivas del ›net.art‹ por presiones empresariales«, in: *El País* [Beilage Ciberp@ís] (2.1.2003), S. 3

Cowell, Alan: »BBC Falls Prey to Hoax on Anniversary of Bhopal Disaster«, in: *The New York Times* (4.12.2004), S. A6

Dash, Eric: »A Prankster Invasion in the Elephant House«, in: *The New York Times* (4.9.2004), S. B9

Deutsch, Claudia H.: »Bhopal Critics in Webhoax against Dow Chemical«, in: *The New York Times* (9.12.2002), S. C6

Ebert, Roger: »›Yes Men‹ Platform Is Built on Pranks«, in: *The Times Union* (5.11.2004), S. D3

Eudes, Yves: »www.theyesmen.org«, in: *Le Monde* (24.11.2001), S. 32

European Marketwrap, CNBC, 19.7.2000, Transkript der Sendung, abgedruckt in: Andy Bichlbaum/Mike Bonanno/Bob Spunkmeyer: *The Yes Men. The True Story of the End of the World Trade Organization*, New York: disinformation 2004, S. 52–62

Feder, Barnaby J.: »The Long and Winding Cyberhoax: Political Theater on the Web«, in: *The New York Times* (7.1.2001), S. 7

Gattolin, André/Poncet, Emmanuel: »Canular et utopie politique. Arme de dérision massive, le ›hoax‹ est un moyen de réactiver la critique sociale«, in: *Libération* (26.12.2006), S. 25

Graff, Vincent: »Meet the Yes Men Who Hoax the World«, in: *The Guardian* (13.12.2004), S. 6

Haberkorn, Jen: »Yes Men Pull Halliburton Hoax«, in: *The Washington Times* (12.5.2006), S. A1

Harris, Clay: »Dow Shall Not Be Taken in, Again«, in: *Financial Times* (London) (5.5.2005), S. 21

— »What's Round and Easy to Swallow?«, in: *Financial Times* (London) (12.5.2006), S. 19

Harvey, Dennis: »The Yes Men«, in: *Variety* (10.11.2003), S. 36

Harvey, Doug: »The Yes Men Are Coming! The Yes Men Are Coming«, in: *LA Weekly* (24.9.2004), S. 23

Kangasniemmi, Sanna: »Mullistavat kuidut ja uudet tekniikat jyräävät perineisen kutomateollisuuden« [Revolutionäre Fasern und neue Techniken ersetzen die traditionelle Nähindustrie], in: *Aamulehti* (17.08.2001), S. 32

Losson, Christian: »Un canular pour le 20e anniversaire de Bhopal«, in: *Libération* (4.12.2004), S. 12

Menden, Alexander: »Sensationsgier auf Sendung. Eine neue Falschmeldung erschüttert das Vertrauen in die BBC«, in: *Süddeutsche Zeitung* (4.12.2004), S. 1

Mirapaul, Mathew: »Cyberspace Artists Paint Themselves into a Corner«, in: *The New York Times* (23.12.2002), S. E2

Monnin, Isabelle: »Les altercomiques«, in: *Le Nouvel Observateur* (24.–30.3. 2005), S. 50

Regnier, Isabelle: »La guérilla altermondialiste armée de canulars«, in: *Le Monde* (30.3.2005), S. 30

RTMark: »Vierteljahresbericht: ›Timing‹. Zweites Quartal 1999«, in: *Kunstforum International*, H. 151 (2000), S. 185–189

Schumacher, Peter: »Das Leben und Sterben des Dr. Bichlbauer«, in: *Frankfurter Allgemeine Zeitung [FAZ.NET]* (20.04.2001)

Simon, Michaela: »Als Barbie töten wollte«, in: *Die Zeit*, H. 38 (1999), S. 11

Sprat, Kinnithrung [Bichlbaum, Andy]: »Broad Changes in Approaches to World Trade« (21.5.2002), in: Andy Bichlbaum/Mike Bonanno/Bob Spunkmeyer: *The Yes Men. The True Story of the End of the World Trade Organization*, New York: disinformation 2004, S. 157–168

Unruh, Hank Hardy [Bichlbaum, Andy]: »Toward the Globalization of Textile Trade«, in: Andy Bichlbaum/Mike Bonanno/Bob Spunkmeyer: *The Yes Men. The True Story of the End of the World Trade Organization*, New York: disinformation 2004, S. 81–95

Useem, Jerry: »Will the Real WTO Please Stand up?«, in: *Fortune* 145.2 (2002), S. 34

Willmann, Thomas: »The Truth Is a Threat« [Interview mit ›The Yes Men‹], in: *Telepolis* (9.3.2004), www.heise.de/tp/r4/artikel/16/16864/1.html, zuletzt aufgerufen am 3.4.2007

World Service, BBC World, 3.12.2004, 9 Uhr, Transkript der Sendung online unter: http://theyesmen.org/hijinks/dow/video.html, zuletzt aufgerufen am 20.12.2005

Wright, Shane: »WTO Hoax Snares Aust's CPA« [Agenturmeldung AAP] (27.5. 2002)

WTO: *10 Benefits of the WTO Trading System* (April 2003), S. 1, www.wto.org/english/res_e/doload_e/10b_e.pdf, zuletzt aufgerufen am 3.4.2007

The Yes Men (DVD, USA 2005)

The Yes Men: »Acceptable Risk™«, www.dowethics.com/risk/, zuletzt aufgerufen am 5.4.2007

— »Dow Chemical Just Says ›Yes‹ to Bhopal«, in: Tom Corby (Hg.), *Network Art. Practices and Positions*, New York: Routledge 2006, S. 173–183

— »Dow ›Help‹ Announcement Is Elaborate Hoax«, www.dowethics.com/r/about/corp/bbc.htm, zuletzt aufgerufen am 20.12.2005

— »faq«, http://theyesmen.org/faq/, zuletzt aufgerufen am 20.12.05

— »The Halliburton SurvivaBall™«, http://theyesmen.org/agribusiness/halliburton/, zuletzt aufgerufen am 5.4.2007

— »Routledge Just Says ›Yes‹ to Dow: The Collaboration of a Progressive Academic Press and a Large Chemical Corporation«, http://theyesmen.org/dowtext/, zuletzt aufgerufen am 3.4.2007

— »The Yes Lab for Creative Activism«, http://theyesmen.org/lab, zuletzt aufgerufen am 13.08.2010

13. ›vote-auction.com‹

Allen, Mirk: »Bush, Gore Camps Debate Who Is Working Harder«, in: *The Washington Post* (20.8.2000), S. 7

Anonym: »Judge Orders Voter Auction Site Shut« [Agenturmeldung von UPI] (18.10.2000)

Anonym: »Vote-selling Web Site Closes« [Agenturmeldung von Associated Press (AP) Online] (21.10.2000)
Ayres, B. Drummond: »The 2000 Campaign. Campaign Briefing«, in: *The New York Times* (19.10.2000), S. 31
— »The 2000 Campaign. Campaign Briefing«, in: *The New York Times* (29.10.2000), S. 22
— »Campaign Briefing«, in: *The New York Times* (20.10. 2000), S. 28
Babwin, Don: »Chicago Tries to Shut Vote Web Site« [Agenturmeldung von AP Online] (4.10.2000)
Cooper, Audrey: »Web Site Probed on Vote Sales Offer« [Agenturmeldung von AP Online] (16.10.2000)
Jesdanun, Anick: »Vote-sell Site Says It Was a Joke« [Agenturmeldung von AP Online] (7.11.2000)
— »Web Sites Offer Votes for Sale« [Agenturmeldung von AP Online] (18.8. 2000)
Kornblum, Janet: »Being a Hoax Won't Save Vote-selling Site«, in: *USA Today* (26.10.2000), S. D3
— »Chicago Acts to End Online Sales of Votes«, in: *USA Today* (11.10.2000), S. D3
— »Votes up for Auction Draw Official Inquiries«, in: *USA Today* (23.8.2000), S. D3
Medosch, Armin: »Email aus den USA«, in: *Telepolis* (6.11.2000), www.heise.de/tp/r4/artikel/4/4200/1.html, zuletzt aufgerufen am 26.3.2007
Ritsch, Massie: »Decision 2000. Trail Mix/Occasional Morsels from Campaign 2000«, in: *Los Angeles Times* (8.11.2000), S. 26
Robinson, Mike: »›Vote-buying‹ Internet Site Closes« [Agenturmeldung von AP Online] (1.11.2000)
Rötzer, Florian: »Die Webseite für die Auktion von Wahlstimmen wurde vom DNS-Server abgehängt«, in: *Telepolis* (3.11.2000), www.heise.de/tp/r4/artikel/4/4176/1.html, zuletzt aufgerufen am 16.4.2007
Tejeda, Gregory: »Chicago Sues Voter Auction Web Site« [Agenturmeldung von UPI] (16.10.2000)
— »Officials Prepare to Sue Website for Contempt« [Agenturmeldung von UPI] (25.10.2000)

14. Nicht ausführlich behandelte Fälle (Die Protokolle der Weisen von Zion, The War of the Worlds, Lyssenko, Hitler-Tagebücher, Binjamin Wilkomirski)

Anonym: »Radio Listeners in Panic, Taking War Drama as Fact«, in: *The New York Times* (31.10.1938), S. 1 u. 4
Benz, Wolfgang: *Die Protokolle der Weisen von Zion. Die Legende von der jüdischen Weltverschwörung*, München: Beck 2007
Cantril, Hadley: *The Invasion from Mars: A Study in the Psychology of Panic*, Princeton: Princeton Univ. Press 1940
Cohn, Norman: *Warrant for Genocide. The Myth of the Jewish World-Conspiracy and the Protocols of the Elders of Zion*, London: Eyre & Spottiswoode 1967. Dt. *»Die Protokolle der Weisen von Zion«. Der Mythos der jüdischen Weltverschwörung*, übers. v. Karl Röhmer, mit einer kommentierten Bibliogr. von Michael Hagemeister, Baden Baden u.a.: Elster 1998

Diekmann, Irene/Schoeps, Julius H. (Hg.): *Das Wilkomirski-Syndrom. Eingebildete Erinnerungen oder von der Sehnsucht, Opfer zu sein*, Zürich u. a.: Pendo 2002

Faulstich, Werner: *Radiotheorie. Eine Studie zum Hörspiel »The War of the Worlds« (1938) von Orson Welles*, Tübingen: Narr 1981

Ganzfried, Daniel: *... alias Wilkomirski. Die Holocaust-Travestie: Enthüllung und Dokumentation eines literarischen Skandals*, hg. v. Sebastian Hefti, Berlin: Jüdische Verlagsanstalt 2002

Gerstäcker, Tobias: »Vernichtungsfeldzug gegen Chromosomen – Der Fall Lyssenko«, in: Karl Corino (Hg.), *Gefälscht! Betrug in Politik, Literatur, Wissenschaft, Kunst und Musik*, Frankfurt/M.: Rowohlt 1990, S. 376–389

Harris, Robert: *Selling Hitler. The Story of the Hitler Diaries*, London: Faber and Faber 1986

Lecourt, Dominique: *Proletarische Wissenschaft? Der »Fall Lyssenko« und der Lyssenkismus. Mit einem Vorwort von L. Althusser*, übers. v. Rolf Löper u. Peter Schöttler, Hamburg/Berlin: VSA 1976 (Positionen 1), S. 7–18. Frz. *Lyssenko. Histoire réelle d'une »science prolétarienne«*, Paris: Maspero 1976

Mächler, Stefan: *Der Fall Wilkomirski. Über die Wahrheit einer Biographie*, Zürich u. a.: Pendo 2000

Medvedev, Zores A.: *Der Fall Lyssenko. Eine Wissenschaft kapituliert*, unter Verwendung d. russ. Orig.-Textes aus d. Amerikan. übers. v. Peter A. Weidner, München: dtv 1974

Die Protokolle der Weisen von Zion. Die Grundlage des modernen Antisemitismus – eine Fälschung. Text und Kommentar, hg. v. Jeffrey L. Sammons, Göttingen: Wallstein 1998

Rosengren, Karl Erik/Arvidson, Peter/Sturesson, Dahn: »The Barsebäck ›Panic‹: A Radio Programme as a Negative Summary Event«, in: *Acta sociologica* 18.4 (1978), S. 303–321

Wilkomirski, Binjamin: *Bruchstücke. Aus einer Kindheit 1939–1948*, Frankfurt/M.: Jüdischer Verlag im Suhrkamp Verlag 1995

Wolfe, G. Joseph: »›War of the Worlds‹ and the Editors«, in: *Journalism Quarterly* 57.1 (1980), S. 39–44

15. Ergänzte Literatur im Nachwort zur dritten Auflage

Anonym: »Wie das SPIEGEL-Sicherungssystem an Grenzen stieß«, in *Spiegel. de* (19.12.2018), www.spiegel.de/kultur/gesellschaft/der-fall-claas-relotius-wie-das-spiegel-sicherungssystem-an-grenzen-stiess-a-1244593.html, zuletzt aufgerufen am 08.03.2021

Benkler, Yochai u. a.: »Study: Breitbart-Led Right-Wing Media Ecosystem Altered Broader Media Agenda«, in: *Columbia Journalism Review* (03.03.2017), www.cjr.org/analysis/breitbart-media-trump-harvard-study.php, zuletzt aufgerufen am 08.03.2021

boyd, danah: »Hacking the Attention Economy«, in: *Points: Data & Society* (05.01.2017), https://points.datasociety.net/hacking-the-attention-economy-9fa1daca7a37, zuletzt aufgerufen am 08.03.2021

Brühl, Jannis: »Eine Erschütterung der Demokratie, wie wir sie kennen«, in: *Süddeutsche Zeitung* (03.05.2017), www.sueddeutsche.de/digital/der-facebook-faktor-eine-erschuetterung-der-demokratie-wie-wir-sie-kennen-1.3487099, zuletzt aufgerufen am 08.03.2021

Chan, Man-pui Sally u. a.: »Debunking: A Meta-Analysis of the Psychological Efficacy of Messages Countering Misinformation«, in: *Psychological Science* 28.11 (2017), doi: 10.1177/0956797617714579, S. 1531–1546

Chun, Wendy Hui Kyong: »Queerying Homophily«, in: Clemens Apprich u. a., *Pattern Discrimination*, Lüneburg: meson press 2018, S. 59–97

Connolly, William E.: »Fake News and the Complexity of Things«, in: *Zeitschrift für Medien- und Kulturforschung* 9.1 (2018), doi: 10.28937/1000108091, S. 49–53

Derrida, Jacques: *Gesetzeskraft. Der ›mystische Grund der Autorität‹*, Frankfurt a. M.: Suhrkamp 1996

Doll, Martin: »Wahrhaftigkeit im Journalismus. Über die Wiederholbarkeit von Augenzeugenschaft«, in: Rolf Parr u. a. (Hg.), *Wiederholen/Wiederholung*, Heidelberg: Synchron 2015, S. 285–301

Haller, Michael: *Die Reportage*, 6. Aufl., Köln: Halem

Heinz, Andrea: »Politische Theorie: Ist die Postmoderne schuld am Postfaktischen?«, in: *Der Standard* (19.10.2018), www.derstandard.at/story/2000089637152/politische-theorie-ist-die-postmoderne-schuld-am-postfaktischen, zuletzt aufgerufen am 09.03.2021

Jarvis, Jeff: »Our Problem Isn't ›Fake News‹. Our Problems Are Trust and Manipulation«, in: *Buzzmachine* (12.06.2017), http://buzzmachine.com/2017/06/12/problem-isnt-fake-news-problems-trust-manipulation/, zuletzt aufgerufen am 08.03.2021

Koschorke, Albrecht: »Die akademische Linke hat sich selbst dekonstruiert. Es ist Zeit, die Begriffe neu zu justieren«, in: *Neue Zürcher Zeitung* (17.04.2018), www.nzz.ch/feuilleton/die-akademische-linke-hat-sich-selbst-dekonstruiert-es-ist-zeit-die-begriffe-neu-zu-justierenld.1376724, zuletzt aufgerufen am 19.04.2018

— »Linksruck der Fakten«, in: *Zeitschrift für Medien- und Kulturforschung* 9.2 (2018), doi: 10.28937/1000108091, S. 108–118

Latour, Bruno: »On the Partial Existence of Existing and Non-existing Objects«, in: Lorraine Daston (Hg.), *Biographies of Scientific Objects*, Chicago, IL: Univ. of Chicago Press 2000, S. 247–269

— »Why Has Critique Run out of Steam? From Matters of Fact to Matters of Concern«, in: *Critical Inquiry* 30.2 (2004), doi: 10.1086/421123, S. 225–248

Lorenzo, Giovanni di u. Wegner, Jochen: »Leitlinien der Redaktionen von ZEIT und ZEIT ONLINE«, in: *Blog. Fragen der Zeit* (22.09.2018), https://blog.zeit.de/fragen/2018/09/22/leitlinien-der-redaktionen-von-zeit-und-zeit-online/, zuletzt aufgerufen am 08.03.2021

Meet The Press, NBC News, 22.01.2017, 9 Uhr, Transkript der Sendung online unter: https://www.nbcnews.com/meet-the-press/meet-press-01-22-17-n710491, zuletzt aufgerufen am 12.01.2022

Moreno, Juan: *Tausend Zeilen Lüge. Das System Relotius und der deutsche Journalismus*, Berlin: rowohlt 2019

Niggemeier, Stefan: »Die Reportage: Manipulationen nach Lehrbuch«, in: *Übermedien*, https://uebermedien.de/34843/die-reportage-manipulationen-nach-lehrbuch/, zuletzt aufgerufen am 08.03.2021

Ott, Karl-Heinz: »Die schöne postmoderne Beliebigkeit hat den Härtetest nicht bestanden«, in: *Neue Zürcher Zeitung* (19.04.2017), www.nzz.ch/feuilleton/wahrheit-und-luege-die-schoene-postmoderne-beliebigkeit-hat-den-haertetest-nicht-bestanden-ld.1085978?reduced=true, zuletzt aufgerufen am 20.04.2017

Pariser, Eli: *The Filter Bubble. What the Internet is Hiding From You*, New York, NY u. a.: Penguin 2011

Pennycook, Gordon u. a.: »The Implied Truth Effect: Attaching Warnings to a Subset of Fake News Headlines Increases Perceived Accuracy of Headlines Without Warnings«, in: *Management Science* 66.11 (2020), doi: 10.1287/mnsc.2019.3478, S. 4944–4957

Pennycook, Gordon, Cannon, Tyrone C. u. Rand, David G.: »Prior Exposure Increases Perceived Accuracy of Fake News«, in: *Journal of Experimental Psychology. General* 147.12 (2018), doi: 10.1037/xge0000465, S. 1865–1880

Renner, Kai-Hinrich: »Wenn in einer Story mehrere Figuren zu einer verschmelzen«, in: *Berliner Morgenpost* (14.03.2019), www.morgenpost.de/wirtschaft/article216665909/Wenn-in-einer-Story-mehrere-Figuren-zu-einer-verschmelzen.html, zuletzt aufgerufen am 15.03.2019

Schmid, Philipp u. Betsch, Cornelia: »Effective Strategies for Rebutting Science Denialism in Public Discussions«, in: *Nature Human Behaviour* 3.9 (2019), doi: 10.1038/s41562-019-0632-4, S. 931–939

Schüttpelz, Erhard: »Elemente einer Akteur-Medien-Theorie«, in: Tristan Thielmann, Erhard Schüttpelz u. Peter Gendolla (Hg.), *Akteur-Medien-Theorie*, Bielefeld: transcript 2011, S. 9–67

Thompson, Ben: »The Voters Decide«, in: *Stratechery* (02.03.2016), https://stratechery.com/2016/the-voters-decide/, zuletzt aufgerufen am 08.03.2021

Vosoughi, Soroush, Roy, Deb u. Aral, Sinan: »The Spread of True and False News Online«, in: *Science* 359.6380 (2018), doi: 10.1126/science.aap9559, S. 1146–1151

Abbildungsnachweise

Abb. 18: Querschnitt des Kiesbetts bei Piltdown, aus: Charles Dawson, »Supplementary Note on the Discovery of a Palaeolithic Human Skull and Mandible at Piltdown (Sussex)«, in: *The Quarterly Journal of the Geological Society of London* 70 (1914), S. 83

Abb. 19: A. Forestier: *Reconstructed from a Part of the Jaw and a Portion of the Skull: The Most Ancient Known Inhabitant of England – The Newly Discovered Man of Sussex*. Illustration aus: *Illustrated London News* (28.12.1912)

Abb. 20: J.S. Frisby: *Searching for the Piltdown Man*, 1912. Postkarte. © The Natural History Museum, London

Abb. 21: John Cooke: *A Discussion of the Piltdown Skull*, 1915. Öl auf Leinwand. © Geological Society/The Natural History Museum, London

Abb. 22: Arthur Smith Woodward vor dem enthüllten Piltdown Memorial, Juli 1938. © The Natural History Museum, London

Abb. 23: »Human Family« (1924), aus Grafton Elliot Smith, *The Evolution of Man. Essays*, London: Oxford Univ. Press 1927[2]

Abb. 24: Faksimile der Erstausgabe von *Fingal*, aus: James Macpherson, *Fingal, an Ancient Epic Poem, in Six Books: Together with Several Other Poems Composed by Ossian the Son of Fingal/Translated from the Galic Language by James Macpherson*, gedruckt für T. Becket and P.A. De Hondt, London 1762, S. 61

Abb. 25: *Angry Penguins* (Herbst 1944), Cover-Illustration von Sidney Nolan. Heide Museum of Modern Art Archive, Bulleen Victoria (Australien)

Abb. 26: Illustration aus *Mark Twain's Sketches. New and Old*, Hartford/Chicago: American Publishing Company 1875, S. 239

Abb. 27: Anzeige »Cat House for Dogs«, aus: *Village Voice* 1976. Joey Skaggs Archive

Abb. 28: Joey Skaggs' Cathouse for Dogs Bitches. Joey Skaggs Archive

Abb. 29: ›Dr. Josef Gregor‹. Joey Skaggs Archive

Abb. 30 +
Abb. 31: ›Dr. Josef Gregor‹ bei *Live at Five*. WNBC, 1981

Abb. 32: ›Meeresbiologe‹ Dr. Richard Long. Joey Skaggs Archive

Abb. 33: »Gefährdete Liebesmuschel«, aus: *Der Spiegel*, H. 20 (1987), S. 282

Abb. 34: Michael Born: Beitrag über Kokainschmuggel aus der Schweiz, aus: *stern TV*. RTL, 4.11.92

Abb. 35: Michael Born: Beitrag über ›Bombenbauer‹ der PKK, aus: *stern TV*. RTL, 7.6.94

Abb. 36: Michael Born: Beitrag über die deutsche Abordnung des Ku-Klux-Klans, aus: *stern TV*. RTL, 7.9.94

Abb. 37: Michael Born: Beitrag über Jäger, die Katzen als Schädlinge erschießen, aus: *stern TV*. RTL, 26.4.95

Abb. 38: ›lonelygirl15‹: »First Blog: Dorkiness Prevails« (16.6.2006), aus: *YouTube*, www.youtube.com/watch?v=-goXKtd6cPo, zuletzt aufgerufen am 9.10.2007

Abb. 39: ›Granwyth Hulatberi‹ bei *European Market Wrap*. CNBC, 19.7.2001, aus: *The Yes Men* (DVD, USA 2005), 19'00"

Abb. 40: ›Hank Hardy Unruh‹ bei der Konferenz »Fibres and Textiles for the Future«, 16.8.2001, aus: *The Yes Men* (DVD, USA 2005), 39'48"

Abb. 41: ›Kinnithrung Sprat‹ bei der CPA Australia, 21.5.2002, http://theyesmen.org/hijinks/sydney/, zuletzt aufgerufen am 3.9.2006

Abb. 42: ›Jude Finisterra‹ bei *World Service*. BBC World, 3.12.2004, 9.00 Uhr, http://theyesmen.org/hijinks/dow/bhopal2004.shtml, zuletzt aufgerufen am 3.9.2006

Abb. 43: »WTO-Repräsentant diskutiert die Möglichkeit, Arbeiter mittels eines Systems von elektrischen Impulsen zu kontrollieren«, aus: *Aamulehti* (17.08.2001)

Personenregister

Sachregister